惠州统计年鉴

HUIZHOU STATISTICAL YEARBOOK

2013

（总第20期）

惠 州 市 统 计 局
国家统计局惠州调查队 编

图书在版编目（CIP）数据

惠州统计年鉴. 2013 / 惠州市统计局编. — 北京 : 中国统计出版社, 2013.9
ISBN 978-7-5037-6929-0

Ⅰ. ①惠… Ⅱ. ①惠… Ⅲ. ①统计资料－惠州市－2013－年鉴 Ⅳ. ①C832.653-54

中国版本图书馆CIP数据核字(2013)第196112号

惠州统计年鉴 — 2013

作　　者/ 惠州市统计局
责任编辑/ 陈越月
装帧设计/ 银世纪广告·九歌传媒
封面摄影/ 周纪刚
出版发行/ 中国统计出版社
地　　址/ 北京市丰台区西三环南路甲6号　邮政编码/100073
电　　话/ 邮购（010）63376909　书店（010）68783171
网　　址/ http://csp.stats.gov.cn
印　　刷/ 深圳市德信美印刷有限公司
经　　销/ 新华书店
开　　本/ 890mm×1240mm　1/16
字　　数/ 106千字
印　　张/ 41.25印张
版　　别/ 2013年9月第1版
版　　次/ 2013年9月第1次印刷
定　　价/ 280.00元

《惠州统计年鉴－2013》编委会及编纂人员

主　编：王国付　林金灿

副主编：严伟仁　赵英玲　曾庆忠

陈健生　朱伟玲　谭绮华

编　委：（以姓氏笔划为序）

叶玉琴　叶建文　艾香莲　张协环　陈桂花

林锦来　郭寒宙　高贵明　黄　斌　魏谷芳

编纂工作人员：（以姓氏笔划为序）

区永兴　孔远川　卢小文　卢德雄　邓　轩

李伟林　李其芬　朱莉莉　邹　丹　张玉珍

张金鹏　张亚飞　余丽红　刘惠锋　杨文华

杨柳梅　陈定国　陈　高　陈国巨　郑春林

林艳云　钟伟红　黄银妹　梁　蓓　彭燕芬

赖志琼　赖婷婷　曾翠凌　黎淑婷

装帧设计：银世纪广告·九歌传媒

电脑制图：李伟林

编 者 说 明

《惠州统计年鉴－2013》(下称《年鉴》),以大篇幅的统计图表形式,汇集了惠州市2012年经济和社会发展的主要指标,而且较全面地反映了建国以来主要年份,特别是"十一五"以来惠州国民经济和社会各方面的巨大变化,全面展示惠州经济社会所取得的辉煌成就。该书资料翔实、图文并茂、实用性强,是社会各界人士认识和掌握惠州经济、社会发展规律的重要工具书,更是各行各业研究和制订21世纪惠州发展战略的客观依据。

《年鉴》分成三部分。第一部分,概述。以统计公报的形式全面地介绍2012年惠州市国民经济和社会发展的基本情况。第二部分,统计图。直观形象地反映惠州2007－2012年经济和社会发展主要统计指标的变化情况。第三部分,统计表,包括历史主要经济指标、综合、基本单位、人口、劳动工资、固定资产投资与建筑业、能源、财政金融和保险、价格指数、人民生活、农业、工业、运输和邮电、国内贸易、对外经济及旅游、教育科学和文化、体育卫生社会福利环保及其他等主要统计数据;最后附有全国和全省各市主要经济指标情况及主要统计指标解释。

《年鉴》统计资料来源于各级政府统计部门以及有关业务主管部门。

因行政区划变动及统计范围调整因素,原市直数据均包括在惠城区内;分县(区)统计指标如无单列仲恺区数据,均包含在惠城区内。

统计表中的符号说明:"空格"除上述情况外,表示无指标数据;"#"表示指标的其中项;"…"表示数据不足最小单位。

本《年鉴》在编辑出版过程中,得到各县(区)统计局、惠州市创世纪传媒中心以及其他有关单位的大力支持和协助,在此深表谢忱!

召开违法建设“清拆月”行动工作推进会

城管执法培训

执法廉政监督与信息员开展在建工地督导考察活动

惠州市城市管理行政执法局

2012年，在市委、市政府的正确领导下，市城管执法局全面贯彻落实省第十一次党代会、市第十次党代会和第十一届人代会精神，紧紧围绕市委、市政府的中心工作，紧密结合惠州城市管理工作实际，以加快推进城市管理转型升级为主线，以进一步深入推进网格化管理责任制为抓手，坚持不懈、开拓创新，在全局上下的共同努力下，各项工作取得了明显成效。

一年来，市城管执法局抓基层强队伍建设，强化制度保障，进一步夯实执法管理基础。通过抓好基层建设，夯实城市管理根基。通过增强队伍素质，激发工作活力，重视教育培训，抓好纪律作风建设，从而优化干部队伍结构。在制度建设方面，健全规章制度，促进规范管理。2012年城管执法局获得市委、市政府授予“法治城市创建活动先进单位”荣誉称号。同时，坚持以人为本、探索社会管理创新，逐步实现市容市貌管理常态化。在加强业务受理及信访维稳、督查检查、文化宣传等方面的工作取得新成效。

通过抓重点、破难点、创亮点，进一步提升城市管理转型升级。一是进一步深入推进网格化管理工作。通过实施基础信息、教育培训、责任强化、“三网”整合、绩效考核等“五项工程”，进一步提升城市管理效能，为城市管理精细化、常态化及数字城管建设打下了良好基础。二是大力查处违法建设，开展违法建设“清拆月”专项行动。全年，惠城、仲恺两区共查处违法建设956宗，拆除面积20.7万平方米。三是推进市区流动商户临时疏导区（点）建设管理工作，抓好试点推广，切实解决市区流动商户摆卖难问题。全年设立疏导区（点）48个；疏导流动商户2271户，9084人。四是关于市容市貌管理方面，在加强执法管理的同时，注意疏堵结合，全年，共开展各类集中整治行动3702次，清理牛皮癣83753处（张），拆除横幅标语17443条，教育规劝乱摆卖行为、流动摊档、占道经营行为222369人（次）。五是通过开展“转作风，下基层”活动注重工作协调，强化群众联系。一年来，城管执法局上下挂钩联系群众5839户，解决热点难点问题3409个，收集群众意见和建议4088条，有效增进市民群众对城管执法工作的理解与支持，实现“队伍素质提高、精神风貌改善、机关作风改进”的大转变。

今后，市城管执法局将继续坚持以科学发展观统领全局，全面贯彻落实党的十八大和习近平总书记视察广东重要讲话精神，围绕市第十次党代会第二次会议精神和市政府工作报告的部署和要求，紧扣“规范、提质、创新、增效”工作思路和目标，切实有效履行城管执法职能，做好惠州市整治违法建设、违法用地专项工作，不断加强和创新社会管理，提升城市管理效能，为我市“尽快进入珠三角第二梯队”作出新的更大贡献。

河南岸后街流动商户疏导点正式揭牌成立

执法人员向商户发放文明倡议书

六进普法活动

开展渣土余泥污染城市道路行动

广东电网惠州供电局

惠州供电局是广东电网公司下属大一型供电企业，下辖惠城、博罗、惠阳、惠东、仲恺和大亚湾等6个县（区）级供电局，受广东电网公司委托管理龙门供电局（子公司），现有员工4610人（含龙门局）。

“十一五”期间，惠州供电局着力构建适度超前的现代化电网，投入81.86亿元加快电网建设与改造，新建、扩建110千伏及以上变电站40座，电网总体规模翻了一番。目前，全市拥有110千伏及以上变电站124座，其中500千伏变电站4座、220千伏变电站23座、110千伏变电站97座，变电总容量2499万千伏安，输电线路总长度4778千米。全市220千伏及以上主干网基本实现以4个500千伏变电站为中心，分区供电、相互支持的目标，主网规模与质量基本达到国内领先水平，基本形成“主网坚强、配网可靠、区域协调发展”的网架结构，是三峡电力输入广东和粤东电力外送的重要通道，为珠三角中心送去源源不断的电力资源。“十二五”期间，计划投资100亿元，新建扩建110千伏及以上变电站38座、线路2050千米，进一步强化主网结构。

2011年，惠州供电局供售电量双双突破200亿千瓦时大关，跃居全省第5位、南方电网五省区第7位。2012年，惠州供电局认真贯彻落实网、省公司决策部署，各项工作进展顺利。全年安全生产局面保持稳定，最高负荷402.4万千瓦，同比增长8.4%；过网负荷大1400万千瓦。完成供电量226.7亿千瓦时、售电量215.4亿千瓦时，同比分别增长8.5%和7.7%。全口径用户平均停电时间6.68小时，同比下降19.8%。

近年来，惠州供电局坚持“以客户为中心”服务理念，立足地方，全力服务惠州社会经济发展，“为民服务创先争优”赢得各界好评。2012年，第三方客户满意度提升至74分，供电服务在全省社情民意调查中连续两年获得满意度第一。接下来，惠州供电局将紧扣地市局的主体定位，围绕“服务好、管理好、形象好”的总体目标，深入推动中长期发展战略落地，树立中央企业责任品牌，全力助推惠州跻身珠三角第二梯队。

惠州供电局先后荣获“全国精神文明建设工作先进单位”、“全国电力行业用户满意企业”、“全国五一劳动奖状”、“全国供电可靠性金牌企业（B级）”、“广东省先进基层党组织”、“广东省模范职工之家”等荣誉称号。

园区落户企业——华阳工业园

惠州仲恺高新区东江高新科技产业园

园区落户企业——广东伊利乳业有限责任公司

园区门楼

东江产业园管委会主任卢伟航（前排右一）与企业签约

东江高新科技产业园于2008年12月设立，是我市“十一五”、“十二五”期间重点建设的工业园。2010年2月纳入仲恺高新区管委会，成为仲恺高新区“一区四园五镇（街）”的重要组成部分。园区按照“近期建区，中期成园，远期为城”的发展思路实施建设，近期3～5年内将开发10平方公里的高新技术产业聚集区，中期5～10年内将建设50平方公里的生态科技产业园，远期将打造101平方公里的高新科技城。

成立以来，东江产业园紧紧围绕“国家级、创新型、生态化、示范性”四个关键词，坚持产业带动、创新驱动、产城联动，以战略性新兴产业引领园区科学发展，全面掀起“大招商、大建设、大发展”新高潮，加快打造园区核心竞争力，园区经济社会各项事业实现持续、快速、健康发展。截至目前，已引进优质项目超100个，总投资额500多亿元。其中，投产企业27家，在建项目50多家，筹建项目20多家。引进的企业80%以上是上市公司或正在准备上市的公司，引进的项目基本进入细分行业前三名。华阳集团、雷曼光电、长方照明、艾比森光电、硕贝德科技、拓邦股份、景阳科技、泓淋科技、卡撒天娇、胜诺达手机、伊利乳业、雪榕生物、怡丰智能车库、可立克科技等一批行业龙头企业聚集园区，初步形成了以LED光电、移动通讯、高清视频等产业为主的战略性新兴产业集群。同时引进了商住地产、医院、科技金融大厦、学校、社会停车场、公交汽车、燃气、加油站、主题公园等配套项目，初步奠定了高新技术产业与科技金融、现代物流、商住地产和学校教育等现代服务业衔接配套、互融发展、优化合理的产业布局。

2012年，园区实现工业总产值106亿元，税收2.3亿元；2013年上半年实现工业总产值58亿元，同比增长62%，实现税收1.26亿元，同比增长34.3%。园区经济呈现出发展速度快、发展质量高、发展势头猛的特点，已成为仲恺高新区新的经济增长点和重要的税源地，以及拉动惠州市区东部发展的重要引擎。

惠州仲恺高新区
惠南高新科技产业园管委会

惠州仲恺高新区惠南高新科技产业园（以下称惠南科技园）前身是惠州数码工业园区，成立于2002年1月8日，2006年7月批准为省级开发区，并更名为“广东惠州工业园区”。2010年2月纳入仲恺高新区“一区四园”管理范畴，整合升格为国家级高新区。

回眸过去，惠南科技园的每一步成长都蓄满壮志、浸满汗水、成绩斐然。11年来，惠南科技园共引进生产型工业项目80多个，引进资金300多亿元。初步形成了一个集智能移动通信、平板显示、现代装备制造三大产业为主导的新型产业园区。园区先后获得“国家电子信息产业基地”、“国家火炬计划惠州数码视听产业基地”、“广东省民营科技园”、“广东省小企业创业基地”等多块金牌。2008年，园区综合经济实力进入全省56个省级开发区前十强，2009年荣获“中国十大特色工业园区”称号，2009年、2012年园区集约节约用地评价指标连续两次位列全省前茅。

2012年，惠南科技园工业总产值为102.3亿元，工业增加值22.8亿元，同比分别增长13.8%、15.6%；电子信息产业发展较快，占比达80%；其中规模以上企业累计实现工业总产值68.5亿元，工业增加值14.1亿元；实现国地税收入2.2亿元，同比增长57%；完成固定资产投资11亿元，同比增长114%。

展望未来，惠南科技园将重点发展以智能移动通信、平板显示为代表的战略性新兴产业，以数字装备制造为主的先进制造业和以科技服务为主的现代服务业，带动其它产业协调发展，致力建设一个人文生态型、科技创新型、宜居宜业型、和谐幸福的新园区。到“十二五”期末，力争实现工业总产值500亿元，年税收10亿元。到2017年，力争建成产值规模超500亿元的高端装备制造产业园，并朝着千亿元产业园区的目标迈进，实现税收超20亿元，为惠州市进入珠三角第二梯队多作贡献。

仲恺高新区管委会主任杨鹏飞（后排左四）、惠南科技园管委会主任文绍良（前排左一）出席企业签约仪式。

惠南行政服务中心

园区一角

中行网银服务内容进一步丰富

中国银行自推出电子银行服务以来，先后进行了多次升级，不断丰富企业和个人客户服务功能，提升客户服务体验。

中行企业网银服务功能全面，能为企业提供账户管理、电子对账、转账汇划、代收代付、投资理财、汇票服务、电子商务、国际结算等多项全方位的资金管理服务。通过升级，目前，该行已能提供由应收账款保理池融资服务和经销商融资服务组成的电子银行供应链融资产品体系。应收账款保理池融资产品以买方为核心企业，向广大供应商提供在线融资相关服务；经销商融资产品则以卖方为核心企业，向广大经销商提供在线融资相关服务。企业可以通过网页浏览器或者银企对接渠道使用上述服务。在供应链融资之外，还面向企业客户新推出了养老金和中央财政授权支付产品，并优化了现金管理服务。

中行网银企业服务

致力于向企业提供全方位在线金融服务，为企业搭建安全便捷的服务平台，提供账户管理、资金汇划、国际结算、跨境现金管理、供应链融资及投资等服务，助力企业财富增值。

扫描二维码
获取更多精彩信息

除企业网银服务种类进一步丰富外，该行还针对个人客户增加了许多服务内容。诸如“账户贵金属－纸白银”、“第三方存管预约开户”、“通知存款交易”及“民生服务－银医通”等。同时，为满足国内及海外个人网银客户跨境账户管理的需求，实现“一点登录网银，管理全球账户”的网银互通，该行推出了网银全球账户管理服务，目前支持英国子行、巴黎分行、澳公司、法兰克福分行、赞比亚中行、胡志明市分行、金边分行、布鲁塞尔分行、曼谷分行、约翰内斯堡分行、雅加达等 11 家分行。该功能支持理财版及 VIP 版网银客户申请上述 11 家分行开立的账户加入到全球账户服务内。

中国农业银行
AGRICULTURAL BANK OF CHINA
惠州分行

2012 年 10 月 11 日，中国农业银行广东省分行曾昭化副行长在农行惠州分行陈立新行长的陪同下，出席了惠州市政银合作签约仪式，并代表省农行与惠州市政府签订《战略合作协议》。根据协议内容，“十二五”期间，广东农行将提供 500 亿元授信额度，重点支持惠州大亚湾经济技术开发区、惠州仲恺高新技术产业开发区、惠东县巽寮湾海滨旅游风景区等重点发展区域，同时利用自身的网点、网络优势，深化服务内涵，满足惠州市现代产业、重大项目、城市升级的金融需求，着重提供与“三农”、中小微企业以及民生改善相关的金融服务，双方还将在结算、理财产品、高端投行等领域开展全面深入的合作。

2012 年 11 月 7 日，惠州市政府在惠东召开全市农村金融工作现场会期间，张瑛常务副市长率参会人员参观了农行惠州分行位于惠东县白花镇樟山村的“惠农通”助农取款服务点，对“惠农通”工程建设给予高度认可和充分肯定，并现场给予了表扬，同时希望进一步延伸和深化“惠农通”服务广度和深度，为广大农民群众带来更大的便利，为惠州农村金融发展与改革做出更大的贡献。

2012 年 10 月 11 日，惠州市 2012 年全市金融工作会议期间，分行陈立新行长代表农行惠州分行分别与金融街惠州置业有限公司和中海油乐金化工有限公司现场签订《授信合作协议》，授信总额达 30 亿元人民币。

中国农业银行惠州分行（以下简称农行惠州分行）内设 17 个部室，下辖 8 个一级支行、77 个营业网点和 102 个自助银行服务点。截至 2013 年 7 月，农行惠州分行有 546 台 ATM 等自助设备、4142 台 POS 机、24110 台转账电话为惠州市广大市民提供日常金融服务，让客户切身体验到“7×24”小时的高效、便利服务，服务网络全面覆盖城乡重点区域。

2010 年以来，农行惠州分行秉承“以员工为本，以客户为尊”的经营理念，依托覆盖广泛的网点网络和庞大的客户群体，充分发挥城乡联动的独特优势，深入推进结构调整和经营转型，通过提供全方位、一揽子金融服务，进一步提高品牌美誉度和客户忠诚度，发展质量持续提升。2012 年末各项贷款余额 183 亿元，比上年增加了 30 亿元，增幅为 19%，当年累计投放贷款达 90 亿元，各项存款余额 364 亿元，比上年增加 48 亿元，增幅为 15%，为地方经济建设和社会发展做出了积极的贡献，先后获得市委市政府颁发的“惠州银行业突出贡献单位”、“惠州金融创新发展奖一等奖”等奖项。在实现业务快速发展的同时，农行惠州分行狠抓风险防控保证发展质量，2010–2012 年连续 3 年被中国农业银行广东省分行评为全省农行系统内控一类行，连续十一年实现安全运营无案件，并获得农总行“案件防控先进单位”荣誉称号。

在拓展业务、加快发展的同时，农行惠州分行不忘履行社会责任，时刻践行服务“三农”的使命。2011 年以来，农行惠州分行大力推进助农取款“惠农通”工程，着力构建支农、惠农、便农的“支付绿色通道”。截止 2012 年末，农行惠州分行投放 1400 余台“惠农通”转账电话，覆盖全市 1027 个行政村，服务全市 130 多万农民，实现了广大农民“不出村、无风险”支取生产生活所需的小额资金，“足不出村”即可享受金融服务，打通了农村金融服务全覆盖的“最后一公里”。

农行惠州分行办公大楼

—— 新思维·心服务 ——

客户服务热线 95528 www.spdb.com.cn

历史铭记这一天：2009年5月22日，上海浦东发展银行进驻惠州。从此开始了惠州浦发人坚守“笃守诚信、创造卓越”的经营跋涉；以及他们为追梦而承天时、占地利、谋人和的历程；同时也开始了她与惠州各界携手，与惠州经济共成长，与惠州实体经济共繁荣的坚实跨越，留下了一行行令人惊羡的足迹，一段段令人振奋的华彩乐章！

中小微企业是国民经济发展的重要力量。四年来，浦发银行根据惠州中小微企业融资难等问题，积极探索有效的中小微企业服务模式，力求为中小微企业提供高效、多元、综合的金融服务。经过多年的探索和实践，逐步搭建起“五宝一厂”的中小微金融服务模式体系。针对中小企业经营周期各阶段的现金流流入、流出和沉淀特点，测算金融服务额度及配套服务；服务方式上，创新推出集“银元宝”园区模式、“银通宝”交易市场模式、“银链宝”供应链模式为一体的“吉祥三宝”服务模式；而根据小微企业的经营特征和融资特点，整合推出了“信贷工厂＋微小宝”小微金融新模式。信贷工厂是完整的小微企业授信管理体系和管理模式，而“微小宝”则是针对小微企业设计的以小额、信用、灵活为主要特征的授信产品集合。“五宝一厂”中小微模式体系的搭建，初步确立了浦发银行对中小微企业分层分类、专属服务的金字塔服务体系，浦发银行在惠州中小微金融服务领域的创新探索也得到了社会各界的充分肯定。

在不断创新的同时，浦发银行惠州支行始终把风险控制摆在了首要位置，不闯“红灯”，不碰“高压线”，不打“擦边球”，形成了风险文化与制度规范相结合、事前防范与事后管理相结合、内控自律与自觉接受外部监管相结合的风险管理体系。

做具有核心竞争力的现代化金融企业，更要做广大客户满意的银行，体现出浦发银行惠州支行勇于接受挑战、不断超越、创新求变、锐意进取的精神。“新思维，心服务”的理念不仅是一个口号，它是每位浦发人素质修养和责任感的体现，是每位浦发人工作的航标。真者，精诚之至也，不精不诚，不能动人。只有用“心”感动客户，才能真正把服务意识融入自己的心中。根植惠州整整四载，这种对服务内涵的深刻理解早已成为惠州浦发人的一种本能。

四年来阔步前行，浦发姿态昂扬，有激情也有梦想。以金融之力汇聚融通，以浦发之力让“惠州梦”更添光彩，这便是我们的“浦发梦”。每段历史，必然有一批义无反顾的开拓者在书写；每一次辉煌，必然有一批同心协力的执着者在创造。不凡的业绩、同业的领航者组成了浦发的发展轨迹，这正是对惠州浦发人不懈追求的注解！

“传承浦发精神，实现跨越发展，铸造卓越品牌，助力惠州崛起”，浦发银行惠州支行将一如既往地为广大客户提供优质高效的金融服务，为惠州经济发展贡献自己的一份力量。

深耕惠州满四载　携手共筑浦发梦

办事处行政大楼

水口街道办事处

水口街道位于惠州市区东部，是广东省首批中心镇（办），总面积 120 平方公里，下辖 17 个村委会和 4 个社区居委会，总人口约 16 万人，其中常住人口 5.4 万，外来人口 10.6 万。水口地理位置优越，交通便利，惠州市三环路、惠州大道、省道 120 线、广惠高速和规划建设中的惠大高速、四环路穿境而过，与市、区乃至珠三角一体化交通网络已初步形成，是产业发展的理想区域。

近年来，水口坚持“工业进园、商住进区”的发展理念，以打造“惠州市区东部新城”为目标，全办推动产业结构转型升级。东江沿线绿色蔬菜基地面积不断扩大，海纳粮油、粤东花木大世界、绿湖园艺等农业龙头企业加快发展，确立了以无公害蔬菜、有机米、名贵花木为主的特色农业发展格局；雷克萨斯 4S 店、皇冠假日五星级酒店、光辉家居 CBD 先后建成运营，南波湾、合生国际新城、天地源、宝安山水龙城等一批大型高尚住宅小区相继建设；辖区聚集了南旋、澳宝、宏凯、天宝、棉王纺织、大西洋服饰等 400 多家企业，产业聚集效应和规划效应凸显，为推动水口经济社会跨越发展奠定了基础。

近年来，水口先后荣获“广东省教育强镇”、“广东省群众性体育活动先进单位”、“惠州市卫生先进镇”“惠州市尊师重教先进单位”等荣誉，街道党政班子被市委、市政府评为“科学发展好班子”称号。

文体广场

水口湖滨公园

水口中心区一角

皇冠假日酒店

惠泽大道

沥　林　镇

沥林镇位于仲恺高新区西南部，距市区22公里，地理位置优越，交通四通八达，全镇总面积49平方公里，总人口近7万人，辖10个村委会和1个居委会。

沥林镇盛产荔枝、蔬菜、红头葱、鹅、鱼等，是著名的鱼米之乡。全镇现有外资企业180家，民营企业100多家，形成了一个以运动器材、自行车、塑胶、玩具、五金、电子、服装等产业为支柱的外向型工业格局。2012年完成GDP13.45亿元，同比增长13.8%；工业总产值39.07亿元，同比增长11%；农业总产值1.65亿元，同比增长5%；第三产业增加值6.04亿元，同比增长15.3%；完成出口3.2亿美元，进口5145万美元；农村人均收入9642.6元，同比增长10%。

近年来，沥林镇先后获得“广东省经济强镇、科技创新专业镇（运动器材）、教育强镇、交通安全文明示范村镇”、“惠州市文明村镇、双拥模范镇”等荣誉称号。

沥林镇拥有广东省最大的内陆淡水湿地——潼湖湿地。

鹅香飘逸，名扬四海，近年来沥林镇紧紧围绕鹅美食和自行车文化连续举办了五届自行车暨鹅文化节，全面打响了传统美食品牌。2012年沥林鹅被列入了市非物质文化遗产，沥林鹅和碌鹅在国家工商行政管理总局商标局。

御林苑位于沥林镇中心，建成配套有幼儿园、游泳场、羽毛球场和山体公园的园林式社区，总面积达12万平方米，一期工程建筑面积5万平方米，是沥林首个具有时代感的花园式居住社区。

沥林全景图

惠州市第一人民医院

惠州市第一人民医院创建于2008年12月，是市委、市政府根据“高规格、高标准、功能全”的要求，按照三级医院的规模和标准建设的一家集医疗、教学、科研、康复、保健为一体的现代化大型综合性公立医院。第一期建筑面积约6.8万平方米，设置病床位705张，二期建筑面积约5.6万平方米，设置病床位400张。现有职工1075，其中专业技术人员1050，高级职称135人。2012年度门诊量527070人次，住院病人数25345人次。

惠州市第一人民医院一直秉承“更准确，更快捷、更舒适、更价廉”的服务宗旨，住院部开放专业病区，分内科系统（血液肿瘤内科、肾病风湿科、老年科、神经内科、消化科、呼吸科、内分泌科、心血管内科、危重症医学科〔ICU〕），外科系统（胃肠外科、肝胆小儿外科、乳腺外科、泌尿外科、心胸外科、耳鼻咽喉—头颈外科、骨科、急救创伤外科、神经外科、手足整形外科、眼科）、妇科、儿科、中医科、康复医学科。门诊部设有急诊和内、外、妇、儿、眼、耳鼻喉、口腔、皮肤科、中医科、肝病门诊、发热门诊、肠道门诊、健康管理中心、睡眠心理专科、儿童行为发育中心、痛疼专科门诊、高血压专家门诊、由安贞医院专家长期坐诊的心血管专科等特色专科门诊。2012年惠港医疗中心、惠港医疗卫生培训中心在我院成立。

医院拥有百级层流洁净手术室和ICU层流病房和先进医疗设备，如1.5T核磁共振、LightSpeed64排容积CT、DSA、颈动脉血管超声(CDFI)、经颅多普勒超声(TCD)、DR、数字化平板心血管影像系统平台Innova3100-IQ、全自动生化仪等，全面开展放射、介入、内镜、超声影像、心电图、医学检验、病理检查、血液净化等诊疗项目，并提供电话和网上预约挂号服务。

医院整体科研实力雄厚。截至2013年6月通过广东省卫生厅课题6项，市科技局课题95项，医院项目“实时、分层、关联ICD-10的疾病诊断形成模式的研究”获得了广东省社会发展领域科技计划项目。神经外科、麻醉科、血液内科、内分泌科、检验科被评为广东省临床重点专科；老干病区为市医学重点专科；放射科、消化内科、骨科、麻醉科为市医学重点发展专科；创伤急救科、心血管内科、心胸外科、神经内科为市医学规划重点发展专科。2011年4月通过广东省高等医学院校教学医院评审，承担着多所医学院校学生实习带教任务，教学质量得到学生、校方的充分肯定。2013年5月顺利通过非直属附属医院评审，成为广东医学院非直属附属医院。

医院是全市第一家通过全国无烟医院评审单位，是广东省第一家与北京安贞医院建立心血管诊疗合作中心，是惠州市干部保健基地，是惠州市120急救指挥中心所在地，出色完成了如第十三届广东省运动会医疗保障、罹患重症的在惠新疆籍员工救治等多项政府公益性工作，奠定我院心血管专科、颅脑专科、干部保健、急救创伤在本地的优势地位。2012年成为全省粤东地区唯一一家脑卒中筛查防治基地医院。

随着医疗卫生体制改革的不断深入，医院始终坚持“以病人为中心、以质量创品牌”的服务理念，以改革为动力，不断创新、与时俱进、全员参与，力求为广大人民群众提供一流的医疗服务。

信华精机有限公司

信华精机有限公司成立于1986年，是一家由中、日、港三方合资企业。注册资金1950万美元。

公司主要生产销售高级汽车CD机芯、DVD机芯、车载蓝牙模块、DAB模块、CMMB模块等；为日立多媒体电子有限公司制造加工CD/DVD光头；为深圳华为技术与华为通信等通讯电子企业加工各种通讯电子产品。产品性能和质量达到国际先进水平，畅销海内外市场。

经过不断努力，信华公司已成为全球最大的机芯开发设计与制造的厂家之一、日立在中国的CD/DVD光头生产基地之一、中国最著名的通讯企业——深圳华为技术有限公司与深圳华为通信有限公司的主要外协加工厂之一。2003年被省科技厅评为“知识密集型和技术密集型企业”；2004年被评为“广东省2003年高新技术产品出口先进企业”；2008年12月被评为“高新技术企业”；是我市首批“国家火炬计划惠州数码视听产业基地”的骨干企业之一。公司连续多年被评为“纳税百强企业”、“A级纳税人”、“诚信纳税户”。多次获得“中国进出口额最大的500家企业”称号。

公司建立了完整的、行之有效的全流程全要素的管理体系，包括品质保证、环境管理体系、产品环保管理体系、社会责任管理体系、培训体系及产品安全认证管理体系，已获得ISO9001、TS16949、ESD S20.20、ISO14000等多项国际认证，建立了QC080000有害物质管理体系，是一个既有设计开发能力又有强大制造能力的企业。在视听、计算机、通讯及其它领域的电子机械产品（包括配套的伺服）方面处于国内领先水平，在国际上有一定的地位。我们向HITACHI、CONTINENTAL、SIEMENS VDO、HUAWEI、VISTEON、DELPHI、TOPPOWER、航盛、SONY、KENWOOD、PHILIPS等著名公司长期提供产品，得到客户的认可和信赖，产品在海内外市场上享有较高的信誉。

惠州市水务投资集团有限公司

根据惠州市十届市委第十一次常委会和市政府十一届4次常务会决定，惠州市水务投资集团有限公司于2012年6月25日挂牌成立，现有注册资金一亿元。按照市委、市政府的总体部署，集团主要负责统筹全市水资源、水环境、水安全等水务项目的投融资、建设、运营及开发工作。

市水务集团机关内设党委办（人力资源部）、综合办、财务部、运营部、建管部、审计室、计划部、监察室等部门。在职干部职工1100多人，离退休人员350人。目前共有市自来水总公司、市水电建筑工程有限公司、市东江河砂经营有限公司、市水务资产运营有限公司、市水务水电工程有限公司和市水质检测综合服务有限公司等六家子公司。

惠州水务集团秉承“为民、务实、创新、发展”的企业理念，以服务民生为根本，以市场为导向，以创新为动力，以效益为目标，不断加强企业管理，增强企业的生机与活力，用专业化的服务为惠州水务事业改革与发展提供强有力的支持，为提高市民生活质量，提升惠州生态城市功能，加快城市经济社会发展作出应有的贡献。

祝 贺 单 位

（排名不分先后）

中共惠州市委党校

惠州市国土资源局

惠州市公用事业局

惠州市公安局交通警察支队

中国移动通信集团广东有限公司惠州分公司

中国邮政储蓄银行股份有限公司惠州市分行

广东新华发行集团惠州新华书店有限公司

惠城区人民法院

惠城区水务局

惠城区林业局

惠城区国税局

惠城区地税局

惠城区三栋镇人民政府

惠城区汝湖镇卫生院

惠州市建筑工程总公司

天宝电子（惠州）有限公司

志源塑胶制品（惠州）有限公司

惠州市胜安黎园机械工程有限公司

惠州鸿兴建筑五金制造有限公司

惠州市南方水务有限公司

惠阳亚伦塑胶电器实业有限公司

目　录

第一部分　概　述

第二部分　统计图

第三部分　统计表

一、历年主要经济指标

二、综合

三、基本单位

四、人口

五、劳动工资

六、固定资产投资和建筑业

七、能　　源

八、财政、银行和保险

九、价格指数

十、人民生活

十一、农业

十二、工业

十三、运输和邮电

十四、国内贸易

2012年惠州国民经济和社会发展统计公报

惠　州　市　统　计　局　　国家统计局惠州调查队

2012年，面对复杂严峻的国内外经济形势，惠州市人民在市委、市政府的正确领导下，坚持"稳中求进、好中求快"的工作总基调，全面落实"加快转型升级、建设幸福惠州"的各项政策措施，全市经济呈现"稳中有进、好中趋快"的良好态势，各项社会事业取得新的进步，为全面建成小康社会奠定良好的基础。

一、综　合

初步核算，全市生产总值（GDP）2368亿元，比上年增长12.6%。其中，第一产业增加值127.6亿元，增长4.3%；第二产业增加值1375.4亿元，增长15.5%；第三产业增加值865.1亿元，增长9%。三次产业结构调整为5.4:58.1:36.5。2012年，惠州市人均GDP50884元，按平均汇率折算为8061美元。

图一

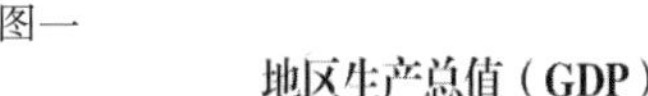

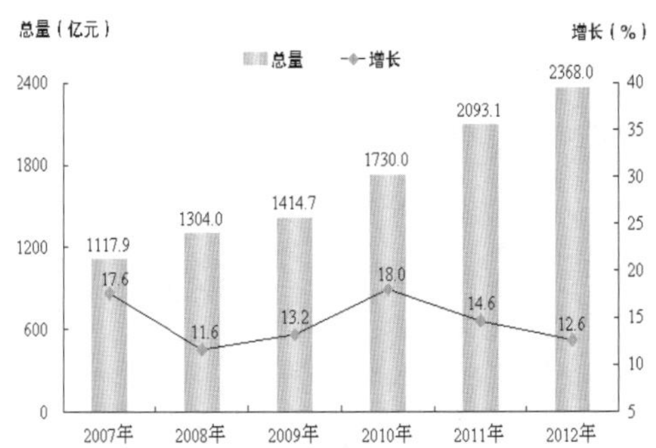

全市地方公共财政预算收入200.9亿元，增长23.4%；地方公共财政预算支出274.1亿元，增长20.6%。其中，教育支出62.6亿元，增长47.2%；社会保障和就业支出22亿元，增长11.8%；医疗卫生支出21.8亿元，增长21.4%；农林水事务支出26.4亿元，增长36.4%。税收总收入704.3亿元，增长19.5%。其中，国税529.5亿元，增长20.9%；地税174.7亿元，增长15.6%。

图二

地方公共财政预算收入

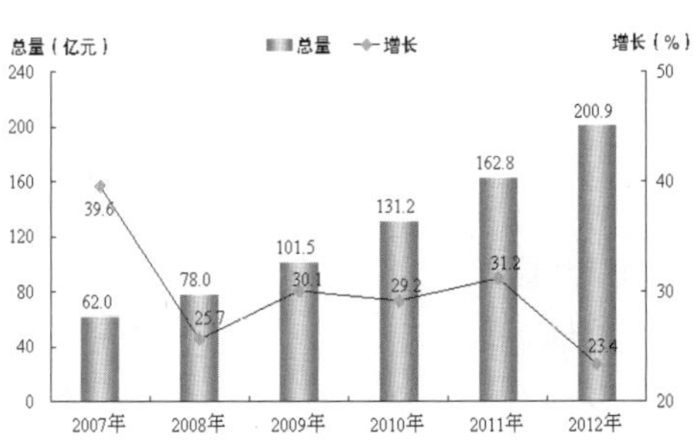

全年市区居民消费价格总水平（CPI）上涨2.8%。从构成居民消费价格总指数的八大类商品看，呈现五升三降格局。其中衣着类上涨12.6%，食品类上涨4.4%，居住类上涨4%，烟酒类上涨1.1%，医疗保健和个人用品类上涨0.1%，娱乐教育文化用品及服务类下降1%，家庭设备用品及维修服务类下降0.4%，交通和通信类下降0.3%。工业生产者出厂价格指数（PPI）下降1%。

图三

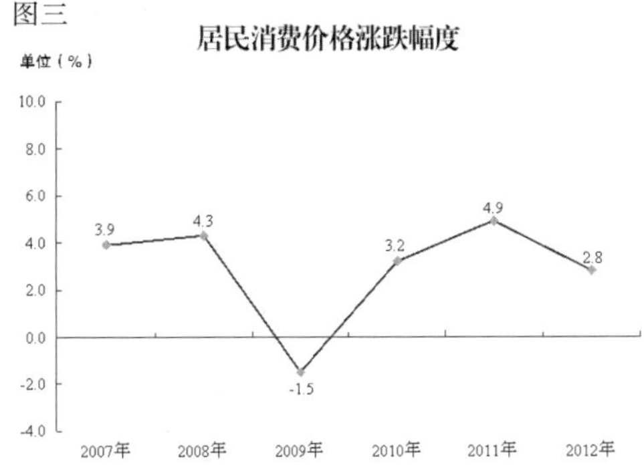

全年就业困难人员再就业3278人。年末城镇登记失业率为2.35%。

二、农　业

全市粮食作物播种面积181.38万亩，比上年增长0.7%；粮食总产量62.66万吨，增长2.8%蔬菜总产量223.63万吨，增长4.2%；水果总产量63.41万吨，增长7.7%。

全年肉类总产量19.16万吨，比上年增长1.9%。其中，猪肉产量13.94万吨，增长0.6%；禽肉产量4.90万吨，增长3.1%。全年水产品产量14.94万吨，增长1.8%。其中，淡水产品产量7.43万吨，增长3%；海水产品产量7.5万吨，增长0.7%。

表1：主要特色农业产品生产情况

指　标	产　量（万吨）	增长（%）
蔬　菜	223.63	4.2
年　桔	28.66	18.4
玉　米	11.57	4.1
荔　枝	7.40	-7.6
马铃薯	3.65	3.7

三、工　业

全年规模以上工业增加值1159.6亿元，比上年增长18.6%。其中，电子行业完成增加值440.4亿元，增长27.8%；石化行业完成增加值311.5亿元，增长16.2%。电子行业、石化行业的增加值分别占规模以上工业的比重为38%、26.9%。规模以上工业企业实现销售产值5426.2亿元，增长20%，其中，内销产值3301.9亿元，增长18.9%；出口交货值2124.3亿元，增长21.8%。内外销比例为60.9:39.1。

全年工业经济效益综合指数221.5%，产品销售率98.8%。实现利润总额171.3亿元，下降8.2%。

表2：规模以上工业增加值主要分类情况

指　　标	绝对数（亿元）	增长（%）
工业增加值	**1159.6**	**18.6**
#轻工业	258.3	13.5
重工业	901.3	22.3
#外商及港澳台投资企业	720.5	17.6
国有企业	279.6	22.1
集体企业	3.7	34.9
民营企业	181.8	28.0
#电子工业	440.4	27.8
石化工业	311.5	16.2
纺织服装、鞋、帽制造业	15.2	11.8
皮革、毛皮、羽毛（绒）及其制品业	34.6	29.4
非金属矿物制品业	25.8	22.0
汽车制造业	27.9	2.9

表3：规模以上工业主要电子产品产量情况

产品名称	绝对数（万部）	增长（%）
电话单机	2172.7	-8.9
激光音、视盘机	15652.3	-25.3
组合音响	866.0	20.4
电视接收机顶盒	55.6	672.0
半导体存储器播放器（含MP3、MP4）	157.7	41.3
彩色电视机	1067.8	-6.4
液晶（LCD）电视机	893.6	12.8
移动电话机	18396.8	21.9
微型电子计算机	93.0	2.7

表4：规模以上工业其他主要产品产量情况

产品名称		绝对数	增长（%）
锂离子电池	万只（自然只）	8658.4	32.1
皮鞋	万双	12065.1	8.8
服装	万件	11169.8	6.1
水泥	万吨	1517.9	2.1
塑料制品	万吨	8.4	-5.0
发电量	亿千瓦·时	202.1	26.5

四、固定资产投资和房地产

全年固定资产投资1208.7亿元，比上年增长18%。分城乡看，城镇投资1114.4亿元，增长16.6%；农村投资94.3亿元，增长37.1%。分投资主体看，国有经济投资210.3亿元，增长2.3%；民间投资719.2亿元，增长24.0%；港澳台、外商经济投资153.4亿元，增长1.6%。

全年工业固定资产投资350.8亿元，增长19%。其中，石化行业投资53.8亿元，增长38.8%；电子行业投资90.4亿元，增长14.8%。

图四

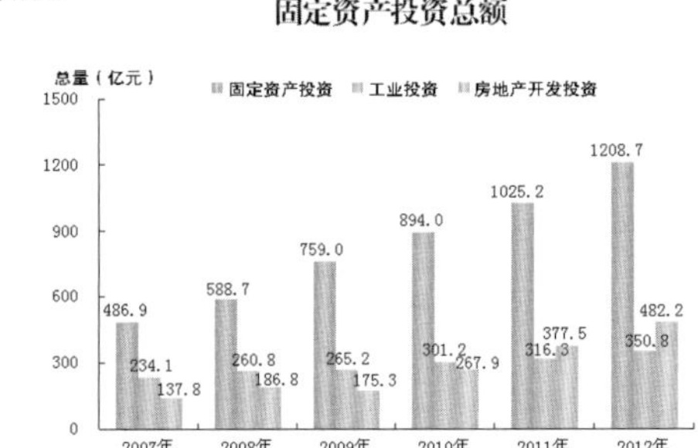

全年房地产开发投资482.2亿元，增长28.1%；商品房建筑面积4579.9万平方米，增长17.3%；商品房竣工面积509万平方米，增长1.3%；商品房销售面积826.7万平方米，增长3.8%；商品房销售金额478.4亿元，增长8.5%。

表5：商品房销售面积分类情况

产品名称	绝对数（万部）	增长（%）
商品房销售面积	826.7	100.0
#住宅	787.3	95.2
#90平方米以下	238.8	28.9
90－140平方米	338.6	40.9
140平方米以上	209.9	25.4
#别墅、高档公寓	81.0	9.8
办公楼	8.0	10.0
商业营业用房	25.5	3.1

五、国内贸易

全年社会消费品零售总额754.2亿元，比上年增长15.5%。其中，城镇消费品零售额628.2亿元，增长18.1%；乡村零售额126亿元，增长4%。分行业看，批发业零售额83.4亿元，增长31%；零售业零售额599.9亿元，增长13.7%；住宿业零售额14.8亿元，增长15%；餐饮业零售额56.1亿元，增长14.9%。从限额以上零售业看，汽车零售企业零售额增长25.9%；综合零售企业零售额增长17.8%；机动车燃料油零售企业零售额增长3.6%；家电零售企业零售额下降12.5%。

图五

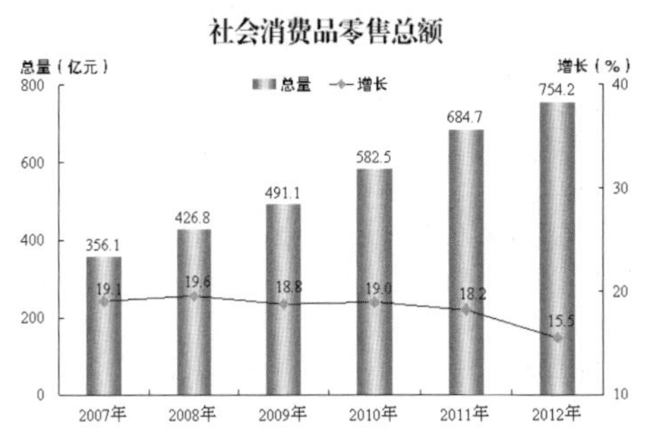

六、对外经济

全年外贸进出口总额495亿美元，比上年增长27.5%。其中，出口292亿美元，增长26.3%；进口203亿美元，增长29.3%。进出口差额（出口减进口）89亿美元，比上年增加14.8亿美元。

表6：外贸进出口主要分类情况

指　　标	绝对数（万美元）	增长（%）
出口额总计	**2920456**	**26.3**
#“三资”企业	2439060	33.6
国有企业	5545	-30.6
集体企业	32	-14.8
私营企业	243920	1.8
#机电产品	2435511	32.8
高新技术产品	1788737	49.5
鞋类	75545	12.6
服装	128941	-5.0
进口额总计	2029557	29.3
#“三资”企业	1855048	31.8
国有企业	100955	6.1
私营企业	72743	10.1
#机电产品	1658837	38.1
高新技术产品	1362099	50.4
服装	935	11.0

图六

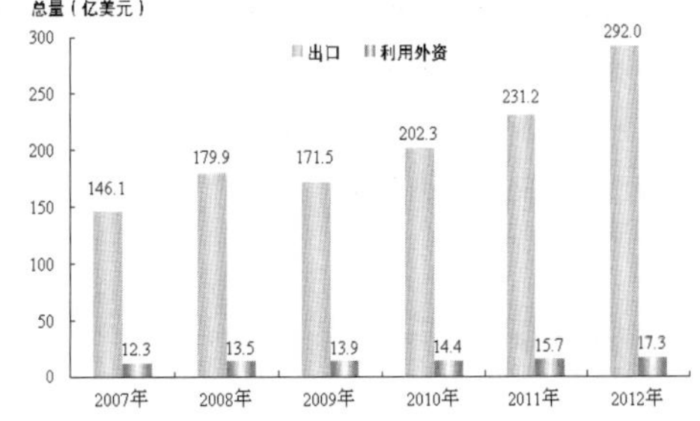

从出口市场看，2012年主要出口市场的占比分别为：韩国32.7%、香港26.8%、美国13.4%、欧盟8.4%、东南亚3%、日本2.7%，这六大市场占比合计87.1%。

全年共签订外商直接投资项目合同327宗，下降23.1%；外商直接投资合同金额26.5亿美元，增长22.5%；实际利用外商直接投资17.3亿美元，增长10.2%。全年工商注册新登记外商投资企业346家，新增注册资金5.5亿美元。年末全市工商登记外商企业实有6439家。其中，香港4132家；台湾、英属维尔京群岛、萨摩亚合计870家；韩国155家；美国106家；日本65家；欧洲34家。

表7：实际利用外商直接投资分行业情况

指　　标	合同数（宗）	实际利用外资（万美元）	增长（%）
合计	**327**	**172782**	**10.2**
#第一产业	10	2974	329.1
第二产业	165	131039	7.5
#制造业	163	129763	7.8
第三产业	152	38769	13.4
#房地产业	1	6901	-28.2
批发和零售业	103	18460	82.3
住宿和餐饮业	5	239	-93.3

表8：实际利用外商直接投资分地区情况

地　　区	合同数（宗）	实际利用外资（万美元）	增长（%）
合　计	**327**	**172782**	**10.2**
#香港	274	108663	-6.4
台湾	23	787	-64.5
韩国	13	6151	5.2
维尔京群岛	2	22965	32.9
美国	1	1423	83.9
日本	5	706	349.7
其它	9	32087	123.2

七、交通、邮电和旅游

年末全市境内公路通车里程总长10933公里。其中等级公路10341公里,高速公路492公里。通车里程公路密度为96.4公里/百平方公里;等级公路密度为91.2公里/百平方公里。全年沿海港口完成货物吞吐量5257万吨,其中港口集装箱吞吐量412万吨。

表9:各种运输方式完成客货运输量情况

指　标		绝对数
旅客运输总量	**万人**	**16598**
#铁路	万人	572
公路	万人	16013
水路	万人	13
货物运输总量	**万吨**	17346
#铁路	万吨	235
公路	万吨	7862
水路	万吨	9249
港口货物吞吐量	**万吨**	5257
#沿海港口	万吨	5118

年末全市民用汽车保有量35.8万辆,比上年末增长16.7%,其中私人汽车30.5万辆,增长19.2%。民用轿车保有量21万辆,增长19.5%,其中私人轿车19.7万辆,增长20.6%;当年新注册上牌私人轿车3.5万辆,增长2.7%。

全年邮政电信业务收入62.4亿元,增长7.6%。其中邮政业务收入2.3亿元,比上年增长7%;电信业务收入60.2亿元,增长7.9%。年末固定电话用户130.1万户,其中城市固定电话用户90.5万户,乡村固定电话用户39.6万户。年末移动电话501.2万户;互联网用户104.2万户。

全市共接待国内外游客3153万人次,增长11.8%。接待住宿游客1312.8万人次,增长10.4%,其中国内游客人数1122.3万人次,增长10.7%。全年实现旅游总收入184.2亿元,增长14.3%,其中旅游外汇收入6.8亿美元,增长17.6%。

八、金融、证券和保险

年末全市金融机构本外币存款余额2697亿元,比年初增长12.3%。其中人民币各项存款余额2507.5亿元,比年初增长7.8%。全市金融机构本外币贷款余额1735.1亿元,比年初增长20.6%。其中人民币贷款余额1501亿元,比年初增长15.9%。

图七

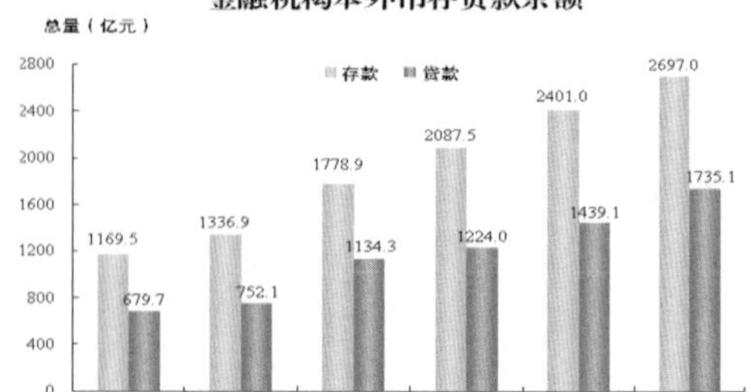

表10:金融机构人民币存贷款情况

指　标	年末余额（亿元）	比年初增长(%)
各项存款余额	**2507.5**	**7.8**
#单位存款	1052.6	-1.3
个人存款	1367.5	15.2
城乡居民储蓄存款	1351.4	15.1
#城镇	1050.3	15.6
农村	301.1	13.4
各项贷款余额	1501.0	15.9
#短期贷款	248.0	27.6
中长期贷款	1200.1	12.2
#个人消费	496.3	22.7

注:不含外资金融机构。

全市共有各类保险公司43家(含分支机构),全年实现保费收入56.5亿元,增长1.9%。其中,寿险保费收入38.4亿元,增长8.1%;健康险和意外伤害保费收入8.1亿元,增长8.1%;财产险保费收入18.2亿元,增长20.8%。支付财产险赔款9.3亿元,增长28.3%。

九、教育和科学技术

全市参加当年高考被录取的学生人数25674人,考入中专人数36797人,本科上线率41.4%;本地普通高等院校招生8032人;高中毕业生升学率89.65%;初中毕业生升学率98.51%;小学毕业生升学率100%;学龄儿童入学率100%。实现"镇镇皆教育强镇"、"县县有示范高中"、乡镇中心幼儿园全部规范化。市东江高级中学建成,市卫生学校升格为卫生职业技术学院。

表11:各类教育发展情况

指　标	学校数（所）	招生数（人）	在校生数（人）
普通高等学校	3	8302	24300
普通高中	35	33111	93938
中等职业技术学校	39	34167	97852
普通初中	179	64934	202623
普通小学	472	87160	421074
幼儿园	436	78551	144664

全年新增高新技术企业28家，省级创新型企业8家。组建企业技术研发中心累计150家，其中国家级5家，省级42家。全年共申请国家专利项目9894项，增长64%；获授权项目4093项，增长40.3%。其中，发明专利313件，占申请总量的18.7%。

十、文化、卫生和体育

年末全市共有博物馆6个，群众文化事业馆（站）79个，公共图书馆5个，广播电台频道6套，电视频道6套。广播人口覆盖率和电视人口覆盖率均为100%。全市有线电视用户74.21万户，数字电视用户数48.04万户，娱乐歌舞厅226家，网吧584家。

年末全市共有各类卫生机构（不含村卫生室）982个，其中，医院、卫生院137个（乡镇卫生院73个），妇幼卫生保健机构6个，疾病预防控制中心5个，卫生监督所5个。全市拥有病床数17231张，比上年增长31.6%，其中医院、卫生院床位14485张。各类卫生技术人员23974人，比上年增长20%，其中执业医师、执业助理医师9162人，注册护士9486人。另外，疾病预防控制中心卫生技术人员351人，卫生监督所卫生技术人员187人。

年末全市共有体育馆22个，体育场地面积1132万平方米，体育娱乐场所73个。全年体育健儿在省级以上比赛中共获奖牌77枚。其中，获世界赛金牌3枚；获国家赛金牌17枚；获省赛金牌14枚。

十一、人民生活、社会保障和安全生产

全年农村居民人均纯收入12415元，比上年增长13.5%，剔除价格因素，实际增长10.4%；农村居民家庭恩格尔系数为44.3%；农村居民人均住房面积32.8平方米。

市区城镇居民全年人均可支配收入29965元，增长12.6%，剔除价格因素，实际增长9.5%；按九组分，10%最高收入组人均可支配收入66326元，10%最低收入组人均可支配收入13469元，高低收入比为4.9:1；城镇居民家庭恩格尔系数35.7%；城镇居民人均住房建筑面积35.34平方米。全年参加养老保险202.2万人，比上年增长6.4%；领取养老金通过社会化发放人数8.4万人，增长8.4%。参加失业保险92.5万人，增长1.7%；年末领取失业救济金人数3409人，下降5.4%。参加基本医疗保险139.5万人，增长3.4%。

全年共发生各类生产安全事故1283宗，死亡320人。其中，道路交通事故死亡299人，占各类生产安全事故死亡人数的93.4%；工矿商贸企业事故死亡17人，占各类生产安全事故死亡人数的5.3%；火灾事故死亡2人，占各类生产安全事故死亡人数的0.6%；亿元地区生产总值生产安全事故死亡率为0.135。

十二、人口、资源和环境

年末全市常住人口467.40万人，人口密度412人/平方公里。户籍人口341.91万人，户籍人口出生率12.31‰，死亡率5.48‰，自然增长率6.83‰。

全年总用电量227.4亿千瓦时，增长8.4%。其中工业用电160.2亿千瓦时，增长10.2%。年末全市拥有500千伏变电站4座；110千伏以上变电站120座，主变容量2411万千伏安。

至年底，全市新建成21座污水处理设施和3处管网工程，新增污水处理能力36万吨/日，使全市污水处理设施达到51座、处理能力达到129.65万吨/日。全市共有自然保护区26个，保护区面积8.8万公顷，森林覆盖率60.87%。

注：1、本公报中2012年数据均为初步统计数，统计图中2007－2011年数据为年报数。

2、公报中生产总值、各产业增加值绝对数按现价计算，增长速度按可比价计算。

3、部分数据因四舍五入的原因，存在分项合计不等的情况。

惠州统计年鉴－2013

HUIZHOU STATISTICAL YEARBOOK

第二部分

统　计　图

年末常住总人口

单位：万人

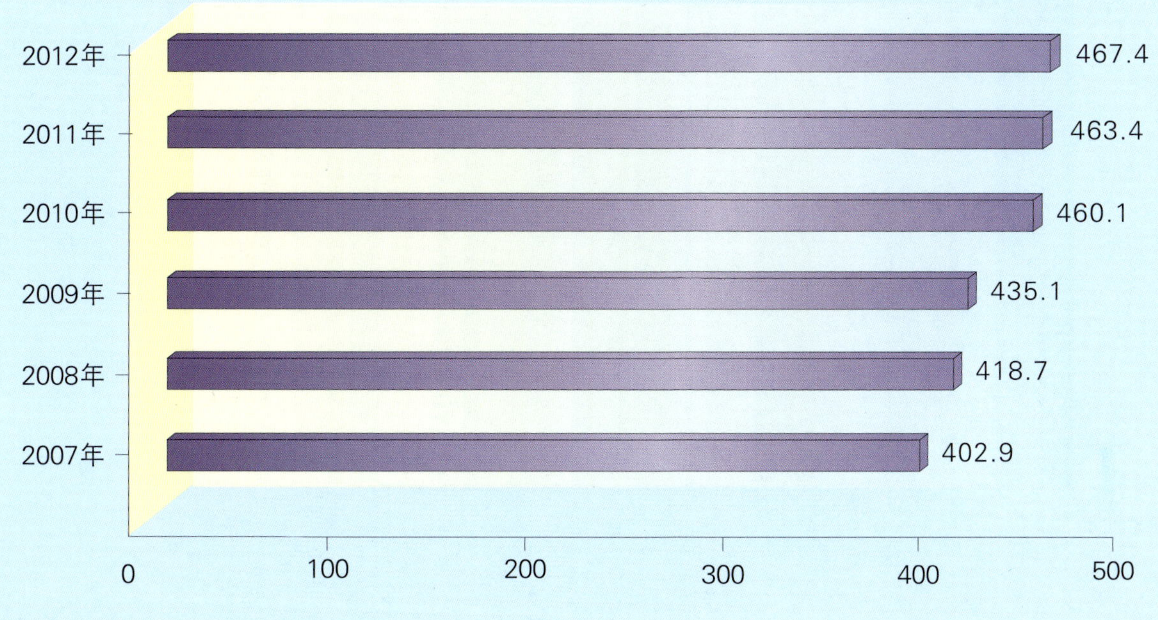

人口密度

单位：人/平方公里

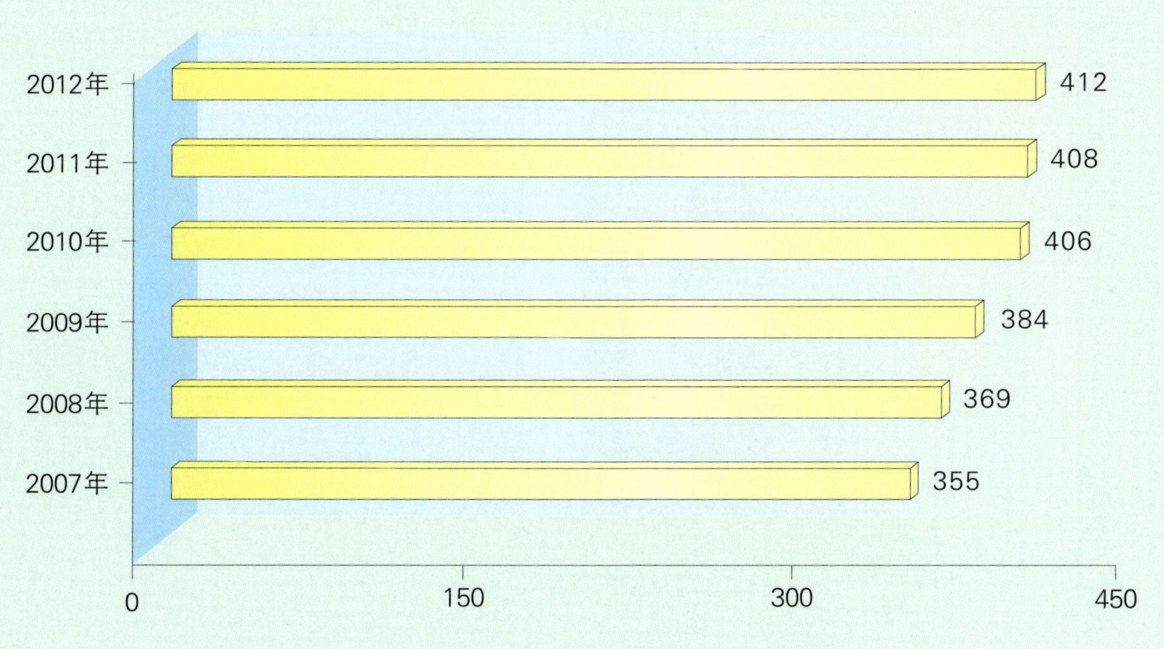

地区生产总值（GDP）

人均GDP

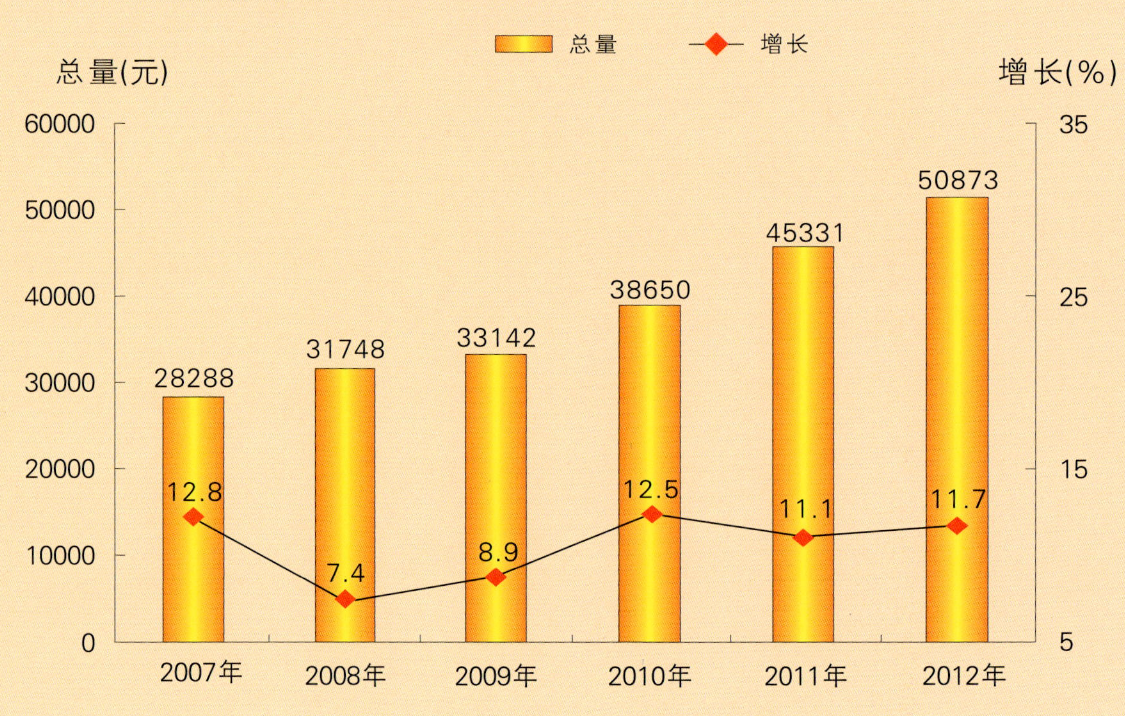

第三产业增加值

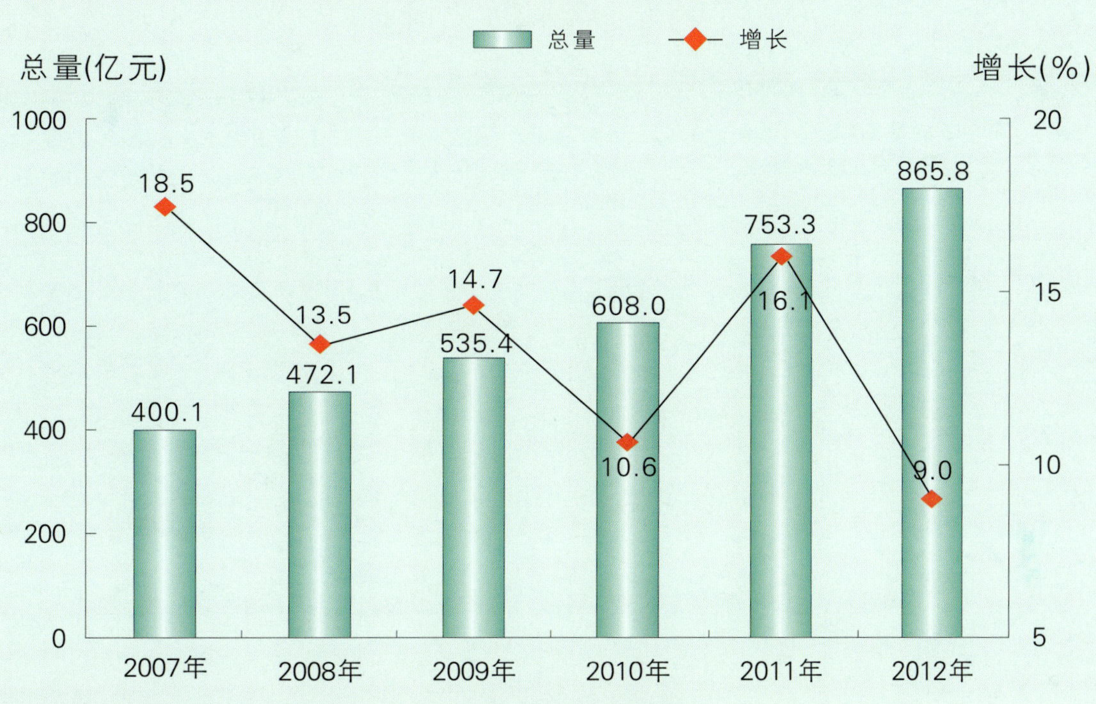

三次产业结构演变 单位：%

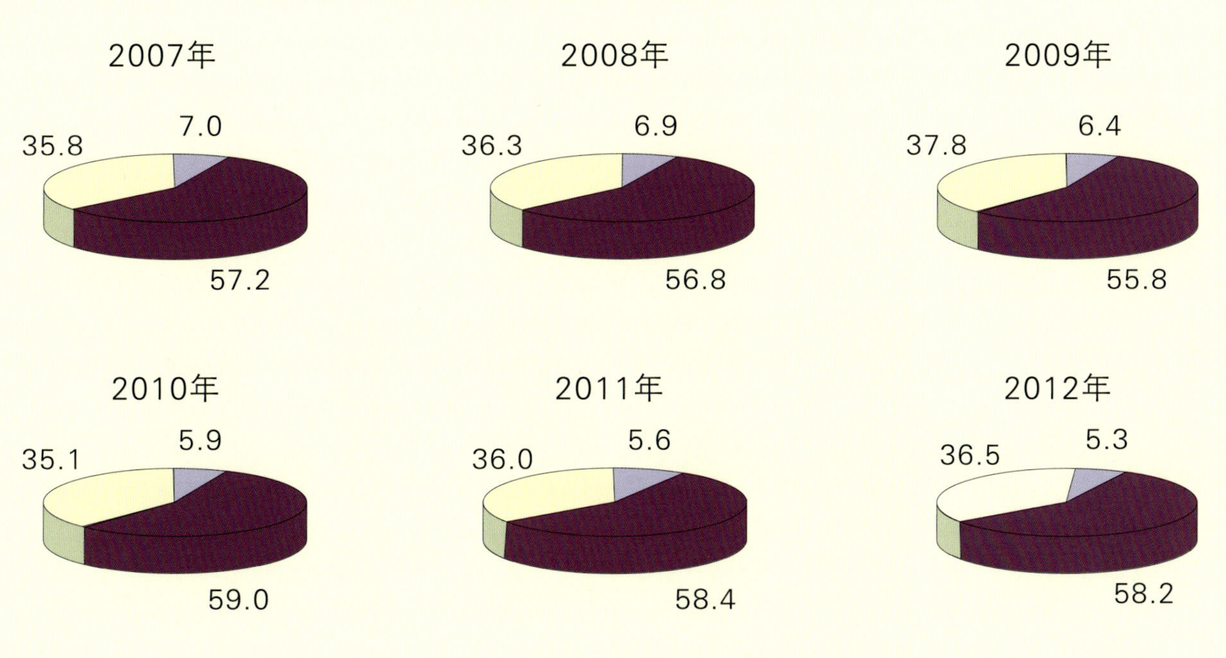

规模以上工业增加值

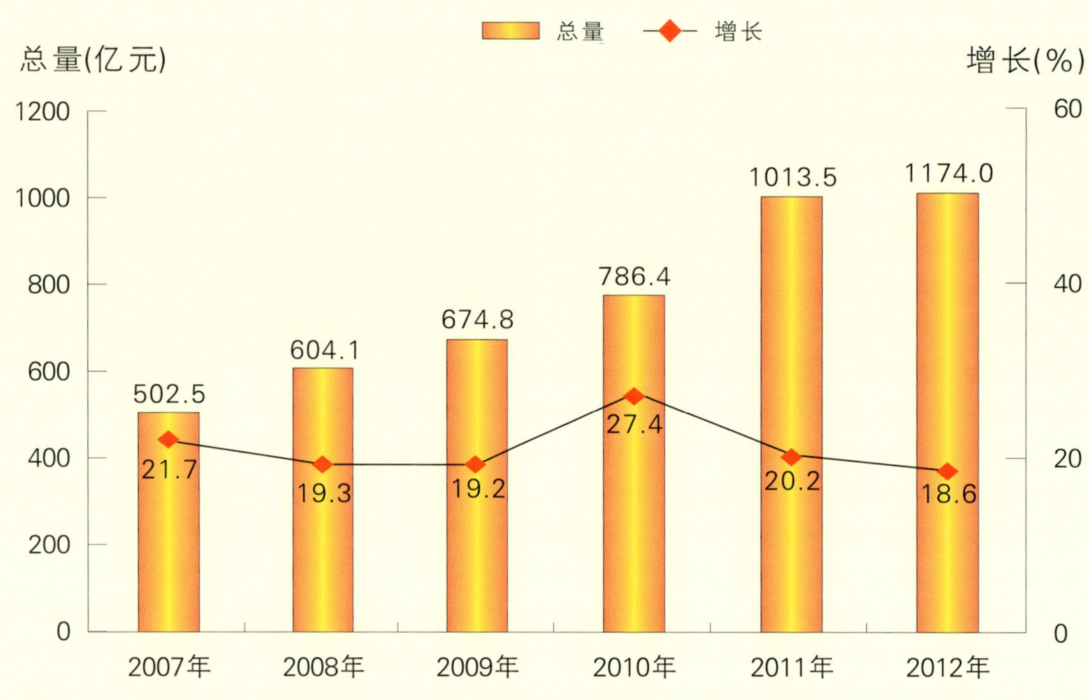

规模以上电子、石化工业增加值

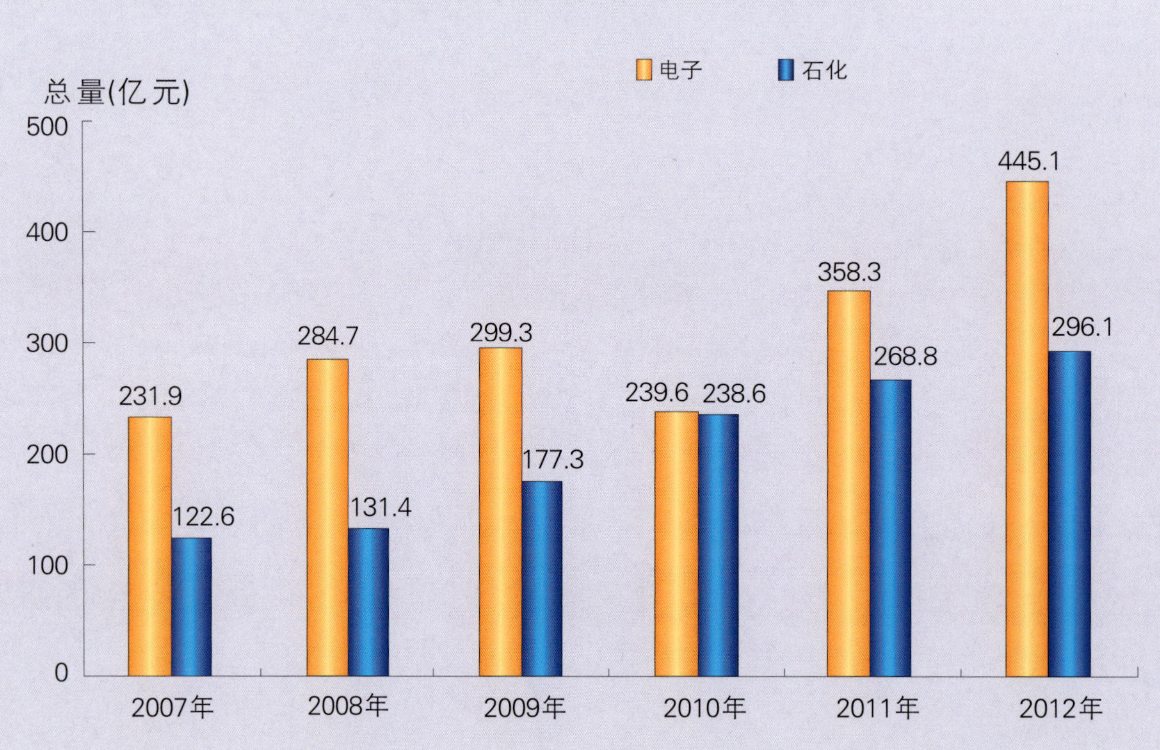

固定资产投资总额

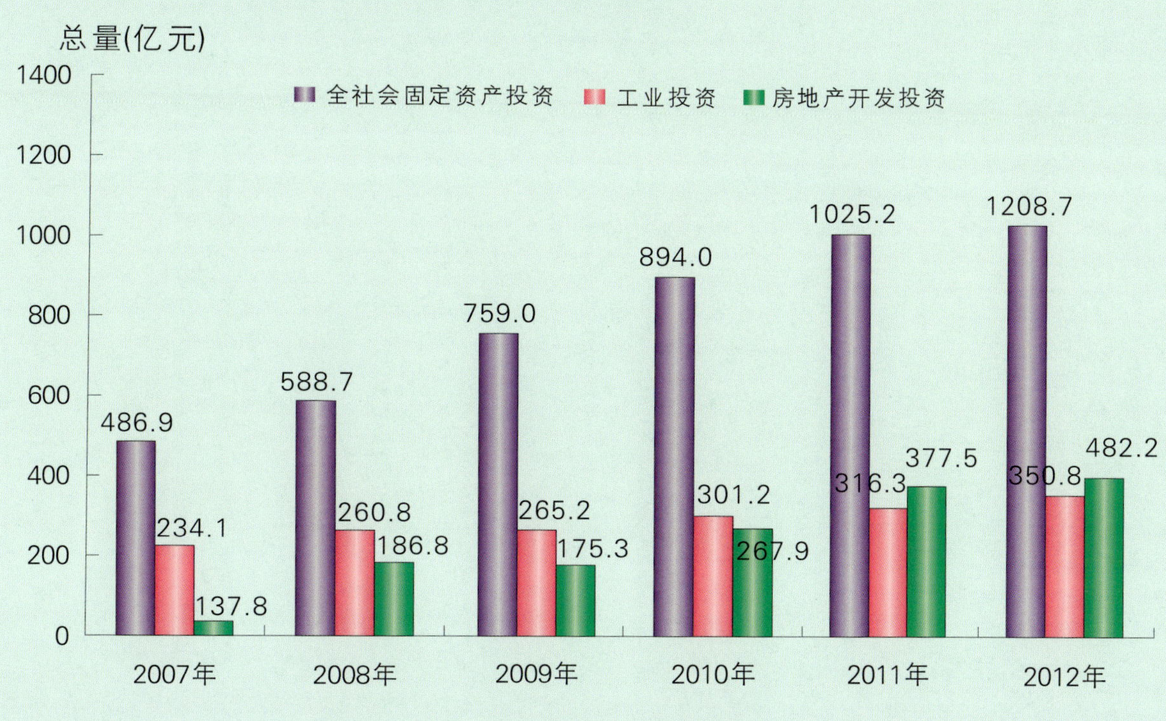

社会消费品零售总额

地方公共财政预算收入

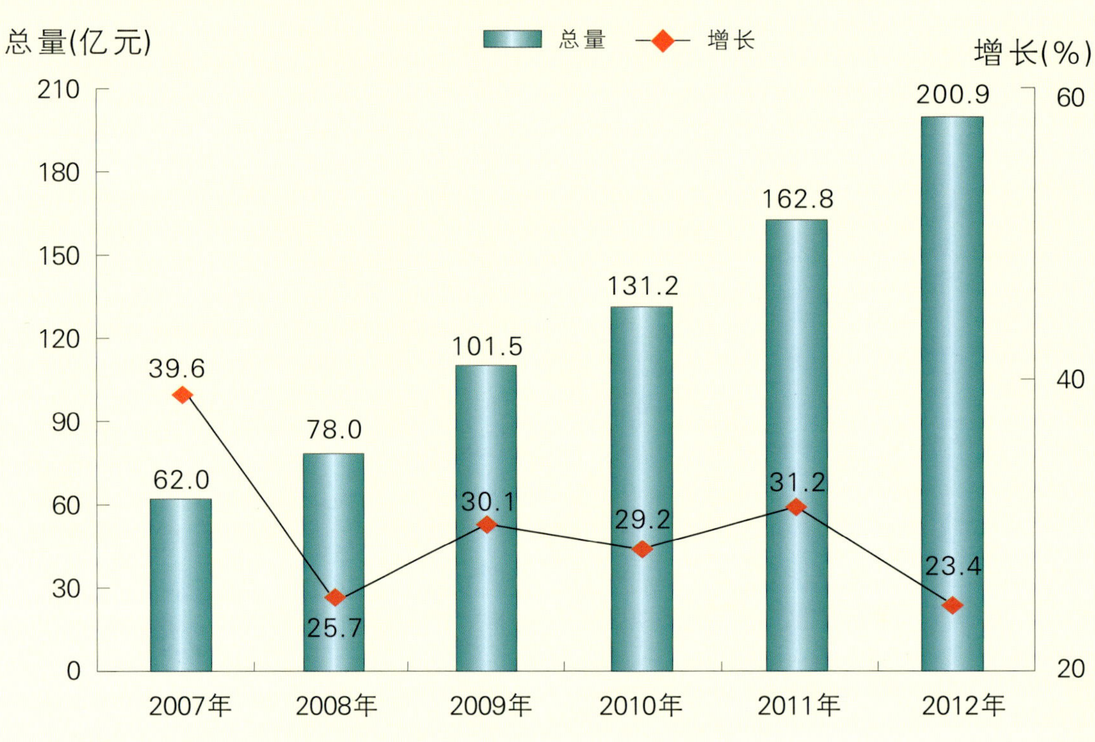

居民消费价格涨跌幅度

居民收入

单位（元）
农民人均纯收入
城镇居民人均支配收入
30000
20000
10000
0
5695
17310
6626
19481
7583
21278
9077
23565
10938
26609
12415
29965
2007年
2008年
2009年
2010年
2011年
2012年

居民收入增幅

单位（%）
城镇居民人均可支配收入
农民人均纯收入
21
18
15
12
9
6
3
11.9
16.3
14.4
19.7
20.5
13.5
8.2
12.5
9.2
10.7
12.9
12.6
2007年
2008年
2009年
2010年
2011年
2012年

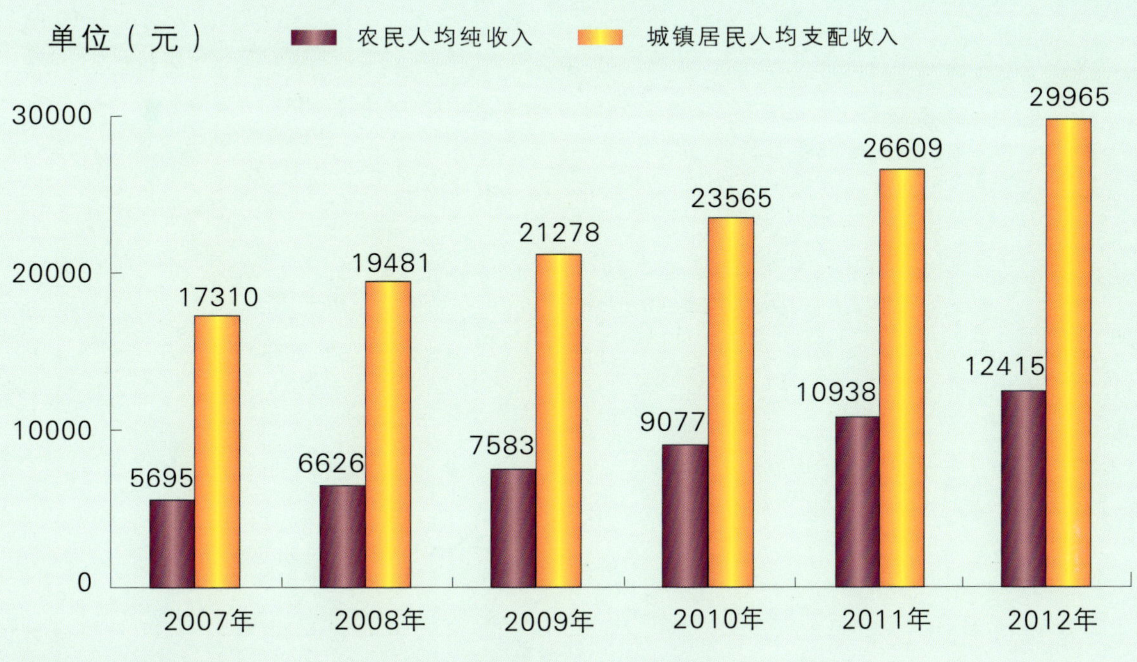

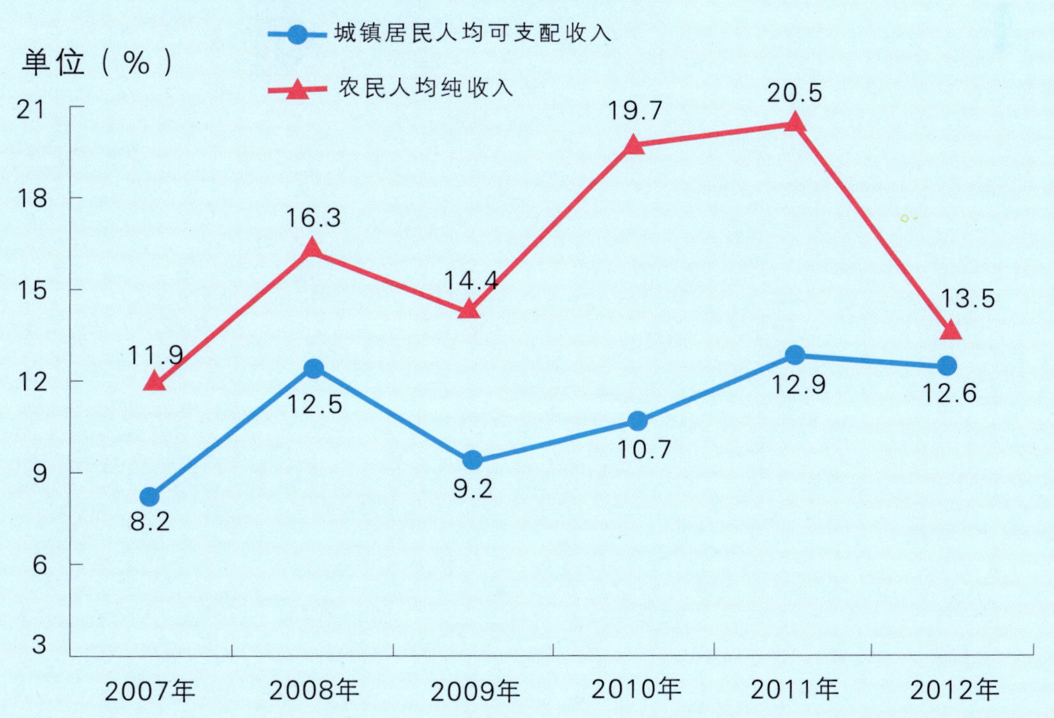

在岗职工年平均工资

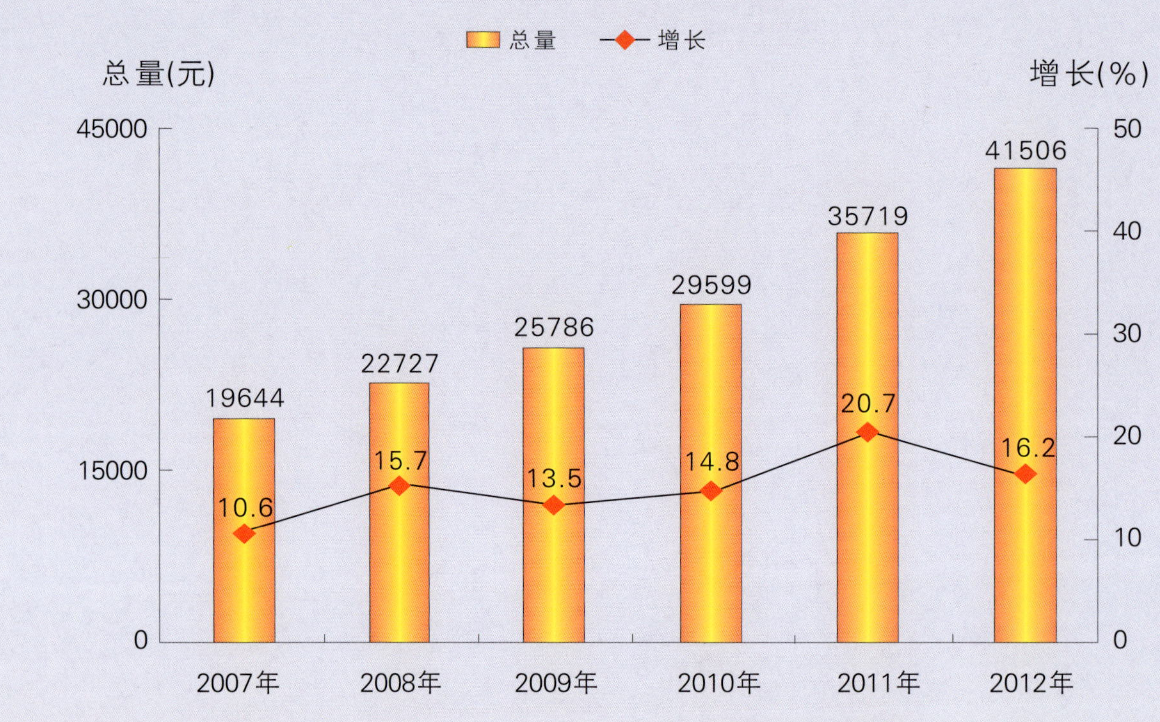

外贸出口和实际利用外商直接投资

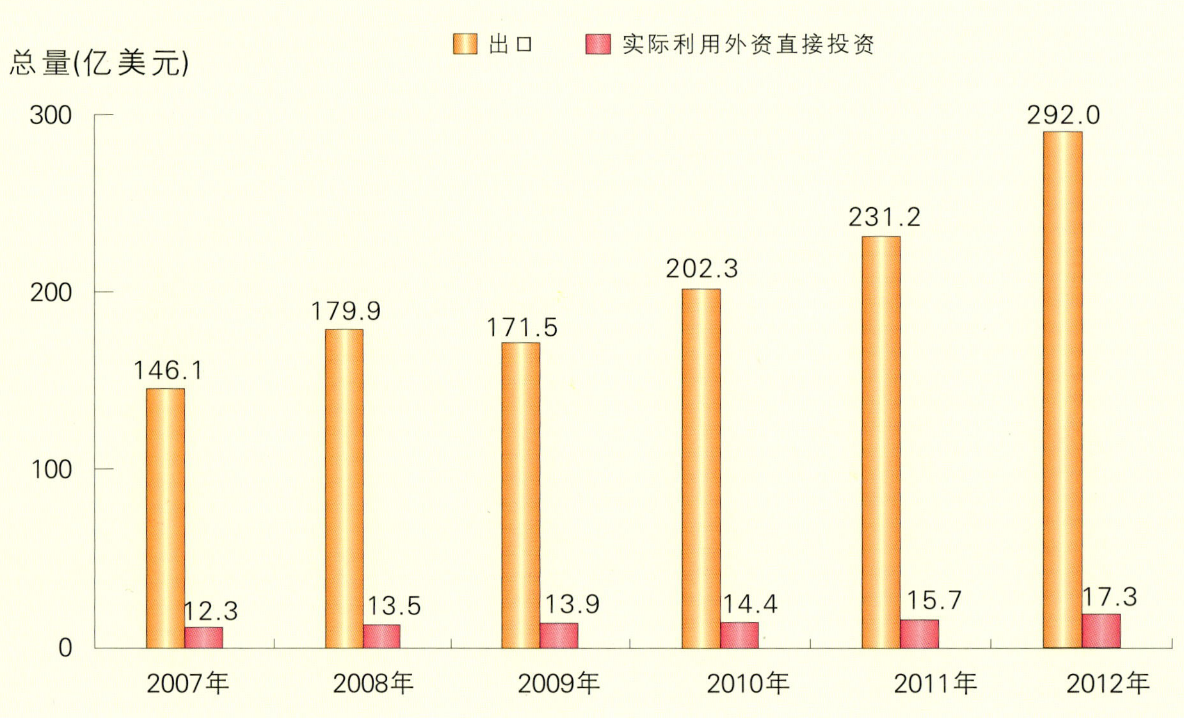

金融机构本外币存贷款余额

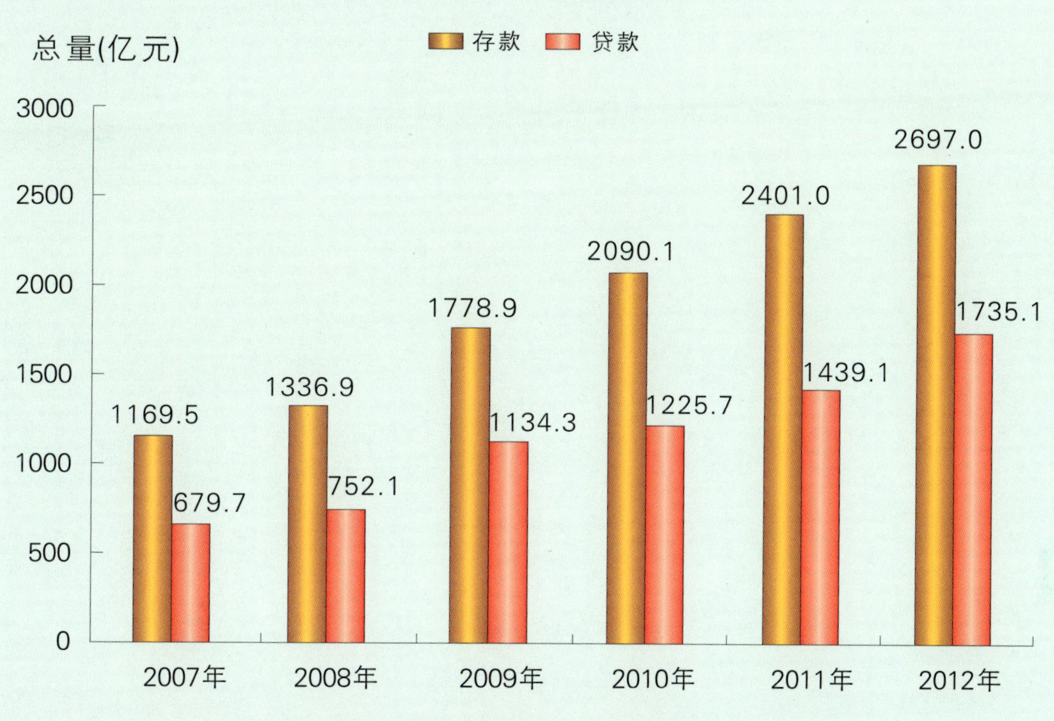

城乡居民存款余额

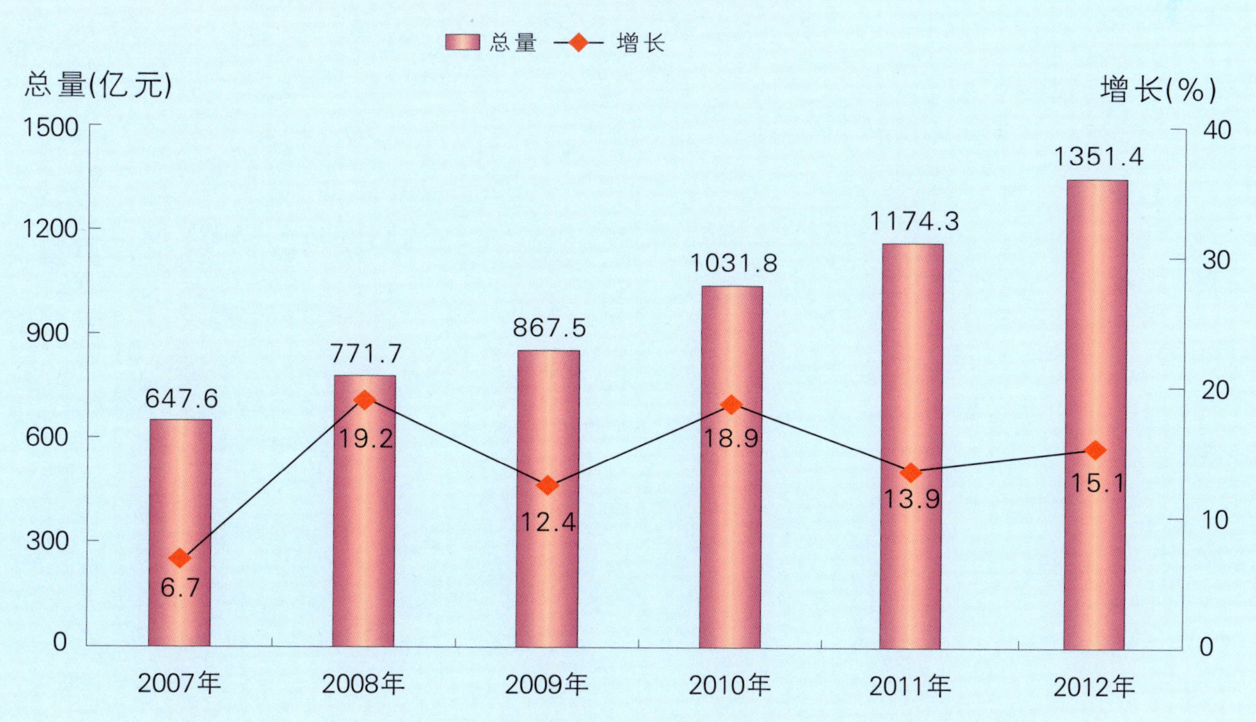

养老保险与城镇职工基本医疗保险参保人数

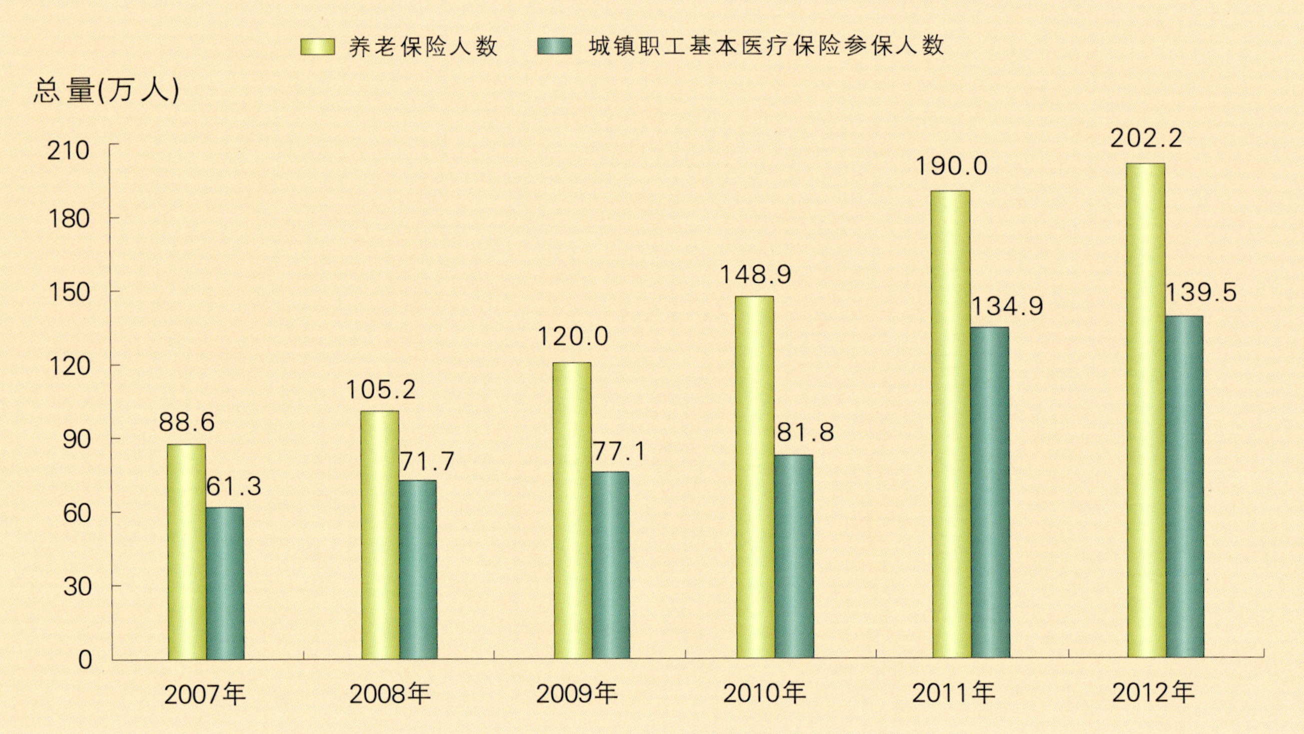

医院、卫生院床位数和医生人数

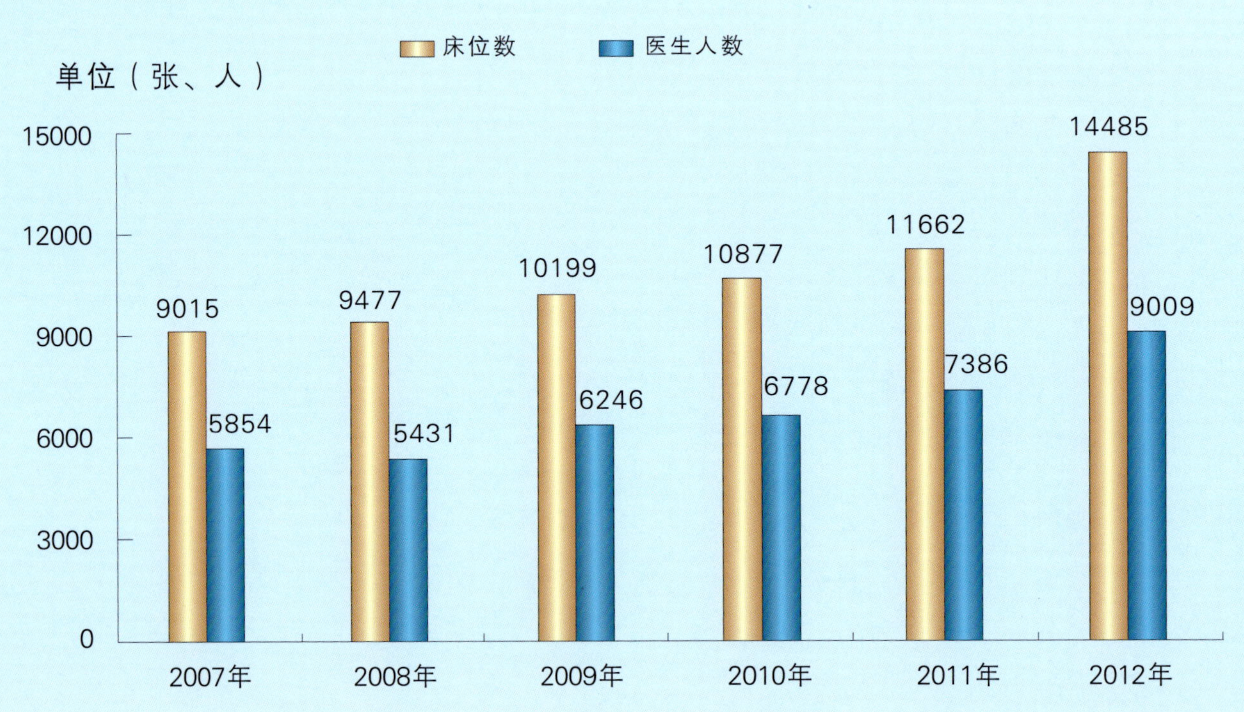

初中和高中升学率

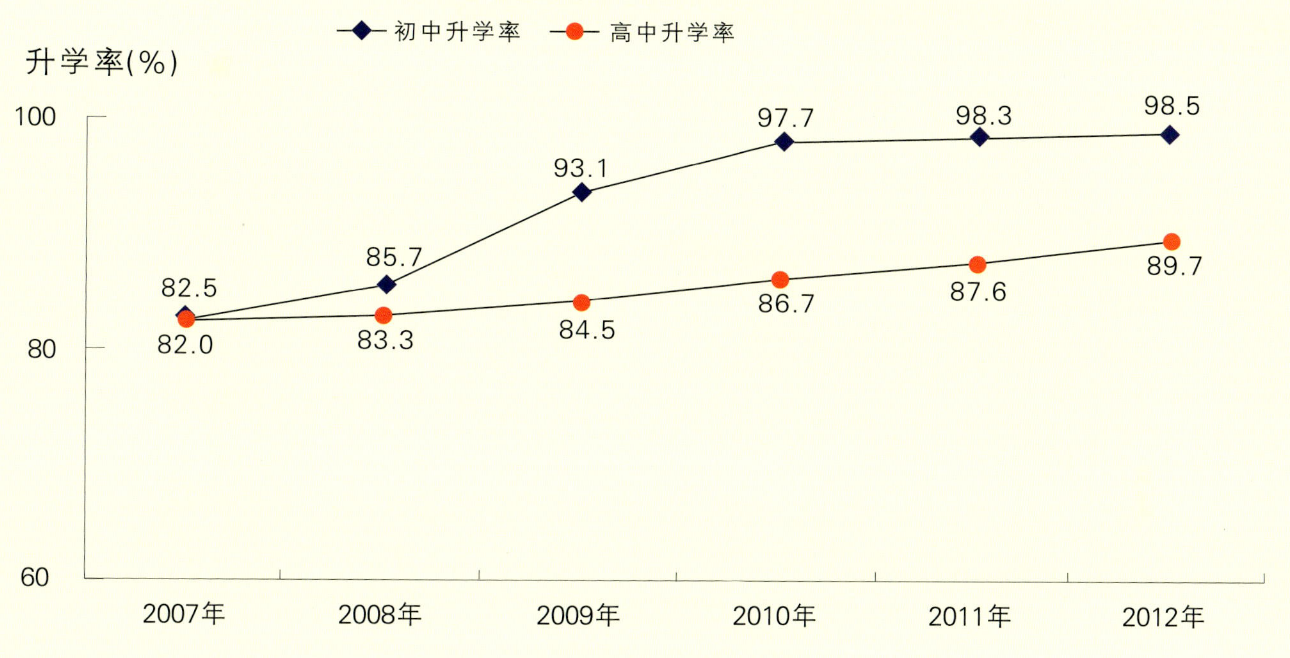

考入大学人数

单位：人

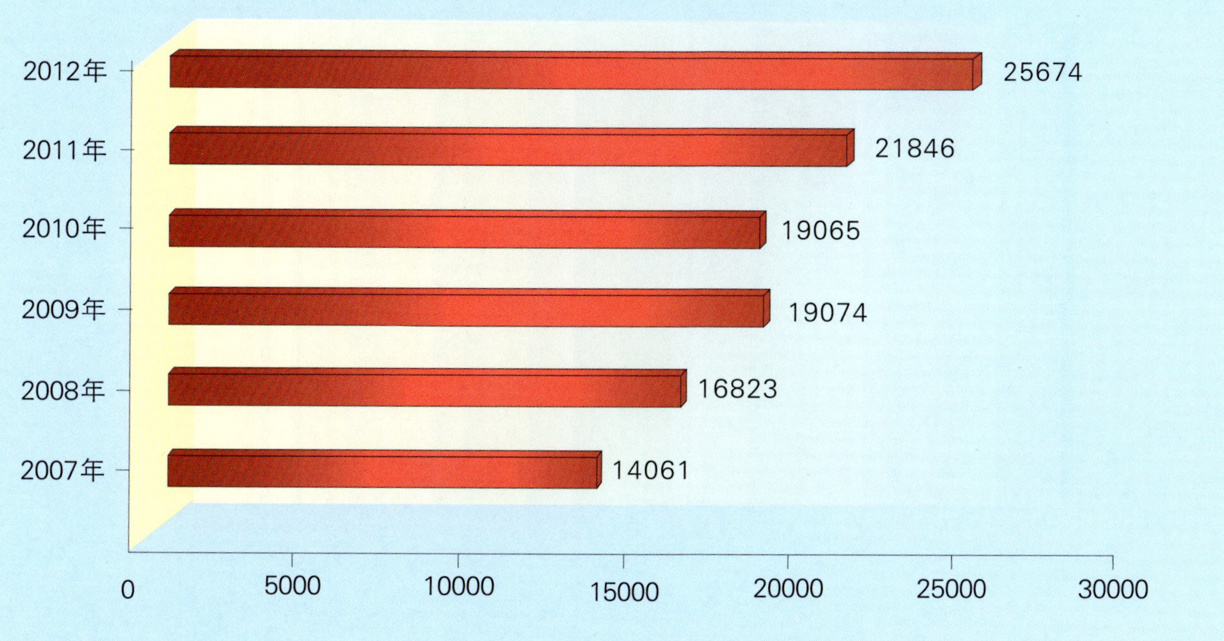

旅游总收入

单位：亿元

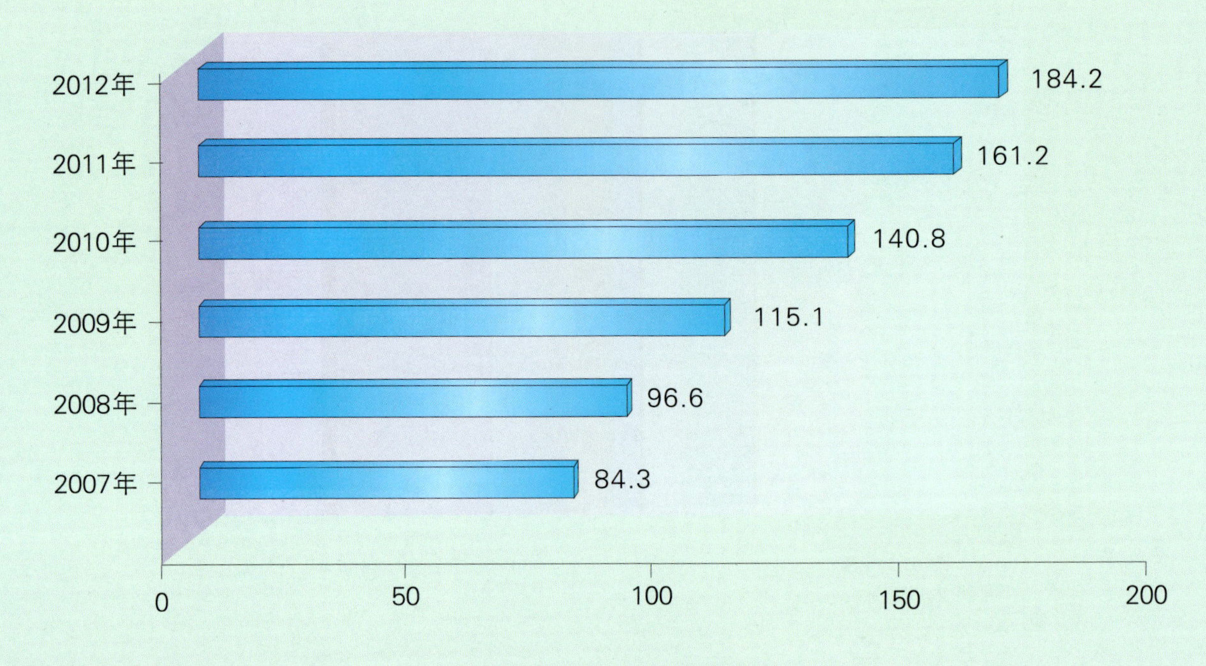

国地税总额

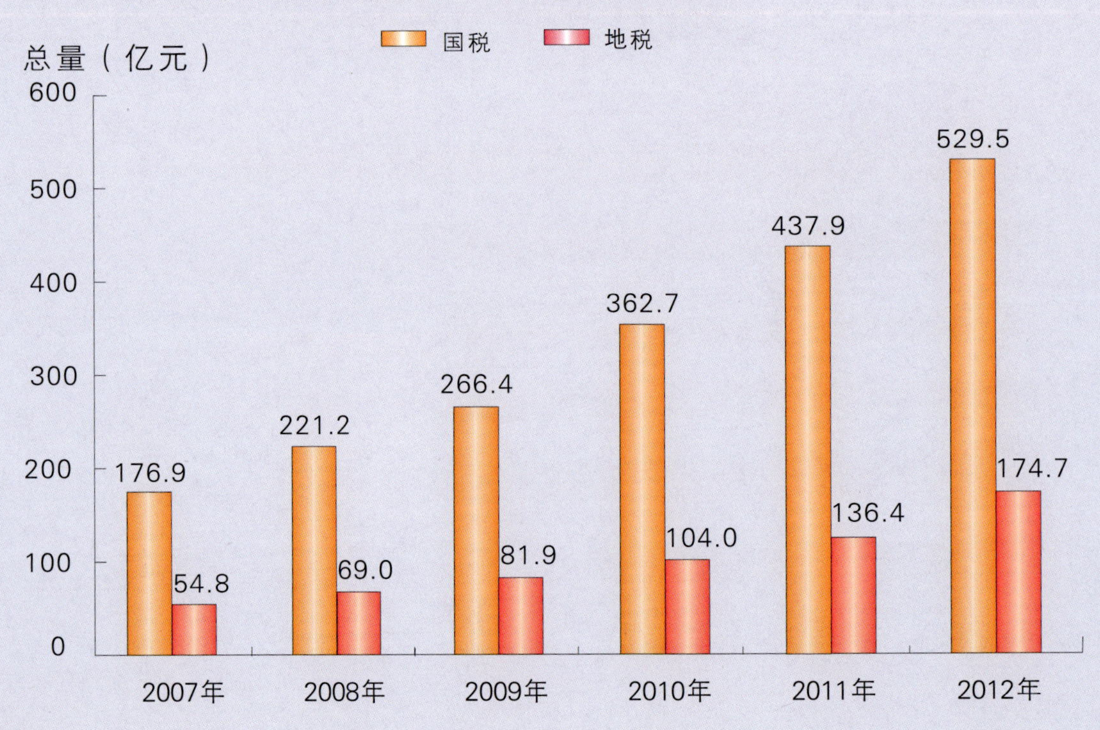

惠州统计年鉴－2013

HUIZHOU STATISTICAL YEARBOOK

第三部分

统 计 表

一、历年主要经济指标

1-1 建国以来国民经济主要指标

年份	年末户籍人口（万人）	年末常住总人口（万人）	出生率（‰）	死亡率（‰）	自然增长率（‰）
1949	103.30				
1952	107.53				
1957	118.23				
1962	127.91				
1965	138.99				
1970	160.65				
1975	180.13				
1978	187.74		21.83	5.90	15.93
1979	189.73		26.68	5.87	20.81
1980	192.47		23.70	5.49	18.21
1981	195.69		22.90	5.37	17.53
1982	199.20		22.83	5.21	17.62
1983	202.27		20.22	5.84	14.38
1984	205.30		20.09	5.30	14.79
1985	208.88		17.67	5.17	12.50
1986	211.71		16.77	4.77	12.00
1987	214.90		15.34	4.35	10.99
1988	218.06		14.17	4.61	9.56
1989	221.47		14.17	4.75	9.42
1990	226.16	231.25	17.71	5.04	12.67
1991	232.86	239.01	17.36	4.77	12.59
1992	239.33	247.02	17.07	4.98	12.09
1993	245.72	255.31	16.96	4.80	12.16
1994	251.16	263.87	16.57	4.50	12.07
1995	255.90	272.72	16.30	4.85	13.93
1996	260.08	281.87	18.37	4.58	13.79
1997	266.53	291.32	16.39	4.50	11.89
1998	270.00	301.09	14.26	5.08	9.18
1999	271.82	311.19	11.76	4.60	7.16
2000	277.81	321.80	10.62	4.69	5.93
2001	280.45	334.77	9.66	4.26	5.39
2002	283.02	343.41	9.16	4.27	4.88
2003	286.36	352.27	9.48	4.40	5.08
2004	293.22	363.18	9.59	4.35	5.24
2005	297.58	370.69	9.74	4.38	5.36
2006	306.41	387.51	10.08	4.54	5.55
2007	312.89	402.86	10.24	4.67	5.58
2008	318.84	418.65	10.80	4.75	6.04
2009	324.36	435.08	10.95	4.60	6.35
2010	337.28	460.11	11.78	4.78	6.99
2011	343.03	463.36	11.43	4.66	6.77
2012	341.91	467.40	12.31	5.48	6.83

注:2006-2009 年年末常住人员根据 2010 年第六次全国人口普查快速汇总数据进行平滑调整。

1－1.1

年 份	从业人员（万人）	第一产业	第二产业	第三产业	在岗职工年末人数(万人)
1949	38.28				
1952	40.55				
1957	48.56				2.31
1962	53.64				4.31
1965	55.58				5.55
1970	66.80				8.26
1975	75.61				11.43
1978	83.46				16.00
1979	82.49				16.11
1980	85.54				17.13
1981	87.75				17.99
1982	90.73				18.31
1983	93.31				18.27
1984	97.73				18.34
1985	99.63				19.85
1986	102.39				19.87
1987	106.94				21.20
1988	110.44				22.14
1989	113.37				23.37
1990	119.85	62.91	24.79	32.15	23.77
1991	125.85	63.65	27.26	34.94	28.03
1992	134.49	62.54	34.56	37.39	30.87
1993	145.83	62.26	40.60	42.97	34.45
1994	157.52	61.18	44.22	52.12	38.56
1995	172.85	64.54	48.80	59.51	43.44
1996	165.28	66.40	49.42	49.46	44.09
1997	180.98	67.45	50.86	62.67	44.93
1998	183.03	68.62	50.97	63.44	42.76
1999	185.05	69.33	50.79	64.93	42.15
2000	186.70	69.37	51.90	65.43	42.19
2001	196.84	69.82	53.44	73.58	42.71
2002	216.55	76.92	61.37	78.26	47.43
2003	206.67	69.56	88.38	48.73	50.24
2004	212.92	68.37	92.24	52.31	53.23
2005	222.62	69.35	99.22	54.05	64.92
2006	227.84	67.53	102.70	57.61	66.90
2007	236.47	64.79	109.13	62.55	75.70
2008	243.74	63.62	109.37	70.75	72.60
2009	252.16	62.21	115.75	74.19	76.59
2010	260.14	55.12	126.99	78.04	78.60
2011	267.97	52.56	133.12	82.27	83.35
2012	270.04	52.19	134.15	83.70	87.22

注:2006－2009 根据第六次人口普查结果进行调整。

1－1.2

年 份	本 市 生产总值 （万元）	第一产业	第二产业	第三产业	人均 GDP （元）	本市生产 总值指数 （%）	第一产业	第二产业	第三产业
1949	11180	8821	556	1803	109	100.0	100.0	100.0	100.0
1950	12171	9326	616	2229	117	124.6	125.4	116.4	123.2
1951	12875	9840	683	2352	123	107.2	107.7	112.4	104.5
1952	14493	10620	1064	2809	136	114.8	111.2	140.8	124.3
1953	15603	11017	1310	3276	144	107.9	105.7	137.3	109.7
1954	21220	15846	1769	3605	193	111.2	111.2	144.2	104.1
1955	23322	17396	1981	3945	210	103.6	102.4	118.4	103.1
1956	25346	18240	2671	4435	224	109.7	108.3	135.6	105.8
1957	26053	18038	3431	4584	224	99.7	97.7	119.2	98.3
1958	26287	17868	3689	4730	220	100.0	99.1	110.7	97.3
1959	25944	15818	4367	5759	214	95.5	85.5	117.0	116.8
1960	29752	19353	4360	6039	242	107.3	111.0	101.8	101.2
1961	25026	17195	2987	4844	201	85.9	94.1	64.2	76.6
1962	39841	29994	3411	6436	316	110.1	106.9	92.3	130.0
1963	31631	21271	2789	7571	244	103.9	100.1	102.0	115.0
1964	38019	25807	4125	8087	287	117.0	116.5	147.6	108.5
1965	42131	29647	5447	7037	309	111.8	119.3	116.3	90.2
1966	39525	26132	4949	8444	280	103.8	99.5	93.6	124.6
1967	42729	29095	5094	8540	295	104.8	105.7	111.0	99.6
1968	41156	28319	5018	7819	275	95.1	97.6	91.5	90.4
1969	42615	28461	5294	8860	277	103.1	100.4	100.7	112.5

1－1.2　续表1

年　份	本　市生产总值（万元）	第一产业	第二产业	第三产业	人均GDP（元）	本市生产总值指数（%）	第一产业	第二产业	第三产业
1970	47834	31820	6864	9150	302	110.4	109.4	133.7	103.1
1971	50678	33628	7283	9767	311	106.1	107.8	97.4	105.8
1972	54093	34947	8444	10702	325	103.6	99.1	120.4	108.5
1973	55092	34187	9186	11719	323	100.8	96.1	108.5	109.3
1974	58900	38144	9551	11205	337	104.9	109.5	102.0	95.3
1975	59794	36742	10468	12584	335	101.3	95.6	111.0	111.2
1976	63665	37891	11533	14241	351	106.6	104.2	106.9	112.4
1977	64885	37328	12294	15263	352	105.7	106.1	104.1	105.8
1978	67596	37720	14065	15811	360	103.7	101.1	120.8	99.8
1979	67917	35496	13368	19053	358	96.7	86.8	94.4	120.6
1980	75357	41077	13525	20755	391	106.2	106.7	105.6	105.8
1981	90879	48930	16105	25844	464	113.5	112.1	113.6	115.7
1982	103536	52806	19745	30985	523	115.4	113.5	120.5	115.7
1983	102144	52101	19417	30626	505	96.8	93.5	102.2	99.1
1984	117923	58549	21204	38170	576	107.0	110.3	98.7	106.9
1985	137464	65999	32070	39395	656	110.9	103.0	148.5	103.5
1986	166334	74453	39186	52695	783	117.3	109.9	113.7	131.1
1987	224107	93760	60156	70191	1042	123.2	99.2	162.9	128.1
1988	323416	130478	84675	108263	1482	117.6	107.1	116.3	129.1
1989	390768	152609	99999	138160	1769	112.5	111.1	115.8	111.1

1－1.2　续表2

年　份	本　市 生产总值 （万元）	第一产业	第二产业	第三产业	人均 GDP （元）	本市生产 总值指数 （%）	第一产业	第二产业	第三产业
1990	487913	175371	144398	168144	2110	123.1	120.5	130.6	119.6
1991	614253	189069	220258	204926	2569	123.9	109.8	148.2	115.2
1992	841348	225313	320550	295485	3462	132.9	117.2	144.4	132.8
1993	1324826	258176	595953	470697	5190	142.3	102.6	166.4	141.5
1994	1793884	338054	843706	612124	6799	127.8	111.4	140.5	118.7
1995	2295679	396992	1154242	744445	8557	125.4	107.7	136.7	115.3
1996	2713746	454228	1460372	799145	9627	117.9	109.8	125.9	106.1
1997	3189026	541678	1772237	875111	10947	117.2	110.3	122.3	108.5
1998	3574207	549949	2041812	982446	12067	114.8	103.1	117.3	113.6
1999	3942003	592605	2261163	1088235	12668	112.7	109.4	114.2	109.9
2000	4391944	622339	2552591	1217014	13877	111.3	106.1	113.1	108.6
2001	4789523	654378	2767390	1367754	14590	109.5	107.3	109.2	111.4
2002	5265704	673896	3065762	1526045	15529	110.7	104.7	112.1	110.8
2003	5864620	682657	3437058	1744905	16860	112.2	100.4	114.4	113.2
2004	6864489	775253	3921239	2167995	19189	115.1	104.2	114.4	121.2
2005	8039248	751011	4557365	2730872	21909	115.9	105.4	117.1	117.4
2006	9289210	687776	5389868	3211566	24503	116.8	102.4	120.6	114.5
2007	11179105	782076	6396201	4000828	28288	117.6	104.5	118.8	118.5
2008	13040471	906113	7412972	4721386	31748	111.6	104.3	111.9	113.5
2009	14147026	902923	7889604	5354498	33142	113.2	103.8	113.3	114.7
2010	17299543	1023813	10195732	6079998	38650	118.0	104.0	123.8	110.6
2011	20930808	1165098	12232520	7533190	45331	114.6	103.9	114.7	116.1
2012	23675499	1245642	13772300	8657558	50873	112.6	102.9	114.4	111.1

注:1998 年起第一产业按新口径统计;指数 1999 年前按 1990 年不变价格计算,2001 年起按 2000 年不变价计算,2006 年起按 2005 年不变价计算;1998 年起生产总值、第一产业指数按同口径计算。根据属地统计原则,对 2001 年工业、核算有关数据作了调整,公布数据具有可比性(下同)。原"国内生产总值"指标改为"本市生产总值"。2004 年经济普查后,对 1993－2004 年的历史数据作了修正。

年　份	本市生产总值构成(%)			
		第一产业	第二产业	第三产业
1978	100.0	55.8	20.8	23.4
1979	100.0	52.3	19.7	28.0
1980	100.0	54.5	18.0	27.5
1981	100.0	53.9	17.7	28.4
1982	100.0	51.0	19.1	29.9
1983	100.0	51.0	19.0	30.0
1984	100.0	49.6	18.0	32.4
1985	100.0	48.0	23.3	28.7
1986	100.0	44.7	23.6	31.7
1987	100.0	41.9	26.8	31.3
1988	100.0	40.3	26.2	33.5
1989	100.0	39.0	25.6	33.4
1990	100.0	35.9	29.6	34.5
1991	100.0	30.7	35.9	33.4
1992	100.0	26.8	38.1	35.1
1993	100.0	19.5	45.0	35.5
1994	100.0	18.9	47.0	34.1
1995	100.0	17.3	50.3	32.4
1996	100.0	16.7	53.8	29.5
1997	100.0	17.0	55.6	27.4
1998	100.0	15.4	57.1	27.5
1999	100.0	15.0	57.4	27.6
2000	100.0	14.2	58.1	27.7
2001	100.0	13.6	57.8	28.6
2002	100.0	12.8	58.2	29.0
2003	100.0	11.6	58.6	29.8
2004	100.0	11.3	57.1	31.6
2005	100.0	9.3	56.7	34.0
2006	100.0	7.4	58.0	34.6
2007	100.0	7.0	57.2	35.8
2008	100.0	6.9	56.8	36.3
2009	100.0	6.4	55.8	37.8
2010	100.0	5.9	59.0	35.1
2011	100.0	5.6	58.4	36.0
2012	100.0	5.3	58.2	36.5

1－1.3

年份	固定资产投资（万元）	房地产开发	#国有经济单位投资（万元）	新增固定资产投资（万元）	商品房销售面积（万平方米）	商品房销售额（亿元）
1952	65					
1957	1125					
1962	412					
1965	2444					
1970	1753					
1975	2857					
1978	5991		5412	2281		
1979	5604		5182	1984		
1980	8623		8272	3590		
1981	18535		10324	17445		
1982	27468		14118	22575		
1983	23703		13448	17664		
1984	25799		12930	34637		
1985	40932		17565	36700		
1986	42022		20775	35429		
1987	66330		29885	60744		
1988	94932		36195	79671		
1989	107324		52909	94568		
1990	165399	8900	99271	138344		
1991	223295	19699	135097	164072		
1992	423763	43293	250270	285596		
1993	917831	209362	634949	568072	79.54	11.33
1994	756761	96102	474351	193844		
1995	616145	90969	402492	337770		
1996	631257	48139	435564	417831	17.10	2.33
1997	588301	44477	396904	677075	9.96	2.35
1998	603754	55355	388213	578269	25.07	3.80
1999	665760	66655	446537	551361	26.00	4.29
2000	774104	92069	499766	717371	48.00	8.12
2001	844273	106472	536391	729930	45.48	7.88
2002	1047340	158773	717190	778366	56.36	13.24
2003	2284704	272724	1954087	1042687	86.13	16.70
2004	2976139	295532	2598702	1030306	101.13	22.88
2005	3523708	438917	501163	1513591	149.4	149.39
2006	3087813	690302	549679	5041074	254.71	75.80
2007	4869094	1377564	1428299	1965560	383.18	153.33
2008	5887368	1868314	1662243	2249185	295.90	121.94
2009	7589682	1753332	2247850	5826042	543.81	232.01
2010	8940191	2678611	2199034	5712027	627.30	311.17
2011	10252067	3775399	2163119	6666439	796.30	440.87
2012	12086803	4821683	2238291	6830597	826.72	478.42

1－1.4

年份	地方公共财政预算收入（万元）	地方公共财政预算支出（万元）	金融机构存款余额（万元）	城乡居民储蓄存款余额（万元）	金融机构贷款余额（万元）
1963	2395	1938			
1964	4629	2299			
1965	4340	2222			
1966	4544	3044			
1967	3845	2746			
1968	4729	2234			
1969	5269	2906			
1970	5159	2920			
1971	6167	3044			
1972	5908	4739			
1973	5961	4179			
1974	5439	2625			
1975	4947	5024		1747	
1976	4392	4132			
1977	4745	4247			
1978	5500	5921	11320	3167	25533
1979	3086	5735	15097	4508	29052
1980	3760	6901	21978	6106	39095
1981	5278	8378	30350	8906	48069
1982	4488	8421	32897	11548	53872
1983	4888	9259	42115	15518	58545
1984	4937	10433	68598	25711	89880
1985	5433	13321	81580	37112	106910
1986	8917	18239	116242	54669	136221
1987	13261	23701	160861	80969	183514

1－1.4 续表

年份	地方公共财政预算收入（万元）	地方公共财政预算支出（万元）	金融机构存款余额（万元）	城乡居民储蓄存款余额（万元）	金融机构贷款余额（万元）
1988	20821	29456	164170	107628	203942
1989	23802	35697	198416	154493	247536
1990	28098	43934	408425	243080	387858
1991	39449	53729	447167	378205	370297
1992	57606	77309	1153953	823452	538911
1993	93622	108904	1540834	1017762	1317543
1994	74409	112167	1600774	1118399	1416385
1995	76925	118321	1933487	1434177	1968310
1996	70669	116392	2459994	1704458	2620118
1997	76086	132446	2807971	2080232	2744975
1998	94281	149709	3109384	2314576	2846817
1999	107529	168174	3499731	2515692	2439765
2000	129356	197886	3590688	2493084	2133399
2001	182792	258858	4024608	2740804	2267685
2002	197153	330094	4790091	3191087	2653794
2003	241238	387786	5719088	3795484	3138211
2004	254208	459451	6651342	4472809	3478121
2005	347218	524097	7817848	5222112	3672270
2006	444473	660323	9467087	6072335	4407589
2007	620603	860589	11338239	6476106	5632461
2008	780657	1062985	13045899	7716561	6598939
2009	1015651	1347527	17344007	8674938	9249371
2010	1312270	1854379	20411875	10317915	10976616
2011	1628309	2272099	23260486	11743416	12954779
2012	2008762	2740831	25075498	13514447	15010215

注:表中金融指标均为人民币口径。

1-1.5

年　份	在岗职工工资总额（万元）	国有经济	在岗职工年平均工资（元）	职工平均工资指数（%）	城镇居民家庭人均可支配收入（元）	城镇居民家庭人均消费性支出（元）	农村居民家庭人均纯收入（元）	农村居民家庭人均消费性支出（元）
1957	1232	1232	532	104.11				
1962	2198	2198	510	117.24				
1965	2875	2816	518	98.67				
1970	3281	3281	546	98.03				
1975	4938	4370	607	102.53				
1978	8950	6277	599	95.69			159	
1979	8984	7044	597	99.67			165	
1980	11529	8897	705	118.09			209	
1981	13247	10481	772	109.50			327	
1982	14653	12063	849	109.97			402	
1983	15567	12377	880	119.55			392	
1984	20107	15253	1052	109.32			468	399
1985	21232	15711	1150	109.32	747	720	505	446
1986	25111	18187	1314	113.77	1027	1011	520	471
1987	29168	20630	1462	111.43	1235	1148	639	512
1988	43385	29605	2057	140.70	1512	1462	785	678
1989	54397	36625	2365	114.97	2145	1929	943	1018
1990	63016	40874	2786	117.80	2602	2349	1131	1062
1991	88474	52800	3302	118.52	3142	2712	1217	1108
1992	114028	66677	3871	117.41	3969	3768	1393	1355
1993	169932	95900	5119	132.04	5953	5387	1700	1884
1994	230994	122813	6262	122.33	7566	6225	2230	2244
1995	275711	128326	6716	107.25	7857	7156	2641	2563
1996	287574	135335	6889	102.60	8141	7554	3112	2767
1997	305664	138970	6966	101.10	8563	7262	3305	2690
1998	329725	143869	7835	112.47	8982	7362	3422	2579
1999	367555	165464	8883	113.38	9436	8194	3531	2738
2000	399339	175953	9607	108.15	9824	8555	3630	2737
2001	446319	197786	10482	109.11	10014	8574	3750	2724
2002	522965	216224	11318	108.0	10691	8603	3903	2805
2003	644073	254571	13265	117.2	12673	10303	4054	3005
2004	737530	292541	14439	108.8	13822	11929	4370	3300
2005	995961	329339	16017	110.9	14884	12931	4698	3782
2006	1168338	380252	17760	110.9	15991	14035	5090	4022
2007	1458774	444552	19644	110.6	17310	15015	5695	4320
2008	1723298	531884	22727	115.7	19481	16581	6626	4863
2009	1928867	615777	25786	113.5	21278	17914	7583	5249
2010	2307432	687101	29599	114.8	23565	19741	9077	6029
2011	2983287	867915	35719	120.7	26609	20603	10938	7187
2012	3570487	1011661	41506	116.2	29965	22279	12415	8286

注:2001 年城镇居民家庭人均可支配收入和人均消费性支出按 2002 年新口径调整。

1－1.6

年份	农林牧渔劳动力（万人）	农业机械总动力（万千瓦）	化肥施用折纯量（吨）	农村用电量（万千瓦时）	农作物播种面积（千公顷）	粮食	油料
1949	36.88						
1952	38.72						
1957	42.71						
1962	45.30						
1965	46.27						
1970	54.59						
1975	58.85						
1978	62.55	25.5	32288	3703	343.44	285.47	24.66
1979	58.58	27.89	34845	3606	330.79	269	26.62
1980	59.78	28.98	40177	3837	324.66	261.53	30.71
1981	62.17	31.04	44495	4127	318.54	244.53	35.55
1982	65.51	32.08	45047	5416	316.19	239.73	35.94
1983	66.81	33.76	47086	7226	313.79	241.47	28.81
1984	66.76	34.43	46926	8304	311.89	237.07	32.18
1985	62.59	38.07	50039	8386	308.36	226.27	31.36
1986	66.76	41.05	57752	10534	305.19	223.47	30.99
1987	64.71	48.07	58590	13375	303.65	222.93	28.96
1988	65.43	52.23	61691	12421	302.82	220.11	27.98
1989	63.05	57.01	70642	13618	307.69	224.4	27.83
1990	62.44	59.17	74800	17235	310.02	223.87	28.09
1991	61.70	65.83	75000	18896	301.19	211.74	27.33
1992	61.76	77.60	78000	35300	286.77	197.19	26.59

1-1.6 续表

年份	农林牧渔劳动力（万人）	农业机械总动力（万千瓦）	化肥施用折纯量（吨）	农村用电量（万千瓦时）	农作物播种面积（千公顷）	粮食	油料
1993	60.71	92.11	66700	35851	271.05	181.28	27.42
1994	59.46	93.45	67979	31236	270.89	190.49	27.51
1995	62.78	91.71	74221	42406	284.75	195.59	27.12
1996	64.83	85.04	77487	46371	293.97	200.72	26.14
1997	67.45	85.15	70907	44149	293.54	199.79	26.81
1998	68.62	85.71	74708	42947	298.19	200.2	26.54
1999	69.34	84.24	73500	46206	300.94	200.45	26.57
2000	69.36	83.69	79107	55479	302.83	189.27	28.27
2001	69.82	85.86	82860	70351	307.3	177.3	30.95
2002	76.92	90.89	77832	76815	292.95	154.89	31.56
2003	68.17	91.3	79000	57869	266.07	133.87	27.87
2004	65.76	88.78	78419	61243	268.14	147.93	26.71
2005	67.3	95.14	81327	73104	237.54	151.26	24.03
2006	66.68	94.6	82424	245041	225.74	112.14	19.71
2007	66.05	94.06	83521	253985	225.85	114.38	19.75
2008	66.83	112.9	84101	263257	227.57	115.64	20.37
2009	67.05	115.97	86647	260545	233.08	121.2	21.27
2010	61.79	119.57	89347	307123	241.45	120.16	21.13
2011	52.11	123.09	90512	339519	247.35	120.04	21.7
2012	51.83	125.99	93962	347807	249.78	120.92	22.32

1－1.7

年份	水果产量（万吨）	粮食产量（万吨）	油料产量（万吨）	猪牛羊产量（万吨）	水产品产量（万吨）
1949	0.12	26.00	0.76		1.06
1952	0.17	34.10	1.04		1.28
1957	0.26	40.00	1.04		2.23
1962	0.23	42.00	0.79		1.53
1965	0.47	56.70	1.62		1.51
1970	1.29	62.30	2.08		3.20
1975	1.62	66.50	2.00		2.31
1978	1.59	68.70	2.23	2.20	1.97
1979	1.21	62.30	2.80	2.13	1.16
1980	1.38	71.60	3.67	2.21	1.79
1981	1.46	69.20	4.74	2.55	1.59
1982	1.34	77.50	5.38	2.83	2.40
1983	1.78	79.10	3.56	3.49	2.89
1984	2.28	78.40	4.23	3.30	2.57
1985	3.47	76.60	4.09	3.86	2.52
1986	5.94	70.30	4.30	4.19	3.06
1987	7.85	79.70	3.91	4.36	3.42
1988	9.26	78.65	3.96	4.68	3.99
1989	11.19	86.01	4.10	4.92	4.16
1990	14.78	89.01	4.34	5.38	4.49
1991	17.55	82.27	3.82	5.84	5.19
1992	21.86	82.20	4.54	6.74	6.01
1993	20.34	76.11	4.89	7.55	6.49
1994	21.82	84.80	5.12	7.44	7.27
1995	20.21	89.33	5.37	7.59	8.17
1996	19.90	97.54	5.24	8.31	9.02
1997	18.32	105.95	5.41	9.58	11.26
1998	17.44	111.61	5.68	5.53	12.39
1999	20.33	112.66	5.92	7.23	13.09
2000	18.50	105.31	6.19	8.24	13.28
2001	19.83	92.87	6.91	8.85	13.98
2002	27.12	81.80	7.05	9.93	15.61
2003	28.85	68.02	6.59	10.39	15.69
2004	39.15	74.44	6.38	11.66	16.26
2005	48.76	74.21	6.13	13.21	16.36
2006	41.59	51.37	4.38	13.58	12.34
2007	46.78	55.15	4.74	12.81	13.71
2008	49.96	55.73	4.86	13.93	13.63
2009	51.82	58.64	5.28	14.40	14.06
2010	54.92	58.68	5.29	15.02	14.33
2011	58.88	60.98	5.46	14.09	14.67
2012	63.41	62.66	5.62	14.17	14.94

1－1.8

年份	规模以上工业企业单位数（人）	"三资"	规模以上工业企业增加值（万元）	"三资"	规模以上工业企业总产值（万元）	"三资"
1978	902				37436	
1979	922				35149	
1980	957				35659	
1981	978				37066	
1982	1005				37745	
1983	986				42961	
1984	1043				46658	
1985	1098				64202	
1986	1199				81074	
1987	1296				139596	
1988	1464				199325	
1989	1510				260814	
1990	1558				358215	
1991	1692				654909	
1992	1873		172423		941251	
1993	2106		314778		1426945	
1994	2506		502602		2212527	
1995	2616		680134		3139604	
1996	2926		880279		4125504	
1997	2909		1063139		5300732	
1998	913	502	905916		4885589	4092130
1999	710	449	1003315		5472135	4593630
2000	689	454	1321892	1070148	6578284	5618681
2001	702	483	1311496	1136088	7081192	6406301
2002	765	555	1909451	1731477	8623884	7990454
2003	808	593	2333741	1997000	10204400	9574466
2004	1257	880	2787247	2521400	11197762	10525823
2005	1244	880	3153193	2810031	14286640	12879247
2006	1279	916	4041627	3481645	18339670	16364607
2007	1387	955	5025237	4280594	22179612	19312868
2008	1875	1192	6146690	5117619	26002646	22117995
2009	1870	1139	6747555	4829101	30051367	22231185
2010	1926	1167	8260546	4916548	39051731	26214443
2011	1428	895	10135400	6456875	47650331	31552511
2012	1430	868	11739666	6853081	54772792	34537841

注:1、1998 年起统计口径为规模以上工业企业;2、2011 年起口径有调整。

1－1.9

年份	规模以上工业企业销售产值（万元）	国有	“三资”企业	规模以上工业企业流动资产合计（万元）	国有
1992	749986	138624			
1993	1128714	189649		530716	116059
1994	2145278	235496		859804	150311
1995	3283594	243103		1370095	164277
1996	4182675	240619		1449137	166637
1997	5104970	239978		2045366	202930
1998	4707413	205542		1942185	164314
1999	5247831	332112		2433793	252633
2000	6450572	150210	5516780	2809707	151798
2001	6893799	147526	6240656	3065358	164834
2002	8294503	147738	7682119	3808908	196790
2003	9921699	614053	4367646	4253560	179959
2004	12368170	555138	10279696	5210232	192025
2005	14151961	654178	12756086	5907824	162052
2006	17995058	981479	16044847	7413445	221978
2007	21761400	1194947	18926330	8748903	227310
2008	25481498	1305136	21633186	9305182	258453
2009	29740355	4264708	22001614	12651624	1505216
2010	38927458	8030926	21620597	14748340	1394428
2011	47059493	9669775	31070966	17643300	1526481
2012	54494076	12037625	34259979	19280519	1527992

注：1、1998 年起统计口径为规模以上工业企业；2、2011 年起口径有调整。

1－1.10

年　份	规模以上工业企业利税总额（万元）	国　有	客运量（万人）	公　路客运量	货运量（万吨）	公　路货运量
1978	4043	3353	1213	1125	1141	830
1979	3261	2504	1336	1234	1198	870
1980	3259	2110	1409	1310	1273	920
1981	3212	2050	1508	1421	1333	963
1982	3118	1834	1731	1643	1384	989
1983	3434	2218	1988	1892	1441	1028
1984	3376	1692	2198	2120	1512	1121
1985	5901	2170	2797	2725	1617	1230
1986	7540	4307	2432	2381	1715	1350
1987	10969	5158	2662	2622	1876	1253
1988	17090	7742	5917	5895	2125	1785
1989	20830	6727	3531	3462	2218	1769
1990	24515	3046	3559	3509	2336	1882
1991	26154	10736	3693	3673	2269	1909
1992	49462	13591	3604	3576	2337	1900
1993	89528	28328	4482	4461	2513	2083
1994	192373	30310	4794	4616	2822	2286
1995	226361	10467	3728	3603	2610	1962
1996	239560	13442	2364	2218	2204	1624
1997	321533	21363	2276	2063	2616	1638
1998	235202	14548	3008	2808	2192	1276
1999	266826	19287	4123	3927	3837	2802
2000	294042	13683	4288	4058	4329	3099
2001	344494	24303	4772	4521	4498	3189
2002	455756	18243	4696	4486	4666	3221
2003	470188	－24067	4332	4136	4196	2785
2004	608754	47087	5217	4994	4970	2988
2005	575745	54066	5535	5149	5694	3080
2006	675321	134927	5721	5265	5615	3416
2007	1657834	162359	5889	5410	5936	3568
2008	1073509	152391	6113	5591	7487	4295
2009	2505802	876152	12162	11657	8645	4061
2010	3886371	1559771	13313	12753	11352	4307
2011	4916084	1701472	13600	12996	14477	6041
2012	5840135	2237777	16597	16013	17344	7862

注:2006 年起货运量的统计口径不含管道一块。

1－1.11

年份	公路客运周转量（万人公里）	公路货运周转量（万吨公里）	年份	公路客运周转量（万人公里）	公路货运周转量（万吨公里）
1949	724	47	1981	63945	43335
1950	902	68	1982	77221	44505
1951	1130	113	1983	122980	49344
1952	1401	193	1984	165360	56580
1953	1748	467	1985	196000	55000
1954	2196	1037	1986	161700	64812
1955	2776	1449	1987	145384	73211
1956	5450	5878	1988	295478	73242
1957	6480	6488	1989	186464	91776
1958	7771	6790	1990	190766	97712
1959	9485	8685	1991	202263	99005
1960	10092	9090	1992	198658	98936
1961	8744	8100	1993	236970	107872
1962	8376	8327	1994	262150	118374
1963	8427	8934	1995	288753	95314
1964	10713	10061	1996	263782	143619
1965	10718	10764	1997	147751	165964
1966	12106	13151	1998	161280	97732
1967	12692	10713	1999	186436	228598
1968	11184	9387	2000	216293	260121
1969	12171	12289	2001	236050	265687
1970	12208	14823	2002	234836	265799
1971	12900	14377	2003	196477	209944
1972	15470	15544	2004	297895	201279
1973	18099	16017	2005	359701	219710
1974	19331	15374	2006	519938	242443
1975	18787	18624	2007	563115	270819
1976	21791	19729	2008	666617	352190
1977	23287	19456	2009	387819	463098
1978	42750	19456	2010	493566	477654
1979	46892	39150	2011	728741	681623
1980	49780	41421	2012	1163294	886014

1-1.12

年　份	公路线路长度(公里)	等级公路	高速公路	沿海港口货物吞吐量(万吨)
1978				154
1979				150
1980				139
1981				124
1982				117
1983				103
1984				91
1985				107
1986				106
1987				100
1988				105
1989				109
1990				83
1991				85
1992				88
1993				113
1994				128
1995	5963	5486	35	74
1996	5431	5198	35	83
1997	6608	6114	97	476
1998	6660	6327	97	533
1999	6862	6499	127	669
2000	6986	6632	128	787
2001	7045	6703	128	834
2002	7211	6870	128	956
2003	7372	6908	278	1098
2004	7382	6920	278	1543
2005	7538	7093	278	1512
2006	10436	8831	278	2082
2007	10436	8831	278	2324
2008	10468	9348	277	2583
2009	10682	9826	374	3613
2010	10826	10074	379	4534
2011	10893	10235	454	5014
2012	10933	10341	492	5118

注:2006年起港口货物吞量的统计口径含管道一块。

1－1.13

年　份	邮电业务总量（不变价，万元）	年　份	邮电业务总量（不变价，万元）	年末城乡固定电　话　机（部）	移动电话用户（户）
1949	30	1981	522	5426	
1950	50	1982	627	5057	
1951	53	1983	666	5101	
1952	61	1984	603	5284	
1953	84	1985	866	5749	
1954	115	1986	1060	7073	
1955	119	1987	1554	11318	
1956	155	1988	2171	17038	
1957	160	1989	4039	23825	
1958	197	1990	7434	32796	
1959	192	1991	12836	45168	
1960	258	1992	22666	58681	
1961	270	1993	46330	87666	
1962	249	1994	65021	148922	
1963	231	1995	91630	213763	
1964	276	1996	112681	264062	
1965	300	1997	131066	297732	65648
1966	328	1998	151230	338777	100844
1967	309	1999	193704	398334	150440
1968	284	2000	259727	457077	229329
1969	316	2001	286167	575195	378800
1970	334	2002	325371	667115	864516
1971	367	2003	326947	919517	1180548
1972	419	2004	664935	1056984	1705459
1973	427	2005	810066	1331231	2129440
1974	435	2006	961446	1605902	2602300
1975	454	2007	1291743	1854048	3323111
1976	490	2008	1329872	2026020	4101005
1977	501	2009	1612479	1674649	4103817
1978	501	2010	548745	1397692	3781674
1979	530	2011	659200	1351635	4198619
1980	573	2012	800493	1300558	5011597

注：邮电业务总量从2004年起为省里反馈数。

1－1.14

年　份	社会消费品零售总额（万元）	年份	社会消费品零售总额（万元）		
				批发零售贸易业	住宿和餐饮业
1949	4414	1981	43170		
1950	5324	1982	54482		
1951	6406	1983	49733		
1952	6276	1984	62827		
1953	6924	1985	78746		
1954	7189	1986	92649		
1955	7655	1987	118345		
1956	8394	1988	163952		
1957	8743	1989	187659		
1958	8989	1990	208830		
1959	10216	1991	252178		
1960	9069	1992	343562		
1961	8586	1993	607660		
1962	12219	1994	746147		
1963	13063	1995	866407	571457	141333
1964	13902	1996	917230	610921	132536
1965	12555	1997	1005493	673561	142236
1966	14622	1998	1100550	747444	158208
1967	15417	1999	1209519	840998	172922
1968	13918	2000	1264834	1099716	165118
1969	15843	2001	1413915	1229259	184656
1970	16601	2002	1618494	1403052	215443
1971	16518	2003	1816724	1598762	247739
1972	17544	2004	2131547	1820044	311503
1973	18347	2005	2520091	2168504	346572
1974	20867	2006	2984133	2570068	402200
1975	21680	2007	3560595	3061310	478070
1976	23082	2008	4267505	3676248	557389
1977	25433	2009	4910993	4270143	640850
1978	28124	2010	5825274	5300129	525145
1979	31135	2011	6847206	6194235	652971
1980	36482	2011	7541529	6833198	708331

1－1.15

年份	外贸进口总额（万美元）	外贸出口总额（万美元）	利用外资签订协议合同数（个）	外商直接投资签订协议合同数（个）	实际利用外资（万美元）	外商直接投资额	接待旅游总人数（万人次）
1978		1278	3				
1979		1171	53		13		
1980		1663	173		60		
1981		1511	151		138	3	
1982		1672	173		198	80	
1983		1356	232		344	29	
1984		1759	382		1258	253	
1985		2931	425		1600	1070	
1986		5791	470		1802	1254	33
1987		11314	744	63	1503	1084	51
1988		19751	805	96	8178	4577	73
1989		21971	669	78	9205	7703	71
1990		28703	747	127	19136	15662	76
1991		42497	841	211	20754	15207	78
1992		55552	1077	556	35376	29831	96
1993		78992	1271	916	61774	58576	100
1994		172693	1002	531	78877	72789	190
1995		233211	984	431	88834	79802	212
1996		277364	589	221	90990	83672	240
1997	228703	346591	613	195	96855	85273	248
1998	243798	335269	475	247	97026	83643	329
1999	327468	367612	484	182	98383	78526	443
2000	371384	449746	477	238	105016	83319	446
2001	391989	490928	446	262	118015	96015	458
2002	533589	588957	578	405	132648	108208	605
2003	598521	714614	581	388	169035	140703	522
2004	789613	873927	721	549	93134	63228	750
2005	836630	1065535	659	539	128390	104187	1000
2006	895372	1227718	602	489	129541	104518	1217
2007	950722	1460586	506	444	148801	122815	1567
2008	1175594	1798881	362	293	155848	135249	1805
2009	1209154	1714867	323	279	150528	139484	2115
2010	1400157	2023305	368	362	145887	143761	2501
2011	1569148	2312180	434	425	157307	156803	2821
2012	2029557	2920456	337	327	173267	172782	3153

注：本表外贸出口总额从1998年起改用海关统计口径。

1－1.16

年　份	小学在校学生数（人）	普通中学在校学生数（人）	普通高等学校在校学生数（人）	学龄儿童入学率（%）	小　学毕业生数（人）	普通中学毕业生数（人）
1963	172265	17359				
1964	204350	17767				
1965	228402	25494				
1966	224695	30632				
1967	220641	31458				
1968	215060	46897				
1969	214791	65707				
1970	196860	90131				
1971	207710	93926				
1972	244396	73596				
1973	268367	63640				
1974	288983	64202				
1975	298499	76527				
1976	295658	103051				
1977	280052	129119				
1978	282536	132051	370	95.60	47872	
1979	279458	97897	574	95.53	43240	
1980	276676	81940	758	95.57	36507	
1981	272207	51648	729	95.65	35059	
1982	273689	58350	591	96.23	39910	
1983	268576	62567	638	97.63	40104	
1984	280129	69623	754	98.20	38019	
1985	279666	76827	1258	98.43	39360	
1986	286976	82039	1344	99.10	33290	
1987	296037	81668	1413	99.14	33834	

1－1.16 续表

年份	小学在校学生数（人）	普通中学在校学生数（人）	普通高等学校在校学生数（人）	学龄儿童入学率（%）	小学毕业生数（人）	普通中学毕业生数（人）
1988	300094	82197	1498	99.30	40860	
1989	305312	91617	2351	99.36	41572	
1990	317220	93739	1961	99.57	36595	
1991	329000	95816	1216	99.49	38746	
1992	337062	99400	1417	99.70	41480	26243
1993	344397	105233	1598	99.69	45642	25304
1994	348451	120195	2036	99.82	48607	27274
1995	346242	131499	2419	99.86	50328	31405
1996	342661	146165	2804	99.70	52044	34739
1997	341166	158529	3165	99.60	53757	40923
1998	335053	163476	3629	99.74	52341	47322
1999	337362	168464	4562	99.84	52439	49527
2000	335551	174526	6915	99.83	55889	52931
2001	345222	182123	5841	99.66	54926	53199
2002	360649	188425	5449	99.82	54227	59579
2003	391082	198004	6586	100.00	57435	58996
2004	418989	212095	8046	99.97	59661	60248
2005	442407	232301	8106	99.94	64271	62343
2006	451551	257051	8423	99.96	72225	68243
2007	445221	277215	8079	99.35	79066	73144
2008	426443	295346	9286	100.00	80890	79839
2009	401270	305888	12038	100.00	80973	87064
2010	397983	308667	20041	100.00	76715	91248
2011	403950	307746	22007	100.00	70940	95870
2012	421074	296561	24300	100.00	64366	99934

1－1.17

年 份	医 院（卫生院）数(个)	医 院（卫生院）床位数(张)	卫 生 技术人员（人）	医生数（人）	护士数（人）	个体医务人员(人)
1969	74	2330	2924	1256		
1970	73	2781	2921	1247		
1971	77	3117	3169	1218		
1972	77	2550	3359	1476		
1973	81	2807	3532	1419		
1974	79	2887	3668	1456		
1975	82	3053	3879	1457		
1976	82	3147	3996	1518		
1977	87	3203	4260	1605		
1978	95	3460	4533	1698		
1979	96	3406	4815	1831		
1980	96	3511	5203	1944		
1981	101	3618	5347	1938		15
1982	101	3565	5535	2050		34
1983	103	3834	5699	2069		81
1984	106	3787	5812	2099		95
1985	103	3697	5768	1967		103
1986	103	3971	5863	1875		144
1987	107	3911	5955	1944		148
1988	107	4079	6139	2157		185
1989	104	4018	6214	2194		193
1990	105	4098	6398	2284		230

1－1.17 续表1

年　份	医　院（卫生院）数(个)	医　院（卫生院）床位数(张)	卫　生技术人员（人）	医生数（人）	护士数（人）	个体医务人员(人)
1991	106	4394	6873	2530		251
1992	106	4529	7262	2607		272
1993	106	4763	7559	3003		457
1994	106	4845	8236	3388		570
1995	112	5261	8923	3744		780
1996	113	5498	9460	3990	2464	807
1997	113	5495	9336	3590	2684	392
1998	114	5682	9893	4030	2846	592
1999	115	5702	10335	4246	2923	604
2000	116	5869	10552	4371	3214	625
2001	116	5931	10586	4472	3335	618
2002	116	6472	10310	3566	3445	184
2003	121	7279	10561	3999	3498	257
2004	123	7513	11289	4392	3620	271
2005	123	7960	12043	4622	3872	537
2006	125	8532	12703	5000	4245	380
2007	123	9538	14964	5854	5109	722
2008	119	10207	14765	5431	4962	698
2009	124	10199	16728	6246	5795	748
2010	126	10877	18218	6778	6391	776
2011	131	11662	19978	7386	7283	912
2012	137	14485	23787	9009	9445	1171

1-1.17 续表2

年 份	科技专利申请量（件）	科技专利授权量（件）	废水排放总量（万吨）			城镇恩格系数（%）	农村恩格系数（%）
				工业废水	生活废水		
1988							
1989							
1990							
1991							
1992							
1993	20					38.6	
1994	1					42.7	
1995	5	3	1647	1505	142	42.9	
1996	106	38	8612	1112	7500	43.4	50.9
1997	146	100	9737	1981	7756	46.0	51.8
1998	118	126	9253	1678	7575	42.5	52.1
1999	206	148	10690	1689	9001	38.1	48.7
2000	378	207	10046	1833	8213	37.3	49.5
2001	331	283	10958	1979	8979	38.6	50.5
2002	708	443	12983	2794	10189	39.2	49.5
2003	854	532	12642	3432	9210	36.4	49.1
2004	1109	680	13585	4039	9546	34.3	49.9
2005	1041	651	13774	4359	9415	32.1	49.8
2006	877	641	21616	6204	15412	31.6	47.9
2007	1235	726	26974	8727	18247	32.5	47.9
2008	1160	1011	28074	7189	20884	34.1	49.5
2009	1761	985	28188	5782	22406	34.1	48.2
2010	2889	1628	31126	6029	25097	33.9	45.0
2011	6029	2917	30400	7462	22937	34.5	44.6
2012	9894	4093	33789	8300	25489	35.7	44.3

1－1.18

年　份	旅游总收入（亿元）	接待过夜旅游者（万人次）	文化馆、艺术馆（个）	公共图书馆（个）	博物馆（个）	广播电台（套）	电视台（座）
1988	1.2	73				2	3
1989	2.5	71				2	3
1990	3.3	76				3	3
1991	3.4	78				4	3
1992	4.0	96				4	3
1993	5.3	100				4	3
1994	3.9	74				5	3
1995	4.3	81	7	5	5	5	3
1996	4.0	82	6	5	5	5	7
1997	18.1	85	6	5	5	5	7
1998	18.4	154	6	5	5	5	5
1999	22.9	199	6	5	5	5	5
2000	24.1	214	6	5	5	5	5
2001	27.0	247	6	5	5	5	5
2002	31.0	301	6	5	5	5	5
2003	26.2	272	6	5	5	5	6
2004	38.9	352	6	5	5	5	4
2005	49.9	460	6	5	5	5	6
2006	61.2	562	6	5	5	6	6
2007	84.3	707	6	5	5	6	6
2008	96.6	808	6	5	5	6	6
2009	115.1	943	6	5	5	6	6
2010	140.8	1074	6	5	5	6	6
2011	161.2	1189	6	5	6	6	6
2012	184.2	1313	6	5	6	6	6

1－2　惠州历年各站点平均气温、相对湿度

年份	平均气温(℃)				相对湿度(%)			
	惠阳站	惠东站	博罗站	龙门站	惠阳站	惠东站	博罗站	龙门站
1997 年	22.0	21.8	22.4	20.9	79	81	81	85
1998 年	22.9	22.7	23.1	21.7	78	80	80	84
1999 年	22.6	22.3	22.8	21.2	75	76	77	81
2000 年	22.5	22.1	22.7	21.2	76	78	78	82
2001 年	22.7	22.2	22.8	21.3	76	78	79	83
2002 年	23.0	22.5	23.1	21.6	76	79	78	83
2003 年	22.7	22.1	22.9	21.3	75	78	77	82
2004 年	22.6	21.9	22.7	20.8	52	53	79	53
2005 年	22.4	22.0	22.7	20.9	71	78	76	83
2006 年	22.9	22.3	22.9	21.3	75	81	78	83
2007 年	23.0	22.3	22.9	21.2	73	72	72	79
2008 年	22.3	21.6	22.2	20.5	72	75	72	78
2009 年	23.0	22.1	23.0	21.2	71	75	70	78
2010 年	22.6	21.9	22.6	20.8	74	78	73	82
2011 年	22.3	21.5	22.3	20.4	70	75	69	78
2012 年	22.0	22.0	23.0	21.0	78	81	75	84

1－3　惠州历年各站点降雨量、日照时数

年份	降雨量(MM)				日照时数(小时)			
	惠阳站	惠东站	博罗站	龙门站	惠阳站	惠东站	博罗站	龙门站
1997 年	2049.1	2474.6	2136.1	2779.7	1653.4	1945.3	1466.1	1450.2
1998 年	1951.4	2081.0	2141.3	2102.3	1753.8	2054.4	1764.8	1500.3
1999 年	1539.5	1646.4	1685.9	1787.7	1780.7	1981.2	1798.7	1683.7
2000 年	2315.6	2281.0	2743.1	2095.0	1880.3	1999.4	1948.4	1639.5
2001 年	2320.5	2248.2	2104.1	2321.5	1776.9	1999.0	1855.8	1672.5
2002 年	1325.3	1443.1	1280.0	1620.2	1783.6	2127.2	1825.5	1600.3
2003 年	1609.4	1694.8	1489.9	1522.7	2020.6	2482.8	2024.4	1808.4
2004 年	1174.2	1403.8	1141.2	1468.5	2076.1	2350.7	2082.4	1910.5
2005 年	1789.5	1720.1	2057.4	2715.1	1552.0	1888.3	1637.6	1448.7
2006 年	2570.9	2316.8	3111.7	2998.4	1618.5	1784.2	1618.2	1560.0
2007 年	1920.8	2123.8	2432.4	1705.1	1716.9	2040.5	1700.8	1723.5
2008 年	1942.9	2406.7	2111.9	2543.0	1595.7	1865.9	1545.7	1628.1
2009 年	1621.9	1714.2	1766.3	1438.3	1698.2	1958.1	1731.3	1778.9
2010 年	1565.7	1818.2	1883.8	2462.4	1464.0	1667.1	1638.5	1546.5
2011 年	1460.9	1425.5	1450.5	1451.3	1799.5	2065.7	1885.7	1910.0
2012 年	1273.0	1660.0	1772.0	2004.3	1521.0	1615.0	1576.0	1487.7

1-4 惠州历年各水文站最高水位

单位:(m)

年份	观音阁站		岭下站		惠州站		博罗站		平山站		淡水站	
	实测值	出现日期	实测值	出现日期	实测值	出现日期	实测值	出现日期	实测值	出现日期	实测值	出现日期
2004	21.08	9.10	15.07	9.10	6.51	8.30	4.74	8.30	14.13	8.31	21.62	7.30
2005	26.69	5.23	20.67	6.23	12.85	6.23	9.85	6.23	16.57	6.22	19.73	8.20
2006	25.19	7.28	19.26	6.10	11.51	6.10	9.03	7.17	20.04	8.4	18.17	7.16
2007	53.87	6.10	18.18	6.10	10.64	6.12	7.34	6.10	16.35	6.10	18.34	6.10
2008	25.50	7.31	18.95	7.31	11.56	6.14	9.06	6.14	21.39	6.14	21.79	6.14
2009	20.73	6.27	14.97	6.28	10.83	6.4	2.78	6.28	14.83	6.4	17.75	5.24
2010	24.33	6.27	18.13	6.17	10.90	7.9	6.17	6.28	16.36	10.20	18.37	9.21
2011	22.76	10.14	16.66	10.14	10.98	7.17	3.21	7.16	16.55	8.10	18.87	6.17
2012	22.43	4.28	16.49	4.28	10.85	6.27	3.40	4.28	16.54	6.22	18.51	7.25

1-5 惠州历年各水文站最低水位

单位:(m)

年份	观音阁站		岭下站		惠州站		博罗站		平山站		淡水站	
	实测值	出现日期	实测值	出现日期	实测值	出现日期	实测值	出现日期	实测值	出现日期	实测值	出现日期
1998	19.66	12.3	13.51	12.30	5.76	12.31	4.40	10.20	12.63	3.27	11.97	11.24
1999	19.18	7.21	13.01	7.27	5.07	8.1	4.00	8.1	12.61	7.24	11.90	2.7
2000	19.44	3.13	13.30	3.14	5.30	3.14	4.05	10.19	11.03	12.8	12.01	1.17
2001	19.46	1.23	13.29	1.24	5.03	12.3	3.69	11.20	10.85	12.29	12.02	3.21
2002	19.27	7.13	13.07	7.14	4.23	7.15	2.97	7.15	10.29	7.5	12.01	5.5
2003	19.25	11.28	13.04	12.9	3.84	12.10	2.53	12.10	10.35	5.2	11.96	12.20
2004	18.98	10.24	12.87	10.25	3.12	12.12	1.79	12.12	10.06	6.15	11.92	1.29
2005	18.89	1.31	12.69	1.31	2.73	12.16	1.68	2.1	10.70	12.31	11.91	2.12
2006	19.46	3.16	13.30	3.17	2.90	1.3	0.68	11.20	10.58	1.4	12.06	12.10
2007	19.17	11.26	12.97	1.31	6.67	5.22	-0.14	12.70	10.60	11.14	11.99	3.10
2008	18.86	12.01	13.01	3.19	9.70	6.17	-0.40	12.22	10.47	4.05	12.02	2.16
2009	18.60	9.22	12.66	9.21	10.06	7.9	-0.43	12.25	10.62	12.8	12.12	12.28
2010	18.75	2.3	12.88	2.3	10.32	9.3	-0.41	12.30	10.59	4.1	12.10	2.13
2011	18.36	4.24	12.74	4.26	10.28	11.08	-0.60	3.16	15.79	1.02	11.95	2.11
2012	18.43	10.21	12.76	10.21	10.44	6.3	-0.53	12.22	15.66	4.15	12.08	1.23

1-6 惠州历年各水文站最大流量

单位:(m3/s)

年 份	岭下站		博罗站	
	实测值	出现日期	实测值	出现日期
1988	3280	7.2	3960	7.21
1989	3950	5.22	4940	5.23
1990	2200	4.21	2600	9.12
1991	2690	9.8	3730	9.8
1992	3010	4.12	3460	3.28
1993	3830	6.6	4540	9.28
1994	1700	6.22	3200	8.8
1995	4890	8.14	6660	8.14
1996	3010	8.18	3730	6.26
1997	3530	8.13	4800	8.13
1998	2880	4.27	3820	6.25
1999	2680	8.25	4810	8.25
2000	2670	9.2	4920	9.3
2001	3070	7.8	4340	7.8
2002	1640	8.9	1970	8.10
2003	2640	6.15	3150	6.16
2004	1001	9.10	1430	8.30
2005	6990	6.23	7840	6.23
2006	5030	6.10	7710	7.17
2007	3780	6.10	5570	6.10
2008	4860	7.31	7070	6.14
2009	966	6.28	2440	6.28
2010	4000	6.17	5430	6.27
2011	2370	10.14	2830	10.14
2012	2320	4.28	3030	4.28

1－7　惠州历年各水文站最小流量

单位:(m3/s)

年份	岭下站		博罗站	
	实测值	出现日期	实测值	出现日期
1988	108	2.22	111	2.22
1989	143	4.3	181	11.13
1990	153	2.2	184	2.3
1991	84	7.18	106	11.25
1992	240	10.2	245	2.4
1993	196	4.12	246	4.13
1994	154	11.3	207	11.3
1995	300	12.12	283	12.12
1996	270	11.28	315	11.12
1997	265	3.1	338	3.11
1998	204	12.3	280	10.2
1999	104	7.27	207	8.1
2000	212	3.14	270	3.15
2001	228	1.24	227	1.25
2002	143	7.14	202	7.15
2003	121	12.9	152	12.1
2004	120	10.25	137	12.12
2005	81.6	1.31	114	2.1
2006	244	3.17	199	11.20
2007	277	1.31	126	3.5
2008	258	3.19	316	3.28
2009	169	9.21	27	9.20
2010	214	2.3	37.4	11.3
2011	200	4.26	59.5	10.27
2012	246	10.21	3.99	9.3

惠州统计年鉴－2013

HUIZHOU STATISTICAL YEARBOOK

三、综合

2－1　行政区划

（2012 年）

县（区）	个数合计	乡镇 个数	乡镇 名称	办事处 个数	办事处 名称	村委会	社区居委会
全　市	**69**	**53**		**16**		**1042**	**207**
惠城区	13	5	马安镇、横沥镇、芦洲镇、汝湖镇、三栋镇	8	桥东、桥西、江南、江北、龙丰、水口、河南岸、小金口	142	65
惠阳区	8	6	沙田镇、新圩镇、镇隆镇、永湖镇、良井镇、平潭镇	2	淡水、秋长	102	25
惠东县	14	13	大岭镇、白花镇、梁化镇、稔山镇、铁涌镇、平海镇、吉隆镇、多祝镇、安墩镇、高潭镇、宝口镇、黄埠镇、白盆珠镇	1	平山	245	38
博罗县	17	17	罗阳镇、石坝镇、麻陂镇、公庄镇、杨村镇、泰美镇、柏塘镇、湖镇镇、龙溪镇、龙华镇、长宁镇、福田镇、园洲镇、石湾镇、杨侨镇、横河镇、观音阁镇			331	34
龙门县	10	9	龙田镇、平陵镇、龙江镇、龙华镇、永汉镇、麻榨镇、龙潭镇、地派镇、蓝田乡	1	龙城	156	23
大亚湾区	2			2	霞涌、澳头	28	7
仲恺区	5	3	潼湖镇、潼侨镇、沥林镇	2	惠环、陈江	38	15

2－2　自然资源

（2012年）

项目		全市	惠城区	惠阳区	惠东县	博罗县	龙门县	大亚湾区	仲恺区
一、土地面积和海洋									
土地面积	（平方公里）	11343	1157	916	3527	2855	2267	290	331
海域面积	（平方公里）	4519			3200			1319	
海洋滩涂面积	（公顷）	3537			2586			951	
海岛面积	（平方公里）	18							
大陆海岸线长度	（公里）	281.4			218.3			63.1	
岛屿岸线长度	（公里）	133.7			37.6			96.1	
岛屿个数	（个）	140			55			85	
二、气候									
年平均降雨量	（毫米）	1677		1273	1660	1772	2004		
年平均气温	（摄氏度）	22		22	22	23	21		
年日照时数	（小时）	1550		1521	1615	1576	1488		
三、森林									
森林面积	（万公顷）	71	5	4	26	16	18	1	1
活立木蓄积量	（万立方米）	2888	160	117	976	826	760	14	32
当年造林面积	（公顷）	6123	900	287	2502	733	433	67	1201
森林覆盖率	（%）	60.87	40.91	47.47	70.42	54.48	75.75	42.99	32.97
自然保护区数	（个）	26	4	5	8	4	5		
自然保护区面积	（公顷）	88285	4815	13889	33246	22703	13632		
四、水资源									
水资源总量	（亿立方米）	117.38	8.98	10.94	32.80	29.23	30.22	2.45	2.77

注：气候数据为监测点所在地。

2－3 惠州市、县(区)国民经济主要指标

(2012年)

项目		全市	惠城区	惠阳区	惠东县	博罗县	龙门县	大亚湾区	仲恺区
地区生产总值(GDP)	(亿元)	2367.55	439.58	254.25	326.01	400.09	100.29	440.75	422.83
第一产业	(亿元)	124.56	16.20	10.82	34.44	38.75	16.43	1.77	6.15
第二产业	(亿元)	1377.23	146.25	131.54	157.26	212.38	39.73	389.60	340.02
工业	(亿元)	1296.40	109.94	121.88	150.33	203.33	33.53	374.58	331.83
第三产业	(亿元)	865.76	277.13	111.90	134.31	148.97	44.13	49.37	76.65
GDP增长速度	(%)	12.6	12.0	14.0	14.1	13.7	16.3	10.3	17.8
三次产业结构	(%)	100.0	100.0	100.0	100.0	100.0	100.0	100.0	100.0
第一产业	(%)	5.3	3.7	4.3	10.6	9.7	16.4	0.4	1.5
第二产业	(%)	58.2	33.3	51.7	48.2	53.1	39.6	88.4	80.4
工业	(%)	54.8	25.0	47.9	46.1	50.8	33.4	85.0	78.5
第三产业	(%)	36.5	63.0	44.0	41.2	37.2	44.0	11.2	18.1
年末常住人口	(万人)	467.40	118.49	58.50	92.03	105.33	31.21	19.56	42.28
年末户籍总人口	(万人)	341.91	80.78	37.17	84.48	84.33	35.03	8.12	12.01
农业人口	(万人)	138.00			54.47	60.15	23.38		
全社会从业人员	(万人)	270.04	56.53	34.56	54.41	63.68	16.84	13.67	30.35
第一产业	(万人)	52.19	6.63	3.88	13.11	16.52	9.21	0.65	2.18
第二产业	(万人)	134.15	21.11	18.92	25.59	31.66	2.99	10.14	23.73
第三产业	(万人)	83.70	28.79	11.76	15.70	15.49	4.63	2.88	4.43
城镇单位在岗职工人数	(万人)	87.22	20.61	15.33	6.11	13.85	2.29	9.86	19.17
城镇单位在岗职工工资总额	(亿元)	357.05	97.15	59.49	21.43	49.48	7.33	45.05	77.13
城镇单位在岗职工平均工资	(元)	41506	47545	39810	35201	35723	31850	48822	40208
城乡居民储蓄存款余额	(亿元)	1351.44	610.12	208.34	183.17	237.31	50.10	62.42	—
农村居民人均纯收入	(元)	12415	13636	14886	12151	12269	9911	13035	14980
农村居民人均居住面积	(平方米)	32.80	25.42	37.05	29.29	44.23	23.98	35.14	26.62
地方公共财政预算收入	(亿元)	200.88	102.21	21.75	17.20	22.03	6.06	22.40	9.23
地方公共财政预算支出	(亿元)	274.08	113.31	27.28	34.33	35.83	16.33	36.81	10.20
税收总收入	(亿元)	704.26	213.91	37.15	34.33	37.29	7.75	366.78	—
国税	(亿元)	529.52	129.27	16.05	18.52	19.42	3.88	335.32	—
地税	(亿元)	174.75	69.64	21.10	15.81	17.87	3.87	31.46	15.01

注:“—”仲恺区数据包含在惠城区内,下同。

2-3 续表1 (2012年)

项目		全市	惠城区	惠阳区	惠东县	博罗县	龙门县	大亚湾区	仲恺区
粮食产量	(万吨)	62.66	8.82	4.35	20.31	16.53	10.03	0.19	2.43
禽肉产量	(万吨)	4.90	0.67	0.54	0.82	2.27	0.33	0.03	0.23
猪肉产量	(万吨)	13.94	2.84	0.36	2.99	6.39	0.62	0.24	0.51
水果产量	(万吨)	63.41	2.60	2.86	7.40	13.58	36.28	0.17	0.52
蔬菜产量	(万吨)	223.63	29.04	32.74	59.95	67.67	17.94	15.49	0.80
水产品产量	(万吨)	14.94	1.87	0.42	5.67	2.58	0.58	2.78	1.04
农业主要特色农产品									
玉米	(万吨)	11.57	2.38	1.03	1.93	4.30	0.23	0.001	1.70
柑桔	(万吨)	33.87	0.38	0.18	1.35	2.13	29.82		0.01
荔枝	(万吨)	7.40	0.60	0.86	2.34	2.84	0.37	0.13	0.25
马铃薯	(万吨)	3.65	0.08	0.06	3.18	0.24	0.04	0.03	0.02
规模以上工业	(个)	1430	180	265	178	353	52	95	307
“三资”企业	(个)	868	111	186	54	228	13	62	214
规模以上工业总产值	(亿元)	5477.28	344.44	407.00	287.89	699.24	89.65	1664.36	1984.71
规模以上工业增加值(收入法)	(亿元)	1173.97	77.36	103.69	89.75	163.41	29.35	373.78	336.61
规模以上工业销售产值	(亿元)	5449.41	337.99	394.16	283.44	689.47	86.71	1675.66	1981.98
出口交货值	(亿元)	2069.43	135.71	218.03	66.82	292.78	4.51	94.69	1256.89
全社会用电量	(亿千瓦时)	227.36	70.46	36.91	24.12	45.74	12.54	34.59	—
工业用电量	(亿千瓦时)	160.18	41.86	27.13	13.02	34.35	10.15	30.73	—
万元GDP能耗	(吨标煤/万元)	0.782	0.557	0.867	0.589	0.931	1.563	2.121	0.530
社会消费品零售总额	(亿元)	754.15	311.88	92.27	146.91	112.04	34.61	16.81	39.63
限额以上住宿餐饮、批零单位数	(个)	482	213	59	103	33	39	13	22
星级宾馆数	(个)	63	24	16	7	6	3	4	3
进出口总额	(亿美元)	495.00	25.99	43.31	13.64	40.22	1.00	37.80	116.82
外贸出口额	(亿美元)	292.05	15.42	28.94	10.25	27.00	0.71	22.10	68.82
外贸进口额	(亿美元)	202.96	10.57	14.37	3.39	13.22	0.29	15.70	48.00
实际外商直接投资额	(亿美元)	17.28	2.24	3.30	1.52	2.92	0.43	3.29	2.62
固定资产投资	(亿元)	1208.68	403.63	167.16	163.69	154.94	75.33	146.49	97.44

注:进出口额、实际外商直接投资额县(区)数据不含市直部分。

2-3 续表2 (2012年)

项目		全市	惠城区	惠阳区	惠东县	博罗县	龙门县	大亚湾区	仲恺区
#城镇	(亿元)	1114.41	396.61	158.73	129.71	136.54	48.90	146.49	97.44
#房地产开发	(亿元)	482.17	203.75	61.92	63.27	56.05	17.41	64.60	15.17
农村	(亿元)	94.27	7.02	8.43	33.98	18.40	26.43		
商品房施工面积	(万平方米)	4579.87	1682.84	672.64	615.42	683.59	47.01	663.63	214.73
商品房竣工面积	(万平方米)	509.01	265.70	53.84	65.63	74.83	2.22	46.78	
商品房屋销售面积	(万平方米)	826.72	307.76	113.23	118.16	108.66	21.50	116.61	40.81
商品房屋销售额	(亿元)	478.42	201.78	62.64	70.65	43.31	17.69	62.71	19.65
公路线路长度	(公里)	10933	1405	1343	2760	2831	1979	230	385
等级公路	(公里)	10341	1387	1298	2419	2661	1961	230	385
高速公路	(公里)	492	98	103	77	130	51	33	
等级公路密度	(公里/百平方公里)	91.2	119.9	141.7	68.6	93.2	86.5	79.3	116.3
金融机构本外币存款余额	(亿元)	2696.97	1455.45	320.78	240.12	342.30	71.14	267.18	—
人民币	(亿元)	2507.55	1347.21	314.91	238.09	336.25	70.84	200.25	—
金融机构本外币贷款余额	(亿元)	1735.12	1104.63	144.73	121.90	130.32	23.31	210.23	—
人民币	(亿元)	1501.02	960.18	143.26	121.76	123.73	23.31	128.79	—
小学学校数	(所)	472	92	98	103	93	37	12	37
小学在校学生数	(万人)	42.11	10.14	6.99	9.36	9.10	2.15	1.10	3.27
普通中学学校数	(所)	214	49	29	49	48	20	4	15
普通中学在校学生数	(万人)	29.66	7.34	5.56	6.86	6.08	1.83	0.63	1.35
大学录取人数	(人)	25674	8262	5338	4753	4958	1573	461	329
卫生机构数	(个)	2558	635	401	533	612	224	64	89
医院	(个)	61	24	16	11	5	4		1
卫生院	(个)	76	7	6	20	22	15	1	5
医生(执业医师+执业助理医师)	(人)	9009	3773	1420	1373	1404	475	297	267
注册护师、护士	(人)	9445	4170	1465	1291	1503	505	238	273
卫生机构床位数	(张)	17231	7149	2206	2528	2885	899	676	888
医院	(张)	11056	5561	1631	1485	1276	393	534	176
卫生院	(张)	3429	241	347	839	1383	445		174
社会养老保险参保人数	(万人)	202.15	106.67	25.09	15.04	32.10	5.11	18.13	—

2－4　主要经济指标占全省比重

（2012 年）

指　　标		惠州市	广东省	惠州市占全省比重(%)
人口				
年末常住人口数	（万人）	467.40	10594.00	4.4
土地面积	（万平方公里）	1.13	17.98	6.3
地区生产总值	（亿元）	2367.55	57067.92	4.1
#第一产业	（亿元）	124.56	2848.91	4.4
第二产业	（亿元）	1377.23	27825.30	4.9
第三产业	（亿元）	865.76	26393.71	3.3
人均地区生产总值	（元）	50873	54095	94.0
工业增加值				
规模以上工业增加值	（亿元）	1173.97	21988.06	5.3
#轻工业	（亿元）	261.49	8383.36	3.1
重工业	（亿元）	912.48	13604.70	6.7
#电子行业	（亿元）	445.07		
石化行业	（亿元）	296.08	2570.37	11.5
#国有企业	（亿元）	280.45	3930.63	7.1
集体企业	（亿元）	3.17	140.72	2.3
“三资”企业	（亿元）	314.82	10604.24	3.0
民营企业	（亿元）	199.63	8606.28	2.3
主要工农业产品产量				
#粮食	（万吨）	62.70	1396.33	4.5
蔬菜	（万吨）	223.60	2982.71	7.5
水果	（万吨）	63.40	1279.09	5.0
水产品	（万吨）	14.90	788.87	1.9
发电量	（亿千瓦时）	202.11	3593.24	5.6
泥	（万吨）	1517.86	11384.25	13.3
乙烯	（万吨）	102.18	234.74	43.5
彩电电视机	（万台）	1067.79	5810.12	18.4
微型计算机	（万台）	93.00	5382.47	1.7
移动电话机	（万部）	18396.75	57599.27	31.9
固定资产投资				
固定资产投资额	（亿元）	1208.68	19307.53	6.3
#第一产业	（亿元）	8.21	273.90	3.0
第二产业	（亿元）	351.09	6548.21	5.4
#工业	（亿元）	350.79	6509.51	5.4
第三产业	（亿元）	849.38	12485.41	6.8
#房地产	（亿元）	482.17	5352.79	9.0

注:广东省数据为快报数。

2－4 续表 （2012 年）

指　　标		惠州市	广东省	惠州市占全省比重（%）
商品房				
#商品房销售面积	（万平方米）	826.72	7898.99	10.5
商品房销售额	（亿元）	478.42	6407.81	7.5
房屋施工面积	（万平方米）	4579.87	39296.27	11.7
房屋新开工面积	（万平方米）	1096.77	10615.73	10.3
房屋竣工面积	（万平方米）	509.01	6356.12	8.0
商品房待售面积	（万平方米）	228.96	3452.87	6.6
国内贸易和物价				
社会消费品零售总额	（亿元）	754.15	22677.11	3.3
#城镇	（亿元）	628.15	15934.27	3.9
农村	（亿元）	126.00	3373.26	3.7
#商品零售价格指数	（%）	102.80	102.20	100.6
居民消费价格指数	（%）	102.80	102.80	100.0
财政税收金融				
#地方财政一般预算收入	（亿元）	200.88	6228.20	3.2
地方财政一般预算支出	（亿元）	274.08	7267.70	3.8
#国税收入	（亿元）	529.52	8522.5	6.2
地税收入	（亿元）	174.75	4641.6	3.8
#金融本外币存款余额	（亿元）	2697.00	105099.55	2.6
#城乡居民储蓄存款余额	（亿元）	1351.40	46265.58	2.9
金融本外币贷款余额	（亿元）	1735.10	67077.08	2.6
外经旅游				
#进出口总额	（亿美元）	495.00	9838.15	5.0
出口总额	（亿美元）	292.05	5741.36	5.1
进口总额	（亿美元）	202.96	4096.79	5.0
#实际利用外商直接投资	（亿美元）	17.28	235.49	7.3
#旅游总收入	（亿元）	184.16		
旅游外汇收入	（亿美元）	6.78	156.00	4.3
人民生活				
城镇居民人均可支配收入	（元）	29965	30227	99.1
农村居民人均纯收入	（元）	12415	10543	117.8

注：广东省数据为快报数。

2-5 国民经济主要经济指标

指标		2000年	2001年	2002年	2003年	2004年	2005年	2006年
综合								
建成区面积	(平方公里)	89.3	97.4	93.7	96.2	110.8	136.3	136.6
本地生产总值(GDP)	(亿元)	439.2	479.0	526.6	586.5	686.4	803.4	928.9
#第一产业	(亿元)	62.2	65.4	67.4	68.3	77.1	75.1	68.8
第二产业	(亿元)	255.3	276.7	306.6	343.7	392.1	455.7	539.0
第三产业	(亿元)	121.7	136.8	152.6	174.5	217.2	273.1	321.2
人均GDP(按常住人口计算)	(元)	13877	14590	15529	16860	19189	21909	24503
人均GDP(按常住人口计算)	(美元)	1676	1763	1876	2108	2399	2739	3074
地区生产总值结构	(%)	100.0	100.0	100.0	100.0	100.0	100.0	100.0
第一产业	(%)	14.2	13.7	12.8	11.6	11.3	9.3	7.4
第二产业	(%)	58.1	57.8	58.2	58.6	57.1	56.7	58.0
第三产业	(%)	27.7	28.5	29.0	29.8	31.6	34.0	34.6
民营经济增加值	(亿元)					215.1	285.7	338.2
农业								
农业增加值	(亿元)	62.2	65.4	67.4	68.3	77.5	75.1	68.8
粮食	(万吨)	105.3	92.9	81.8	69.5	74.4	74.2	51.4
蔬菜	(万吨)	142.0	166.1	185.2	184.9	186.7	192.9	173.9
水果	(万吨)	18.5	19.8	27.1	31.2	39.2	48.8	41.6
玉米	(万吨)	2.2	3.5	6.5	6.4	9.5	12.5	8.8
年桔	(万吨)	1.8	2.9	3.8	8.5	9.2	13.2	10.8
荔枝	(万吨)	1.7	3.7	5.6	4.4	7.1	6.9	6.7
梅菜	(万吨)				3.2	3.9	6.5	7.7
马铃薯	(万吨)	0.5	2.0	2.2	2.2	2.8	3.3	1.2
韭黄	(万吨)	0.9	1.1	1.2	1.3	1.5	1.7	1.7
农业龙头企业单位数	(个)	7	15	24	92	109	123	131
销售收入	(亿元)	0.5	2.1	5.0	17.3	25.7	29.0	35.0
带动农户数	(万户)	0.4	2.4	3.8	10.8	14.6	14.0	16.0
肉类总产量	(万吨)	13.2	13.5	15.0	14.9	15.3	17.8	18.0
猪肉	(万吨)	8.0	8.6	9.7	10.2	11.4	12.9	13.4
牛羊肉	(万吨)	0.2	0.2	0.2	0.2	0.2	0.3	0.2
禽肉	(万吨)	4.9	4.6	5.0	4.3	3.3	4.4	4.2
禽蛋	(万吨)	1.6	1.5	1.5	1.2	1.1	1.2	1.0
奶类产量	(万吨)	0.1	0.2	0.3	0.1	0.2	0.3	0.4
水产品产量	(万吨)	13.3	14.0	15.6	15.7	16.3	16.4	12.3
淡水	(万吨)	6.8	7.3	7.2	7.0	7.5	7.9	5.6
海水	(万吨)	6.5	6.7	8.4	8.7	8.8	8.5	6.7
工业								
规模以上工业单位数	(个)	689	702	765	808	1257	1244	1279
三资企业	(个)	454	483	555	593	880	880	916

2－5 续表1

指　　标		2007年	2008年	2009年	2010年	2011年	2012年	2012年比2011年增长(%)
综合								
建成区面积	(平方公里)	155.0	180.5	210.8	266.3	280.4	292.21	4.2
本地生产总值(GDP)	(亿元)	1117.9	1304.0	1414.7	1730.0	2093.1	2367.5	12.6
#第一产业	(亿元)	78.2	90.6	90.3	102.4	116.5	124.6	2.9
第二产业	(亿元)	639.6	741.3	789.0	1019.6	1223.3	1377.2	14.4
第三产业	(亿元)	400.1	472.1	535.4	608.0	753.3	865.8	11.1
人均GDP(按常住人口计算)	(元)	28288	31748	33142	38650	45331	50873	11.7
人均GDP(按常住人口计算)	(美元)	3720	4571	4852	5709	7018	8048	11.7
地区生产总值结构	(%)	100.0	100.0	100.0	100.0	100.0	100.0	
第一产业	(%)	7.0	6.9	6.4	5.9	5.6	5.3	-0.3
第二产业	(%)	57.2	56.8	55.8	59.0	58.4	58.2	-0.2
第三产业	(%)	35.8	36.3	37.8	35.1	36.0	36.5	0.5
民营经济增加值	(亿元)	398.0	461.4	508.2	614.2	778.5	887.2	12.8
农业								
农业增加值	(亿元)	78.2	96.7	91.9	102.4	116.5	124.6	2.9
粮食	(万吨)	55.2	55.7	58.6	58.7	61.0	62.7	2.8
蔬菜	(万吨)	174.9	181.4	190.2	201.7	214.5	223.6	4.2
水果	(万吨)	46.8	50.0	51.8	54.9	58.9	63.4	7.7
玉米	(万吨)	9.5	10.2	11.1	11.0	11.1	11.6	4.1
年桔	(万吨)	15.6	19.6	20.3	22.4	24.2	28.7	18.4
荔枝	(万吨)	6.8	6.7	7.4	7.4	8.0	7.4	-7.6
梅菜	(万吨)	8.0	8.2	8.7	9.6	4.8	4.9	2.3
马铃薯	(万吨)	1.4	2.0	3.3	3.5	3.5	3.7	3.7
韭黄	(万吨)	2.0	2.1	3.1	3.2	3.0	3.0	0.0
农业龙头企业单位数	(个)	144	162	181	198	210	220	4.8
销售收入	(亿元)	34.4	48.6	62.8	65.5	71.5	75.0	4.9
带动农户数	(万户)	16.3	19.6	22.2	25.2	23.7	23.5	-0.9
肉类总产量	(万吨)	17.9	18.6	19.3	20.0	18.9	19.2	1.2
猪肉	(万吨)	12.6	13.7	14.2	14.8	13.9	13.9	0.6
牛羊肉	(万吨)	0.2	0.2	0.2	0.2	0.2	0.2	0.4
禽肉	(万吨)	4.9	4.6	4.8	4.8	4.7	4.9	3.1
禽蛋	(万吨)	1.0	1.1	1.1	1.1	1.0	0.9	-8.8
奶类产量	(万吨)	0.4	0.4	0.6	0.6	0.7	0.7	1.8
水产品产量	(万吨)	13.7	13.6	14.0	14.3	14.7	14.9	1.8
淡水	(万吨)	6.2	6.4	6.7	7.0	7.2	7.4	3.0
海水	(万吨)	7.6	7.2	7.3	7.4	7.5	7.5	0.7
工业								
规模以上工业单位数	(个)	1387	1875	1870	1926	1428	1430	0.1
三资企业	(个)	955	1192	1139	1167	650	868	33.5

2－5　续表2

指　　标		2000年	2001年	2002年	2003年	2004年	2005年	2006年
规模以上工业增加值	（亿元）	132.2	131.1	190.9	218.5	278.7	315.3	404.2
#轻工业	（亿元）	84.2	70.2	93	103.3	145.4	159.5	158.7
重工业	（亿元）	48	60.9	98	115.5	133.4	155.8	245.5
#电子工业	（亿元）	78.1	81.8	134.5	170.7	183.6	212.6	209
石化工业	（亿元）	9.1	8	10	11	18	20.6	80.2
纺织业	（亿元）	3.4	2.5	3	4.8	8.2	7.9	9.7
纺织服装、服饰业	（亿元）	5	4.4	4.5	4.8	4.8	5.5	6.4
非金属矿物制品业	（亿元）	2.2	2.6	3.4	2.9	4.3	3.7	5.6
制鞋业	（亿元）	2.64	2.64	3.43	4.66	5.21	9.41	6.86
汽车制造业	（亿元）	1.3	1.2	1.5	3.3	5.5	8.1	11.3
#国有企业	（亿元）	7.1	7.4	7.5	7.8	6.12	14.3	29.5
集体企业	（亿元）	3.1	1.9	1.9	1.8	3.2	3.1	2.4
三资企业	（亿元）	107	112	173.1	199.7	252.14	280.5	348.2
电话机	（万部）	2960	2744	3074	2988	3668	3419	3160
彩色电视机	（万台）	499	453	438	727	941	1360	1448.0
激光视盘机	（万台）	227	203	323	363	1412	1764	1921
微型计算机	（万台）	24	19	66	55	62	70	70
移动电话机	（万部）		137	522	804	742	755	1172
组合音响	（万台	598	1009	1398	1309	1318	1164	773
塑料制品	（万吨）	9	9	12	13	15	14	24
发电量	（亿千瓦时）	12	13	13	12	10	8	16
皮革鞋靴	（万双）	1182	816	1023	1491	2593	2762	7876
水泥	（万吨）	226	336	226	305	393	393	595
服装	（万件）	25617	16633	15323	16319	15228	13811	15975
灯饰	（万套）						1974.0	3788.0
家具	（万件）	13.7	7.6	12.0	70.3	91.6	204.0	210.0
工业综合经济效益指数	（%）	134.3	129.3	145.8	124.3	123.1	124.1	138.4
实现利润总额	（亿元）	20.2	21.5	33.9	30.0	38.0	36.7	39.9
投资和房地产								
固定资产投资额	（亿元）	77.4	84.4	104.7	228.5	297.6	352.4	308.8
#城镇	（亿元）							
农村	（亿元）							
#第一产业	（亿元）	2.6	2.6	2.6	2.0	2.5	3.2	0.8
第二产业	（亿元）			47.3	148.7	183.1	210.5	154.6
#工业	（亿元）	36.4	37	44.8	139	197.8	229.9	154.3
#石化工业	（亿元）	0.3	2.9	8.5	95.5	125.5	118.6	38.7
电子工业	（亿元）	10.9	6.6	10.8	13.4	13.1	21.8	24.6
第三产业	（亿元）			54.8	77.8	76.2	97.6	153.4
#房地产开发	（亿元）	9.2	10.6	15.9	27.3	29.6	43.9	69.0
#住宅	（亿元）		7.1	10.0	17.2	20.8	28.7	47.2

2－5　续表3

指　　标		2007年	2008年	2009年	2010年	2011年	2012年	2012年比2011年增长(％)
规模以上工业增加值	(亿元)	502.5	604.1	674.8	786.4	1013.5	1174.0	18.6
#轻工业	(亿元)	186.9	197.2	175.0	206.7	242.0	261.5	13.5
重工业	(亿元)	315.6	406.9	499.7	619.3	771.5	912.5	22.3
#电子工业	(亿元)	231.9	284.7	299.3	239.6	358.3	445.1	27.8
石化工业	(亿元)	122.6	131.4	177.3	238.6	268.8	296.1	16.2
纺织业	(亿元)	9.5	12.0	11.1	13.3	11.6	10.0	13.2
纺织服装、服饰业	(亿元)	7.3	10.2	12.0	9.5	13.8	16.8	11.8
非金属矿物制品业	(亿元)	10.1	13.7	12.8	18.9	23.6	27.7	22.0
制鞋业	(亿元)	10	12.4	14.5	24	19.1	25.6	38.5
汽车制造业	(亿元)	19.4	19.5	19.6	23.2	23.1	35.1	2.9
#国有企业	(亿元)	31.9	34.4	114.9	190.6	243.4	280.5	22.1
集体企业	(亿元)	1.7	3.4	3.7	3.0	3.2	3.2	34.9
三资企业	(亿元)	427.1	503.6	482.9	491.7	645.7	685.3	17.6
电话机	(万部)	3064	2844	2744	2295	2493	2172.7	－8.9
彩色电视机	(万台)	981.0	940.0	941.0	938.4	1140.4	1067.8	－6.4
激光视盘机	(万台)	2590	2321	2702	2955	2803	15652.3	－25.3
微型计算机	(万台)	45	19	95	109	198	93	2.7
移动电话机	(万部)	1651	5670	8471	12078	15074	18397	21.9
组合音响	(万台	839	1363	624	603	736	866	20.4
塑料制品	(万吨)	26.0	14.9	15.0	17.9	11.0	8.4	－5.0
发电量	(亿千瓦时)	35	42	48	52	156	202	26.5
皮革鞋靴	(万双)	8699	9720	10645	14283	11555	12065	8.8
水泥	(万吨)	1033	1121	1342	1468	1578	1518	2.1
服装	(万件)	14800	15072	15298	14637	10853	11170	6.1
灯饰	(万套)	6005.0	9117.0	8187.5	10565.2	7246.9	5662.4	－12.4
家具	(万件)	176.0	290.0	319.5	471.1	544.3	444.1	－17.7
工业综合经济效益指数	(％)	166.3	145.6	163.6	193.6	219.1	221.5	20.5
实现利润总额	(亿元)	99.2	37.7	115.3	141.1	220.2	219.3	－8.2
投资和房地产								
固定资产投资额	(亿元)	486.9	588.7	759.0	894.0	1025.2	1208.7	18.0
#城镇	(亿元)		506.4	666.6	778.3	956.5	1114.4	16.5
农村	(亿元)		82.4	92.3	115.7	68.7	94.3	37.1
#第一产业	(亿元)	1.6	2.0	3.3	1.3	2.9	8.2	187.0
第二产业	(亿元)	236.8	263.1	265.6	301.2	316.4	351.1	19.0
#工业	(亿元)	234.1	260.8	265.2	301.2	316.3	350.8	19.0
#石化工业	(亿元)	108.9	107.8	45.2	30.2	38.8	54.3	39.9
电子工业	(亿元)	38.5	66.2	66.2	58.9	78.7	89.1	13.2
第三产业	(亿元)	248.5	323.6	490.0	591.5	705.9	849.4	20.5
#房地产开发	(亿元)	137.8	186.8	175.3	267.9	377.5	482.2	28.1
#住宅	(亿元)	94.3	131.8	133.2	198.5	291.5	364.0	24.9

2-5 续表4

指　　标		2000年	2001年	2002年	2003年	2004年	2005年	2006年
商品房施工面积	(万平方米)	146.0	186.0	211.0	335.8	385.0	485.0	731.3
商品房竣工面积	(万平方米)	64.0	63.1	87.3	104.0	86.7	133.8	173.0
商品房销售面积	(万平方米)	48.4	45.5	56.4	86.1	101.1	149.4	254.7
#住宅	(万平方米)	45.7	42.0	53.0	81.9	73.1	132.1	242.4
商品房待售面积	(万平方米)	58.8	27.1	47.5	69.9	77.1	87.5	61.1
商品房销售额	(亿元)	8.1	7.9	13.2	16.7	22.9	38.0	75.8
#住宅	(亿元)	7.6	7.1	10.6	15.0	17.4	29.4	68.8
交通、邮电、电力								
公路路线长度	(公里)	6986	7045	7211	7372	7382	7538	10436
#等级公路	(公里)	6632	6703	6870	6908	6920	7093	8831
#高速公路	(公里)	97	128	128	277	277	277	277
公路密度	(公里/百平方公里)	60	63	65	66	66	68	
年末民用汽车保用量	(万辆)	5.8	6.7	7.7	7.3	8.9	11.3	13.2
#私人汽车保有量	(万辆)	2.3	2.4	3.5	3.7	4.9	6.3	9.1
沿海港口吞吐量	(万吨)	787	809	910	1050	1371	1271	1069
邮电业务收入	(亿元)	26.0	24.3	27.1	30.4	32.8	36.6	37.6
移动电话用户(含卡)	(万户)	49.7	79.0	108.8	161.5	202.4	260.2	314.2
固定电话用户数(含小灵通)	(万户)	57.5	76.6	92.0	105.7	133.1	160.6	185.4
互联网用户数	(万户)	3.9	11.6	31.8	35.5	60.3	73.2	77.4
全年用电量	(亿千瓦时)	43.5	49.6	60.8	74.7	89.6	105.2	123.2
#工业用电	(亿千瓦时)	26.8	30.9	38.7	49.2	58.5	68.1	80.9
城乡居民生活用电	(亿千瓦时)	7.1	7.6	8.1	9.0	10.1	11.9	14.0
220千伏以上变电站	(座)	1	1	1	1	1	2	2
220千伏以下变电站(含220千伏)	(座)	70	67	71	71	72	72	73
国内贸易、旅游								
社会消费品零售总额	(亿元)	126.5	141.4	161.8	184.7	213.2	252.0	298.4
#批发零售贸易业	(亿元)	110	122.9	140.3	159.9	182.0	218.2	259.4
#限上批发零售贸易业	(亿元)	16.5	19.7	22.2	24.3	33.5	41.7	56.5
住宿餐饮业	(亿元)	16.5	18.5	21.5	24.8	31.2	33.8	39.0
#限上住宿和餐饮业	(亿元)	2.9	3.3	3.7	4.2	5.1	5.9	6.3
限上商贸企业数	(个)	107	112	112	105	155	185	212
批发业	(个)	29	35	36	33	53	50	44
零售业	(个)	24	32	32	24	29	51	63
住宿业	(个)					36	38	46
餐饮业	(个)	54	45	44	48	37	46	59

2－5 续表5

指　　标		2007年	2008年	2009年	2010年	2011年	2012年	2012年比2011年增长(%)
商品房施工面积	(万平方米)	1347.8	2059.3	2248.3	3073.0	3905.1	4579.9	17.3
商品房竣工面积	(万平方米)	213.1	242.8	553.9	564.6	502.7	509.0	1.3
商品房销售面积	(万平方米)	390.6	295.9	543.8	627.3	796.3	826.7	3.8
#住宅	(万平方米)	363.5	270.8	516.4	593.7	752.4	787.3	4.6
商品房待售面积	(万平方米)	60.0	69.2	170.5	227.5	221.0	229.0	3.6
商品房销售额	(亿元)	156.2	121.9	232.0	311.2	440.9	478.4	8.5
#住宅	(亿元)	137.1	106.4	212.3	286.0	414.7	445.8	7.5
交通、邮电、电力								
公路路线长度	(公里)	10436	10468	10682	10826	10893	10933	0.4
#等级公路	(公里)	8831	9348	9826	10074	10235	10341	1.0
#高速公路	(公里)	277	277	374	379	454	492	8.4
公路密度	(公里/百平方公里)	94	94	96	95	96	96.4	0.4
年末民用汽车保用量	(万辆)	15.5	17.9	21.1	25.6	30.6	35.8	16.7
#私人汽车保有量	(万辆)	11.2	13.4	16.6	20.8	25.6	30.5	19.2
沿海港口吞吐量	(万吨)	2192	2459	3613	4534	5014	5118	2.1
邮电业务收入	(亿元)	40.4	44.3	48.3	54.9	58.0	62.4	7.6
移动电话用户(含卡)	(万户)	410.1	410.4	466.1	378.2	419.9	501.2	19.4
固定电话用户数(含小灵通)	(万户)	202.6	221.5	189.7	139.8	135.2	130.1	-3.7
互联网用户数	(万户)	92.1	46.1	56.3	68.3	81.8	104.2	27.4
全年用电量	(亿千瓦时)	145.6	153.6	165.8	192.5	209.7	227.4	8.4
#工业用电	(亿千瓦时)	99.6	104.4	113.2	132.0	145.4	160.2	10.2
城乡居民生活用电	(亿千瓦时)	15.5	17.8	20.5	23.9	27.4	31.5	14.8
220千伏以上变电站	(座)	2	2	2	2	4	4	
220千伏以下变电站(含220千伏)	(座)	76	81	96	122	115	116	0.9
国内贸易、旅游								
社会消费品零售总额	(亿元)	356.1	426.8	491.1	582.5	684.7	754.2	15.5
#批发零售贸易业	(亿元)	309.4	373.0	439.0	530.0	619.4	683.3	15.5
#限上批发零售贸易业	(亿元)	73.5	100.6	118.2	173.6	207.3	246.9	22.3
住宿餐饮业	(亿元)	46.6	52.7	52.1	52.5	65.3	70.8	14.9
#限上住宿和餐饮业	(亿元)	8.4	10.4	12.3	15.5	19.3	23.6	21.3
限上商贸企业数	(个)	262	262	337	404	423	482	13.9
批发业	(个)	50	50	62	74	106	135	27.4
零售业	(个)	82	82	122	144	167	181	8.4
住宿业	(个)	63	63	67	75	86	81	-5.8
餐饮业	(个)	67	67	86	111	71	85	19.7

2-5 续表6

指　　标		2000年	2001年	2002年	2003年	2004年	2005年	2006年
旅游总人数	(万人次)	446	458	605	522	750	1000	1217
#接待过夜旅游者	(万人次)	214	247	301	272	352	460	562
#国际旅游者	(万人次)	23	28	30	22	31	80	101
#港澳台同胞	(万人次)	20	23	24	16	21	57	78
旅游总收入	(亿元)	24.1	27	31	26.2	38.9	49.9	61.2
#旅游外汇收入	(万美元)	5333	5610	6404	5757	8586	16549	21315
星级宾馆	(个)	9	12	36	40	38	45	53
星级宾馆营业额	(亿元)					4.39	4.17	6.4
对外经济								
外贸进出口总额(海关数)	(亿美元)	82.10	88.30	112.30	131.30	166.40	190.20	212.31
#出口总额	(亿美元)	45	49.09	58.9	71.46	87.39	106.55	122.77
#香港	(亿美元)		15.48	18.17	20.87	27.23	30.06	43.63
日本	(亿美元)		3.56	4.79	6.11	4.24	6.97	5.6
美国	(亿美元)		9.8	11.79	14.61	15.01	20.64	23.33
欧盟	(亿美元)		10.52	12.85	12.15	9.47	14.64	16.59
台湾	(亿美元)		0.54	0.66	0.99	1.95	2.47	3.02
东盟	(亿美元)		2.4	2.52	2.11	2.63	3.53	4.04
韩国	(亿美元)		1.8	2.53	8.52	19.71	18.4	12.7
俄罗斯	(亿美元)		0.14	0.23	0.34	0.53	0.69	1.04
进口总额	(亿美元)	37.1	39.2	53.4	59.9	79.0	83.7	89.5
外商直接投资合同宗数	(宗)	238	259	405	388	549	539	489
外商直接投资合同金额	(亿美元)	7.7	7.5	14.7	15.4	13.0	19.5	15.1
实际利用外商直接投资	(亿美元)	7.8	9.6	10.8	14.1	6.3	10.4	10.5
#香港	(亿美元)	4.88	4.78	5.44	6.47	2.34	3.77	4.15
日本	(亿美元)	0.1	0.18	0.72	0.47	0.31	1.55	1.51
台湾	(亿美元)	0.83	0.25	0.92	0.82	0.22	0.19	0.35
美国	(亿美元)	0.18	0.3	0.18	0.09	0.88	0.11	0.23
欧盟	(亿美元)		1.26	0.4	3.85	2.26	3.2	0.79
#荷兰	(亿美元)			0.38	3.57	2.25	3.14	0.64
英属维尔京群岛	(亿美元)	1.23	1.54	1.71	1.34	0.62	0.97	2.22
大洋洲	(亿美元)	0.04	0.28	0.67	0.37	0.20	0.21	0.42
东盟	(亿美元)	0.14	0.11	0.17	0.17	0.11	0.07	0.39
财税、金融和保险业								
来源于惠州的财政总收入	(亿元)	63.41	73.42	77.33	96.06	111.17	140.40	170.33
地方公共财政预算收入	(亿元)	12.9	18.2	19.7	24.1	25.4	34.7	44.4
#增值税	(亿元)	2.3	4.4	5.6	6.3	3.4	7.8	9.9
营业税	(亿元)	2.8	3.6	4.6	6	7.5	9.4	11.3
企业所得税	(亿元)	1.5	2.5	1.5	1.5	2.0	2.6	3.2

2-5 续表7

指　　标		2007年	2008年	2009年	2010年	2011年	2012年	2012年比2011年增长(%)
旅游总人数	(万人次)	1567	1805	2115	2501	2821	3153	11.8
#接待过夜旅游者	(万人次)	707	808	943	1074	1189	1313	10.4
#国际旅游者	(万人次)	121	133	144	160	175	190.6	9.1
#港澳台同胞	(万人次)	91	100	110	122	134	146.0	9.3
旅游总收入	(亿元)	84.3	96.6	115.1	140.82	161	184.2	14.3
#旅游外汇收入	(万美元)	28665	33091	40107	50168	57652	67785	17.6
星级宾馆	(个)	61	62	67	68	66	63	-4.5
星级宾馆营业额	(亿元)	8.5	8.98	11.56	14.75	19.51	20.01	2.6
对外经济								
外贸进出口总额(海关数)	(亿美元)	241.13	297.44	292.40	342.35	388.13	495.00	27.5
#出口总额	(亿美元)	146.06	179.89	171.49	202.33	231.22	292.05	26.3
#香港	(亿美元)	54.51	53.46	47.73	61.36	69.54	78.29	12.6
日本	(亿美元)	7.3	8.5	6.68	8.12	8.03	8.00	-0.4
美国	(亿美元)	25.26	25.83	27.67	32.42	34.83	39.11	12.3
欧盟	(亿美元)	20.38	24.59	21.46	23.07	25.95	24.59	-5.2
台湾	(亿美元)	3.5	3.98	2.72	3.26	3.87	3.53	-8.8
东盟	(亿美元)	4.68	5.84	5.91	6.39	8.69	8.89	2.3
韩国	(亿美元)	10.94	32.77	36.09	36.39	42.31	95.41	125.5
俄罗斯	(亿美元)	1.63		1.08	1.40	1.92	2.65	37.7
进口总额	(亿美元)	95.1	117.6	120.92	140.02	156.91	202.96	29.3
外商直接投资合同宗数	(宗)	444	293	279	362	425	327	-23.1
外商直接投资合同金额	(亿美元)	15.71	15.85	14.04	14.80	21.68	26.55	22.5
实际利用外商直接投资	(亿美元)	12.28	13.52	13.94	14.38	15.68	17.28	10.2
#香港	(亿美元)	6.53	8.09	9.38	9.62	11.61	10.87	-6.4
日本	(亿美元)	1	0.84	0.14	0.65	0.02	0.07	349.7
台湾	(亿美元)	0.45	0.28	0.21	0.12	0.22	0.08	-64.5
美国	(亿美元)	0.22	0.61	0.09	0.32	0.08	0.14	83.9
欧盟	(亿美元)	0.35	0.06	0.04	0.07	0.15	2.07	1247.1
#荷兰	(亿美元)	0.1					0.07	30.0
英属维尔京群岛	(亿美元)	2.44	3.19	2.92	1.67	1.73	2.35	35.8
大洋洲	(亿美元)	0.44	0.01	0.33	0.28	0.43	0.32	-25.7
东盟	(亿美元)	0.28	0.45	0.45	0.46	0.63	0.36	-42.9
财税、金融和保险业								
来源于惠州的财政总收入	(亿元)	307	324	391.9	573.1	672.70	771.02	14.6
地方公共财政预算收入	(亿元)	62	78	101.5	131.2	162.83	200.88	23.4
#增值税	(亿元)	14.6	16	24.9	29.2	36.04	40.85	13.3
营业税	(亿元)	14.9	17.5	19.5	24.1	25.51	29.29	14.8
企业所得税	(亿元)	4	5.9	6.6	9.7	11.70	11.37	-2.8

2－5 续表8

指　标		2000 年	2001 年	2002 年	2003 年	2004 年	2005 年	2006 年
个人所得税	（亿元）	1.1	1.4	1.1	1.5	2.0	2.4	2.4
房产税	（亿元）	1.0	1.2	1.3	1.5	1.6	1.9	2.1
契税	（亿元）	0.5	0.7	0.8	1.1	1.6	2.0	2.9
行政性收费收入	（亿元）	0.7	0.9	1.2	1.8	2.2	2.6	2.9
罚没收入	（亿元）	0.8	1.1	0.9	0.9	1.0	1.3	2.9
地方公共财政预算支出	（亿元）	19.7	25.8	33.0	38.8	45.9	52.4	66.0
#公共安全	（亿元）							
农林水事务	（亿元）							
教育支出	（亿元）	3.4	4.0	5.8	7.1	8.6	10.0	11.2
科学支出	（亿元）	0.1	0.1	0.1	0.2	0.2	0.2	0.3
医疗卫生支出	（亿元）	1.0	1.1	1.6	2.0	2.5	2.9	4.0
社会保障和就业	（亿元）							
节能环保	（亿元）							
税收总收入	（亿元）	60.7	71.6	79.7	100.0	119.6	149.3	181.9
#海关直接关税	（亿元）	8.3	8.4	3.7	4.4	4.9	7.3	7.0
国税	（亿元）	42.1	50.1	59.3	73.4	86.6	107.3	134.0
地税	（亿元）	10.2	13.0	16.6	22.1	28.0	34.7	40.9
本外币存款余额	（亿元）	394.4	442.6	524.2	615.6	710.7	823.9	986.4
人民币存款余额	（亿元）	359.1	402.5	479.0	571.9	665.1	781.8	946.7
#企业存款	（亿元）	88.8	104.1	119.0	144.4	161.6	178.4	215.1
城乡居民储蓄存款	（亿元）	249.3	274.1	319.1	379.5	447.3	522.2	607.2
#城镇居民	（亿元）	214.0	235.9	275.4	327.7	382.0	443.9	504.8
农村居民	（亿元）	35.3	38.2	43.7	51.9	65.2	78.3	102.5
本外币贷款余额	（亿元）	220.8	234.7	275.9	347.0	378.2	409.4	481.8
人民币贷款余额	（亿元）	213.3	226.8	265.4	313.8	347.8	367.2	440.8
#短期贷款	（亿元）	150.3	144.8	136.0	136.0	130.8	115.8	119.5
中长期贷款	（亿元）	35.9	65.8	107.2	157.6	197.7	246.5	309.6
个人贷款及透支	（亿元）							
农、林、牧、渔业	（亿元）							
房地产业	（亿元）							
教育	（亿元）							
卫生和社会工作	（亿元）							
文化、体育和娱乐业	（亿元）							

2-5 续表9

指　　标		2007年	2008年	2009年	2010年	2011年	2012年	2012年比2011年增长(%)
个人所得税	(亿元)	2.8	3.2	3.3	4.2	4.3	3.1	-28.0
房产税	(亿元)	2.4	2.6	3.1	3.8	4.9	5.2	3.8
契税	(亿元)	5.2	6.2	7.7	10.5	14.0	26.6	89.8
行政性收费收入	(亿元)	3.8	5.2	6.8	11.0	13.2	16.0	21.1
罚没收入	(亿元)	4.6	3.7	3.7	4.9	4.9	6.1	24.1
地方公共财政预算支出	(亿元)	86.0	106.2	134.7	185.4	227.2	274.1	20.6
#公共安全	(亿元)			12.6	16.4	19.3	21.0	9.2
农林水事务	(亿元)			13.2	14.6	19.2	26.1	35.9
教育支出	(亿元)	15.6	19.7	25.8	32.4	45.0	62.6	39.0
科学支出	(亿元)	1.0	1.5	2.3	3.6	5.3	5.1	-3.6
医疗卫生支出	(亿元)	5.0	7.1	8.1	10.7	18.1	21.8	20.6
社会保障和就业	(亿元)			13.7	18.5	18.9	22.0	16.0
节能环保	(亿元)			3.2	6.5	6.8	7.5	10.9
税收总收入	(亿元)	238.3	297.4	355.1	473.9	583.6	704.3	19.5
#海关直接关税	(亿元)	6.6	7.2	6.8	7.1	9.31	10.1	8.5
国税	(亿元)	176.9	221.2	266.4	362.7	437.9	529.5	20.9
地税	(亿元)	54.8	69.0	81.9	104.0	136.4	174.7	15.6
本外币存款余额	(亿元)	1169.5	1336.9	1778.9	2090.1	2401.0	2697.0	12.3
人民币存款余额	(亿元)	1133.8	1304.6	1734.7	2041.2	2326.0	2507.5	7.8
#企业存款	(亿元)	276.4	327.9	493.0	556.0	1066.9	1052.6	-1.3
城乡居民储蓄存款	(亿元)	647.6	771.7	867.5	1031.8	1174.3	1351.4	15.1
#城镇居民	(亿元)	519.3	614.9	688.3	809.8	908.8	1050.3	15.6
农村居民	(亿元)	128.3	156.8	179.2	221.8	265.5	301.1	13.4
本外币贷款余额	(亿元)	679.7	752.1	1134.3	1225.7	1439.1	1735.1	20.6
人民币贷款余额	(亿元)	563.2	659.9	924.9	1097.7	1295.5	1501.0	15.9
#短期贷款	(亿元)	156.6	201.0	233.2	146.5	194.3	252.5	30.0
中长期贷款	(亿元)	396.4	444.5	675.0	944.9	1070.1	1200.1	12.2
个人贷款及透支	(亿元)	166.7	189.1	292.9	435.6	515.2	620.8	20.5
农、林、牧、渔业	(亿元)	22.7	25.4	21.5	6.5	7.8	9.5	22.5
房地产业	(亿元)	67.1	81.0	110.1	132.1	154.3	147.5	-4.4
教育	(亿元)	2.2	1.9	4.3	6.9	7.3	8.8	20.5
卫生和社会工作	(亿元)	3.6	4.5	6.0	7.9	9.4	12.7	34.9
文化、体育和娱乐业	(亿元)	2.0	2.3	3.8	3.0	4.0	6.3	56.6

注:2011年起企业存款为单位存款。

2-5 续表10

指　　标		2000年	2001年	2002年	2003年	2004年	2005年	2006年
个人消费贷款	（亿元）	0.9	25.2	38.9	56.3	68.4	80.7	82.7
住房贷款	（亿元）		20.8	32.8	46.0	59.6	72.5	77.0
汽车贷款	（亿元）		2.3	4.7	4.6	3.5	2.7	2.7
各类保险保费收入	（亿元）	3.5	4.2	5.8	7.4	8.4	10.9	15.3
保险支付各类赔款	（亿元）	1.4	1.6	2	2.4	2.6	3.4	6.3
人口、就业、人民生活								
年末常住人口	（万人）	321.8	334.8	343.4	352.3	363.2	370.7	387.5
年末户籍人口	（万人）	277.80	280.45	283.02	286.36	293.22	297.58	306.41
人口自然增长率	（‰）	5.93	5.39	4.88	5.08	5.24	5.36	5.55
全社会从业人员	（万人）	186.70	196.84	216.55	206.67	212.92	222.62	227.84
在岗职工人数	（万人）	42.19	42.71	47.43	50.24	53.23	64.92	66.90
#企业	（万人）	32.41	33.01	37.43	40.22	42.97	54.23	55.40
事业	（万人）	6.21	6.32	6.62	6.68	6.86	7.17	7.59
机关	（万人）	3.57	3.38	3.38	3.34	3.40	3.52	3.91
在岗职工年平均工资	（元）	9607	10482	11318	13265	14439	16017	17760
#企业	（元）	9193	9812	10534	12295	13098	14762	16232
事业	（元）	10852	12578	13983	16036	18231	19725	22755
机关	（元）	11157	13085	14486	18912	22866	26807	29516
年末城镇登记失业人数	（人）	10483	13091	14222	13581	12870	14001	14835
年末城镇登记失业率	（%）	2.4	2.9	2.8	2.7	2.5	2.6	2.6
惠城市区居民人均可支配收入	（元）	9825	10014	10691	12673	13822	14884	15991
#名义增长	（%）	4.1	5.3	6.8	18.5	9.1	7.7	7.4
#实际增长	（%）	1.5	5.0	8.7	18.0	6.8	5.6	5.7
惠城市区居民人均消费性支出	（元）	8555	8574	8603	10303	11929	12931	14035
#食品	（元）	3085	3310	3369	3755	4090	4152	4435
衣着用品	（元）	409	459	541	657	714	755	808
家庭设备、用品及服务	（元）	645	868	544	709	713	909	719
医疗保健	（元）	519	554	741	721	736	539	693
交通和通讯	（元）	1132	1073	1062	1682	2614	2353	2908
娱乐、教育、文化服务	（元）	867	948	1082	1472	1594	1567	1581
居住	（元）	1092	871	976	1004	1124	1951	2478
农村居民人均纯收入	（元）	3630	3750	3903	4054	4370	4698	5090
#名义增长	（%）	2.8	3.3	4.0	3.9	7.8	7.5	8.3
#实际增长	（%）	0.2	3.0	5.8	3.5	5.6	5.4	6.6

2－5 续表11

指　　标		2007年	2008年	2009年	2010年	2011年	2012年	2012年比2011年增长(%)
个人消费贷款	(亿元)	126.3	145.6	238.9	343.7	415.7	500.7	20.4
住房贷款	(亿元)	121.2	141.7	224.4	315.2	372.9	457.1	22.6
汽车贷款	(亿元)	2.6	2.2	2.4	2.6	1.9	0.7	－64.3
各类保险保费收入	(亿元)	22.8	35.3	36.4	48.7	50.5	56.5	11.9
保险支付各类赔款	(亿元)	4	5.7	5.7	15.9	6.9	8.3	21.5
人口、就业、人民生活								
年末常住人口	(万人)	402.9	418.7	435.1	460.1	463.4	467.4	0.9
年末户籍人口	(万人)	312.89	318.84	324.36	337.28	343.03	341.91	－0.3
人口自然增长率	(‰)	5.58	6.04	6.35	6.99	6.77	6.83	
全社会从业人员	(万人)	236.47	243.74	252.16	260.14	267.97	270.04	0.8
在岗职工人数	(万人)	75.70	72.60	76.59	78.61	83.35	87.22	4.6
#企业	(万人)	63.75	60.31	63.91	65.77	69.44	72.85	4.9
事业	(万人)	7.90	8.09	8.15	8.16	8.67	9.14	5.4
机关	(万人)	4.05	4.20	4.51	4.62	5.06	5.07	0.2
在岗职工年平均工资	(元)	19644	22727	25786	29599	35719	41506	16.2
#企业	(元)	17935	20517	23143	26934	32885	38770	17.9
事业	(元)	26489	32255	37201	42406	50748	55452	9.3
机关	(元)	32874	38300	42114	44675	49400	55256	11.9
年末城镇登记失业人数	(人)	14140	16528	15737	14996	15467	16869	9.1
年末城镇登记失业率	(%)	2.2	2.6	2.5	2.3	2.3	2.35	
惠城市区居民人均可支配收入	(元)	17310	19481	21278	23565	26609	29965	12.6
#名义增长	(%)	8.2	12.5	9.2	10.7	12.9	12.6	
#实际增长	(%)	4.1	7.9	10.9	7.3	7.6	9.5	
惠城市区居民人均消费性支出	(元)	15015	16581	17914	19741	20603	22279	8.1
#食品	(元)	4873	5654	6101	6695	7114	7943	11.7
衣着用品	(元)	817	928	993	1104	1284	1503	17.1
家庭设备、用品及服务	(元)	650	1026	1018	1163	1225	1304	6.4
医疗保健	(元)	884	851	973	1011	1005	1098	9.3
交通和通讯	(元)	2795	3177	3425	4041	4049	4540	12.1
娱乐、教育、文化服务	(元)	1766	1728	1866	2015	2357	2787	18.2
居住	(元)	2809	2631	2897	3061	2882	2347	－18.6
农村居民人均纯收入	(元)	5695	6626	7583	9077	10938	12415	13.5
#名义增长	(%)	11.9	16.3	14.4	19.7	20.5	13.5	
#实际增长	(%)	7.7	11.5	16.1	16.0	14.9	10.4	

2－5 续表12

指 标		2000年	2001年	2002年	2003年	2004年	2005年	2006年
农村居民人均生活费支出	（元）	2737	2724	2805	3005	3300	3782	4022
城镇恩格尔系数	（%）	37.3	38.6	39.2	36.4	34.3	32.1	31.6
农村恩格尔系数	（%）	49.5	50.5	49.5	49.1	49.9	49.8	47.9
城镇居民人均住房面积	（平方米）	24.2	24.3	25	25.3	25.8	26.2	26.3
农村居民人均住房面积	（平方米）	22.34	22.55	23.12	22.56	23.58	26.01	26.41
居民消费价格指数	（%）	102.5	100.3	98.2	100.5	102.1	102	101.6
科学、教育								
专利申请量	（项）	378	331	708	854	1109	1041	877
专利授权量	（项）	207	283	443	532	680	651	641
认定高新技术企业	（家）	47	57	71	88	111	141	158
高新技术产品产值	（亿元）	143	202	287	472	562	661	909
考入大学人数	（人）	4025	5894	6494	8818	10470	11534	11571
高等学校								
学校数	（所）	1	1	1	1	1	1	1
毕业生数	（人）	1336	1590	1646	1460	1460	1421	1622
招生数	（人）	2201	2529	1452	2419	2924	1513	1972
在校学生数	（人）	4911	5841	5449	6586	8046	8106	8423
教职工数	（人）	641	616	647	777	797	807	755
#专任教师	（人）	281	296	364	460	496	506	511
中等职业技术学校								
学校数	（所）	9	11	8	9	27	34	34
毕业生数	（人）	3121	3843	3420	4126	5829	8325	11864
招生数	（人）	3830	4290	5442	7212	12463	15108	21348
在校学生数	（人）	10818	11026	13622	17466	32037	35694	50665
教职工数	（人）	850	1043	856	987	2007	2046	2432
#专任教师	（人）	492	582	471	560	1128	1278	1600
普通中学								
学校数	（所）	154	153	163	167	171	174	194
毕业生数	（人）	52931	53199	59579	58996	60248	62343	68243
招生数	（人）	63624	64608	65603	72202	78501	85872	97533
在校学生数	（人）	174526	182123	188425	198004	212095	232301	257051
教职工数	（人）	10498	10877	11689	12350	12972	14046	15569
#专任教师	（人）	8635	8856	9633	10242	10943	11969	13315

2-5 续表13

指　　标		2007年	2008年	2009年	2010年	2011年	2012年	2012年比2011年增长(%)
农村居民人均生活费支出	(元)	4320	4863	5249	6029	7187	8286	15.3
城镇恩格尔系数	(%)	32.5	34.1	34.1	33.9	34.5	35.7	
农村恩格尔系数	(%)	47.9	49.5	48.2	45.0	44.6	44.3	
城镇居民人均住房面积	(平方米)	23.28	31.37	32.78	33.93	32.7	35.34	8.1
农村居民人均住房面积	(平方米)	27.45	28.17	29.98	28.59	31.24	32.8	5.0
居民消费价格指数	(%)	103.9	104.3	98.5	103.2	104.9	102.8	2.8
科学、教育								
专利申请量	(项)	1235	1160	1761	2889	6029	9894	64.1
专利授权量	(项)	726	1011	985	1628	2917	4093	40.3
认定高新技术企业	(家)	192	44	73	73	122	132	8.2
高新技术产品产值	(亿元)	1147	1246	1318	1798	2219		
考入大学人数	(人)	14061	16823	19074	19065	21846	25674	17.5
高等学校								
学校数	(所)	1	1	1	2	2	3	50
毕业生数	(人)	2706	2244	1479	4005	4358	5631	29.2
招生数	(人)	2386	3467	4265	6199	6373	8032	26
在校学生数	(人)	8079	9286	12038	20041	22007	24300	10.4
教职工数	(人)	753	773	881	1490	1545	1907	23.4
#专任教师	(人)	503	522	629	990	1049	1329	26.7
中等职业技术学校								
学校数	(所)	40	45	40	43	39	39	
毕业生数	(人)	13006	14380	16745	19503	22032	24441	10.9
招生数	(人)	23176	27818	31308	37893	37203	34167	-8.2
在校学生数	(人)	57180	65460	76596	89908	97131	97852	0.7
教职工数	(人)	2869	3230	3886	4160	4295	4473	4.1
#专任教师	(人)	1944	2220	3160	3429	3355	3366	0.3
普通中学								
学校数	(所)	203	209	210	209	211	214	1.4
毕业生数	(人)	73144	79839	87064	91248	95870	99934	4.2
招生数	(人)	102373	108741	109635	107112	102649	98045	-4.5
在校学生数	(人)	277215	295346	305888	308667	307746	296561	-3.6
教职工数	(人)	16675	17643	18995	19605	20383	20235	-0.7
#专任教师	(人)	14330	15232	16735	17211	17759	18444	3.9

2－5　续表14

指　　标		2000年	2001年	2002年	2003年	2004年	2005年	2006年
小学								
学校数	(所)	1231	1174	1167	1154	1170	1118	1031
毕业生数	(人)	55889	54926	57208	57435	59661	64271	72225
招生数	(人)	55562	60229	64396	67095	67728	66305	64111
在校学生数	(人)	335551	345222	360649	391082	418989	442407	451551
教职工数	(人)	19090	19811	20105	20827	21251	21601	22370
#专任教师	(人)	16675	17319	17777	18861	18986	19217	19749
学龄儿童								
学龄儿童总数	(人)	330118	342381	351340	383748	409497	435971	448694
学龄儿童入学率	(%)	99.83	99.66	99.8	100.48	99.97	99.94	99.96
小学毕业生升学率	(%)	96.6	96.86	97.41	100	100	100	100
幼儿园								
幼儿园数	(所)	239	229	221	227	243	253	273
在园幼儿数	(人)	68641	71803	69078	69699	69867	70685	51667
教职工数	(人)	3772	2410	4040	4300	4615	5284	5957
#专任教师	(人)	2502	2124	2354	2509	2697	3073	3499
文化、卫生、体育								
艺术表演团体	(个)	8	8	7	6	6	6	6
文化馆、艺术馆	(个)	6	6	6	6	6	6	6
公共图书馆	(个)	5	5	5	5	5	5	5
博物馆	(个)	5	5	5	5	5	5	5
广播电台	(套)	5	5	5	5	5	5	6
广播人口覆盖率	(%)	98.5	98.7	98.7	98.8	98.8	98.2	98.35
电视台	(套)	5	5	5	6	4	6	7
电视发射台和转播台	(座)	25	25	22	6	4	15	13
电视人口覆盖率	(%)	95.6	96.3	96.9	97.3	97.6	96.7	97.3
有线电视用户	(万户)	23.6	24.7	26.7	27.1	27.3	26.3	34.3
影剧院(含电影院)	(个)	25	25	9	9	4	4	4
歌舞厅	(个)				257	257	145	157
网吧	(个)				204	205	245	435
卫生机构数	(个)	768	758	419	484	576	614	235
#医院、卫生院	(个)	116	116	122	121	123	123	125
卫生防疫防治机构	(个)	14	14	15	14	14	14	14
妇幼卫生机构	(个)	5	5	5	5	5	5	5
卫生技术人员	(人)	10552	10586	10310	10561	11289	12043	12703
#医生、助理医生	(人)	4371	4472	3804	3932	4214	4622	5000
护师、护士	(人)	3214	3335	3445	3498	3620	3872	4245
卫生机构床位数	(张)	5869	6087	6979	7279	7513	7960	8532
#医院、卫生院	(张)	5648	5705	6472	6577	7067	7529	8048
村级卫生机构数	(个)					1124	1283	1532
村级执业(助理)医师	(人)					178	225	384

注:2009年起卫生机构数为全市各类机构数。

2－5 续表15

指 标		2007年	2008年	2009年	2010年	2011年	2012年	2012年比2011年增长(%)
小学								
学校数	(所)	982	945	785	689	518	472	-8.9
毕业生数	(人)	79066	80890	80973	76715	70940	64366	-9.3
招生数	(人)	63353	61952	62344	72570	78119	87160	11.6
在校学生数	(人)	445221	426443	401270	397983	403950	421074	4.2
教职工数	(人)	22961	23054	22759	23194	13194	24342	4.9
#专任教师	(人)	20188	20240	20137	20652	20947	21243	1.4
学龄儿童								
学龄儿童总数	(人)	442082	423240	397204	392431	399720	409732	2.5
学龄儿童入学率	(%)	100	100	100	100	100	100	
小学毕业生升学率	(%)	100	100	100	100	100	100	
幼儿园								
幼儿园数	(所)	278	300	326	351	384	436	13.5
在园幼儿数	(人)	79722	87378	100617	114440	128324	144664	12.7
教职工数	(人)	6467	7442	8398	10448	12061	14593	21.0
#专任教师	(人)	3907	4453	5043	6044	6819	8216	20.5
文化、卫生、体育								
艺术表演团体	(个)	6	6	3	3	1	0	
文化馆、艺术馆	(个)	6	6	6	6	6	6	
公共图书馆	(个)	5	5	5	5	5	5	
博物馆	(个)	5	5	5	6	6	6	
广播电台	(套)	6	6	6	6	6	6	
广播人口覆盖率	(%)	99.5	99.67	99.95	99.95	99.99	100	
电视台	(套)	6	6	6	6	6	6	
电视发射台和转播台	(座)	7	7	5	6	6	6	
电视人口覆盖率	(%)	97.8	98.5	98.95	99.56	99.98	100	
有线电视用户	(万户)	34.4	39.9	47.2	48.0	69.6	74.2	6.0
影剧院(含电影院)	(个)	6	5	15	12	18	18	
歌舞厅	(个)	297	133	200	168	168	226	1.8
网吧	(个)	569	587	577	584	584	584	
卫生机构数	(个)	270	285	2214	2258	2366	2558	8.1
#医院、卫生院	(个)	123	119	124	128	131	137	4.6
卫生防疫防治机构	(个)	16	17	17	17	17	18	5.9
妇幼卫生机构	(个)	5	5	5	5	6	6	0
卫生技术人员	(人)	14964	14818	16728	18218	19978	23787	19.1
#医生、助理医生	(人)	5854	5431	6246	6778	7386	9009	22.0
护师、护士	(人)	5109	4962	5795	6391	7283	9445	29.7
卫生机构床位数	(张)	9538	10207	11122	12206	13092	17231	31.6
#医院、卫生院	(张)	9015	9477	10199	10877	11662	14485	24.2
村级卫生机构数	(个)	1512	1539	1534	1539	1557	1574	1.1
村级执业(助理)医师	(人)	435	513	394	555	562	604	7.5

注:2009年起卫生机构数为全市各类机构数。

2-5 续表16

指　　标		2000年	2001年	2002年	2003年	2004年	2005年	2006年
乡村医生和卫生员	（人）					1228	1208	1632
#乡村医生数	（人）					1122	1139	1488
卫生员	（人）					106	69	144
农村诊疗人次	（万人次）					375.00	397.58	505.88
社保、环保、公用事业								
养老保险参保人数	（万人）	34.8	39.6	41.3	44.2	47.4	52.7	60.1
失业保险参保人数	（万人）	31.7	35.9	36.8	37.4	40.7	45.1	51.6
城镇职工基本医疗保险参保人数	（万人）		21.5	29.4	30.6	35	46.7	59.1
社会保险基金收入	（亿元）	3.3	5.3	7.3	8.2	11.1	12.8	18.2
年末城镇最低生活保障人数	（人）	2206	13242	6043	7248	7894	8101	7842
年末乡村最低生活保障人数	（人）	7016	12436	19856	25203	29083	33307	43453
自然保护区	（个）						26	26
自然保护区面积	（公顷）						88016	88016
森林覆盖率	（%）	57.3	58.7	59.3	59.8	59.9	59.8	58.2
建成烟尘控制区	（个）	2	2	5	8	8	8	8
烟尘控制区面积	（平方公里）		52.5	60.1	144.5	144.5	147.8	147.8
噪声达标面积	（平方公里）	33	33	40.7	55.7	55.7	71.3	71.5
市区空气污染综合指数（API指数）	（%）	19-81	19-90	13-85	23-99	14-97	21-74	27-73
废水排放总量	（万吨）	10046	10958	12983	12642	13585	13774	21616
#生活污水	（万吨）	8213	8979	10189	9210	9546	9415	15412
工业废水	（万吨）	1833	1979	2794	3432	4039	4359	6204
废水中COD排放量	（万吨）	2.21	3.00	1.99	1.69	1.78	1.70	2.29
污水处理厂	（座）							
生活污水集中处理率	（%）							23.68
废气排放总量	（亿标立米）	104.05	126.11	192.32	186.79	302.47	271.36	400.91

2－5　续表 17

指　　标		2007 年	2008 年	2009 年	2010 年	2011 年	2012 年	2012 年比 2011 年增长(％)
乡村医生和卫生员	(人)	1437	1444	1539	1545	1629	1528	－6.2
#乡村医生数	(人)	1364	1366	1417	1413	1504	1385	－7.9
卫生员	(人)	73	78	122	132	125	143	14.4
农村诊疗人次	(万人次)	485.21	520.29	493.83	506.99	547.42	767.64	40.2
社保、环保、公用事业								
养老保险参保人数	(万人)	88.6	105.2	120.0	148.9	190.0	202.2	6.4
失业保险参保人数	(万人)	50.4	44.9	32.8	30.0	91.0	92.5	1.7
城镇职工基本医疗保险参保人数	(万人)	61.3	71.7	77.1	81.8	134.9	139.5	3.4
社会保险基金收入	(亿元)	21.5	28.5	32.7	38.9	46.4	56.1	20.9
年末城镇最低生活保障人数	(人)	8693	9465	10433	9875	9799	9327	－4.8
年末乡村最低生活保障人数	(人)	55149	58943	66248	69694	71386	80019	12.1
自然保护区	(个)	26	26	26	26	26.0	26	
自然保护区面积	(公顷)	88016	88285	88285	88285	88285.0	88285	
森林覆盖率	(％)	58.6	59.2	59.4	59.6	60.44	60.87	0.4
建成烟尘控制区	(个)	8	8	8	8	8	8	
烟尘控制区面积	(平方公里)	147.8	147.8	147.8	147.8	147.8	147.8	
噪声达标面积	(平方公里)	71.5	71.5	71.5	71.5	209.7	209.7	
市区空气污染综合指数(API 指数)	(％)	30－67	30－68	18－72	19－101	19－86	19－94	
废水排放总量	(万吨)	26974	28074	28188	31126	30400	33789	11.1
#生活污水	(万吨)	18247	20884	22406	25097	22937	25489	11.1
工业废水	(万吨)	8727	7189	5782	6029	7462	8300	11.2
废水中 COD 排放量	(万吨)	4.50	0.56	0.49	0.61	0.85	0.90	5.9
污水处理厂	(座)	7	15	15	26	19	27	42.1
生活污水集中处理率	(％)	47.2	47.2	63.2	71.49	91.54	91.01	－0.5
废气排放总量	(亿标立米)	1024.41	965.36	1319.13	1163.31	1907.11	1487.80	－22.0

2－5 续表18

指 标		2000年	2001年	2002年	2003年	2004年	2005年	2006年
#工业废气量	（亿标立米）	104.05	126.11	192.32	186.79	302.47	271.36	400.91
二氧化硫排放总量	（万吨）	0.58	0.79	0.91	0.79	1.04	1.07	1.22
#工业二氧化硫	（万吨）	0.56	0.71	0.81	0.79	0.75	0.74	1.22
工业烟尘排放量	（万吨）	0.48	0.09	0.07	0.07	0.1	0.09	0.19
工业固体废物产生量	（万吨）	16.01	12.20	12.91	15.77	15.53	17.13	19.26
固体废物处理处置率	（%）	86.65	74.82	87.99	81.56	87.46	99.18	98.75
全市水资源总量	（亿立方米）	137.1	100.5	108.4	85.1	70	126.9	183.6
全市总用水量	（亿立方米）	20.1	22.3	19.8	20.1	20.5	21.1	21.4
#生活用水比重	（%）	19.1	15.7	14.9	17.4	17	11.3	11.3
工业用水比重	（%）	8.1	10.6	12.6	12.5	13	17	19.1
农业用水比重	（%）	72.8	73.7	72.5	70.1	70	66.6	64.5
城市维护建设资金支出	（万元）		37215	28914	78454	54111	57936	69349
年末实有铺装道路面积	（万平方米）	685	1005	572	1092	1041	1076	1151
排水管道长度	（公里）	771	794	653	752	827	863	915
供水综合生产能力	（万立方米/日）	87	88.1	76.7	76.7	84.5	99.5	107
供水总量	（万吨）	12302	14443	14378	17581	19684	20468	21401
#居民家庭用水量	（万吨）	6978	5437	6211	7092	7121	7463	7158
液化石油气供气总量	（吨）	136889	70632	88553	91295	99858	113905	172574
年末实有营运公共汽车	（辆）	462	535	447	778	707	707	738
年末实有出租小汽车数	（辆）			312	879	911	975	950
建成区绿化覆盖面积	（公顷）	3055	2703		3780	3070	4028	5102
园林绿地面积	（公顷）	2357	2600		3947	3384	3704	4419
#公园绿地面积	（公顷）	597	702		890	721	763	1190
工商登记情况								
个体户期末实有户数	（万户）		6.07	6.54	7.44	8.29	9.38	11
个体户期末注册资本	（亿元）		10.55	12.96	17.18	21.81	25.44	48.41
个体户本期新增户数	（万户）		1.32	0.99	1.85	2.01	2.17	2.76
个体户本期新增注册资本	（亿元）		3.09	2.81	5.02	6.57	6.58	6.87
私营企业期末实有户数	（万户）		0.47	0.62	0.82	1.06	1.35	1.69
私营企业期末注册资本	（亿元）		65.96	92.26	124.12	154.91	198.6	292.56
私营企业本期新增户数	（万户）		0.09	0.17	0.25	0.28	0.31	0.42
私营企业本期新增注册资本	（亿元）		2.9	14.75	27.31		36.14	62.62

2－5　续表19

指　　标		2007 年	2008 年	2009 年	2010 年	2011 年	2012 年	2012 年比 2011 年增长(%)
#工业废气量	(亿标立米)	1024.41	965.36	1319.13	1163.31	1197.11	1487.80	-22.0
二氧化硫排放总量	(万吨)	1.65	3.27	3.57	3.31	3.90	3.61	-7.4
#工业二氧化硫	(万吨)	1.64	3.26	3.56	3.31	3.89	3.55	-8.7
工业烟尘排放量	(万吨)	0.32	0.26	0.32	0.32	2.19	2.13	-2.7
工业固体废物产生量	(万吨)	33.97	29.94	27.27	40.6	76.4	135.0	76.7
固体废物处理处置率	(%)	21.73	22.85	19.77	6.75	11.94	2.48	-9.5
全市水资源总量	(亿立方米)	119.79	159.4	96.45	115.60	84.76	117.4	38.5
全市总用水量	(亿立方米)	21.67	21.99	21.68	21.82	21.81	21.8	-0.3
#生活用水比重	(%)	11.4	11.4	11.7	16.3	11.8	17.7	5.9
工业用水比重	(%)	20.8	24.4	24.6	26.4	25.8	26.5	0.7
农业用水比重	(%)	62.4	57.9	59.3	56.5	57.0	55.8	-1.2
城市维护建设资金支出	(万元)	142528	212451	188545	250586	368439	607377	64.9
年末实有铺装道路面积	(万平方米)	1558	1798	1891	2320	2408	2510	4.2
排水管道长度	(公里)	765	1168	1567	1816	2332	2527	8.4
供水综合生产能力	(万立方米/日)	97.2	129.2	133.5	134.0	136.5	138.0	1.1
供水总量	(万吨)	22485	23506	25309	28889	28977	30522	5.3
#居民家庭用水量	(万吨)	7119	8193	9522	9223	10536	11509	9.2
液化石油气供气总量	(吨)	196507	178073	117430	90496	103506	99148	-4.2
年末实有营运公共汽车	(辆)	917	1056	1062	1178	1498	1558	4.0
年末实有出租小汽车数	(辆)	983	1149	1229	1650	1651	1663	0.7
建成区绿化覆盖面积	(公顷)	5130	5555	7586	8049	8908	9748	9.4
园林绿地面积	(公顷)	4675	5107	6961	7411	8313	9076	9.2
#公园绿地面积	(公顷)	1190	1634	2040	2047	2477	3021	22.0
工商登记情况								
个体户期末实有户数	(万户)	16.26	17.78	15.78	16.25	17.44	19.19	10.0
个体户期末注册资本	(亿元)	53.17	55.56	51.31	49.59	55.26	64.18	16.1
个体户本期新增户数	(万户)	6.5	3.36	2.92	3.24	2.94	3.16	7.6
个体户本期新增注册资本	(亿元)	9.33	8.67	9.8	10.96	11.60	13.69	18.0
私营企业期末实有户数	(万户)	2.13	2.67	3.06	3.67	4.05	4.66	15.1
私营企业期末注册资本	(亿元)	401.28	487.88	566.00	705.64	879.78	1009.05	14.7
私营企业本期新增户数	(万户)	0.45	0.41	0.48	0.66	0.72	0.69	-4.5
私营企业本期新增注册资本	(亿元)	71.01	52.48	52.1	110.98	125.47	93.12	-25.8

2-6 各行业增加值构成项目

单位:亿元

指　　标	2005年	2006年	2007年	2008年	2009年	2010年	2011年	2012年
地区生产总值	803.92	928.92	1117.91	1304.05	1414.70	1729.95	2093.08	2367.55
第一产业	75.10	68.78	78.21	90.61	90.29	102.38	116.51	124.56
第二产业	455.74	538.99	639.62	741.30	788.96	1019.57	1223.25	1377.23
工业	420.22	503.32	599.84	696.86	738.31	960.82	1147.79	1296.40
建筑业	35.52	35.67	39.78	44.43	50.65	58.75	75.46	80.83
第三产业	273.09	321.16	400.08	472.14	535.45	608.00	753.32	865.76
交通运输、仓储和邮政业	32.53	38.90	47.24	58.30	56.76	63.48	85.46	108.60
批发和零售业	64.56	74.36	82.34	93.28	116.15	132.33	166.05	190.35
住宿和餐饮业	21.40	28.11	37.94	49.91	50.28	56.15	64.80	78.01
金融业	8.66	16.18	31.28	36.35	41.39	51.63	60.52	67.12
房地产业	32.49	42.99	63.60	65.02	80.86	97.26	119.03	132.16
其他服务业	113.45	120.62	137.69	169.29	190.01	207.16	257.47	289.52

2-6　续表　各行业增加值指数

单位:%

指　　标	2005年	2006年	2007年	2008年	2009年	2010年	2011年	2012年
地区生产总值	115.9	116.8	117.6	111.6	113.2	118.0	114.6	112.6
第一产业	105.4	102.4	104.5	104.3	103.8	104.0	103.9	102.9
第二产业	117.1	120.5	118.8	111.4	113.3	123.8	114.7	114.4
工业	117.3	122.2	119.7	111.9	113.0	124.5	114.4	115.0
建筑业	113.9	99.9	107.1	102.5	118.6	111.1	119.4	105.1
第三产业	117.4	114.5	118.5	113.5	115.0	110.6	116.1	111.1
交通运输、仓储和邮政业	121.6	110.7	113.5	116.4	109.9	109.4	119.0	118.2
批发和零售业	112.2	113.2	106.4	110.0	124.2	111.0	127.2	107.2
住宿和餐饮业	119.3	121.6	125.0	120.7	99.2	110.1	111.5	114.8
金融业	119.2	164.7	171.5	98.7	119.0	119.3	111.6	108.6
房地产业	118.3	131.4	143.0	96.9	123.8	118.1	108.9	111.1
其他服务业	118.7	106.2	111.0	123.3	111.6	106.5	114.0	111.1

2-7 民营经济主要统计指标

单位:亿元

项目		2005年	2006年	2007年	2008年	2009年
单位个数	(万个)	11.05	13.04	18.79	20.86	19.29
#私营	(万个)	1.35	1.69	2.13	2.67	3.06
个体	(万个)	9.38	11.00	16.26	17.78	15.78
从业人数	(万人)	73.55	76.22	80.96	91.63	92.09
#私营	(万人)	27.42	28.46	28.06	28.87	31.01
个体	(万人)	43.27	44.65	49.99	60.29	58.54
民营经济增加值	(亿元)	285.72	338.22	398.00	461.35	508.23
第一产业	(亿元)	32.42	34.13	37.18	43.12	43.60
第二产业	(亿元)	118.29	142.74	171.35	199.95	212.65
#工业	(亿元)	110.07	130.73	157.63	183.82	196.42
第三产业	(亿元)	135.00	161.36	189.48	218.28	251.98
私营企业出口	(亿美元)	3.15	4.55	6.36	10.74	11.29
税收收入	(亿元)	29.81	39.69	61.68	77.09	153.66
#国税	(亿元)	13.49	15.92	26.57	31.9	95.89
地税	(亿元)	16.32	23.77	35.1	45.19	57.77

注:单位个数数据来源于工商局,2011年起统计口径有调整。

2-7 续表

项目		2010年	2011年	2012年	2012年 比2011年 增长(%)
单位个数	(万个)	20.42	22.25	24.68	10.9
#私营	(万个)	3.67	4.05	4.66	15.1
个体	(万个)	16.25	17.44	19.19	10.0
从业人数	(万人)	104.30	121.18	122.62	1.2
#私营	(万人)	33.89	41.88	42.39	1.2
个体	(万人)	65.40	73.70	74.13	0.6
民营经济增加值	(亿元)	614.23	778.45	887.15	12.8
第一产业	(亿元)	49.54	78.02	95.67	4.3
第二产业	(亿元)	267.67	320.97	343.83	17.2
#工业	(亿元)	248.81	298.27	320.09	18.3
第三产业	(亿元)	297.02	379.46	447.65	10.9
私营企业出口	(亿美元)	17.00	24.15	24.39	1.8
税收收入	(亿元)	137.86	237.85	292.34	22.9
#国税	(亿元)	67.73	149.19	173.81	16.5
地税	(亿元)	70.13	88.66	118.53	33.7

注:单位个数数据来源于工商局,2011年起统计口径有调整。

2－8　城市社会经济基本情况表

项　目		2012 年 全　市	市辖区	2011 年 全　市	市辖区
一、人口、劳动力及土地面积					
年末户籍总人口	(万人)	341.91	138.07	343.03	137.52
非农业人口	(万人)	203.92	138.07	203.51	137.52
户籍平均人口	(万人)	342.47	137.80	340.16	135.70
暂住人口(一个月以上)	(万人)	82.92	57.17	49.20	36.89
年出生人口	(人)	47249	19389	39324	16066
年死亡人口	(人)	21024	7610	16042	5818
年末总户数	(万户)	97.86	45.01	95.60	43.47
人口自然增长率(户籍口径)	(‰)	6.83		6.77	
年末单位从业人员数(城镇)	(万人)	88.99	66.54	84.75	62.41
第一产业(农、林、牧、渔业)	(万人)	0.06	0.01	0.12	0.03
第二产业	(万人)	65.20	51.28	63.08	49.07
采矿业	(万人)	0.02	0.01	0.02	0.01
制造业	(万人)	61.03	48.09	59.91	46.85
电力、燃气及水的生产和供应业	(万人)	1.01	0.55	0.89	0.43
建筑业	(万人)	3.16	2.65	2.26	1.78
第三产业	(万人)	23.72	15.25	21.55	13.32
农、林、牧、渔服务业		0.04	0.01		
金属制品、机械和设备修理业		0.02	0.02		
交通运输、仓储及邮政业	(万人)	1.23	0.93	1.26	0.95
信息传输、计算机服务和软件业	(万人)	0.48	0.39	0.46	0.37
批发和零售业	(万人)	2.25	1.91	1.40	1.08
住宿、餐饮业	(万人)	1.05	0.65	0.77	0.39
金融业	(万人)	2.53	2.13	2.11	1.75
房地产业	(万人)	1.11	0.84	0.97	0.70
租赁和商业服务业	(万人)	0.75	0.54	0.73	0.52
科学研究、技术服务和地质勘查业	(万人)	0.52	0.35	0.50	0.33
水利、环境和公共设施管理业	(万人)	0.77	0.47	0.74	0.45
居民服务和其他服务业	(万人)	0.08	0.06	0.06	0.04
教育	(万人)	4.59	2.19	4.49	2.15
卫生、社会保障和社会福利业	(万人)	2.24	1.31	2.07	1.16
文化、体育和娱乐业	(万人)	0.39	0.23	0.38	0.23
公共管理和社会组织	(万人)	5.67	3.22	5.61	3.21
城镇私营和个体从业人员	(人)	1136977	526847	1155774	559751
年末城镇登记失业人员数	(人)	16869	10574	15467	9558
行政区域土地面积	(平方公里)	11343	2694	11343	2694
建成区面积	(平方公里)	292.21	229.30	280.39	221.29
城市建设用地面积	(平方公里)	272.56	215.97	257.70	208.43

注:2012 年第一产业从业人员不含农、林、牧、渔服务业人员,第二产业从业人员不含金属制品、机械和设备修理业人员。

2-8 续表1

项　目		2012年 全　市	市辖区	2011年 全　市	市辖区
居住用地面积	（平方公里）	87.12	63.4	81.39	61.82
公共设施用地面积	（平方公里）	30.56	23.19	26.03	20.38
工业用地面积	（平方公里）	72.33	60.52	71.15	60.15
二、综合经济					
（一）地区生产总值（当年价格）	（万元）	23675499	15574090	20930808	13611192
第一产业增加值	（万元）	1245642	349498	1165098	326454
第二产业增加值	（万元）	13772300	10074089	12232520	8728309
工业增加值	（万元）	12964028	9382402	11477877	8126411
第三产业增加值	（万元）	8657558	5150503	7533190	4556429
交通运输仓储及邮政业	（万元）	1086004	373942	854628	336651
金融业	（万元）	671193	469047	605166	416081
房地产业	（万元）	1321601	647898	1190271	604775
地区生产总值（2010年价格）	（万元）	22318966	14613401	19823522	11229512
人均地区生产总值	（元）	50873	65535	45331	57778
地区生产总值增长率	（%）	12.6	13.2	14.6	15.0
第三产业增长率	（%）	11.1	9.6	16.1	15.3
单位GDP能耗	（吨标煤/万元）	0.782		0.814	
（二）财政、金融、保险					
地方公共财政预算收入	（万元）	2008762	1555843	1628309	1259022
各项税收	（万元）	1542002	1236111	1302860	1056418
企业所得税	（万元）	113695	92865	116954	98052
个人所得税	（万元）	31308	25549	43496	36364
地方公共财政预算支出	（万元）	2740831	1875959	2272099	1522506
科学支出	（万元）	51031	41021	52944	44116
教育支出	（万元）	626047	378721	450302	264059
医疗卫生支出	（万元）	218197	130257	180939	102819
人民币金融机构存款余额	（万元）	25075498	18623696	23260486	17501338
城乡居民储蓄存款余额	（万元）	13514447	8808686	11743416	7608891
人民币金融机构贷款余额	（万元）	15010215	12322239	12954779	10667363
保费收入	（万元）	565382		505434	
财产险	（万元）	181803		150569	
寿险	（万元）	372400		344637	
各类赔款	（万元）	83270		68531	

2－8 续表2

项　目		2012年 全　市	市辖区	2011年 全　市	市辖区
财产险	（万元）	36089		28343	
寿险	（万元）	22013		40188	
三、农业					
蔬菜产量	（万吨）	223.63	78.07	214.55	74.63
水果产量	（万吨）	63.41	6.15	58.88	6.35
肉类总产量	（万吨）	19.16	5.50	18.94	5.64
奶类产量	（吨）	6846	52	6724	29
水产品产量	（万吨）	14.94	6.11	14.67	6.04
四、工业					
规模以上工业法人企业					
工业企业数	（个）	1430	847	1428	837
内资企业	（个）	562	274	533	255
国有企业	（个）	24	15	30	16
私营企业	（个）	294	142	296	136
私营独资企业	（个）	45	17	56	17
私营股份有限公司	（个）	8	5	6	5
港、澳、台商投资企业	（个）	633	390	650	391
外商投资企业	（个）	235	183	245	191
工业总产值（当年价）	（万元）	54772792	44005070	47650331	38468788
内资企业	（万元）	20234952	14369078	16097821	11915775
国有企业	（万元）	11906955	11194217	9672398	9077763
私营企业	（万元）	3555559	1250528	2962397	1271309
私营独资企业	（万元）	677309	102949	536186	101746
私营股份有限公司	（万元）	76709	34455	37449	34689
港、澳、台商投资企业	（万元）	14078843	9981362	14022711	9908771
外商投资企业	（万元）	20458998	19654630	17529800	16644242
从业人员年平均人数	（万人）	66.78	48.15	64.39	47.14
流动资产合计	（万元）	19280519	16310203	17643300	14859334
固定资产合计	（万元）	13362965	10201813	12392971	9888390
主营业务收入	（万元）	55030485	44476656	47087953	38058072
主营业务税金及附加	（万元）	946158	925104	761835	741402
本年应交增值税	（万元）	2687228	2363898	1941539	1712337
利润总额	（万元）	2193171	1328286	2201593	1393620

2-8 续表3

项　目		2012年 全　市	市辖区	2011年 全　市	市辖区
民用汽车拥有量	（辆）	357655		306376	
私人汽车拥有量	（辆）	305145		255906	
公路客运量	（万人）	16013		12996	
公路货运量	（万吨）	7862		6041	
境内等级公路里程	（公里）	10341		10235	
境内高速公路里程	（公里）	492		454	
沿海港口货物吞吐量	（万吨）	5118		5015	
内河港口货物吞吐量	（万吨）	139		155	
水运货运量	（万吨）	9249		8183	
年末邮政局所数	（处）	158	96	166	100
邮政业务收入	（万元）	23318		21786	
电信业务收入	（万元）	600593		557965	
年末固定电话用户数	（万户）	130.06		135.16	
年末移动电话用户数	（万户）	501.16		419.86	
国际互联网用户数	（万户）	104.18		81.82	
全年用电量	（万千瓦时）	2273557	1419567	2096597	1290336
工业用电	（万千瓦时）	1601751	997183	1453638	867186
居民生活用电	（万千瓦时）	314785	181358	274203	159256
五、内外贸易、外经、旅游					
社会消费品零售总额	（万元）	7541529	4605954	6847206	4129449
限额以上批发和零售企业数（法人数）	（个）	316	215	266	174
零售业	（个）	181	139	168	115
货物进口额（海关数）	（万美元）	2029557	1860571	1569148	784376
货物出口额（海关数）	（万美元）	2920456	2540860	2312180	1214724
外商直接投资					
外商直接投资项目（企业）个数	（个）	327	247	425	185
实际利用外商直接投资金额	（万美元）	172782	124084	156803	100890
国际旅游者	（万人）	190.59		174.68	
外国人	（万人）	44.62		41.18	
港、澳、台同胞	（万人）	145.97		133.51	
旅游（外汇）收入	（万美元）	67785		57652	

2－8 续表4

项　目		2012年 全　市	市辖区	2011年 全　市	市辖区
六、固定资产投资					
固定资产投资总额	（万元）	12086803	8147238	10252067	6982165
城镇固定资产投资额	（万元）	11144108	7992702	9564655	6868646
房地产开发投资额	（万元）	4821683	3454381	3775399	2661128
住宅	（万元）	3640151	2549596	2914535	2029005
全年新增固定资产	（万元）	6830597	4119463	6666439	4825399
商品房销售面积	（万平方米）	826.72	578.40	796.30	586.37
住宅	（万平方米）	787.29	549.78	752.44	550.13
别墅、高档公寓	（万平方米）	81.00	51.84	87.36	66.03
商品房销售额	（万元）	4784238	3467865	4408734	3359491
住宅	（万元）	4457970	3190480	4146618	3130240
别墅、高档公寓	（万元）	713515	452803	759907	586865
商品房待售面积	（万平方米）	228.96	159.54	221.00	169.32
七、教育、科技、文化、卫生					
学校数					
普通高等学校	（所）	3	3	2	2
中等职业教育学校	（所）	39		39	
普通中学	（所）	214	97	211	96
小　学	（所）	472	239	518	287
专任教师数					
普通高等学校	（人）	1329	1329	1290	1290
中等职业教育学校	（人）	3366		2621	
普通中学	（人）	18444	9027	17759	8606
小　学	（人）	21243	9398	20947	9141
在校学生数					
普通高等学校	（人）	24300	24300	22007	22007
高中阶段在校学生数	（人）	93938	51691	90310	50046
中等职业教育学校	（人）	97852		97131	
普通中学	（万人）	29.66	14.88	30.77	15.00
小　学	（万人）	42.11	21.50	40.40	20.45
小学毕业生升学率	（%）	100	100	99.68	99.73
初中毕业生升学率	（%）	98.51	99.28	98.39	99.35
专利申请量	（项）	9894		6029	
专利授权量	（项）	4093		2917	

2－8 续表5

项　目		2012年 全　市	市辖区	2011年 全　市	市辖区
剧场、影剧院数	（个）	7	2	7	2
公共图书馆图书总藏量	（千册、件）	1219.6	807.80	1121.71	732.10
医院、卫生院数	（个）	137	60	131	42
医院、卫生院床位数	（张）	14485	8664	11662	3253
医生数（执业医师＋执业助理医师）	（人）	9009	5757	7386	2797
注册护士	（人）	9445	6146	7283	2550
八、人民生活、社会保障					
在岗职工平均人数	（万人）	86.02	63.78	84.80	62.48
在岗职工工资总额	（万元）	3570487	2788098	3054785	2367427
城镇居民可支配收入	（元）	29965	29965	26609	26609
恩格尔系数	（%）	35.7	35.7	34.5	34.5
居民消费价格指数（上年为100）	（%）	102.8	102.8	104.9	104.9
年末离休、退休、退职人员数	（万人）	8.44	4.18	7.78	3.81
基本养老保险参保人数	（人）	2021518	1498933	1899796	1421513
城镇职工基本医疗保险参保人数	（人）	1394912	1059133	1348895	1018082
失业保险参保人数	（人）	925282	713929	910052	706792
城乡居民最低生活保障人数	（人）	89346	24091	81185	24137
城镇		9327	5170	9799	5380
九、社会治安					
交通事故死亡人数	（人）	299	175	312	179
交通事故损失额	（万元）	285.32	242.99	260.35	214.58
火灾事故死亡人数	（人）	2		2	2
火灾事故损失额	（万元）	922.95	767.56	993.78	741.99
刑事案件立案数	（件）	14900	8900	14539	8888
犯罪人数	（人）	9642	5979	8234	4686
青少年人数（年龄25周岁及以下）	（人）	4316	3131	3936	2565

2－8 续表6

项 目		2012年 全 市	市辖区	2011年 全 市	市辖区
十、市政公用事业					
城市维护建设资金支出	（万元）	607377	563362	368439	341979
年末实有城市道路面积	（万平方米）	2509.69	2010.11	2407.65	1918.85
排水管道长度	（公里）	2526.77	2208.11	2331.98	2025.14
供水综合生产能力（包括自备水源）	（万立方米/日）	138.00	115.00	136.53	115.00
供水总量	（万吨）	30521.96	24948.96	28976.82	23493.82
居民家庭用水量	（万吨）	11508.59	9210.59	10536.22	8519.22
液化石油气供气总量	（吨）	99147.87	76861.87	103506	85544
年末实有公共汽（电）车营运车辆数	（辆）	1558		1498	
全年公共汽（电）车客运总量	（万人次）	21675		21650	
年末实有出租汽车数	（辆）	1663		1651	
建成区绿化覆盖面积	（公项）	9748		8908	
建成区绿化覆盖率	（%）	33.36		31.77	
城市人均公园绿地面积	（平方米）	15.52		13.75	
森林覆盖率	（%）	60.87		60.44	
十一、环境保护					
工业废水排放量	（万吨）	8300	3581	7462	3732
工业二氧化硫排放量	（吨）	35501	17318	38859	18135
工业烟尘去除量	（吨）	1745228		12773	3433
工业烟尘排放量	（吨）	21297	4588	21882	2982
环境噪声达标区总面积	（平方公里）	209.65	189.44	209.65	189.44
区域环境噪声平均值	（dB）		55.3		55.2
城市污水处理厂日处理能力	（立方米）	924600	686600	721500	515000
城市污水实际处理量	（万吨）	24379	18762	19739	14969
城市污水处理率	（%）		91.01		91.54
生活垃圾无害化处理率	（%）	100	100	82.06	100

2-9　总户数(户籍)

单位:万户

县　区	2000 年	2001 年	2002 年	2003 年	2004 年	2005 年	2006 年
全　市	69.32	70.58	71.80	73.83	76.86	79.04	81.44
惠城区	17.14	17.59	18.15	18.96	19.81	20.98	21.96
惠阳区	9.95	10.02	10.39	10.87	11.11	11.43	11.63
惠东县	14.51	14.89	14.96	15.27	16.63	17.12	17.96
博罗县	17.15	17.41	17.61	17.82	18.03	18.26	18.42
龙门县	8.58	8.67	8.65	8.84	8.98	8.94	9.11
大亚湾区	1.99	2	2.04	2.07	2.31	2.31	2.36
仲恺区	-	-	-	-	-	-	-

2-9　续表

单位:万户

县　区	2007 年	2008 年	2009 年	2010 年	2011 年	2012 年	2012 年比 2011 年 增长(%)
全　市	84.36	87.06	90.19	94.57	95.60	97.86	2.4
惠城区	23.41	24.47	21.97	22.66	22.39	24.40	9.0
惠阳区	12.22	12.7	13.35	15.10	14.92	14.49	-2.9
惠东县	18.38	18.85	19.33	19.75	20.02	19.86	-0.8
博罗县	18.75	19.15	19.92	20.73	21.73	21.84	0.5
龙门县	9.21	9.43	9.59	10.01	10.37	11.15	7.5
大亚湾区	2.39	2.46	2.54	2.73	2.84	2.64	-6.8
仲恺区	-	-	3.48	3.59	3.32	3.47	4.6

注:2011 年惠城区、仲恺区区域人口进行调整,不可比;表中“-”表示仲恺区数据包含在惠城区内,下同。

2－10　年末户籍总人口

单位:万人

县　区	2000 年	2001 年	2002 年	2003 年	2004 年	2005 年	2006 年
全　市	277.81	280.45	283.02	286.36	293.23	297.58	306.41
惠城区	64.41	65.52	67.11	68.63	70.63	72.9	76.26
惠阳区	31.31	31.83	32.28	33.16	33.92	34.5	34.84
惠东县	68.89	69.8	69.7	69.84	73.1	73.7	77.57
博罗县	74.77	74.85	75.2	75.81	76.45	77.2	77.98
龙门县	31.69	31.7	31.77	31.97	32.1	32.2	32.59
大亚湾区	6.74	6.83	6.88	6.95	7.03	7.1	7.17
仲恺区	－	－	－	－	－	－	－

2－10　续表

单位:万人

县　区	2007 年	2008 年	2009 年	2010 年	2011 年	2012 年	2012 年比 2011 年增长(‰)
全　市	312.89	318.84	324.36	337.28	343.03	341.91	－3.3
惠城区	79.68	82.91	73.66	76.25	79.98	80.78	10.0
惠阳区	35.33	35.72	36.19	37.46	37.85	37.17	－17.9
惠东县	78.35	79.41	80.42	83.91	85.18	84.48	－8.3
博罗县	79.31	80.35	81.37	84.77	85.18	84.33	－10.0
龙门县	32.95	33.13	33.55	34.72	35.15	35.03	－3.4
大亚湾区	7.27	7.32	7.41	8.07	8.31	8.12	－23.2
仲恺区	－	－	11.76	12.10	11.38	12.01	55.2

2－11 年末常住人口

单位：万人

县　区	2000 年	2001 年	2002 年	2003 年	2004 年	2005 年	2006 年
全　市	321.80	334.77	343.41	352.27	363.18	370.69	387.51
惠城区	59.31	60.95	61.18	99.06	101.09	102.05	110.27
惠阳区	79.24	82.28	86.55	51.30	52.79	53.77	54.67
惠东县	71.31	73.71	74.98	76.64	78.47	79.51	83.81
博罗县	78.05	81.66	83.29	85.08	88.16	90.42	92.50
龙门县	26.80	28.00	28.15	29.66	30.66	31.38	31.70
大亚湾区	7.09	8.17	9.26	10.53	12.01	13.56	14.56
仲恺区	—	—	—	—	—	—	—

注：本表2005年惠城区、惠阳区和大亚湾的统计口径有变，与往年不可比。

2－11　续表

单位：万人

县　区	2007 年	2008 年	2009 年	2010 年	2011 年	2012 年	2012 年比 2011 年增长（‰）
全　市	402.86	418.65	435.08	460.11	463.36	467.40	8.7
惠城区	79.70	130.57	105.79	116.58	117.45	118.49	8.9
惠阳区	55.55	56.09	56.35	57.28	57.68	58.50	14.2
惠东县	84.97	86.28	87.31	90.78	91.31	92.03	7.9
博罗县	95.10	97.36	99.45	103.91	104.65	105.33	6.5
龙门县	31.90	31.71	31.38	30.73	30.93	31.21	9.0
大亚湾区	15.63	16.65	17.64	19.27	19.44	19.56	6.2
仲恺区	—	—	37.16	41.56	41.90	42.28	9.1

2－12　人口自然增长率

单位:‰

县　区	2000年	2001年	2002年	2003年	2004年	2005年	2006年
全　市	5.93	5.39	4.88	5.08	5.24	5.36	5.55
惠城区	7.65	7.6	6.24	5.3	5.64	6.08	5.98
惠阳区	4.86	3.77	3.46	4.69	4.58	4.97	5.56
惠东县	5.87	5.68	4.92	4.66	4.59	4.43	4.4
博罗县	6.34	5.7	5.46	5.71	6.03	6.17	6.29
龙门县	4.52	4.13	4.19	4.39	4.57	4.38	5.29
大亚湾区	5.27	5.76	4.98	5.14	5.51	4.94	6.05
仲恺区	－	－	－	－	－	－	－

2－12　续表

单位:‰

县　区	2007年	2008年	2009年	2010年	2011年	2012年
全　市	5.58	6.04	6.35	6.99	6.77	6.83
惠城区	6.48	6.62	6.84	7.56	7.44	7.67
惠阳区	5.15	5.86	6.51	7.35	6.88	6.63
惠东县	4.57	4.97	5.34	5.84	5.58	5.66
博罗县	6.05	6.65	6.77	7.41	7.12	7.63
龙门县	5.02	5.82	6.31	6.82	6.41	5.36
大亚湾区	6.07	6.37	6.44	7.62	7.85	8.01
仲恺区	－	－	－	7.24	8.02	8.12

2－13 地区生产总值

单位:亿元

县　区	2000 年	2001 年	2002 年	2003 年	2004 年	2005 年	2006 年
全　市	439.19	478.95	526.57	586.46	686.45	803.92	928.92
惠城区	165.49	194.02	225.65	264.6	297.7	349.88	393.47
惠阳区	41.35	46.8	51.64	58.8	68.09	79.68	96.08
惠东县	85.69	93.63	100.3	106.96	122.9	135.23	152.11
博罗县	81.26	90.48	98.02	109.04	127.62	144.95	165.08
龙门县	16.57	18.58	20.63	23.72	27.35	32.37	36.79
大亚湾区	14.42	17.69	21.66	36.29	42.85	52.43	102.5
仲恺区	-	-	-	-	-	-	-

注:2005 年惠城区、惠阳区和大亚湾的统计口径有变,与往年不可比。

2－13　续表

单位:亿元

县　区	2007 年	2008 年	2009 年	2010 年	2011 年	2012 年
全　市	1117.91	1304.05	1414.70	1729.95	2093.08	2367.55
惠城区	452.02	513.49	291.02	342.42	405.31	439.58
惠阳区	116.82	139.19	154.23	184.13	220.49	254.25
惠东县	178.58	201.17	216.64	250.53	300.02	326.01
博罗县	198.34	229.23	252.67	294.82	347.55	400.09
龙门县	44.42	52.67	57.35	68.85	85.00	100.29
大亚湾区	156.33	168.89	212.33	343.63	404.64	440.75
仲恺区	-	-	230.68	252.78	330.67	422.83

2－14　地区生产总值增速

单位:%

县　区	2000 年	2001 年	2002 年	2003 年	2004 年	2005 年	2006 年
全　市	11.3	9.5	10.7	12.2	15.1	15.9	16.8
惠城区	12.2	12.2	10.9	18.1	15.5	15.9	16.4
惠阳区	8.4	12.5	12.3	14.5	14.6	16.6	18.0
惠东县	10.4	7.5	9.7	7.2	12.5	10.3	14.2
博罗县	10.4	13.9	11.1	9.5	14.5	15.3	15.7
龙门县	6.8	5.6	6.1	10.7	12.5	17.6	14.8
大亚湾区	21.5	26.1	20.5	69.0	14.1	21.0	98.1
仲恺区	-	-	-	-	-	-	-

2－14　续表

单位:%

县全　市　区	2007 年	2008 年	2009 年	2010 年	2011 年	2012 年
全　市	17.6	11.6	13.2	18.0	14.6	12.6
惠城区	16.3	12.0	11.5	15.0	14.5	12.0
惠阳区	17.5	12.3	13.5	15.4	16.5	14.0
惠东县	15.3	12.5	13.1	15.3	19.3	14.1
博罗县	16.3	13.5	14.8	15.2	16.2	13.7
龙门县	17.0	15.3	13.4	15.5	16.9	16.3
大亚湾区	44.7	10.2	23.0	30.7	11.2	10.3
仲恺区	-	-	-	15.0	19.6	17.8

2－15　第一产业增速

单位:%

县　区	2000 年	2001 年	2002 年	2003 年	2004 年	2005 年	2006 年
全　市	6.1	7.3	4.7	0.4	4.2	5.4	2.4
惠城区	14.4	20	15.9	－6.8	5.2	4.4	6.8
惠阳区	8.9	6.6	10.4	5.3	5.6	14.8	5.6
惠东县	7.3	7.5	6.1	3.5	1.9	3.2	3.3
博罗县	4.2	6.8	6.1	10.1	0.2	1.6	6.7
龙门县	3.9	7.3	6.4	10.4	3.1	9.6	1.7
大亚湾区	－4.8	34.0	9.5	3.4	－11.3	－3.9	－9.0
仲恺区	—	—	—	—	—	—	—

2－15　续表

单位:%

县　区	2007 年	2008 年	2009 年	2010 年	2011 年	2012 年
全　市	4.5	4.3	3.8	4.0	3.9	2.9
惠城区	－0.7	5.1	6.3	4.3	4.3	2.5
惠阳区	－0.2	3.8	3.5	1.9	2.7	3.6
惠东县	1.1	2.8	3.9	6.4	4.9	3.1
博罗县	5.5	5.6	3.8	4.8	5.9	3.3
龙门县	7.4	4.5	5.0	6.1	7.0	6.7
大亚湾区	－4.4	－8.0	2.3	－6.0	－12.3	0.0
仲恺区	—	—	—	6.4	－1.4	－2.8

2－16　第二产业增速

单位:%

县　区	2000 年	2001 年	2002 年	2003 年	2004 年	2005 年	2006 年
全　市	13.1	9.2	12.1	14.4	14.4	17.1	20.5
惠城区	15.6	14.7	18.9	19.4	14.8	15.2	16.2
惠阳区	9.2	18.0	16.0	17.0	11.1	12.8	19.0
惠东县	11.1	11.6	11.2	10.8	14.3	10.1	15.4
博罗县	10.8	12.5	13.2	9.7	10.1	14.6	17.9
龙门县	6.2	－0.1	7.8	12.1	14.4	20.3	22.6
大亚湾区	14.4	74.0	50.4	145.3	15.4	32.0	165.3
仲恺区	—	—	—	—	—	—	—

2－16　续表

单位:%

县　区	2007 年	2008 年	2009 年	2010 年	2011 年	2012 年
全　市	18.8	11.4	13.3	23.8	14.7	14.4
惠城区	14.8	11.1	5.9	21.0	13.1	13.2
惠阳区	17.4	12.4	14.8	16.2	18.5	17.3
惠东县	17.2	13.3	12.2	16.7	22.9	17.2
博罗县	16.6	12.8	17.5	25.2	17.0	17.7
龙门县	27.0	18.1	14.9	14.4	18.0	20
大亚湾区	53.2	10.2	24.3	35.4	11.4	11.3
仲恺区	—	—	—	15.7	21.4	22.1

2－17　第三产业增速

单位:%

县　区	2000 年	2001 年	2002 年	2003 年	2004 年	2005 年	2006 年
全　市	8.6	11.4	10.8	13.2	21.2	17.4	14.5
惠城区	15.8	24.2	15.0	19.9	19.0	19.1	18.3
惠阳区	7.1	6.5	7.4	12.3	21.7	22.3	18.4
惠东县	11.0	5.5	10.0	3.7	16.4	16.1	19.1
博罗县	13.7	11.9	10.3	19.7	33.1	23.9	16.6
龙门县	10.1	9.7	4.2	9.6	21.0	22.4	18.5
大亚湾区	12.1	6.5	6.6	29.0	19.4	9.8	13.2
仲恺区	—	—	—	—	—	—	—

2－17　续表

单位:%

县　区	2007 年	2008 年	2009 年	2010 年	2011 年	2012 年
全　市	18.5	13.5	14.7	10.6	16.1	11.1
惠城区	20.5	14.4	20.4	12.1	16.0	11.8
惠阳区	19.7	13.0	12.7	16.0	15.8	11.2
惠东县	19.9	15.7	18.3	16.5	18.8	18.8
博罗县	20.2	17.2	14.7	5.5	18.0	10.8
龙门县	14.8	19.3	16.5	21.2	20.0	16.8
大亚湾区	20.4	11.4	4.6	2.5	10.8	2.9
仲恺区	—	—	—	12.9	15.3	3.3

2－18　第二产业增加值比重

单位:%

县　区	2000 年	2001 年	2002 年	2003 年	2004 年	2005 年	2006 年
全　市	58.1	57.8	58.2	58.6	57.1	56.7	58.0
惠城区	69.3	67.6	67.9	67.4	66.1	65.5	61.4
惠阳区	52.0	54.4	55.6	56.3	54.3	52.8	53.0
惠东县	48.5	49.7	49.9	50.8	50.6	51.1	52.7
博罗县	53.0	53.5	53.7	51.4	47.8	47.8	49.3
龙门县	28.1	29.2	30.7	31.1	31.6	32.0	33.0
大亚湾区	21.8	30.8	37.4	53.4	53.8	56.4	75.9
仲恺区	–	–	–	–	–	–	–

2－18　续表

单位:%

县　区	2007 年	2008 年	2009 年	2010 年	2011 年	2012 年
全　市	57.2	56.8	55.8	59.0	58.4	58.2
惠城区	60.0	58.5	51.6	35.1	35.1	33.3
惠阳区	52.3	51.2	50.4	51.1	51.6	51.7
惠东县	53.2	54.1	51.9	50.5	50.5	48.2
博罗县	49.1	48.4	48.4	52.3	52.4	53.1
龙门县	33.7	36.8	36.6	37.8	37.8	39.6
大亚湾区	79.1	77.9	81.7	88.1	88.1	88.4
仲恺区	–	–	–	76.4	78.7	80.4

2－19 第三产业增加值比重

单位:%

县 区	2000 年	2001 年	2002 年	2003 年	2004 年	2005 年	2006 年
全 市	27.7	28.6	29.0	29.8	31.6	34.0	34.6
惠城区	25.4	27.0	26.8	28.0	29.6	30.9	35.3
惠阳区	40.5	38.7	37.5	37.3	39.4	41.5	41.7
惠东县	27.7	27.3	27.7	27.1	28.1	30.0	30.7
博罗县	25.6	26.5	27.1	29.4	34.5	36.7	36.7
龙门县	32.8	34.2	34.8	35.5	36.1	38.5	40.6
大亚湾区	61.1	54.6	49.3	38.2	40.8	39.3	22.3
仲恺区	–	–	–	–	–	–	–

2－19 续表

单位:%

县 区	2007 年	2008 年	2009 年	2010 年	2011 年	2012 年
全 市	35.8	36.2	37.8	35.1	36.0	36.5
惠城区	36.8	38.2	45.1	61.0	61.1	63.0
惠阳区	42.7	43.0	44.3	44.0	44.0	44.0
惠东县	32.1	34.1	36.9	38.2	38.8	41.2
博罗县	37.8	39.3	40.5	37.1	37.2	37.2
龙门县	39.7	41.1	44.0	44.0	43.9	44.0
大亚湾区	19.6	21.1	17.5	11.4	11.5	11.2
仲恺区	–	–	–	21.2	19.5	18.1

注:2003 年以前数据为区划调整口径。

2－20 人均 GDP

单位:元

县　区	2000 年	2001 年	2002 年	2003 年	2004 年	2005 年	2006 年
全　市	13877	14590	15529	16860	19189	21909	24503
惠城区	23513	23779	30097	26486	30564	34447	37064
惠阳区	13206	14255	14865	10939	13083	14954	17721
惠东县	12112	12913	13491	14109	15847	17120	18627
博罗县	10484	11330	11885	12952	14733	16234	18050
龙门县	6160	6783	7348	8208	9067	10436	11664
大亚湾区	21049	23188	24851	36677	38017	41011	72901
仲恺区	—	—	—	—	—	—	—

2－20　续表

单位:元

县　区	2007 年	2008 年	2009 年	2010 年	2011 年	2012 年
全　市	28288	31748	33142	38650	45331	50873
惠城区	39311	41035	38256	39536	34636	37263
惠阳区	21198	24936	27434	32408	38359	43770
惠东县	21161	23493	24960	28136	32953	35563
博罗县	21145	23821	25677	28994	33329	38107
龙门县	13969	16561	18182	22169	27569	32275
大亚湾区	103563	104642	139276	186196	209064	226008
仲恺区	—	—	65433	64224	78976	100465

注:2003 年惠城区、惠阳区和博罗县因区划调整,人口数与 2002 年的不可比。

2-21 人均GDP增速

单位:%

县　区	2000年	2001年	2002年	2003年	2004年	2005年	2006年
全　市	7.7	5.6	7.2	9.4	12.0	13.0	13.1
惠城区	4.2	6.7	9.2	16.9	14.3	14.2	11.3
惠阳区	3.2	7.7	7.5	12.9	13.0	13.9	16.0
惠东县	8.6	4.9	6.9	5.1	10.0	8.3	10.5
博罗县	8.8	10.5	7.5	10.0	11.3	11.9	12.9
龙门县	7.5	3.7	3.6	7.3	7.8	14.3	13.0
大亚湾区	13.3	13.2	5.5	48.8	0.2	6.6	80.1
仲恺区	—	—	—	—	—	—	—

2-21　续表

单位:%

县　区	2007年	2008年	2009年	2010年	2011年	2012年
全　市	12.8	7.4	8.9	12.5	11.1	11.7
惠城区	7.4	2.9	18.1	22.3	8.8	11.1
惠阳区	15.6	10.9	12.7	14.2	15.2	12.9
惠东县	11.6	10.9	11.6	12.4	16.7	13.3
博罗县	13.4	10.7	12.3	11.5	13.3	13.0
龙门县	16.1	15.3	14.3	17.3	17.7	15.4
大亚湾区	34.8	3.1	15.8	21.4	6.0	9.4
仲恺区	—	—	—	3.0	12.8	16.8

注:2003年惠城区、惠阳区和博罗县因区划调整,人口数与2002年的不可比。

2－22　规模以上工业增加值

单位:亿元

县　区	2000 年	2001 年	2002 年	2003 年	2004 年	2005 年	2006 年
全　市	132	132.77	190.95	233.37	278.72	315.32	404.16
惠城区	90	81.18	136.54	161.24	185.29	214.64	223.35
惠阳区	20	27.32	23.54	29.16	31.39	29.83	38.06
惠东县	4	3.04	4.00	6.92	11.83	11.41	12.35
博罗县	15	16.27	19.71	25.39	35.47	39.69	49.47
龙门县	1	1.16	1.22	1.67	2.49	2.64	3.65
大亚湾区	2	3.78	5.92	9.00	12.26	17.11	77.28
仲恺区	–	–	–	–	–	–	–

2－22　续表

单位:亿元

县　区	2007 年	2008 年	2009 年	2010 年	2011 年	2012 年	2012 年比 2011 年增长(%)
全　市	502.52	604.08	674.76	786.38	1013.54	1173.97	18.6
惠城区	246.50	307.14	299.35	85.28	99.02	77.36	12.5
惠阳区	43.61	42.83	57.92	64.76	86.52	103.69	23.3
惠东县	17.39	20.15	25.39	32.67	57.87	89.75	37.6
博罗县	62.39	77.86	86.92	113.32	148.55	163.41	22.9
龙门县	6.83	10.88	11.73	15.43	21.60	29.35	31.0
大亚湾区	125.80	144.63	193.45	302.23	343.09	373.78	11.0
仲恺区	–	–	–	172.71	256.89	336.61	27.1

注:2003 年以前数据为区划调整口径。

2-23 固定资产投资

单位:亿元

县　区	2000年	2001年	2002年	2003年	2004年	2005年	2006年
全　市	77.41	84.43	104.73	228.47	297.61	352.37	308.78
惠城区	30.99	33.58	40.35	62.43	82.50	104.31	126.60
惠阳区	11.61	12.90	14.49	17.57	19.48	24.69	38.83
惠东县	12.00	13.10	14.30	18.30	21.59	25.96	31.05
博罗县	13.45	14.53	15.76	17.66	22.54	28.60	38.96
龙门县	2.89	2.56	3.22	4.22	6.24	13.61	12.13
大亚湾区	6.47	7.76	16.61	108.29	145.26	155.21	61.21
仲恺区	-	-	-	-	-	-	-

2-23　续表

单位:亿元

县　区	2007年	2008年	2009年	2010年	2011年	2012年	2012年比2011年增长(%)
全　市	486.91	588.74	758.97	894.02	1025.21	1208.68	18.0
惠城区	170.49	219.73	307.94	324.53	363.46	403.63	11.4
惠阳区	62.09	83.41	100.90	126.91	141.28	167.16	18.3
惠东县	40.54	54.87	80.69	116.04	143.42	154.94	14.1
博罗县	55.23	70.07	91.35	118.37	131.43	163.69	17.9
龙门县	13.05	13.84	21.97	30.97	52.13	75.33	44.5
大亚湾区	145.49	146.83	156.11	120.10	120.47	146.49	21.6
仲恺区	-	-	-	57.11	73.00	97.44	33.5

2－24 社会消费品零售总额

单位:亿元

县 区	2000 年	2001 年	2002 年	2003 年	2004 年	2005 年	2006 年
全 市	126.48	141.39	161.85	184.65	213.15	251.51	298.41
惠城区	50.71	59.53	69.95	82.26	97.16	116.82	138.71
惠阳区	16.91	17.56	20.42	22.69	26.31	31.59	37.89
惠东县	31.27	34.08	37.52	41.35	45.48	51.09	59.28
博罗县	19.16	21.18	23.75	26.95	31.04	37.01	44.02
龙门县	6.00	6.48	7.06	7.74	8.66	10.25	12.23
大亚湾区	2.44	2.56	3.15	3.66	4.50	5.25	6.29
仲恺区	–	–	–	–	–	–	–

2－24 续表

单位:亿元

县 区	2007 年	2008 年	2009 年	2010 年	2011 年	2012 年	2012 年比 2011 年 增长(%)
全 市	356.06	426.76	491.10	582.53	684.72	754.15	15.5
惠城区	166.71	199.71	203.06	237.61	273.28	311.88	16.1
惠阳区	45.09	54.70	62.94	73.63	87.18	92.27	14.8
惠东县	69.67	83.46	95.76	113.64	134.64	146.91	16.0
博罗县	52.55	62.94	72.89	90.99	106.78	112.04	14.6
龙门县	14.41	17.20	19.68	22.10	30.36	34.61	16.0
大亚湾区	7.61	8.74	8.82	13.07	14.99	16.81	14.0
仲恺区	–	–	27.95	31.49	37.50	39.63	15.0

注:2003 年以前数据为区划调整口径。

2-25 外贸出口额

单位:亿美元

县　区	2000年	2001年	2002年	2003年	2004年	2005年	2006年
全　市	44.97	49.09	58.90	71.46	87.39	106.55	122.77
惠城区	26.15	29.42	38.60	45.74	59.83	77.51	86.12
惠阳区	10.16	10.54	8.32	9.92	9.54	11.44	13.69
惠东县	2.37	2.91	3.50	5.66	7.02	5.81	6.74
博罗县	4.89	4.45	5.46	6.33	7.49	7.48	9.20
龙门县	0.26	0.31	0.33	0.38	0.44	0.37	0.34
大亚湾区	1.14	1.46	2.69	3.43	3.07	3.95	6.68
仲恺区	-	-	-	-	-	-	-

2-25　续表

单位:亿美元

县　区	2007年	2008年	2009年	2010年	2011年	2012年	2012年比2011年增长(%)
全　市	146.06	179.89	171.49	202.33	231.22	292.05	26.3
惠城区	96.72	125.28	117.91	11.56	13.22	15.42	16.7
惠阳区	17.22	17.62	16.78	20.68	24.85	28.94	16.5
惠东县	9.23	11.19	9.83	7.91	8.80	10.25	16.5
博罗县	10.44	11.86	13.02	16.40	21.71	27.00	24.4
龙门县	0.38	0.39	0.42	0.48	0.57	0.71	24.1
大亚湾区	12.07	13.54	13.53	18.42	20.28	22.10	9.0
仲恺区	-	-	-	57.15	63.13	68.82	9.0

注:2003年以前数据为区划调整口径;2010年起县(区)数据不含市直部分。

2－26　实际利用外商直接投资

单位:亿美元

县　区	2000 年	2001 年	2002 年	2003 年	2004 年	2005 年	2006 年
全　市	10.50	11.80	13.26	16.90	9.31	10.42	10.45
惠城区	3.31	4.15	5.75	5.24	2.77	3.78	5.15
惠阳区	2.34	2.39	1.66	1.90	1.29	0.95	1.33
惠东县	1.46	1.62	1.80	2.20	1.25	0.96	0.61
博罗县	2.09	2.21	2.42	2.76	1.10	0.96	1.19
龙门县	0.11	0.06	0.06	0.08	0.09	0.27	0.17
大亚湾区	1.19	1.37	1.57	4.72	2.81	3.50	2.00
仲恺区	－	－	－	－	－	－	－

2－26　续表

单位:亿美元

县　区	2007 年	2008 年	2009 年	2010 年	2011 年	2012 年	2012 年比 2011 年增长(%)
全　市	12.28	13.52	13.95	14.38	15.68	17.28	10.2
惠城区	5.61	5.93	5.95	1.74	1.92	2.24	16.6
惠阳区	1.63	1.99	2.10	2.48	2.80	3.30	17.9
惠东县	0.79	0.98	1.09	1.17	1.31	1.52	16.1
博罗县	1.59	1.74	1.81	2.26	2.50	2.92	16.8
龙门县	0.23	0.32	0.33	0.34	0.39	0.43	10.3
大亚湾区	2.43	2.57	2.66	2.74	2.99	3.29	10.0
仲恺区	－	－	－	2.17	2.38	2.62	10.1

注:2003 年以前数据为区划调整口径;2003 年起统计口径有调整,与往年不可比;2010 年起县(区)数据不含市直部分。

2－27 城乡居民储蓄存款余额(人民币)

单位:亿元

县　区	2000 年	2001 年	2002 年	2003 年	2004 年	2005 年	2006 年
全　市	249.31	274.08	319.11	379.55	447.28	522.21	607.23
惠城区	101.96	114.34	136.10	173.80	202.38	243.00	280.75
惠阳区	49.10	52.56	60.10	59.70	71.71	76.30	89.36
惠东县	39.60	42.28	48.40	56.80	65.49	76.60	88.68
博罗县	42.34	46.86	54.30	64.30	77.38	90.80	105.68
龙门县	9.77	10.80	12.00	13.90	16.78	20.20	23.34
大亚湾区	6.54	7.23	8.20	11.00	13.53	15.30	19.43

2－27　续表

单位:亿元

县　区	2007 年	2008 年	2009 年	2010 年	2011 年	2012 年	2012 年比 2011 年增长(%)
全　市	647.61	771.66	867.49	1031.79	1174.34	1351.44	15.1
惠城区	292.48	358.06	403.67	471.23	531.29	610.12	14.8
惠阳区	99.81	119.02	134.22	164.78	188.02	208.34	10.8
惠东县	91.47	105.27	118.98	143.71	163.52	183.17	12.0
博罗县	117.96	135.61	148.69	177.50	206.40	237.31	15.0
龙门县	24.61	29.06	33.90	39.06	43.54	50.10	15.1
大亚湾区	21.29	24.64	28.03	35.51	41.57	62.42	50.1

注:2003 年以前数据为区划调整口径。

2－28　地方公共财政预算收入

单位:亿元

县　区	2000年	2001年	2002年	2003年	2004年	2005年	2006年
全　市	12.94	18.28	19.72	24.12	25.42	34.72	44.44
惠城区	6.58	9.96	11.55	13.54	13.51	20.01	24.64
惠阳区	2.21	3.14	2.24	2.67	2.76	3.61	5.14
惠东县	1.18	1.37	1.48	1.73	2.00	2.66	3.39
博罗县	1.99	2.38	2.50	2.91	3.06	4.23	5.60
龙门县	0.39	0.44	0.50	0.60	0.75	1.03	1.30
大亚湾区	0.59	0.99	1.45	2.67	3.34	3.18	4.34
仲恺区	-	-	-	-	-	-	-

2－28　续表

单位:亿元

县　区	2007年	2008年	2009年	2010年	2011年	2012年	2012年比2011年增长(%)
全　市	62.06	78.06	101.56	131.22	162.83	200.88	23.4
惠城区	33.95	41.12	56.08	67.93	83.77	22.54	-73.1
惠阳区	7.66	9.49	11.71	14.79	18.10	21.75	20.2
惠东县	4.61	6.11	7.60	10.26	13.43	17.20	28.1
博罗县	7.53	10.01	12.37	15.01	18.36	22.03	20.0
龙门县	1.71	2.37	2.93	4.12	5.14	6.06	17.8
大亚湾区	6.57	8.93	10.83	14.09	17.45	22.40	28.4
仲恺区	-	-	-	4.97	6.59	9.23	40.1

注:2003年以前数据为区划调整口径。

2－29 地方公共财政预算支出

单位:亿元

县　区	2000 年	2001 年	2002 年	2003 年	2004 年	2005 年	2006 年
全　市	19.79	25.88	33.00	38.78	45.94	52.40	66.03
惠城区	9.26	12.43	15.49	18.66	21.41	24.35	31.26
惠阳区	2.89	4.05	5.02	4.65	5.26	5.80	7.83
惠东县	2.37	2.73	3.60	4.45	5.30	6.89	8.23
博罗县	3.01	3.71	4.85	5.70	7.32	8.28	10.14
龙门县	1.45	1.73	2.24	2.40	2.80	3.41	4.20
大亚湾区	0.80	1.22	1.78	2.89	3.82	3.64	4.34
仲恺区	–	–	–	–	–	–	–

2－29　续表

单位:亿元

县　区	2007 年	2008 年	2009 年	2010 年	2011 年	2012 年	2012 年比 2011 年增长(%)
全　市	86.05	106.29	134.75	185.43	227.21	274.08	20.6
惠城区	39.12	48.29	62.65	89.33	97.69	32.30	－66.9
惠阳区	10.82	12.86	15.01	19.37	23.89	27.28	14.2
惠东县	11.47	14.72	17.87	21.93	28.07	34.33	22.3
博罗县	12.16	15.35	20.65	24.38	30.05	35.83	19.2
龙门县	5.59	6.63	7.64	10.21	16.83	16.33	－3.0
大亚湾区	6.87	8.45	10.89	16.88	23.79	36.81	54.7
仲恺区	–	–	–	3.30	6.88	10.20	48.3

注:2003 年以前数据为区划调整口径。

2－30　税收总收入

单位:亿元

县　区	2000 年	2001 年	2002 年	2003 年	2004 年	2005 年	2006 年
税收总收入	60.70	71.60	79.70	100.00	119.60	149.30	181.91
#海关直接关税	8.30	8.40	3.70	4.40	4.90	7.30	6.99
国、地两税	52.40	63.19	76.00	95.61	114.71	142.05	174.92
#惠城区	14.30	24.31	34.20	42.53	49.81	56.60	64.41
惠阳区	3.90	5.77	5.00	5.58	5.94	7.30	9.86
惠东县	4.70	4.91	3.30	5.48	5.38	7.10	7.90
博罗县	6.60	6.48	11.00	7.70	9.41	11.50	13.97
龙门县	0.80	0.89	1.00	1.08	1.30	1.60	2.07
大亚湾区	22.10	20.85	21.50	33.23	42.87	57.90	76.71

2－30　续表

单位:亿元

县　区	2007 年	2008 年	2009 年	2010 年	2011 年	2012 年	2012 年比2011 年增长(%)
税收总收入	238.37	297.47	355.22	473.97	583.62	714.36	22.4
#海关直接关税	6.60	7.23	6.82	7.18	9.31	10.10	8.5
国、地两税	231.77	290.24	348.42	466.79	574.31	704.26	19.5
#惠城区	79.60	96.58	113.69	138.85	169.43	213.91	21.2
惠阳区	14.72	17.54	19.39	24.12	30.71	37.15	11.1
惠东县	10.50	13.21	13.06	18.09	26.68	34.33	21.7
博罗县	16.85	19.98	20.42	24.85	30.92	37.29	15.3
龙门县	3.28	4.37	4.73	6.71	8.33	7.75	-9.3
大亚湾区	106.80	138.53	173.97	249.00	301.51	366.78	20.9

2－31　国家税收

单位:亿元

县　区	2000 年	2001 年	2002 年	2003 年	2004 年	2005 年	2006 年
全　市	42.15	50.11	59.31	73.44	86.66	107.35	133.98
惠城区	8.98	17.59	23.29	31.17	35.50	38.86	42.09
惠阳区	2.01	3.07	4.30	2.90	2.85	3.48	4.68
惠东县	3.83	3.93	2.07	3.97	3.52	4.81	5.01
博罗县	5.40	4.98	9.28	5.55	6.78	8.06	9.56
龙门县	0.48	0.54	0.60	0.64	0.79	0.90	1.12
大亚湾区	21.44	19.99	19.78	29.20	37.22	51.24	71.52

2－31　续表

单位:亿元

县　区	2007 年	2008 年	2009 年	2010 年	2011 年	2012 年	2012 年比 2011 年 增长(%)
全　市	176.94	221.22	266.43	362.77	437.92	529.52	20.9
惠城区	50.49	60.33	72.66	88.13	103.29	129.27	28.6
惠阳区	6.33	7.78	8.82	10.94	13.85	16.05	15.9
惠东县	6.76	8.44	7.48	10.67	15.94	18.52	16.2
博罗县	11.02	12.50	11.81	13.96	16.83	19.42	15.4
龙门县	1.86	2.52	2.41	3.77	4.56	3.88	－14.9
大亚湾区	100.45	129.63	160.09	230.13	276.72	335.32	21.2

注:2003 年以前数据为区划调整口径。

2－32　地方税收

单位:亿元

县　区	2000 年	2001 年	2002 年	2003 年	2004 年	2005 年	2006 年
全　市	10.24	13.09	16.69	22.17	28.05	34.70	40.94
惠城区	5.40	6.72	8.50	11.36	14.31	17.90	22.31
惠阳区	1.91	2.70	3.16	2.68	3.09	3.77	5.18
惠东县	0.82	0.98	1.20	1.51	1.86	2.29	2.89
博罗县	1.21	1.50	1.76	2.15	2.63	3.45	4.41
龙门县	0.29	0.34	0.40	0.44	0.51	0.66	0.95
大亚湾区	0.61	0.86	1.67	4.03	5.65	6.63	5.19
仲恺区	-	-	-	-	-	-	-

2－32　续表

单位:亿元

县　区	2007 年	2008 年	2009 年	2010 年	2011 年	2012 年	2012 年比 2011 年 增长(%)
全　市	54.83	69.02	81.98	104.02	136.40	174.75	15.6
惠城区	29.10	36.25	41.02	43.82	54.77	69.64	14.0
惠阳区	8.38	9.76	10.57	13.17	16.86	21.10	7.7
惠东县	3.73	4.77	5.58	7.41	10.75	15.81	29.0
博罗县	5.82	7.47	8.60	10.89	14.09	17.87	15.1
龙门县	1.42	1.85	2.32	2.94	3.77	3.87	-3.0
大亚湾区	6.35	8.89	13.87	18.87	24.78	31.46	17.8
仲恺区	-	-	-	6.89	11.37	15.01	24.4

2－33　在岗职工年平均工资收入

单位:元

县　区	2000 年	2001 年	2002 年	2003 年	2004 年	2005 年	2006 年
全　市	9607	10482	11318	13265	14439	16017	17760
惠城区	11323	12161	13315	15246	16512	18317	19612
惠阳区	8383	9322	10383	10904	11691	12904	15446
惠东县	8265	9102	10320	11238	12394	13982	15235
博罗县	8065	8838	9422	11074	12064	13857	15557
龙门县	7140	8080	8943	9980	10747	11312	13569
大亚湾区	10373	12412	14569	17864	19345	21490	22553
仲恺区	–	–	–	–	–	–	–

2－33　续表

单位:元

县　区	2007 年	2008 年	2009 年	2010 年	2011 年	2012 年	2012 年比 2011 年增长(%)
全　市	19644	22727	25786	29599	35719	41506	16.2
惠城区	21580	24623	30756	34563	40766	47545	16.6
惠阳区	16825	20404	23837	26946	33038	39810	20.5
惠东县	17433	19858	22678	26238	30591	35201	15.1
博罗县	17893	20615	23538	26902	31162	35723	14.6
龙门县	17163	19518	21601	24508	28581	31850	11.4
大亚湾区	23894	25863	29231	32972	41629	48822	17.3
仲恺区	–	–	23700	28477	35524	40208	13.2

注:2003 年以前数据为区划调整口径。

2－34　农民人均纯收入

单位:元

县　区	2000 年	2001 年	2002 年	2003 年	2004 年	2005 年	2006 年
全　市	3630	3751	3903	4054	4370	4698	5090
惠城区	4308	4516	4792	4282	4559	4978	5389
惠阳区	3613	3787	3866	4371	4653	5120	5636
惠东县	3673	3788	3975	4107	4327	4621	4933
博罗县	3566	3679	3948	4067	4279	4610	5041
龙门县	3360	3341	3282	3300	3453	3763	4120
大亚湾区	3427	3514	3748	4113	4360	4720	5319
仲恺区	－	－	－	－	－	－	－

2－34　续表

单位:元

县　区	2007 年	2008 年	2009 年	2010 年	2011 年	2012 年	2012 年比 2011 年增长(%)
全　市	5695	6626	7583	9077	10938	12415	13.5
惠城区	6307	7425	8541	9976	12056	13636	13.1
惠阳区	6365	7250	8323	10914	13001	14886	14.5
惠东县	5383	6332	7231	9005	10907	12151	11.4
博罗县	5755	6721	7682	8929	10671	12269	15.0
龙门县	4381	5118	5805	7034	8596	9911	15.3
大亚湾区	6255	6816	7791	9319	11257	13035	15.8
仲恺区	－	－	－	10961	13208	14980	13.4

2-35 每百户市区居民家庭耐用商品拥有量

项　　目		2000 年	2001 年	2002 年	2003 年	2004 年	2005 年	2006 年
彩色电视机	（台）	137.0	140.5	143.5	149.5	155.0	149.5	155.0
空调器	（台）	103.5	115.0	135.5	163.0	167.5	169.0	187.5
家用电脑	（台）	16.5	25.0	44.5	58.5	63.5	66.5	75.0
洗衣机	（台）	90.5	88.0	89.5	97.0	94.5	95.5	98.0
电冰箱	（台）	90.5	96.0	98.0	99.0	96.0	97.5	97.0
组合音响	（套）	43.0	46.5	53.0	52.0	49.5	49.0	50.5
摩托车	（辆）	21.0	51.0	58.5	64.5	57.5	54.0	57.0
汽车	（辆）	3.0	1.0	2.0	2.5	7.0	11.0	14.0
移动电话	（部）	65.5	84.5	128.0	154.5	175.0	178.0	185.0

2-35 续表

项　　目		2007 年	2008 年	2009 年	20010 年	2011 年	2012 年	2012 年比 2011 年增长(%)
彩色电视机	（台）	154.0	148.5	154.5	150.5	148.0	144.5	-2.4
空调器	（台）	186.0	205.5	213.3	200.5	188.0	209.0	11.2
家用电脑	（台）	77.5	88.0	96.7	98.0	96.0	104.6	9.0
洗衣机	（台）	96.0	95.0	95.7	96.5	96.5	98.5	2.1
电冰箱	（台）	98.0	99.5	99.5	99.0	101.0	102.5	1.5
组合音响	（套）	51.0	40.5	44.6	41.0	42.0	47.0	11.9
摩托车	（辆）	52.5	49.5	49.3	47.5	45.5	42.0	-7.7
汽车	（辆）	15.0	19.5	23.7	26.0	24.5	36.0	46.9
移动电话	（部）	206.5	230.0	228.0	226.0	229.0	227.5	-0.7

惠州统计年鉴－2013

HUIZHOU STATISTICAL YEARBOOK

三、基本单位

3－1 法人和产业活动单位数(2008－2012)

单位:个

名称	2008年		2009年	
	法人单位数	产业单位数	法人单位数	产业单位数
总计	**23588**	**29649**	**28830**	**35394**
一、按地区分				
惠城区	9154	11201	9185	10426
惠阳区	4402	5091	5185	5902
惠东县	3504	4916	4316	6040
博罗县	4211	5211	5207	6683
龙门县	1214	1970	1375	2272
大亚湾区	1103	1260	1388	1678
仲恺区			2174	2393
二、按注册类型分				
内资企业	20271	26133	25240	31585
国有企业	3129	5954	3393	6363
集体企业	816	1384	938	1591
股份合作企业	69	194	106	234
联营企业	64	92	74	105
有限责任公司	2434	2763	2467	2889
股份有限公司	304	905	367	1017
私营企业	11142	12005	15355	16384
其他企业	2313	2836	2540	3002
港、澳、台商投资企业	2636	2783	2837	2952
合资经营企业(港或澳、台资)	262	332	305	331
合作经营企业(港或澳、台资)	254	261	254	262
港、澳、台商独资经营企业	2072	2131	2220	2287
港、澳、台商投资股份有限公司	48	59	58	72
其他港、澳、台商投资				
外商投资企业	681	733	753	857
中外合资经营企业	160	169	166	180
中外合作经营企业	54	56	56	58
外资企业	448	487	508	592
外商投资股份有限公司	19	21	23	27

3－1　续表1　　单位:个

名称	2008年		2009年	
	法人单位数	产业单位数	法人单位数	产业单位数
三、按行业分				
第一产业	5	55	634	723
第二产业	9605	9861	11026	11411
采矿业	158	161	177	185
制造业	7983	8051	8915	9001
电力、燃气及水的生产和供应业	320	406	337	416
建筑业	1144	1243	1597	1809
第三产业	13978	19733	17170	23260
交通运输、仓储和邮政业	435	689	514	790
信息传输、计算机服务和软件业	614	896	719	1068
批发和零售业	3396	4649	4791	6056
住宿和餐饮业	416	462	484	553
金融业	112	897	218	1059
房地产业	2305	2434	2840	3035
租赁和商务服务业	1474	1726	1929	2193
科学研究、技术服务和地质勘查业	463	617	549	728
水利、环境和公共设施管理业	261	368	301	423
居民服务和其他服务业	264	338	369	458
教育	1144	1632	1223	1722
卫生、社会保障和社会福利业	272	1093	286	1107
文化、体育和娱乐业	170	293	197	322
公共管理和社会组织	2652	3639	2750	3746

注:1、本表2008年数据为当年全国经济普查数据,其中第一产业数据指含二、三产业的多产业法人单位;

2、本表2009年起惠城区数据不包含仲恺区数据。

3－1 续表2

单位:个

名称	2010年		2011年		2012年	
	法人单位数	产业单位数	法人单位数	产业单位数	法人单位数	产业单位数
总　　计	**33163**	**41275**	**37994**	**46726**	**42934**	**52261**
一、按地区分						
惠城区	11057	12760	13436	15392	15490	17734
惠阳区	5645	6871	6154	7491	6701	8088
惠东县	5041	7096	5779	7883	6696	8941
博罗县	5652	7221	6144	7777	6694	8412
龙门县	1482	2425	1621	2608	1718	2745
大亚湾区	1737	2098	2171	2581	2436	2841
仲恺区	2549	2804	2689	2994	3199	3500
二、按注册类型分						
内资企业	29419	37159	34062	42399	38864	47766
国有企业	3437	6505	3513	6614	3520	6710
集体企业	1009	1817	1237	2096	1468	2380
股份合作企业	139	271	185	325	216	354
联营企业	77	126	90	154	106	172
有限责任公司	2882	3589	3552	4392	4277	5213
股份有限公司	411	1086	476	1181	558	1322
私营企业	18626	20362	21636	23658	24752	26905
其他企业	2838	3403	3373	3979	3967	4710
港、澳、台商投资企业	2949	3150	3093	3301	3215	3437
合资经营企业(港或澳、台资)	312	386	319	391	332	408
合作经营企业(港或澳、台资)	249	257	240	248	233	243
港、澳、台商独资经营企业	2326	2430	2444	2557	2551	2670
港、澳、台商投资股份有限公司	62	77	90	105	74	91
其他港、澳、台商投资					25	25
外商投资企业	795	966	839	1026	855	1058
中外合资经营企业	169	213	182	225	183	230
中外合作经营企业	57	59	59	61	60	60
外资企业	545	665	575	711	587	736
外商投资股份有限公司	24	29	23	29	24	30
其他外商投资					1	2

3－1　续表3　　单位:个

名称	2010年		2011年		2012年	
	法人单位数	产业单位数	法人单位数	产业单位数	法人单位数	产业单位数
三、按行业分						
第一产业	777	874	964	1064	1166	1268
第二产业	12283	12867	13365	14045	14494	15230
采矿业	190	200	187	196	199	206
制造业	9669	9787	10362	10498	11205	11348
电力、燃气及水的生产和供应业	351	439	356	446	362	451
建筑业	2073	2441	2460	2905	2728	3225
第三产业	20103	27534	23665	31617	27273	35763
交通运输、仓储和邮政业	610	920	678	995	755	1093
信息传输、计算机服务和软件业	801	1169	878	1257	1034	1442
批发和零售业	5902	8140	7166	9702	8326	11072
住宿和餐饮业	590	679	641	756	703	834
金融业	274	1150	336	1261	352	1301
房地产业	3443	3711	4127	4440	4646	4988
租赁和商务服务业	2359	2715	3076	3475	3834	4268
科学研究、技术服务和地质勘查业	640	864	764	1012	1075	1350
水利、环境和公共设施管理业	335	466	372	512	425	585
居民服务和其他服务业	485	582	563	667	636	744
教育	1293	1795	1377	1882	1444	1954
卫生、社会保障和社会福利业	312	1135	347	1170	359	1218
文化、体育和娱乐业	251	380	292	422	347	473
公共管理和社会组织	2808	3828	3048	4066	3338	4441

注:1、本表2008年数据为当年全国经济普查数据,其中第一产业数据指含二、三产业的多产业法人单位;
2、本表2009年起惠城区数据不包含仲恺区数据。

3－2　全市法人单位及从业人数(2008－2012)

单位:个、人

名　称	2008 年		2009 年	
	单位数	从业人员	单位数	从业人员
总　计	**23588**	**1204367**	**28830**	**1279744**
一、按地区分				
惠城区	9154	510832	9185	338579
惠阳区	4402	186914	5185	194494
惠东县	3504	151858	4316	160478
博罗县	4211	232258	5207	244990
龙门县	1214	35074	1375	35689
大亚湾区	1103	87431	1388	103972
仲恺区			2174	201542
二、按行业分				
第一产业	5	330	634	10975
第二产业	9605	868908	11026	913586
采矿业	158	3348	177	3575
制造业	7983	812184	8915	851771
电力、燃气及水的生产和供应业	320	8875	337	13142
建筑业	1144	44501	1597	45098
第三产业	13978	335129	17170	355183
交通运输、仓储和邮政业	435	21754	514	22298
信息传输、计算机服务和软件业	614	8864	719	9471
批发和零售业	3396	44411	4791	51126
住宿和餐饮业	416	24748	484	26711
金融业	112	15940	218	16423
房地产业	2305	30415	2840	33248
租赁和商务服务业	1474	21697	1929	24150"
科学研究、技术服务和地质勘查业	463	9605	549	9791
水利、环境和公共设施管理业	261	6663	301	6808
居民服务和其他服务业	264	6865	369	7303
教育	1144	51778	1223	53234
卫生、社会保障和社会福利业	272	19929	286	20814
文化、体育和娱乐业	170	6130	197	7123
公共管理和社会组织	2652	66330	2750	66683

注:1、本表2008年数据为当年全国经济普查数据,其中第一产业数据指含二、三产业的多产业法人单位;

2、本表2009年起惠城区数据不包含仲恺区数据。

3－2 续表 单位:个、人

<table>
<tr><th rowspan="2">名 称</th><th colspan="2">2010 年</th><th colspan="2">2011 年</th><th colspan="2">2012 年</th></tr>
<tr><th>单位数</th><th>从业人员</th><th>单位数</th><th>从业人员</th><th>单位数</th><th>从业人员</th></tr>
<tr><td>**总 计**</td><td>**33163**</td><td>**1355515**</td><td>**37994**</td><td>**1478939**</td><td>**42934**</td><td>**1574431**</td></tr>
<tr><td>**一、按地区分**</td><td></td><td></td><td></td><td></td><td></td><td></td></tr>
<tr><td>惠城区</td><td>11057</td><td>358075</td><td>13436</td><td>383906</td><td>15490</td><td>397169</td></tr>
<tr><td>惠阳区</td><td>5645</td><td>213409</td><td>6154</td><td>236107</td><td>6701</td><td>267496</td></tr>
<tr><td>惠东县</td><td>5041</td><td>164562</td><td>5779</td><td>188389</td><td>6696</td><td>205267</td></tr>
<tr><td>博罗县</td><td>5652</td><td>253006</td><td>6144</td><td>272718</td><td>6694</td><td>284657</td></tr>
<tr><td>龙门县</td><td>1482</td><td>37077</td><td>1621</td><td>37930</td><td>1718</td><td>38938</td></tr>
<tr><td>大亚湾区</td><td>1737</td><td>107125</td><td>2171</td><td>133367</td><td>2436</td><td>138793</td></tr>
<tr><td>仲恺区</td><td>2549</td><td>222261</td><td>2689</td><td>226522</td><td>3199</td><td>242111</td></tr>
<tr><td>**二、按行业分**</td><td></td><td></td><td></td><td></td><td></td><td></td></tr>
<tr><td>第一产业</td><td>777</td><td>12319</td><td>964</td><td>14580</td><td>1166</td><td>17366</td></tr>
<tr><td>第二产业</td><td>12283</td><td>951757</td><td>13365</td><td>1028150</td><td>14494</td><td>1088775</td></tr>
<tr><td>采矿业</td><td>190</td><td>3754</td><td>187</td><td>3663</td><td>199</td><td>3878</td></tr>
<tr><td>制造业</td><td>9669</td><td>887326</td><td>10362</td><td>959335</td><td>11205</td><td>1017472</td></tr>
<tr><td>电力、燃气及水的生产和供应业</td><td>351</td><td>13193</td><td>356</td><td>14199</td><td>362</td><td>14388</td></tr>
<tr><td>建筑业</td><td>2073</td><td>47484</td><td>2460</td><td>50953</td><td>2728</td><td>53037</td></tr>
<tr><td>第三产业</td><td>20103</td><td>391439</td><td>23665</td><td>436209</td><td>27274</td><td>468290</td></tr>
<tr><td>交通运输、仓储和邮政业</td><td>610</td><td>24251</td><td>678</td><td>25473</td><td>755</td><td>26360</td></tr>
<tr><td>信息传输、计算机服务和软件业</td><td>801</td><td>10860</td><td>878</td><td>11245</td><td>1034</td><td>11818</td></tr>
<tr><td>批发和零售业</td><td>5902</td><td>62287</td><td>7166</td><td>74373</td><td>8326</td><td>82033</td></tr>
<tr><td>住宿和餐饮业</td><td>590</td><td>30985</td><td>641</td><td>32688</td><td>703</td><td>35224</td></tr>
<tr><td>金融业</td><td>274</td><td>16818</td><td>336</td><td>17182</td><td>352</td><td>17747</td></tr>
<tr><td>房地产业</td><td>3443</td><td>39962</td><td>4127</td><td>47150</td><td>4646</td><td>50132</td></tr>
<tr><td>租赁和商务服务业</td><td>2359</td><td>27947</td><td>3076</td><td>32337</td><td>3834</td><td>33720</td></tr>
<tr><td>科学研究、技术服务和地质勘查业</td><td>640</td><td>10343</td><td>764</td><td>10970</td><td>1075</td><td>11744</td></tr>
<tr><td>水利、环境和公共设施管理业</td><td>335</td><td>6956</td><td>372</td><td>7294</td><td>425</td><td>7803</td></tr>
<tr><td>居民服务和其他服务业</td><td>485</td><td>8217</td><td>563</td><td>8823</td><td>636</td><td>9549</td></tr>
<tr><td>教育</td><td>1293</td><td>55840</td><td>1377</td><td>61049</td><td>1444</td><td>70359</td></tr>
<tr><td>卫生、社会保障和社会福利业</td><td>312</td><td>21184</td><td>347</td><td>22193</td><td>359</td><td>22994</td></tr>
<tr><td>文化、体育和娱乐业</td><td>251</td><td>7915</td><td>292</td><td>8395</td><td>347</td><td>9503</td></tr>
<tr><td>公共管理和社会组织</td><td>2808</td><td>67874</td><td>3048</td><td>77037</td><td>3338</td><td>79304</td></tr>
</table>

注:1、本表 2008 年数据为当年全国经济普查数据,其中第一产业数据指含二、三产业的多产业法人单位;

2、本表 2009 年起惠城区数据不包含仲恺区数据。

3－3　全市企业法人单位及从业人数(2008－2012)

单位:个、人

名　称	2008 年		2009 年	
	单位数	从业人员	单位数	从业人员
总　计	**18798**	**1047363**	**23656**	**1119208**
一、按地区分				
惠城区	7424	457049	7521	289619
惠阳区	3810	164558	4558	171983
惠东县	2763	121322	3518	130587
博罗县	3150	199584	4031	211404
龙门县	697	22392	852	23064
大亚湾区	954	82458	1233	98098
仲恺区			1943	194453
二、按行业分				
第一产业	2	71	514	9300
第二产业	9596	868285	11019	913074
采矿业	157	3238	177	3575
制造业	7982	812183	8915	851771
电力、燃气及水的生产和供应业	313	8363	330	12630
建筑业	1144	44501	1597	45098
第三产业	9200	179007	12123	196834
交通运输、仓储和邮政业	404	19903	483	20431
信息传输、计算机服务和软件业	587	8708	692	9308
批发和零售业	3391	44269	4791	51126
住宿和餐饮业	410	24635	479	26626
金融业	111	15635	212	16096
房地产业	2263	30056	2793	32867
租赁和商务服务业	1237	17260	1610	19499
科学研究、技术服务和地质勘查业	272	5786	354	6287
水利、环境和公共设施管理业	125	1836	161	1983
居民服务和其他服务业	241	6081	340	6485
教育	64	533	83	706
卫生、社会保障和社会福利业	22	757	31	969
文化、体育和娱乐业	73	3548	94	4451
公共管理和社会组织				

注:1、本表 2008 年数据为当年全国经济普查数据,其中第一产业数据指含二、三产业的多产业法人单位;

2、本表 2009 年起惠城区数据不包含仲恺区数据。

3－3 续表 单位：个、人

<table>
<tr><th rowspan="2">名 称</th><th colspan="2">2010 年</th><th colspan="2">2011 年</th><th colspan="2">2012 年</th></tr>
<tr><th>单位数</th><th>从业人员</th><th>单位数</th><th>从业人员</th><th>单位数</th><th>从业人员</th></tr>
<tr><td>**总 计**</td><td>**27591**</td><td>**1188791**</td><td>**31709**</td><td>**1293857**</td><td>**35932**</td><td>**1375709**</td></tr>
<tr><td>**一、按地区分**</td><td></td><td></td><td></td><td></td><td></td><td></td></tr>
<tr><td>惠城区</td><td>9224</td><td>306557</td><td>11213</td><td>321113</td><td>12954</td><td>331426</td></tr>
<tr><td>惠阳区</td><td>4990</td><td>190546</td><td>5483</td><td>212487</td><td>5999</td><td>243407</td></tr>
<tr><td>惠东县</td><td>4196</td><td>134022</td><td>4851</td><td>152808</td><td>5655</td><td>161273</td></tr>
<tr><td>博罗县</td><td>4447</td><td>218531</td><td>4885</td><td>237872</td><td>5382</td><td>249399</td></tr>
<tr><td>龙门县</td><td>951</td><td>24398</td><td>1040</td><td>24837</td><td>1146</td><td>26049</td></tr>
<tr><td>大亚湾区</td><td>1569</td><td>100812</td><td>1954</td><td>126218</td><td>2200</td><td>131040</td></tr>
<tr><td>仲恺区</td><td>2214</td><td>213925</td><td>2283</td><td>218522</td><td>2596</td><td>233115</td></tr>
<tr><td>**二、按行业分**</td><td></td><td></td><td></td><td></td><td></td><td></td></tr>
<tr><td>第一产业</td><td>631</td><td>10325</td><td>777</td><td>11746</td><td>918</td><td>14059</td></tr>
<tr><td>第二产业</td><td>12274</td><td>951234</td><td>13356</td><td>1027633</td><td>14484</td><td>1088153</td></tr>
<tr><td>采矿业</td><td>190</td><td>3754</td><td>187</td><td>3663</td><td>199</td><td>3878</td></tr>
<tr><td>制造业</td><td>9669</td><td>887326</td><td>10362</td><td>959335</td><td>11205</td><td>1017472</td></tr>
<tr><td>电力、燃气及水的生产和供应业</td><td>342</td><td>12670</td><td>347</td><td>13682</td><td>352</td><td>13766</td></tr>
<tr><td>建筑业</td><td>2073</td><td>47484</td><td>2460</td><td>50953</td><td>2728</td><td>53037</td></tr>
<tr><td>第三产业</td><td>14686</td><td>227232</td><td>17576</td><td>254478</td><td>20530</td><td>273497</td></tr>
<tr><td>交通运输、仓储和邮政业</td><td>574</td><td>22404</td><td>639</td><td>23615</td><td>714</td><td>24497</td></tr>
<tr><td>信息传输、计算机服务和软件业</td><td>769</td><td>10664</td><td>838</td><td>10986</td><td>982</td><td>11495</td></tr>
<tr><td>批发和零售业</td><td>5902</td><td>62287</td><td>7166</td><td>74373</td><td>8323</td><td>81949</td></tr>
<tr><td>住宿和餐饮业</td><td>572</td><td>30400</td><td>621</td><td>32063</td><td>682</td><td>34569</td></tr>
<tr><td>金融业</td><td>266</td><td>16484</td><td>319</td><td>16815</td><td>332</td><td>17321</td></tr>
<tr><td>房地产业</td><td>3394</td><td>39578</td><td>4074</td><td>46698</td><td>4593</td><td>49668</td></tr>
<tr><td>租赁和商务服务业</td><td>1957</td><td>22845</td><td>2391</td><td>24979</td><td>2909</td><td>25363</td></tr>
<tr><td>科学研究、技术服务和地质勘查业</td><td>439</td><td>6795</td><td>546</td><td>7255</td><td>824</td><td>7853</td></tr>
<tr><td>水利、环境和公共设施管理业</td><td>189</td><td>1993</td><td>221</td><td>2286</td><td>280</td><td>3502</td></tr>
<tr><td>居民服务和其他服务业</td><td>394</td><td>7182</td><td>469</td><td>7750</td><td>528</td><td>8221</td></tr>
<tr><td>教育</td><td>93</td><td>1048</td><td>117</td><td>1578</td><td>138</td><td>1763</td></tr>
<tr><td>卫生、社会保障和社会福利业</td><td>35</td><td>989</td><td>42</td><td>1119</td><td>45</td><td>1339</td></tr>
<tr><td>文化、体育和娱乐业</td><td>102</td><td>4563</td><td>133</td><td>4961</td><td>180</td><td>5957</td></tr>
<tr><td>公共管理和社会组织</td><td></td><td></td><td></td><td></td><td></td><td></td></tr>
</table>

注：1、本表2008年数据为当年全国经济普查数据，其中第一产业数据指含二、三产业的多产业法人单位；
2、本表2009年起惠城区数据不包含仲恺区数据。

3－4　全市机关和事业单位及从业人数(2008－2012)

单位:个、人

名　　称	2008 年		2009 年	
	单位数	从业人员	单位数	从业人员
总　计	**2375**	**128953**	**2508**	**130348**
一、按地区分				
惠城区	933	43478	838	38954
惠阳区	329	18735	335	18600
惠东县	300	25274	336	24325
博罗县	451	25996	488	26600
龙门县	270	11248	273	11167
大亚湾区	92	4222	97	5122
仲恺区			141	5580
二、按行业分				
第一产业	3	259	104	1497
第二产业			5	465
电力、燃气及水的生产和供应业			5	465
第三产业	2372	128694	2399	128386
交通运输、仓储和邮政业	21	1773	21	1773
信息传输、计算机服务和软件业	2	40	2	40
住宿和餐饮业			1	40
金融业	1	305	1	305
房地产业	6	174	5	173
租赁和商务服务业	88	2735	90	2752
科学研究、技术服务和地质勘查业	183	3649	181	3302
水利、环境和公共设施管理业	131	4733	134	4726
居民服务和其他服务业	13	467	13	472
教育	728	39921	732	40004
卫生、社会保障和社会福利业	210	18310	209	18865
文化、体育和娱乐业	79	2423	82	2489
公共管理和社会组织	910	54164	928	53445

注:1、本表 2008 年数据为当年全国经济普查数据,其中第一产业数据指含二、三产业的多产业法人单位;

2、本表 2009 年起惠城区数据不包含仲恺区数据。

名　　称	2010 年		2011 年		2012 年	
	单位数	从业人员	单位数	从业人员	单位数	从业人员
总　计	**2554**	**132370**	**2594**	**136317**	**2603**	**143347**
一、按地区分						
惠城区	856	39696	873	40627	885	41385
惠阳区	334	18537	309	17124	302	16570
惠东县	354	24508	384	28989	412	36486
博罗县	491	27131	487	26805	492	26698
龙门县	277	11201	292	11465	258	10996
大亚湾区	99	5319	110	5969	115	6032
仲恺区	143	5978	139	5338	139	5180
二、按行业分						
第一产业	107	1524	112	1569	113	1594
第二产业	5	465	5	459	6	564
电力、燃气及水的生产和供应业	5	465	5	459	6	564
第三产业	2442	130381	2477	134289	2484	141189
交通运输、仓储和邮政业	20	1726	20	1726	20	1712
信息传输、计算机服务和软件业	2	40	2	40	3	53
住宿和餐饮业	1	40	1	40	1	40
金融业	1	305	1	305	1	305
房地产业	6	174	7	229	6	174
租赁和商务服务业	94	2821	99	2824	103	2896
科学研究、技术服务和地质勘查业	183	3326	193	3406	202	3351
水利、环境和公共设施管理业	140	4864	143	4899	135	4155
居民服务和其他服务业	13	472	14	473	15	504
教育	736	40610	709	39449	675	46360
卫生、社会保障和社会福利业	216	19106	226	19368	227	19852
文化、体育和娱乐业	82	2496	83	2503	81	2395
公共管理和社会组织	948	54401	979	59027	1015	59392

注:1、本表 2008 年数据为当年全国经济普查数据,其中第一产业数据指含二、三产业的多产业法人单位;

2、本表 2009 年起惠城区数据不包含仲恺区数据。

3－5　分县区法人单位综合情况

（2012 年）　　　　　　　　　　　　　　　　　　单位：个

指标名称	全市	惠城区	惠阳区	惠东县	博罗县	龙门县	大亚湾区	仲恺区
总　　计	**42934**	**15490**	**6701**	**6696**	**6694**	**1718**	**2436**	**3199**
一、按注册类型分								
内资企业	38864	14755	5678	6325	5738	1599	2228	2541
国有企业	3520	1261	403	484	631	387	193	161
集体企业	1468	721	109	111	307	75	38	107
股份合作企业	216	136	13	15	32	5	2	13
联营企业	106	44	10	13	18	12	1	8
有限责任公司	4277	2094	65	514	843	145	259	357
股份有限公司	558	320	27	51	99	13	9	39
私营企业	24752	9226	4779	4202	2876	625	1601	1443
其他企业	3967	953	272	935	932	337	125	413
港、澳、台商投资企业	3215	522	862	340	767	110	125	489
合资经营企业（港或澳、台资）	332	73	53	27	53	16	21	89
合作经营企业（港或澳、台资）	233	39	43	64	37	13	8	29
港、澳、台商独资经营企业	2551	398	756	227	653	67	93	357
港、澳、台商投资股份有限公司	74	12	10	8	22	5	3	14
其他港、澳、台商投资	25			14	2	9		
外商投资企业	855	213	161	31	189	9	83	169
中外合资经营企业	183	47	31	8	32	1	26	38
中外合作经营企业	60	27	5	8	11		3	6
外资企业	587	128	122	15	142	6	53	121
外商投资股份有限公司	24	10	3		4	2	1	4
其他外商投资	1	1						
二、按机构类型分								
企业	35932	12954	5999	5655	5382	1146	2200	2596
事业单位	1968	686	225	309	393	163	68	124
机关	635	199	77	103	99	95	47	15
社会团体	633	306	35	113	91	70	15	3
民办非企业单位	759	354	149	72	95	19	17	53
基金会	2	2						
居委会	204	64	23	39	32	27	7	12
村委会	1399	147	105	258	348	177	67	297
其他组织机构	1402	778	88	147	254	21	15	99

3－5 续表 （2012 年） 单位：个

指标名称	全市	惠城区	惠阳区	惠东县	博罗县	龙门县	大亚湾区	仲恺区
三、按行业分								
第一产业	1166	149	98	505	232	133	20	29
第二产业	14494	3369	3105	2170	3052	398	700	1700
采矿业	199	21	15	49	31	65	3	15
制造业	11205	1963	2502	1797	2784	221	342	1596
电力、燃气及水的生产和供应业	362	20	19	169	64	64	14	12
建筑业	2728	1365	569	155	173	48	341	77
第三产业	27274	11972	3498	4021	3410	1187	1716	1470
交通运输、仓储和邮政业	755	301	65	90	84	29	113	73
信息传输、计算机服务和软件业	1034	503	114	150	95	39	35	98
批发和零售业	8326	4070	1121	1186	918	250	436	345
住宿和餐饮业	703	240	97	174	71	76	24	21
金融业	352	190	27	78	25	4	12	16
房地产业	4646	1671	919	751	498	105	523	179
租赁和商务服务业	3834	2341	325	289	467	78	230	104
科学研究、技术服务和地质勘查业	1075	555	46	216	97	67	57	37
水利、环境和公共设施管理业	425	147	36	88	73	22	39	20
居民服务和其他服务业	636	245	91	78	76	13	42	91
教育	1444	552	285	161	251	74	33	88
卫生、社会保障和社会福利业	359	137	45	49	64	29	17	18
文化、体育和娱乐业	347	130	42	87	30	22	6	30
公共管理和社会组织	3338	890	285	624	661	379	149	350

四、人口

4-1 人口主要指标

（2012 年）

指标名称		全市	惠城区	惠阳区	惠东县	博罗县	龙门县	大亚湾区	仲恺区
常住人口	人	4674004	1184912	584968	920294	1053300	312123	195636	422771
人口密度	人/平方公里	410	1020	636	260	368	137	672	1272
户籍人口情况									
年末总户数	户	978550	245042	144868	198589	218434	111475	26442	33700
年末总人口	人	3419137	813039	371703	844758	843330	350347	81161	114799
男	人	1734145	410105	187975	432006	427009	177692	40740	58618
女	人	1684992	402934	183728	412752	416321	172655	40421	56181
非农业人口	人	2039174	813039	371703	300088	241826	116558	81161	114799
农业人口	人	1379963			544670	601504	233789		
人口变动情况									
年内出生人数	人	39391	9755	3571	11378	7679	4462	844	1702
年内死亡人数	人	40681	7866	3454	11273	11074	5196	620	1198
年内迁入人数	人	57072	28856	6646	7079	7344	2391	2074	2693
年内迁出人数	人	63809	17607	13547	14237	12350	2836	1055	2177
2012 年平均人口	人	3424737	806425	375095	848286	847580	350936	82126	114289
出生率	‰	12.31	12.32	12.01	11.78	12.93	12.16	12.68	12.66
死亡率	‰	5.48	4.65	5.37	6.12	5.30	6.81	4.67	4.54
自然增长率	‰	6.83	7.67	6.63	5.66	7.63	5.36	8.01	8.12

注：本表数据分别由公安、计生等部门协助提供。

4－2　历年户籍总人口

单位：万人

年份	总人口	按性别分		按农业、非农业分		人口密度（人/平方公里）
		男	女	非农业人口	农业人口	
1994	251.16	127.65	123.51	75.35	175.81	229
1995	255.90	130.12	125.78	80.61	175.29	237
1996	260.08	132.22	127.86	85.23	174.85	244
1997	266.53	135.43	131.10	89.80	176.73	253
1998	270.00	137.34	132.66	92.81	177.19	261
1999	271.82	138.47	133.35	94.18	177.64	270
2000	277.80	141.60	136.20	98.40	179.40	279
2001	280.45	142.96	137.49	100.57	179.88	289
2002	283.02	144.29	138.73	109.02	174.00	299
2003	286.36	146.14	140.22	111.86	174.50	307
2004	293.22	149.88	143.34	114.27	178.95	315
2005	297.58	152.29	145.29	166.53	131.05	323
2006	306.41	156.54	149.87	170.86	135.55	334
2007	312.89	195.98	153.31	183.35	129.54	348
2008	318.83	162.49	156.34	186.17	132.67	362
2009	324.36	165.09	159.27	187.07	137.29	376
2010	337.28	171.36	165.92	199.02	138.26	395
2011	343.03	173.98	169.05	203.50	139.53	407
2012	341.91	173.41	168.50	203.91	138.00	410

4-3 暂住人口及分类情况

（2012 年）　　单位:人

指标名称	全市	惠城区	惠阳区	惠东县	博罗县	龙门县	大亚湾区	仲恺区
暂住人口	829226	303846	115974	133385	120250	3854	65330	86587
#男	531001	229051	62475	86431	64471	2257	34074	65488
女	298225	74795	53499	46954	55779	1597	31256	21099
#省内	228916	119547	17706	18391	28950	1326	12667	30329
#市	61973	29272	7387	4211	9460	320	3992	7331
县	166973	90275	10319	14180	19490	1006	8675	22998
#省外	598449	184242	97277	114621	91300	2528	52493	55988
#市	190818	36037	41745	20161	29025	632	35823	27395
县	407631	148205	55532	94460	62275	1896	16670	28593
港澳台、国外	1460	41	777	282			104	256
#务工	663569	260854	90236	124068	78562	2860	55868	51121
务农	40279	430	10684	226	10245	285	5973	12436
经商	50924	16317	6895	4145	5473	247	2358	15489
服务	50675	22209	4512	4790	10510	386	833	7435
因公出差	1141	972	108			30		31
借读培训	781	706	63			12		
治病疗养	174	173	1					
保姆	11248	655	202	156	10230		5	
投靠亲友	2515	366	1450		590	2	80	27
探亲访友	855	360	456			2	1	36
旅游观光	1344	664	126		554			
其他	5721	140	1241		4086	30	212	12

注:本表按公安年报整理。

4-4 分县区户籍人口迁移状况

（2012年）　　　　单位:人、‰

县区名称	迁入		迁出		总迁移		净迁移	
	迁入人数	迁入率	迁出人数	迁出率	总迁移人数	总迁移率	净迁移人数	净迁移率
全市	57072	16.66	63809	18.63	120881	35.30	-6737	-1.97
惠城区	28845	35.77	17607	21.83	46452	57.60	11238	13.94
惠阳区	6646	17.72	13547	36.12	20193	53.83	-6901	-18.40
惠东县	7079	8.35	14237	16.78	21316	25.13	-7158	-8.44
博罗县	7344	8.66	12350	14.57	19694	23.24	-5006	-5.91
龙门县	2391	6.81	2836	8.08	5227	14.89	-445	-1.27
大亚湾区	2074	25.25	1055	12.85	3129	38.10	1019	12.41
仲恺开发区	2693	23.56	2177	19.05	4870	42.61	516	4.51

注:本表按公安年报整理。

4－5 历年户籍人口迁移状况

单位：人、‰

年份	迁入		迁出		总迁移		净迁移	
	迁入人数	迁入率	迁出人数	迁出率	总迁移人数	总迁移率	净迁移人数	净迁移率
1990	52821	23.60	37432	16.72	90253	40.32	15389	6.88
1991	85740	37.36	50778	22.12	136518	59.48	34962	15.24
1992	45349	19.20	25564	10.83	70913	30.03	19785	8.37
1993	70576	29.10	37589	15.50	108165	44.60	32987	13.60
1994	77142	31.05	52754	21.23	129896	52.28	24388	9.82
1995	63156	24.91	44926	17.72	108082	42.63	18230	7.19
1996	50509	19.58	39017	15.12	89526	34.70	11492	4.46
1997	74632	28.34	40192	15.26	114824	43.60	34440	13.08
1998	54263	0.20	43523	16.22	97786	36.45	10740	4.00
1999	38644	14.26	38877	14.35	77521	28.61	-233	-0.09
2000	73196	26.60	46168	16.80	119364	43.40	27028	9.80
2001	47139	16.90	37468	13.40	84787	30.20	9851	3.50
2002	45066	16.00	33480	11.88	78546	27.88	1390	0.49
2003	59182	20.97	41189	14.60	100371	35.57	17993	6.38
2004	61825	21.33	35503	12.25	97328	33.59	26322	9.08
2005	82839	28.04	56816	19.23	2033	47.28	1977	8.81
2006	136490	45.20	74329	24.61	210819	69.81	62161	20.58
2007	91349	29.50	45573	14.72	136922	44.22	45776	14.78
2008	86255	27.30	47227	14.95	133482	42.26	39028	12.35
2009	74641	23.21	45844	14.26	120485	37.46	28797	8.95
2010	70238	21.23	34799	10.52	105037	31.75	35439	10.71
2011	78544	23.09	47037	13.83	125581	36.92	31507	9.26
2012	57072	16.66	63809	18.63	120881	35.30	-6737	-1.97

注：本表按公安年报整理。

4-6 历年常住人口

单位:万人

指标名称	全市	惠城区	惠阳区	惠东县	博罗县	龙门县	大亚湾区	仲恺区
1990	231.25	27.74	50.55	59.04	65.82	28.1		
1991	239.01	30.01	53.48	60.34	67.14	28.04		
1992	247.02	32.44	56.53	61.61	68.35	28.09		
1993	255.31	35.05	55.43	62.83	69.74	27.7	4.56	
1994	263.87	37.85	58.45	64.16	71	27.78	4.63	
1995	272.72	40.84	61.58	65.41	72.45	27.47	4.97	
1996	281.87	44.04	64.84	66.64	73.48	27.53	5.34	
1997	291.32	47.46	68.23	67.84	74.67	27.37	5.75	
1998	301.09	51.12	71.76	69.03	75.83	27.19	6.16	
1999	311.19	55.01	75.41	70.19	76.96	27.01	6.61	
2000	321.8	59.31	79.24	71.31	78.05	26.8	7.09	
2001	334.77	60.95	82.28	73.71	81.66	28	8.17	
2002	343.41	61.18	86.55	74.98	83.29	28.15	9.26	
2003	352.27	99.06	51.3	76.64	85.08	29.66	10.53	
2004	363.18	101.09	52.79	78.47	88.16	30.66	12.01	
2005	370.69	76.49	53.77	79.51	90.42	31.38	13.56	25.56
2006	387.51	82.48	54.67	83.81	92.5	31.7	14.56	27.79
2007	402.86	89.47	55.55	84.97	95.1	31.9	15.63	30.23
2008	418.65	97.22	56.09	86.28	97.36	31.71	16.65	33.35
2009	435.08	105.79	56.35	87.31	99.45	31.38	17.64	37.16
2010	460.11	116.58	57.28	90.78	103.91	30.73	19.27	41.56
2011	463.36	117.45	57.68	91.31	104.65	30.93	19.44	41.9
2012	467.4	118.49	58.8	92.03	105.33	31.21	19.56	42.28

注:此表常住人口数为统计部门推算数,2006-2009年数据根据第六次全国人口普查结果进行平滑调整。

4－7　历年暂住人口

单位:万人

指标名称	全市	惠城区	惠阳区	惠东县	博罗县	龙门县	大亚湾区	仲恺区
1997	33.63	10.58	12.52	4.17	5.12	0.40	0.84	–
1998	41.73	13.53	17.14	5.53	4.21	0.55	0.77	–
1999	37.24	12.28	14.60	4.75	3.89	0.32	1.39	–
2000	46.72	13.10	19.85	5.53	6.20	0.47	1.57	–
2001	53.28	14.69	22.01	7.21	7.10	0.58	1.68	–
2002	50.71	12.26	22.75	7.03	7.22	0.49	0.97	–
2003	54.47	12.61	23.34	6.22	8.97	0.57	2.77	–
2004	68.35	28.18	15.85	7.39	10.74	0.62	5.57	–
2005	71.76	25.24	17.74	7.35	17.08	0.61	3.75	–
2006	72.61	22.90	17.45	15.11	11.73	0.51	4.91	–
2007	79.62	23.06	19.07	16.44	14.62	0.34	6.10	–
2008	76.03	24.24	12.12	17.02	14.18	0.39	8.07	–
2009	53.87	16.09	10.66	12.21	8.49	0.24	6.18	–
2010	49.22	16.49	9.56	10.07	6.52	0.39	6.19	–
2011	48.74	13.72	16.26	6.74	5.19	0.37	6.46	–
2012	82.92	30.38	11.60	13.34	12.03	0.39	6.53	8.66

注:以上数据根据公安年报整理。

4－8　总户数(户籍)

单位:万户

年份	惠州市	惠城区	惠阳区	惠东县	博罗县	龙门县	大亚湾区	仲恺开发区
1995	59.56	9.46	12.05	12.76	16.14	7.60	1.55	-
2000	69.32	17.14	9.95	14.51	17.15	8.58	1.99	-
2001	70.58	11.32	15.76	14.89	17.93	8.67	2.00	-
2002	71.80	11.81	16.22	14.96	18.13	8.66	2.04	-
2003	73.83	18.96	10.87	15.27	17.82	8.84	2.07	-
2004	76.86	19.81	11.78	16.63	18.03	8.98	1.64	-
2005	79.04	20.98	11.43	17.12	18.26	8.94	2.31	-
2006	81.44	21.96	11.63	17.96	18.42	9.11	2.36	-
2007	84.36	23.41	12.22	18.38	18.75	9.21	2.39	-
2008	87.06	24.47	12.70	18.85	19.15	9.43	2.46	-
2009	90.19	21.97	13.35	19.33	19.92	9.59	2.54	3.48
2010	94.57	22.66	15.10	19.75	20.73	10.01	2.73	3.59
2011	95.60	22.39	14.92	20.02	21.93	10.37	2.84	3.32
2012	97.86	24.40	14.49	19.86	21.84	11.15	2.65	3.47

注:2011 年惠城区、仲恺区区域人口进行调整,不可比;表中“－”表示仲恺区数据包含在惠城区内,下同。

4－9　人口自然增长率

单位:‰

年份	惠州市	惠城区	惠阳区	惠东县	博罗县	龙门县	大亚湾区	仲恺开发区
1995	13.93	13.03	14.35	14.15	13.98	13.33	14.94	-
2000	5.93	7.65	4.86	5.87	6.34	4.52	5.27	-
2001	5.39	7.60	3.77	5.68	5.70	4.13	5.76	-
2002	4.89	6.24	3.46	4.92	5.46	4.19	4.98	-
2003	5.08	5.30	4.69	4.66	5.71	4.39	5.14	-
2004	5.88	5.33	3.96	6.92	6.89	4.65	4.81	-
2005	5.36	6.08	4.97	4.43	6.17	4.38	4.94	-
2006	5.55	5.98	5.56	4.40	6.29	5.29	6.05	-
2007	5.58	6.48	5.15	4.57	6.05	5.02	6.07	-
2008	6.04	6.62	5.86	4.97	6.65	5.82	6.37	-
2009	6.35	6.84	6.51	5.34	6.77	6.31	6.44	-
2010	6.99	7.56	7.35	5.84	7.41	6.82	7.62	7.24
2011	6.77	7.44	6.88	5.58	7.12	6.41	7.85	8.02
2012	6.83	7.67	6.63	5.66	7.63	5.36	8.01	8.12

注:以上数据根据公安年报整理。

惠州统计年鉴－2013

HUIZHOU STATISTICAL YEARBOOK

五、劳动工资

5-1 分县区单位从业人员及劳动报酬

（2012年） 单位：人、万元、元

项目	总计	惠城区	惠阳区	惠东县	博罗县	龙门县	大亚湾区	仲恺区
单位从业人员（人）	889867	218719	154165	61267	139982	23244	98843	193647
#女性	382218	95960	64137	26120	63919	9948	29759	92375
#在岗职工	872197	206127	153259	61060	138517	22921	98564	191749
其他从业人员	17670	12592	906	207	1465	323	279	1898
单位从业人员平均人数（人）	877422	216563	150238	61100	139919	23327	92602	193673
#在岗职工平均人数	860242	204324	149423	60893	138502	23006	92275	191819
其他从业人员平均人数	17180	12239	815	207	1417	321	327	1854
单位从业人员工资总额（万元）	3658296	1021098	599023	215073	500688	74007	461610	786798
#在岗职工工资总额	3570487	971458	594860	214349	494766	73274	450509	771271
其他从业人员工资总额	87809	49640	4163	723	5922	733	11101	15527
单位从业人员平均工资（元）	41694	47150	39872	35200	35784	31726	49849	40625
#在岗职工平均工资	41506	47545	39810	35201	35723	31850	48822	40208
其他从业人员平均工资	51111	40559	51082	34932	41791	22835	339471	83748

5－2　分县区单位从业人员及劳动报酬复合分组

（2012 年）　　单位:人

项　目	总计	惠城区	惠阳区	惠东县	博罗县	龙门县	大亚湾区	仲恺区
单位从业人员人数	889867	218719	154165	61267	139982	23244	98843	193647
按经济类型分组								
#国有经济	186091	70070	24647	31557	30852	14519	10187	4259
城镇集体经济	24189	8876	5604	2035	4144	1659	26	1845
其他经济	679587	139773	123914	27675	104986	7066	88630	187543
按企业、事业、机关分组								
#企　业	744838	172122	132304	34337	111937	11530	93294	189314
事　业	92309	31342	12156	18291	19242	7117	1692	2469
机　关	51073	14566	8880	8611	8803	4597	3857	1759
民间非盈利组织	355	159	91					105
其他	1292	530	734	28				
在岗职工人数	872197	206127	153259	61060	138517	22921	98564	191749
按经济类型分组								
#国有经济	183874	69201	24489	31452	30332	14204	10146	4050
城镇集体经济	24068	8782	5593	2032	4132	1659	26	1844
其他经济	664255	128144	123177	27576	104053	7058	88392	185855
按企业、事业、机关分组								
#企　业	728496	160199	131512	34231	110809	11277	93051	187417
事　业	91356	30726	12090	18243	19069	7081	1679	2468
机　关	50707	14513	8841	8558	8639	4563	3834	1759
民间非盈利组织	346	159	82					105
其他	1292	530	734	28				
其他从业人员人数	17670	12592	906	207	1465	323	279	1898
按经济类型分组								
#国有经济	2217	869	158	105	520	315	41	209
城镇集体经济	121	94	11	3	12			1
其他经济	15332	11629	737	99	933	8	238	1688
按企业、事业、机关分组								
#企　业	16342	11923	792	106	1128	253	243	1897
事　业	953	616	66	48	173	36	13	1
机　关	366	53	39	53	164	34	23	
民间非盈利组织	9		9					
其他								

5－2 续1 (2012年) 单位：人

项 目	总计	惠城区	惠阳区	惠东县	博罗县	龙门县	大亚湾区	仲恺区
单位从业人员平均人数	877422	216563	150238	61100	139919	23327	92602	193673
按经济类型分组								
#国有经济	185382	70213	24623	31273	30641	14488	9974	4170
城镇集体经济	23305	8470	5418	1902	4040	1640	26	1809
其他经济	668735	137880	120197	27925	105238	7199	82602	187694
按企业、事业、机关分组								
#企 业	732925	169748	128465	34375	112108	11683	87169	189377
事 业	91588	31237	12063	18103	19017	7076	1658	2434
机 关	51293	14904	8906	8594	8794	4568	3775	1752
民间非盈利组织	347	157	80					110
其他	1269	517	724	28				
在岗职工平均人数	860242	204324	149423	60893	138502	23006	92275	191819
按经济类型分组								
#国有经济	183203	69319	24470	31175	30114	14176	9932	4017
城镇集体经济	23183	8378	5404	1899	4028	1640	26	1808
其他经济	653856	126627	119549	27819	104360	7190	82317	185994
按企业、事业、机关分组								
#企 业	717045	158159	127763	34263	111028	11429	86879	187524
事 业	90654	30640	11998	18057	18840	7041	1645	2433
机 关	50936	14851	8867	8545	8634	4536	3751	1752
民间非盈利组织	338	157	71					110
其他	1269	517	724	28				
其他从业人员平均人数	17180	12239	815	207	1417	321	327	1854
按经济类型分组								
#国有经济	2179	894	153	98	527	312	42	153
城镇集体经济	122	92	14	3	12			1
其他经济	14879	11253	648	106	878	9	285	1700
按企业、事业、机关分组								
#企 业	15880	11589	702	112	1080	254	290	1853
事 业	934	597	65	46	177	35	13	1
机 关	357	53	39	49	160	32	24	
民间非盈利组织	9		9					
其他								

5－2 续2 (2012年) 单位:万元

项 目	总计	惠城区	惠阳区	惠东县	博罗县	龙门县	大亚湾区	仲恺区
单位从业人员工资总额(万元)	3658296	1021098	599023	215073	500688	74007	461610	786798
按经济类型分组								
#国有经济	1018387	461008	133857	124394	153829	52032	73617	19651
城镇集体经济	83485	34660	20778	6626	10630	4060	153	6578
其他经济	2556425	525430	444388	84053	336229	17916	387840	760570
按企业、事业、机关分组								
#企 业	2863527	685338	481487	112918	361201	33546	423168	765869
事 业	505973	219329	67925	72579	97737	23801	11625	12978
机 关	282436	113148	47124	29421	41750	16661	26816	7516
民间非盈利组织	1007	383	188					436
其他	5353	2900	2298	155				
在岗职工工资总额(万元)	3570487	971458	594860	214349	494766	73274	450509	771271
按经济类型分组								
#国有经济	1011661	458025	133405	124131	152509	51340	73374	18878
城镇集体经济	83216	34486	20704	6620	10622	4060	153	6572
其他经济	2475611	478948	440751	83598	331635	17874	376982	745822
按企业、事业、机关分组								
#企 业	2779994	638195	477655	112442	356190	32951	412214	750348
事 业	502691	217059	67748	72419	97150	23749	11595	12972
机 关	281453	112921	46982	29334	41426	16575	26700	7516
民间非盈利组织	996	383	177					436
其他	5353	2900	2298	155				
其他从业人员工资总额(万元)	87809	49640	4163	723	5922	733	11101	15527
按经济类型分组								
#国有经济	6726	2984	453	263	1319	692	243	773
城镇集体经济	269	174	75	6	8			6
其他经济	80814	46482	3636	455	4594	42	10857	14748
按企业、事业、机关分组								
#企 业	83533	47143	3832	476	5011	595	10954	15521
事 业	3282	2270	177	160	587	52	31	6
机 关	983	227	143	87	324	86	116	
民间非盈利组织	11		11					
其他								

5－2　续3　（2012 年）　单位:元

项　　目	总计	惠城区	惠阳区	惠东县	博罗县	龙门县	大亚湾区	仲恺区
单位从业人员平均工资(元)	41694	47150	39872	35200	35784	31726	49849	40625
按经济类型分组								
#国有经济	54935	65659	54363	39777	50204	35914	73809	47124
城镇集体经济	35823	40921	38350	34836	26311	24755	59000	36361
其他经济	38228	38108	36972	30100	31949	24886	46953	40522
按企业、事业、机关分组								
#企　业	39070	40374	37480	32849	32219	28713	48546	40441
事　业	55244	70214	56309	40092	51394	33636	70116	53318
机　关	55063	75918	52913	34234	47475	36472	71036	42900
民间非盈利组织	29032	24420	23513					39627
其他	42180	56087	31743	55286				
在岗职工平均工资(元)	41506	47545	39810	35201	35723	31850	48822	40208
按经济类型分组								
#国有经济	55221	66075	54518	39817	50644	36216	73876	46995
城镇集体经济	35895	41162	38312	34862	26370	24755	59000	36348
其他经济	37862	37824	36868	30051	31778	24860	45796	40099
按企业、事业、机关分组								
#企　业	38770	40351	37386	32817	32081	28831	47447	40013
事　业	55452	70842	56466	40106	51566	33729	70485	53315
机　关	55256	76036	52985	34329	47980	36540	71181	42900
民间非盈利组织	29479	24420	24944					39627
其他	42180	56087	31743	55286				
其他从业人员平均工资(元)	51111	40559	51082	34932	41791	22835	339471	83748
按经济类型分组								
#国有经济	30868	33376	29575	26806	25036	22163	57929	50516
城镇集体经济	22008	18957	53214	18667	6667			60000
其他经济	54314	41306	56114	42906	52328	46111	380961	86753
按企业、事业、机关分组								
#企　业	52602	40679	54591	42473	46401	23433	377721	83761
事　业	35137	38015	27262	34826	33141	14800	23462	60000
机　关	27541	42849	36590	17796	20244	26875	48458	
民间非盈利组织	12222		12222					
其他								

5-3 分县区分行业单位从业人员年末人数

（2012 年） 单位:人

项目	总计	惠城区	惠阳区	惠东县	博罗县	龙门县	大亚湾区	仲恺区
合计	889867	218719	154165	61267	139982	23244	98843	193647
农林牧渔业	1016	68	73	71	493	255	8	48
采矿业	227		70	35	4	118		
制造业	610271	91630	117262	23892	99421	6058	86278	185730
电力、热力、燃气及水的生产和供应业	10064	2827	1451	1718	1748	1130	975	215
建筑业	31633	20578	4084	1994	2466	682	1224	605
批发和零售业	22499	15996	1739	1306	1659	452	272	1075
交通运输、仓储和邮政业	12344	5729	1520	883	1343	841	2007	21
住宿和餐饮业	10500	4929	909	1756	1282	964	508	152
信息传输、软件和信息技术服务业	4795	3290	359	364	378	130	168	106
金融业	25299	18854	1462	1125	2151	725	338	644
房地产业	11149	5114	2419	1111	1326	330	283	566
租赁和商务服务业	7511	3689	786	854	773	439	770	200
科学研究、技术服务业	5187	2628	395	662	822	179	388	113
水利、环境和公共设施管理业	7715	3014	1367	969	1270	747	265	83
居民服务、修理和其他服务业	804	339	206	97	139	7	16	
教育	45837	12720	6692	10302	9967	3713	989	1454
卫生和社会保工作	22413	9377	2623	3450	4297	1517	283	866
文化、体育和娱乐业	3939	1431	876	582	867	183		
公共管理、社会保障和社会组织	56664	16506	9872	10096	9576	4774	4071	1769

5－4　分县区分行业在岗职工年末人数

（2012 年）　　单位:人

项　　目	总　计	惠城区	惠阳区	惠东县	博罗县	龙门县	大亚湾区	仲恺区
合　　计	872197	206127	153259	61060	138517	22921	98564	191749
农林牧渔业	1011	68	69	71	492	255	8	48
采矿业	222		70	35	4	113		
制造业	607437	91266	116979	23843	99060	6057	86048	184184
电力、热力、燃气及水的生产和供应业	9969	2827	1451	1718	1703	1130	968	172
建筑业	30893	20105	4030	1993	2465	682	1224	394
批发和零售业	22022	15798	1645	1286	1503	449	272	1069
交通运输、仓储和邮政业	12271	5668	1520	878	1343	837	2004	21
住宿和餐饮业	10014	4469	909	1756	1269	964	508	139
信息传输、软件和信息技术服务业	4795	3290	359	364	378	130	168	106
金融业	14086	8714	1130	1122	1651	487	338	644
房地产业	10800	4961	2390	1083	1260	328	282	496
租赁和商务服务业	7431	3620	781	854	773	436	767	200
科学研究、技术服务业	4967	2475	392	642	793	174	386	105
水利、环境和公共设施管理业	7662	2970	1367	967	1269	741	265	83
居民服务、修理和其他服务业	793	328	206	97	139	7	16	
教育	45599	12557	6660	10302	9934	3713	979	1454
卫生和社会工作	22060	9176	2593	3426	4204	1513	283	865
文化、体育和娱乐业	3875	1387	876	580	867	165		
公共管理、社会保障和社会组织	56290	16448	9832	10043	9410	4740	4048	1769

5－5　分县区分行业其他从业人员年末人数

（2012 年）　　　　　　　　　　　　　　　　　　　　单位：人

项　　目	总　计	惠城区	惠阳区	惠东县	博罗县	龙门县	大亚湾区	仲恺区
合　计	17670	12592	906	207	1465	323	279	1898
农林牧渔业	5		4		1			
采矿业	5					5		
制造业	2834	364	283	49	361	1	230	1546
电力、热力、燃气及水的生产和供应业	95				45		7	43
建筑业	740	473	54	1	1			211
批发和零售业	477	198	94	20	156	3		6
交通运输、仓储和邮政业	73	61		5		4	3	
住宿和餐饮业	486	460			13			13
信息传输、软件和信息技术服务业								
金融业	11213	10140	332	3	500	238		
房地产业	349	153	29	28	66	2	1	70
租赁和商务服务业	80	69	5			3	3	
科学研究、技术服务业	220	153	3	20	29	5	2	8
水利、环境和公共设施管理业	53	44		2	1	6		
居民服务、修理和其他服务业	11	11						
教育	238	163	32		33		10	
卫生和社会工作	353	201	30	24	93	4		1
文化、体育和娱乐业	64	44		2		18		
公共管理、社会保障和社会组织	374	58	40	53	166	34	23	

5－6　分县区分行业单位从业人员工资总额

（2012 年）　　　　单位:万元

项　　目	总　计	惠城区	惠阳区	惠东县	博罗县	龙门县	大亚湾区	仲恺区
合　　计	3658296	1021098	599023	215073	500688	74007	461610	786798
农林牧渔业	2825	117	169	144	1394	728	30	244
采矿业	577		171	56	7	344		
制造业	2259330	324211	416159	68046	308552	14214	381944	746205
电力、热力、燃气及水的生产和供应业	67489	20448	9094	10712	10137	6143	10225	732
建筑业	99372	68352	13229	4918	5281	1599	3376	2617
批发和零售业	88141	60457	7422	4415	5944	1717	1618	6568
交通运输、仓储和邮政业	51730	19336	7172	3130	5291	2487	14282	33
住宿和餐饮业	27360	12939	2018	4976	3225	2370	1456	378
信息传输、软件和信息技术服务业	27971	21412	1496	1539	1451	697	890	486
金融业	167749	118765	11851	8764	18088	2810	2725	4746
房地产业	51061	24566	9235	6089	4625	1414	1818	3315
租赁和商务服务业	26321	12383	4913	1970	2232	1012	2974	838
科学研究、技术服务业	27927	16668	1443	2643	4523	588	1587	475
水利、环境和公共设施管理业	29995	14155	5017	2659	4760	1974	1084	346
居民服务、修理和其他服务业	2692	1127	549	291	599	11	115	
教育	264167	97545	39250	43875	55083	13642	7171	7603
卫生和社会工作	130991	72496	12792	13669	21095	4657	1604	4678
文化、体育和娱乐业	16747	7611	3855	1733	2937	611		
公共管理、社会保障和社会组织	315850	128511	53189	35444	45466	16992	28711	7538

5－7　分县区分行业在岗职工工资总额

（2012 年）　　单位：万元

项　　目	总　计	惠城区	惠阳区	惠东县	博罗县	龙门县	大亚湾区	仲恺区
合　　计	3570487	971458	594860	214349	494766	73274	450509	771271
农林牧渔业	2816	117	161	144	1392	728	30	244
采矿业	542		171	56	7	309		
制造业	2222972	317618	413765	67762	305439	14214	371691	732484
电力、热力、燃气及水的生产和供应业	67159	20448	9094	10712	10055	6143	10127	581
建筑业	97205	67125	13102	4917	5278	1599	3376	1807
批发和零售业	86479	59985	7374	4344	5608	1714	1418	6036
交通运输、仓储和邮政业	51262	19265	7172	3121	5291	2482	13898	33
住宿和餐饮业	26979	12643	2018	4976	3190	2370	1456	328
信息传输、软件和信息技术服务业	27971	21412	1496	1539	1451	697	890	486
金融业	127018	80941	10830	8751	16760	2264	2725	4746
房地产业	50001	24206	8993	5990	4510	1408	1809	3085
租赁和商务服务业	26143	12226	4903	1970	2232	1010	2965	838
科学研究、技术服务业	26839	15741	1433	2606	4453	582	1578	446
水利、环境和公共设施管理业	29865	14052	5017	2651	4756	1959	1084	346
居民服务、修理和其他服务业	2686	1121	549	291	599	11	115	
教育	263467	96989	39180	43875	55029	13642	7149	7603
卫生和社会工作	129641	71813	12704	13555	20640	4654	1604	4672
文化、体育和娱乐业	16597	7488	3855	1732	2937	585		
公共管理、社会保障和社会组织	314847	128270	53043	35356	45139	16906	28595	7538

5-8 分县区分行业其他从业人员工资总额

(2012年)　　单位:万元

项　　目	总　计	惠城区	惠阳区	惠东县	博罗县	龙门县	大亚湾区	仲恺区
合　计	87809	49640	4163	723	5922	733	11101	15527
农林牧渔业	10		8		2			
采矿业	35					35		
制造业	36359	6594	2394	284	3113	1	10253	13721
电力、热力、燃气及水的生产和供应业	330				82		98	150
建筑业	2167	1227	127	1	3			809
批发和零售业	1663	473	48	71	336	3	201	532
交通运输、仓储和邮政业	468	71		9		5	384	
住宿和餐饮业	381	296			35			50
信息传输、软件和信息技术服务业								
金融业	40732	37824	1021	13	1328	546		
房地产业	1060	360	243	99	115	6	9	230
租赁和商务服务业	178	157	10			3	9	
科学研究、技术服务业	1088	927	10	36	70	6	10	29
水利、环境和公共设施管理业	130	103		8	5	14		
居民服务、修理和其他服务业	6	6						
教育	700	555	70		54		22	
卫生和社会工作	1350	684	88	114	454	3		6
文化、体育和娱乐业	150	123		2		26		
公共管理、社会保障和社会组织	1003	241	145	87	327	86	116	

5-9 分县区分行业在岗职工年平均工资

（2012年） 单位：元

项目	总计	惠城区	惠阳区	惠东县	博罗县	龙门县	大亚湾区	仲恺区
合计	41506	47545	39810	35201	35723	31850	48822	40208
农林牧渔业	28730	24894	27707	20324	28462	28335	37500	48700
采矿业	24305		24042	15914	17500	27310		
制造业	37203	35300	36551	28001	30647	22451	46495	39762
电力、热力、燃气及水的生产和供应业	68002	75258	62844	62352	59355	52322	105821	34385
建筑业	32736	34794	31980	27121	22566	29940	27692	45180
批发和零售业	40051	38923	42972	35436	37360	38608	63290	56412
交通运输、仓储和邮政业	42800	35290	47842	35469	39751	30047	70656	21933
住宿和餐饮业	27230	28201	22901	27570	28557	25074	27262	22902
信息传输、软件和信息技术服务业	58739	65682	41680	42275	38598	53592	52964	46314
金融业	85104	83981	98455	78135	103842	46480	80872	75455
房地产业	47060	49561	38104	63121	37367	41181	61108	52552
租赁和商务服务业	36219	35980	62617	22773	28835	23101	38864	42303
科学研究、技术服务业	54112	64067	35925	40283	56220	33443	40870	42514
水利、环境和公共设施管理业	39157	47440	37303	27447	37805	26159	41202	41167
居民服务、修理和其他服务业	34128	34275	27168	30313	43072	16286	72000	
教育	57881	75255	59194	43150	56140	37221	75255	53277
卫生和社会工作	60039	80661	49646	40377	50122	30757	55895	54577
文化、体育和娱乐业	42404	51926	44057	30113	34235	35689		
公共管理、社会保障和社会组织	55695	76442	53840	35222	47883	35863	72246	42779

5－10 分县区国有经济单位分行业在岗职工年平均工资

（2012 年） 单位：元

项 目	总 计	惠城区	惠阳区	惠东县	博罗县	龙门县	大亚湾区	仲恺区
合 计	55221	66075	54518	39817	50644	36216	73876	46995
农林牧渔业	28457		55000	20324	29376	28897		
采矿业	20057			15914		22846		
制造业	67595	28218	51905	15750	18783	3852	89819	40362
电力、热力、燃气及水的生产和供应业	72418	77326	74594	62352	65617	54823	124817	
建筑业	33903	36053	28910	26805	20091		18343	47681
批发和零售业	54828	57112	57515	83558	37044	42930	111905	
交通运输、仓储和邮政业	37459	34955	36660	36799	45381	31321	85046	
住宿和餐饮业	27144	27098	31050			20000	25932	
信息传输、软件和信息技术服务业	47982			42275		53592	52964	58625
金融业	91562	96701	52466	83020	72975	48908	83905	
房地产业	39196	55115	30881	31304		27385	42459	
租赁和商务服务业	41992	57659	65922	21255	27135	22526	50154	
科学研究、技术服务业	53306	61721	46325	40283	56220	33713	44554	39031
水利、环境和公共设施管理业	38930	48094	34226	27447	38015	26159	41202	40605
居民服务、修理和其他服务业	36637	47396		30313	37197			
教育	58936	78100	62670	43225	56661	37221	75255	53277
卫生和社会工作	60342	81120	51795	40377	50406	30757	55895	45555
文化、体育和娱乐业	47539	52354	56136	32227	42254	37220		
公共管理、社会保障和社会组织	55716	76442	53958	35222	47883	35863	72246	42779

5-11 分县区集体经济单位分行业在岗职工年平均工资

（2012 年） 单位：元

项 目	总 计	惠城区	惠阳区	惠东县	博罗县	龙门县	大亚湾区	仲恺区
合 计	35895	41162	38312	34862	26370	24755	59000	36348
农林牧渔业								
采矿业	17500				17500			
制造业	23211	20998	22166	18463	28694	12803	42000	28967
电力、热力、燃气及水的生产和供应业	21555		19700		24686	11467		20414
建筑业	27289	30528	26045	28205	22545	30026		
批发和零售业	44980	25279	62371	21972	20159	17091		
交通运输、仓储和邮政业	48139	59185			22000	10545		
住宿和餐饮业	15513		15640	14375		16500		
信息传输、软件和信息技术服务业								
金融业	96261	115871	116052	63306		45007		
房地产业	35670	34888	30288		44771		36571	
租赁和商务服务业	21510	19555	29357	30078	51632	37294		
科学研究、技术服务业	59568	77198	29010					
水利、环境和公共设施管理业	46989	29584	53916					52273
居民服务、修理和其他服务业	42850	27563	7000			16286	72000	
教育	38764		42463	21429				
卫生和社会工作	53237	79240	43323		44018			69464
文化、体育和娱乐业	19286					19286		
公共管理、社会保障和社会组织	27659		27659					

5-12 分县区其他经济单位分行业在岗职工年平均工资

（2012年） 单位:元

项目	总计	惠城区	惠阳区	惠东县	博罗县	龙门县	大亚湾区	仲恺区
合计	37862	37824	36868	30051	31778	24860	45796	40099
农林牧渔业	29580	24894	26218		22391	18571	37500	48700
采矿业	27311		24042			31115		
制造业	37171	35560	36597	28281	30681	23730	45377	39846
电力、热力、燃气及水的生产和供应业	52360	50049	48859		24603	18540	73026	37279
建筑业	35570	34906	36505		24066	14667	35877	44847
批发和零售业	36621	35855	30853	27994	39091	35265	44267	56412
交通运输、仓储和邮政业	53519	37734	50889	32924	29341	19206	68657	21933
住宿和餐饮业	27282	28254	22515	27629	28557	25151	27841	22902
信息传输、软件和信息技术服务业	60624	65682	41680		38598			35947
金融业	76219	62803	88320	110529	110461		37455	75455
房地产业	49163	50047	42851	67508	36727	41726	73702	52552
租赁和商务服务业	42331	49287	42435	44250	24148		36415	42303
科学研究、技术服务业	55016	65276	19830			18000	39718	44041
水利、环境和公共设施管理业	26152	36833	20316		27000			31875
居民服务、修理和其他服务业	32459	31996	27269		48384			
教育	31782	32157	33233		23532			
卫生和社会工作	64550	68675	30000		39909			
文化、体育和娱乐业	26994	24318	32545	25436	20061			
公共管理、社会保障和社会组织								

5－13 分县区分行业社会从业人员年末人数

（2012 年）　　单位：人

项　　目	总　计	惠城区	惠阳区	惠东县	博罗县	龙门县	大亚湾区	仲恺区
合　计	2700358	565321	345628	544082	636781	168366	136700	303480
农林牧渔业	521890	66330	38808	131141	165225	92096	6486	21804
采矿业	5275	352	416	855	1178	1807	38	629
制造业	1220125	170735	177302	235503	288811	24230	92183	231361
电力、热力、燃气及水的生产和供应业	18125	4956	1501	3287	4314	2457	1065	545
建筑业	97961	35059	9968	16284	22311	1452	8085	4802
批发和零售业	331219	114633	42212	72621	56779	14922	8599	21453
交通运输、仓储和邮政业	66461	19975	7854	13624	16054	1355	3241	4358
住宿和餐饮业	111858	28521	17638	23910	22898	10413	3349	5129
信息传输、软件和信息技术服务业	15057	7075	2440	1915	1999	481	348	799
金融业	26082	19433	1503	1125	2314	725	338	644
房地产业	30661	14479	5024	3549	3066	695	2383	1465
租赁和商务服务业	18041	9343	1495	2346	2137	709	1197	814
科学研究、技术服务业	6826	3982	500	662	885	179	505	113
水利、环境和公共设施管理业	9230	3718	1446	969	1532	747	370	448
居民服务、修理和其他服务业	58602	16373	10932	9315	12237	4705	1996	3044
教育	61786	18047	9153	12024	14171	4293	1279	2819
卫生和社会工作	26744	10008	4231	3450	5336	1978	619	1122
文化、体育和娱乐业	12183	5050	2417	1406	2305	280	363	362
公共管理、社会保障和社会组织	62232	17252	10788	10096	13229	4842	4256	1769

5-14 分县区按三次产业分社会从业人员年末人数

单位:万人

县区	2011年				2012年			
	合计	第一产业	第二产业	第三产业	合计	第一产业	第二产业	第三产业
惠城区	55.57	6.73	21.36	27.48	56.53	6.63	21.11	28.79
惠阳区	33.59	3.64	18.41	11.54	34.56	3.88	18.92	11.76
惠东县	53.89	13.05	25.63	15.21	54.41	13.11	25.59	15.70
博罗县	63.38	17.03	31.13	15.22	63.68	16.52	31.66	15.49
龙门县	16.43	9.12	2.97	4.34	16.84	9.21	3.00	4.63
大亚湾区	13.84	0.65	10.22	2.97	13.67	0.65	10.14	2.88
仲恺区	31.25	2.35	23.39	5.51	30.35	2.18	23.73	4.43

5－15　历年主要指标数据

年 份	社会从业人员(万人)	第一产业	第二产业	第三产业	年末在岗职工人数(万人)	在岗职工年平均工资(元)	职工平均工资指数(%)
1949	38.28						
1952	40.55						
1957	48.56				2.31	532	104.1
1962	53.64				4.31	510	117.2
1965	55.58				5.55	518	98.7
1970	66.80				8.26	546	98.0
1975	75.61				11.43	607	102.5
1978	83.46				16.00	599	95.7
1979	82.49				16.11	597	99.7
1980	85.54				17.13	705	118.1
1981	87.75				17.99	772	109.5
1982	90.73				18.31	849	110.0
1983	93.31				18.27	880	119.6
1984	97.73				18.34	1052	109.3
1985	99.63				19.85	1150	109.3
1986	102.39				19.87	1314	113.8
1987	106.94				21.20	1462	111.4
1988	110.44				22.14	2057	140.7
1989	113.37				23.37	2365	115.0
1990	119.85	62.91	24.79	32.15	23.77	2786	117.8
1991	125.85	63.65	27.26	34.94	28.03	3302	118.5
1992	134.49	62.54	34.56	37.39	30.87	3871	117.4
1993	145.83	62.26	40.60	42.97	34.45	5119	132.0
1994	157.52	61.18	44.22	52.12	38.56	6262	122.3
1995	172.85	64.54	48.80	59.51	43.44	6716	107.3
1996	165.28	66.40	49.42	49.46	44.09	6889	102.6
1997	180.98	67.45	50.86	62.67	44.93	6966	101.1
1998	183.03	68.62	50.97	63.44	42.76	7835	112.5
1999	185.05	69.33	50.79	64.93	42.15	8883	113.4
2000	186.70	69.37	51.90	65.43	42.19	9607	108.2
2001	196.84	69.82	53.44	73.58	42.71	10482	109.1
2002	216.55	76.92	61.37	78.26	47.43	11318	108.0
2003	206.67	69.56	88.38	48.73	50.24	13265	117.2
2004	212.92	68.37	92.24	52.31	53.23	14439	108.8
2005	222.62	69.35	99.22	54.05	64.92	16017	110.9
2006	227.84	67.53	102.70	57.61	66.90	17760	110.9
2007	236.47	64.79	109.13	62.55	75.70	19644	110.6
2008	243.74	63.62	109.37	70.75	72.60	22727	115.7
2009	252.16	62.21	115.75	69.21	76.59	25786	113.5
2010	260.14	55.12	126.99	78.03	78.60	29599	114.8
2011	267.97	52.56	133.12	82.27	83.35	35719	120.7
2012	270.04	52.19	134.15	83.70	87.22	41506	116.2

六、固定资产投资和建筑业

6－1　历年固定资产投资及商品房销售

年　份	固定资产投资（万元）	房地产开发	#国有经济单位投资（万元）	新增固定资产投资（万元）	商品房销售面积（万平方米）	商品房销售额（亿元）
1949						
1952	65					
1957	1125					
1962	412					
1965	2444					
1970	1753					
1975	2857					
1978	5991		5412	2281		
1979	5604		5182	1984		
1980	8623		8272	3590		
1981	18535		10324	17445		
1982	27468		14118	22575		
1983	23703		13448	17664		
1984	25799		12930	34637		
1985	40932		17565	36700		
1986	42022		20775	35429		
1987	66330		29885	60744		
1988	94932		36195	79671		
1989	107324		52909	94568		
1990	165399	8900	99271	138344		
1991	223295	19699	135097	164072		
1992	423763	43293	250270	285596		
1993	917831	209362	634949	568072	79.54	11.33
1994	756761	96102	474351	193844		
1995	616145	90969	402492	337770		
1996	631257	48139	435564	417831	17.10	2.33
1997	588301	44477	396904	677075	9.96	2.35
1998	603754	55355	388213	578269	25.07	3.80
1999	665760	66655	446537	551361	26.00	4.29
2000	774104	92069	499766	717371	48.00	8.12
2001	844273	106472	536391	729930	45.48	7.88
2002	1047340	158773	717190	778366	56.36	13.24
2003	2284704	272724	1954087	1042687	86.13	16.70
2004	2976139	295532	2598702	1030306	101.13	22.88
2005	3523708	438917	501163	1513591	149.40	37.97
2006	3087813	690302	549679	5041074	254.71	75.80
2007	4869094	1377564	1428299	1965560	383.18	153.33
2008	5887368	1868314	1662243	2249185	295.90	121.94
2009	7589682	1753332	2247850	5826042	543.81	232.01
2010	8940191	2678611	2199034	5712027	627.30	311.17
2011	10252067	3775399	2163119	6666439	798.23	441.77
2012	12086803	4821683	2102892	4229766	826.72	478.42

6-2 固定资产投资主要指标

（2012年） 单位:万元、万平方米

指标名称	本年完成投资	城镇	房地产开发	农村
投资总额	12086803	11144108	4821683	942695
建筑工程	7966286	7261801	3334118	704485
安装工程	1024781	959081	528831	65700
设备工器具购置	1421774	1321845	41774	99929
其他费用	1673962	1601381	916960	72581
本年新增固定资产	6830597	5976069	1553502	854528
本年资金来源合计	16191662	15250308	7847953	941354
上年末结余资金	1755953	1752503	1359727	3450
本年资金来源小计	14435709	13497805	6488226	937904
(1)国家预算内资金	291376	289421		1955
(2)国内贷款	1969501	1966496	952497	3005
(3)债券				
(4)利用外资	322888	211649		111239
其中:外商直接投资	251896	169395		82501
(5)自筹资金	7886772	7165237	2237537	721535
其中:企、事业单位自有资金	1896086	1895266	1198730	820
(6)其他资金来源	3965172	3865002	3298192	100170
各项应付款合计	1853042	1830839	1123046	22203
其中:工程款	915010	911745	609144	3265
本年施工房屋面积(万平方米)	6454.41	6141.63	4579.87	312.78
其中:住宅(万平方米)	3726.62	3677.27	3515.37	49.35
本年竣工房屋面积(万平方米)	1366.6	1113.81	509.01	252.79
其中:住宅(万平方米)	495.8	464.03	403.75	31.78

注:尾数不等为四舍五入取数。

6－3　固定资产投资分行业情况表

（2012 年）　　单位：万元、万平方米

指标名称	本年完成投资	城　镇	房地产开发	农　村
合计	12086803	11144108	4821683	942695
（一）农、林、牧、渔业	82115	58670		23445
（二）采矿业	26980	11600		15380
（三）制造业	3282884	2960458		322426
（四）电力、热力、燃气及水生产和供应业	198058	193091		4967
（五）建筑业	3000	3000		
（六）批发和零售业	298833	230353		68480
（七）交通运输、仓储和邮政业	1191740	1168973		22767
（八）住宿和餐饮业	411026	256666		154360
（九）信息传输、软件和信息技术服务业	115147	114547		600
（十）金融业	8765	8765		
（十一）房地产业	446089	211188	4821683	234901
（十二）租赁和商务服务业	73428	66528		6900
（十三）科学研究和技术服务业	32125	32125		
（十四）水利、环境和公共设施管理业	660911	608388		52523
（十五）居民服务、修理和其他服务业	6900	6900		
（十六）教育	169260	147509		21751
（十七）卫生和社会工作	140747	132197		8550
（十八）文化、体育和娱乐业	78276	75331		2945
（十九）公共管理、社会保障和社会组织	38836	36136		2700

注：尾数不等为四舍五入取数。

6－4　分县区固定资产主要指标

（2012 年）　　单位：万元、万平方米

指标名称	惠州市	惠城区	惠阳区	惠东县	博罗县	龙门县	大亚湾区	仲恺区
本年完成投资	12086803	4036338	1671629	1636908	1549368	753289	1464910	974361
城镇	11144108	3966122	1587309	1297077	1365372	488957	1464910	974361
房地产开发投资	4821683	2037500	619218	632674	560505	174123	646010	151653
其中：住宅	3640151	1496099	504135	488259	454753	147543	447411	101951
农村	942695	70216	84320	339831	183996	264332		
本年新增固定资产	6830597	1863541	977189	1082681	1098537	529916	832129	446604
内资企业								
国有企业	2238291	1057550	171628	235637	275683	108375	271880	117538
集体企业	312959	108976	13713	68580	80588	14750		26352
股份合作企业	20495	13000			3800	3695		
国有联营企业	3353			437	2916			
集体联营企业	700					700		
国有与集体联营企业								
其他联营企业								
国有独资公司	40420	6164						34256
其他有限责任公司	3129622	1157821	323045	661706	351077	329867	125296	180810
股份有限公司	262253	65766	32830	78463	44391	13157	11675	15971
私营企业	3391303	1060423	610396	318874	454277	116367	603751	227215
个体经营企业	104889	2515	49685	100	17939	25900		8750
其他企业	540344	39500	145936	211929	34280	53330		55369
港澳台商投资	1458381	352376	301814	46652	261115	52088	349560	94776
外商投资	583793	172247	22582	14530	23302	35060	102748	213324
建筑工程	7966286	2878434	987338	1305436	973283	606397	730151	485247
安装工程	1024781	399584	188787	36096	156371	68074	111366	64503
设备工器具购置	1421774	211186	267882	76189	192711	37039	328174	308593
其他费用	1673962	547134	227622	219187	227003	41779	295219	116018
第一产业	82115	16959	4600	27836	3085	9700		19935
第二产业	3510922	303991	780534	352980	582824	206577	685927	598089
第三产业	8493766	3715388	886495	1256092	963459	537012	778983	356337
本年施工房屋面积	6454.41	2063.98	1009.14	921	1089	101.86	881.25	388.18
其中：住宅	3726.62	1211.61	515.29	539.31	611.7	50.2	628.97	169.55
本年竣工房屋面积	1366.6	461.74	158.44	267.05	335.04	33.35	102.16	8.82
其中：住宅	495.8	204.2	40.82	81.83	98.83	3.16	66.96	

注：尾数不等为四舍五入取数。

6－5　分县区新增生产能力表

（2012 年）

指标名称		惠州市	惠城区	惠阳区	惠东县	博罗县	龙门县	大亚湾区	仲恺区
钢材	（万吨/年）	2.4				2.4			
水力发电	（万千瓦）	0.41			0.21		0.2		
其他发电	（万千瓦）	1.3					1.3		
输电线路长度(110KV 及以上)	（公里）	491.5	129	107.5	41	214			
水泥	（万吨/年）	204	24				180		
钾肥	（吨/年）	15000							15000
化学农药原药	（吨/年）	2000	2000						
精甲醇	（吨/年）	1080		1080					
塑料树脂及共聚物	（吨/年）	202200		360	1840			200000	
合成橡胶	（吨/年）	101440		1440				100000	
轮胎外胎	（万条/年）	92							92
化学纤维	（吨/年）	1140		1140					
其中:合成纤维	（吨/年）	1140		1140					
电气化铁路里程	（公里）	90.5	90.5						
新建公路	（公里）	226.73	20.9	51.63	145.7	8.5			
其中:二级公路	（公里）	51.63		51.63					
改建公路	（公里）	120.65		34.65	86				
其中:一级公路	（公里）	34.65		34.65					
新建独立公路桥梁	（延长米）	2093	380		1105	608			
新建独立公路桥梁	（处）	3	1		1	1			
新建独立公路隧道	（延长米）	490							490
新(扩)建港口码头	（万吨）	120			120				
新(扩)建港口码头	（个）	3			3				
新(扩)建公路客、货运站	（个）	2	1	1					
新(扩)建公路客、货运站	（平方米）	32800	2800	30000					
城市污水处理能力	（万吨/日）	6.5			0.5				6

6－6　房地产开发主要指标

项　　目	2005 年	2009 年	2010 年	2011 年	2012 年
土地开发及购置(平方米)					
本年土地开发面积	444972	851011			
本年土地购置面积	997571	1121073	5756941	4391342	2370372
本年完成投资额(万元)	438917	1753332	2678611	3765382	4821683
#住宅	287342	1331950	1984720	2908315	3640151
#经济适用房屋	300	21905	20513		
资金来源小计(万元)	494392	2818212	5627146	4954232	6488226
#国内贷款	104376	446714	1246799	761245	952497
利用外资	21182	6806	360	360	
自筹资金	196936	768287	1878305	1734298	2237537
房屋建筑面积(平方米)					
施工面积	4849538	22483353	30730377	39051186	45798658
#住宅	3905272	17830929	24025322	30591124	35153731
#经济适用房屋	117000	402803	423343		
竣工面积	1337991	5538659	5645880	5026639	5090084
#住宅	1100985	4567677	4533723	4056166	4037488
#经济适用房屋			28283		
商品房屋销售额(万元)	379705	2320126	3111736	4408734	4784238
#住宅	294171	2122826	2859694	4146618	4457970
#经济适用房屋			2232		
商品房屋销售面积(平方米)	1493990	5438101	6272990	7963007	8267214
#住宅	1320973	5163883	5937165	7524356	7872877
#经济适用房屋			12635		

注:2010 年国家取消本年土地开发面积指标,2011 年取消经济适用房相关指标。

6-7 房地产开发投资情况

（2012年） 单位:万元

按登记注册类型分组	完成投资额
全市总计	4821683
国有经济控股	415626
内资企业	4328883
国有企业	179172
集体企业	8103
股份合作企业	
联营企业	
国有联营企业	
集体联营企业	
国有与集体联营企业	
其他联营企业	
有限责任公司	1598190
国有独资公司	67270
其他有限责任公司	1530920
股份有限公司	2866
私营企业	2507319
私营独资企业	128501
私营合伙企业	70207
私营有限责任公司	2220259
私营股份有限公司	88352
其他企业	33233
港澳台商投资企业	404193
与港澳台商合资经营企业	218939
与港澳台商合资合作经营企业	19214
港澳台商独资经营企业	115047
港澳台商投资股份有限公司	50993
其他港澳台投资	
外商投资企业	88607
中外合资经营企业	62940
中外合作经营企业	5899
外资企业	19768
外商投资股份有限公司	
其他外商投资	

6-8 商品房施工与销售

（2012年） 单位:万元、平方米

指标名称	合计	住宅	90平米以下住房	144平米以上住房	别墅、高档公寓	办公楼	商业营业用房	其他房屋
房屋施工面积	45798658	35153731	9209292	9775417	5393063	578987	3097160	6968780
新开工面积	10967724	8388298	2866977	1111237	700577	29018	611740	1938668
房屋竣工面积	5090084	4037488	1114397	957807	195060	7836	322958	721802
竣工房屋价值	1328259	1058551	271295	286039	52639	1678	101554	166476
出租房屋面积	64098	0	0	0	0	35047	11295	17756
商品房销售面积	8267214	7872877	2387874	2098829	810048	80226	255198	58913
现房销售面积	815678	650714	178577	193935	50879	14902	100907	49155
期房销售面积	7451536	7222163	2209297	1904894	759169	65324	154291	9758
商品房销售额	4784238	4457970	1287261	1518591	713515	77614	228254	20400
现房销售额	350957	259772	76072	86580	29313	6308	71591	13286
期房销售额	4433281	4198198	1211189	1432011	684202	71306	156663	7114
待售面积	2289561	1351015	199686	605633	254987	59962	456024	422560
待售1-3年面积	1296974	829489	72880	406287	117011	31342	191070	245073
待售3年以上面积	150918	75662	3955	57715	55358	7663	38550	29043

6-9 分县区商品房销售与待售

（2012年）　　单位：万元、平方米

指标名称	惠州市	惠城区	惠阳区	惠东县	博罗县	龙门县	大亚湾区	仲恺区
房屋施工与竣工								
施工房屋面积	45798658	16828441	6726414	6154181	6835915	470097	6636296	2147314
住宅	35153731	12029482	5141152	4990156	5567733	418353	5316277	1690578
本年新开工面积	10967724	2919280	1422827	2240908	2008557	154617	1843523	378012
住宅	8388298	2119843	1057510	1828802	1556117	136449	1398997	290580
竣工房屋面积	5090084	2656972	538438	656282	748323	22244	467825	
住宅	4037488	2020433	407242	507600	680152	18228	403833	
竣工房屋价值	1328259	697046	139270	131444	246927	5872	107700	
住宅	1058551	536263	103216	104373	216641	5011	93047	
房屋销售与待售								
商品房销售面积	8267214	3077555	1132278	1181560	1086613	214999	1166063	408146
住宅	7872877	2904283	1095560	1176781	987327	210939	1105212	392775
商品房销售额	4784238	2017843	626391	706460	433052	176861	627118	196513
住宅	4457970	1841147	589204	701722	393218	172550	582498	177631
商品房待售面积	2289561	1059220	290075	255082	436670	2434	192294	53786
住宅	1351015	403431	224575	208718	351026	1103	117499	44663

6－10 建筑业企业生产情况

（2012 年）

指标名称		总计	国有及国有控股
企业个数	（个）	112	27
一、建筑业合同情况			
签订的合同额	（千元）	18456521	9948240
1. 上年结转合同额	（千元）	9848053	5565016
2. 本年新签合同额	（千元）	8610568	4385324
二、承包工程完成情况			
1. 直接从建设单位承揽工程完成的产值	（千元）	9367820	4364128
（1）自行完成施工产值	（千元）	9367820	4364128
（2）分包出去工程的产值	（千元）		
2. 从建设单位以外承揽工程完成的产值	（千元）	6300	
三、建筑业总产值	（千元）	9374120	4364128
装饰装修产值	（千元）	188035	30000
在外省完成的产值	（千元）	170715	
按构成分：1. 建筑工程产值	（千元）	8812152	4230349
2. 安装工程产值	（千元）	420320	40385
3. 其他产值	（千元）	141648	93394
四、竣工产值	（千元）	6114408	2187830
五、房屋建筑施工面积	（平方米）	10730226	5619623
本年新开工面积	（平方米）	2793913	1042496
实行投标承包面积	（平方米）	2887699	1869038
本年新开工	（平方米）	676459	306853
六、劳动人员情况			
直接从事生产经营活动的平均人数	（人）	26241	12281
年末从业人数	（人）	33377	15119
工程技术人员	（人）	5559	2770
一级建造师	（人）	309	162

注：数据尾数不等是四舍五入造成。

6－11　分县区建筑业企业生产情况

（2012 年）

指标名称		惠州市	惠城区	惠阳区	惠东县	博罗县
企业个数	（个）	112	69	11	10	5
一、建筑业合同情况						
签订的合同额	（千元）	18456521	15460604	505709	909231	688395
1. 上年结转合同额	（千元）	9848053	8451518	132636	329557	394180
2. 本年新签合同额	（千元）	8610568	7009086	375173	579674	294215
二、承包工程完成情况						
1. 直接从建设单位承揽工程完成的产值	（千元）	9367820	7680617	296359	508591	306147
（1）自行完成施工产值	（千元）	9367820	7680617	296359	508591	306147
（2）分包出去工程的产值	（千元）					
2. 从建设单位以外承揽工程完成的产值	（千元）	6300	6300			
三、建筑业总产值	（千元）	9374120	7686917	296359	508591	306147
装饰装修产值	（千元）	188035	186124	1911		
在外省完成的产值	（千元）	170715	170715			
按构成分：1. 建筑工程产值	（千元）	8812152	7214086	254883	478834	306147
2. 安装工程产值	（千元）	420320	392762	300	16003	
3. 其他产值	（千元）	141648	80069	41176	13754	
四、竣工产值	（千元）	6114408	4897897	274260	448793	165887
五、房屋建筑施工面积	（平方米）	10730226	8535502	431917	799035	534072
本年新开工面积	（平方米）	2793913	1804113	206271	356147	241134
实行投标承包面积	（平方米）	2887699	2861245	4365	4800	17289
本年新开工	（平方米）	676459	657971	4365	3000	11123
六、劳动人员情况						
直接从事生产经营活动的平均人数	（人）	26241	18223	2518	2237	1676
年末从业人数	（人）	33377	22820	3693	2590	1979
工程技术人员	（人）	5559	3675	854	419	277
一级建造师	（人）	309	235	22	10	5

指标名称		龙门县	大亚湾区	仲恺区
企业个数	（个）	7	7	3
一、建筑业合同情况				
签订的合同额	（千元）	139844	617195	135543
1. 上年结转合同额	（千元）	93824	442128	4210
2. 本年新签合同额	（千元）	46020	175067	131333
二、承包工程完成情况				
1. 直接从建设单位承揽工程完成的产值	（千元）	164818	301695	109593
（1）自行完成施工产值	（千元）	164818	301695	109593
（2）分包出去工程的产值	（千元）			
2. 从建设单位以外承揽工程完成的产值	（千元）			
三、建筑业总产值	（千元）	164818	301695	109593
装饰装修产值	（千元）			
在外省完成的产值	（千元）			
按构成分：1. 建筑工程产值	（千元）	164818	289961	103423
2. 安装工程产值	（千元）		5085	6170
3. 其他产值	（千元）		6649	
四、竣工产值	（千元）	151924	65864	109783
五、房屋建筑施工面积	（平方米）	195301	111674	122725
本年新开工面积	（平方米）	31293	55582	99373
实行投标承包面积	（平方米）			
本年新开工	（平方米）			
六、劳动人员情况				
直接从事生产经营活动的平均人数	（人）	215	1034	338
年末从业人数	（人）	679	1202	414
工程技术人员	（人）	53	184	97
一级建造师	（人）	0	27	10

6-12 按行业分建筑业企业生产情况

（2012年）

指标名称		总计	房屋和土木工程建筑	建筑安装业	建筑装饰业	其他建筑业
企业个数(个)	(个)	112	45	15	27	25
一、建筑业合同情况						
签订的合同额	(千元)	18456521	13650013	3598929	912211	295368
1. 上年结转合同额	(千元)	9848053	7116596	2057996	589285	84176
2. 本年新签合同额	(千元)	8610568	6533417	1540933	325026	211192
二、承包工程完成情况						
1. 直接从建设单位承揽工程完成的产值	(千元)	9367820	7407034	1234022	478592	248172
(1)自行完成施工产值	(千元)	9367820	7407034	1234022	478592	248172
(2)分包出去工程的产值	(千元)					
2. 从建设单位以外承揽工程完成的产值	(千元)	6300	6300			
三、建筑业总产值	(千元)	9374120	7413334	1234022	478592	248172
装饰装修产值	(千元)	188035	35815		1000	151220
在外省完成的产值	(千元)	170715	165641		5074	
按构成分:1. 建筑工程产值	(千元)	8812152	7278131	1234022	104634	195365
2. 安装工程产值	(千元)	420320	44800		353431	22089
3. 其他产值	(千元)	141648	90403		20527	30718
四、竣工产值	(千元)	6114408	5098145	666557	117802	231904
五、房屋建筑施工面积	(平方米)	10730226	10488134	241892	200	
本年新开工面积	(平方米)	2793913	2750521	43392		
实行投标承包面积	(平方米)	2887699	2645807	241892		
本年新开工	(平方米)	676459	633067	43392		
六、劳动人员情况						
直接从事生产经营活动的平均人数	(人)	26241	21027	1857	2753	604
年末从业人数	(人)	33377	26788	2339	3443	807
工程技术人员	(人)	5559	3380	903	1028	248
一级建造师	(人)	309	140	94	50	25

6－13 建筑业企业财务状况主要指标

（2012年） 单位：千元

指标名称	营业税金及附加	主营业务税金及附加	管理费中税金	应付职工薪酬	营业利润	利润总额
一、按登记注册类型分组						
国有企业	144944	140656	3831	437118	2226	－11758
集体企业	43983	42396	202	140303	31598	31730
联营企业	9743	9743	2	3076	6959	6959
集体联营企业	9743	9743	2	3076	6959	6959
有限责任公司	75265	71810	3229	191940	109106	169426
国有独资公司	19788	19669	261	39602	－278	－276
其他有限责任公司	55477	52141	2968	152338	109384	169702
股份有限公司	12846	12846	534	74786	－2083	－2803
私营企业	56081	55955	712	155817	18336	20092
私营独资企业				72	－72	－72
私营有限责任公司	55889	55763	676	154881	18437	20193
私营股份有限公司	192	192	36	864	－29	－29
其他企业	270	270	70	820	573	573
二、按行业分组						
房屋建筑业	281520	275756	3959	821126	174459	175498
土木工程建筑业	40258	40028	1055	105326	－10045	－10057
建筑安装业	12250	12210	1693	59059	－1683	57893
建筑装饰和其他建筑业	9104	5682	1873	18349	3984	－9115
三、按资质等级分组						
施工总承包	324190	318228	5440	945426	157082	218442
一级	108308	107898	2562	365568	－6116	－6756
二级	119257	119059	1325	349522	114025	176094
三级及以下	96625	91271	1553	230336	49173	49104
专业承包	18942	15448	3140	58434	9633	－4223
一级	8568	5147	732	11954	3280	2631
二级	5289	5289	216	20709	5608	5489
三级及以下	5085	5012	2192	25771	745	－12343
四、按控股情况分组						
国有控股	165666	161259	4624	476913	－1536	－16163
集体控股	72606	70979	1209	245915	28947	89356
私人控股	104143	100721	1235	277790	137925	139647
其他	717	717	1512	3242	1379	1379

6－14　分县区建筑业企业总产值

单位:万元

年份	总计	市直	惠城区	惠阳区	惠东县	博罗县	龙门县	大亚湾区	仲恺区
1994	167950	65902	29804	21450	15371	17829	8692	8902	
1995	123588	57735	10926	14110	12621	16644	8162	3390	
1996	131278	68933	10776	14678	8681	19856	5045	3309	
1997	145740	71010	18202	19775	3331	15278	12908	5236	
1998	148230	69784	17201	20846	9243	19484	8671	3001	
1999	191716	93992	21344	33175	10418	18002	11481	3304	
2000	203459	89363	24366	46706	9747	24929	6629	1719	
2001	267712	116755	29900	56135	17444	31880	7362	8236	
2002	354818	163574	50238	79902	8948	32726	6993	12437	
2003	372950		272215	30657	17126	34137	7718	11097	
2004	313107		221653	32468	13723	35160	3415	6688	
2005	469374		347993	46479	24002	31595	9758	9547	
2006	497006		377509	59787	15135	27136	7737	9702	
2007	542325		414419	61037	18544	27849	7129	13347	
2008	523519		400274	42921	30444	27299	6586	15995	
2009	528602		410626	29689	31724	34857	6173	15533	
2010	698302		542363	43273	37014	39430	8356	18355	9511
2011	869329		709550	31969	32922	51573	9527	21240	12548
2012	937412		768692	29636	30615	50859	16482	30169	10959

注:1:2003 年和 2010 年区域调整。2:2008 年为快报数。

6－15　历年建筑业企业主要指标

单位:亿元

年份	建筑业企业总产值	建筑业企业增加值
1952	0.04	
1957	0.25	
1962	0.21	
1965	0.37	
1970	0.50	
1975	0.84	
1978	1.03	
1979	1.08	
1980	1.29	
1981	1.62	
1982	2.30	
1983	1.99	
1984	2.08	
1985	2.89	
1986	2.81	
1987	4.95	1.38
1988	8.15	2.30
1989	8.24	2.23
1990	13.19	4.88
1991	19.13	6.86
1992	30.84	10.0
1993	21.98	16.68
1994	16.80	12.63
1995	12.36	11.97
1996	13.13	13.42
1997	14.57	11.52
1998	14.82	11.06
1999	19.17	11.83
2000	20.35	12.64
2001	26.77	14.03
2002	35.48	15.57
2003	37.30	26.07
2004	31.31	30.64
2005	46.94	35.52
2006	49.70	35.67
2007	54.23	39.78
2008	52.35	44.43
2009	52.86	50.65
2010	69.83	58.75
2011	86.93	75.46
2012	93.74	80.83

注:1. 建筑业企业总产值数据,1992 年数据为全民和集体所有制数据;1993 年至 1995 年数据为各种经济成分的建制镇以上建筑业企业数据;1996 年至 2001 年数据为资质等级(旧资质)四级及四级以上建筑业企业数据;2002 年及以后为具有资质等级的施工总承包、专业承包建筑业企业(不含劳务分包建筑业企业)数据,2008 年建筑业企业总产值数据为快报数。

2. 建筑业增加值由省统计局核算反馈,口径与总产值口径不可比。自 2002 年起,建筑业增加值核算口径有所调整,2004 年起,建筑业增加值按新核算方法核算。

惠州统计年鉴－2013

HUIZHOU STATISTICAL YEARBOOK

七、能 源

7－1 能源消费情况

年份	全市能源消费总量（万吨标准煤）	其中:全社会用电量（亿千瓦时）	单位GDP能耗		单位GDP电耗（千瓦时/万元）	规上工业综合能源消费量（万吨标准煤）	规上工业增加值能耗（吨标准煤/万元）
			指标值（吨标准煤/万元）	增长（%）			
2005年	688.48	105.22	0.856		1308.9	193.07	0.610
2006年	915.89	123.17	0.976	13.94	1312.2	495.8	1.200
2007年	1121.12	145.59	1.016	4.13	1319.5	650.13	1.360
2008年	1177.33	153.57	0.956	－5.89	1247.3	648.23	1.209
2009年	1319.51	165.83	0.947	－0.95	1189.9	767.64	1.217
2010年	1466.16	192.46	0.892	－5.82	1170.9	914.74	1.012
2011年	1613.52	209.66	0.814	－3.97	1057.6	1098.5	1.207
2012年	1745.59	227.36	0.782	－3.91	1018.7	1279.25	1.073

注:1、能源消费总量为等价值,规上工业综合能源消费量为当量值。

2、规上工业综合能源消费量根据当年度规上工业企业汇总。

3、能耗下降率按指数法计算。

7－2 分县区单位GDP能耗

单位：吨标准煤/万元

指标名称	2005年	2006年	2007年	2008年	2009年	2010年	2011年	2012年
惠州市	0.856	0.976	1.016	0.956	0.947	0.892	0.814	0.782
惠城区	0.638	0.620	0.602	0.581	0.564	0.618	0.577	0.557
惠阳区	1.191	1.150	1.114	1.078	1.021	0.988	0.900	0.867
惠东县	0.696	0.689	0.664	0.645	0.602	0.585	0.627	0.589
博罗县	1.188	1.165	1.129	1.129	1.035	1.003	0.963	0.931
龙门县	1.336	1.369	2.120	2.039	1.930	1.799	1.642	1.563
大亚湾区	1.056	3.821	3.442	3.102	3.041	2.853	2.216	2.121
仲恺高新区	－	－	－	－	－	0.516	0.564	0.531

注：2010年惠城区、仲恺高新区区域调整，表中"－"表示仲恺高新区数据包含在惠城区内，下同。

7－3 分县区单位GDP能耗增长

单位：%

指标名称	2006年	2007年	2008年	2009年	2010年	2011年	2012年
惠州市	13.94	4.13	－5.89	－0.95	－5.82	－3.97	－3.91
惠城区	－2.81	－2.90	－3.51	－2.96	－2.76	－3.43	－3.48
惠阳区	－3.40	－3.14	－3.30	－5.31	－3.21	－3.67	－3.68
惠东县	－1.01	－3.66	－2.80	－6.73	－2.78	2.56	－5.94
博罗县	－3.17	－3.14	－3.10	－5.29	－3.15	－3.67	－3.72
龙门县	2.44	54.90	－3.80	－5.71	－6.82	－3.91	－4.09
大亚湾区	261.71	－7.89	－9.90	－1.95	－6.19	－4.11	－4.52
仲恺高新区					－2.77	－4.11	－3.43

7－4 分县区规模以上工业单位增加值能耗

单位:吨标准煤/万元

指标名称	2005 年	2006 年	2007 年	2008 年	2009 年	2010 年	2011 年	2012 年
惠州市	0.610	1.200	1.360	1.209	1.217	1.012	1.207	1.073
惠城区	0.488	0.177	0.178	0.151	0.132	0.132	0.139	0.125
惠阳区	1.103	0.431	0.409	0.344	0.201	0.185	0.181	0.167
惠东县	1.569	0.696	0.625	0.553	0.383	0.320	3.625	2.647
博罗县	1.720	0.735	0.753	0.703	0.533	0.411	0.332	0.275
龙门县	10.059	7.851	10.146	8.685	7.786	6.677	3.871	2.994
大亚湾区	2.117	4.726	4.414	3.923	3.981	3.049	2.252	2.173
仲恺高新区	–	–	–	–	–	0.150	0.124	0.104

7－5 分县区单位 GDP 电耗

单位:千瓦时/万元

指标名称	2005 年	2006 年	2007 年	2008 年	2009 年	2010 年	2011 年	2012 年
惠州市	1308.9	1312.2	1319.5	1247.3	1189.9	1170.9	1057.6	1018.7
惠城区	1099.5	1097.0	1105.3	1016.7	828.0	953.8	950.4	911.0
惠阳区	2241.9	2172.4	2152.3	1989.6	1617.9	1590.2	1476.6	1512.2
惠东县	874.6	918.4	956.3	845.8	777.9	782.8	736.3	707.4
博罗县	1659.0	1681.8	1769.7	1628.1	1375.6	1399.1	1282.1	1174.1
龙门县	1414.8	1717.2	2137.3	2160.1	1927.6	1658.3	1424.9	1339.4
大亚湾区	1519.8	1100.0	870.5	1004.6	1177.4	1151.4	832.4	819.3
仲恺高新区	–	–	–	–	–	–	962.7	854.9

7－6 规模以上工业企业能源购进、消费与库存情况

（2012 年）

能源名称		年初库存量	购进量	消费量				年末库存量
				合计	工业生产消费	用于原材料	非工业生产消费	
原煤	（吨）	565967	7394555	7566579	7542876	10678	23703	387581
煤制品	（吨）		3884	3884	3884			
焦炭	（吨）	221	252	433	433			40
天然气（气态）	（万立方米）		11445	11444	11419		24	
液化天然气（液态）	（吨）	20	1231870	1231880	1231660		220	10
原油	（吨）	380505	12292658	12160134	12160134			513029
汽油	（吨）	24	14038	14056	1094	8	12962	86
煤油	（吨）	45	706	706	645		62	45
柴油	（吨）	4416	52864	53069	35297	528	17771	4140
燃料油	（吨）	12203	130021	1273441	1272883		559	11156
液化石油气	（吨）	46	17033	17040	13312	96	3728	37
石脑油	（吨）	67291	1653448	1637056	1637056	1637056		83683
润滑油	（吨）		34	34	34			
石蜡	（吨）		1	1	1			
石油焦	（吨）	1920	311696	312000	312000			1616
其它石油制品	（吨）	109853	3239708	3282198	3282198	522133		67363
热力	（百万千焦）		6721146	38337347	38337347			
电力	（万千瓦时）		984473	1194446	1126026		68419	
生物质废料用于燃料	（吨）		28263	28283	28069		214	
其它工业废料用于燃料	（吨）		4452	4452	4452			
其他燃料	（吨标准煤）		6208	6208	6142		66	
能源合计	（吨标准煤）			37334131	37179358		154773	

7－7 规模以上工业企业能源加工转换情况

（2012 年）

能源名称		工业生产消费量	加工转换投入合计	火力发电	供热	炼焦	炼油及煤制油	能源加工转换产出
原煤	（吨）	6204835	6204835	6001347	203488			
其他焦化产品	（吨）							219718
天然气（气态）	（万立方米）	10437	10437	10437				
液化天然气（液态）	（吨）	1231398	695110	608406	86704			
原油	（吨）	12160134	12160134				12160134	
汽油	（吨）							1195735
煤油	（吨）							1282806
柴油	（吨）	12	12	3	9			4909203
燃料油	（吨）	1249298	1243438	186285	1057153			37297
液化石油气	（吨）							484907
石脑油	（吨）	1637056						987695
石油焦	（吨）	312000	312000			312000		1008131
其他石油制品	（吨）	3263326	2710003				2710003	4303994
热力	（百万千焦）	35938036						37810833
电力	（万千瓦时）	343567						2067819
能源合计	（吨标准煤）	35000888	29172185	5858778	1806794	340642	21165972	24386856

7－8 规模以上工业企业能源消费合计

（2012年） 单位：个、吨标准煤

指标	企业单位数	消费量合计	工业生产消费	非工业生产消费
全部工业企业	**1430**	**37334131**	**37179358**	**154773**
一、按工业行业门类分				
（一）轻工业	739	480300	425764	54536
（二）重工业	691	36853831	36753594	100237
（三）采矿业	21	7985	7206	779
黑色金属矿采选业	1	1436	1436	
有色金属矿采选业	2	1233	1121	112
非金属矿采选业	18	5317	4649	668
（四）制造业	1385	31579374	31443450	135924
农副食品加工业	29	15482	13916	1566
食品制造业	8	1881	1619	262
酒、饮料和精制茶制造业	7	12272	11871	401
纺织业	45	47605	44885	2721
纺织服装、服饰业	61	39558	33555	6003
皮革、毛皮、羽毛及其制品和制鞋业	131	42392	36641	5752
木材加工和木、竹、藤、棕、草制品业	21	13293	11409	1884
家具制造业	41	17611	14413	3198
造纸和纸制品业	26	60145	58147	1998
印刷和记录媒介复制业	17	9430	8186	1245
文教、工美、体育和娱乐用品制造业	62	33615	30482	3133
石油加工、炼焦和核燃料加工业	3	22981541	22981074	467
化学原料和化学制品制造业	94	6489115	6479770	9345
医药制造业	8	17472	16707	765
化学纤维制造业	2	2784	2697	88
橡胶和塑料制品业	128	162252	151816	10436

指 标	企业单位数	消费量合 计	工业生产消 费	非工业生产消 费
非金属矿物制品业	55	911514	901290	10224
黑色金属冶炼和压延加工业	8	27774	27163	611
有色金属冶炼和压延加工业	14	13392	12601	792
金属制品业	69	54331	49266	5066
通用设备制造业	30	13652	12005	1646
专用设备制造业	28	16919	14649	2270
汽车制造业	20	53080	50645	2435
铁路、船舶、航空航天和其他运输设备制造业	11	6525	5872	653
电气机械和器材制造业	121	69042	57882	11160
计算机、通信和其他电子设备制造业	305	435317	387749	47568
仪器仪表制造业	12	5117	4744	373
其他制造业	10	3413	2833	581
废弃资源综合利用业	18	22496	19214	3282
金属制品、机械和设备修理业	1	353	352	1
(五)电力、热力、燃气及水生产和供应业	24	5746773	5728703	18070
电力、热力生产和供应业	11	5730124	5713199	16926
燃气生产和供应业	2	309	74	235
水的生产和供应业	11	16339	15431	909
二、分部门				
石油石化	3	22981541	22981074	467
冶金	11	34914	34213	701
有色	16	14625	13721	903
建材	91	923057	910836	12221
化工	91	6527830	6518478	9352
轻工	592	399083	360239	38844

指　　标	企业单位数	消费量合　计	工业生产消　费	非工业生产消　费
纺织	108	89947	81136	8811
医药	9	18274	17410	864
机械	133	122052	111023	11029
电子	305	435317	387749	47568
电力	10	5721926	5705001	16926
其他	61	65563	58477	7086
三、特殊分组				
高耗能行业	185	36153461	36115097	38364
电子行业	305	435317	387749	47568
石化行业	106	29512952	29502455	10497
四、分能源消费量(吨标准煤)				
5000吨以下	1367	837190	728136	109054
5000吨以上	63	36496941	36451222	45719
1万以上	31	36269630	36238343	31287
5万以上	15	35941512	35914670	26842
10万以上	10	35449838	35428527	21311
15万以上	8	34311014	34291190	19824
五、分地区				
惠城区	191	159568	135615	23952
惠阳区	252	205678	171502	34176
惠东县	182	3418407	3392715	25693
博罗县	355	507310	484923	22388
龙门县	54	754423	749135	5288
大亚湾区	90	31893895	31882695	11200
仲恺区	306	394849	362774	32075
六、按企业登记注册类型分				
国有企业	28	28579065	28560746	18319
集体企业	16	8752	7658	1094
股份制企业	403	947099	920214	26885
外商及港澳台商投资企业	880	7723622	7622872	100750
其他经济类型企业	103	75593	67868	7725

7－9　规模以上工业企业分品种能源消费量

（2012 年）

指标名称	原　煤（吨）	煤制品（吨）	焦　炭（吨）	天　然　气（气态）（万立方米）	液化天然气（液态）（吨）	原　油（吨）
全部工业企业	**7566579**	**3884**	**433**	**11444**	**1231880**	**12160134**
一、按工业行业门类分						
（一）轻工业	159197	3884		81	262	
（二）重工业	7407382		433	11363	1231618	12160134
（三）采矿业						
黑色金属矿采选业						
有色金属矿采选业						
非金属矿采选业						
（四）制造业	1440808	3884	433	1007	668397	12160134
农副食品加工业	6077					
食品制造业	345					
酒、饮料和精制茶制造业						
纺织业	38442					
纺织服装、服饰业	27819					
皮革、毛皮、羽毛及其制品和制鞋业	3574					
木材加工和木、竹、藤、棕、草制品业						
家具制造业	718					
造纸和纸制品业	61931	3884				
印刷和记录媒介复制业	3205					
文教、工美、体育和娱乐用品制造业	107			75	42	
石油加工、炼焦和核燃料加工业					667915	12160134
化学原料和化学制品制造业	125151			31		
医药制造业	12735					
化学纤维制造业	1958					
橡胶和塑料制品业	76423			402		
非金属矿物制品业	1073458					
黑色金属冶炼和压延加工业	2189		406			

7-9 续表1 (2012年)

指标名称	原 煤（吨）	煤制品（吨）	焦 炭（吨）	天 然 气（气态）（万立方米）	液化天然气（液态）（吨）	原 油（吨）
有色金属冶炼和压延加工业	258		27	343		
金属制品业	1100			118	219	
通用设备制造业						
专用设备制造业						
汽车制造业				32		
铁路、船舶、航空航天和其他运输设备制造业						
电气机械和器材制造业						
计算机、通信和其他电子设备制造业	4508			6	220	
仪器仪表制造业						
其他制造业						
废弃资源综合利用业	810					
金属制品、机械和设备修理业						
（五）电力、热力、燃气及水生产和供应业	6125771			10437	563483	
电力、热力生产和供应业	6125771			10437	563483	
燃气生产和供应业						
水的生产和供应业						
二、分部门						
石油石化					667915	12160134
冶金	2189		406	118		
有色	258		27	343		
建材	1074558					
化工	159228			433		
轻工	118303	3884		75	42	
纺织	68219					
医药	12735					
机械				32	219	
电子	4508			6	220	
电力	6114664			10437	563483	
其他	11917					

7－9 续表2 （2012 年）

指标名称	原煤（吨）	煤制品（吨）	焦炭（吨）	天然气（气态）（万立方米）	液化天然气（液态）（吨）	原油（吨）
三、特殊分组						
高耗能行业	7326828		433	10811	1231398	12160134
电子行业	4508			6	220	
石化行业	160118			433	667915	12160134
四、分能源消费量（吨标准煤）						
5000 吨以下	122764	3884	433	406	482	
5000 吨以上	7443815			11038	1231398	12160134
1 万以上	7368953			10845	1231398	12160134
5 万以上	7224716			10437	1231398	12160134
10 万以上	7021820				1231398	12160134
15 万以上	6893570				1231398	12160134
五、分地区						
惠城区	24997			118		
惠阳区	18857	3884	27		219	
惠东县	4368072				42	
博罗县	344244			343		
龙门县	917844					
大亚湾区	1889458			112	1231398	12160134
仲恺区	3107		406	10871	220	
六、按企业登记注册类型分						
国有企业	6115518				1231398	12160134
集体企业						
股份制企业	964091			31		
外商及港澳台商投资企业	457364	3884	406	11413	482	
其他经济类型企业	29605		27			

7－9 续表3 （2012 年）

指标名称	汽 油（吨）	煤 油（吨）	柴 油（吨）	燃料油（吨）	液化石油气（吨）	石脑油（吨）	润滑油（吨）	石 蜡（吨）
全部工业企业	**14056**	**706**	**53069**	**1273441**	**17040**	**1637056**	**34**	**1**
一、按工业行业门类分								
（一）轻工业	6232	256	19544	7947	7142			
（二）重工业	7824	451	33524	1265494	9898	1637056	34	1
（三）采矿业	12		1426					
黑色金属矿采选业			530					
有色金属矿采选业			355					
非金属矿采选业	12		541					
（四）制造业	13604	706	51514	1273312	17037	1637056	34	1
农副食品加工业	133		1871		89			
食品制造业	75		67		230			
酒、饮料和精制茶制造业	40		367	954	14			
纺织业	300		389	917	21			
纺织服装、服饰业	448	18	881	55	7			
皮革、毛皮、羽毛及其制品和制鞋业	670	1	2578	1872	14			
木材加工和木、竹、藤、棕、草制品业	42		359					1
家具制造业	346	4	1024		240			
造纸和纸制品业	80		1023	225	54			
印刷和记录媒介复制业	331		239		212			
文教、工美、体育和娱乐用品制造业	306		1236	364	1576			
石油加工、炼焦和核燃料加工业				5860				
化学原料和化学制品制造业	1422	304	6467	1244987	414	1637056		
医药制造业	171		383	597				
化学纤维制造业			52					
橡胶和塑料制品业	882		3221	1346	675			
非金属矿物制品业	439		4587	30	185			
黑色金属冶炼和压延加工业	37		70	9081	74			
有色金属冶炼和压延加工业	114		1573	1062	99			

7－9 续表4 （2012年）

指标名称	汽 油（吨）	煤 油（吨）	柴 油（吨）	燃料油（吨）	液化石油气（吨）	石脑油（吨）	润滑油（吨）	石 蜡（吨）
金属制品业	607		1946		4615			
通用设备制造业	274	156	502		864		32	
专用设备制造业	324		839		1093			
汽车制造业	303		321		482			
铁路、船舶、航空航天和其他运输设备制造业	57		989	361	557			
电气机械和器材制造业	1172	1	4405	615	3285		2	
计算机、通信和其他电子设备制造业	4607	204	15738	4966	2230			
仪器仪表制造业	78		145					
其他制造业	49	12	55		4			
废弃资源综合利用业	297		187	20				
金属制品、机械和设备修理业								
（五）电力、热力、燃气及水生产和供应业	440		128	129	3			
电力、热力生产和供应业	187		82	129				
燃气生产和供应业	111		9					
水的生产和供应业	142		37		3			
二、分部门								
石油石化				5860				
冶金	37		600	9081	74			
有色	114		1928	1062	99			
建材	706		5600	30	460			
化工	1347	304	6553	1244709	445	1637056		
轻工	4001	25	17103	5821	6918			
纺织	748	18	1322	972	28			
医药	190		411	597				
机械	1440	156	3011	194	6685		34	
电子	4607	204	15738	4966	2230			
电力	187		82	129				
其他	679		720	20	100			1

7－9 续表5 （2012年）

指标名称	汽油（吨）	煤油（吨）	柴油（吨）	燃料油（吨）	液化石油气（吨）	石脑油（吨）	润滑油（吨）	石蜡（吨）
三、特殊分组								
高耗能行业	2199	304	12779	1261149	773	1637056		
电子行业	4607	204	15738	4966	2230			
石化行业	1472	304	6734	1250847	445	1637056		
四、分能源消费量（吨标准煤）								
5000吨以下	13201	507	37440	10648	12734		34	1
5000吨以上	855	200	15629	1262794	4306	1637056		
1万以上	279	195	6676	1262794	597	1637056		
5万以上	61		1240	1249298	50	1637056		
10万以上			451	1249298		1637056		
15万以上			253	1243438		1637056		
五、分地区								
惠城区	2644	15	7876	2069	3460			
惠阳区	2416	16	9605	2315	3357		2	
惠东县	1058	6	3746	1483	3119			
博罗县	3050	112	15509	6224	655			1
龙门县	248		1490	1299	11			
大亚湾区	766	195	6785	1258954	1089	1637056		
仲恺区	3874	363	8057	1097	5349		32	
六、按企业登记注册类型分								
国有企业	268		694	5989	41			
集体企业	138		250		50			
股份制企业	3611	22	10155	873	489		2	1
外商及港澳台商投资企业	9339	684	40025	1266524	15670	1637056	32	
其他经济类型企业	700		1944	55	790			

7－9 续表6 （2012年）

指标名称	石油焦（吨）	其他石油制品（吨）	热力（百万千焦）	电力（万千瓦时）	生物质肥料用于燃料（吨）	其他工业废料用于燃料（吨）	其他燃料（吨标准煤）
全部工业企业	**312000**	**3282198**	**38337347**	**1194446**	**28283**	**4452**	**6208**
一、按工业行业门类分							
（一）轻工业			261163	225320	24512	4342	870
（二）重工业	312000	3282198	38076183	969125	3771	110	5338
（三）采矿业				4792			
黑色金属矿采选业				540			
有色金属矿采选业				582			
非金属矿采选业				3670			
（四）制造业	312000	3282198	38337347	1072719	28283	4452	6208
农副食品加工业				4688	2817		683
食品制造业				613	540		
酒、饮料和精制茶制造业			106459	5420			
纺织业				13034	3175		187
纺织服装、服饰业				13136	2965		
皮革、毛皮、羽毛及其制品和制鞋业				24882	3033		
木材加工和木、竹、藤、棕、草制品业				9466	2148		
家具制造业				11608	679		
造纸和纸制品业				8114		4342	
印刷和记录媒介复制业				4835			
文教、工美、体育和娱乐用品制造业			154704	15930	4341		
石油加工、炼焦和核燃料加工业	312000	2741193	3640613	101778			
化学原料和化学制品制造业		541002	34151687	187540			
医药制造业				2852	6419		
化学纤维制造业				1066			
橡胶和塑料制品业		3	283883	67325	1623		
非金属矿物制品业				104592			5318
黑色金属冶炼和压延加工业				9858			
有色金属冶炼和压延加工业				3601		110	
金属制品业				32504			
通用设备制造业				8740			20
专用设备制造业				10859			
汽车制造业				41427			
铁路、船舶、航空航天和其他运输设备制造业				2662	516		
电气机械和器材制造业				44249			
计算机、通信和其他电子设备制造业				317902			
仪器仪表制造业				3887	28		
其他制造业				2634			
废弃资源综合利用业				17231			
金属制品、机械和设备修理业				287			
（五）电力、热力、燃气及水生产和供应业				116935			

(2012 年)

指标名称	石油焦(吨)	其他石油制品(吨)	热力(百万千焦)	电力(万千瓦时)	生物质肥料用于燃料(吨)	其他工业废料用于燃料(吨)	其他燃料(吨标准煤)
电力、热力生产和供应业				103751			
燃气生产和供应业				107			
水的生产和供应业				13076			
二、分部门							
石油石化	312000	2741193	3640613	101778			
冶金				13760			
有色				4183		110	
建材				111441			5318
化工		541002	34151687	195074	200		
轻工		3	545046	188820	13349	4342	683
纺织				27236	6140		187
医药				3449	6419		
机械				83552	28		20
电子				317902			
电力				103536			
其他				43716	2148		
三、特殊分组							
高耗能行业	312000	3282195	37792300	511120		110	5318
电子行业				317902			
石化行业	312000	3282195	37792300	298560	200		
四、分能源消费量(吨标准煤)							
5000 吨以下		327	236549	490571	28283	4452	890
5000 吨以上	312000	3281871	38100797	703874			5318
1 万以上	312000	3281871	37687989	597123			
5 万以上	312000	3281871	36839804	465313			
10 万以上	312000	3263326	33860487	398444			
15 万以上		2785216	33631478	381560			
五、分地区							
惠城区		324	72114	89067	6935		20
惠阳区			25779	130978	2416	110	
惠东县		3		112546	65		187
博罗县				169687	14937	4342	683
龙门县				74202			
大亚湾区	312000	3281871	37921225	450780	3931		
仲恺区			318228	167185			5318
六、按企业登记注册类型分							
国有企业	312000	2741193	3640613	213115			
集体企业				6590			
股份制企业		324	78107	174958	12152	4342	6084
外商及港澳台商投资企业		540681	34618627	760145	15835		124
其他经济类型企业				39638	296	110	

7－10 规模以上工业企业分品种工业能源消费量

（2012 年）

指　　标	原　煤（吨）	煤制品（吨）	焦　炭（吨）	天然气(气态)（万立方米）	液化天然气（液态）(吨)	原　油（吨）
全部工业企业	**7542876**	**3884**	**433**	**11419**	**1231660**	**12160134**
一、按工业行业门类分						
（一）轻工业	154640	3884		75	42	
（二）重工业	7388236		433	11345	1231617	12160134
（三）采矿业						
黑色金属矿采选业						
有色金属矿采选业						
非金属矿采选业						
（四）制造业	1435830	3884	433	982	668177	12160134
农副食品加工业	6077					
食品制造业	345					
酒、饮料和精制茶制造业						
纺织业	37607					
纺织服装、服饰业	24156					
皮革、毛皮、羽毛及其制品和制鞋业	3574					
木材加工和木、竹、藤、棕、草制品业						
家具制造业	717					
造纸和纸制品业	61873	3884				
印刷和记录媒介复制业	3205					
文教、工美、体育和娱乐用品制造业	107			75	42	
石油加工、炼焦和核燃料加工业	12160134					
化学原料和化学制品制造业	125151			31		
医药制造业	12735					
化学纤维制造业	1958					
橡胶和塑料制品业	76025			399		
非金属矿物制品业	1073458					
黑色金属冶炼和压延加工业	2166		406			
有色金属冶炼和压延加工业	258		27	330		
金属制品业	1100			116	219	
通用设备制造业						
专用设备制造业						
汽车制造业				32		
铁路、船舶、航空航天和其他运输设备制造业						
电气机械和器材制造业						
计算机、通信和其他电子设备制造业	4508					
仪器仪表制造业						
其他制造业						
废弃资源综合利用业	810					
金属制品、机械和设备修理业						
（五）电力、热力、燃气及水生产和供应业	6107046			10437	563483	

7－10 续表1 （2012 年）

指　　标	原　煤（吨）	煤制品（吨）	焦　炭（吨）	天然气(气态)（万立方米）	液化天然气（液态）(吨)	原　油（吨）
电力、热力生产和供应业	6107046			10437	563483	
燃气生产和供应业						
水的生产和供应业						
二、分部门						
石油石化					667915	12160134
冶金	2166		406	116		
有色	258		27	330		
建材	1074558					
化工	159228			430		
轻工	117846	3884		75	42	
纺织	63721					
医药	12735					
机械				32	219	
电子	4508					
电力	6095939			10437	563483	
其他	11917					
三、特殊分组						
高耗能行业	7308080		433	10798	1231398	12160134
电子行业	4508					
石化行业	160118			430	667915	12160134
四、分能源消费量(吨标准煤)						
5000 吨以下	120590	3884	433	387	262	
5000 吨以上	7422286			11032	1231398	12160134
1 万以上	7349873			10842	1231398	12160134
5 万以上	7205991			10437	1231398	12160134
10 万以上	7003095				1231398	12160134
15 万以上	6874845				1231398	12160134
五、分地区						
惠城区	20594			116		
惠阳区	18817	3884	27		219	
惠东县	4349304				42	
博罗县	343811			330		
龙门县	917785					
大亚湾区	1889458			112	1231398	12160134
仲恺区	3107		406	10862		
六、按企业登记注册类型分						
国有企业	6096793				1231398	12160134
集体企业						
股份制企业	964024			31		
外商及港澳台商投资企业	452512	3884	406	11388	262	
其他经济类型企业	29547		27			

7－10 续表2 （2012年）

指标	汽　油（吨）	煤　油（吨）	柴　油（吨）	燃料油（吨）	液化石油气（吨）	石脑油（吨）	润滑油（吨）	石　蜡（吨）
全部工业企业	**1094**	**645**	**35297**	**1272883**	**13312**	**1637056**	**34**	**1**
一、按工业行业门类分								
（一）轻工业	595	235	12176	7665	6006			
（二）重工业	499	409	23122	1265218	7306	1637056	34	1
（三）采矿业	8		1417					
黑色金属矿采选业			530					
有色金属矿采选业			350					
非金属矿采选业	8		537					
（四）制造业	943	645	33810	1272754	13312	1637056	34	1
农副食品加工业	10		1258		89			
食品制造业	27		43		207			
酒、饮料和精制茶制造业					284	954	14	
纺织业	22		154	917	1			
纺织服装、服饰业	178	11	665	55	3			
皮革、毛皮、羽毛及其制品和制鞋业	24	1	1899	1807				
木材加工和木、竹、藤、棕、草制品业	3				317			
家具制造业	33	4	638		193			
造纸和纸制品业	4		341	222	19			
印刷和记录媒介复制业	95		93				111	
文教、工美、体育和娱乐用品制造业	30		809	364	1444			
石油加工、炼焦和核燃料加工业				5860				
化学原料和化学制品制造业	54	263	2763	1244784	277	1637056		
医药制造业	17		191	597				
化学纤维制造业								
橡胶和塑料制品业	25	5	2140	1303	361			
非金属矿物制品业	17		1740	30	136			
黑色金属冶炼和压延加工业			56	9081	58			
有色金属冶炼和压延加工业	3		1467	1062	84			
金属制品业	3		1133		4526			
通用设备制造业	49	156	362		819		32	
专用设备制造业	55		547		1083			
汽车制造业	6		266		331			
铁路、船舶、航空航天和其他运输设备制造业			826	350	537			
电气机械和器材制造业	56	1	2983	421	2881			
计算机、通信和其他电子设备制造业	224	204	12559	4947	134			
仪器仪表制造业	11		91					
其他制造业			42		4			
废弃资源综合利用业			144					
金属制品、机械和设备修理业								
（五）电力、热力、燃气及水生产和供应业	143		70	129				

7-10 续表3 （2012年）

指标	汽 油（吨）	煤 油（吨）	柴 油（吨）	燃料油（吨）	液化石油气（吨）	石脑油（吨）	润滑油（吨）	石 蜡（吨）
电力、热力生产和供应业	140		46	129				
燃气生产和供应业	3							
水的生产和供应业			24					
二、分部门								
石油石化				5860				
冶金			586	9081	58			
有色	3		1817	1062	84			
建材	26		2346	30	371			
化工	65	263	2837	1244709	277	1637056		
轻工	292	12	11753	5496	5862			
纺织	200	11	820	972	4			
医药	29		213	597				
机械	110	156	1793		6458		34	
电子	224	204	12559	4947	134			
电力	140		46	129				
其他	6		529		64			1
三、特殊分组								
高耗能行业	214	263	6071	1260946	554	1637056		
电子行业	224	204	12559	4947	134			
石化行业	65	263	2973	1250644	277	1637056		
四、分能源消费量（吨标准煤）								
5000吨以下	1059	445	22362	10090	9562		34	1
5000吨以上	36	200	12935	1262793	3750	1637056		
1万以上		195	4582	1262793	534	1637056		
5万以上			1041	1249298		1637056		
10万以上			314	1249298		1637056		
15万以上			235	1243438		1637056		
五、分地区								
惠城区	150	15	5953	1633	2777			
惠阳区	136	4	4640	2255	2596		2	
惠东县	69	6	2716	1483	2975			
博罗县	196	71	12075	6223	361			1
龙门县	174		1312	1299				
大亚湾区	61	195	3726	1258954	940	1637056		
仲恺区	310	354	4874	1036	3663		32	
六、按企业登记注册类型分								
国有企业	139		640	5989				
集体企业			32					
股份制企业	365	22	5776	853	143		2	1
外商及港澳台商投资企业	492	623	27275	1265986	12786	1637056	32	
其他经济类型企业	98		1575	55	382			

（2012年）

指标名称	石油焦（吨）	其他石油制品（吨）	热力（百万千焦）	电力（万千瓦时）	生物质肥料用于燃料（吨）	其他工业废料用于燃料（吨）	其他燃料（吨标准煤）
全部工业企业	**312000**	**3282198**	**38337347**	**1126026**	**28069**	**4452**	**6142**
一、按工业行业门类分							
（一）轻工业			261163	201474	24400	4342	824
（二）重工业	312000	3282198	38076183	924553	3669	110	5318
（三）采矿业				4174			
黑色金属矿采选业				540			
有色金属矿采选业				497			
非金属矿采选业				3137			
（四）制造业	312000	3282198	38337347	1007799	28069	4452	6142
农副食品加工业				4326	2817		637
食品制造业				517	540		
酒、饮料和精制茶制造业			106459	5240			
纺织业				11950	3162		187
纺织服装、服饰业				10972	2965		
皮革、毛皮、羽毛及其制品和制鞋业				21876	3033		
木材加工和木、竹、藤、棕、草制品业				8029	2148		
家具制造业				9934	607		
造纸和纸制品业				7473		4342	
印刷和记录媒介复制业				4418			
文教、工美、体育和娱乐用品制造业			154704	14401	4341		
石油加工、炼焦和核燃料加工业	312000	2741193	3640613	101398			
化学原料和化学制品制造业		541002	34151687	186444			
医药制造业				2641	6419		
化学纤维制造业				1056			
橡胶和塑料制品业		3	283883	61933	1521		
非金属矿物制品业				100222			5318
黑色金属冶炼和压延加工业				9459			
有色金属冶炼和压延加工业				3378		110	
金属制品业				30221			
通用设备制造业				7914			
专用设备制造业				9695			
汽车制造业				40079			
铁路、船舶、航空航天和其他运输设备制造业				2432	516		
电气机械和器材制造业				38982			
计算机、通信和其他电子设备制造业				291540			
仪器仪表制造业				3740			
其他制造业				2248			
废弃资源综合利用业				14993			
金属制品、机械和设备修理业				286			
（五）电力、热力、燃气及水生产和供应业				114054			

7－10 续表5 （2012年）

指标名称	石油焦（吨）	其他石油制品（吨）	热力（百万千焦）	电力（万千瓦时）	生物质肥料用于燃料（吨）	其他工业废料用于燃料（吨）	其他燃料（吨标准煤）
电力、热力生产和供应业				101471			
燃气生产和供应业				56			
水的生产和供应业				12527			
二、分部门							
石油石化	312000	2741193	3640613	101398			
冶金				13315			
有色				3875		110	
建材				106293			5318
化工		541002	34151687	193719	200		
轻工		3	545046	170236	13175	4342	637
纺织				23978	6127		187
医药				3173	6419		
机械				78186			
电子				291540			
电力				101256			
其他				39057	2148		
三、特殊分组							
高耗能行业	312000	3282195	37792300	502372		110	5318
电子行业				291540			
石化行业	312000	3282195	37792300	296714	200		
四、分能源消费量（吨标准煤）							
5000吨以下		327	236549	441319	28069	4452	824
5000吨以上	312000	3281871	38100797	684707			5318
1万以上	312000	3281871	37687989	586202			
5万以上	312000	3281871	36839804	455244			
10万以上	312000	3263326	33860487	392660			
15万以上		2785216	33631478	376845			
五、分地区							
惠城区		324	72114	78908	6935		
惠阳区			25779	113024	2242	110	
惠东县		3		105668	52		187
博罗县				159861	14909	4342	637
龙门县				70249			
大亚湾区	312000	3281871	37921225	446344	3931		
仲恺区			318228	151972			5318
六、按企业登记注册类型分							
国有企业	312000	2741193	3640613	209879			
集体企业				6194			
股份制企业		324	78107	162752	12124	4342	6038
外商及港澳台商投资企业		540681	34618627	712088	15649		104
其他经济类型企业				35115	296	110	

7－11　规模以上工业企业水消费情况

（2012 年）

指标名称	取水总量（万立方米）	#陆地地表水	地下水	自来水	其他水	海水
全部工业企业	**57041**	**45860**	**402**	**9796**	**46**	**936**
一、按工业行业门类分						
（一）轻工业	46800	43182	286	3317	15	
（二）重工业	10240	2678	116	6479	31	936
（三）采矿业	36	22		10	5	
有色金属矿采选业	21	21				
非金属矿采选业	15	1		10	5	
（四）制造业	12805	2764	402	9598	41	
农副食品加工业	90	1	6	83		
食品制造业	18	6		12		
酒、饮料和精制茶制造业	160	3	73	83		
纺织业	477	172	14	292		
纺织服装、服饰业	571	130	13	428		
皮革、毛皮、羽毛及其制品和制鞋业	464	23	49	380	13	
木材加工和木、竹、藤、棕、草制品业	79		28	51		
家具制造业	200		19	182		
造纸和纸制品业	254	209	2	42	1	
印刷和记录媒介复制业	70			70		
文教、工美、体育和娱乐用品制造业	332		24	308		
石油加工、炼焦和核燃料加工业	872	313		560		
化学原料和化学制品制造业	2239	1751	10	463	15	
医药制造业	112	3		109		
化学纤维制造业	2			2		
橡胶和塑料制品业	595	8	34	553		
非金属矿物制品业	416	133	17	257	9	
黑色金属冶炼和压延加工业	43	1	1	41		
有色金属冶炼和压延加工业	40			37	2	
金属制品业	305		12	293		
通用设备制造业	92		5	87		
专用设备制造业	178		1	177		
汽车制造业	245		3	242		
铁路、船舶、航空航天和其他运输设备制造业	41		3	38		
电气机械和器材制造业	585	2	28	554	1	
计算机、通信和其他电子设备制造业	4211	1	41	4168	1	
仪器仪表制造业	37	6		31		
其他制造业	23		7	16		
废弃资源综合利用业	51		11	39		
金属制品、机械和设备修理业	1		1			

指标名称	取水总量（万立方米）	#陆地地表水	地下水	自来水	其他水	海水
（五）电力、热力、燃气及水生产和供应业	44199	43075		188		936
电力、热力生产和供应业	1538	449		153		936
燃气生产和供应业	4			4		
水的生产和供应业	42658	42626		32		
二、分部门						
石油石化	872	313		560		
冶金	52	1	1	50		
有色	61	21		37	2	
建材	478	134	26	304	14	
化工	2266	1752	10	489	15	
轻工	2821	257	242	2308	14	
纺织	1050	301	27	722		
医药	144	3		141		
机械	707	2	14	691		
电子	4211	1	41	4168	1	
电力	1482	449		97		936
其他	42896	42626	41	229		
三、特殊分组						
高耗能行业	5149	2647	28	1511	26	936
电子行业	4211	1	41	4168	1	
石化行业	3186	2065	10	1096	15	
四、分地区						
惠城区	16962	15414	12	1522	14	
惠阳区	7262	5735	72	1454	1	
惠东县	5902	4314	113	538		936
博罗县	8911	6657	165	2086	2	
龙门县	453	363	23	60	8	
大亚湾区	15468	13352		2101	14	
仲恺区	2084	26	17	2036	5	
五、按企业登记注册类型分						
国有企业	28145	26511	1	696		936
集体企业	4757	4633	3	121		
股份制企业	7892	6528	50	1304	9	
外商及港澳台商投资企业	15912	8164	313	7404	32	
其他经济类型企业	334	24	35	270	5	

7－11 续表2 （2012年）

指标名称	外供水量（万立方米）	重复用水量（万立方米）	河湖海冷直排水量（万立方米）
全部工业企业	**39409**	**4005**	**228655**
一、按工业行业门类分			
（一）轻工业	39387	918	
（二）重工业	22	3087	228655
（三）采矿业		1	
有色金属矿采选业			
非金属矿采选业		1	
（四）制造业	77	1766	
农副食品加工业		2	
食品制造业			
酒、饮料和精制茶制造业	54	4	
纺织业		22	
纺织服装、服饰业		14	
皮革、毛皮、羽毛及其制品和制鞋业		31	
木材加工和木、竹、藤、棕、草制品业			
家具制造业		11	
造纸和纸制品业		780	
印刷和记录媒介复制业			
文教、工美、体育和娱乐用品制造业		11	
石油加工、炼焦和核燃料加工业		152	
化学原料和化学制品制造业	7	435	
医药制造业		2	
化学纤维制造业			
橡胶和塑料制品业		6	
非金属矿物制品业		89	
黑色金属冶炼和压延加工业		1	
有色金属冶炼和压延加工业		2	
金属制品业			
通用设备制造业			
专用设备制造业		6	
汽车制造业		12	
铁路、船舶、航空航天和其他运输设备制造业			
电气机械和器材制造业	15	1	
计算机、通信和其他电子设备制造业		183	
仪器仪表制造业			
其他制造业			
废弃资源综合利用业		2	
金属制品、机械和设备修理业			

7－11 续表3 (2012年)

指标名称	外供水量（万立方米）	重复用水量（万立方米）	河湖海冷直排水量（万立方米）
(五)电力、热力、燃气及水生产和供应业	39332	2239	228655
电力、热力生产和供应业		2239	228655
燃气生产和供应业			
水的生产和供应业	39332		
二、分部门			
石油石化		152	
冶金		1	
有色		2	
建材		90	
化工	7	435	
轻工	55	846	
纺织		36	
医药		2	
机械	14	18	
电子		183	
电力		2239	228655
其他	39332	2	
三、特殊分组			
高耗能行业	7	2917	228655
电子行业		183	
石化行业	7	587	
四、分地区			
惠城区	14164	14	
惠阳区	5295	81	
惠东县	4263	89	135117
博罗县	5485	915	
龙门县		84	
大亚湾区	10202	638	93538
仲恺区		2184	
五、按企业登记注册类型分			
国有企业	24075	256	228655
集体企业	3947		
股份制企业	5424	111	
外商及港澳台商投资企业	5963	3628	
其他经济类型企业		10	

7-12 产值能耗分组表

指标	2011年			2012年		
	综合能源消费量（吨标准煤）	工业总产值（万元）	产值单耗（吨标准煤/万元）	综合能源消费量（吨标准煤）	工业总产值（万元）	产值单耗（吨标准煤/万元）
全部工业企业	**12129929**	**44344173**	**0.27**	**12792503**	**53369141**	**0.24**
一、按工业行业门类分						
（一）轻工业	425075	10507599	0.04	425764	11723762	0.04
（二）重工业	11704854	33836573	0.35	12366738	41645379	0.30
（三）采矿业	7165	117746	0.06	7206	153623	0.05
黑色金属矿采选业	903	1580	0.57	1436	17325	0.08
有色金属矿采选业	1057	4905	0.22	1121	6636	0.17
非金属矿采选业	5205	111261	0.05	4649	129662	0.04
（四）制造业	8788687	43212676	0.20	9542773	52087299	0.18
农副食品加工业	11835	332427	0.04	13916	414292	0.03
食品制造业	1809	45375	0.04	1619	50242	0.03
酒、饮料和精制茶制造业	11606	262486	0.04	11871	264804	0.04
纺织业	41492	364469	0.11	44885	422991	0.11
纺织服装、服饰业	36099	560359	0.06	33555	656927	0.05
皮革、毛皮、羽毛及其制品和制鞋业	34686	863707	0.04	36641	1156478	0.03
木材加工和木、竹、藤、棕、草制品业	11741	175059	0.07	11409	271487	0.04
家具制造业	12818	656581	0.02	14413	848199	0.02
造纸和纸制品业	65889	228473	0.29	58147	274587	0.21
印刷和记录媒介复制业	7473	144829	0.05	8186	222170	0.04
文教、工美、体育和娱乐用品制造业	30873	497403	0.06	30482	534653	0.06
石油加工、炼焦和核燃料加工业	1727890	7297203	0.24	2280197	9353095	0.24
化学原料和化学制品制造业	5151592	4594450	1.12	5279970	4536354	1.16
医药制造业	16441	76542	0.21	16707	103556	0.16
化学纤维制造业	2650	12535	0.21	2697	13103	0.21
橡胶和塑料制品业	147450	1344934	0.11	151816	1454775	0.10
非金属矿物制品业	862105	783775	1.10	901290	915990	0.98
黑色金属冶炼和压延加工业	34701	282534	0.12	27163	232719	0.12
有色金属冶炼和压延加工业	13996	132894	0.11	12601	140162	0.09
金属制品业	40348	898587	0.04	49266	989429	0.05
通用设备制造业	12081	397624	0.03	12005	420519	0.03
专用设备制造业	15435	290937	0.05	14649	274013	0.05
汽车制造业	45654	1105345	0.04	50645	1135763	0.04
铁路、船舶、航空航天和其他运输设备制造业	7996	94562	0.08	5872	82693	0.07
电气机械和器材制造业	55169	2269240	0.02	57882	2524579	0.02
计算机、通信和其他电子设备制造业	360984	18995764	0.02	387749	24085042	0.02
仪器仪表制造业	5026	76499	0.07	4744	82777	0.06
其他制造业	2367	54996	0.04	2833	59456	0.05
废弃资源综合利用业	20183	370587	0.05	19214	562121	0.03
金属制品、机械和设备修理业	299	2497	0.12	352	4323	0.08
（五）电力、热力、燃气及水生产和供应业	3334077	1013751	3.29	3242524	1128219	2.87

7－12 续表

指　标	2011年			2012年		
	综合能源消费量（吨标准煤）	工业总产值（万元）	产值单耗（吨标准煤/万元）	综合能源消费量（吨标准煤）	工业总产值（万元）	产值单耗（吨标准煤/万元）
电力、热力生产和供应业	3318904	912680	3.64	3227020	1013648	3.18
燃气生产和供应业	42	23721	0.00	74	30271	0.00
水的生产和供应业	15130	77349	0.20	15431	84300	0.18
二、分部门						
石油石化	1727890	7297203	0.24	2280197	9353095	0.24
冶金	40949	311242	0.13	34213	271051	0.13
有色	15053	137799	0.11	13721	146798	0.09
建材	872783	1072787	0.81	910836	1231477	0.74
化工	5190597	4731081	1.10	5318678	4685948	1.14
轻工	349712	5963730	0.06	360239	7138606	0.05
纺织	80242	937364	0.09	81136	1093020	0.07
医药	17195	97576	0.18	17410	121742	0.14
机械	104325	3174807	0.03	111023	3239869	0.03
电子	360984	18995764	0.02	387749	24085042	0.02
电力	3305383	906704	3.65	3218822	1008166	3.19
其他	64817	718113	0.09	58477	994328	0.06
三、特殊分组						
高耗能行业	11109188	14003537	0.79	11728241	16191969	0.72
电子行业	360984	18995764	0.02	387749	24085042	0.02
石化行业	6920593	12140365	0.57	7601778	14169623	0.54
四、分能源消费量（吨标准煤）						
5000吨以下	730571	22371878	0.03	728136	25109248	0.03
5000吨以上	11399358	21972295	0.52	12064366	28259894	0.43
1万以上	11211822	14621779	0.77	11851487	16685896	0.71
5万以上	10898168	12247248	0.89	11527814	14599358	0.79
10万以上	10573697	11381194	0.93	11172796	13454633	0.83
15万以上	10454349	10989933	0.95	10919768	13023431	0.84
五、分地区						
惠城区	134264	3072002	0.04	135615	3399105	0.04
惠阳区	150996	3134326	0.05	171502	3869615	0.04
惠东县	1968647	1833223	1.07	1977541	2653880	0.75
博罗县	476264	5212878	0.09	484922	6605307	0.07
龙门县	739562	664493	1.11	749135	897157	0.84
大亚湾区	8376816	14768811	0.57	8971293	16243169	0.55
仲恺区	283379	15658439	0.02	302494	19700908	0.02
六、按企业登记注册类型分						
国有企业	4975755	8340446	0.60	5433970	10478306	0.52
集体企业	9081	94689	0.10	7658	112977	0.07
股份制企业	891293	4921240	0.18	920214	6137693	0.15
外商及港澳台商投资企业	6183667	29899253	0.21	6362792	35152935	0.18
其他经济类型企业	70133	1088545	0.06	67868	1487231	0.05

7－13　综合能源消费量1万吨标准煤以上工业企业

（2012年）

序号	单位名称	所属县(区)	行业代码	注册类型
1	中海石油开氏石化有限责任公司	大亚湾区	原油加工及石油制品制造	国有
2	中海油能源发展股份有限公司惠州石化分公司	大亚湾区	原油加工及石油制品制造	国有
3	中海石油炼化有限责任公司惠州炼油分公司	大亚湾区	原油加工及石油制品制造	国有
4	中国神华能源股份有限公司国华惠州热电分公司	大亚湾区	电力的生产和供应业	国有
5	广东惠州天然气发电有限公司	大亚湾区	电力的生产和供应业	国有
6	广东惠州平海发电厂有限公司	惠东县	电力的生产和供应业	国有
7	惠州固力水泥集团有限公司	博罗县	水泥制造	集体联营
8	惠州市光大水泥企业有限公司	龙门县	水泥制造	其他有限责任公司
9	泰山石膏(广东)有限公司	博罗县	轻质建筑材料制造	其他有限责任公司
10	广东塔牌集团股份有限公司惠州龙门分公司	龙门县	水泥制造	股份有限公司
11	博罗县固力建材有限公司	博罗县	水泥制造	私营有限责任公司
12	惠州比亚迪电池有限公司	大亚湾区	汽车零部件及配件制造	与港澳台商合资经营
13	惠州比亚迪实业有限公司	大亚湾区	通信终端设备制造	与港澳台商合资经营
14	惠州深能源丰达电力有限公司	仲恺区	电力的生产和供应业	与港澳台商合资经营
15	惠州福和纸业有限公司	博罗县	机制纸及纸板制造	港澳台商独资
16	惠州忠信化工有限公司	大亚湾区	有机化学原料制造	港澳台商独资
17	来百利(惠州)手套有限公司	博罗县	日用及医用橡胶制品制造	港澳台商独资
18	南亚塑胶工业(惠州)有限公司	博罗县	塑料人造革、合成革制造	港澳台商独资
19	华润水泥(惠州)有限公司	龙门县	水泥制造	港澳台商独资
20	大亚湾宝兴钢铁厂有限公司	大亚湾区	钢压延加工	港澳台商独资
21	伯恩光学(惠州)有限公司	惠阳区	光电子器件及其他电子器件制造	港澳台商独资
22	华通电脑(惠州)有限公司	博罗县	印制电路板制造	港澳台商独资
23	南亚电子材料(惠州)有限公司	博罗县	印制电路板制造	港澳台商独资
24	中海壳牌石油化工有限公司	大亚湾区	有机化学原料制造	中外合资经营
25	东风本田汽车零部件有限公司	大亚湾区	汽车零部件及配件制造	中外合资经营
26	惠州比亚迪电子有限公司	大亚湾区	通信终端设备制造	中外合资经营
27	惠州惠菱化成有限公司	大亚湾区	有机化学原料制造	外资企业
28	普莱克斯(惠州)工业气体有限公司	大亚湾区	其他基础化学原料制造	外资企业
29	普利司通(惠州)合成橡胶有限公司	大亚湾区	合成橡胶制造	外资企业
30	惠州李长荣橡胶有限公司	大亚湾区	合成橡胶制造	外资企业
31	普利司通(惠州)轮胎有限公司	仲恺区	轮胎制造	外资企业

7－14 主要耗能工业企业单位产品能源消耗情况

指标		2012年			2011年		
		产品单耗	能耗	产量	产品单耗	能耗	产量
机制纸及纸板综合能耗	千克标准煤/吨	779.23	39584.03	50799.00	613.03	45878.90	74839.00
机制纸及纸板耗电	千瓦时/吨	563.99	2865.00	50799.00	368.59	2758.49	74839.00
原油加工单位耗电	千瓦时/吨	46.97	59363.00	12638244.00	52.29	54533.00	10429937.00
原油加工单位综合能耗	千克标准油/吨	68.69	868153.91	12638244.00	62.22	648982.68	10429937.00
单位乙烯生产综合能耗	千克标准煤/吨	731.23	739549.53	1011371.49	779.11	761095.80	976877.00
单位乙烯生产耗电	千瓦时/吨	151.08	15280.15	1011371.49	200.00	19537.53	976877.00
吨水泥熟料综合能耗	千克标准煤/吨	115.16	782684.82	6796278.00	114.71	773000.57	6738701.00
吨水泥熟料综合电耗	千瓦时/吨	54.24	36861.09	6796278.00	52.76	35551.94	6738701.00
吨水泥综合能耗	千克标准煤/吨	92.86	879476.96	9471017.00	95.81	862700.90	9004202.00
吨水泥综合电耗	千瓦时/吨	84.41	79942.64	9471017.00	86.68	78048.73	9004202.00
轧钢工序单位能耗	千克标准煤/吨	53.71	16047.00	298790.00	53.29	21404.00	401627.00
轧钢工序单位电力消耗	千瓦时/吨	83.70	2501.00	298790.00	85.55	3436.00	401627.00
电厂火力发电标准煤耗	克标准煤/千瓦时	281.38	5513221.92	1959374.19	278.62	4281220.96	1536596.09
电厂火力供电标准煤耗	克标准煤/千瓦时	295.78	5513221.92	1863963.54	290.45	4281220.96	1473984.03
发电厂用电率	%	4.87	95432.20	1959374.19	4.12	63310.62	1536596.09

惠州统计年鉴－2013

HUIZHOU STATISTICAL YEARBOOK

八、财政、银行和保险

8－1　地方公共财政预算收支和发展指数

单位:万元

年份	地方公共财政预算收入	地方公共财政预算支出	发展指数(%)		地方公共财政预算收入占地区生产总值的比重(%)
			地方公共财政预算收入	地方公共财政预算支出	
1978	5500	5921	115.9	139.4	8.1
1979	3086	5735	56.1	96.9	4.5
1980	3760	6901	121.8	120.3	5.0
1981	5278	8378	140.4	121.4	5.8
1982	4488	8421	85.0	100.5	4.3
1983	4888	9259	108.9	110.0	4.8
1984	4937	10433	101.0	112.7	4.2
1985	5433	13321	110.0	127.7	4.0
1986	8917	18239	164.1	136.9	5.4
1987	13261	23701	148.7	129.9	5.9
1988	20821	29456	157.0	124.3	6.4
1989	23802	35697	114.3	121.2	6.1
1990	28098	43934	118.0	123.1	5.8
1991	39449	53729	140.4	122.3	6.4
1992	57606	77309	146.0	143.9	6.8
1993	93622	108904	162.5	140.9	7.1
1994	74409	112167	79.5	103.0	4.1
1995	76925	118321	103.4	105.5	3.4
1996	70669	116392	91.9	98.4	2.6
1997	76086	132446	107.7	113.8	2.4
1998	94281	149709	123.9	113.0	2.6
1999	107529	168174	114.1	112.3	2.7
2000	129356	197886	120.3	117.7	2.9
2001	182792	258858	141.3	130.8	3.8
2002	197153	330094	107.9	127.5	3.7
2003	241238	387786	122.4	117.5	4.1
2004	254208	459451	105.4	118.5	3.7
2005	347218	524097	136.6	114.1	4.3
2006	444473	660323	128.0	126.0	4.8
2007	620603	860589	139.6	130.3	5.6
2008	780657	1062985	125.7	123.5	6.0
2009	1015651	1347527	130.1	126.7	7.2
2010	1312270	1854379	129.2	137.6	7.6
2011	1628309	2272099	131.2	122.5	7.8
2012	2008762	2740831	123.4	120.6	8.5

8－2　地方公共财政预算收支基本情况

单位：万元

项　　目	2007 年	2008 年	2009 年	2010 年	2011 年	2012 年
一、财政收入	620603	780657	1015651	1312270	1628309	2008762
税收收入	512617	645539	841425	1050478	1302860	1542002
#增值税	146040	160332	249463	292202	360443	408479
企业所得税	40072	59456	66220	97051	116954	113695
个人所得税	28726	32614	195241	42105	43496	31308
资源税	3966	6046	6848	8491	9627	11293
城市维护建设税	23220	28115	51691	70008	120910	155565
房产税	24505	26537	31406	38490	49793	51697
印花税	13282	15188	14998	22024	24290	28543
城镇土地使用税	13320	45664	67276	68857	101001	73234
土地增值税	11577	24645	31049	48749	61777	88970
车船税	3867	6932	7606	9188	10462	11989
耕地占用税	2224	2147	8904	6010	8756	8119
契税	52197	62327	77562	105314	140264	266226
非税收入	107985	135118	174226	261792	325449	466760
#国有资源（资产）有偿使用收入	3176	9771	8566	28436	42631	37691
行政事业性收费收入	38669	52073	68734	110644	131908	159721
罚没收入	45899	37325	36574	48805	49437	61373
专项收入	19517	26234	33975	43904	66558	78520
其他收入	1017	3272	22696	28164	34234	115536
二、财政支出	860589	1062985	1347527	1854379	2272099	2740831
一般公共服务	192235	228297	256219	287259	359289	389550
国防	1694	1661	1988	2094	4020	2675
公共安全	101038	123242	126698	163718	192735	210476
教育	156265	197635	258872	323894	450302	626047
科学技术	10308	16299	23766	35738	52944	51031
文化体育和传媒	10777	14096	17309	41162	35549	38158
社会保障和就业	68422	105252	137330	184779	189355	219605
医疗卫生	50566	71057	81785	107259	180939	218197
节能环保	12977	11947	32962	64952	67676	75020
城乡社区事务	47843	52276	66035	80658	101684	214986
农林水事务	90885	105937	132642	146094	191792	260628
交通运输	20152	20990	43867	98181	71232	116742
资源勘探电力信息等事务				73650	30271	31024
商业服务业等事务				31076	31698	29525
国土资源气象等事务				17396	21986	26906
粮油物资储备管理等事务			28059	10125	7379	9419
其他支出	71052	70086	101300	173022	252768	181360

8－3 分县区地方公共财政预算收支情况

（2012 年）

单位：万元

项　　目	合　计	市本部	惠城区	惠阳区	惠东县	博罗县	龙门县	大亚湾区	仲恺区
地方财政一般预算收入	2008762	796666	225387	217507	172029	220340	60550	223966	92317
增值税	408479	220904	17899	31474	14844	37485	8344	46737	30792
营业税	292884	88807	43905	38771	33477	33471	7333	39213	7907
企业所得税	113695	42552	10258	7881	9161	9817	1852	17153	15021
个人所得税	31308	12412	4633	3377	2490	2572	697	3229	1898
资源税	11293	1959	832	641	490	980	4647	1425	319
城市维护建设税	155565	81996	13239	14705	7033	12549	2198	15353	8492
耕地占用税	8119			2816	1391	3679	233		
契税	266226	80437	47090	37902	24733	23086	2233	44209	6536
其他各项收入	254433	82403	34953	36846	22694	33099	5303	29985	9150
非税收入	466760	185196	52578	43094	55716	63602	27710	26662	12202
地方财政一般预算支出	2740831	810087	322983	272823	343302	358257	163313	368075	101991
一般公共服务	389550	111056	62351	47515	45200	49909	16543	38362	18614
国防	2675	429	526	437	568	356	347		12
公共安全	210476	93830	10231	24221	24501	22036	9616	22528	3513
教育	626047	93713	108796	79030	95928	108666	42732	65016	32166
科学技术	51031	17264	5798	5065	4643	4901	466	4917	7977
文化体育和传媒	38158	8385	5326	2215	7112	9160	3513	1876	571
社会保障和就业	219605	73566	32572	19781	34948	30405	12096	10025	6212
医疗卫生	218197	41981	32788	23144	36182	34227	17531	23635	8709
节能环保	75020	50591	3019	3985	2269	3432	1325	3107	7292
城乡社区事务	214986	25192	12268	12942	14711	11866	5739	130141	2127
农林水事务	260628	37524	27775	28498	47148	64388	29461	20708	5126
交通运输	116742	87576	850	9254	6763	6245	1930	4003	121
粮油物资管理事务	9419	2592	1433	1334	1065	1165	432	990	408
其他支出	308297	166388	19250	15402	22264	11501	21582	42767	9143

8-4　金融机构人民币存贷款余额

单位:万元

项　目	2007 年	2008 年	2009 年	2010 年	2011 年	2012 年
各项存款余额	11338239	13045903	17344007	20411875	23260486	25075498
1、单位存款					10668516	10525537
#活期存款					5697764	5676111
定期存款					1976408	1775907
通知存款					238963	221794
保证金存款					1564221	1165783
2、个人存款					11867801	13675191
#储蓄存款	6476106	7716561	8674938	10317915	11743416	13514447
保证金存款					406	2331
结构性存款					123980	158413
3、财政性存款					667731	687112
4、临时性存款					18756	27814
5、委托存款					8196	9796
6、其他存款					29485	150046
各项贷款余额	5632461	6598939	9249371	10976616	12954779	15010215
(一)境内贷款					12869070	14909157
1、短期贷款					1943216	2525487
2、中长期贷款					10700741	12000960
个人贷款					4856702	5914537
#个人消费贷款					4044537	4963499
(二)境外贷款					85709	101058

注:2011 年起银行资金来源项目使用新的分类。

8－5　金融机构人民币贷款分行业情况

单位:万元

项　目	2007 年	2008 年	2009 年	2010 年	2011 年	2012 年
农、林、牧、渔业	226607	253951	215292	64524	77651	95099
采矿业	739	2344	6792	17922	20957	16742
制造业	1506174	1793410	1643452	1634732	1779756	1862404
电力、燃气及水的生产和供应业	294466	422802	397593	449492	530725	625485
建筑业	141812	188112	244936	291466	438254	608889
交通运输、仓储和邮政业	434335	479682	670842	771972	771772	1011213
信息传输、软件和信息技术服务业	2931	3596	3902	15610	18887	16432
批发和零售业	296241	226159	275337	399426	650610	871088
住宿和餐饮业	92587	133271	258018	232792	233977	335267
金融业	4233	4160	12	6320	3280	3519
房地产业	670905	809900	1101306	1320862	1542535	1474641
租赁和商务服务业	76946	142568	671037	690464	724374	682920
科学研究和技术服务业	2006	209	503	2100	4500	2131
水利、环境和公共设施管理业	72326	57837	411159	363904	316067	234019
居民服务、修理和其他服务业	52072	63048	47983	55786	65902	72774
教育	21838	18577	43417	68518	73231	88220
卫生和社会工作	36493	44740	59816	78744	93819	126581
文化、体育和娱乐业	20132	22987	37890	29686	40396	63255
公共管理、社会保障和社会组织	12271	25405	64187	48849	67577	81813

注:本表数据不包含个人贷款及透支。

8－6　金融机构个人消费贷款

单位:万元

项　　目	2007 年	2008 年	2009 年	2010 年	2011 年	2012 年
个人消费贷款	1266236	1459673	2389486	3437410	4157346	5006768
住房贷款	1211978	1416930	2244027	3151631	3729321	4570709
个人住房装修贷款	54	91	587			
汽车贷款	25803	21562	24390	26601	19178	6840
助学贷款	965	503	313	197	182	132
其他贷款	27435	20587	120169	258981	408665	429087

8－7　分县区城乡居民储蓄存款

(2012 年)

单位:万元

项　　目	全　市	惠城区	惠阳区	惠东县	博罗县	龙门县	大亚湾区
城乡居民储蓄存款年末余额	13514447	6101181	2083352	1831705	2373075	500981	624153
城　镇	10503347	5336733	1661225	1213048	1406847	318567	566927
农　村	3011100	764448	422127	618657	966228	182414	57226

注:惠城区含仲恺区数据。

8－8　保险公司主要指标

单位:个、万元

项目	2007 年	2008 年	2009 年	2010 年	2011 年	2012 年
保险公司数(含分支机构)	23	32	33	34	36	43
保险中介机构数	4	6	8	13	15	17
全年保险保费年收入	228837	353214	363892	487064	505434	565382
寿险	146225	256462	261138	363720	344637	372400
健康险和意外伤害险	14393	15583	6704	7363	10228	11179
财产险	68219	81169	96050	115981	150569	181803
支付各类赔款	39701	56651	56701	158987	68531	83270
寿险	377	493	513	108460	24602	22013
健康险和意外伤害险	3278	3835	3967	1056	15586	25168
财产险	36046	52323	5221	49471	28343	36089

惠州统计年鉴－2013

HUIZHOU STATISTICAL YEARBOOK

九、价格指数

9-1 历年价格指数

年份	居民消费价格指数（上年=100）	商品零售价格指数（上年=100）	居民消费价格指数（以2000年为100）	商品零售价格指数（以2002年为100）
1985	115.3	115.0		
1986	102.3	102.0		
1987	113.2	113.3		
1988	125.8	126.9		
1989	127.6	127.3		
1990	97.7	96.2		
1991	102.6	101.5		
1992	109.5	108.6		
1993	122.8	122.8		
1994	117.3	114.6		
1995	109.9	108.8		
1996	105.3	103.6		
1997	100.8	99.2		
1998	97.4	96.9		
1999	99.4	98.5		
2000	102.5	100.2		
2001	100.3	99.6	98.8	
2002	98.2	96.8	97.3	
2003	100.5	101.7	100.1	102.6
2004	102.1	101.8	101.1	102.7
2005	102.0	101.6	103.0	104.9
2006	101.6	101.7	105.1	107.4
2007	103.9	104.1	109.3	111.2
2008	104.3	104.6	111.7	114.0
2009	98.5	98.5	112.3	115.1
2010	103.2	103.7	117.1	120.1
2011	104.9	104.4	120.9	122.9
2012	102.8	101.9	123.3	124.2

9－2　居民消费价格指数(2012年)

上年＝100　　单位:%

类　别	全　省	惠　州	类　别	全　省	惠　州
居民消费价格总指数	102.8	102.8	衣着	104	112.6
非食品价格指数	101.4	102	服装	104.7	110.6
服务项目价格指数	101.6	102.8	衣着材料	101.2	107.2
工业品价格指数	101.3	101.5	鞋袜帽	102.5	120.4
扣除食品和能源价格指数	101.3	101.9	衣着加工服务	102.5	100
扣除鲜菜鲜果总指数	102.5	102.4	家庭设备用品及维修服务	101.9	99.6
消费品价格指数	103.3	102.9	耐用消费品	99.5	95.3
食品	105.6	104.4	室内装饰品	100.9	99.5
粮食	105	101.4	床上用品	98.6	96.6
淀粉及制品	104.9	104.1	家庭日用杂品	102	103.1
干豆类及豆制品	100.2	97.9	家庭服务及加工维修服务	109.9	107.4
油脂	106	108.1	医疗保健和个人用品	101.9	100.1
肉禽及其制品	104.4	103.3	医疗保健	101.7	99.7
蛋	98.2	95.3	个人用品及服务	102.3	100.9
水产品	107.3	103.2	交通和通讯	99.2	99.7
菜	114.9	116.4	交通	100.6	100.5
调味品	103.1	98.5	通信	97.3	98.5
糖	103	100.5	娱乐教育文化用品及服务	100.7	99
茶及饮料	102.4	97.8	文娱用耐用消费品及服务	95.4	90.1
干鲜瓜果	98.9	98.2	教育	103	100.6
糕点饼干	104	102.8	文化娱乐类	100.6	100.5
液体乳及乳制品	103.9	104.9	旅游	100.3	101.2
在外用膳食品	106.8	105.8	居住	101.8	104
其它食品	103.7	100.4	建房及装修材料	101.9	100
烟酒	102.6	101.1	住房租金	102.1	106.6
烟草	100.8	98.6	自有住房	101.2	106
酒	105.3	105.1	水、电、燃料	102.5	102.6

9－3　商品零售价格指数(2012年)

上年＝100　　　　单位:%

类　别	全　省	惠　州	类　别	全　省	惠　州
商品零售价格指数	102.2	101.9	专业音像器材类	97.8	100
食品类	105.6	104.4	文化办公用品	99.4	94.2
粮食	104.9	101.4	日用品	102	101
淀粉及制品	105.7	104.1	日用百货	101.7	102.6
干豆类及豆制品	100.3	97.9	日用杂品	102.1	102.9
油脂	106.1	108.1	洗涤用品	103.2	99.5
肉禽及其制品	104.7	103.2	其它日用品	101.2	98.8
蛋	97.7	95.3	体育娱乐用品	101.7	100.2
水产品	107.5	102.9	体育用品	103.4	100.3
菜	114.2	116.4	娱乐用品	100.4	100.1
调味品	103.9	98.5	交通、通信用品	95	98
糖	103.3	100.5	交通运输机械	97.4	100.2
干鲜瓜果	98.4	98.5	通讯器材类	89.9	94.9
糕点饼干面包	104.2	102.8	家具	100.4	98.2
液体乳及乳制品	103.9	104.8	化妆用品	102.3	100.3
在外用膳食品	106.8	105.8	金银珠宝类	101.8	102.8
其它食品	103.7	100.4	中西药品及医疗保健用品类	101.7	100.2
饮料、烟酒	103.1	99.9	医疗器具及用品	103.9	98.6
茶及饮料	103	97.9	中药材及中成药	103.5	105.9
烟草	101.1	98.6	西药	100	97.7
酒	106	106.1	保健器具及用品	100.9	93.3
服装、鞋帽类	103.8	112.5	书报杂志及电子出版物类	100.4	99.8
服装	104.5	110.5	教材及参考书	101	100
鞋袜帽	102.1	120.5	书报杂志	100.6	100
其它	100.7	100	电子音像制品	99.6	99.3
纺织品类	99	97.4	燃料类	102.5	103.3
衣着材料	102.3	107.2	煤炭及制品类	100.1	100
床上用品	97.7	95.2	石油及制品类	102.6	103.5
家用电器及音像器材	98.1	94.5	建筑材料及五金电料类	100.4	99.9
家用设备	99.5	93.7	建筑装璜材料	100	99.5
文娱用耐用消费品	96	94.1	五金电料类	101.5	101.6

9－4 居民消费价格分类指数

上年＝100　　　　单位:%

类 别	2005 年	2008 年	2009 年	2010 年	2011 年	2012 年
居民消费价格总指数	102.0	104.3	98.5	103.2	104.9	102.8
非食品价格指数	101.0	100.8	99.5	101.7	101.8	102.0
服务项目价格指数	102.6	100.4	99.1	101.0	103.1	102.8
工业品价格指数		101.1	99.7	102.2	100.8	101.5
扣除食品和能源价格指数		99.9	100.8	100.7	101.2	101.9
扣除鲜菜鲜果总指数	101.6	103.7	98.7	102.5	104.8	102.4
消费品价格指数	101.9	105.7	98.3	104.0	105.7	102.9
食品	104.0	111.5	96.7	106.5	111.7	104.4
粮食	106.9	102.3	103.7	105.8	112.2	101.4
淀粉及制品	95.9	99.3	102.1	100.1	105.2	104.1
干豆类及豆制品	99.0	114.0	103.4	118.4	102.8	97.9
油脂	110.0	124.2	90.1	105.2	114.8	108.1
肉禽及其制品	101.3	114.7	89.1	102.6	122.0	103.3
蛋	100.8	109.2	99.4	107.6	116.4	95.3
水产品	116.0	118.0	97.9	111.6	118.0	103.2
菜	115.3	119.0	96.0	118.2	103.9	116.4
调味品	99.3	101.9	102.3	101.4	101.6	98.5
糖	102.7	103.0	105.8	103.8	109.2	100.5
茶及饮料	94.8	99.9	101.5	101.0	99.4	97.8
干鲜瓜果	101.6	111.4	97.5	116.7	112.3	98.2
糕点饼干	100.4	101.8	101.6	99.0	105.7	102.8
液体乳及乳制品	105.9	109.5	102.9	102.3	99.4	104.9
在外用膳食品	98.4	102.7	102.2	102.3	105.1	105.8
其它食品	97.6	108.1	106.6	96.6	101.0	100.4
烟酒	98.1	98.7	101.5	100.2	101.9	101.1
烟草	100.6	98.6	100.7	100.0	99.7	98.6
酒	98.9	99.5	102.9	100.3	105.5	105.1

上年=100 单位:%

类 别	2005年	2008年	2009年	2010年	2011年	2012年
衣着	97.4	97.9	103.5	99.9	97.9	112.6
服装	97.4	97.9	103.0	99.8	98.9	110.6
衣着材料	101.1	100.0	100.4	100.0	102.1	107.2
鞋袜帽	97.3	97.6	105.6	100.1	94.2	120.4
衣着加工服务	100.0	100.0	101.7	100.2	100.0	100.0
家庭设备用品及维修服务	97.9	99.4	102.5	100.2	100.6	99.6
耐用消费品	97.9	98.9	101.3	100.2	99.1	95.3
室内装饰品	98.5	100.8	104.0	99.7	95.1	99.5
床上用品	100.0	96.2	105.4	99.9	98.5	96.6
家庭日用杂品	99.7	101.2	104.0	99.5	100.4	103.1
家庭服务及加工维修服务	93.2	98.5	101.1	101.5	109.9	107.4
医疗保健和个人用品	99.6	102.1	101.5	100.5	101.5	100.1
医疗保健	98.7	102.6	101.0	100.8	100.5	99.7
个人用品及服务	101.7	101.0	102.6	99.9	103.4	100.9
交通和通讯	100.9	100.1	99.6	101.4	101.0	99.7
交通	103.3	101.0	99.4	102.6	103.2	100.5
通信	98.5	99.0	99.9	99.9	97.7	98.5
娱乐教育文化用品及服务	103.6	99.5	97.9	101.1	102.2	99.0
文娱用耐用消费品及服务	95.1	92.8	96.3	96.5	90.8	90.1
教育	109.0	99.7	100.2	99.8	100.6	100.6
文化娱乐类	102.0	99.1	101.7	100.1	100.3	100.5
旅游	97.1	103.3	90.2	107.6	118.1	101.2
居住	103.0	104.2	96.2	105.4	103.6	104.0
建房及装修材料	100.6	103.3	102.7	102.3	100.1	100.0
住房租金	100.0	100.0	100.0	100.0	105.5	106.6
自有住房	101.5	101.7	96.3	102.3	102.8	106.0
水、电、燃料	104.8	105.7	92.7	108.3	105.7	102.6

9-5 商品零售价格分类指数

上年=100　　单位:%

类别	2005年	2008年	2009年	2010年	2011年	2012年
商品零售价格指数	101.6	104.6	98.5	103.7	104.4	101.9
食品类	104.6	111.8	96.7	106.8	112.2	104.4
粮食	106.9	102.3	103.7	105.8	112.6	101.4
淀粉及制品	95.9	99.3	102.1	100.1	105.2	104.1
干豆类及豆制品	99.0	114.0	103.4	118.4	102.8	97.9
油脂	109.8	124.2	90.1	105.2	114.8	108.1
肉禽及其制品	101.6	114.7	89.1	102.6	122.4	103.2
蛋	100.8	109.2	99.4	107.6	116.4	95.3
水产品	116.6	118.0	97.9	111.6	118.5	102.9
菜	115.3	119.0	96.0	118.2	103.9	116.4
调味品	99.8	101.7	102.2	101.4	101.6	98.5
糖	102.6	103.0	105.8	103.8	109.2	100.5
干鲜瓜果	101.6	111.4	97.5	116.7	112.6	98.5
糕点饼干面包	100.4	101.8	101.6	99.0	105.7	102.8
液体乳及乳制品	105.7	109.5	102.9	102.3	99.3	104.8
在外用膳食品	98.7	102.7	102.2	102.3	105.1	105.8
其它食品	96.9	108.1	106.6	96.6	101.0	100.4
饮料、烟酒	98.2	99.3	101.5	100.4	100.8	99.9
茶及饮料	95.2	99.9	101.5	101.0	99.4	97.9
烟草	100.6	98.6	100.7	100.0	99.7	98.6
酒	97.9	100.0	103.4	100.1	105.9	106.1
服装、鞋帽类	98.2	97.9	103.9	99.9	97.5	112.5
服装	97.3	97.9	103.0	99.8	99.2	110.5
鞋袜帽	97.3	97.7	105.4	100.1	94.2	120.5
其它	108.3	98.2	108.5	99.6	90.8	100.0
纺织品类	100.3	96.8	104.6	99.9	98.6	97.4
衣着材料	101.5	100.0	100.4	100.0	102.1	107.2
床上用品	100.1	96.2	105.4	99.9	97.8	95.2
家用电器及音像器材	99.5	96.4	100.5	99.8	96.3	94.5
家用设备	99.8	99.0	101.8	100.5	98.0	93.7
文娱用耐用消费品	98.8	89.6	97.8	98.5	92.1	94.1
专业音像器材类	100.0	100.0	100.0	100.0	100.0	100.0

上年=100　　单位:%

类 别	2005年	2008年	2009年	2010年	2011年	2012年
文化办公用品	96.6	96.1	96.9	98.2	95.6	94.2
日用品	100.1	101.6	102.3	99.7	99.9	101.0
日用百货	96.1	100.9	101.3	100.8	102.1	102.6
日用杂品	97.3	100.2	102.2	99.5	100.5	102.9
洗涤用品	99.2	103.4	104.8	98.5	97.1	99.5
其它日用品	107.1	102.3	101.8	99.4	99.1	98.8
体育娱乐用品	99.2	98.8	100.7	100.6	100.5	100.2
体育用品	99.9	100.1	100.2	98.7	101.1	100.3
娱乐用品	98.4	97.6	101.2	102.3	99.9	100.1
交通、通信用品	94.8	95.8	101.6	101.1	98.1	98.0
交通运输机械	99.3	97.1	101.6	101.8	100.9	100.2
通讯器材类	90.1	94.2	101.5	100.0	94.5	94.9
家具	94.4	98.9	100.6	99.8	100.0	98.2
化妆用品	98.7	101.3	102.4	99.7	101.8	100.3
金银珠宝类	102.4	115.7	94.1	116.8	118.6	102.8
中西药品及医疗保健用品类	98.3	104.3	101.3	101.4	101.1	100.2
医疗器具及用品	98.7	95.8	99.2	102.5	100.6	98.6
中药材及中成药	95.4	112.2	102.6	105.3	107.5	105.9
西药	99.8	99.4	100.2	99.6	98.7	97.7
保健器具及用品	100.0	97.1	101.4	97.9	93.7	93.3
书报杂志及电子出版物类	96.9	98.6	104.0	99.7	99.8	99.8
教材及参考书	94.8	98.1	102.5	98.2	100.0	100.0
书报杂志	100.0	100.0	107.3	100.0	100.9	100.0
电子音像制品	95.0	96.9	100.8	101.9	97.5	99.3
燃料类	113.3	114.6	83.1	117.5	110.5	103.3
煤炭及制品类	109.7	100.0	103.4	105.8	103.9	100.0
石油及制品类	113.5	115.3	82.0	118.3	110.8	103.5
建筑材料及五金电料类	100.6	104.0	102.0	102.1	102.6	99.9
建筑装璜材料	100.7	104.6	102.1	102.7	102.1	99.5
五金电料类	100.6	101.4	101.8	99.3	104.2	101.6

十、人民生活

10－1　城镇居民家庭基本情况

项　　目	2005 年	2006 年	2007 年	2008 年	2009 年	2010 年	2011 年	2012 年
调查户数(户)	200	200	200	200	200	200	200	200
平均每户家庭人口(人)	3.12	3.22	3.27	3.36	3.25	3.16	3.16	2.98
平均每户就业人口(人)	1.66	1.66	1.74	1.71	1.76	1.87	1.85	1.87
平均每户就业率(%)	53.2	51.6	53.2	50.9	54.2	59.2	58.5	62.8
人均家庭总收入(元)	16204	17457	18828	21317	23580	26414	30158	34609
#可支配收入	14884	15991	17310	19481	21278	23565	26609	29965
工薪收入	12738	13363	13972	15275	17487	19953	22973	27155
经营净收入	1058	1292	1423	2230	1962	2373	2517	2840
财产性收入	280	283	224	555	654	837	964	956
转移性收入	2127	2519	3209	3258	3478	3252	3703	3659
人均家庭总收入构成(%)								
#可支配收入	91.9	91.6	91.9	91.4	90.2	89.2	88.2	86.6
工薪收入	78.6	76.5	74.2	71.7	74.2	75.5	76.2	78.5
经营净收入	6.5	7.4	7.6	10.5	8.3	9.0	8.3	8.2
财产性收入	1.7	1.6	1.2	2.6	2.8	3.2	3.2	2.8
转移性收入	13.1	14.4	17.0	15.3	14.7	12.3	12.3	10.6
人均消费性支出(元)	12931	14035	15015	16581	17914	19741	20603	22279
食品	4152	4435	4873	5654	6101	6695	7114	7943
衣着	755	808	817	928	993	1104	1284	1503
居住	1952	2478	2809	2631	2897	3061	2882	2347
家庭设备用品及服务	909	719	650	1026	1018	1163	1225	1304
医疗保健	840	693	884	851	973	1011	1005	1098
交通和通讯	2353	2908	2795	3177	3425	4041	4049	4540
教育文化娱乐服务	1568	1581	1766	1728	1866	2015	2357	2787
杂项商品和服务	402	413	421	587	641	650	686	757
人均消费性支出构成(%)								
食品	32.1	31.6	32.5	34.1	34.1	33.9	34.5	35.7
衣着	5.8	5.8	5.4	5.6	5.5	5.6	6.2	6.7
居住	15.1	17.7	18.7	15.9	16.2	15.5	14.0	10.5
家庭设备用品及服务	7.0	5.1	4.3	6.2	5.7	5.9	5.9	5.9
医疗保健	6.5	4.9	5.9	5.1	5.4	5.1	4.9	4.9
交通和通讯	18.2	20.7	18.6	19.2	19.1	20.5	19.7	20.4
教育文化娱乐服务	12.1	11.3	11.8	10.4	10.4	10.2	11.4	12.5
杂项商品和服务	3.1	2.9	2.8	3.5	3.6	3.3	3.3	3.4
平均每百户主要消费品年末拥有量								
摩托车(辆)	53.7	57.0	52.5	49.5	49.3	47.5	45.5	42.0
家用汽车(辆)	10.5	14.0	15.0	19.5	23.7	26.0	24.5	36.0
洗衣机(台)	95.1	98.0	95.5	95.0	95.7	96.5	96.5	98.5
电冰箱(台)	97.3	97.0	97.5	99.5	99.5	99.0	101.0	102.5
彩色电视机　(台)	148.1	155.0	154.0	148.5	154.5	150.5	148.0	144.5
影碟机(台)	70.3	78.0						
家用电脑(台)	62.1	75.0	77.5	88.0	96.7	98.0	96.0	104.6
组合音响(台)	47.3	50.5	51.0	40.5	44.6	41.0	42.0	47.0
摄像机(台)	8.0	9.0	6.5	7.5	9.5	9.5	9.0	14.0
微波炉(台)	51.0	60.5	60.0	61.0	63.5	64.5	64.0	72.5
空调器(台)	165.2	187.5	186.0	205.5	213.3	200.5	188.0	209.0
移动电话(台)	173.7	185.0	206.5	230.0	228.0	226.0	229.0	227.5
平均每人住房使用面积(平方米)	25.0	25.7	31.0	31.4	32.8	33.9	32.7	35.3

注:2007 年开始使用面积改为建筑面积。

10－2 城镇居民家庭平均每人全年现金收入

（2012 年，按等级分） 单位：元

项　目	总平均	最低收入户	低收入户	中等收入户	高收入户	最高收入户
		10%	10%	60%	10%	10%
家庭总收入	34609.5	16358.6	20763.6	33340.0	52852.3	77100.3
#可支配收入	29965.0	13469.1	18015.2	28919.3	46583.5	66326.0
工薪收入	27154.7	12141.4	14883.8	26494.5	42891.9	59597.3
工资及补贴收入	27107.1	12127.3	14883.8	26421.7	42875.6	59597.3
其他劳动收入	47.5	14.1		72.8	16.3	
经营净收入	2839.8	2626.8	3237.8	2484.3	4663.3	3269.7
财产性收入	956.1	630.9	499.3	794.0	333.9	4194.4
利息收入	209.6	43.6	4.6	90.6	292.5	1643.9
股息与红利收入	142.3	35.9	154.6	85.8	29.4	840.0
保险收益	84.1		11.8	42.8	12.1	738.5
其它投资收入	81.2	10.5	55.2	124.9		11.1
出租房屋收入	433.9	540.9	273.1	441.1		960.9
知识产权收入						
其他财产性收入	5.1			8.8		
转移性收入	3658.9	959.6	2142.8	3567.2	4963.2	10038.9
养老金或离退休金	1996.3	159.9	1472.5	2024.6	3288.6	4425.1
社会救济收入	0.8	7.0				
#最低生活保障收入						
辞退金						
赔偿收入						
保险收入	5.2					68.8
#失业保险金						
赡养收入	375.4	114.1	57.4	485.2	83.7	843.5
捐赠收入	741.0	478.0	420.1	724.4	985.9	1500.3
提取住房公积金	189.3					2497.2
记帐补贴	236.9	200.6	192.7	237.6	328.6	262.7
其他转移性收入	113.9			95.2	276.5	441.3
出售财物收入	42.9	1.6	361.3	1.4	0.1	7.6
出售住房收入						
出售其他物品收入	42.9	1.6	361.3	1.4	0.1	7.6
借贷收入	4734.0	2267.7	1005.7	3593.8	7276.4	20241.8
提取储蓄存款	4707.9	2267.7	1005.7	3558.6	7235.6	20224.0
借入款	11.8			18.5		
收回借出款	14.3			16.7	40.8	17.8

10－3　城镇居民家庭平均每人全年消费性支出

（2012年，按等级分）　　单位：元

项　目	总平均	最低收入户	低收入户	中等收入户	高收入户	最高收入户
		10%	10%	60%	10%	10%
消费性支出	22278.9	11356.5	13871.2	21689.3	29000.1	50186.2
食品	7942.7	5399.0	6018.6	8276.8	10042.8	10204.3
#粮食	486.3	372.6	456.8	513.9	466.0	516.9
肉禽蛋水产品类	3069.4	2598.7	2511.8	3218.1	3422.1	3170.1
肉类	1603.5	1367.1	1345.6	1690.7	1696.4	1614.6
禽类	704.2	635.2	563.3	742.8	725.4	709.7
蛋类	110.2	94.9	101.3	114.7	117.7	105.9
水产品类	651.5	501.5	501.6	669.8	882.6	739.8
奶及奶制品	237.7	133.6	199.1	252.5	284.1	303.6
衣着	1502.9	758.2	839.6	1494.4	2260.9	2982.0
#服装	1121.8	546.7	620.3	1125.8	1650.4	2226.5
居住	2346.8	1695.6	1587.6	1964.2	1948.8	8032.1
#住房	635.6	367.4	165.5	246.1	125.9	5401.4
家庭设备用品及服务	1303.5	541.1	947.7	1346.0	1594.1	2441.8
#耐用消费品	333.1	114.9	200.3	339.0	558.4	586.1
医疗保健	1098.1	544.5	516.1	1221.5	559.5	2507.6
交通和通讯	4540.1	1137.5	1843.6	4079.4	8253.8	13589.1
教育文化娱乐服务	2787.5	1013.6	1662.2	2671.1	3113.1	7945.0
#文化娱乐用品	598.3	173.8	294.3	573.6	696.9	1823.7
其他商品和服务	757.3	267.1	455.9	635.9	1227.2	2484.4

10－4 城镇居民家庭平均每人全年消费性支出构成

（2012年，按等级分） 单位：%

项 目	总平均	最低收入户	低收入户	中等收入户	高收入户	最高收入户
		10%	10%	60%	10%	10%
消费性支出	100.0	100	100	100.0	100	100
食品	35.7	47.5	43.4	38.2	34.6	20.3
#粮食	2.2	3.3	3.3	2.4	1.6	1.0
肉禽蛋水产品类	13.8	22.9	18.1	14.8	11.8	6.3
肉类	7.2	12.0	9.7	7.8	5.8	3.2
禽类	3.2	5.6	4.1	3.4	2.5	1.4
蛋类	0.5	0.8	0.7	0.5	0.4	0.2
水产品类	2.9	4.4	3.6	3.1	3.0	1.5
奶及奶制品	1.1	1.2	1.4	1.2	1.0	0.6
衣着	6.7	6.7	6.1	6.9	7.8	5.9
#服装	5.0	4.8	4.5	5.2	5.7	4.4
居住	10.5	14.9	11.4	9.1	6.7	16.0
#住房	2.9	3.2	1.2	1.1	0.4	10.8
家庭设备用品及服务	5.9	4.8	6.8	6.2	5.5	4.9
#耐用消费品	1.5	1.0	1.4	1.6	1.9	1.2
医疗保健	4.9	4.8	3.7	5.6	1.9	5.0
交通和通讯	20.4	10.0	13.3	18.8	28.5	27.1
教育文化娱乐服务	12.5	8.9	12.0	12.3	10.7	15.8
#文化娱乐用品	2.7	1.5	2.1	2.6	2.4	3.6
其他商品和服务	3.4	2.4	3.3	2.9	4.2	5.0

10－5 城镇居民家庭平均每人全年购买主要食品数量

（2012年，按等级分）

项目	总平均	最低收入户	低收入户	中等收入户	高收入户	最高收入户
		10%	10%	60%	10%	10%
粮食（元）	486.3	372.6	456.8	513.9	466.0	516.9
#面粉（公斤）	1.7	1.1	1.8	1.5	2.9	2.1
大米（公斤）	46.9	35.9	45.8	50.1	43.4	45.6
其它粮食及制品（元）	193.0	144.6	177.0	202.6	182.4	226.5
食用植物油（公斤）	10.2	7.2	9.6	10.9	10.2	10.0
食用动物油（元）	1.3	0.7	3.8	0.9	1.6	1.3
猪肉（公斤）	36.8	31.4	31.1	39.0	37.1	36.4
牛肉（公斤）	3.2	2.7	2.5	3.4	3.8	3.2
羊肉（公斤）	0.7	0.5	0.5	0.8	0.7	0.6
其它肉及制品（元）	241.7	199.5	204.3	252.7	268.5	251.9
禽类（元）	704.2	635.2	563.3	742.8	725.4	709.7
蛋类（元）	110.2	94.9	101.3	114.7	117.7	105.9
鱼（公斤）	18.1	13.8	14.5	18.9	23.7	18.3
虾（公斤）	1.4	0.9	1.0	1.5	1.7	1.5
其它水产品及制品（元）	150.8	118.0	115.7	153.4	164.3	223.4
鲜菜（公斤）	124.4	99.3	107.6	131.0	140.2	123.6
干菜（元）	62.0	47.8	48.3	66.5	70.3	61.2
白酒（公斤）	0.6	0.4	0.7	0.7	0.8	0.6
果酒（公斤）	0.2	0.1	0.1	0.2	0.2	0.1
啤酒（公斤）	3.4	1.8	5.3	3.2	3.4	3.8
其它酒（元）	59.0	32.9	41.7	59.6	118.3	53.1
碳酸饮料（公斤）	1.0	0.5	0.9	1.0	0.8	1.5
瓶装饮用水（公斤）	6.9	3.8	11.5	6.2	4.1	13.6
茶叶（公斤）	0.7	0.4	0.5	0.8	0.8	0.6
其它饮料（元）	61.0	36.4	48.3	63.9	64.7	92.1
鲜果（公斤）	44.6	34.3	36.9	46.8	46.9	52.5
鲜瓜（公斤）	9.3	5.5	7.6	9.7	10.0	14.3
其它干鲜瓜果类及制品（元）	154.1	110.9	132.0	157.3	211.6	173.4
鲜乳品（公斤）	8.6	5.6	7.1	9.1	10.6	10.5
奶粉（公斤）	0.3	0.2	0.2	0.4	0.5	0.3

10-6 城镇每百户居民家庭全年购买非食品数量

(2012年,按等级分)

项目	总平均	最低收入户	低收入户	中等收入户	高收入户	最高收入户
		10%	10%	60%	10%	10%
洗衣机(台)	3.4	5.7	5.5	3.2	2.1	1.6
电冰箱(台)	4.8		4.5	5.2	8.7	3.8
微波炉(台)	17.4	4.8	2.5	11.6	6.7	96.3
空调器(台)	8.4	5.2	2.5	8.6	16.9	8.2
淋浴热水器(台)	9.7	0.5	10.0	11.1	16.9	2.2
消毒碗柜(台)						
洗碗机(台)						
摩托车(辆)						
助力车(辆)	2.0		5.0	2.5		
家用汽车(辆)						
电话机(部)	11.6	46.2		10.9		2.2
移动电话(部)	29.5	5.2	9.0	35.9	15.4	53.1
彩色电视机(台)	9.3	1.9	4.5	10.3	5.1	20.3
家用电脑(台)	5.7	1.4	2.5	5.2	8.2	14.2
组合音响(台)						
摄像机(架)						
照相机(架)	4.8	1.9	6.0	3.8	6.7	12.1
钢琴 (架)						
其它中高档乐器(件)						
健身器材(件)						

10－7　城市居民家庭每百户年末消费品拥有量

项　目		2011 年	2012 年
摩托车	（辆）	45.5	42.0
家用汽车	（辆）	24.5	36.0
洗衣机	（台）	96.5	98.5
彩色电视机	（台）	148	144.5
摄像机	（台）	9	14.0
家用电脑	（台）	96	104.6
组合音响	（套）	42	47.0
照相机	（架）	49	53.5
钢琴	（架）	3.5	2.6
空调器	（台）	188	209.0
微波炉	（台）	64	72.5
淋浴热水器	（台）	109	111.0
消毒柜	（台）	87	83.0
健身器材	（件）	2	2.5
移动电话	（台）	229	227.5

10－8　农村住户抽样调查户数

单位:户

年份	惠州市	惠城区	惠阳区	惠东县	博罗县	龙门县	大亚湾区	仲恺区
1984 年	320	50	60	60	70	30		
1985 年	340	50	80	80	80	50		
1986 年	320	50	80	80	80	30		
1987 年	320	50	80	80	80	30		
1988 年	320	50	80	80	80	30		
1989 年	320	50	80	80	80	30		
1990 年	320	50	80	80	80	30		
1991 年	320	50	80	80	80	30		
1992 年	320	50	80	80	80	30		
1993 年	300	30	80	80	80	30		
1994 年	300	30	80	80	80	30		
1995 年	300	30	80	80	80	30		
1996 年	300	30	80	80	80	30		
1997 年	350	30	80	80	80	50	30	
1998 年	350	30	80	80	80	50	30	
1999 年	350	30	80	80	80	50	30	
2000 年	350	30	80	80	80	50	30	
2001 年	350	30	80	80	80	50	30	
2002 年	350	30	80	80	80	50	30	
2003 年	500	120	30	120	130	70	30	
2004 年	500	120	30	120	130	70	30	
2005 年	530	100	80	120	130	70	30	
2006 年	530	100	80	120	130	70	30	
2007 年	530	100	80	120	130	70	30	
2008 年	530	100	80	120	130	70	30	
2009 年	530	100	80	120	130	70	30	
2010 年	610	100	80	100	100	100	50	80
2011 年	610	100	80	100	100	100	50	80
2012 年	610	100	80	100	100	100	50	80

注:1、2010 年全省统一新的调查方法,重新换点,个别县区有不可比因素。

2、大亚湾从 1997 年开始建立网点,仲恺区从 2010 年开始建立网点。

10－9 农村住户抽样调查调查户家庭常住人口

单位:人

年份	惠州市	惠城区	惠阳区	惠东县	博罗县	龙门县	大亚湾	仲恺区
1984 年	1727	299	401	427	397	203		
1985 年	2198	286	519	567	495	331		
1986 年	2076	313	507	559	498	199		
1987 年	2062	307	516	551	498	190		
1988 年	2058	302	521	550	490	195		
1989 年	1993	284	500	553	460	196		
1990 年	1961	302	494	526	453	186		
1991 年	1913	296	470	498	467	182		
1992 年	1909	288	471	515	460	175		
1993 年	1814	189	471	478	433	163		
1994 年	1698	176	484	478	407	152		
1995 年	1686	173	472	471	413	157		
1996 年	1666	145	473	472	419	157		
1997 年	1887	148	449	456	410	268	156	
1998 年	1924	158	456	485	403	256	166	
1999 年	1900	148	453	484	400	255	160	
2000 年	1822	156	440	474	367	248	137	
2001 年	1806	159	443	459	383	240	122	
2002 年	1811	153	386	425	457	241	149	
2003 年	2515	612	157	657	627	319	143	
2004 年	2454	544	153	657	636	322	142	
2005 年	2670	505	376	705	614	352	118	
2006 年	2712	522	371	707	620	357	135	
2007 年	2722	531	375	711	613	356	136	
2008 年	2729	547	360	718	613	355	136	
2009 年	2677	532	357	711	602	343	132	
2010 年	3087	534	386	581	447	536	238	365
2011 年	3076	513	387	573	458	527	237	381
2012 年	3058	508	370	562	465	531	237	385

10－10　农村居民人均总收入

单位:元/人

年份	惠州市	惠城区	惠阳区	惠东县	博罗县	龙门县	大亚湾区	仲恺区
1984 年	616	728	622	626	581	497		
1985 年	750	1059	748	599	690	576		
1986 年	627	834	811	658	706	555		
1987 年	876	1034	902	875	849	622		
1988 年	1137	1385	1238	988	1192	759		
1989 年	1564	1554	1799	1352	1562	838		
1990 年	1670	1811	1854	1532	1826	962		
1991 年	1704	1956	1937	1490	1744	1182		
1992 年	1984	2185	2155	1763	2030	1716		
1993 年	2432	2360	2741	2231	2409	2161		
1994 年	3007	2979	2960	2937	3032	2340		
1995 年	3489	3284	3521	3381	3812	3090		
1996 年	4137	4195	4251	3909	4420	3670		
1997 年	4252	4460	4449	4128	4746	3692	3511	
1998 年	4298	4730	4531	4225	4514	3926	3504	
1999 年	4423	4705	4547	4413	4459	4206	4101	
2000 年	4644	5075	4711	4598	4665	4098	5026	
2001 年	4783	5039	4948	4937	4716	4029	4959	
2002 年	4938	5340	4884	5107	5111	4058	5070	
2003 年	4859	4894	4955	5084	5034	3923	4894	
2004 年	5157	5335	5142	5307	5425	4062	5078	
2005 年	5693	6216	5766	5813	5876	4282	5765	
2006 年	6069	6518	6276	6081	6277	4655	6481	
2007 年	7049	8691	7027	6904	6981	4913	7360	
2008 年	8158	9938	8200	7930	8223	5900	7694	
2009 年	9256	11326	9367	9066	9133	6794	8587	
2010 年	10395	12034	11689	9935	10612	8506	9807	11481
2011 年	12604	15034	13893	12335	12572	10020	11798	13725
2012 年	14122	16289	15597	14037	13990	11591	13233	15451

10－11 农村居民人均年内现金收入

单位:元/人

年份	惠州市	惠城区	惠阳区	惠东县	博罗县	龙门县	大亚湾	仲恺区
1984 年	494	554	467	521	429	383		
1985 年	597	745	611	471	540	484		
1986 年	589	611	537	578	580	508		
1987 年	748	876	723	769	769	480		
1988 年	1045	1124	1277	938	1053	580		
1989 年	1366	1339	1786	1217	1469	722		
1990 年	1356	1316	1505	1324	1542	657		
1991 年	1492	1727	1815	1126	1336	860		
1992 年	2235	2584	3615	1715	1749	1331		
1993 年	2443	2404	3102	1961	2602	1495		
1994 年	2466	2679	2045	2454	3275	1761		
1995 年	3129	2919	2984	3045	3840	2178		
1996 年	3542	3762	3473	3247	4161	2785		
1997 年	3616	4167	3586	3378	4622	2549	3065	
1998 年	3670	4463	3764	3562	3999	2986	3224	
1999 年	3821	5756	3696	3619	4093	3248	3228	
2000 年	3709	4291	3940	3649	4017	2792	3344	
2001 年	3870	4149	4145	3754	3858	3388	4959	
2002 年	3993	4666	4250	4357	3818	2925	3856	
2003 年	4226	4566	4615	4087	4418	3093	4672	
2004 年	4530	4886	4720	4548	4786	2916	5382	
2005 年	5063	5649	5286	5727	5254	3163	6122	
2006 年	5417	5649	5286	5727	5254	3163	6358	
2007 年	6411	8011	6552	6160	6413	4043	7271	
2008 年	7247	8902	7480	7154	7299	4425	7604	
2009 年	8429	10883	8591	8207	8240	5217	8504	
2010 年	10808	12250	12624	10735	10471	8899	10671	12257
2011 年	12815	14990	13654	12744	12794	10139	12644	14202
2012 年	14302	15975	15633	14218	14251	11770	16883	15931

10－12　农村居民人均纯收入

单位:元/人

年份	惠州市	惠城区	惠阳区	惠东县	博罗县	龙门县	大亚湾区	仲恺区
1978 年	159	161	200	181	134	102		
1979 年	165	129	276	152	163	114		
1980 年	209	248	302	204	175	130		
1981 年	327	312	376	237	371	320		
1982 年	402	454	455	319	444	383		
1983 年	392	458	477	325	392	359		
1984 年	468	547	481	493	397	369		
1985 年	505	767	558	454	440	348		
1986 年	520	554	590	501	461	386		
1987 年	639	734	653	681	598	434		
1988 年	785	977	834	715	796	500		
1989 年	943	1070	936	986	987	578		
1990 年	1131	1226	1232	1086	1184	710		
1991 年	1217	1311	1402	1160	1194	801		
1992 年	1393	1525	1568	1346	1289	1114		
1993 年	1700	1915	1877	1718	1645	1275		
1994 年	2230	2356	2341	2313	2187	1600		
1995 年	2641	2794	2705	2703	2639	2100		
1996 年	3112	3440	3250	3110	3070	2507		
1997 年	3305	3967	3433	3298	3381	2724	3127	
1998 年	3422	4003	3499	3426	3457	2996	3212	
1999 年	3531	4201	3557	3560	3497	3200	3358	
2000 年	3630	4308	3613	3673	3566	3360	3427	
2001 年	3751	4516	3787	3788	3679	3341	3514	
2002 年	3903	4792	3866	3975	3948	3282	3748	
2003 年	4054	4282	4371	4107	4067	3300	4113	
2004 年	4370	4559	4653	4327	4279	3453	4360	
2005 年	4698	4978	5120	4621	4610	3763	4720	
2006 年	5090	5389	5636	4933	5041	4120	5319	
2007 年	5695	6307	6365	5383	5755	4381	6255	
2008 年	6626	7425	7250	6332	6721	5118	6816	
2009 年	7583	8541	8323	7231	7682	5805	7791	
2010 年	9077	9976	10914	9005	8929	7034	9319	10961
2011 年	10938	12056	13001	10907	10671	8596	11257	13208
2012 年	12415	13636	14886	12151	12269	9911	13035	14980

注:2010 年全省统一新的调查方法,重新换点,个别县区有不可比因素。

10－13　农村居民人均生产性纯收入

单位:元/人

年份	惠州市	惠城区	惠阳区	惠东县	博罗县	龙门县	大亚湾区	仲恺区
1984 年	402	436	414	390	351	339		
1985 年	434	625	475	403	440	378		
1986 年	447	513	496	442	461	355		
1987 年	550	682	558	541	549	398		
1988 年	729	921	751	677	746	426		
1989 年	868	989	837	910	932	550		
1990 年	1050	1145	1102	1035	1103	678		
1991 年	1064	1172	1241	964	1129	749		
1992 年	1164	1327	1377	972	1140	1006		
1993 年	1575	1745	1228	1693	1311	1164		
1994 年	1999	1898	2118	2047	1869	1454		
1995 年	2205	1709	2192	2441	2258	1927		
1996 年	2179	2229	1942	2693	2229	1838		
1997 年	2970	3158	3230	3094	2927	2538	2530	
1998 年	3015	2674	3284	3168	3066	2805	2360	
1999 年	3102	2747	3307	3228	3050	2948	2842	
2000 年	3416	2749	3458	3411	3462	3297	4142	
2001 年	3501	3043	3631	3619	3457	3311	3694	
2002 年	4509	2549	3706	3743	3803	3248	4162	
2003 年	3661	3398	3668	3891	3817	3188	3936	
2004 年	3962	3627	4026	4110	3727	3350	3927	
2005 年	4195	3968	4246	4328	4320	3649	4030	
2006 年	4492	4163	4613	4506	4751	3974	4822	
2007 年	4946	4805	5163	4917	5392	4171	5063	
2008 年	5680	5647	5728	5778	6181	4984	4736	
2009 年	6563	6723	6516	6666	7038	5669	5642	
2010 年	7515	8433	7212	8005	7702	6347	4706	5995
2011 年	8963	9891	9026	9661	8883	7788	6227	7038
2012 年	10377	11009	10249	11169	10712	9034	6443	8439

10－14 农村居民人均总支出

单位:元/人

年份	惠州市	惠城区	惠阳区	惠东县	博罗县	龙门县	大亚湾区	仲恺区
1984 年	585	660	534	598	541	551		
1985 年	689	960	684	528	596	574		
1986 年	691	756	775	666	656	497		
1987 年	782	853	850	758	782	545		
1988 年	1083	1132	1359	970	1069	620		
1989 年	1651	1569	2169	1404	1429	794		
1990 年	1639	1949	1666	1672	1742	720		
1991 年	1660	2012	1834	1389	1745	1544		
1992 年	2151	2653	2571	1724	2115	1060		
1993 年	2583	2267	3071	2044	2827	2081		
1994 年	3037	2918	2953	2822	3296	2425		
1995 年	3450	2719	3734	3242	3991	2600		
1996 年	3839	3406	4280	3442	4195	3153		
1997 年	3687	3654	3742	3496	4509	2979	3170	
1998 年	3485	3763	3840	3329	3736	3107	2673	
1999 年	3683	3997	3969	3701	3537	3222	3624	
2000 年	3708	3755	4127	3723	3778	2828	3657	
2001 年	3747	3372	4213	4125	3467	2721	4016	
2002 年	3790	3753	3561	4408	4168	2772	3151	
2003 年	3865	3841	3869	4156	4078	2771	4137	
2004 年	4249	4908	4050	4232	4469	2856	4191	
2005 年	4880	5410	5404	4939	5075	2965	5294	
2006 年	5115	5514	5677	5080	5332	3218	6240	
2007 年	5738	6855	6191	5687	5707	3351	6781	
2008 年	6442	7458	7438	6326	6549	3876	6537	
2009 年	6973	8241	8218	7066	6668	4146	6727	
2010 年	7627	9670	8680	6250	7955	6890	11211	7730
2011 年	9264	11917	9140	8142	8805	9175	13377	9639
2012 年	10537	13220	11649	9385	9708	10930	13797	9986

10－15 农村居民人均年内现金支出

单位：元/人

年份	惠州市	惠城区	惠阳区	惠东县	博罗县	龙门县	大亚湾区	仲恺区
1984年	468	486	398	484	400	471		
1985年	538	723	558	421	457	417		
1986年	531	509	592	562	544	333		
1987年	651	631	683	661	705	427		
1988年	929	904	1133	867	954	534		
1989年	1333	1213	1787	1158	1336	693		
1990年	1219	1318	1344	1237	1233	644		
1991年	1358	1278	1571	1113	1388	923		
1992年	1761	2000	2339	1286	1769	1192		
1993年	2257	2217	2790	1663	2495	1802		
1994年	2498	2507	2034	2371	3149	1609		
1995年	2900	2506	2897	2773	3560	1990		
1996年	3359	4350	3306	2895	3927	2486		
1997年	3155	4031	3059	2802	4147	2233	2609	
1998年	3032	4140	3243	2730	3288	2464	2534	
1999年	3296	6078	3379	3053	3228	2737	2280	
2000年	3057	3057	3538	3098	3288	2222	2265	
2001年	3124	2706	3533	3277	2951	2200	3973	
2002年	3122	3257	3755	3095	3055	2211	2906	
2003年	3329	3395	3635	3255	3516	2200	4137	
2004年	3697	4396	3614	3560	3809	2414	4147	
2005年	5063	4430	4995	4460	4465	2353	5217	
2006年	4619	4951	5247	4642	4810	2557	6056	
2007年	5254	6455	5782	5213	5205	2521	6697	
2008年	5892	6875	6738	5885	5843	3409	6440	
2009年	6411	7783	7445	6439	6064	3687	6599	
2010年	7901	10342	9261	6636	7808	6960	11867	8144
2011年	9206	11483	8811	8261	8762	9117	14154	9860
2012年	14302	15720	15621	14190	14226	11768	16869	15931

10-16 农村居民人均生活消费支出

单位:元/人

年份	惠州市	惠城区	惠阳区	惠东县	博罗县	龙门县	大亚湾区	仲恺区
1984年	399	460	368	422	315	358		
1985年	446	642	455	373	361	324		
1986年	471	467	536	481	433	357		
1987年	512	551	562	537	469	351		
1988年	678	701	814	674	646	367		
1989年	1018	1077	1217	991	794	512		
1990年	1062	1355	1021	1178	1029	447		
1991年	1108	1371	1174	1012	1150	664		
1992年	1335	1628	1495	1268	1280	976		
1993年	1884	1803	2289	1583	2039	1159		
1994年	1145	2288	2269	2249	2423	1630		
1995年	1563	2268	2824	2581	2738	1587		
1996年	2767	2592	3217	2615	2815	1904		
1997年	2690	3152	2747	2591	3002	1949	2824	
1998年	2579	3005	2838	2491	2612	2064	2429	
1999年	2738	3475	3010	2742	2507	2106	2866	
2000年	2737	3065	3019	2646	2710	2019	3149	
2001年	2725	2935	3039	2810	2442	2016	3267	
2002年	2805	3193	2569	3257	2999	2005	2422	
2003年	3005	3205	3320	3103	2974	2106	3492	
2004年	3301	4121	3573	3206	3150	2195	3484	
2005年	3783	4241	4647	3729	3600	2395	4473	
2006年	4022	4419	4976	3847	3874	2613	5190	
2007年	4320	4466	5524	4102	4285	2664	6067	
2008年	4863	5019	6325	4741	4917	2948	5760	
2009年	5249	5526	6939	5231	5078	3136	5931	
2010年	6029	7176	7612	5140	5892	5234	10307	7051
2011年	7187	8229	7870	6455	6424	7427	12247	8644
2012年	8286	9514	10209	7293	7371	8859	12673	8694

10－17　农村居民人均住房面积

单位:平方米/人

年份	惠州市	惠城区	惠阳区	惠东县	博罗县	龙门县	大亚湾区	仲恺区
1984年	11.74	12.68	9.45	12.04	4.77	18.98		
1985年	10.31	14.88	14.69	6.34	3.64	16.27		
1986年	10.46	13.61	14.82	8.11	3.9	17.44		
1987年	10.16	12.47	14.06	8.88	4.39	14.72		
1988年	9.38	13.75	14.54	4.26	5.14	13.92		
1989年	9.36	17	16.17	3.84	3.99	10.89		
1990年	10.2	17.53	18.19	19.64	4.09	6.95		
1991年	14.04	17.11	21.71	9.49	9.48	13.41		
1992年	16.05	19.59	21.61	9.84	15.69	14.57		
1993年	19.44	22.69	24.28	18.06	19.38	20.2		
1994年	21.6	25.6	20.01	19.1	17.13	21.47		
1995年	19.41	26.85	18.46	18.55	17.54	21.53		
1996年	20.26	42.13	20.75	18.32	15.44	17.27		
1997年	21.72	41.84	21.58	19.95	18.06	21.99	17.45	
1998年	22.43	48.32	21.29	19.96	19.04	20.82	18.81	
1999年	22.77	47.33	22.92	19.72	18.27	21.46	22.27	
2000年	22.34	34.43	16.65	18.24	25.77	24.33	28.29	
2001年	22.55	35.44	18.53	18.2	24.3	23.98	28.36	
2002年	23.12	39.8	19.41	18.18	24.32	23.7	27.65	
2003年	22.56	20.16	36.38	18.26	24.08	25.13	25.03	
2004年	23.58	26.12	25.18	20.25	23.25	25.29	25.21	
2005年	26.01	26.52	33.1	22.62	26.01	22.99	30.42	
2006年	26.41	26.19	34.91	22.44	25.58	23.09	37.34	
2007年	27.45	26.39	39.61	23.72	27.46	23.48	27.95	
2008年	28.17	26.01	44.16	24.29	29.87	22.83	27.95	
2009年	29.98	27.11	44.35	25.4	30.58	23.94	40.23	
2010年	28.59	24.34	33.45	27.25	35.39	19.95	39.49	24.18
2011年	31.24	24.50	34.99	28.58	41.16	22.78	41.31	23.79
2012年	32.8	25.42	37.05	29.29	44.23	23.98	35.14	26.62

10－18 农村居民人均纯收入及生活消费性支出

年份	人均纯收入	比上年增减%		人均生活消费性支出	比上年增减%		居民消费价格指数%
		名义增长±%	实际增长±%		名义增长±%	实际增长±%	
1984年	468			399			
1985年	505	7.9	－6.4	446	11.8	－3.1	115.3
1986年	520	3.0	0.7	471	5.6	3.2	102.3
1987年	639	22.9	8.6	512	8.7	－4.0	113.2
1988年	785	22.8	－2.3	678	32.4	5.3	125.8
1989年	943	20.1	－5.9	1018	50.1	17.7	127.6
1990年	1131	19.9	22.8	1062	4.3	6.8	97.7
1991年	1217	7.6	4.9	1108	4.3	1.7	102.6
1992年	1393	14.5	4.5	1335	20.5	10.0	109.5
1993年	1700	22.0	－0.6	1884	41.1	14.9	122.8
1994年	2230	31.2	11.8	1145	－39.2	－48.2	117.3
1995年	2641	18.4	7.8	1563	36.5	24.2	109.9
1996年	3112	17.8	11.9	2767	77.0	68.1	105.3
1997年	3305	6.2	5.4	2690	－2.8	－3.6	100.8
1998年	3422	3.5	6.3	2579	－4.1	－1.6	97.4
1999年	3531	3.2	3.8	2738	6.2	6.8	99.4
2000年	3630	2.8	0.3	2737	0.0	－2.5	102.5
2001年	3751	3.3	3.0	2725	－0.4	－0.7	100.3
2002年	3903	4.1	6.0	2805	2.9	4.8	98.2
2003年	4054	3.9	3.4	3005	7.1	6.6	100.5
2004年	4370	7.8	5.6	3301	9.9	7.6	102.1
2005年	4698	7.5	5.4	3783	14.6	12.4	102.0
2006年	5090	8.3	6.6	4022	6.3	4.6	101.6
2007年	5695	11.9	7.7	4320	7.4	3.4	103.9
2008年	6626	16.3	11.6	4863	12.6	7.9	104.3
2009年	7583	14.4	16.2	5249	7.9	9.6	98.5
2010年	9077	19.7	16.0	6029	14.9	9.6	103.2
2011年	10938	20.5	14.9	7187	19.2	13.6	104.9
2012年	12415	13.5	10.4	8286	15.3	12.2	102.8

10－19 农村居民家庭概况

（2012 年）

指标名称		惠州市	惠城区	惠阳区	惠东县	博罗县	龙门县	大亚湾区	仲恺区
农村住户家庭基本情况	—								
一、调查户数	（户）	610	100	80	100	100	100	50	80
二、家庭常住人口	（人）	3058	508	370	562	465	531	237	385
三、家庭劳动力人数	（人）	2208	369	263	398	344	395	163	276
四、期末生产性固定资产原值	（元/人）	2174.41	2177.89	497.08	1529.1	4392.13	921.5	1032.58	202.59
#1.农业	（元/人）	994.4	317.88	488.5	729.02	2136.47	509.9	993.37	47.24
2.工业	（元/人）	151.94	131.55	0	35.84	370.49	130.32	0	18.69
五、居住情况	—								
（一）住房面积	（平方米/人）	32.8	25.42	37.05	29.29	44.23	23.98	35.14	26.62
（二）住房性质	—								
1、自有	（户）	592	99	76	100	100	97	43	77
2、租住	（户）	11	1	1	0	0	1	6	2
3、其他	（户）	7	0	3	0	0	2	1	1
（三）住房类型	—								
1.楼房	（户）	499	69	71	83	92	60	50	74
2.砖瓦平房	（户）	110	31	8	17	8	40	0	6
3.其他	（户）	1	0	1	0	0	0	0	0
（四）住房结构	—								
1.钢筋混泥土结构	（平方米/人）	27.93	16.99	33.81	25.52	38.09	19.8	34.78	25.02
2.砖木结构	（平方米/人）	4.76	7.8	3.06	3.77	6.15	4.18	0.36	1.33
3.其他	（平方米/人）"	0.11	0.63	0.19	0	0	0	0	0.26
六、居住条件	—								
（一）住房有卫生设备的住户	（户）	552	91	71	90	95	75	50	80
（二）饮用自来水的住户	（户）	474	74	60	72	69	69	50	80
（三）燃料使用情况	—								
#1.使用燃气的住户	（户）	479	57	65	77	96	57	48	79
2.使用煤炭的住户	（户）	4	4	0	0	0	0	0	0
3.使用柴草的住户	（户）	125	39	15	23	4	43	0	1
七、当年农村劳动力就业状况	—								
（一）就业劳动力人数	（人）	1809	336	200	325	307	371	69	201
（二）就业的产业分布	—								
1.第一产业	（人）	596	131	56	107	101	152	18	31
2.第二产业	（人）	426	71	41	25	99	107	4	79
3.第三产业	（人）	787	134	103	193	107	112	47	91
八、农村劳动力外出情况	—								
（一）外出就业的劳动力人数	（人）	467	92	25	118	73	142	2	15
（二）外出劳动力就业的产业分布	（人）								
1.第一产业	（人）	11	6	0	3	2	0	0	0
2.第二产业	（人）	163	24	1	22	31	75	0	10
3.第三产业	（人）	293	62	24	93	40	67	2	5

10－20 农村居民家庭收入与支出(人均)

(2012年) 单位:元/人

地区	惠州市	惠城区	惠阳区	惠东县	博罗县	龙门县	大亚湾区	仲恺区
一、总收入	14121.98	16289.31	15597.30	14037.23	13990.04	11591.10	13233.55	15451.26
(一)工资性收入	7395.76	7750.59	7165.26	8229.28	7291.47	6107.22	5961.33	7031.50
其中:外出打工收入	2660.47	2958.17	1681.92	2869.45	2502.24	3703.87	184.42	1139.95
(二)家庭经营收入	4498.34	5747.03	3584.12	4616.40	4878.99	4535.95	622.76	1737.94
1.第一产业收入	2807.28	4162.12	1877.44	3115.74	2493.30	3241.08	144.67	674.72
其中:自产自用	530.75	1126.14	668.54	377.03	259.21	906.76	39.30	292.67
2.第二产业收入	521.34	909.11	306.41	158.16	843.88	618.18	196.78	74.12
3.第三产业收入	1169.72	675.80	1400.27	1342.51	1541.81	676.69	281.31	989.11
(三)财产性收入	1291.09	1697.99	3795.68	242.86	872.01	107.97	6184.27	5913.87
(四)转移性收入	936.79	1093.70	1052.26	948.68	947.57	839.96	465.19	767.95
二、总支出	10536.77	13220.44	11649.05	9385.90	9708.25	10929.85	13796.84	9986.44
(一)家庭经营支出	1400.79	2390.48	486.61	1591.09	1181.95	1634.64	97.66	280.55
1.第一产业支出	1023.09	1889.61	394.74	1046.18	920.87	1192.28	2.16	187.09
2.第二产业支出	93.74	225.13	74.24	34.50	36.85	242.57	80.29	0.03
3.第三产业支出	283.96	275.75	17.63	510.40	224.23	199.79	15.21	93.42
(二)购置生产性固定固定资产支出	97.72	202.56	10.61	27.46	212.77	26.56	0.00	4.76
(三)税费支出	8.58	1.56	14.40	4.85	3.04	8.59	19.67	65.98
(四)生活消费支出	8285.96	9514.29	10208.99	7292.95	7371.37	8859.08	12672.76	8694.45
1、食品	3670.68	4182.48	4550.15	3308.08	3232.35	3958.24	4885.35	3945.54
2、衣着	451.82	384.09	626.19	450.46	503.85	261.43	541.04	560.40
3、居住	1614.52	2606.72	2313.23	773.38	1078.79	2529.41	4704.27	1321.38
4、设备用品	542.67	503.05	444.36	647.43	545.66	461.97	396.61	502.69
5、医疗保健	504.08	418.40	559.59	480.23	618.28	342.73	466.20	562.47
6、交通通讯	829.72	860.53	1130.80	741.09	735.01	899.45	761.74	1227.93
7、文教娱乐	415.51	286.48	270.89	512.09	453.92	287.74	710.75	346.47
8、其他	256.96	272.54	313.78	380.19	203.53	118.11	206.80	227.57
(五)财产性支出	45.15	151.89	34.87	13.59	40.11	27.25	1.91	80.04
(六)转移性支出	698.58	959.65	893.57	455.98	899.01	373.74	1004.84	860.65
(七)恩格尔系数%	44.30	43.96	44.57	45.36	43.85	44.68	38.55	45.38
(八)发展型消费占比%	15.03	12.06	13.73	17.18	16.13	13.40	11.62	18.11
(九)文教卫生体育占比%	5.01	3.01	2.65	7.02	6.16	3.25	5.61	3.98
三、纯收入	12414.66	13635.95	14886.29	12150.68	12268.94	9911.20	13035.37	14980.28
(一)工资性收入	7395.76	7750.59	7165.26	8229.28	7291.47	6107.22	5961.33	7031.50
其中:外出打工收入	2660.47	2958.17	1681.92	2869.45	2502.24	3703.87	184.42	1139.95
(二)家庭经营纯收入	2981.08	3258.33	3084.15	2939.26	3420.57	2926.78	481.57	1407.66
1.第一产业纯收入	1749.34	2293.73	1484.18	2038.40	1444.23	2108.08	101.88	499.64
2.第二产业纯收入	416.75	675.65	232.17	121.40	781.37	362.45	116.48	72.86
3.第三产业纯收入	814.99	288.95	1367.80	779.46	1194.97	456.24	263.21	835.16
(三)财产性纯收入	1291.09	1697.99	3795.66	242.86	872.01	107.97	6184.27	5913.87
1.利息股息分红收入	486.89	93.31	1289.27	57.43	530.46	17.51	4914.84	1495.08
2.租金收入	732.09	1385.49	2296.94	143.29	315.14	66.30	1268.46	4314.50
3.其他财产性收入	72.11	219.20	209.45	42.14	26.41	24.16	0.97	104.29
(四)转移性纯收入	746.74	929.04	841.22	739.28	684.88	769.23	408.20	627.24
1.家庭非常住人口寄回和带回	365.60	434.92	326.83	364.39	308.78	524.98	172.41	178.65
2.城市亲友赠送	89.82	110.61	165.71	92.32	98.07	27.35	14.95	93.03
3.离退休金.养老金	113.28	141.52	156.49	145.17	104.36	2.84	128.99	162.48
4.抚恤救济救灾金	9.86	18.24	1.14	7.83	4.61	10.65	36.88	24.80
5.农业生产补贴	70.29	53.50	11.15	70.73	90.47	101.65	2.94	28.15
6.其他	97.89	170.26	179.90	58.85	78.61	101.76	52.03	140.13
四、人均可支配收入	11859.66	12689.06	14168.79	11890.21	11592.51	9580.95	12066.81	14165.89

10－21　农村住户调查资料(户均)

(2012 年)

指标名称		惠州市	惠城区	惠阳区	惠东县	博罗县	龙门县	大亚湾区	仲恺区
一、年末主要耐用消费品拥有情况	—								
1、洗衣机	(台)	0.67	0.56	0.76	0.75	0.66	0.50	0.95	0.84
2、电冰箱	(台)	0.86	0.92	0.96	0.95	0.75	0.74	1.06	0.93
3、空调机	(台)	1.00	0.82	1.66	0.10	0.86	0.46	2.69	1.75
4、微波炉	(台)	0.24	0.21	0.31	0.34	0.19	0.14	0.42	0.15
5、热水器	(台)	0.84	0.77	0.95	0.93	0.83	0.56	1.06	1.06
6、电动自行车	(辆)	0.24	0.62	0.34	0.15	0.11	0.21	0.24	0.43
7、摩托车	(台)	1.33	1.31	1.11	1.38	1.44	1.42	0.78	0.93
8、汽车(生活用)	(台)	0.16	0.13	0.29	0.07	0.24	0.07	0.23	0.27
9、固定电话机	(部)	0.73	0.92	0.80	0.87	0.61	0.48	0.91	0.72
10、移动电话	(部)	3.06	2.94	2.88	3.19	2.78	3.47	3.18	3.55
11、彩色电视机	(台)	1.37	1.35	1.43	1.37	1.36	1.30	1.61	1.48
12、影碟机	(台)	0.60	0.57	0.40	0.85	0.46	0.59	0.44	0.64
13、摄像机	(台)	0.02	0.04	0.06	0.00	0.00	0.00	0.06	0.08
14、照相机	(架)	0.18	0.12	0.28	0.24	0.15	0.09	0.20	0.35
15、计算机	(台)	0.57	0.61	0.72	0.54	0.45	0.53	1.04	0.97
16、中高档乐器	(件)	0.01	0.02	0.01	0.00	0.00	0.06	0.00	0.05

惠州统计年鉴－2013

HUIZHOU STATISTICAL YEARBOOK

十一、农业

11－1　农村基本情况及农业生产条件

（2012 年）

项　　目		惠州市	惠城区	惠阳区	惠东县	博罗县	龙门县	大亚湾区	仲恺区
农村基层组织情况									
#乡镇个数（不含城关镇）	（个）	52	5	6	13	16	9		3
#镇个数（不含城关镇）	（个）	51	5	6	13	16	8		3
村（居）委会个数	（个）	1163	158	108	283	357	171	35	51
农村基础设施									
自来水受益村委会数	（个）	843	123	90	203	227	130	28	42
通汽车村委会数	（个）	1052	145	105	245	331	158	26	42
通电话村委会数	（个）	1052	145	105	245	331	156	28	42
乡镇人口									
乡镇户数	（户）	800805	109707	84667	204056	201806	84909	61137	54523
乡镇人口数	（人）	3560370	474382	469709	864855	954191	298039	195636	303558

11－2　农村劳动力资源及构成

(2012 年)

项　　目		惠州市	惠城区	惠阳区	惠东县	博罗县	龙门县	大亚湾区	仲恺区
乡镇劳动力资源数	(人)	2194454	328791	328848	412962	546352	180994	166159	230348
其中:男	(人)	1128955	159098	171763	226860	263482	96208	96080	115464
女	(人)	1065499	169693	157085	186102	282870	84786	70079	114884
乡镇从业人员合计	(人)	2047653	313428	321470	378092	526610	158855	134136	215062
其中:男	(人)	1048987	152033	169572	203646	252681	82271	83774	105010
女	(人)	998666	161395	151898	174446	273929	76584	50362	110052
其中:农林牧渔业	(人)	518286	65089	38702	129958	165225	91841	6486	20985

11－3　1949－2012 年粮食亩产

（按高低顺序排队）　　单位：公斤

年份	亩产	年份	亩产	年份	亩产
1999	375	1989	256	1968	148
1998	372	1987	238	1970	148
2000	371	1988	238	1965	136
1997	354	1985	226	1966	129
2002	352	1984	220	1964	104
2001	349	1983	218	1963	102
2012	345	1982	216	1958	99
2011	339	1986	210	1962	98
2003	339	1981	189	1956	93
2004	335	1980	183	1959	93
2005	327	1977	170	1954	89
2010	326	1974	168	1955	89
2009	324	1971	166	1960	89
1996	324	1969	163	1961	86
2008	321	1976	162	1953	84
2007	321	1972	161	1952	79
2006	305	1975	161	1951	74
1995	304	1978	160	1950	71
1994	297	1973	157	1957	70
1993	280	1979	154	1949	67
1992	278	1967	151		
1990	265				
1991	259				

11－4　1949－2012 年水稻亩产

（按高低顺序排队）　　单位：公斤

年 份	亩 产	年 份	亩 产	年 份	亩 产
1999	390	1989	272	1968	162
1998	389	1987	253	1970	161
2000	387	1988	252	1965	154
1997	370	1985	242	1966	143
2002	364	1983	237	1963	118
2001	359	1984	237	1964	117
2004	354	1982	233	1958	112
2012	351	1986	223	1962	111
2011	345	1980	205	1959	107
2005	345	1981	204	1956	106
1996	339	1977	195	1960	104
2003	339	1974	189	1955	101
2010	325	1971	184	1961	101
2007	324	1978	184	1954	96
2009	323	1972	181	1957	94
2008	321	1976	181	1953	89
1995	318	1969	180	1952	81
1994	310	1975	180	1951	78
2006	302	1973	175	1950	74
1992	293	1979	173	1949	69
1993	292	1967	170		
1990	282				
1991	275				

11－5　1949－2012年花生亩产

（按高低顺序排队）　　单位:公斤

年 份	亩 产	年 份	亩 产	年 份	亩 产
2012	168	1989	98	1972	60
2011	168	1988	94	1978	60
2003	168	1986	93	1976	59
2010	167	1991	93	1977	53
2009	166	1987	90	1962	53
2007	160	1981	89	1971	52
2008	159	1984	88	1958	52
2004	159	1985	87	1975	52
2005	149	1983	82	1965	49
2002	149	1980	80	1966	49
2001	149	1969	78	1956	48
1999	149	1967	74	1968	46
2006	148	1951	70	1957	46
2000	146	1979	70	1973	44
1998	143	1954	69	1961	40
1997	136	1952	68	1959	33
1996	134	1950	66	1964	31
1995	131	1953	66	1955	30
1994	123	1949	65	1960	29
1993	117	1974	63	1963	14
1992	114	1970	62		
1990	103				
1982	100				

11－6　1949－2012 年大豆亩产

（按高低顺序排队）　单位：公斤

年 份	亩 产	年 份	亩 产	年 份	亩 产
2006	142	1982	61	1973	37
2007	138	1987	61	1977	36
2010	133	1986	60	1965	35
2012	128	1988	60	1950	31
2011	127	1985	57	1953	31
2008	127	1991	56	1955	31
2009	124	1984	54	1952	30
2004	124	1980	54	1966	30
2003	118	1981	52	1951	28
2005	116	1983	48	1954	28
2000	116	1979	48	1962	28
2002	113	1975	47	1958	27
2001	112	1974	46	1956	27
1999	109	1969	45	1949	25
1998	103	1970	44	1957	21
1997	98	1968	43	1961	21
1996	91	1967	42	1959	20
1994	85	1978	41	1960	19
1995	85	1971	40	1964	18
1993	81	1972	39	1963	11
1990	70	1976	38		
1992	70				
1989	65				

11－7　1949－2012 年糖蔗亩产

（按高低顺序排队）　　单位:公斤

年 份	亩 产	年 份	亩 产	年 份	亩 产
2003	5066	1989	3911	1969	1945
2008	5058	1988	3805	1974	1924
2007	5019	1982	3581	1955	1914
2006	5009	1985	3569	1954	1890
2009	4957	1987	3451	1973	1879
2010	4950	1981	3326	1958	1720
1998	4946	1986	3270	1968	1691
2012	4933	1984	3187	1949	1636
2011	4927	1980	2934	1956	1592
2001	4923	1983	2854	1951	1565
1999	4911	1967	2598	1976	1551
1997	4867	1965	2382	1975	1542
2002	4861	1970	2227	1977	1537
2005	4843	1978	2174	1950	1531
1996	4730	1979	2122	1966	1459
2000	4713	1972	2117	1960	1402
1995	4711	1952	2093	1962	1302
1991	4706	1963	2065	1957	1277
2004	4637	1971	1978	1961	1057
1990	4545	1964	1963	1959	1024
1994	4274	1953	1949		
1992	4232				
1993	4052				

11－8 重点年份主要农产品人均占有量

（按总人口计） 单位：公斤

年 份	粮 食	稻 谷	花 生	大 豆	糖 蔗	水 果	肉 类	水产品
1949	251.69	215.87	7.37	1.30	52.27	1.71		10.30
1952	317.11	284.57	9.64	2.35	83.70	1.55		11.89
1957	338.33	300.27	8.82	1.73	109.11	1.56		18.90
1962	328.35	299.42	6.19	1.62	53.94	1.83		11.95
1965	407.94	375.57	11.67	1.20	282.75	3.41		10.88
1970	387.81	360.42	12.95	1.88	323.07	8.04		19.89
1975	369.18	344.75	11.12	3.84	194.31	8.99		12.80
1980	372.00	350.70	19.09	5.99	186.00	7.16		9.29
1985	366.70	347.07	19.60	5.63	321.22	16.61		12.04
1987	370.88	346.68	22.85	5.58	163.80	36.51		15.92
1988	360.68	334.77	18.16	5.42	206.09	42.45		18.29
1989	388.34	358.50	18.51	5.84	238.40	50.54		18.76
1990	393.58	363.46	19.19	6.15	274.15	65.31	3.21	19.85
1991	353.30	324.66	16.36	4.51	309.84	75.36	34.98	22.28
1992	343.46	314.34	19.01	5.24	237.12	91.35	38.10	25.10
1993	309.70	278.65	19.66	5.62	104.22	82.79	40.08	26.44
1994	337.60	301.09	20.22	5.59	92.57	86.87	45.39	28.95
1995	349.08	307.86	20.88	4.97	110.28	78.99	46.46	31.94
1996	375.04	324.63	20.15	5.12	131.84	76.52	49.97	34.69
1997	397.51	343.71	20.22	5.03	142.01	68.72	54.53	42.24
1998	416.05	358.12	21.08	5.16	147.91	64.97	32.27	46.19
1999	414.46	352.06	21.73	5.22	126.06	74.79	41.44	48.16
2000	379.00	318.00	22.23	5.80	73.77	66.58	47.39	47.81
2001	331.16	271.82	24.57	5.66	65.67	70.72	47.96	49.85
2002	289.02	226.31	24.88	5.31	65.65	95.84	52.90	55.17
2003	237.50	190.23	20.30	4.66	55.40	100.76	52.10	54.80
2004	254.00	179.00	22.00	5.00	39.00	134.00	52.00	56.00
2005	249.37	170.13	20.58	4.35	36.26	163.86	59.70	54.96
2006	167.65	122.51	14.27	2.03	22.37	135.75	58.70	40.27
2007	176.27	130.44	15.14	1.67	21.92	149.51	57.19	43.82
2008	174.79	127.79	15.24	1.54	23.09	156.71	58.44	42.75
2009	180.78	127.55	16.27	1.53	18.52	159.76	59.54	43.34
2010	173.98	123.47	15.67	1.36	20.50	162.83	59.16	42.49
2011	177.77	127.45	15.92	1.31	19.56	171.65	55.21	42.77
2012	183.23	131.09	16.42	1.29	21.43	185.43	56.04	43.67

11－9　重点年份主要农产品人均占有量

（按农业人口计）　　单位:公斤

年 份	粮 食	稻 谷	花 生	大 豆	糖 蔗	水 果	肉 类	水产品
1949	302.41	259.37	8.85	1.56	62.81	2.05		12.38
1952	375.46	336.93	11.41	2.78	99.10	1.84		14.08
1957	405.24	359.65	10.56	2.07	130.69	1.86		22.64
1962	651.10	593.74	12.28	3.22	106.97	3.62		23.70
1965	491.86	452.82	14.07	1.45	340.92	4.12		13.12
1970	456.60	424.35	15.25	2.21	380.38	9.46		23.42
1975	436.61	407.72	13.15	4.54	229.79	10.63		15.14
1980	449.65	423.90	23.07	7.24	224.83	8.66		11.23
1985	465.88	440.94	24.89	7.15	408.10	21.10		15.30
1987	468.90	438.30	28.90	7.05	207.09	46.16		20.12
1988	461.15	428.02	23.22	6.93	263.50	54.28		23.39
1989	503.17	464.50	23.99	7.57	308.89	65.48		24.31
1990	515.20	475.78	25.12	8.05	358.86	85.50	4.20	25.99
1991	479.57	440.69	22.21	6.13	420.57	102.30	47.49	30.24
1992	472.52	432.45	26.16	7.22	326.22	125.68	52.41	34.53
1993	436.19	392.45	27.68	7.91	146.79	116.60	56.45	37.24
1994	482.30	430.14	28.88	7.99	132.25	124.11	64.84	41.37
1995	509.62	449.43	30.48	7.25	160.99	115.32	67.82	46.62
1996	557.83	482.86	29.97	7.62	196.11	113.81	74.33	51.60
1997	603.09	521.46	30.67	7.64	215.45	104.26	82.73	64.08
1998	630.86	543.01	31.98	7.83	224.30	98.52	48.93	70.04
1999	640.00	543.70	33.56	8.06	194.67	115.50	63.99	74.37
2000	597.35	501.79	35.03	9.15	116.24	104.91	74.67	75.33
2001	521.80	428.30	38.72	8.92	103.48	111.43	75.57	78.55
2002	457.27	358.06	39.36	8.39	103.85	151.62	83.70	87.28
2003	389.80	312.20	33.34	7.65	90.90	165.35	85.50	89.90
2004	412.00	290.00	36.00	8.00	63.00	217.00	85.00	90.00
2005	566.23	386.31	46.73	9.88	82.33	372.08	135.56	124.81
2006	378.98	276.93	32.26	4.59	50.56	306.86	132.69	91.04
2007	425.77	315.06	36.57	4.03	52.95	361.14	138.14	105.86
2008	420.07	307.11	36.62	3.70	55.50	376.61	140.44	102.74
2009	427.12	301.35	38.45	3.62	43.75	377.46	140.67	102.39
2010	424.40	301.19	38.23	3.32	50.02	397.22	144.31	103.64
2011	437.07	313.36	39.13	3.23	48.09	422.02	135.75	105.15
2012	454.07	324.86	40.68	3.18	53.12	459.52	138.87	108.23

11-10 重点年份主要农产品产量

年份	粮食产量(万吨)	稻谷产量	花生总产量(吨)	大豆总产量(吨)	糖蔗总产量(万吨)
1949	26.00	22.30	7611	1342	5.40
1952	34.10	30.60	10362	2529	9.00
1957	40.00	35.50	10424	2047	12.90
1962	42.00	38.30	7921	2078	6.90
1965	56.70	52.20	16216	1672	39.30
1970	62.30	57.90	20809	3020	51.90
1975	66.50	62.10	20034	6910	35.00
1980	71.60	67.50	36735	11534	35.80
1985	76.60	72.50	40932	11760	67.10
1987	79.70	74.50	49114	11984	35.20
1988	78.65	73.00	39600	11819	44.94
1989	86.01	79.40	41000	12944	52.80
1990	89.01	82.20	43400	13906	62.00
1991	82.27	75.60	38100	10508	72.15
1992	82.20	75.23	45500	12552	56.75
1993	76.10	68.47	48300	13800	25.61
1994	84.79	75.62	50779	14045	23.25
1995	89.33	78.78	53427	12717	28.22
1996	97.54	84.43	52403	13322	34.29
1997	105.95	91.61	53889	13419	37.85
1998	111.61	96.07	56572	13850	39.68
1999	112.66	95.70	59063	14194	34.27
2000	105.31	88.47	61758	16133	20.49
2001	92.87	76.23	68910	15881	18.42
2002	81.80	64.05	70421	15017	18.58
2003	68.02	54.48	58189	13348	15.86
2004	74.44	52.30	63695	14182	11.29
2005	74.21	50.63	61241	12953	10.79
2006	51.37	37.54	43727	6225	6.85
2007	55.15	40.81	47376	5223	6.86
2008	55.73	40.74	48581	4909	7.36
2009	58.64	41.37	53866	4966	6.01
2010	58.68	41.64	52861	4597	6.92
2011	60.98	43.72	54573	4461	6.71
2012	62.66	44.83	56140	4395	7.33

11－10　续表

年份	水果总产量(吨)	肉类总产量(吨)	水产品总产量(吨)	总人口(人)	
					农业人口
1949	1764		10640	1033033	859773
1952	1668		12790	1075324	908209
1957	1840		22344	1182267	987070
1962	2338		15290	1279139	645063
1965	4745		15123	1389900	1152773
1970	12908		31958	1606457	1364440
1975	16188		23061	1801290	1523098
1980	13788		17884	1924731	1592341
1985	34688		25159	2088900	1644204
1987	78454		34206	2148954	1699732
1988	92572		39888	2180595	1705532
1989	111926		41560	2214794	1709347
1990	147712	7263	44899	2261569	1727689
1991	175489	81463	51876	2328602	1715510
1992	218628	91175	60073	2393261	1739625
1993	203435	98490	64964	2457206	1744664
1994	218183	114000	72722	2511581	1758047
1995	202139	118880	81725	2558978	1752868
1996	199003	129972	90225	2600813	1748549
1997	183165	145342	112575	2665306	1756782
1998	174304	86565	123917	2699972	1769135
1999	203307	112641	130905	2718248	1760170
2000	184960	131649	132811	2778100	1763033
2001	198335	134502	139813	2804500	1779885
2002	271240	149729	156131	2830209	1788925
2003	288523	149244	156911	2863568	1744885
2004	391525	152542	162643	2932200	1808928
2005	487574	177660	163565	2975807	1310545
2006	415935	179850	123396	3064052	1355463
2007	467803	178939	137122	3128886	1295368
2008	499637	186320	136295	3188362	1326664
2009	518205	193123	140573	3243580	1372857
2010	549206	199519	143294	3372810	1382617
2011	588760	189378	146659	3430337	1395281
2012	634127	191631	149357	3419797	1379963

11－11　分县区农业机械年末拥有量

（2012 年）

项　　目		惠州市	惠城区	惠阳区	惠东县	博罗县	龙门县	大亚湾区	仲恺区
农业机械总动力合计	千瓦	1259946	72125	92461	265089	530689	212620	17668	69294
柴油发动机动力	千瓦	963254	45081	76100	204593	414417	168304	11993	42766
汽油发动机动力	千瓦	109230	13443	10414	28759	25943	10717	5667	14287
电动机动力	千瓦	185337	11476	5947	31737	90329	33599	8	12241
其他机械动力	千瓦	2125	2125						
主要农业机械与设备									
大中型拖拉机	台	719	40	71	165	373	62		8
小型拖拉机	台	20766	1821	769	4179	10506	2873	27	591
大中型拖拉机配套农具	台	673	18	77	142	344	90		2
小型拖拉机配套农具	台	15913	1393	801	2665	8440	2405		209
农用排灌电动机	台	6682	531	1131	985	3366	479	1	189
农用排灌柴油机	台	28291	2955	3610	3342	12752	5278	12	342
联合收割机	台	987	63	58	141	294	410		21
自走式机动割晒机	台	98	14		47		37		
机动脱粒机	台	25026	2681	586	1110	16504	3988		157
农用运输车	辆	6536	352		2234	2106	1353	5	486
养殖渔船	艘	1238			581			657	
捕捞渔船	艘	1179	51		1024			104	
机电井	眼	263	132		113				18
节水灌溉机械	套	501	106		116	98	57		124
农用水泵	台	34148	2489	6010	5170	15622	4673		184

11－12　分县区农村电气化、化学化和农田水利建设情况

（2012年）

项　　　目		惠州市	惠城区	惠阳区	惠东县	博罗县	龙门县	大亚湾区	仲恺区
农村电气化情况									
农村用电量	万千瓦时	347807	18079	163839	70396	56644	6619	2792	29438
乡镇、村办水电站个数	个	201	4		93	36	67		1
装机容量	千瓦	96070	2585		42510	16995	33855		125
发电量	万千瓦时	28457	52		14889	3452	10064		
农用化肥施用量									
按实物量计算	吨	322785	32523	26314	83639	109804	49056	1101	20348
#氮肥	吨	106381	10671	7536	27519	33633	19666	225	7131
磷肥	吨	86550	9103	6178	24330	32661	10699	232	3347
钾肥	吨	49558	4998	4677	12105	17776	7125	207	2670
复合肥	吨	80296	7751	7923	19685	25734	11566	437	7200
按折纯量计算	吨	93962	11766	9535	20166	34185	11880	211	6219
#氮肥	吨	39098	4849	3450	10246	13505	3733	82	3233
磷肥	吨	10225	1059	737	2888	3889	1230	22	400
钾肥	吨	22789	2310	2319	5462	8186	3115	66	1331
复合肥	吨	21850	3548	3029	1570	8605	3802	41	1255
农用塑料薄膜使用量	吨	2615	188	348	269	1030	92		688
#地膜使用量	吨	2314	165	348	154	910	49		688
地膜覆盖面积	吨	152428	12657	25487	58015	33758	4115		18396
农药使用量	吨	5142	352	170	481	2881	970	8	280
农用柴油使用量	吨	22975	2253	611	5528	10653	762	1589	1579
农田水利建设情况									
有效灌溉面积	亩	1172563	155929	123281	337605	347654	168409	300	39385
旱涝保收面积	亩	773018	103924	61640	205652	292273	82168		27361
机电排灌面积	亩	433309	111370	78096	91754	126089	4650		21350

11－13　分县区蔬菜及特种作物生产情况

（2012 年）

项　　目		惠州市	惠城区	惠阳区	惠东县	博罗县	龙门县	大亚湾区	仲恺区
蔬菜合计	吨	2236319	290385	327358	599549	676734	179371	8043	154879
叶菜类	吨	947975	153911	107938	227631	289110	118994	2550	47841
白菜类	吨	558519	50547	76151	182910	174311	20871	1854	51875
甘蓝类	吨	21282	780	7543	6031	1682	2383	251	2612
根茎类	吨	101420	22513	18702	30630	17999	5695	802	5079
瓜菜类	吨	190249	14052	32352	31772	94100	8588	1063	8322
豆类（菜用）	吨	109058	8634	13547	24350	44758	6673	589	10507
茄果菜类	吨	145842	29377	46277	35591	19017	6085	463	9032
葱蒜类	吨	127167	10438	24057	34964	34880	3154	302	19372
水生菜类	吨	7083	133	15	3870	451	2359	16	239
其它蔬菜	吨	24391		519	21800		1919	153	
食用菌（干鲜混合）	吨	3333		257		426	2650		
蔬菜大棚									
面积	亩	1435	850	585					
产量	吨	2447	1400	1047					
特种作物									
花卉种植面积	亩	9569		5997		3554		18	
鲜切花	万枝	388	178	130		72			8
盆栽观赏植物（包括盆景）	盆	2369208	1695115	191126		329848			153119

11－14　分县区主要农作物播种面积和产量

（2012年）

项　目		惠州市	惠城区	惠阳区	惠东县	博罗县	龙门县	大亚湾区	仲恺区
粮食播种面积	亩	1813798	242937	113692	609198	476047	306357	5328	60239
亩产	公斤	345	363	383	333	347	327	362	403
总产量	吨	626570	88197	43511	203133	165261	100260	1929	24279
水稻播种面积	亩	1277275	160467	78367	424001	316920	274725	3910	18885
亩产	公斤	351	365	383	340	361	339	356	357
总产量	吨	448323	58561	30006	144001	114548	93075	1391	6741
旱粮播种面积	亩	333703	64397	26378	68623	126245	8697	31	39332
亩产	公斤	355	384	406	293	345	280	323	431
总产量	吨	118464	24734	10707	20095	43519	2434	10	16965
薯类播种面积	亩	168583	10588	6841	110987	21031	15923	1387	1826
亩产	公斤	329	380	365	343	286	234	381	291
总产量	吨	55388	4019	2500	38077	6011	3721	528	532
#马铃薯播种面积	亩	102659	2338	1859	88362	6849	1783	903	565
亩产	公斤	356	329	341	360	345	232	385	342
总产量	吨	36546	769	634	31828	2360	414	348	193
大豆播种面积	亩	34237	7485	2106	5587	11851	7012		196
亩产	公斤	128	118	142	172	100	147		209
总产量	吨	4395	883	298	960	1183	1030		41
甘蔗播种面积	亩	24819	340		2030	21559	860		30
亩产	公斤	5544	4347		5658	5605	4160		7000
总产量	吨	137594	1478		11486	120842	3578		210
油料播种面积	亩	334744	65486	29424	93930	100297	38849	4942	1816
亩产	公斤	168	179	160	177	162	138	200	300
总产量	吨	56191	11746	4702	16646	16208	5356	988	545
#花生播种面积	亩	333938	65288	29204	93930	99909	38849	4942	1816
亩产	公斤	168	180	161	177	162	138	200	300
总产量	吨	56140	11735	4690	16646	16180	5356	988	545
蔬菜播种面积	亩	1493630	178656	203233	452418	435006	131697	6047	86573
亩产	公斤	1497	1625	1611	1325	1556	1362	1330	1789
总产量	吨	2236319	290385	327358	599549	676734	179371	8043	154879

11－15　分县区水果茶叶生产情况

（2012 年）

项　　目	惠州市	惠城区	惠阳区	惠东县	博罗县	龙门县	大亚湾区	仲恺区
年末水果面积(亩)	851474	47908	107843	138713	169974	346834	11675	28527
(1)柑	42941	568	1546	5480	5270	30026		51
(2)桔	282060	2400	2486	11230	21128	244716		100
(3)橙	46024	120	382	3960	2876	38641	14	31
(4)香(大)蕉	62639	4006	6893	12870	26870	10385		1615
(5)菠萝	5448	235	463	3990	258	22		480
(6)荔枝	242847	18156	69862	60440	57033	8094	7883	21379
(7)龙眼	104791	13895	19142	17950	35908	11339	3457	3100
(8)梨	143	53		90				
(9)柿子	3542	288	64	2585	159	441		5
(10)李子	10918	575	1923	4210	2628	942	300	340
(11)番石榴	7151	998	619	962	4356	90		126
(12)芒果	19983	3107	1663	6758	7320	133		1002
(13)柚子	971	270	9	220	36	436		
(14)杨桃	1817	149	42	395	753	460		18
(15)其他杂果	20199	3088	2749	7573	5379	1109	21	280
全年水果产量(吨)	634127	26048	28569	74030	135765	362845	1676	5194
(1)柑	52089	711	605	4693	5320	40734		26
(2)桔	286582	3050	1192	8820	16024	257466		30
(3)橙	44447	140	170	1560	2841	39709	7	20
(4)香(大)蕉	87183	4878	7174	10605	50278	13016		1232
(5)菠萝	4363	178	262	3546	221	22		134
(6)荔枝	73950	6027	8648	23370	28449	3707	1269	2480
(7)龙眼	43851	4920	4849	12600	14649	5545	375	913
(8)梨	95	14		81				
(9)柿子	1853	128	34	1370	64	254		3
(10)李子	5724	312	1489	1406	2062	384	21	50
(11)番石榴	7566	1639	450	436	4960	72		9
(12)芒果	16126	2013	1414	4010	8327	118		244
(13)柚子	882	361	3	213	34	271		
(14)杨桃	1951	152	25	300	646	820		8
(15)其他杂果	7465	1525	2254	1020	1890	727	4	45
茶叶面积(亩)	6707		1300	824	3550	583		450
茶叶产量(吨)	277		3	34	140	15		85

11－16　分县区林业生产情况

（2012 年）

项　　目		惠州市	惠城区	惠阳区	惠东县	博罗县	龙门县	大亚湾区	仲恺区
营林情况									
荒山荒（沙）地造林面积	亩	80185	1830	4300	37530	11000	6500	1005	18020
人工造林	亩	51890	1830	4300	19635	11000	6500	1005	7620
无林地和疏林地新封		28295			17895				10400
有林地造林面积	亩	12495	7095	5400					
有林地和灌木林地新封	亩	12495	7095	5400					
更新造林	亩	47960	1500	12100	4755	28300	1305		
四旁（零星）植树	株	6750000	1000000	1000000	1850000	1800000	700000	150000	250000
年末实有封山（沙）育林	亩	102890	26400	8400	47685	1005	9000		10400
森林抚育									
低产低效林改造面积	亩	15235	900	5000	3135	700	5500		
幼林抚育作业面积	亩次	231995		50000		160000	10000	4995	7000
幼林抚育实际面积	亩	63000		50000			13000		
成林抚育面积	亩	42000	15000		27000				
育苗面积	亩	1061	240	120	120	150	95		336
主要林产品产量									
松脂	吨	253	173			80			
竹笋片	吨	140	61			35	44		
竹木采伐量									
木材	立方米	301278	60386	11122	53969	132075	38526		5200
竹材									
毛竹	根	3134418	135868		391600	2346950	260000		
小毛竹	根	2481095	122493			1458602	900000		
篙竹	根	2942904	610242		173800	798862	1360000		
厘竹	把	976368	518493			77875	380000		
竹笏	筒	242706				42706	200000		
杂竹	吨	143933	77965		52910	4558	8500		
其他	吨	2500					2500		

11－17　分县区畜牧业生产情况

（2012 年）

项　　　目		惠州市	惠城区	惠阳区	惠东县	博罗县	龙门县	大亚湾区	仲恺区
牲畜年末存栏情况									
大牲畜年末存栏	头	113312	21746	6486	43296	35666	4280	937	901
牛	头	113312	21746	6486	43296	35666	4280	937	901
山羊年末存栏	只	4772	209	107	2312	1509	267	130	238
生猪年末存栏	头	1142751	217385	18871	289783	516426	70886	15540	13860
家禽年末存栏	只	12957227	2283144	1171083	2254869	5219274	768154	67983	1192720
牲畜当年出栏情况									
出栏肉猪	头	1862565	372099	47036	398251	860513	83032	33460	68174
出售和自宰的肉用牛	头	20065	2844	1116	3981	9835	1820	135	334
出售和自宰的肉用羊	只	8379	306	540	1950	4933	256	150	244
出售和自宰的肉用狗	只	59797	10107	4342		38631	5026	580	1111
出售和自宰的家禽	只	37771889	4782636	4297384	6091085	18084791	2585256	240875	1689862
鸡	只	27549901	2857573	3587091	4685190	13559203	1846371	180221	834252
鸭	只	7071868	1707772	478063	1320995	2332689	694347	60654	477348
鹅	只	2191802	217291	232230	81390	1414809	44182		201900
鸽	只	916022			3510	735794	356		176362
其他家禽	只	42296				42296			
畜牧业主要产品产量									
肉类总产量	吨	191631	35723	9173	38559	88194	9871	2706	7405
猪肉产量	吨	139407	28401	3595	29851	63884	6214	2374	5088
牛肉产量	吨	2118	342	134	430	942	220	15	35
羊肉产量	吨	154	7	11	29	95	5	3	4
家禽肉产量	吨	48953	6748	5369	8249	22693	3330	309	2255
其他肉产量	吨	999	225	64		580	102	5	23
奶类产量	吨	6846	52			6270	524		
蜂蜜产量	吨	1290	275	25	147	611	232		
蜂蜡产量	吨	500	10	7	31	425	27		
禽蛋产量	吨	8791	2677	305	1483	2658	397	1	1270

11－18　分县区渔业生产情况

（2012 年）

项　　目		惠州市	惠城区	惠阳区	惠东县	博罗县	龙门县	大亚湾区	仲恺区
水产品总产量	吨	149357	18687	4247	56699	25798	5757	27754	10415
海水产品	吨	75047			47903			27144	
鱼类	吨	26857			18157			8700	
优质鱼	吨	15773			11073			4700	
大黄鱼	吨	888			883			5	
小黄鱼	吨	1544			1264			280	
马鲛	吨	739			639			100	
鲳鱼	吨	1735			1535			200	
海鳗	吨	955			705			250	
石斑鱼	吨	2216			1521			695	
梭鱼	吨								
其他	吨	7696			4526			3170	
其他鱼类	吨	11084			7084			4000	
带鱼	吨	577			437			140	
鳓鱼	吨								
鲷鱼	吨	1008			448			560	
鲐鱼	吨	659			209			450	
蓝园参	吨	1917			1417			500	
醍鱼	吨	1319			469			850	
金线鱼	吨	282			262			20	
马面屯	吨	541			541				
沙丁鱼	吨	866			516			350	
其他	吨	3915			2785			1130	
甲壳类	吨	13899			12735			1164	
对虾	吨	10614			10374			240	
毛虾	吨	497			437			60	
鹰爪蟹	吨	94			84			10	
梭子蟹	吨	1171			671			500	
青蟹	吨	615			535			80	
其他	吨	908			634			274	
贝类	吨	30738			15768			14970	
鲍鱼	吨	676			675			1	
珍珠	公斤								
其他贝类	吨	30062			15093			14969	
藻类	吨	349			339			10	
其他类（包括鱿鱼）	吨	3204			904			2300	

11－18 续表 (2012 年)

项目		惠州市	惠城区	惠阳区	惠东县	博罗县	龙门县	大亚湾区	仲恺区
淡水产品	吨	74310	18687	4247	8796	25798	5757	610	10415
鱼类	吨	71252	18355	4141	8230	23806	5696	610	10414
优质鱼	吨	32370	8214	1808	4705	11006	2701	160	3776
生鱼	吨	452	44	33	375				
桂花鱼	吨	1387			187	1200			
加州鲈鱼	吨	637	13		65	220			339
淡水白鲳	吨	2036	21	74	701	580	652		8
鳗鱼	吨	1363	820		133	410			
青鱼	吨	617	5	18	115	342	5		132
罗非鱼	吨	17767	5170	1240	2332	4976	1742	120	2187
鲮鱼	吨	2513	515		423	1520			55
鲫鱼	吨	4344	1187	286	312	1700	294	35	530
鲂鱼	吨	41	10	12	11		8		
其他	吨	1213	429	145	51	58		5	525
其他鱼类	吨	38882	10141	2333	3525	12800	2995	450	6638
鲩鱼	吨	15693	4045	842	1666	4640	1090	110	3300
鳙鱼	吨	9332	2495	665	625	3490	595	190	1272
鲢鱼	吨	8492	1980	579	572	3120	745	50	1446
鲤鱼	吨	4512	1226	247	204	1550	565	100	620
其他	吨	853	395		458				
甲壳类	吨	72	5		15	36	16		
优质虾	吨	15			7		8		
其他虾	吨	57	5		8	36	8		
优质蟹	吨								
其他蟹	吨								
贝类	吨	264	18			201	45		
其他类	吨	2722	309	106	551	1755			1

11－19　分县区农业总产值中间消耗及增加值

（2012年）　　单位：万元

项　　目	惠州市	惠城区	惠阳区	惠东县	博罗县	龙门县	大亚湾区	仲恺区
农林牧渔业总产值合计	2017964	268830	167829	555786	644367	252205	30190	98758
农业	1295721	153663	138309	337671	377183	216748	5319	66828
林业	46718	9386	2282	10591	17834	5362	132	1131
牧业	461438	84777	23196	90261	214606	23978	6127	18494
渔业	179294	18718	3439	97878	27245	4366	18142	9506
农林牧渔服务业	34793	2285	603	19385	7500	1750	470	2800
农林牧渔业生产中间消耗	772322	106785	59669	211371	256909	87932	12442	37213
农业	420720	49894	44909	109642	122471	70378	1727	21699
林业	20420	4103	997	4629	7795	2344	58	494
牧业	239579	44016	12043	46864	111423	12449	3181	9602
渔业	71162	7429	1365	38848	10813	1733	7201	3773
农林牧渔服务业	20441	1342	354	11389	4406	1028	276	1645
农业增加值	1245642	162045	108160	344415	387457	164272	17747	61545
农业	875000	103769	93400	228029	254712	146370	3592	45129
林业	26298	5284	1284	5962	10039	3019	74	637
牧业	221860	40761	11153	43398	103182	11529	2946	8892
渔业	108132	11289	2074	59030	16431	2633	10942	5733
农林牧渔服务业	14352	943	249	7996	3094	722	194	1155

11－20　分县区农业总产值

（2012 年，按生产价格计算）　　单位：万元

项　　目	惠州市	惠城区	惠阳区	惠东县	博罗县	龙门县	大亚湾区	仲恺区
农林牧渔业总产值合计	2017964	268830	167829	555786	644367	252205	30190	98758
#农业产值小计	1295721	153663	138309	337671	377183	216748	5319	66828
谷物及其他作物	292706	42083	20038	96518	82850	39344	1598	10275
谷物（原粮）	175739	26460	12844	49252	50299	27699	404	8782
薯类（折粮）	36898	2583	1575	25806	3942	2302	350	340
豆类	4176	1080	253	1054	1026	738		26
油料	42751	8937	3578	12663	12332	4075	752	415
甘蔗	9742	88		1081	8290	262		21
蔬菜、园艺作物	753907	98399	102806	199828	229976	67196	2486	53216
蔬菜	737094	94902	101699	199828	224632	60641	2486	52906
食用菌（干鲜混合）	8244		636		1054	6555		
花卉（鲜切花）	273	125	91		51			6
盆景及园艺产品	8296	3372	380		4239			305
水果、坚果、饮料和香料	248934	13182	15465	41324	64184	110207	1235	3337
水果	248164	13182	15458	41182	63834	110170	1235	3105
茶及其他饮料（干品）	770		8	143	351	38		232
中药材	173				173			
林业产值小计	46718	9386	2282	10591	17834	5362	132	1131
林木的培育和种植	9710	942	1532	2584	2862	877	132	781
木材竹材采运（全社会）	29487	6969	749	5431	11648	4339		350
林产品	7522	1476		2576	3324	146		
牧业产值小计	461438	84777	23196	90261	214606	23978	6127	18494
牲畜的饲养	9311	827	337	1062	6127	824	42	92
牛的饲养（出栏）（毛重）	4804	776	303	976	2136	499	34	79
羊的饲养（出栏）（毛重）	463	21	34	86	286	15	8	13
奶产品	4045	31			3704	310		
猪的饲养（出栏）（毛重）	311653	63492	8037	66733	142817	13892	5307	11375
家禽的饲养（出栏）（毛重）	134950	19339	14620	22096	62538	8585	772	7000
其他动物饲养（出栏）（毛重）	2013	481	136		1243	119	6	27
其他动物产品	3510	637	65	370	1879	559		
捕猎野禽、野畜	2				2			
渔业产值小计	179294	18718	3439	97878	27245	4366	18142	9506
海水产品	106869			89197			17672	
淡水产品	72426	18718	3439	8682	27245	4366	470	9506
农林牧渔服务业产值小计	34793	2285	603	19385	7500	1750	470	2800

11－21　建国以来农村经济主要指标

年份	农林牧渔业总产值（现价，万元）	种植业	林业	牧业	渔业	农林牧渔服务业
1949	12705	6968	693	2486	826	
1950	13432	7367	733	2629	873	
1951	14199	7810	766	2778	916	
1952	15364	8437	824	3007	1004	
1953	15942	8743	853	3119	1051	
1954	22899	12530	1245	4462	1520	
1955	25142	13759	1355	4924	1664	
1956	26352	14359	1431	5136	1789	
1957	26177	14392	1400	5110	1708	
1958	25866	14123	1398	5058	1734	
1959	22840	12436	1292	4392	1546	
1960	26573	14482	1462	5155	1800	
1961	25034	13821	1326	4859	1624	
1962	43669	24119	2290	8525	2817	
1963	31129	17412	1583	6095	1899	
1964	37872	21320	1902	7404	2247	
1965	43499	24218	2227	8514	2712	
1966	38315	21418	1962	7514	2326	
1967	42563	23634	2199	8370	2657	
1968	41459	23041	2110	8192	2580	
1969	46045	25484	2395	9074	2905	
1970	49463	27150	2601	9714	3261	
1971	52312	28755	2799	10212	3416	
1972	53530	29456	2804	10472	3512	
1973	51640	28401	2683	10111	3412	
1974	58208	32184	3009	11369	3761	
1975	57178	31816	2959	11155	3569	
1976	58193	32216	3015	11380	3723	
1977	57546	31959	3005	11204	3622	
1978	55841	31106	2899	10797	3506	
1979	52915	29691	2732	10207	3209	
1980	60279	33546	3127	11704	3782	

11－21 续表

年份	农林牧渔业总产值（现价，万元）	种植业	林业	牧业	渔业	农林牧渔服务业
1981	72952	40730	3635	14369	4509	
1982	77835	43094	4035	15411	4875	
1983	76150	41934	4006	15025	4896	
1984	82904	45806	4219	16625	5209	
1985	95278	52793	4795	19101	5933	
1986	107372	59022	5472	21398	7003	
1987	135703	74294	6984	27037	8998	
1988	196082	95186	15150	47794	20690	
1989	230843	110403	15657	55105	27764	
1990	268284	134302	15274	58856	33409	
1991	287542	139153	14231	63366	36836	
1992	331212	160860	18607	77703	41874	
1993	391338	167386	20371	98870	59602	
1994	525417	254602	21628	120224	80735	
1995	643321	316017	25894	150382	93909	
1996	759760	366205	30339	181365	120842	
1997	906714	417226	34755	211401	184878	
1998	925217	463751	38755	148648	209021	
1999	980799	469682	42111	179641	217202	
2000	1046334	504524	42387	200616	218164	
2001	1111067	533386	46308	215692	229664	
2002	1090562	619036	43993	230270	189237	
2003	1147530	637159	46944	254940	198619	
2004	1233420	676134	44608	285223	217930	
2005	1207354	625596	44895	301468	205330	30065
2006	1122642	691333	16290	280704	116426	17888
2007	1285506	765302	22309	350490	128026	19378
2008	1493311	883971	22567	428472	136156	22145
2009	1479131	900622	21389	393669	140629	22822
2010	1663043	1053896	34254	397941	149594	27358
2011	1898693	1185396	43630	472631	165385	31652
2012	2017964	1295721	46718	461438	179294	34793

注：1、从2005年起使用现价，不使用不变价，产值指数使用缩减指数；2、2005年起增加农林牧渔服务业产值。

11－22　建国以来农村经济主要指标

年份	农林牧渔业总产值（不变价，万元）					
		种植业	林业	牧业	渔业	农林牧渔服务业
1949	31934	17772	1763	6115	1967	
1950	41539	22783	2267	8129	2699	
1951	44769	24624	2414	8759	2889	
1952	49709	27298	2664	9728	3247	
1953	52610	28854	2813	10294	3467	
1954	58674	32107	3189	11434	3896	
1955	61204	33495	3299	11986	4052	
1956	66222	36083	3596	12906	4496	
1957	63606	34971	3401	12417	4151	
1958	63189	34505	3414	12357	4237	
1959	54072	29440	3057	10397	3660	
1960	59304	32322	3264	11504	4018	
1961	55211	30480	2924	10715	3581	
1962	59561	32897	3123	11627	3842	
1963	59293	33164	3016	11609	3616	
1964	69144	38923	3472	13516	4101	
1965	83655	46575	4283	16375	5216	
1966	83299	46565	4265	16336	5056	
1967	88753	49283	4584	17454	5540	
1968	86565	48109	4406	17105	5387	
1969	93188	51576	4847	18363	5878	
1970	99269	54489	5221	19495	6544	
1971	106881	58750	5718	20864	6978	
1972	104433	57465	5470	20430	6852	
1973	99139	54523	5151	19411	6549	
1974	109119	60333	5640	21313	7051	
1975	105291	58587	5449	20542	6573	
1976	108904	60289	5642	21296	6967	
1977	115509	64151	6032	22489	7270	
1978	113175	62766	5958	22104	7108	
1979	107381	59985	5650	20863	6522	
1980	122226	67708	6445	23912	7694	

11－22 续表

年份	农林牧渔业总产值（不变价，万元）	种植业	林业	牧业	渔业	农林牧渔服务业
1981	130983	72445	6942	25557	8329	
1982	145606	80657	7731	28522	9108	
1983	141289	78081	7541	27706	8905	
1984	147819	81695	7749	29164	9339	
1985	156561	86455	8065	31051	9966	
1986	157284	86509	8161	31183	10194	
1987	170514	93879	8803	33888	10986	
1988	179391	98809	9262	35572	11571	
1989	199928	110005	10415	39438	12999	
1990	218205	126655	11095	43772	20021	
1991	231364	127553	11323	47590	23720	
1992	262393	141471	13055	56793	27463	
1993	282118	132078	13899	65786	37024	
1994	318113	155838	13795	71773	43449	
1995	350197	172237	14664	77515	49540	
1996	382992	190142	16038	77623	60333	
1997	430828	207320	18192	84529	81198	
1998	442564	224382	19881	60272	95744	
1999	479519	245274	19950	70983	102781	
2000	513774	259350	21312	78021	108229	
2001	547606	277528	23373	84209	113573	
2002	597257	374303	21243	90047	111663	
2003	575110	327597	22000	95929	109178	
2004	605830	359138	21381	109148	116163	
2005						
2006						
2007						
2008						
2009						
2010						
2011						

注：1、从2005年起使用现价，不使用不变价，产值指数使用缩减指数；2、2005年起增加农林牧渔服务业产值。

11－23 建国以来农村经济主要指标

年份	农林牧渔业总产值指数(%)					
		种植业	林业	牧业	渔业	农林牧渔服务业
1949	100.00	100.00	100.00	100.00	100.00	
1950	130.08	128.20	128.66	132.96	137.21	
1951	107.78	108.08	106.48	107.75	107.04	
1952	111.03	110.86	110.36	111.06	112.39	
1953	105.84	105.70	105.63	105.81	106.77	
1954	111.53	111.27	113.37	111.07	112.37	
1955	104.31	104.32	103.45	104.83	103.98	
1956	108.19	107.73	109.00	107.68	110.98	
1957	96.05	96.92	94.58	96.21	92.33	
1958	99.34	98.67	100.38	99.52	102.05	
1959	85.57	85.32	89.54	84.14	86.38	
1960	109.68	109.79	106.77	110.65	109.81	
1961	93.09	94.30	89.58	93.13	89.12	
1962	107.88	107.93	106.81	108.52	107.26	
1963	99.55	100.81	96.57	99.84	94.14	
1964	116.61	117.37	115.16	116.44	113.41	
1965	120.98	119.66	123.36	121.15	127.16	
1966	99.58	99.98	99.58	99.77	96.95	
1967	106.55	105.83	107.48	106.84	109.57	
1968	97.53	97.62	96.12	98.00	97.24	
1969	107.65	107.21	109.98	107.35	109.11	
1970	106.53	105.65	107.72	106.16	111.31	
1971	107.67	107.82	109.52	107.02	106.65	
1972	97.71	97.81	95.65	97.92	98.18	
1973	94.93	94.88	94.19	95.02	95.58	
1974	110.07	110.65	109.49	109.79	107.67	
1975	96.49	97.11	96.61	96.38	93.21	
1976	103.43	102.91	103.54	103.67	106.01	
1977	106.06	106.40	106.91	105.60	104.35	
1978	97.98	97.84	96.47	98.29	96.82【】	
1979	94.88	95.56	94.83	94.39	91.77	
1980	113.82	112.87	114.07	114.62	117.96	

11－23 续表

年份	农林牧渔业总产值指数(%)	种植业	林业	牧业	渔业	农林牧渔服务业
1981	107.16	107.00	107.70	106.88	108.26	
1982	111.16	111.34	111.37	111.60	109.34	
1983	97.04	96.81	97.54	97.12	97.77	
1984	104.62	104.63	102.75	105.26	104.87	
1985	105.91	105.83	104.08	106.47	106.71	
1986	100.46	100.06	101.19	100.42	102.29	
1987	108.41	108.52	107.87	108.67	107.77	
1988	105.21	105.25	105.21	104.97	105.32	
1989	111.45	111.33	112.45	110.87	112.34	
1990	109.14	115.14	106.53	110.99	154.02	
1991	106.03	100.71	102.05	108.72	118.48	
1992	113.41	110.91	115.30	119.34	115.78	
1993	107.52	93.40	106.46	115.83	134.81	
1994	112.76	117.99	99.25	109.10	117.35	
1995	110.09	110.52	106.30	108.00	114.02	
1996	109.36	110.40	109.36	100.14	121.79	
1997	112.49	109.03	113.43	108.90	134.58	
1998	111.58	108.23	109.39	119.78	117.91	
1999	108.35	109.31	100.35	117.77	107.35	
2000	107.14	105.74	106.83	109.92	105.30	
2001	106.60	107.0	109.7	107.9	104.9	
2002	109.07	114.7	90.89	106.9	98.32	
2003	102.5	95.1	109.7	109.3	107.5	
2004	106.7	105.4	100	112.9	106.5	
2005	108.7	106.2	99.6	114.7	101.4	303.4
2006	103.2	102.3	99.3	105.0	104.6	103.3
2007	104.0	104.6	132.6	100.7	104.8	104.9
2008	103.5	104.7	98.8	103.6	96.2	107.0
2009	104.0	104.5	96.1	103.7	103.1	105.7
2010	104.0	104.5	106.7	102.7	101.6	116.4
2011	103.6	106.0	119.1	95.1	104.7	109.8
2012	102.9	103.4	103.7	101.1	103.2	106.9

注:1、从2005年起使用现价,不使用不变价,产值指数使用缩减指数;
2、2005年起增加农林牧渔服务业产值指数。

11－24　各乡镇基本情况

（2012年）

乡镇名称	土地面积（平方公里）	居委会个数	村委会个数	固定电话装机数（部）	乡镇生产总值（万元）
惠城区					
桥东办事处	14	9	2	4840	221665
龙丰办事处	53	6	1	520	272871
江南办事处	28	6	2	1225	112164
江北办事处	15	7	2		238302
河南岸办事处	45	6	6	4320	303181
小金口办事处	67	2	7	25168	353507
水口办事处	120	4	17	32142	385360
三栋镇	68	1	10	7826	77150
汝湖镇	153	3	23	9112	159694
马安镇	76	1	13	5820	95765
横沥镇	343	3	40	7350	87312
芦洲镇	204	2	19	102	22824
惠阳区					
淡水镇	78	17	8	68862	918970
沙田镇	73	1	8	6197	83855
秋长镇	110	1	10	16853	367782
新圩镇	154	1	11	19050	402017
镇隆镇	149	1	13	10799	179053
永湖镇	115	1	13	5227	75965
良井镇	72	1	17	4621	52820
平潭镇	100	1	17	5850	80559
惠东县					
大岭镇	160	2	12	18154	284951
白花镇	204	2	26	15132	265250
梁化镇	263	1	21	6743	93115
稔山镇	192	2	17	20988	180471
铁涌镇	117	1	19	5330	67967
平海镇	139	1	10	8799	279012
港口管委会	23	1	8	6199	44301
巽寮经济开发区	77		4	2422	78046
吉隆镇	128	1	7	6999	302136
黄埠镇	84	7	11	9387	343696
多祝镇	575	2	40	12965	170690
安墩镇	479	1	22	3594	26854
高潭镇	196	1	13	1620	15368
宝口镇	329	2	12	1452	14525
平山街道办	163	13	11	98505	754048
白盆珠镇	398	1	12	1797	33717

乡镇名称	土地面积（平方公里）	居委会个数	村委会个数	固定电话装机数（部）	乡镇生产总值（万元）
博罗县					
石坝镇	181	2	22	6300	102205
麻陂镇	60	1	12	3000	54801
观音阁镇	104	1	14	2750	43352
公庄镇	215	2	20	7300	118635
杨村镇	131	2	20	5200	86033
柏塘镇	240	2	33	6100	112902
泰美镇	162	1	20	4050	137386
罗阳镇	252	8	29	48500	1010497
湖镇镇	249	2	35	9500	303526
横河镇	235	1	18	2800	62654
长宁镇	122	1	11	10740	156269
福田镇	92	1	17	7560	161572
龙华镇	62	1	10	4300	92757
龙溪镇	116	3	20	12900	375654
园洲镇	113	2	27	26900	384770
石湾镇	82	2	12	23700	500872
杨侨镇	70	2		3700	61150
龙门县					
麻榨镇	240	1	18	3407	41032
永汉镇	393	7	22	11593	119729
龙华镇	375	2	20	4448	116632
龙江镇	172	2	16	3767	69964
平陵镇	137	1	14	4197	199752
龙田镇	174		15		79514
龙城街道办	133	5	19	23995	221244
蓝田乡	132	1	7	952	21398
龙潭镇	276	2	14	2934	28092
地派镇	235	2	11	1770	35324
其他				1184	
大亚湾区					
霞涌镇	81	2	5		
澳头镇	97	3	13		
西区	90	2	10		
仲恺区					
惠环办事处	28	4	3	6252	756924
陈江办事处	83	2	11	63023	1801942
沥林镇	49	1	10	17612	124062
潼湖镇	113	1	11	7256	62680
潼侨镇	31	5	3	7998	94741

11－24 续表2 （2012年）

乡镇名称	工业总产值（万元）	农业总产值（万元）	税收收入（万元）	财政总收入（万元）	财政支出（万元）	居民储蓄存款余额（万元）
惠城区						
桥东办事处	112537	569	69834	1716	1716	
龙丰办事处	358700	2077	72127	1764	1764	
江南办事处	229274	3294	64178	1725	1725	
江北办事处	261478	175	87977	2266	2003	
河南岸办事处	178629	1848	72824	3128	3020	64297
小金口办事处	997923	22052	77216	7106	7106	70183
水口办事处	1098155	34126	56268	2960	3890	34398
三栋镇	254762	19126	11589	7349	6341	26184
汝湖镇	290095	54017	16488	7901	7901	48630
马安镇	243865	27989	12283	3458	3452	22000
横沥镇	44163	75984	8318	11725	11725	46500
芦洲镇	6282	27573	1529	5436	5434	10000
惠阳区						
淡水镇	558247	4952	42635	18555		
沙田镇	168825	11406	7018	3419		
秋长镇	1161499	11809	33165	14589		
新圩镇	1111116	11098	32589	13788		
镇隆镇	529938	24266	17953	7823		
永湖镇	130582	24946	5069	2837		
良井镇	67618	28612	2117	1070		
平潭镇	96716	47732	7612	2780		
惠东县						
大岭镇	771953	36501	12511	7231	7231	106904
白花镇	751157	59607	15947	1413	1413	62928
梁化镇	70566	62780	4341	1978	1503	28621
稔山镇	250700	46796	26537	3900	3890	95356
铁涌镇	51480	36983	3933	1828	1827	15925
平海镇	679858	29275	28433	1773	1773	82421
港口管委会	40491	25857	4209	615	511	38897
巽寮经济开发区	352	9203	20889	3573	3663	25781
吉隆镇	644616	16707	17739	2882	2882	261036
黄埠镇	795311	29176	16700	1439	1518	190773
多祝镇	288430	74599	3597	2432	2432	36974
安墩镇	6014	29903	491	1374	1334	2059
高潭镇	7404	10558	707	885	970	1091
宝口镇	7088	12790	750	1304	1304	5090
平山街道办	967602	47312	75235	3294	1813	880450
白盆珠镇	30983	27739	1234	1400	1110	7066

11－24 续表3 （2012年）

乡镇名称	工业总产值（万元）	农业总产值（万元）	税收收入（万元）	财政总收入（万元）	财政支出（万元）	居民储蓄存款余额（万元）
博罗县						
石坝镇	3624	58387	936	2321	2321	56068
麻陂镇	43626	20311	1083	2576	2248	22419
观音阁镇	18549	15747	1674	2300	2300	26954
公庄镇	138234	39244	5684	7850	7850	69953
杨村镇	67354	31426	2675	1886	1895	135566
柏塘镇	116013	44914	2654	2511	2071	55125
泰美镇	431478	30737	3691	3234	3238	54035
罗阳镇	1341653	50592	110236	22497	22752	1210511
湖镇镇	707528	59313	17300	3871	2838	85973
横河镇	81046	26462	9181	2609	2609	23900
长宁镇	302498	29137	10834	3369	2568	169271
福田镇	318961	29555	7401	5081	4568	104018
龙华镇	216776	18600	5621	2547	2195	62647
龙溪镇	1046209	51659	23144	15654	15654	235350
园洲镇	599616	47131	38921	14267	14029	451186
石湾镇	1112890	56133	40683	26800	24833	407902
杨侨镇	53855	25591	2246	4365	3823	6612
龙门县						
麻榨镇	15313	29388	1156	4361	4540	25455
永汉镇	87851	37220	8316	5715	5748	42398
龙华镇	167161	41622	13218	6727	6215	33549
龙江镇	108583	29389	5243	7450	7611	27426
平陵镇	289991	22117	15131	14659	13160	25311
龙田镇	44741	29952	6992	5502	5741	
龙城街道办	239841	15089	22475	8963	9555	103225
蓝田乡	69579	14484	2275	703	597	6350
龙潭镇	85560	17928	632	4131	4003	23070
地派镇	63570	13921	2032	2740	2923	16495
其他			1184			
大亚湾区						
霞涌镇		6483				
头镇		17203				
西区		6504				
仲恺区						
惠环办事处	2779062	6784	20523	6269	5760	
陈江办事处	9265779	37874	196300	7630	6200	
沥林镇	321918	16802	2311	7168	4857	
潼湖镇	83733	23036	1462	3288	2316	
潼侨镇	187440	14263	9608	5007	5007	

11－25 各乡镇农作物播种面积及粮食、花生生产情况

（2012 年） 单位：亩、吨

乡镇名称	农作物播种面积	粮食		稻谷		花生	
		播种面积	总产量	播种面积	总产量	播种面积	总产量
惠城区							
桥东办事处	1085	410	148	410	148		
龙丰办事处	750						
江南办事处	2537	185	64	163	58	357	95
江北办事处	70						
河南岸办事处	1524						
小金口办事处	28699	7408	2587	5111	1881	2563	759
水口办事处	81369	35668	12143	23721	7830	7813	1199
三栋镇	20063	8078	2991	5157	1896	2580	503
汝湖镇	98705	61475	22649	30588	11769	9735	1615
马安镇	44730	21390	7874	12330	4474	5960	915
横沥镇	148603	76917	28484	63985	23947	21450	4122
芦洲镇	65556	31406	11257	19002	6558	14830	2527
惠阳区							
淡水镇	4395	515	184	50	18	480	90
沙田镇	22445	7043	2647	5640	2142	1925	307
秋长镇	14020	2710	1336	360	144	1260	189
新圩镇	18136	2504	915	100	38	338	54
镇隆镇	39458	12783	5067	8689	3550	1339	216
永湖镇	57576	18158	6840	14833	5454	5771	926
良井镇	73151	30734	11767	24560	9469	10186	1723
平潭镇	124248	37891	14316	23222	8889	7250	1089
惠东县							
大岭镇	105345	33393	11193	22416	7599	9975	1636
白花镇	108456	49780	15003	44788	13624	9305	1764
梁化镇	177453	55572	17040	34583	11990	10551	2075
稔山镇	92117	64677	24000	39428	14863	5860	1060
铁涌镇	98418	64185	22263	39972	13705	4700	1050
平海镇	96747	47977	15018	29706	8673	6245	1020
港口办	2367	1030	329	755	239		
巽寮经济开发区	12745	8426	3053	5207	1853	1480	328
吉隆镇	24973	13452	4056	8913	2614	1034	175
黄埠镇	17166	11667	4593	9923	4039	331	54
多祝镇	189910	110555	36588	77319	26793	13165	2060
安墩镇	77443	57189	16474	51754	15319	7400	1151
高潭镇	31581	19446	6649	12633	4586	2491	456
宝口镇	43769	23296	8333	14895	5824	3440	552
平山办	65052	27782	10504	17377	6777	12915	2087
白盆珠镇	34262	20771	8037	14332	5503	5038	1178

11－25　续表　　（2012 年）　　单位：亩、吨

乡镇名称	农作物播种面积	粮　食		稻　谷		花　生	
		播种面积	总产量	播种面积	总产量	播种面积	总产量
博罗县							
石坝镇	79368	31290	10737	23727	8463	10608	1829
麻陂镇	38846	16611	5751	13406	5009	6333	1266
观音阁镇	47338	26016	8591	19435	6649	8132	1257
公庄镇	81170	32430	10847	28026	9883	8140	1384
杨村镇	79692	34560	11692	23484	8700	13766	1961
柏塘镇	91808	42537	14891	29939	11031	6190	1148
泰美镇	63177	31859	10307	21072	7249	11921	1614
罗阳镇	64551	28480	9809	21505	7784	8279	1451
湖镇镇	73375	35908	12706	27881	10156	8278	1393
横河镇	43181	23110	7302	17138	5590	1800	315
长宁镇	52606	24146	8756	12341	4552	2839	446
福田镇	48814	25162	9282	13061	4960	354	60
龙华镇	24589	14562	5621	7750	3314	1088	280
龙溪镇	69601	29547	10219	13825	4921	2300	335
园洲镇	62995	25545	9274	12355	4570	1373	206
石湾镇	101654	31529	11929	14604	5724		
杨侨镇	29777	13864	4662	9939	3602	7050	1035
龙门县							
麻榨镇	33482	18432	6121	15282	5316	3500	644
永汉镇	60525	38205	13597	33014	12194	8200	916
龙华镇	46489	25139	7640	20616	6605	5750	400
龙江镇	60380	40790	13740	37420	13149	3790	722
平陵镇	76148	52098	17639	47455	16841	5050	716
龙田镇	58727	34668	11172	32330	10655	2220	404
龙城街道办	55001	31717	10615	29442	10021	2160	438
蓝田乡	22124	14494	4398	12622	3990	2700	368
龙潭镇	47496	34096	10186	31096	9522	3800	514
地派镇	23792	16262	5032	14992	4662	1640	230
其他	595	456	120	456	120	39	4
大亚湾区							
霞涌镇	11496	5236	1898	3871	1377	4890	978
澳头镇	1035	92	31	39	14	52	10
西区	3854						
仲恺区							
惠环办事处	3630						
陈江办事处	61500	22580	9184	7350	2461	440	93
沥林镇	27437	10545	3967	1527	541	256	65
潼湖镇	45101	23644	9547	9078	3321	760	270
潼侨镇	11010	3470	1581	930	418	360	117

11－26　各乡镇蔬菜、水果及生猪生产情况

（2012 年）　　单位：亩、头、吨

乡镇名称	蔬菜（含菜用瓜）		水果		年末生猪存栏	当年出栏肉猪头数	当年肉猪产量
	播种面积	总产量	播种面积	总产量			
惠城区							
桥东办事处	675	1013	20	32			
龙丰办事处	750	690	1780	533	3500	6300	498
江南办事处	1995	2992	1390	166	3250	7900	631
江北办事处	70	90			50	240	18
河南岸办事处	1524	2409	1124	328	948	1607	128
小金口办事处	18728	31132	1874	1438	6225	10854	867
水口办事处	36383	50755	2250	355	5584	39375	2955
三栋镇	9405	11013	6051	2154	21186	27937	2011
汝湖镇	26465	40518	7172	3695	72111	134500	10454
马安镇	16470	16896	1185	247	49600	53356	3693
横沥镇	49151	104454	18557	12176	41251	68185	5421
芦洲镇	17040	28423	6505	4924	13680	21845	1725
惠阳区							
淡水镇	3390	5817	4323	3104	71	286	21
沙田镇	13377	23345	6773	1448	72	279	22
秋长镇	10050	15075	8700	3565	100	800	60
新圩镇	15005	20551	17708	2987	200	485	51
镇隆镇	25336	44417	38754	5530	768	1810	144
永湖镇	32893	52706	16980	4291	575	945	76
良井镇	29123	49380	8004	3177	6220	9620	773
平潭镇	70047	110373	5983	3988	10842	32730	2442
惠东县							
大岭镇	57852	68784	11440	6251	30210	41366	3064
白花镇	47763	57503	9193	6580	86744	106496	8023
梁化镇	111330	175742	11105	4302	37898	55608	4170
稔山镇	21580	28918	11047	3004	15525	17359	1302
铁涌镇	28773	37973	6204	2207	7954	16720	1254
平海镇	42525	52747	3631	1096	3191	22198	1665
港口办	1337	1602	47	18	1654	2061	152
巽寮经济开发区	2689	3618	2077	670	450	1230	121
吉隆镇	10487	11998	6088	2644	4770	7787	584
黄埠镇	5116	5314	217	120	3102	5502	412
多祝镇	54892	67384	26315	11094	20911	35574	2668
安墩镇	12854	12612	9761	8578	18563	17256	1294
高潭镇	9160	13778	10777	4749	10852	17651	1268
宝口镇	15538	19181	6460	2328	10750	9987	802
平山办	24355	35801	13114	15793	25939	24639	1811
白盆珠镇	6167	6594	11237	4596	11270	16817	1261

乡镇名称	蔬菜（含菜用瓜）		水果		年末生猪存栏	当年出栏肉猪头数	当年肉猪产量
	播种面积	总产量	播种面积	总产量			
博罗县							
石坝镇	28775	35076	7047	7430	48680	76192	5684
麻陂镇	8720	10349	6597	3426	28824	35277	2589
观音阁镇	5465	6545	6191	3029	11620	18059	1339
公庄镇	34225	42934	14963	12036	24500	41800	3070
杨村镇	26552	35451	4652	2934	10108	25456	1909
柏塘镇	40521	66716	10957	11837	22650	28831	2143
泰美镇	14286	22456	7961	7860	40159	47694	3496
罗阳镇	26257	43035	7026	8626	31529	106581	7989
湖镇镇	28550	73313	18616	20086	47126	85135	6257
横河镇	18171	27499	24338	12857	18450	25304	1887
长宁镇	24959	35451	9730	5409	19890	38738	2847
福田镇	22480	37066	4736	4513	14982	37610	2786
龙华镇	8364	15875	4756	3011	14685	27951	2078
龙溪镇	36454	77208	9706	13695	38106	37216	2735
园洲镇	35457	43371	5751	6607	38533	96881	7302
石湾镇	70125	96327	3680	5461	56153	56275	4152
杨侨镇	2758	4042	5669	4364	44696	65817	4929
龙门县							
麻榨镇	10900	12294	44118	53643	8256	9280	790
永汉镇	13320	13356	48157	62230	7685	10532	840
龙华镇	15600	20685	90074	98583	6400	7850	589
龙江镇	14460	27947	40628	35357	6400	10160	761
平陵镇	15900	20472	16287	12481	15900	7460	560
龙田镇	21427	33615	25402	24868	6268	8913	669
龙城街道办	20980	27881	24490	27618	8601	12935	820
蓝田乡	4400	6331	15638	14354	3895	6143	461
龙潭镇	8750	10069	26951	21632	4903	5426	407
地派镇	5860	6632	14462	11703	2560	4317	315
其他	100	89	627	376	18	16	2
大亚湾区							
霞涌镇	1355	1664	7721	1167	3980	8610	520
澳头镇	888	1214	3234	255	480	1200	80
西区	3804	5165	720	254	11080	23650	1774
仲恺区							
惠环办事处	3630	5905	2638	670	2394	5194	374
陈江办事处	38480	75952	12255	2305	1005	8360	619
沥林镇	16636	26677	4970	1716	678	1579	126
潼湖镇	20667	36143	7752	400	4158	17021	1268
潼侨镇	7180	10234	912	103	5625	36020	2701

11－27　各乡镇水产品产量、农业机械化、化学化和农村用电量情况

（2012 年）

乡镇名称	水产品总产量（吨）	年末农业机械总动力（千瓦）	农用化肥施用量（折纯吨）	农村用电量（万千瓦）	有效灌溉面积（亩）
惠城区					
桥东办事处	100	1300	37	98	856
龙丰办事处	160		56	213	
江南办事处	392	220	17	51	1028
江北办事处		4120	3	812	
河南岸办事处	173	853	68	4862	
小金口办事处	5096	7780	181	522	6013
水口办事处	761	3757	1640	4634	30162
三栋镇	3007	6793	479	1520	5342
汝湖镇	2516	15560	3448	3570	46000
马安镇	2459	14950	1387	318	10196
横沥镇	2890	12227	3020	725	47842
芦洲镇	905	4565	1430	754	8490
惠阳区					
淡水镇	31	10150	342	7230	1290
沙田镇	31	5092	630	10415	20280
秋长镇	175	10408	543	31000	16330
新圩镇	183	8649	246	74698	15216
镇隆镇	237	10159	1913	23194	17650
永湖镇	754	10296	2187	7012	14880
良井镇	1197	15646	1369	3599	25695
平潭镇	1591	21132	2296	6235	10020
惠东县					
大岭镇	1820	12040	1553	12126	34963
白花镇	952	13467	1768	4047	46520
梁化镇	703	15078	2760	2085	39306
稔山镇	7172	53400	2454	5424	30240
铁涌镇	6490	31496	1524	1778	29128
平海镇	5663	21121	1471	5774	12610
港口办	16186	16673	30	1942	500
巽寮经济开发区	3436	8670	333	1958	3250
吉隆镇	699	5051	676	8626	7565
黄埠镇	9781	4633	943	8920	5580
多祝镇	925	22281	3253	3376	47742
安墩镇	225	11746	908	855	27700
高潭镇	186	6318	427	266	10257
宝口镇	308	6334	384	263	11885
平山办	1195	30309	1199	12500	21043
白盆珠镇	958	6472	483	456	9316

11－27　续表　　　　　　　　　　　　　（2012年）

乡镇名称	水产品总产量（吨）	年末农业机械总动力（千瓦）	农用化肥施用量（折纯吨）	农村用电量（万千瓦）	有效灌溉面积（亩）
博罗县					
石坝镇	517	26745	2641	3296	23810
麻陂镇	314	17069	1544	3603	15386
观音阁镇	1528	18661	1829	295	3268
公庄镇	1269	39149	2358	1360	27160
杨村镇	1738	27742	1812	962	15420
柏塘镇	1303	22762	3156	1991	33870
泰美镇	903	19511	2198	482	14354
罗阳镇	2033	45557	2738	4305	25026
湖镇镇	2155	25538	1929	3137	38667
横河镇	1153	15463	1518	3757	12388
长宁镇	1029	20863	1046	2271	23153
福田镇	563	24665	1395	1642	16889
龙华镇	1304	24679	1857	1823	6999
龙溪镇	2281	51833	1116	8197	29578
园洲镇	4005	72045	2219	4985	18500
石湾镇	2484	49125	2223	9790	28600
杨侨镇	799	29282	1612	4332	7246
龙门县					
麻榨镇	711	22313	954	1843	17810
永汉镇	1029	29172	1115	453	29300
龙华镇	685	30539	1564	296	28000
龙江镇	674	24332	940	415	13600
平陵镇	887	27215	992	1489	22500
龙田镇	447	16293	2654	618	17900
龙城街道办	772	25871	1386	617	9798
蓝田乡	134	6318	180	63	4921
龙潭镇	254	16004	1371	639	17000
地派镇	164	14563	691	163	7580
其他			33	23	
大亚湾区					
霞涌镇	2056	2187	580	300	
澳头镇	25454	15481	191	1967	300
西区	244		330	525	
仲恺区					
惠环办事处	398	665	88	343	691
陈江办事处	2470	15491	551	1257	13800
沥林镇	2515	13070	1166	26050	7800
潼湖镇	3054	31314	3670	1788	14814
潼侨镇	1978	8754	744	11244	2280

十二、工业

12－1　历年惠州市规模以上工业总产值

单位：万元

项　目	工业总产值	轻工业	重工业
1998	4885886	3339717	1546169
1999	5472134	3808879	1663255
2000	6578284	4266276	2312008
2001	7081192	4091342	2989850
2002	8623884	4496104	4127780
2003	10204438	5617521	4586917
2004	11197762	5799651	5398111
2005	14286640	7271690	7014950
2006	18339670	7809492	10530178
2007	22179612	9346141	12833471
2008	26002646	8606742	17395904
2009	30051367	8768955	21282412
2010	39051731	10098752	28952979
2011	47650331	11351655	36298676
2012	54772792	11467154	43305639

说明:2011 年起规模以上工业企业统计口径为年主营业务收入 2000 万元及以上工业企业。

12－2　历年惠州市规模以上工业增加值

（2012 年）　　单位：万元

项　　目	工业增加值	轻工业	重工业
1998	905916	615638	290278
1999	1003314	728694	274620
2000	1321892	841699	480193
2001	1327701	718635	609066
2002	1909451	929650	979801
2003	2333741	1238458	1095283
2004	2554325	1265256	1289069
2005	3153193	1595132	1558061
2006	4041627	1587091	2454536
2007	5025237	1869344	3155893
2008	5455569	1655942	3799627
2009	5765886	1636427	4129459
2010	7863875	1963440	5900435
2011	10135400	2420222	7715178
2012	11739666	2614901	9124765

说明;2011 年起规模以上工业企业统计口径为年主营业务收入 2000 万元及以上工业企业。2008 年起采用收入法计算工业增加值。

12－3　各县区规模以上工业企业主要经济指标

（2012 年）　　单位：万元

项　目	惠州市	惠城区	惠阳区	惠东县	博罗县	龙门县	大亚湾区	仲恺区
企业单位数（个）	1430	180	265	178	353	52	95	307
亏损企业（个）	340	52	76	20	66	6	35	85
工业总产值（当年价格）	54772792	3444389	4069955	2878920	6992352	896451	16643641	19847085
工业销售产值（当年价格）	54494076	3379880	3941572	2834372	6894749	867096	16756617	19819791
出口交货值	20694252	1357100	2180288	668167	2927808	45100	946893	12568896
年初存货	4364384	426725	421325	96812	552196	58690	1384000	1424637
产成品	1475279	182095	109729	51179	171606	26533	536143	397995
在产品	653946	51332	72164	9712	76697	8952	219899	215191
资产总计	35307040	2991669	3718855	1915765	3966549	781578	11048693	10883932
流动资产合计	19280519	1731292	1954661	641360	2139588	189367	4174376	8449875
应收账款	7201098	545224	798068	207986	718434	18816	1026614	3885957
存货	4642547	465871	497235	151709	539756	81923	1281160	1624893
产成品	1365627	174101	113682	57963	164405	32922	270293	552261
在产品	583113	56452	72270	10894	65097	11292	169318	197790
固定资产合计	13362965	994453	1433796	1136677	1467495	556980	5953675	1819889
固定资产原价	20925106	1698767	2041754	1555531	3056591	755434	8493021	3324009
累计折旧	7856217	740855	639998	435265	1674944	201736	2631303	1532116
本年折旧	1557024	123887	130563	133412	277945	80462	540233	270522
在建工程	973446	105391	147634	49777	118804	12475	380000	159365
负债合计	21534679	1595814	2258160	1317417	2405660	348720	6643476	6965433
流动负债合计	18124239	1327271	1868761	755904	1878860	313263	5470438	6509742
应付账款	7721503	564574	1143567	386859	829743	76788	1663903	3056068
非流动负债合计	3053576	256494	346224	514696	333167	35041	1154363	413592
所有者权益合计	13753617	1393793	1457870	596972	1560870	428426	4401578	3914108
实收资本	9524371	987516	1292166	480372	1184803	185058	3544041	1850415
国家资本	1398465	64284	76575	68933	62341	62051	1012714	51568
集体资本	57948		2273	548	10789	367	6235	37737
法人资本	2296362	131041	103101	187884	100038	42277	1182512	549507
个人资本	291882	35098	22680	54444	78426	4506	29121	67608
港澳台资本	3056420	463235	953736	147234	565564	75857	286166	564628
外商资本	2423293	293858	133801	21329	367645		1027293	579368
营业收入	55905031	3469351	3949591	2875300	6982157	754120	17349837	20524675
主营业务收入	55030485	3434023	3929698	2866681	6934494	752653	16803157	20309779
营业成本	49868532	2977735	3592782	2364739	6122487	614617	15749239	18446934
主营业务成本	49145741	2962796	3581061	2364000	6106339	609368	15243935	18278242
营业税金及附加	959736	15650	24290	6429	17359	5237	849104	41667

项 目	惠州市	惠城区	惠阳区	惠东县	博罗县	龙门县	大亚湾区	仲恺区
主营业务税金及附加	946158	14267	22846	5360	10504	5192	847726	40265
其他业务收入	874546	35328	19893	8618	47663	1467	546681	214896
其他业务利润	101117	12691	6240	869	5488	130	40946	34755
销售费用	1159812	136297	68075	46183	108964	18626	127253	654414
管理费用	1677130	233300	179469	73739	215088	153070	249706	572759
税金	79501	7688	6811	3166	15911	2511	22295	21120
差旅费	65541	7988	11061	5232	11938	1197	6069	22056
工会经费	8186	1403	336	496	976	648	1673	2653
财务费用	293702	19209	29723	46874	27389	12685	103499	54323
利息收入	56017	4642	2147	1627	6394	－5	9726	31487
利息支出	324488	21565	27630	46599	31959	11771	115602	69363
营业利润	2137698	96390	72127	332109	502235	46827	319456	768555
资产减值损失	21777	2072	673	116	1111	166	2984	14657
公允价值变动收益	14243				－2345		11422	5167
投资收益	51803	5941	639	49	156		9348	35670
补贴收入	133456	12255	6500	3336	5680	766	25050	79869
营业外收入	50902	5896	1163	586	2890	38	3869	36460
营业外支出	77959	12160	5313	4843	19140	2085	9317	25101
利润总额	2193171	96484	73290	330601	488775	45509	335189	823323
应交所得税	385172	25103	21519	39519	22130	4315	77626	194960
亏损企业亏损总额	211082	46033	34800	3344	33215	1362	43009	49319
利税总额	5840135	177679	141789	487244	623487	106510	2589268	1714159
应交税金及附加	4111637	113986	96828	199327	172753	67827	2354000	1106916
本年应付职工薪酬	3023305	399958	499928	206663	572987	34050	467907	841812
本年应交增值税	2687228	65545	44209	150214	117353	55763	1404975	849169
本年进项税额	4384814	282790	340526	157433	304678	70201	2049628	1179558
本年销项税额	4841833	289111	219685	246122	262907	80477	2643547	1099984
土地和固定资产支出	1473680	216531	197794	94436	114039	114087	369247	367546
土地购置	57819	6005	10907	8790	3256	1964	13673	13223
房屋和建筑物	263807	47674	9317	52650	23906	10599	40030	79632
机器设备	1028704	123879	168835	28606	80522	86607	292052	248203
运输工具	16625	5305	1366	978	1563	681	3981	2751
其他费用	106726	33668	7369	3412	4791	14238	19511	23737
全部从业人员年平均人数(人)	667750	88666	125785	49199	128779	8225	87999	179097
收入法增加值	11739666	773642	1036929	897508	1634117	293513	3737817	3366140

12－4 分县区规模以上现代产业工业增加值及比重

(2012年)

单位:万元、%

地 区	高技术制造业		先进制造业	
	增加值	占比	增加值	占比
惠州市	4506307	38.4	7819186	66.6
惠城区	188801	24.4	390204	50.4
惠阳区	485350	46.8	583838	56.3
惠东县	52307	5.8	189738	21.1
博罗县	550368	33.7	839097	51.3
龙门县	27980	9.5	31510	10.7
大亚湾区	450080	12.0	3427044	91.7
仲恺区	2751422	81.7	2357755	70.0

12－5 分县区规模以上国有及国有控股工业企业主要经济指标

（2012 年）

单位:万元

项 目	惠州市	惠城区	惠阳区	惠东县	博罗县	龙门县	大亚湾区	仲恺区
企业单位数(个)	46	6	3	3	2	6	8	18
亏损企业(个)	12		1	2	1	1	2	5
工业总产值(当年价格)	16119031	337178	357294	725895	382623	126730	12874234	1315077
工业销售产值(当年价格)	16198432	335371	357036	700266	382659	123872	13000689	1298538
出口交货值	299842	27	448					299367
年初存货	1030528	4836	15552	19960	1871	989	882160	105162
产成品	438081	2084	6936	19093	32		371691	38246
在产品	195426	77	3550				155641	36159
资产总计	10237281	402943	378533	1084134	342636	84950	6812150	1131934
流动资产合计	2794526	50543	69745	203482	21712	24446	1835293	589306
应收账款	670052	7217	22925	65270	6801	1951	321901	243988
存货	834766	4675	23211	10321	1120	1433	693630	100376
产成品	203432	2017	12597	9703	71	600	120547	57898
在产品	103668	48	2610				94366	6645
固定资产合计	6548083	282562	259410	818318	270417	53656	4474974	388746
固定资产原价	9399866	442484	441756	1009717	462469	99752	6291003	652685
累计折旧	2871365	171891	182340	191409	192863	46540	1818247	268076
本年折旧	542012	26222	27679	55294	31124	7248	356750	37696
在建工程	447161	42051	36103	33272	34340	5585	256385	39426
负债合计	6612868	239444	244380	819491	199871	10685	4290206	808791
流动负债合计	4502354	103082	120730	333963	80438	6304	3270024	587814
应付账款	1638892	24998	48250	170664	34867	1617	1107587	250909
非流动负债合计	2104858	136363	123650	485529	113777	4381	1020182	220977
所有者权益合计	3624335	163499	134154	264643	142765	74189	2521944	323143
实收资本	3129439	72676	76575	205483	62028	66409	2456567	189702
国家资本	1388508	57676	76575	68483	62028	62051	1011269	50427
集体资本	10625							10625
法人资本	1038357	15000		137000		4358	780298	101700
港澳台资本	15478							15478
外商资本	676472						665000	11472
营业收入	16535598	339648	352844	710967	386684	122971	13296641	1325843
主营业务收入	16212125	329631	351821	703453	385981	122924	13002567	1315748
营业成本	14959614	301184	331778	532872	369617	95964	12121017	1207183
主营业务成本	14659529	296372	331373	532520	369115	95813	11829977	1204359
营业税金及附加	842312	1863	1653	1370	1653	938	831411	3424

12－5 续表　　(2012年)　　单位：万元

项目	惠州市	惠城区	惠阳区	惠东县	博罗县	龙门县	大亚湾区	仲恺区
主营业务税金及附加	834723	731	334	490	20	933	830176	2039
其他业务收入	323473	10017	1023	7514	703	47	294075	10095
其他业务利润	12917	5200	160	417	202	45	6033	861
销售费用	110876	9266	1192	924	9	6484	66307	26694
管理费用	225960	9300	5869	11587	1030	74943	66732	56500
税金	14841	371	141	555	45	786	12081	862
差旅费	7763	431	549	442	420	175	2485	3260
工会经费	939	99	112	95	9	128	139	356
财务费用	175491	7761	7477	38052	7413	602	90360	23828
利息收入	7556	260	231	1330	265	－62	3175	2356
利息支出	182284	7732	7556	38967	7149	424	94905	25550
营业利润	323627	10076	4346	126057	6767	11044	151164	14173
资产减值损失	5428	279	270	153	289	76	1651	2711
公允价值变动收益	11317						11444	－127
投资收益	12837	65	75	49	94		2576	9978
补贴收入	44095	331	1046	444	446	110	11839	29878
营业外收入	22204	74	53	33	63		1405	20577
营业外支出	11300	1354	1565	946	1729	468	1570	3669
利润总额	356422	9053	3827	125555	5485	10686	161433	40383
应交所得税	97671	3662	3333	32441	3150	821	43183	11081
亏损企业亏损总额	32489		3965	846	284	341	7940	19114
利税总额	2672622	24460	19169	192144	23117	21283	2314438	78011
应交税金及附加	2428712	19441	18816	99585	20827	12204	2208269	49572
本年应付职工薪酬	311110	27473	26794	26004	26011	6906	100663	97259
本年应交增值税	1473889	13544	13690	65219	15978	9659	1321594	34205
本年进项税额	1775352	4294	5210	49159		9587	1613585	93517
本年销项税额	2421026	5050	5525	84939		13467	2208219	103827
土地和固定资产支出	47784	5552	855	8257		5348	15782	11990
土地购置	11336	2002					8726	608
房屋和建筑物	12282	749	96	22		5339		6076
机器设备	17369	92	735	7255		7	6048	3233
运输工具	395	83	20	167			28	99
其他费用	6402	2626	5	814		3	981	1974
全部从业人员年平均人数(人)	30791	2739	2625	1883	2036	1017	4851	15640
收入法增加值	3585675	82209	77072	279592	81950	41662	2773040	250150

12－6　分县区规模以上民营工业企业主要经济指标

（2012 年）　　单位：万元

项　目	惠州市	惠城区	惠阳区	惠东县	博罗县	龙门县	大亚湾区	仲恺区
企业单位数（个）	558	66	85	120	129	33	25	100
亏损企业（个）	104	20	18	9	19	3	11	24
工业总产值（当年价格）	8254837	662533	781015	1501317	2716187	641424	460556	1491804
工业销售产值（当年价格）	8147084	636201	772659	1490339	2678295	624023	451391	1494176
出口交货值	1223555	94372	184481	191214	309901	8002	13893	421691
年初存货	574454	114277	91095	27199	142456	41774	36052	121602
产成品	248373	54335	32528	10030	58377	25552	21434	46117
在产品	78199	10828	15110	3192	16552	7110	3330	22076
资产总计	5228376	573575	623386	408129	1192234	562297	414486	1454269
流动资产合计	3177271	412872	428835	211149	714290	132768	204209	1073148
应收账款	1022662	133671	146653	74328	192193	13751	54279	407788
存货	718926	127289	107747	51579	152476	60810	50917	168109
产成品	267783	46148	30540	16254	56867	30029	22919	65027
在产品	86281	12722	14052	3534	11613	8417	5479	30463
固定资产合计	1552045	100619	136536	153485	332101	417692	140394	271218
固定资产原价	2578156	136834	210390	265648	865817	531927	179790	387750
累计折旧	1102704	50906	77547	124725	553543	115010	49589	131384
本年折旧	240917	10203	12646	25152	90351	55681	13754	33131
在建工程	142513	26207	9333	7165	33421	5571	26148	34669
负债合计	3281917	356113	489776	244605	776263	278113	272321	864726
流动负债合计	2813628	335927	412023	191491	557316	247141	257810	811921
应付账款	1094970	143740	166300	68994	169166	55689	81262	409820
非流动负债合计	276086	8150	48204	16945	115542	30659	7371	49214
所有者权益合计	1938935	217454	132281	162340	415970	281242	141727	587921
实收资本	920368	112302	103201	79703	199405	40778	102027	282952
国家资本	1904			450	313			1141
集体资本	30562			548	10784	366	3168	15696
法人资本	472300	71535	51272	33131	89653	32441	77100	117169
个人资本	262035	32051	17859	45036	75619	4506	21648	65315
港澳台资本	128521	7427	18321	280	18395	3464	10	80624
外商资本	25045	1290	15749	258	4641		100	3007
营业收入	8162817	663817	765020	1517084	2711480	520877	456909	1527629
主营业务收入	8103412	661054	763990	1516228	2697269	519569	452292	1493011
营业成本	7004616	576892	686843	1277933	2291659	423003	420847	1327439
主营业务成本	6963814	574811	685250	1277596	2290398	418226	416755	1300779
营业税金及附加	25481	3026	2829	3971	4942	3963	1419	5331

12－6 续表 （2012 年） 单位:万元

项 目	惠州市	惠城区	惠阳区	惠东县	博罗县	龙门县	大亚湾区	仲恺区
主营业务税金及附加	23805	2787	2759	3905	3815	3922	1289	5329
其他业务收入	59405	2763	1030	856	14211	1308	4618	34619
其他业务利润	6788	1528	114	420	823		164	3740
销售费用	173602	16465	20837	30931	57027	10907	5018	32418
管理费用	358687	45196	36647	31941	74603	61781	18828	89691
税金	11650	1052	836	724	5071	1281	767	1921
差旅费	17315	2337	1630	4005	4482	946	411	3503
工会经费	1661	149	38	278	304	510	68	314
财务费用	61929	3908	7477	6256	18991	11551	2960	10786
利息收入	4148	1577	526	77	1101	50	310	507
利息支出	55434	4531	6887	5711	13458	10825	3248	10775
营业利润	562795	22533	11439	161557	264832	31416	12786	58232
资产减值损失	3175	549	－89	－37	370	90	207	2085
公允价值变动收益	－8							－8
投资收益	7680	3001	－44		105		226	4392
补贴收入	32332	5341	660	1435	3264	253	819	20560
营业外收入	10800	4075	62	91	2607		84	3881
营业外支出	19550	771	901	3199	2517	1428	1871	8864
利润总额	575577	27103	11199	159793	265579	30242	11733	69927
应交所得税	35911	4760	3199	3646	5880	2839	3947	11640
亏损企业亏损总额	22092	3181	3555	703	4392	523	5041	4698
利税总额	852849	45130	28727	237089	343440	77320	20400	100743
应交税金及附加	324833	23839	21563	81665	88812	51197	13380	44377
本年应付职工薪酬	571510	73006	65890	105919	118232	19299	33627	155539
本年应交增值税	251791	15001	14699	73325	72919	43115	7248	25485
本年进项税额	613550	68539	75000	74452	121836	49904	72777	151042
本年销项税额	736699	79265	84026	134045	146935	54354	74738	163336
土地和固定资产支出	351376	34870	11917	51261	25438	100332	26780	100779
土地购置	24383	1615	590	8051	2450	1964		9713
房屋和建筑物	101728	5520	4512	34264	8237	2724	11881	34591
机器设备	187027	23753	4304	6928	11140	81068	13705	46129
运输工具	5365	1415	694	291	1171	572	196	1027
其他费用	32874	2567	1817	1727	2441	14004	998	9319
全部从业人员年平均人数(人)	140850	19221	18695	26492	27466	4381	8428	36167
收入法增加值	1996331	148524	172034	443007	630253	209261	72951	320300

12－7　分县区规模以上“三资”工业企业主要经济指标

（2012 年）　　单位：万元

项　目	惠州市	惠城区	惠阳区	惠东县	博罗县	龙门县	大亚湾区	仲恺区
企业单位数（个）	868	111	186	54	228	13	62	214
亏损企业（个）	235	33	59	9	46	2	21	65
工业总产值（当年价格）	34537841	2489788	3044831	638225	4135327	128296	6114436	17986937
工业销售产值（当年价格）	34259979	2451194	2925370	630285	4072379	119200	6102706	17958845
出口交货值	19576227	1291010	2013654	476953	2666686	37099	933000	12157827
年初存货	3252001	314687	324892	49653	420557	15927	819874	1306412
产成品	1104001	129543	72192	22056	118987	980	413593	346651
在产品	509367	42037	56669	6520	62597	1841	144439	195265
资产总计	23604239	2045829	2876421	412936	2564115	134331	6672166	8898441
流动资产合计	14516225	1294637	1569959	220627	1496067	32153	2713285	7189498
应收账款	5893946	414267	671617	64627	535054	3115	762123	3443144
存货	3457003	342370	376205	87826	399138	19681	781931	1449852
产成品	1060905	127514	73153	30435	113456	2292	228838	485217
在产品	403186	45938	57568	7359	53579	2875	69473	166393
固定资产合计	7622192	613982	1059803	160411	897242	85631	3478942	1326181
固定资产原价	12489027	1126138	1431732	274977	1806408	123756	5174671	2551346
累计折旧	5064427	522037	400319	118405	976338	40186	1772797	1234344
本年折旧	960662	87966	92440	52344	167170	17534	327406	215803
在建工程	399145	37904	102201	9339	51290	1320	111756	85334
负债合计	13794719	1015189	1654131	250598	1508904	59921	3622280	5683697
流动负债合计	12019134	904134	1439930	227896	1311704	59819	2646416	5429235
应付账款	5393841	406791	1000713	146966	654033	19483	627825	2538031
非流动负债合计	1602774	111018	191187	12054	108686		964328	215500
所有者权益合计	9797997	1028588	1220473	162147	1055192	72995	3046686	3211917
实收资本	6987557	813974	1143815	195028	936892	77871	2290586	1529391
国家资本	5554	3901					1445	208
集体资本	29786		2273		5		3067	24441
法人资本	1557589	55759	68807	17754	13589	5478	965252	430951
个人资本	38644	3047	4821	9408	11183		7472	2713
港澳台资本	2940738	457509	937407	146954	548451	72393	286156	491868
外商资本	2415247	293758	130508	20913	363664		1027193	579212
营业收入	35340346	2507193	2944668	633849	4123268	110273	6406038	18615057
主营业务收入	34826103	2484667	2926784	633601	4089626	110161	6145130	18436134
营业成本	31789406	2135690	2676449	542043	3647163	95650	5909911	16782501
主营业务成本	31381260	2127645	2666719	541993	3632356	95328	5682523	16634695
营业税金及附加	101857	10826	20385	1072	11510	337	23043	34683

（2012 年）

单位：万元

项　目	惠州市	惠城区	惠阳区	惠东县	博罗县	龙门县	大亚湾区	仲恺区
主营业务税金及附加	96952	10814	20330	948	6829	337	23030	34665
其他业务收入	514243	22526	17884	248	33642	112	260907	178923
其他业务利润	81695	5941	5985	32	4935	85	34750	29968
销售费用	950622	111060	48233	14220	70802	1235	93951	611121
管理费用	1154099	179673	140962	30045	145481	16346	178876	462717
税金	57646	6312	5926	1887	11216	444	12974	18887
差旅费	43778	5227	9095	778	7732	75	3668	17205
工会经费	6000	1152	214	123	700	10	1457	2343
财务费用	132259	8094	16510	2523	2330	533	66025	36244
利息收入	43872	2775	1433	220	5048	7	6388	28002
利息支出	164149	9767	14832	1900	12250	522	75741	49137
营业利润	1280350	67033	58551	43319	256896	4367	156367	693819
资产减值损失	16067	1398	542		451		2558	11118
公允价值变动收益	13426				－2345		11422	4349
投资收益	26908	2876	608		－30		5546	17908
补贴收入	89530	6626	4903	1457	2150	403	13683	60310
营业外收入	39912	1767	1065	462	225	38	3723	32633
营业外支出	50249	10021	3576	698	15072	189	5912	14782
利润总额	1319607	63637	59854	44078	243974	4581	164138	739346
应交所得税	265484	17078	15591	3432	15209	656	32309	181210
亏损企业亏损总额	175957	42891	27388	1795	28540	498	29862	44983
利税总额	2612969	110717	99515	56517	291941	7907	470543	1575829
应交税金及附加	1616492	70470	61178	17758	74392	4426	351688	1036579
本年应付职工薪酬	2290211	300804	413677	73969	441893	7846	367248	684775
本年应交增值税	1191505	36254	19276	11367	36457	2990	283363	801799
本年进项税额	2547849	214423	275977	32203	200181	10711	803388	1010966
本年销项税额	2298606	207362	148509	25216	140553	12657	839443	924867
土地和固定资产支出	1093073	176124	186611	34919	90372	8407	330493	266147
土地购置	23453	2388	10317	740	806		4947	4255
房屋和建筑物	153231	41404	4710	18365	15670	2536	28046	42502
机器设备	838647	100146	165338	14423	71153	5532	277375	204679
运输工具	10837	3714	700	521	392	108	3726	1676
其他费用	66904	28472	5547	871	2350	231	16399	13034
全部从业人员年平均人数（人）	522759	67839	106386	20625	102363	2827	75539	147180
收入法增加值	6853081	553352	817651	171183	982990	42590	1296819	2988496

12－8　分县区规模以上大中型工业企业主要经济指标

（2012 年）　　　　单位：万元

项　目	惠州市	惠城区	惠阳区	惠东县	博罗县	龙门县	大亚湾区	仲恺区
企业单位数（个）	516	87	79	47	104	7	52	140
亏损企业（个）	116	17	25	3	16	1	16	38
工业总产值（当年价格）	45201987	2760452	3035781	1769103	4471374	581020	13988018	18596239
工业销售产值（当年价格）	45042807	2699289	2930647	1735045	4401988	567858	14116226	18591754
出口交货值	18752507	1200673	1793852	453927	2097679	12167	860033	12334176
年初存货	3545666	326255	261208	55288	357291	44065	1246464	1255095
产成品	1179770	131436	73958	31924	114374	22825	474306	330947
在产品	540871	40847	49374	5098	49801	8154	188781	198817
资产总计	29388309	2415560	2818443	1465503	2676453	614760	9538115	9859475
流动资产合计	15947746	1351341	1349304	420045	1398983	133301	3520742	7774029
应收账款	6214326	442565	605914	134852	518431	6909	854944	3650712
存货	3714007	345023	321415	82189	341946	55675	1122161	1445598
产成品	1098926	135173	80533	34461	110290	23853	227273	487344
在产品	470954	42512	49239	6490	42375	10792	138243	181303
固定资产合计	11277525	868292	1216545	957377	1043668	453757	5202788	1535098
固定资产原价	17140081	1466505	1709934	1251828	1888606	612446	7351008	2859754
累计折旧	6042196	621393	508521	298940	900123	160498	2213838	1338884
本年折旧	1241060	109161	105423	109577	154117	65026	455453	242305
在建工程	854558	97272	138824	42499	78930	10917	348630	137486
负债合计	18061625	1295655	1675281	1097180	1625933	277660	5842850	6247067
流动负债合计	15270692	1066004	1381152	593139	1297960	257519	4768275	5906643
应付账款	6679840	453129	894918	320906	636543	56183	1503372	2814788
非流动负债合计	2607443	220452	291049	497213	215624	20039	1056651	306415
所有者权益合计	11318438	1118104	1143145	368111	1050520	335754	3691627	3611177
实收资本	7533734	804308	995549	333957	751411	122660	3000888	1524960
国家资本	1256727	59577	74475	37936	59590	36615	937275	51260
集体资本	37626		1273	50	581		67	35655
法人资本	1833188	85096	37451	162761	64645	23927	1016998	442311
个人资本	128884	10238	8306	24128	17250	2000	25422	41541
港澳台资本	2414847	395936	811821	101169	362109	60118	228890	454803
外商资本	1862462	253463	62224	7914	247236		792236	499391
营业收入	46347446	2792298	2939209	1768962	4478630	454765	14624903	19288679
主营业务收入	45597684	2757935	2925656	1760645	4449053	454471	14164458	19085465
营业成本	41419377	2393447	2683834	1448324	3899458	395880	13278679	17319755
主营业务成本	40795339	2378969	2676908	1447591	3884861	395702	12856168	17155140
营业税金及附加	919767	12747	21286	3771	11972	1674	830603	37714

12－8 续表　　　　（2012 年）　　　　单位：万元

项　目	惠州市	惠城区	惠阳区	惠东县	博罗县	龙门县	大亚湾区	仲恺区
主营业务税金及附加	906858	11516	19926	2772	5424	1669	829226	36326
其他业务收入	749762	34363	13553	8317	29577	294	460445	203214
其他业务利润	91969	12797	5746	839	3334	114	39589	29550
销售费用	976425	119299	43571	14311	81197	3752	88243	626053
管理费用	1308266	185981	123865	39309	136404	115891	199460	507356
税金	60814	6288	4960	2184	8774	804	18837	18969
差旅费	48979	6399	9228	1181	8019	317	4253	19583
工会经费	5350	1161	284	244	238	140	1066	2218
财务费用	219624	13667	23843	41957	12059	10805	81884	35408
利息收入	51396	3612	1831	1526	5057	－30	8425	30975
利息支出	253101	16313	22804	42634	18682	10394	91574	50700
营业利润	1690823	76355	59940	220875	347289	24419	181447	780500
资产减值损失	20787	1771	661	116	1098	166	2302	14674
公允价值变动收益	16689				154		11422	5113
投资收益	44341	5941	630	49	52		6397	31272
补贴收入	81894	5618	4468	1025	2008	690	22543	45541
营业外收入	24435	1120	950	71	271	27	3799	18197
营业外支出	55179	11365	4490	2629	13513	590	6495	16098
利润总额	1717539	70608	59918	219271	335785	24520	197495	809943
应交所得税	326717	19276	17660	36743	18023	3677	41410	189930
亏损企业亏损总额	141904	41958	26990	2029	22632	52	21090	27154
利税总额	5111649	132642	112798	336593	433122	68116	2358266	1670111
应交税金及附加	3781641	87597	75499	156249	124134	48077	2221018	1069067
本年应付职工薪酬	2534356	344780	416641	127016	437415	20924	434441	753139
本年应交增值税	2474343	49287	31594	113552	85365	41923	1330168	822454
本年进项税额	3587779	212450	247403	100474	221389	59105	1693005	1053953
本年销项税额	3937160	213258	128454	164962	167168	66199	2233447	963671
土地和固定资产支出	1298546	203599	177880	65286	103226	109253	298174	341130
土地购置	47434	5748	9901	6058	1765	1964	13634	8364
房屋和建筑物	212920	45525	1217	36080	22388	9326	28929	69455
机器设备	938448	115110	161011	20639	74431	84048	244539	238669
运输工具	10559	4489	557	727	779	525	1211	2272
其他费用	89185	32727	5194	1781	3863	13390	9861	22370
全部从业人员年平均人数（人）	542994	75413	100839	28334	96219	3653	82245	156291
收入法增加值	9771440	637429	802538	586481	1063247	196041	3362224	3123480

12－9　分县区分行业规模以上工业企业单位数

（2012 年）　　　　单位:个

项　目	惠州市	惠城区	惠阳区	惠东县	博罗县	龙门县	大亚湾区	仲恺区
总计	**1430**	**180**	**265**	**178**	**353**	**52**	**95**	**307**
采矿业	19				1	9		9
黑色金属矿采选业	1				1			
有色金属矿采选业	2					2		
非金属矿采选业	16					7		9
制造业	1384	176	263	174	346	39	89	297
农副食品加工业	27	5	2	4	12	2	1	1
食品制造业	8	2		1	2	3		
酒、饮料和精制茶制造业	6	2	1		1	1		1
纺织业	43	6	4	9	20	3	1	
纺织服装、服饰业	62	18	8	2	23	3		8
皮革、毛皮、羽毛及其制品和制鞋业	126	6	13	83	22			2
木材加工和木、竹、藤、棕、草制品业	20	1	4	2	7	6		
家具制造业	44	1	18	2	13	1	2	7
造纸和纸制品业	25	1	8	5	8	1		2
印刷和记录媒介复制业	19	2	6		5		1	5
文教、工美、体育和娱乐用品制造业	59		25	6	19	1	5	3
石油加工、炼焦和核燃料加工业	3						3	
化学原料和化学制品制造业	93	8	19	4	26	1	15	20
医药制造业	8	3		1	4			
化学纤维制造业	2		1		1			
橡胶和塑料制品业	130	14	31	17	32	2	7	27
非金属矿物制品业	54	2	10	10	12	9	5	6
黑色金属冶炼和压延加工业	11	1	2	2	3		1	2
有色金属冶炼和压延加工业	14	2	3		6	1	1	1
金属制品业	66	9	17	4	19		3	14
通用设备制造业	30	9	5	1	5		1	9
专用设备制造业	28	1	4	1	9	1	1	11
汽车制造业	22	7			2		8	5
铁路、船舶、航空航天和其他运输设备制造业	12	2	6	2				2
电气机械和器材制造业	116	22	19	6	20		4	45
计算机、通信和其他电子设备制造业	320	49	48	10	63	2	30	118
仪器仪表制造业	12	1	1	2	4	1		3
其他制造业	9		8					1
废弃资源综合利用业	14	1			8	1		4
金属制品、机械和设备修理业	1	1						
电力、燃气及水的生产和供应业	27	4	2	4	6	4	6	1
电力、热力生产和供应业	14	1		2	3	4	3	1
燃气生产和供应业	2	1					1	
水的生产和供应业	11	2	2	2	3		2	

12－10　分县区分经济类型规模以上工业企业单位数

（2012 年）

单位：个

项　目	惠州市	惠城区	惠阳区	惠东县	博罗县	龙门县	大亚湾区	仲恺区
总　　计	1430	180	265	178	353	52	95	307
按登记注册类型分								
内资企业	562	69	79	124	125	39	33	93
国有企业	24	3	3	2	2	5	6	3
中央企业	4						4	
地方企业	20	3	3	2	2	5	2	3
集体企业	14	2		1	5		2	4
股份合作企业	4	1		1	1			1
联营企业	1					1		
集体联营企业	1					1		
有限责任公司	174	22	26	24	49	16	9	28
其他有限责任公司	174	22	26	24	49	16	9	28
股份有限公司	13	5			2	1		5
私营企业	294	31	47	84	54	14	16	48
私营独资企业	45		4	19	7	2	1	12
私营合伙企业	8	2	2		1	1	1	1
私营有限责任公司	233	26	41	64	45	10	13	34
私营股份有限公司	8	3		1	1	1	1	1
其他企业	38	5	3	12	12	2		4
港、澳、台商投资企业	633	68	145	49	181	13	40	137
合资经营企业（港或澳、台资）	97	14	12	3	18	1	7	42
合作经营企业（港或澳、台资）	24	4	3	5	9	1	1	1
港澳台商独资经营企业	508	49	129	40	154	11	32	93
港澳台商投资股份有限公司	4	1	1	1				1
外商投资企业	235	43	41	5	47		22	77
中外合资经营企业	51	11	9		7		6	18
中外合作经营企业	4	2		1	1			
外资企业	173	29	29	4	39		16	56
外商投资股份有限公司	6	1	2					3
其他外商投资	1		1					

3－10 续表　　　　　　　　　　　　（2012 年）　　　　　　　　　　　　单位:个

项　目	惠州市	惠城区	惠阳区	惠东县	博罗县	龙门县	大亚湾区	仲恺区
按经济组织类型分								
独资企业	764	83	165	66	207	18	57	168
国有企业	24	3	3	2	2	5	6	3
集体企业	14	2		1	5		2	4
私营独资企业	45		4	19	7	2	1	12
港澳台商独资经营企业	508	49	129	40	154	11	32	93
外资企业	173	29	29	4	39		16	56
合作、合伙企业	79	14	8	19	24	5	2	7
股份合作企业	4	1		1	1			1
集体联营企业	1					1		
私营合伙企业	8	2	2		1	1	1	1
合作经营企业（港或澳、台资）	24	4	3	5	9	1	1	1
中外合作经营企业	4	2		1	1			
其他企业（内资）	38	5	3	12	12	2		4
其他外商投资企业	1		1					
股份有限公司	31	10	3	2	3	2	1	10
股份有限公司（内资）	13	5			2	1		5
私营股份有限公司	8	3		1	1	1	1	1
港澳台商投资股份有限公司	4	1	1	1				1
外商投资股份有限公司	6	1	2					3
有限责任公司	555	73	88	91	119	27	35	122
私营有限责任公司	233	26	41	64	45	10	13	34
合资经营企业（港或澳、台资）	97	14	12	3	18	1	7	42
中外合资经营企业	51	11	9		7		6	18
其他有限责任公司	174	22	26	24	49	16	9	28
按轻重工业分								
在总计中:轻工业	710	70	166	134	183	24	22	111
重工业	720	110	99	44	170	28	73	196
按企业规模分								
在总计中:大型企业	73	13	8	2	7		10	33
中型企业	443	74	71	45	97	7	42	107
小型企业	894	92	184	129	247	42	41	159
微型企业	20	1	2	2	2	3	2	8

12－11　分县区规模以上工业总产值

（2012 年）　　单位:万元

项　目	惠州市	惠城区	惠阳区	惠东县	博罗县	龙门县	大亚湾区	仲恺区
总计	**54772792**	**3444389**	**4069955**	**2878920**	**6992352**	**896451**	**16643641**	**19847085**
采矿业	151728				16460	95499		39769
黑色金属矿采选业	16460				16460			
有色金属矿采选业	6636					6636		
非金属矿采选业	128632					88864		39769
制造业	51737822	3119946	3751499	2149501	6560734	723199	15989304	19443638
农副食品加工业	414760	47628	24725	48632	236335	8414	36956	12071
食品制造业	47852	17358		4651	10544	15298		
酒、饮料和精制茶制造业	265220	104567	4433		81046	17277		57897
纺织业	419664	47624	30764	65268	247479	17597	10933	
纺织服装、服饰业	660990	183381	86548	30382	275442	12248		72989
皮革、毛皮、羽毛及其制品和制鞋业	1126289	140618	140306	429225	412230			3910
木材加工和木、竹、藤、棕、草制品业	264257	30626	30343	10036	145952	47299		
家具制造业	848542	25503	147231	250104	120078	2040	260499	43087
造纸和纸制品业	253138	17037	50858	49626	120764	3607		11246
印刷和记录媒介复制业	241514	6656	117266		79342		2090	36159
文教、工美、体育和娱乐用品制造业	479797		127921	58920	177224	3140	58459	54133
石油加工、炼焦和核燃料加工业	9413309						9413309	
化学原料和化学制品制造业	4570137	86744	205681	54656	280404	10320	3802292	130041
医药制造业	98269	35011		6429	56830			
化学纤维制造业	13353		5850		7503			
橡胶和塑料制品业	1446807	200922	147059	110258	374379	5777	63380	545032
非金属矿物制品业	925398	10035	76548	81579	196043	467566	44244	49384
黑色金属冶炼和压延加工业	646529	6010	50362	386735	165644		8366	29412
有色金属冶炼和压延加工业	133661	29161	13028		47323	18700	19577	5873
金属制品业	952106	117375	289028	32371	277317		145810	90205
通用设备制造业	425536	55049	33608	28400	71974		7843	228664
专用设备制造业	277596	6848	29241	26585	70746	2168	4690	137319
汽车制造业	1167443	536609			17477		582152	31206
铁路、船舶、航空航天和其他运输设备制造业	102369	17007	49014	17788				18560
电气机械和器材制造业	2502959	396275	155234	279517	614434		71595	985904
计算机、通信和其他电子设备制造业	23746338	967139	1883360	170449	2330934	86300	1457111	16851046
仪器仪表制造业	83797	11688	3126	7890	43792	2265		15037
其他制造业	54791		49966					4825
废弃资源综合利用业	151152	18828			99498	3184		29642
金属制品、机械和设备修理业	4251	4251						
电力、燃气及水的生产和供应业	2883243	324443	318456	729419	415158	77752	654337	363678
电力、热力生产和供应业	2763580	262215	305230	720253	402506	77752	631945	363678
燃气生产和供应业	34950	30250					4701	
水的生产和供应业	84712	31978	13225	9165	12652		17691	

12－12　分县区分经济类型规模以上工业总产值

（2012 年）　　　　单位:万元

项　目	惠州市	惠城区	惠阳区	惠东县	博罗县	龙门县	大亚湾区	仲恺区
总　　计	54772792	3444389	4069955	2878920	6992352	896451	16643641	19847085
按登记注册类型分								
内资企业	20234952	954602	1025124	2240695	2857024	768155	10529205	1860147
国有企业	11906955	295664	357294	208462	382623	121653	10052887	488371
中央企业	9591255						9591255	
地方企业	2315700	295664	357294	208462	382623	121653	461633	488371
集体企业	83616	6596		2884	50039		9876	14221
股份合作企业	44684	3325		2064	6711			32583
联营企业	4501					4501		
集体联营企业	4501					4501		
有限责任公司	3522163	203258	225767	801168	1080316	290205	99147	822302
其他有限责任公司	3522163	203258	225767	801168	1080316	290205	99147	822302
股份有限公司	505516	121508			41898	165987		176123
私营企业	3555559	240266	341154	1106208	1093267	105555	367294	301814
私营独资企业	677309		31142	460721	107627	6012	6907	64900
私营合伙企业	36289	7496	6409		11838	2669	3870	4009
私营有限责任公司	2765252	209360	303604	638038	941038	94835	351827	226551
私营股份有限公司	76709	23410		7450	32764	2040	4690	6354
其他企业	611958	83985	100908	119908	202171	80254		24732
港、澳、台商投资企业	14078843	1043077	2690498	591599	3377585	128296	1347201	4900587
合资经营企业（港或澳、台资）	3690702	320239	246627	39576	827508	9000	360505	1887248
合作经营企业（港或澳、台资）	249238	16513	38647	42432	119692	3140	23835	4980
港澳台商独资经营企业	10038455	660585	2382136	503576	2430386	116156	962861	2982754
港澳台商投资股份有限公司	100448	45740	23088	6015				25605
外商投资企业	20458998	1446711	354333	46626	757742		4767235	13086351
中外合资经营企业	14950165	768407	73675		178340		4031789	9897954
中外合作经营企业	25650	10903		11998	2749			
外资企业	5423708	664032	264494	34627	576653		735446	3148455
外商投资股份有限公司	54397	3368	11087					39942
其他外商投资	5078		5078					

项　目	惠州市	惠城区	惠阳区	惠东县	博罗县	龙门县	大亚湾区	仲恺区
按经济组织类型分								
独资企业	28130042	1626876	3035066	1210271	3547329	243821	11767978	6698702
国有企业	11906955	295664	357294	208462	382623	121653	10052887	488371
集体企业	83616	6596		2884	50039		9876	14221
私营独资企业	677309		31142	460721	107627	6012	6907	64900
港澳台商独资经营企业	10038455	660585	2382136	503576	2430386	116156	962861	2982754
外资企业	5423708	664032	264494	34627	576653		735446	3148455
合作、合伙企业	972321	122223	145964	176402	343160	90563	27705	66304
股份合作企业	44684	3325		2064	6711			32583
集体联营企业	4501					4501		
私营合伙企业	36289	7496	6409		11838	2669	3870	4009
合作经营企业(港或澳、台资)	249238	16513	38647	42432	119692	3140	23835	4980
中外合作经营企业	25650	10903		11998	2749			
其他企业(内资)	611958	83985	100908	119908	202171	80254		24732
其他外商投资企业	5078		5078					
股份有限公司	737069	194026	34175	13465	74662	168027	4690	248024
股份有限公司(内资)	505516	121508			41898	165987		176123
私营股份有限公司	76709	23410		7450	32764	2040	4690	6354
港澳台商投资股份有限公司	100448	45740	23088	6015				25605
外商投资股份有限公司	54397	3368	11087					39942
有限责任公司	24928283	1501265	849672	1478782	3027201	394040	4843268	12834055
私营有限责任公司	2765252	209360	303604	638038	941038	94835	351827	226551
合资经营企业(港或澳、台资)	3690702	320239	246627	39576	827508	9000	360505	1887248
中外合资经营企业	14950165	768407	73675		178340		4031789	9897954
其他有限责任公司	3522163	203258	225767	801168	1080316	290205	99147	822302
按轻重工业分								
在总计中:轻工业	11467154	1026464	1517956	1401713	2381271	142290	527335	4470125
重工业	43305639	2417925	2551999	1477207	4611081	754161	16116306	15376959
按企业规模分								
在总计中:大型企业	23008648	1308598	1475235	406594	1445940		2464711	15907570
中型企业	22193339	1451854	1560546	1362509	3025434	581020	11523307	2688669
小型企业	8016875	676918	1032210	1103577	2511251	304906	1197606	1190408
微型企业	1553930	7019	1964	6240	9727	10525	1458017	60439

12－13　分县区分行业规模以上“三资”工业企业单位数

（2012年）　　　　单位：个

项　目	惠州市	惠城区	惠阳区	惠东县	博罗县	龙门县	大亚湾区	仲恺区
总计	868	111	186	54	228	13	62	214
按轻重工业分								
在总计中：轻工业	430	39	125	36	130	9	15	76
重工业	438	72	61	18	98	4	47	138
按企业规模分								
在总计中：大型企业	62	9	7	2	7		9	28
中型企业	314	55	59	18	70	3	27	82
小型企业	484	47	120	33	150	10	26	98
微型企业	8			1	1			6
按行业分								
制造业	865	111	186	54	228	13	60	213
农副食品加工业	5	1		2	2			
食品制造业	2	2						
酒、饮料和精制茶制造业	5	1	1		1	1		1
纺织业	33	3	3	8	15	3	1	
纺织服装、服饰业	44	12	7		18	1		6
皮革、毛皮、羽毛及其制品和制鞋业	45	5	11	8	20			1
木材加工和木、竹、藤、棕、草制品业	6	1	3		2			
家具制造业	35	1	12		13		2	7
造纸和纸制品业	12		3	3	6			
印刷和记录媒介复制业	8		4		4			
文教、工美、体育和娱乐用品制造业	50		23	5	14	1	4	3
化学原料和化学制品制造业	47	4	7	2	16	1	10	7
医药制造业	1				1			
化学纤维制造业	2		1		1			
橡胶和塑料制品业	90	9	21	5	25	2	5	23
非金属矿物制品业	15	1	4	4	3	1	1	1
黑色金属冶炼和压延加工业	6		2		1		1	2
有色金属冶炼和压延加工业	11	2	1		6		1	1
金属制品业	45	7	13	2	11		2	10
通用设备制造业	18	6	3		1		1	7
专用设备制造业	23	1	3		7	1		11
汽车制造业	21	7			2		8	4
铁路、船舶、航空航天和其他运输设备制造业	10	2	5	1				2
电气机械和器材制造业	79	13	13	4	11		2	36
计算机、通信和其他电子设备制造业	235	33	37	8	45	1	22	89
仪器仪表制造业	7		1	2	3	1		
其他制造业	9		8					1
废弃资源综合利用业	1							1
电力、燃气及水的生产和供应业	3						2	1
电力、热力生产和供应业	1							1
燃气生产和供应业	1						1	
水的生产和供应业	1						1	

12－14　分县区分行业规模以上“三资”工业企业总产值

（2012 年）　　单位:万元

项　目	惠州市	惠城区	惠阳区	惠东县	博罗县	龙门县	大亚湾区	仲恺区
总计	34537841	2489788	3044831	638225	4135327	128296	6114436	17986937
按轻重工业分								
在总计中:轻工业	8372718	751678	1188368	435711	1772185	55834	456902	3712040
重工业	26165122	1738110	1856463	202514	2363143	72462	5657534	14274897
按企业规模分								
在总计中:大型企业	19787576	910127	1082973	207127	1067647		1757732	14761970
中型企业	10394326	1181553	1333535	246735	1603771	64259	3645717	2318755
小型企业	4299748	398107	628323	181575	1460510	64037	710987	856209
微型企业	56191			2787	3399			50005
按行业分								
制造业	34482737	2489788	3044831	638225	4135327	128296	6102525	17943745
农副食品加工业	49480	2357		4124	42999			
食品制造业	17358	17358						
酒、饮料和精制茶制造业	260624	99971	4433		81046	17277		57897
纺织业	343263	25778	27992	62651	198312	17597	10933	
纺织服装、服饰业	523302	156665	80864		232969	2451		50354
皮革、毛皮、羽毛及其制品和制鞋业	658351	122989	120390	40610	372557			1806
木材加工和木、竹、藤、棕、草制品业	114149	30626	22753		60769			
家具制造业	532875	25503	83708		120078		260499	43087
造纸和纸制品业	151754		11448	35555	104751			
印刷和记录媒介复制业	171899		104395		67504			
文教、工美、体育和娱乐用品制造业	415142		118238	55467	129575	3140	54589	54133
化学原料和化学制品制造业	3997798	60809	101504	33788	170130	10320	3551446	69802
医药制造业	2054				2054			
化学纤维制造业	13353		5850		7503			
橡胶和塑料制品业	1176035	160692	101893	23000	314280	5777	46351	524042
非金属矿物制品业	244918	6013	26042	63202	65861	59003	8776	16022
黑色金属冶炼和压延加工业	108475		50362		20335		8366	29412
有色金属冶炼和压延加工业	104896	29161	2963		47323		19577	5873
金属制品业	725791	104949	237090	3346	187050		124910	68446
通用设备制造业	312135	42739	19066		18666		7843	223821
专用设备制造业	233863	6848	22461		65068	2168		137319
汽车制造业	1165215	536609			17477		582152	28978
铁路、船舶、航空航天和其他运输设备制造业	85780	17007	45907	4305				18560
电气机械和器材制造业	1687945	292220	128191	181317	155572		54491	876154
计算机、通信和其他电子设备制造业	21266840	751496	1676190	122969	1611670	8300	1372594	15723623
仪器仪表制造业	55061		3126	7890	41780	2265		
其他制造业	54791		49966					4825
废弃资源综合利用业	9592							9592
电力、燃气及水的生产和供应业	55104						11911	43193
电力、热力生产和供应业	43193							43193
燃气生产和供应业	4701						4701	
水的生产和供应业	7210						7210	

12－15 规模以上工业企业主要经济指标

（2012 年） 单位：万元

项　目	企业单位数（个）	亏损企业	工业总产值（当年价格）	工业销售产值（当年价格）	出口交货值
总　　计	1430	340	54772792	54494076	20694252
按登记注册类型分组：					
内资企业	562	105	20234952	20234097	1118025
国有企业	24	7	11906955	12037625	18228
中央企业	4	1	9591255	9725125	
地方企业	20	6	2315700	2312500	18228
集体企业	14	6	83616	82961	15733
股份合作企业	4	1	44684	44470	4137
联营企业	1		4501	4501	
集体联营企业	1		4501	4501	
有限责任公司	174	33	3522163	3443732	566757
其他有限责任公司	174	33	3522163	3443732	566757
股份有限公司	13	1	505516	510341	40107
私营企业	294	51	3555559	3517682	329842
私营独资企业	45	4	677309	666670	28843
私营合伙企业	8	3	36289	36225	2522
私营有限责任公司	233	41	2765252	2735594	287889
私营股份有限公司	8	3	76709	79193	10588
其他企业	38	6	611958	592786	143221
港、澳、台商投资企业	633	166	14078843	13790465	8140628
合资经营企业（港或澳、台资）	97	20	3690702	3665902	1884375
合作经营企业（港或澳、台资）	24	5	249238	246995	152484
港澳台商独资经营企业	508	141	10038455	9786239	6049711
港澳台商投资股份有限公司	4		100448	91329	54058
外商投资企业	235	69	20458998	20469514	11435599
中外合资经营企业	51	9	14950165	15104686	8475282
中外合作经营企业	4		25650	25416	22207
外资企业	173	56	5423708	5280015	2900627
外商投资股份有限公司	6	4	54397	54320	32534
其他外商投资	1		5078	5078	4949
按经济组织类型分组					
独资企业	764	214	28130042	27853510	9013142

项　目	企业单位数（个）	亏损企业	工业总产值（当年价格）	工业销售产值（当年价格）	出口交货值
国有企业	24	7	11906955	12037625	18228
集体企业	14	6	83616	82961	15733
私营独资企业	45	4	677309	666670	28843
港澳台商独资经营企业	508	141	10038455	9786239	6049711
外资企业	173	56	5423708	5280015	2900627
合作、合伙企业	79	15	972321	950393	324570
股份合作企业	4	1	44684	44470	4137
集体联营企业	1		4501	4501	
私营合伙企业	8	3	36289	36225	2522
合作经营企业（港或澳、台资）	24	5	249238	246995	152484
中外合作经营企业	4		25650	25416	22207
其他企业（内资）	38	6	611958	592786	143221
其他外商投资企业	1		5078	5078	4949
股份有限公司	31	8	737069	735182	137288
股份有限公司（内资）	13	1	505516	510341	40107
私营股份有限公司	8	3	76709	79193	10588
港澳台商投资股份有限公司	4		100448	91329	54058
外商投资股份有限公司	6	4	54397	54320	32534
有限责任公司	555	103	24928283	24949914	11214303
私营有限责任公司	233	41	2765252	2735594	287889
合资经营企业（港或澳、台资）	97	20	3690702	3665902	1884375
中外合资经营企业	51	9	14950165	15104686	8475282
其他有限责任公司	174	33	3522163	3443732	566757
在总计中:亏损企业	340	340	4511007	4427503	1825591
在总计中:国有控股企业	46	12	16119031	16198432	299842
在总计中:轻工业	710	153	11467154	11315807	5680059
重工业	720	187	43305639	43178269	15014193
在总计中:大型企业	73	10	23008648	22994093	14481192
中型企业	443	106	22193339	22048714	4271316
小型企业	894	219	8016875	7898927	1934066
微型企业	20	5	1553930	1552342	7678

项　　目	年初存货			资产总计	
		产成品	在产品		流动资产合　　计
总　　计	4364384	1475279	653946	35307040	19280519
按登记注册类型分组:					
内资企业	1112383	371278	144579	11702800	4764294
国有企业	573385	125305	75908	5726852	1527992
中央企业	519443	99894	72130	3370106	1168541
地方企业	53942	25411	3779	2356746	359451
集体企业	1444	611	447	99877	44383
股份合作企业	5775	2448	2382	80782	55708
联营企业	11			1127	350
集体联营企业	11			1127	350
有限责任公司	200211	89942	26501	3173752	1543425
其他有限责任公司	200211	89942	26501	3173752	1543425
股份有限公司	65548	33879	6513	572073	341140
私营企业	224463	94059	30494	1785166	1087816
私营独资企业	20390	11386	650	207636	113625
私营合伙企业	3377	1388	725	17514	12795
私营有限责任公司	194223	79478	29119	1488242	913540
私营股份有限公司	6473	1808		71774	47856
其他企业	41547	25034	2333	263171	163479
港、澳、台商投资企业	1639896	477869	268012	12332622	7928449
合资经营企业(港或澳、台资)	493452	131667	94882	3248540	2152505
合作经营企业(港或澳、台资)	20518	6421	2987	150394	91267
港澳台商独资经营企业	1111961	338196	167225	8840905	5647396
港澳台商投资股份有限公司	13966	1584	2918	92782	37282
外商投资企业	1612105	626133	241355	11271618	6587776
中外合资经营企业	1022059	443625	160160	7140521	3908204
中外合作经营企业	2494	910	299	15707	12748
外资企业	577673	179393	79787	4061273	2630957
外商投资股份有限公司	9757	2204	1109	47178	34239
其他外商投资	123			6939	1628
按经济组织类型分组					
独资企业	2284852	654890	324018	18936544	9964353

项　　目	年初存货	产成品	在产品	资产总计	流动资产合　计
国有企业	573385	125305	75908	5726852	1527992
集体企业	1444	611	447	99877	44383
私营独资企业	20390	11386	650	207636	113625
港澳台商独资经营企业	1111961	338196	167225	8840905	5647396
外资企业	577673	179393	79787	4061273	2630957
合作、合伙企业	73721	36201	8727	528695	336347
股份合作企业	5775	2448	2382	80782	55708
集体联营企业	11			1127	350
私营合伙企业	3377	1388	725	17514	12795
合作经营企业（港或澳、台资）	20518	6421	2987	150394	91267
中外合作经营企业	2494	910	299	15707	12748
其他企业（内资）	41547	25034	2333	263171	163479
其他外商投资企业	123			6939	1628
股份有限公司	95744	39475	10540	783807	460517
股份有限公司（内资）	65548	33879	6513	572073	341140
私营股份有限公司	6473	1808		71774	47856
港澳台商投资股份有限公司	13966	1584	2918	92782	37282
外商投资股份有限公司	9757	2204	1109	47178	34239
有限责任公司	1909945	744713	310662	15051055	8517674
私营有限责任公司	194223	79478	29119	1488242	913540
合资经营企业（港或澳、台资）	493452	131667	94882	3248540	2152505
中外合资经营企业	1022059	443625	160160	7140521	3908204
其他有限责任公司	200211	89942	26501	3173752	1543425
在总计中：亏损企业	763663	260211	130148	4991550	2688421
在总计中：国有控股企业	1030528	438081	195426	10237281	2794526
在总计中：轻工业	1222062	345474	174720	8357952	5872380
重工业	3142322	1129805	479226	26949087	13408139
在总计中：大型企业	1525917	374120	180587	14402979	9153999
中型企业	2019749	805650	360284	14985330	6793747
小型企业	784611	281290	97917	5595070	3171379
微型企业	34108	14219	15158	323660	161394

项　　目	流动资产合计				固定资产合计
	应收账款	存货			
			产成品	在产品	
总　　计	7201098	4642547	1365627	583113	13362965
按登记注册类型分组:					
内资企业	1307152	1185543	304722	179927	5740773
国有企业	295408	501797	49333	97950	3578670
中央企业	184569	421170	17589	94366	1879911
地方企业	110839	80627	31744	3584	1698759
集体企业	4573	5587	4373	133	28038
股份合作企业	12906	8555	3808	3407	20157
联营企业	60	50			777
集体联营企业	60	50			777
有限责任公司	479249	275053	88832	34854	1333616
其他有限责任公司	479249	275053	88832	34854	1333616
股份有限公司	141537	66449	32936	8024	171746
私营企业	305533	278309	112188	32757	534536
私营独资企业	26079	28995	13532	1006	82546
私营合伙企业	4127	5955	3340	1008	3889
私营有限责任公司	254086	234758	92485	30718	429200
私营股份有限公司	21241	8602	2831	25	18901
其他企业	67886	49743	13254	2802	73234
港、澳、台商投资企业	3225365	1799280	538439	214399	3484184
合资经营企业(港或澳、台资)	802047	549610	172136	67271	829254
合作经营企业(港或澳、台资)	30022	29671	8992	3294	50872
港澳台商独资经营企业	2381712	1209009	355815	139574	2588903
港澳台商投资股份有限公司	11584	10991	1497	4261	15155
外商投资企业	2668581	1657723	522466	188786	4138008
中外合资经营企业	1863342	990321	303812	110568	2937232
中外合作经营企业	7249	3224	784	165	2757
外资企业	781123	652504	214689	75285	1183669
外商投资股份有限公司	16520	11304	3181	2768	10610
其他外商投资	347	371			3740
按经济组织类型分组					
独资企业	3488895	2397891	637741	313948	7461827

项　　目	流动资产合计				固定资产合计
	应收账款	存货	产成品	在产品	
国有企业	295408	501797	49333	97950	3578670
集体企业	4573	5587	4373	133	28038
私营独资企业	26079	28995	13532	1006	82546
港澳台商独资经营企业	2381712	1209009	355815	139574	2588903
外资企业	781123	652504	214689	75285	1183669
合作、合伙企业	122250	97197	30177	10676	151685
股份合作企业	12906	8555	3808	3407	20157
集体联营企业	60	50			777
私营合伙企业	4127	5955	3340	1008	3889
合作经营企业（港或澳、台资）	30022	29671	8992	3294	50872
中外合作经营企业	7249	3224	784	165	2757
其他企业（内资）	67886	49743	13254	2802	73234
其他外商投资企业	347	371			3740
股份有限公司	190882	97346	40445	15078	216411
股份有限公司（内资）	141537	66449	32936	8024	171746
私营股份有限公司	21241	8602	2831	25	18901
港澳台商投资股份有限公司	11584	10991	1497	4261	15155
外商投资股份有限公司	16520	11304	3181	2768	10610
有限责任公司	3398724	2049741	657264	243412	5529302
私营有限责任公司	254086	234758	92485	30718	429200
合资经营企业（港或澳、台资）	802047	549610	172136	67271	829254
中外合资经营企业	1863342	990321	303812	110568	2937232
其他有限责任公司	479249	275053	88832	34854	1333616
在总计中：亏损企业	889111	763871	276887	90720	1875492
在总计中：国有控股企业	670052	834766	203432	103668	6548083
在总计中：轻工业	2207087	1303626	371328	159566	1825757
重工业	4994011	3338921	994299	423547	11537208
在总计中：大型企业	4386568	1669292	463607	183407	4285313
中型企业	1827759	2044716	635319	287547	6992212
小型企业	945496	900466	260425	93021	1939428
微型企业	41276	28074	6275	19138	146013

项　目	固定资产原价	累计折旧	本年折旧	在建工程	负债合计
总　　计	20925106	7856217	1557024	973446	21534679
按登记注册类型分组:					
内资企业	8436079	2791790	596362	574301	7739960
国有企业	5254048	1691923	331725	411824	3756597
中央企业	2406340	526429	152712	206459	2414654
地方企业	2847708	1165494	179013	205364	1341943
集体企业	74616	47449	3913	631	67511
股份合作企业	24212	6429	4277	1574	22350
联营企业	873	96	20		200
集体联营企业	873	96	20		200
有限责任公司	1800033	492138	144915	68502	2264023
其他有限责任公司	1800033	492138	144915	68502	2264023
股份有限公司	259893	101960	18979	22053	274781
私营企业	866716	362501	80272	63350	1182364
私营独资企业	143377	65972	14945	2474	113112
私营合伙企业	7609	3720	644	82	14547
私营有限责任公司	691955	285939	63146	60725	1010956
私营股份有限公司	23775	6871	1537	70	43749
其他企业	155689	89294	12262	6368	172134
港、澳、台商投资企业	5710196	2386376	472785	272099	7748267
合资经营企业(港或澳、台资)	1288751	522359	109567	63618	2264188
合作经营企业(港或澳、台资)	99578	59186	6814	246	77749
港澳台商独资经营企业	4302303	1800422	354954	191443	5363255
港澳台商投资股份有限公司	19564	4410	1450	16792	43075
外商投资企业	6778832	2678051	487877	127047	6046452
中外合资经营企业	4659461	1727809	312646	41689	3594668
中外合作经营企业	11879	9122	1281		5786
外资企业	2074900	922709	172493	85118	2404836
外商投资股份有限公司	28657	18216	1397	240	39706
其他外商投资	3936	195	60		1457
按经济组织类型分组					
独资企业	11849244	4528475	878029	691489	11705311

项 目	固定资产原价	累计折旧	本年折旧	在建工程	负债合计
国有企业	5254048	1691923	331725	411824	3756597
集体企业	74616	47449	3913	631	67511
私营独资企业	143377	65972	14945	2474	113112
港澳台商独资经营企业	4302303	1800422	354954	191443	5363255
外资企业	2074900	922709	172493	85118	2404836
合作、合伙企业	299839	167847	25298	8269	292766
股份合作企业	24212	6429	4277	1574	22350
集体联营企业	873	96	20		200
私营合伙企业	7609	3720	644	82	14547
合作经营企业(港或澳、台资)	99578	59186	6814	246	77749
中外合作经营企业	11879	9122	1281		5786
其他企业(内资)	155689	89294	12262	6368	172134
其他外商投资企业	3936	195	60		1457
股份有限公司	331889	131457	23363	39154	401310
股份有限公司(内资)	259893	101960	18979	22053	274781
私营股份有限公司	23775	6871	1537	70	43749
港澳台商投资股份有限公司	19564	4410	1450	16792	43075
外商投资股份有限公司	28657	18216	1397	240	39706
有限责任公司	8440199	3028243	630274	234534	9133835
私营有限责任公司	691955	285939	63146	60725	1010956
合资经营企业(港或澳、台资)	1288751	522359	109567	63618	2264188
中外合资经营企业	4659461	1727809	312646	41689	3594668
其他有限责任公司	1800033	492138	144915	68502	2264023
在总计中:亏损企业	2891709	1052543	173580	133872	3644520
在总计中:国有控股企业	9399866	2871365	542012	447161	6612868
在总计中:轻工业	3354927	1626643	283843	137445	5517055
重工业	17570180	6229574	1273181	836001	16017624
在总计中:大型企业	6789351	2577783	575557	408941	9021750
中型企业	10350730	3464413	665503	445617	9039875
小型企业	3563038	1737996	293263	118757	3313257
微型企业	221987	76025	22701	131	159798

项　目	流动负债合　计	应付账款	非流动负债合计	所有者权益合计	实收资本
总　计	18124239	7721503	3053576	13753617	9524371
按登记注册类型分组:					
内资企业	6105105	2327662	1450802	3955620	2536814
国有企业	3043764	1144566	707177	1970179	1536917
中央企业	2339138	915363	75516	955452	982444
地方企业	704626	229203	631661	1014727	554473
集体企业	54942	6639	843	32366	40368
股份合作企业	20468	7904	1881	58432	16974
联营企业	200			927	300
集体联营企业	200			927	300
有限责任公司	1655579	721197	546523	908645	461385
其他有限责任公司	1655579	721197	546523	908645	461385
股份有限公司	235591	65389	39191	297291	92973
私营企业	957799	308847	135867	597374	323244
私营独资企业	91502	25824	7869	93646	30661
私营合伙企业	13838	4258		2967	6417
私营有限责任公司	815034	271170	123865	472736	275396
私营股份有限公司	37425	7596	4133	28026	10770
其他企业	136763	73121	19320	90405	64654
港、澳、台商投资企业	7184895	3314321	468349	4575192	3636245
合资经营企业(港或澳、台资)	2211544	732170	44477	983972	630711
合作经营企业(港或澳、台资)	63499	30857	8788	72645	77850
港澳台商独资经营企业	4868001	2524162	413862	3468867	2908861
港澳台商投资股份有限公司	41852	27132	1222	49708	18823
外商投资企业	4834239	2079521	1134425	5222806	3351312
中外合资经营企业	2599952	820108	985112	3544053	1933408
中外合作经营企业	2668	2330	3031	9921	11894
外资企业	2199233	1234482	137504	1655878	1368326
外商投资股份有限公司	30929	22216	8777	7472	33509
其他外商投资	1457	385		5481	4176
按经济组织类型分组					
独资企业	10257441	4935671	1267256	7220936	5885132

项目	流动负债合计	应付账款	非流动负债合计	所有者权益合计	实收资本
国有企业	3043764	1144566	707177	1970179	1536917
集体企业	54942	6639	843	32366	40368
私营独资企业	91502	25824	7869	93646	30661
港澳台商独资经营企业	4868001	2524162	413862	3468867	2908861
外资企业	2199233	1234482	137504	1655878	1368326
合作、合伙企业	237435	118470	33021	235298	178089
股份合作企业	20468	7904	1881	58432	16974
集体联营企业	200			927	300
私营合伙企业	13838	4258		2967	6417
合作经营企业(港或澳、台资)	63499	30857	8788	72645	77850
中外合作经营企业	2668	2330	3031	9921	11894
其他企业(内资)	136763	73121	19320	90405	64654
其他外商投资企业	1457	385		5481	4176
股份有限公司	345797	122333	53323	382497	156074
股份有限公司(内资)	235591	65389	39191	297291	92973
私营股份有限公司	37425	7596	4133	28026	10770
港澳台商投资股份有限公司	41852	27132	1222	49708	18823
外商投资股份有限公司	30929	22216	8777	7472	33509
有限责任公司	7282109	2544644	1699976	5909406	3300900
私营有限责任公司	815034	271170	123865	472736	275396
合资经营企业(港或澳、台资)	2211544	732170	44477	983972	630711
中外合资经营企业	2599952	820108	985112	3544053	1933408
其他有限责任公司	1655579	721197	546523	908645	461385
在总计中:亏损企业	3246360	1215964	352204	1344619	1862362
在总计中:国有控股企业	4502354	1638892	2104858	3624335	3129439
在总计中:轻工业	5005081	2169804	376512	2836441	2177388
重工业	13119158	5551699	2677064	10917176	7346983
在总计中:大型企业	8102708	3731521	919043	5380628	2512472
中型企业	7167984	2948319	1688400	5937810	5021262
小型企业	2742348	1012557	398544	2274193	1891985
微型企业	111199	29106	47590	160986	98652

项 目	国家资本	集体资本	法人资本	个人资本	港澳台资本
总 计	1398465	57948	2296362	291882	3056420
按登记注册类型分组:					
内资企业	1392911	28162	738773	253238	115683
国有企业	1388300		148617		
中央企业	964446		17998		
地方企业	423854		130618		
集体企业		10867	15953	13310	33
股份合作企业			1000	15974	
联营企业			300		
集体联营企业			300		
有限责任公司	3120	3634	322413	61620	66409
其他有限责任公司	3120	3634	322413	61620	66409
股份有限公司	41	12278	50981	25879	3694
私营企业	1000	983	180427	133131	7703
私营独资企业		15	12030	17634	983
私营合伙企业			4991	1426	
私营有限责任公司	1000	968	160136	106571	6721
私营股份有限公司			3270	7500	
其他企业	450	400	19082	3326	37845
港、澳、台商投资企业	1796	5545	482946	29133	2771002
合资经营企业(港或澳、台资)	1796	4272	347441	10521	249464
合作经营企业(港或澳、台资)			10688	10108	56311
港澳台商独资经营企业		1273	120121	8504	2451100
港澳台商投资股份有限公司			4695		14128
外商投资企业	3758	24241	1074644	9511	169736
中外合资经营企业	3758	22756	846459	8151	33286
中外合作经营企业			1820		3838
外资企业		1485	225885	1360	132611
外商投资股份有限公司			480		
其他外商投资					
按经济组织类型分组					
独资企业	1388300	13640	522605	40808	2584726

项 目	国家资本	集体资本	法人资本	个人资本	港澳台资本
国有企业	1388300		148617		
集体企业		10867	15953	13310	33
私营独资企业		15	12030	17634	983
港澳台商独资经营企业		1273	120121	8504	2451100
外资企业		1485	225885	1360	132611
合作、合伙企业	450	400	37881	30833	97994
股份合作企业			1000	15974	
集体联营企业			300		
私营合伙企业			4991	1426	
合作经营企业（港或澳、台资）			10688	10108	56311
中外合作经营企业			1820		3838
其他企业（内资）	450	400	19082	3326	37845
其他外商投资企业					
股份有限公司	41	12278	59426	33379	17821
股份有限公司（内资）	41	12278	50981	25879	3694
私营股份有限公司			3270	7500	
港澳台商投资股份有限公司			4695		14128
外商投资股份有限公司			480		
有限责任公司	9674	31631	1676449	186863	355879
私营有限责任公司	1000	968	160136	106571	6721
合资经营企业（港或澳、台资）	1796	4272	347441	10521	249464
中外合资经营企业	3758	22756	846459	8151	33286
其他有限责任公司	3120	3634	322413	61620	66409
在总计中:亏损企业	169815	5270	263942	51065	846556
在总计中:国有控股企业	1388508	10625	1038357		15478
在总计中:轻工业	31477	30290	332100	129895	1133314
重工业	1366988	27658	1964262	161988	1923107
在总计中:大型企业	378081	16603	433138	15383	1009027
中型企业	878645	21023	1400051	113501	1405820
小型企业	67031	20322	442702	161769	640249
微型企业	74707		20472	1230	1325

项目	外商资本	营业收入	主营业务收入	营业成本	主营业务成本
总　　计	2423293	55905031	55030485	49868532	49145741
按登记注册类型分组:					
内资企业	8047	20564685	20204382	18079126	17764480
国有企业		12341670	12049426	11116505	10839501
中央企业		10004851	9724596	8990416	8716989
地方企业		2336819	2324830	2126089	2122512
集体企业	206	87090	84791	73530	71781
股份合作企业		45315	45218	34548	34467
联营企业		4501	4501	2903	2732
集体联营企业		4501	4501	2903	2732
有限责任公司	4189	3473463	3434889	2924836	2901358
其他有限责任公司	4189	3473463	3434889	2924836	2901358
股份有限公司	100	456042	445038	359009	354028
私营企业		3559828	3543835	3043139	3035958
私营独资企业		659386	655671	519597	517945
私营合伙企业		37299	36018	33180	32996
私营有限责任公司		2784931	2773975	2425548	2420204
私营股份有限公司		78212	78171	64814	64814
其他企业	3552	596778	596684	524656	524656
港、澳、台商投资企业	345824	14552854	14296994	12999481	12810591
合资经营企业(港或澳、台资)	17217	3878627	3718523	3369536	3233183
合作经营企业(港或澳、台资)	744	250393	248653	224488	223177
港澳台商独资经营企业	327863	10332505	10238757	9333180	9282179
港澳台商投资股份有限公司		91329	91062	72277	72053
外商投资企业	2069423	20787492	20529109	18789925	18570669
中外合资经营企业	1018998	15216353	15087801	13766024	13667265
中外合作经营企业	6236	25771	25771	24068	24068
外资企业	1006985	5483850	5354565	4940801	4820304
外商投资股份有限公司	33029	56442	55898	54909	54909
其他外商投资	4176	5076	5074	4123	4123
按经济组织类型分组					
独资企业	1335054	28904501	28383210	25983613	25531710

项目	外商资本	营业收入	主营业务收入	营业成本	主营业务成本
国有企业		12341670	12049426	11116505	10839501
集体企业	206	87090	84791	73530	71781
私营独资企业		659386	655671	519597	517945
港澳台商独资经营企业	327863	10332505	10238757	9333180	9282179
外资企业	1006985	5483850	5354565	4940801	4820304
合作、合伙企业	10531	960057	956844	843842	842095
股份合作企业		45315	45218	34548	34467
集体联营企业		4501	4501	2903	2732
私营合伙企业		37299	36018	33180	32996
合作经营企业(港或澳、台资)	744	250393	248653	224488	223177
中外合作经营企业	6236	25771	25771	24068	24068
其他企业(内资)	3552	596778	596684	524656	524656
其他外商投资企业	4176	5076	5074	4123	4123
股份有限公司	33129	682023	670169	551009	545804
股份有限公司(内资)	100	456042	445038	359009	354028
私营股份有限公司		78212	78171	64814	64814
港澳台商投资股份有限公司		91329	91062	72277	72053
外商投资股份有限公司	33029	56442	55898	54909	54909
有限责任公司	1040404	25353374	25015188	22485945	22222009
私营有限责任公司		2784931	2773975	2425548	2420204
合资经营企业(港或澳、台资)	17217	3878627	3718523	3369536	3233183
中外合资经营企业	1018998	15216353	15087801	13766024	13667265
其他有限责任公司	4189	3473463	3434889	2924836	2901358
在总计中:亏损企业	525713	4550073	4471664	4342027	4280973
在总计中:国有控股企业	676472	16535598	16212125	14959614	14659529
在总计中:轻工业	520312	11922083	11831012	10448456	10395885
重工业	1902981	43982948	43199473	39420076	38749856
在总计中:大型企业	660240	23847634	23507492	21513100	21252574
中型企业	1202222	22499812	22090192	19906277	19542764
小型企业	559913	8000592	7880198	7003830	6909445
微型企业	918	1556993	1552603	1445325	1440957

项　目	营业税金及附加	主营业务税金及附加	其他业务收　入	其他业务利　润	销售费用
总　　计	959736	946158	874546	101117	1159812
按登记注册类型分组:					
内资企业	857879	849206	360304	19422	209190
国有企业	833028	825439	292243	7824	47774
中央企业	821418	821418	280255	5865	27607
地方企业	11610	4021	11989	1960	20167
集体企业	707	577	2298		1192
股份合作企业	210	210	97	1	1040
联营企业	45	45			255
集体联营企业	45	45			255
有限责任公司	8287	7737	38574	4769	53901
其他有限责任公司	8287	7737	38574	4769	53901
股份有限公司	3157	3133	11003	5676	19849
私营企业	10701	10319	15993	1150	77284
私营独资企业	2196	2196	3715	98	29657
私营合伙企业	221	214	1281		900
私营有限责任公司	7919	7544	10956	1052	43370
私营股份有限公司	365	365	41		3357
其他企业	1746	1746	94	2	7894
港、澳、台商投资企业	49912	49669	255860	41054	317359
合资经营企业(港或澳、台资)	11840	11835	160104	20555	120087
合作经营企业(港或澳、台资)	671	671	1741	181	3647
港澳台商独资经营企业	36949	36711	93749	20425	192510
港澳台商投资股份有限公司	452	452	266	-107	1114
外商投资企业	51945	47284	258383	40641	633263
中外合资经营企业	36584	32084	128552	31462	471029
中外合作经营企业	21	21			276
外资企业	15098	14936	129286	8634	160954
外商投资股份有限公司	210	210	543	543	683
其他外商投资	32	32	2	2	322
按经济组织类型分组					
独资企业	887978	879860	521291	36981	432088

项　目	营业税金及附加	主营业务税金及附加	其他业务收入	其他业务利润	销售费用
国有企业	833028	825439	292243	7824	47774
集体企业	707	577	2298		1192
私营独资企业	2196	2196	3715	98	29657
港澳台商独资经营企业	36949	36711	93749	20425	192510
外资企业	15098	14936	129286	8634	160954
合作、合伙企业	2914	2907	3213	184	14012
股份合作企业	210	210	97	1	1040
集体联营企业	45	45			255
私营合伙企业	221	214	1281		900
合作经营企业(港或澳、台资)	671	671	1741	181	3647
中外合作经营企业	21	21			276
其他企业(内资)	1746	1746	94	2	7894
其他外商投资企业	32	32	2	2	322
股份有限公司	4183	4159	11854	6112	25003
股份有限公司(内资)	3157	3133	11003	5676	19849
私营股份有限公司	365	365	41		3357
港澳台商投资股份有限公司	452	452	266	-107	1114
外商投资股份有限公司	210	210	543	543	683
有限责任公司	64629	59200	338186	57838	688387
私营有限责任公司	7919	7544	10956	1052	43370
合资经营企业(港或澳、台资)	11840	11835	160104	20555	120087
中外合资经营企业	36584	32084	128552	31462	471029
其他有限责任公司	8287	7737	38574	4769	53901
在总计中:亏损企业	28175	23738	78408	12947	99905
在总计中:国有控股企业	842312	834723	323473	12917	110876
在总计中:轻工业	39263	38241	91071	13019	353223
重工业	920473	907917	783475	88099	806589
在总计中:大型企业	49237	41667	340142	55382	648911
中型企业	870530	865191	409620	36588	327514
小型企业	26437	25768	120395	9126	168893
微型企业	13533	13533	4390	22	14494

项　目	管理费用				财务费用
		税金	差旅费	工会经费	
总　　计	1677130	79501	65541	8186	293702
按登记注册类型分组:					
内资企业	523031	21855	21763	2186	161443
国有企业	160582	9926	4824	511	68640
中央企业	45328	7884	1062	124	21121
地方企业	115254	2042	3761	388	47519
集体企业	8934	484	270		1693
股份合作企业	5765	128	282	43	546
联营企业	1087	33	9	7	
集体联营企业	1087	33	9	7	
有限责任公司	141577	5627	5764	756	58219
其他有限责任公司	141577	5627	5764	756	58219
股份有限公司	34433	547	1741	125	4395
私营企业	135545	4302	7922	675	25869
私营独资企业	23520	337	3628	113	3896
私营合伙企业	2274	28	24	2	242
私营有限责任公司	105040	3851	4077	487	20167
私营股份有限公司	4710	87	193	73	1564
其他企业	35108	809	952	70	2081
港、澳、台商投资企业	681413	34010	27351	3039	64547
合资经营企业(港或澳、台资)	169636	8909	7249	1056	10641
合作经营企业(港或澳、台资)	13216	405	373	2	1663
港澳台商独资经营企业	491408	24407	19572	1981	51459
港澳台商投资股份有限公司	7155	288	157	1	784
外商投资企业	472686	23636	16428	2961	67712
中外合资经营企业	183297	13982	6038	1434	69711
中外合作经营企业	1050	74	34		29
外资企业	283597	9495	10295	1521	－2047
外商投资股份有限公司	4240	85	60	6	－50
其他外商投资	502				69
按经济组织类型分组					
独资企业	968041	44648	38588	4126	123641

（2012年）　　单位:万元

项　目	管理费用	税金	差旅费	工会经费	财务费用
国有企业	160582	9926	4824	511	68640
集体企业	8934	484	270		1693
私营独资企业	23520	337	3628	113	3896
港澳台商独资经营企业	491408	24407	19572	1981	51459
外资企业	283597	9495	10295	1521	－2047
合作、合伙企业	58499	1477	1674	123	4562
股份合作企业	5765	128	282	43	546
集体联营企业	1087	33	9	7	
私营合伙企业	2274	28	24	2	242
合作经营企业(港或澳、台资)	13216	405	373	2	1663
中外合作经营企业	1050	74	34		29
其他企业(内资)	35108	809	952	70	2081
其他外商投资企业	502				69
股份有限公司	50538	1007	2150	204	6692
股份有限公司(内资)	34433	547	1741	125	4395
私营股份有限公司	4710	87	193	73	1564
港澳台商投资股份有限公司	7155	288	157	1	784
外商投资股份有限公司	4240	85	60	6	－50
有限责任公司	599550	32369	23129	3732	158739
私营有限责任公司	105040	3851	4077	487	20167
合资经营企业(港或澳、台资)	169636	8909	7249	1056	10641
中外合资经营企业	183297	13982	6038	1434	69711
其他有限责任公司	141577	5627	5764	756	58219
在总计中:亏损企业	311632	10195	6850	1708	51248
在总计中:国有控股企业	225960	14841	7764	939	175491
在总计中:轻工业	581829	24351	28193	2812	58305
重工业	1095301	55150	37348	5374	235397
在总计中:大型企业	632994	29536	21409	2698	47355
中型企业	675272	31278	27570	2652	172269
小型企业	356979	17529	16478	2485	68547
微型企业	11884	1158	84	351	5532

(2012年)

单位:万元

项目	利息收入	利息支出	营业利润	资产减值损失	公允价值变动收益
总计	56017	324488	2137698	21777	14243
按登记注册类型分组:					
内资企业	12145	160339	857348	5710	817
国有企业	4154	70592	200615	2098	
中央企业	2671	22996	120445		
地方企业	1484	47595	80170	2098	
集体企业	25	1677	1170		
股份合作企业	343	718	3025		
联营企业			211		
集体联营企业			211		
有限责任公司	4712	59156	311544	2082	817
其他有限责任公司	4712	59156	311544	2082	817
股份有限公司	1641	5225	47163	1106	
私营企业	1132	21345	266151	430	
私营独资企业	40	3140	77875		
私营合伙企业	－4	184	655	51	
私营有限责任公司	1097	16576	183260	371	
私营股份有限公司	－2	1446	4361	9	
其他企业	138	1625	27469	－6	
港、澳、台商投资企业	18098	67785	479542	7494	－692
合资经营企业(港或澳、台资)	6842	20362	197135	3106	－65
合作经营企业(港或澳、台资)	53	1176	7002		154
港澳台商独资经营企业	11200	45693	266014	4388	－781
港澳台商投资股份有限公司	4	555	9390		
外商投资企业	25774	96364	800808	8573	14118
中外合资经营企业	5947	75402	709421	1184	12568
中外合作经营企业	2	1	280		
外资企业	19762	20887	94411	7375	1550
外商投资股份有限公司	63	74	－3333	14	
其他外商投资			28		
按经济组织类型分组					
独资企业	35182	141988	640085	13861	769

12－15 续表19　　(2012年)　　单位:万元

项　目	利息收入	利息支出	营业利润	资产减值损　失	公允价值变动收　　益
国有企业	4154	70592	200615	2098	
集体企业	25	1677	1170		
私营独资企业	40	3140	77875		
港澳台商独资经营企业	11200	45693	266014	4388	－781
外资企业	19762	20887	94411	7375	1550
合作、合伙企业	532	3704	38643	45	154
股份合作企业	343	718	3025		
集体联营企业			211		
私营合伙企业	－4	184	655	51	
合作经营企业(港或澳、台资)	53	1176	7002		154
中外合作经营企业	2	1	280		
其他企业(内资)	138	1625	27469	－6	
其他外商投资企业			28		
股份有限公司	1706	7299	57581	1128	
股份有限公司(内资)	1641	5225	47163	1106	
私营股份有限公司	－2	1446	4361	9	
港澳台商投资股份有限公司	4	555	9390		
外商投资股份有限公司	63	74	－3333	14	
有限责任公司	18598	171497	1401361	6743	13320
私营有限责任公司	1097	16576	183260	371	
合资经营企业(港或澳、台资)	6842	20362	197135	3106	－65
中外合资经营企业	5947	75402	709421	1184	12568
其他有限责任公司	4712	59156	311544	2082	817
在总计中:亏损企业	3034	52217	－237819	3696	－365
在总计中:国有控股企业	7556	182284	323627	5428	11317
在总计中:轻工业	12733	55176	447148	9450	－15
重工业	43284	269312	1690550	12326	14258
在总计中:大型企业	41277	75743	990248	17465	5106
中型企业	10119	177359	700575	3321	11583
小型企业	4023	65192	380962	961	－2446
微型企业	599	6195	65913	29	

(2012年)

单位:万元

项 目	投资收益	补贴收入	营业外收入	营业外支出	利润总额
总 计	51803	133456	50902	77959	2193171
按登记注册类型分组:					
内资企业	24896	43926	10990	27710	873564
国有企业	3939	14038	338	9323	205330
中央企业	3506	10143		100	130488
地方企业	433	3896	338	9223	74843
集体企业	41	780	734	1392	559
股份合作企业		876	866	18	3884
联营企业				39	172
集体联营企业				39	172
有限责任公司	13741	5541	2828	2929	314157
其他有限责任公司	13741	5541	2828	2929	314157
股份有限公司	7156	7673	42	2813	52022
私营企业	19	10882	2940	10331	266702
私营独资企业		487	89	1562	76800
私营合伙企业		42	2	19	678
私营有限责任公司	19	10188	2791	8716	184732
私营股份有限公司		165	59	34	4492
其他企业		4135	3242	866	30738
港、澳、台商投资企业	11595	38680	15555	31849	486350
合资经营企业(港或澳、台资)	806	14503	7305	10065	201549
合作经营企业(港或澳、台资)		689	3	410	7281
港澳台商独资经营企业	10790	22604	8230	21366	267252
港澳台商投资股份有限公司		885	18	8	10268
外商投资企业	15312	50850	24357	18400	833258
中外合资经营企业	4160	35553	18022	8815	736159
中外合作经营企业	8	133		33	381
外资企业	11145	14188	6303	9434	99165
外商投资股份有限公司		968	24	117	－2482
其他外商投资		8	8	2	35
按经济组织类型分组					
独资企业	25914	52098	15693	43077	649106

(2012年)

单位:万元

项 目	投资收益	补贴收入	营业外收入	营业外支出	利润总额
国有企业	3939	14038	338	9323	205330
集体企业	41	780	734	1392	559
私营独资企业		487	89	1562	76800
港澳台商独资经营企业	10790	22604	8230	21366	267252
外资企业	11145	14188	6303	9434	99165
合作、合伙企业	8	5875	4113	1384	43133
股份合作企业		876	866	18	3884
集体联营企业				39	172
私营合伙企业		42	2	19	678
合作经营企业(港或澳、台资)		689	3	410	7281
中外合作经营企业	8	133		33	381
其他企业(内资)		4135	3242	866	30738
其他外商投资企业		8	8	2	35
股份有限公司	7156	9690	142	2971	64300
股份有限公司(内资)	7156	7673	42	2813	52022
私营股份有限公司		165	59	34	4492
港澳台商投资股份有限公司		885	18	8	10268
外商投资股份有限公司		968	24	117	－2482
有限责任公司	18726	65785	30946	30525	1436597
私营有限责任公司	19	10188	2791	8716	184732
合资经营企业(港或澳、台资)	806	14503	7305	10065	201549
中外合资经营企业	4160	35553	18022	8815	736159
其他有限责任公司	13741	5541	2828	2929	314157
在总计中:亏损企业	737	45521	19987	18784	－211082
在总计中:国有控股企业	12837	44095	22204	11300	356422
在总计中:轻工业	20012	38561	14371	18269	467416
重工业	31791	94895	36530	59690	1725755
在总计中:大型企业	27042	58229	16390	32777	1015701
中型企业	17299	23665	8045	22402	701838
小型企业	7462	51556	26463	22729	409765
微型企业		6	4	52	65866

项　目	应交所得税	亏损企业亏损总额	利税总额	应交税金及附加	本年应付职工薪酬
总　　计	385172	211082	5840135	4111637	3023305
按登记注册类型分组:					
内资企业	119688	35125	3227166	2495146	733095
国有企业	57766	13375	2237777	2100139	203537
中央企业	32603	7453	2038693	1948692	43244
地方企业	25163	5922	199084	151447	160293
集体企业	94	1365	2615	2634	16886
股份合作企业	535	947	5270	2048	6048
联营企业			520	380	124
集体联营企业			520	380	124
有限责任公司	42959	6228	454301	188730	185049
其他有限责任公司	42959	6228	454301	188730	185049
股份有限公司	6765	1033	86165	41455	47436
私营企业	9877	10346	389402	136879	224486
私营独资企业	2154	195	104865	30556	25668
私营合伙企业	71	1188	1291	711	4930
私营有限责任公司	7571	8562	275621	102310	185659
私营股份有限公司	80	401	7626	3301	8229
其他企业	1693	1832	51116	22880	49529
港、澳、台商投资企业	68273	99684	828473	444406	1410367
合资经营企业(港或澳、台资)	22112	8598	266884	96357	322620
合作经营企业(港或澳、台资)	306	1554	11275	4706	31703
港澳台商独资经营企业	44609	89533	539248	341013	1046023
港澳台商投资股份有限公司	1245		11065	2331	10020
外商投资企业	197211	76272	1784497	1172086	879844
中外合资经营企业	172576	18323	1529311	979710	372310
中外合作经营企业	32		640	365	4667
外资企业	24596	54921	256003	190929	492200
外商投资股份有限公司	3	3029	－1523	1046	9925
其他外商投资	4		67	36	741
按经济组织类型分组					
独资企业	129219	159388	3140509	2665271	1784314

项　目	应交所得税	亏损企业亏损总额	利税总额	应交税金及附加	本年应付职工薪酬
国有企业	57766	13375	2237777	2100139	203537
集体企业	94	1365	2615	2634	16886
私营独资企业	2154	195	104865	30556	25668
港澳台商独资经营企业	44609	89533	539248	341013	1046023
外资企业	24596	54921	256003	190929	492200
合作、合伙企业	2636	5521	70111	31090	97002
股份合作企业	535	947	5270	2048	6048
集体联营企业			520	380	124
私营合伙企业	71	1188	1291	711	4930
合作经营企业(港或澳、台资)	306	1554	11275	4706	31703
中外合作经营企业	32		640	365	4667
其他企业(内资)	1693	1832	51116	22880	49529
其他外商投资企业	4		67	36	741
股份有限公司	8093	4462	103333	48133	75610
股份有限公司(内资)	6765	1033	86165	41455	47436
私营股份有限公司	80	401	7626	3301	8229
港澳台商投资股份有限公司	1245		11065	2331	10020
外商投资股份有限公司	3	3029	－1523	1046	9925
有限责任公司	245219	41710	2526117	1367107	1065638
私营有限责任公司	7571	8562	275621	102310	185659
合资经营企业(港或澳、台资)	22112	8598	266884	96357	322620
中外合资经营企业	172576	18323	1529311	979710	372310
其他有限责任公司	42959	6228	454301	188730	185049
在总计中:亏损企业	2523	211082	－112431	111369	504737
在总计中:国有控股企业	97671	32489	2672622	2428712	311110
在总计中:轻工业	51306	46985	846748	454989	1140053
重工业	333866	164097	4993387	3656648	1883253
在总计中:大型企业	230607	29489	1959596	1204038	1342122
中型企业	96111	112415	3152053	2577603	1192234
小型企业	41073	67889	609133	257969	483193
微型企业	17382	1289	119354	72027	5757

项 目	本年应交增值税	本年进项税额	本年销项税额	土地和固定资产支出	土地购置
总 计	2687228	4384814	4841833	1473680	57819
按登记注册类型分组:					
内资企业	1495723	1836965	2543227	380607	34366
国有企业	1199419	1207371	1771915	24488	9334
中央企业	1086787	1158756	1699417	10426	8726
地方企业	112632	48615	72497	14062	608
集体企业	1349	5588	6718	1139	
股份合作企业	1176	5621	6486	22135	1454
联营企业	303	351	654		
集体联营企业	303	351	654		
有限责任公司	131858	313823	369579	162686	9497
其他有限责任公司	131858	313823	369579	162686	9497
股份有限公司	30986	47200	63708	45817	2002
私营企业	111999	219209	294197	117535	10034
私营独资企业	25869	19262	40881	11433	1432
私营合伙企业	391	3589	3498	405	
私营有限责任公司	82970	187411	239080	97018	8602
私营股份有限公司	2769	8948	10739	8679	
其他企业	18632	37804	29970	6807	2045
港、澳、台商投资企业	292212	1289550	1062409	640118	19362
合资经营企业(港或澳、台资)	53496	275781	281276	118464	2939
合作经营企业(港或澳、台资)	3323	10432	7413	401	
港澳台商独资经营企业	235047	997673	769172	520350	16423
港澳台商投资股份有限公司	345	5664	4548	903	
外商投资企业	899294	1258299	1236197	452955	4091
中外合资经营企业	756567	865927	872415	214636	2717
中外合作经营企业	238	594	484	162	
外资企业	141740	385499	359249	237136	1374
外商投资股份有限公司	749	5801	4023	1019	
其他外商投资		479	26	2	
按经济组织类型分组					
独资企业	1603425	2615392	2947935	794546	28563

（2012 年）

单位：万元

项　目	本年应交增值税	本年进项税额	本年销项税额	土地和固定资产支出	土地购置
国有企业	1199419	1207371	1771915	24488	9334
集体企业	1349	5588	6718	1139	
私营独资企业	25869	19262	40881	11433	1432
港澳台商独资经营企业	235047	997673	769172	520350	16423
外资企业	141740	385499	359249	237136	1374
合作、合伙企业	24063	58390	48505	29910	3498
股份合作企业	1176	5621	6486	22135	1454
集体联营企业	303	351	654		
私营合伙企业	391	3589	3498	405	
合作经营企业（港或澳、台资）	3323	10432	7413	401	
中外合作经营企业	238	594	484	162	
其他企业（内资）	18632	37804	29970	6807	2045
其他外商投资企业		479	26	2	
股份有限公司	34849	67612	83017	56418	2002
股份有限公司（内资）	30986	47200	63708	45817	2002
私营股份有限公司	2769	8948	10739	8679	
港澳台商投资股份有限公司	345	5664	4548	903	
外商投资股份有限公司	749	5801	4023	1019	
有限责任公司	1024891	1642942	1762350	592804	23756
私营有限责任公司	82970	187411	239080	97018	8602
合资经营企业（港或澳、台资）	53496	275781	281276	118464	2939
中外合资经营企业	756567	865927	872415	214636	2717
其他有限责任公司	131858	313823	369579	162686	9497
在总计中：亏损企业	70475	428463	348830	289626	5297
在总计中：国有控股企业	1473889	1775352	2421026	47784	11336
在总计中：轻工业	340069	1051196	973988	272116	11456
重工业	2347159	3333618	3867845	1201564	46362
在总计中：大型企业	894658	1285715	1142478	602969	11612
中型企业	1579685	2302065	2794682	695577	35822
小型企业	172930	572906	644740	172692	8928
微型企业	39955	224129	259933	2441	1457

项　目					全部从业人员年平均人数（人）	工业增加值（收入法）
	房屋和建筑物	机器设备	运输工具	其他费用		
总　　计	263807	1028704	16625	106726	667751	11739666
按登记注册类型分组:						
内资企业	110576	190057	5787	39822	144992	4886585
国有企业	12264	1699	132	1059	18651	2804542
中央企业		692	28	981	2260	2231148
地方企业	12264	1007	104	79	16391	573395
集体企业	856	264	15	5	5058	31738
股份合作企业	5442	10239	563	4438	1258	15131
联营企业					54	1755
集体联营企业					54	1755
有限责任公司	19706	109134	2087	22261	39213	868459
其他有限责任公司	19706	109134	2087	22261	39213	868459
股份有限公司	9229	28446	1054	5086	9289	158520
私营企业	62148	38254	1860	5239	59327	859881
私营独资企业	6622	1780	52	1548	6732	186098
私营合伙企业		405			1223	9098
私营有限责任公司	55427	29963	1405	1622	49791	647408
私营股份有限公司	99	6106	404	2070	1581	17277
其他企业	931	2021	77	1734	12142	146559
港、澳、台商投资企业	69651	523935	4582	22589	338858	3148157
合资经营企业(港或澳、台资)	5480	101649	630	7766	72080	849029
合作经营企业(港或澳、台资)		283	52	66	9186	61149
港澳台商独资经营企业	64170	421141	3858	14758	255355	2209875
港澳台商投资股份有限公司		862	41		2237	28103
外商投资企业	83581	314713	6256	44315	183901	3704924
中外合资经营企业	17326	184710	476	9407	67328	2636235
中外合作经营企业		148		14	1729	8622
外资企业	66255	128834	5780	34893	112185	1047026
外商投资股份有限公司		1019			2499	11288
其他外商投资		2			160	1752
按经济组织类型分组						
独资企业	150167	553718	9837	52263	397981	6279279

（2012年）

单位：万元

项　目					全部从业人员年平均人数（人）	工业增加值（收入法）
	房屋和建筑物	机器设备	运输工具	其他费用		
国有企业	12264	1699	132	1059	18651	2804542
集体企业	856	264	15	5	5058	31738
私营独资企业	6622	1780	52	1548	6732	186098
港澳台商独资经营企业	64170	421141	3858	14758	255355	2209875
外资企业	66255	128834	5780	34893	112185	1047026
合作、合伙企业	6374	13095	692	6252	25592	242314
股份合作企业	5442	10239	563	4438	1258	15131
集体联营企业					54	1755
私营合伙企业		405			1223	9098
合作经营企业（港或澳、台资）		283	52	66	9186	61149
中外合作经营企业		148		14	1729	8622
其他企业（内资）	931	2021	77	1734	12142	146559
其他外商投资企业		2			160	1752
股份有限公司	9328	36434	1499	7155	15606	215188
股份有限公司（内资）	9229	28446	1054	5086	9289	158520
私营股份有限公司	99	6106	404	2070	1581	17277
港澳台商投资股份有限公司		862	41		2237	28103
外商投资股份有限公司		1019			2499	11288
有限责任公司	97939	425455	4597	41056	228412	5001132
私营有限责任公司	55427	29963	1405	1622	49791	647408
合资经营企业（港或澳、台资）	5480	101649	630	7766	72080	849029
中外合资经营企业	17326	184710	476	9407	67328	2636235
其他有限责任公司	19706	109134	2087	22261	39213	868459
在总计中：亏损企业	61988	194310	2029	26003	126056	809601
在总计中：国有控股企业	12282	17369	395	6402	30792	3585675
在总计中：轻工业	109755	111711	6794	32400	290082	2614901
重工业	154052	916993	9831	74326	377669	9124765
在总计中：大型企业	70833	470784	5927	43814	266087	4406244
中型企业	142087	467664	4633	45372	276908	5365195
小型企业	50753	89562	5951	17499	123570	1811840
微型企业	134	694	115	41	1186	156386

12－16 规模以上分行业工业企业主要经济指标

（2012年）　　　　单位:万元

项　目	企业单位数（个）	亏损企业	工业总产值（当年价格）	工业销售产值（当年价格）	出口交货值
总计	1430	340	54772792	54494076	20694252
采矿业	19	1	151728	142000	
黑色金属矿采选业	1		16460	13985	
有色金属矿采选业	2	1	6636	6636	
非金属矿采选业	16		128632	121379	
制造业	1384	330	51737822	51497367	20694252
农副食品加工业	27	8	414760	415007	64510
食品制造业	8		47852	46879	14804
酒、饮料和精制茶制造业	6	1	265220	261477	10640
纺织业	43	6	419664	410813	161118
纺织服装、服饰业	62	12	660990	649881	362452
皮革、毛皮、羽毛及其制品和制鞋业	126	12	1126289	1123299	638584
木材加工和木、竹、藤、棕、草制品业	20	2	264257	256472	72294
家具制造业	44	12	848542	835818	390195
造纸和纸制品业	25	9	253138	248649	63581
印刷和记录媒介复制业	19	7	241514	241256	74974
文教、工美、体育和娱乐用品制造业	59	15	479797	474098	372035
石油加工、炼焦和核燃料加工业	3	1	9413309	9547179	
化学原料和化学制品制造业	93	17	4570137	4501907	140385
医药制造业	8	1	98269	87027	2054
化学纤维制造业	2		13353	16181	4039
橡胶和塑料制品业	130	29	1446807	1406517	618593
非金属矿物制品业	54	16	925398	912886	71765
黑色金属冶炼和压延加工业	11	3	646529	640143	166953
有色金属冶炼和压延加工业	14	4	133661	131231	43337
金属制品业	66	18	952106	946504	419426
通用设备制造业	30	7	425536	425807	186649
专用设备制造业	28	9	277596	273630	82319
汽车制造业	22	6	1167443	1184757	390185
铁路、船舶、航空航天和其他运输设备制造业	12	5	102369	103167	58831
电气机械和器材制造业	116	30	2502959	2445904	1098128
计算机、通信和其他电子设备制造业	320	93	23746338	23623913	15097594
仪器仪表制造业	12	3	83797	80578	50299
其他制造业	9	3	54791	49217	36169
废弃资源综合利用业	14	1	151152	152922	2342
金属制品、机械和设备修理业	1		4251	4251	
电力、燃气及水的生产和供应业	27	9	2883243	2854709	
电力、热力生产和供应业	14	4	2763580	2737208	
燃气生产和供应业	2		34950	34950	
水的生产和供应业	11	5	84712	82551	

项　目	年初存货	产成品	在产品	资产总计	流动资产合　计
				资产总计	
总计	4364384	1475279	653946	35307040	19280519
采矿业	4206	3745	333	59599	23254
黑色金属矿采选业				7790	5003
有色金属矿采选业	604	564		7163	5125
非金属矿采选业	3602	3180	333	44646	13126
制造业	4306887	1450075	653613	31540501	18665410
农副食品加工业	23026	12452	45	197369	124887
食品制造业	2355	964	584	23468	15719
酒、饮料和精制茶制造业	13946	4425	725	189241	103231
纺织业	43207	14952	10147	231467	148597
纺织服装、服饰业	114960	17401	19813	444867	286775
皮革、毛皮、羽毛及其制品和制鞋业	111829	24344	10290	511252	343233
木材加工和木、竹、藤、棕、草制品业	14679	2789	3257	149096	81301
家具制造业	83845	25686	12319	575807	268288
造纸和纸制品业	28542	9927	1097	199443	115895
印刷和记录媒介复制业	27511	2892	10542	210793	131235
文教、工美、体育和娱乐用品制造业	82986	24958	17771	330120	208536
石油加工、炼焦和核燃料加工业	508671	99894	72130	3065441	1110377
化学原料和化学制品制造业	505907	340008	90463	4396420	1583810
医药制造业	12385	7960	1240	91762	58771
化学纤维制造业	2115	1100		8000	4308
橡胶和塑料制品业	209766	74982	23122	1184498	627981
非金属矿物制品业	84834	37496	18775	963649	312030
黑色金属冶炼和压延加工业	36140	21644	5965	226805	120590
有色金属冶炼和压延加工业	19155	7200	1819	79425	58920
金属制品业	145607	53270	27079	772164	476777
通用设备制造业	36900	10925	7526	356489	225416
专用设备制造业	36081	9219	4978	230454	146147
汽车制造业	159044	53703	29831	1319469	630314
铁路、船舶、航空航天和其他运输设备制造业	32316	13355	5172	182764	112730
电气机械和器材制造业	219512	84770	35989	1498081	1002537
计算机、通信和其他电子设备制造业	1706382	479589	239087	13914203	10241234
仪器仪表制造业	9236	4427	1386	57779	37385
其他制造业	14182	2276	1223	38682	27460
废弃资源综合利用业	18761	6224	1240	81884	55956
金属制品、机械和设备修理业	3009	1245		9612	4972
电力、燃气及水的生产和供应业	53292	21459		3706939	591855
电力、热力生产和供应业	48876	19099		3302171	495999
燃气生产和供应业	1666	1660		62169	24191
水的生产和供应业	2749	700		342599	71666

项目	流动资产合计				固定资产合计
	应收账款	存货	产成品	在产品	
总计	7201098	4642547	1365627	583113	13362965
采矿业	5604	11508	7134	251	30049
黑色金属矿采选业	706	800	800		2100
有色金属矿采选业		4519	485		1560
非金属矿采选业	4898	6188	5848	251	26389
制造业	7061646	4573507	1347452	582863	10593135
农副食品加工业	28521	39098	10321	5271	48894
食品制造业	7221	3412	2287	654	7033
酒、饮料和精制茶制造业	9424	14509	4720	1060	68801
纺织业	25787	48068	20095	8221	60113
纺织服装、服饰业	58674	126470	20280	12213	139244
皮革、毛皮、羽毛及其制品和制鞋业	83476	134691	29498	16938	128925
木材加工和木、竹、藤、棕、草制品业	12346	24203	8168	1633	48578
家具制造业	72377	85277	27191	15289	172087
造纸和纸制品业	37568	30850	7502	1617	70143
印刷和记录媒介复制业	39961	21901	3963	4648	70246
文教、工美、体育和娱乐用品制造业	60589	88245	24266	23337	106158
石油加工、炼焦和核燃料加工业	166723	409956	17589	94366	1650468
化学原料和化学制品制造业	388522	410045	164522	6591	2596629
医药制造业	17566	18367	6817	1763	26096
化学纤维制造业	889	1865	1037		3344
橡胶和塑料制品业	225437	197782	66063	20698	444684
非金属矿物制品业	56454	110770	43969	16083	586588
黑色金属冶炼和压延加工业	29633	61447	21955	3839	91846
有色金属冶炼和压延加工业	17216	17327	2323	1166	18668
金属制品业	148904	162471	51396	31297	230289
通用设备制造业	96393	43234	11691	9376	94425
专用设备制造业	52054	38865	9947	4065	73660
汽车制造业	229214	169795	50251	41062	558626
铁路、船舶、航空航天和其他运输设备制造业	41869	31776	15550	5106	32897
电气机械和器材制造业	418851	257916	93492	34754	367121
计算机、通信和其他电子设备制造业	4700074	1979459	618518	216623	2855051
仪器仪表制造业	12570	14705	8385	1669	14118
其他制造业	9234	9919	162	455	9456
废弃资源综合利用业	13165	17053	5496	2392	18118
金属制品、机械和设备修理业	935	4036		679	834
电力、燃气及水的生产和供应业	133849	57532	11041		2739781
电力、热力生产和供应业	127614	51287	9710		2522761
燃气生产和供应业	1281	1331	1331		21150
水的生产和供应业	4954	4913			195869

（2012年）　单位：万元

项　目	资产总计				负债合计
	固定资产原价	累计折旧	本年折旧	在建工程	
总计	20925106	7856217	1557024	973446	21534679
采矿业	43910	15408	4395	2474	20296
黑色金属矿采选业	8464	7281	967	35	3000
有色金属矿采选业	3991	2432	453		4606
非金属矿采选业	31455	5695	2976	2439	12689
制造业	16824567	6504745	1310732	747472	19247186
农副食品加工业	92201	51609	8234	2404	124940
食品制造业	18899	11866	1010	16	23467
酒、饮料和精制茶制造业	109852	41231	8231	348	137078
纺织业	138200	82623	13970	6100	150451
纺织服装、服饰业	252460	118352	19932	3693	241219
皮革、毛皮、羽毛及其制品和制鞋业	313680	189970	27699	176	281603
木材加工和木、竹、藤、棕、草制品业	144925	98263	14673	25471	91270
家具制造业	230508	65265	12388	6281	320737
造纸和纸制品业	81287	21580	5049	9632	145636
印刷和记录媒介复制业	109604	45722	8691	698	143421
文教、工美、体育和娱乐用品制造业	196133	99122	16251	1368	171234
石油加工、炼焦和核燃料加工业	2138816	488349	138472	205149	2403872
化学原料和化学制品制造业	3821147	1249026	213425	43174	2339299
医药制造业	39169	19335	2937	6925	50761
化学纤维制造业	10975	7631	379	2	1574
橡胶和塑料制品业	807462	393222	68360	40847	645437
非金属矿物制品业	859598	285119	90535	15592	549253
黑色金属冶炼和压延加工业	211154	123064	20508	876	89133
有色金属冶炼和压延加工业	46937	28277	5090	603	35136
金属制品业	408112	184793	30639	11206	481798
通用设备制造业	195793	101889	15135	946	157046
专用设备制造业	155803	83447	14206	357	119897
汽车制造业	802923	298390	78741	50878	740314
铁路、船舶、航空航天和其他运输设备制造业	56143	23777	3759	5221	117970
电气机械和器材制造业	633898	285114	75995	31396	903429
计算机、通信和其他电子设备制造业	4866828	2066076	409974	274788	8663167
仪器仪表制造业	33309	19192	2613	252	35837
其他制造业	15675	6526	864	190	20618
废弃资源综合利用业	31651	15321	2838	2374	53178
金属制品、机械和设备修理业	1427	593	137	509	8412
电力、燃气及水的生产和供应业	4056630	1336064	241896	223501	2267198
电力、热力生产和供应业	3751179	1231113	230259	179350	1983905
燃气生产和供应业	30816	9666	1316	10937	39439
水的生产和供应业	274635	95285	10322	33213	243854

项目	流动负债合计	应付账款	非流动负债合计	所有者权益
总计	18124239	7721503	3053576	13753617
采矿业	12051	4178	7748	35371
黑色金属矿采选业	2979	1490	21	4790
有色金属矿采选业	2784	210	1823	2557
非金属矿采选业	6289	2478	5905	28024
制造业	17062955	7345182	1837994	12278505
农副食品加工业	110986	41595	10665	72352
食品制造业	21863	7764	1604	1
酒、饮料和精制茶制造业	136127	21625	951	52164
纺织业	142157	45112	1966	80794
纺织服装、服饰业	208093	70260	23519	203140
皮革、毛皮、羽毛及其制品和制鞋业	241526	113569	18462	228197
木材加工和木、竹、藤、棕、草制品业	66221	17486	7648	57813
家具制造业	263312	91273	48832	255060
造纸和纸制品业	123059	77928	11421	53807
印刷和记录媒介复制业	122563	52805	18236	67371
文教、工美、体育和娱乐用品制造业	150582	73884	16834	158884
石油加工、炼焦和核燃料加工业	2328356	907730	75516	661569
化学原料和化学制品制造业	1425048	346545	907591	2056557
医药制造业	40991	12742	9176	41000
化学纤维制造业	1574	763		6103
橡胶和塑料制品业	548101	240866	34341	536588
非金属矿物制品业	481114	120408	44249	414268
黑色金属冶炼和压延加工业	71966	21007	9135	137672
有色金属冶炼和压延加工业	34167	14446	889	44288
金属制品业	421950	147023	47091	288486
通用设备制造业	144025	77331	7224	199442
专用设备制造业	99640	41166	6412	110541
汽车制造业	721448	161413	18700	577356
铁路、船舶、航空航天和其他运输设备制造业	91896	64356	16685	64795
电气机械和器材制造业	811063	452883	23524	593573
计算机、通信和其他电子设备制造业	8145231	4075931	470532	5246771
仪器仪表制造业	31514	13781	3995	21943
其他制造业	20450	14922		18065
废弃资源综合利用业	51559	17002	762	28706
金属制品、机械和设备修理业	6375	1569	2037	1200
电力、燃气及水的生产和供应业	1049233	372143	1207834	1439741
电力、热力生产和供应业	905226	363412	1078565	1318266
燃气生产和供应业	39439			22730
水的生产和供应业	104568	8731	129269	98745

项　　目	实收资本	国际资本	集体资本	法人资本	个人资本	港澳台资本
总计	9524371	1398465	57948	2296362	291882	3056420
采矿业	15313			8848	6465	
黑色金属矿采选业	1089				1089	
有色金属矿采选业	869			869		
非金属矿采选业	13355			7979	5376	
制造业	8482044	713652	49621	1985133	279120	3049489
农副食品加工业	33778	320	3251	16112	9968	3407
食品制造业	10478			1497	500	1615
酒、饮料和精制茶制造业	48865	351	497	6000		42017
纺织业	83110			12823	2560	59543
纺织服装、服饰业	186954			14575	8969	86955
皮革、毛皮、羽毛及其制品和制鞋业	192069		65	14267	11590	75662
木材加工和木、竹、藤、棕、草制品业	42888		947	9766	2050	17909
家具制造业	208150			33621	762	145831
造纸和纸制品业	58381			3820	3882	50679
印刷和记录媒介复制业	61913			13755	4926	31686
文教、工美、体育和娱乐用品制造业	172103		1340	14564	100	118054
石油加工、炼焦和核燃料加工业	693377	675379		17998		
化学原料和化学制品制造业	1695625	4000		715240	38609	102628
医药制造业	23983			16021	7627	235
化学纤维制造业	6329			3040		3289
橡胶和塑料制品业	523392	450	405	175881	18751	238660
非金属矿物制品业	214605	2001		71759	23929	109427
黑色金属冶炼和压延加工业	54256			1316	8092	39315
有色金属冶炼和压延加工业	24950			330	968	10474
金属制品业	292859	20000		24789	13510	185114
通用设备制造业	146597			45082	17226	9091
专用设备制造业	72588			9106	3605	19853
汽车制造业	257385	5203		120709		31637
铁路、船舶、航空航天和其他运输设备制造业	64621	2100		15247		38476
电气机械和器材制造业	472477	41	17639	86268	36686	225673
计算机、通信和其他电子设备制造业	2778428	3707	25377	518045	61971	1368946
仪器仪表制造业	19414			8550	1055	7832
其他制造业	18227			1975		16253
废弃资源综合利用业	23043	100	100	11777	1785	9231
金属制品、机械和设备修理业	1200			1200		
电力、燃气及水的生产和供应业	1027014	684813	8327	302381	6297	6932
电力、热力生产和供应业	929555	656149		256636	5507	
燃气生产和供应业	14932			8000		6932
水的生产和供应业	82527	28665	8327	37745	791	

项　目	外商资本	营业收入	主营业务收入	营业成本	主营业务成本
总计	2423293	55905031	55030485	49868532	49145741
采矿业		135034	135034	88088	87884
黑色金属矿采选业		9352	9352	6346	6346
有色金属矿采选业		6636	6636	4361	4306
非金属矿采选业		119047	119047	77381	77233
制造业	2405029	52895803	52048414	47264988	46552090
农副食品加工业	721	439943	434268	393194	393190
食品制造业	6866	46929	46443	37698	37526
酒、饮料和精制茶制造业		281750	279876	172460	171962
纺织业	8184	409533	406999	366248	364812
纺织服装、服饰业	76455	665075	661056	601639	598885
皮革、毛皮、羽毛及其制品和制鞋业	90486	1131426	1128553	1002108	1002057
木材加工和木、竹、藤、棕、草制品业	12216	240797	239164	211662	209524
家具制造业	27936	853535	851134	751797	749599
造纸和纸制品业		251706	251493	227144	227144
印刷和记录媒介复制业	11546	250669	247354	224797	224797
文教、工美、体育和娱乐用品制造业	38045	483688	480850	430505	429189
石油加工、炼焦和核燃料加工业		9825965	9546689	8853509	8580097
化学原料和化学制品制造业	835147	4612945	4523439	4259825	4168806
医药制造业	100	86471	84619	59566	58198
化学纤维制造业		15314	15292	13226	13226
橡胶和塑料制品业	89244	1431451	1419106	1247090	1233105
非金属矿物制品业	7490	785186	784522	684275	680719
黑色金属冶炼和压延加工业	5533	645115	645115	524115	524115
有色金属冶炼和压延加工业	13179	131721	130665	116689	116689
金属制品业	49446	943385	935281	847786	844714
通用设备制造业	75198	427110	425245	369583	369375
专用设备制造业	40024	283009	278121	250388	245973
汽车制造业	99836	1321751	1200420	1140522	1040542
铁路、船舶、航空航天和其他运输设备制造业	8799	101655	101097	86230	86221
电气机械和器材制造业	106171	2512914	2497615	2205392	2200107
计算机、通信和其他电子设备制造业	800382	24414086	24132718	21924244	21718229
仪器仪表制造业	1977	85872	84866	70007	70007
其他制造业		53995	53949	50292	50284
废弃资源综合利用业	50	158557	158216	139283	139281
金属制品、机械和设备修理业		4251	4251	3718	3718
电力、燃气及水的生产和供应业	18264	2874194	2847037	2515457	2505766
电力、热力生产和供应业	11264	2749351	2736074	2434292	2429886
燃气生产和供应业		38806	27238	25383	21154
水的生产和供应业	7000	86037	83725	55782	54727

项　　目	营业税金及附加	主营业务税金及附加	其他业务收入	其他业务利润	销售费用	管理费用
总计	959736	946158	874546	101117	1159812	1677130
采矿业	2361	2361			11441	16059
黑色金属矿采选业	461	461			360	830
有色金属矿采选业	248	248			224	1867
非金属矿采选业	1652	1652			10857	13361
制造业	944725	938736	847389	94806	1135721	1546685
农副食品加工业	557	557	5676	6	8339	12090
食品制造业	239	239	486		2138	4655
酒、饮料和精制茶制造业	4064	3477	1873	1371	66414	8429
纺织业	697	573	2534	97	4597	14138
纺织服装、服饰业	2052	2052	4019	21	6341	32164
皮革、毛皮、羽毛及其制品和制鞋业	3658	3593	2873	543	13954	48484
木材加工和木、竹、藤、棕、草制品业	1391	1224	1633	49	4061	13149
家具制造业	2004	1894	2400	1505	23124	29012
造纸和纸制品业	542	542	214	211	6844	11319
印刷和记录媒介复制业	971	962	3315	305	4450	11230
文教、工美、体育和娱乐用品制造业	1482	1480	2839	147	5752	28784
石油加工、炼焦和核燃料加工业	820511	820511	279276	5865	27607	37912
化学原料和化学制品制造业	14752	14736	89506	1128	94608	85983
医药制造业	711	687	1852	460	12115	7082
化学纤维制造业	55	55	21	2	170	593
橡胶和塑料制品业	5173	5067	12345	2687	35600	88212
非金属矿物制品业	3065	2909	664	113	13727	56615
黑色金属冶炼和压延加工业	4825	913		－13	27514	16555
有色金属冶炼和压延加工业	462	449	1055	10	1732	5726
金属制品业	3581	3581	8104	3233	16717	51224
通用设备制造业	2355	2355	1866	88	5234	17923
专用设备制造业	695	621	4888	3552	5999	21709
汽车制造业	3777	3777	121331	17915	22235	85548
铁路、船舶、航空航天和其他运输设备制造业	531	531	558	80	2394	7481
电气机械和器材制造业	4745	4722	15299	5348	53276	112426
计算机、通信和其他电子设备制造业	60925	60322	281368	49720	664367	721567
仪器仪表制造业	219	219	1006	4	1359	6878
其他制造业	177	177	47	20	1140	2081
废弃资源综合利用业	498	498	341	339	3914	7397
金属制品、机械和设备修理业	14	14			3	321
电力、燃气及水的生产和供应业	12650	5061	27157	6311	12650	114386
电力、热力生产和供应业	11186	3616	13276	1038	781	96715
燃气生产和供应业	608	608	11568	4258	6338	2487
水的生产和供应业	856	838	2313	1015	5532	15185

(2012年) 单位:万元

项目	管理费用			财务费用		
	税金	差旅费	工会经费		利息收入	利息支出
总计	79501	65541	8186	293702	56017	324488
采矿业	901	276	43	597	2	476
黑色金属矿采选业		66	9	334	1	335
有色金属矿采选业	55	48	4	0.2	1	0.4
非金属矿采选业	846	161	30	263		140
制造业	75885	61921	7680	196896	53416	227059
农副食品加工业	328	1060	342	2279	31	2053
食品制造业	81	182	10	125	5	121
酒、饮料和精制茶制造业	577	1325	58	859	207	798
纺织业	753	380	88	2115	22	1291
纺织服装、服饰业	2190	1519	121	3870	98	2385
皮革、毛皮、羽毛及其制品和制鞋业	3400	1720	568	4168	468	3404
木材加工和木、竹、藤、棕、草制品业	1814	525	50	605	1003	1123
家具制造业	1269	1088	53	2230	451	2264
造纸和纸制品业	924	875	6	2138	41	1932
印刷和记录媒介复制业	444	503	6	3376	81	2939
文教、工美、体育和娱乐用品制造业	1674	556	54	924	74	1150
石油加工、炼焦和核燃料加工业	7115	986	124	21124	2664	22996
化学原料和化学制品制造业	5975	5361	203	66705	921	70487
医药制造业	221	1003	59	1619	5	1568
化学纤维制造业	45	10	9	-10	7	
橡胶和塑料制品业	3580	3702	371	10668	1749	10477
非金属矿物制品业	2015	863	75	15580	215	14434
黑色金属冶炼和压延加工业	606	3165	92	1634	102	1461
有色金属冶炼和压延加工业	200	96	44	824	55	265
金属制品业	2429	5431	320	6530	1310	7031
通用设备制造业	641	803	139	996	412	1401
专用设备制造业	471	860	20	-2840	136	1835
汽车制造业	5648	1480	1746	967	2987	3501
铁路、船舶、航空航天和其他运输设备制造业	442	232	19	712	13	599
电气机械和器材制造业	4650	4515	543	5538	1255	5804
计算机、通信和其他电子设备制造业	27800	23126	2343	41775	39016	64329
仪器仪表制造业	148	254	34	1176	7	528
其他制造业	109	70		16	6	1
废弃资源综合利用业	331	230	186	974	75	667
金属制品、机械和设备修理业	7	2		220	1	220
电力、燃气及水的生产和供应业	2715	3344	463	96209	2600	96953
电力、热力生产和供应业	2333	3042	267	86986	2512	88175
燃气生产和供应业	40	72	23	54	47	68
水的生产和供应业	343	231	173	9169	40	8710

12－16 续表9　　(2012年)　　单位:万元

项　目	营业利润	资产减值损　失	公允价值变动收益	投资收益	补贴收入	营业外收入
总计	2137698	21777	14243	51803	133456	50902
采矿业	15476					
黑色金属矿采选业	1021					
有色金属矿采选业	－65					
非金属矿采选业	14519					
制造业	1932946	20284	14243	51371	109402	33984
农副食品加工业	22234	－26		225	4167	4034
食品制造业	2219				44	1
酒、饮料和精制茶制造业	28922	－0.1			72	19
纺织业	22669			6	250	21
纺织服装、服饰业	18562			－320	226	13
皮革、毛皮、羽毛及其制品和制鞋业	59292	6		3000	1066	94
木材加工和木、竹、藤、棕、草制品业	9924			62	1721	1537
家具制造业	49767	47		3171	1791	28
造纸和纸制品业	5745				92	53
印刷和记录媒介复制业	6014	58		22	160	20
文教、工美、体育和娱乐用品制造业	17880			32	747	74
石油加工、炼焦和核燃料加工业	86786			3506	10136	
化学原料和化学制品制造业	109712	2378	11495	5945	13133	2865
医药制造业	6036	400		16	525	
化学纤维制造业	1259	21			10	8
橡胶和塑料制品业	51644	215	62	239	3428	1370
非金属矿物制品业	37735	－105		22	1443	611
黑色金属冶炼和压延加工业	70372	15		49	27	
有色金属冶炼和压延加工业	6830				1125	7
金属制品业	17476	554	154	91	1002	357
通用设备制造业	29564	2			1627	73
专用设备制造业	9217	104		561	1807	4
汽车制造业	68124	559		531	1211	47
铁路、船舶、航空航天和其他运输设备制造业	3605				1250	21
电气机械和器材制造业	127442	911	－8	2726	10063	4040
计算机、通信和其他电子设备制造业	1051254	15111	2540	31488	51351	18576
仪器仪表制造业	6189	1			144	101
其他制造业	－82				138	
废弃资源综合利用业	6511	33			472	10
金属制品、机械和设备修理业	46				178	
电力、燃气及水的生产和供应业	189276	1493		432	24054	16918
电力、热力生产和供应业	185681	1415		432	23171	16878
燃气生产和供应业	4184	16			91	
水的生产和供应业	－589	63			792	40

项　目	营业外支出	利润总额	应交所得税	亏损企业亏损总额	利税总额
总计	77959	2193171	385172	211082	5840135
采矿业	492	14983	247	165	26103
黑色金属矿采选业		1021			2103
有色金属矿采选业	29	-94	1	165	534
非金属矿采选业	463	14056	246		23466
制造业	68602	1973722	321389	192091	5436403
农副食品加工业	446	25955	618	1422	30782
食品制造业	143	2120	135		2847
酒、饮料和精制茶制造业	43	28952	3486	571	51763
纺织业	583	22335	374	1233	27065
纺织服装、服饰业	460	18327	1600	1272	29373
皮革、毛皮、羽毛及其制品和制鞋业	1924	58434	3495	3508	79289
木材加工和木、竹、藤、棕、草制品业	369	11276	317	956	18557
家具制造业	737	50821	3198	1843	79202
造纸和纸制品业	100	5737	415	2907	8888
印刷和记录媒介复制业	1046	5128	507	622	11053
文教、工美、体育和娱乐用品制造业	1032	17571	2465	6369	20477
石油加工、炼焦和核燃料加工业	100	96822	24187	7453	1996633
化学原料和化学制品制造业	8215	114630	19985	13995	384300
医药制造业	296	6265	813	117	13138
化学纤维制造业	14	1254	23		1649
橡胶和塑料制品业	1763	53309	5166	10988	79773
非金属矿物制品业	1218	37960	3717	5297	84242
黑色金属冶炼和压延加工业	1545	68855	1247	1926	102842
有色金属冶炼和压延加工业	88	7867	1565	221	11011
金属制品业	9074	9405	4305	36367	28789
通用设备制造业	947	30245	3597	2582	37749
专用设备制造业	531	10492	1258	3852	17368
汽车制造业	1124	68211	13895	5680	98838
铁路、船舶、航空航天和其他运输设备制造业	195	4660	697	1494	5696
电气机械和器材制造业	5681	131823	10414	8724	188453
计算机、通信和其他电子设备制造业	29910	1072694	213013	71699	2008900
仪器仪表制造业	352	5980	415	137	7353
其他制造业	13	42	105	751	445
废弃资源综合利用业	528	6455	380	106	9750
金属制品、机械和设备修理业	126	98			177
电力、燃气及水的生产和供应业	8865	204465	63537	18826	377630
电力、热力生产和供应业	8435	200417	61060	13474	368625
燃气生产和供应业	34	4242	1095		4920
水的生产和供应业	396	-194	1381	5353	4085

12－16 续表11　　(2012年)　　单位:万元

项　　目	应交税金及附加	本年应付职工薪酬	本年应交增值税	本年进项税额	本年销项税额
总计	4111637	3023305	2687228	4384814	4841833
采矿业	12267	2957	8759	2796	3990
黑色金属矿采选业	1082	466	621	634	1225
有色金属矿采选业	683	564	380	939	755
非金属矿采选业	10501	1927	7757	1223	2010
制造业	3859954	2858917	2517955	4278504	4671099
农副食品加工业	5773	15771	4270	17590	20493
食品制造业	943	3034	488	2548	1418
酒、饮料和精制茶制造业	26875	16244	18748	38734	57443
纺织业	5857	44225	4033	22330	21436
纺织服装、服饰业	14835	98846	8994	39681	39992
皮革、毛皮、羽毛及其制品和制鞋业	27750	198733	17198	43242	32306
木材加工和木、竹、藤、棕、草制品业	9412	13403	5890	19040	21732
家具制造业	32848	72395	26377	54803	47359
造纸和纸制品业	4490	22755	2610	22418	19690
印刷和记录媒介复制业	6876	27639	4954	24708	25510
文教、工美、体育和娱乐用品制造业	7044	69487	1424	22703	8243
石油加工、炼焦和核燃料加工业	1931113	39130	1079300	1136287	1669461
化学原料和化学制品制造业	295631	96844	254918	656331	723913
医药制造业	7906	10795	6162	7714	13352
化学纤维制造业	463	823	341	1183	1427
橡胶和塑料制品业	35209	158741	21291	120113	120869
非金属矿物制品业	52014	45069	43217	66423	89062
黑色金属冶炼和压延加工业	35840	7200	29163	29747	56758
有色金属冶炼和压延加工业	4910	5666	2682	10561	9898
金属制品业	26118	100223	15804	96979	71568
通用设备制造业	11743	35772	5150	39973	30398
专用设备制造业	8604	39217	6180	41209	24416
汽车制造业	50169	133355	26850	98062	123309
铁路、船舶、航空航天和其他运输设备制造业	2175	18232	505	6870	3795
电气机械和器材制造业	71694	228789	51885	164011	157085
计算机、通信和其他电子设备制造业	1177018	1331388	875281	1477299	1261723
仪器仪表制造业	1936	9911	1154	4416	4967
其他制造业	616	6521	226	3284	1704
废弃资源综合利用业	4006	8246	2797	9584	11051
金属制品、机械和设备修理业	86	462	65	661	725
电力、燃气及水的生产和供应业	239417	161431	160515	103514	166744
电力、热力生产和供应业	231601	144603	157022	98987	161782
燃气生产和供应业	1813	3981	70	4527	4250
水的生产和供应业	6002	12847	3423		713

项 目	土地和固定资产支出	土地购置	房屋和建筑物	机器设备
总计	1473680	57819	263807	1028704
采矿业	550		50	400
黑色金属矿采选业				
有色金属矿采选业	550		50	400
非金属矿采选业				
制造业	1452100	55816	258274	1020511
农副食品加工业	12614	2315	3974	3052
食品制造业				
酒、饮料和精制茶制造业	5775		1461	4042
纺织业	3252	268	701	1573
纺织服装、服饰业	5565		600	4336
皮革、毛皮、羽毛及其制品和制鞋业	3457	68	366	2476
木材加工和木、竹、藤、棕、草制品业	10106	2004	5242	1358
家具制造业	48150	5329	33082	7280
造纸和纸制品业	14067		8439	4971
印刷和记录媒介复制业	2077		8	2009
文教、工美、体育和娱乐用品制造业	27043		10079	14773
石油加工、炼焦和核燃料加工业	10426	8726		692
化学原料和化学制品制造业	113429	4500	6413	98257
医药制造业	13956		7117	6189
化学纤维制造业	560			560
橡胶和塑料制品业	55751	827	13816	37115
非金属矿物制品业	128466	3778	14083	95722
黑色金属冶炼和压延加工业	7619	554	4774	2291
有色金属冶炼和压延加工业	537			537
金属制品业	24499	3814	4108	14342
通用设备制造业	23539	296	1266	21036
专用设备制造业	2799	300		2381
汽车制造业	156182	409	9549	131408
铁路、船舶、航空航天和其他运输设备制造业	2015		886	1103
电气机械和器材制造业	93432	1253	39999	33283
计算机、通信和其他电子设备制造业	671855	18409	85175	525454
仪器仪表制造业	7774	820	4639	1970
其他制造业	476		364	88
废弃资源综合利用业	6681	2150	2135	2214
金属制品、机械和设备修理业				
电力、燃气及水的生产和供应业	21029	2002	5483	7793
电力、热力生产和供应业	14525		5376	7298
燃气生产和供应业	4727	2002	1	82
水的生产和供应业	1778		106	412

12－16 续表13 （2012年） 单位：万元

	土地和固定资产支出		全部从业人员年平均人数（人）	收入法增加值
	运输工具	其他费用		
总计	16625	106726	667751	11739666
采矿业	100		896	58953
黑色金属矿采选业			108	4388
有色金属矿采选业	100		144	4472
非金属矿采选业			644	50093
制造业	16200	101300	653437	10849501
农副食品加工业	188	3086	3383	69682
食品制造业			1150	11114
酒、饮料和精制茶制造业	35	237	1961	79044
纺织业	403	308	11541	100392
纺织服装、服饰业	42	586	29231	168354
皮革、毛皮、羽毛及其制品和制鞋业	271	276	54138	356212
木材加工和木、竹、藤、棕、草制品业	56	1447	3501	60722
家具制造业	773	1688	18588	192097
造纸和纸制品业	412	244	6514	53191
印刷和记录媒介复制业	45	15	6630	65962
文教、工美、体育和娱乐用品制造业	419	1772	24358	130033
石油加工、炼焦和核燃料加工业	28	981	1953	2169507
化学原料和化学制品制造业	3138	1121	13189	723595
医药制造业	396	254	2940	30476
化学纤维制造业			219	3030
橡胶和塑料制品业	596	3396	40239	348205
非金属矿物制品业	862	14021	9101	276799
黑色金属冶炼和压延加工业			1439	165284
有色金属冶炼和压延加工业			1453	26872
金属制品业	248	1988	22450	222629
通用设备制造业	454	487	7709	94916
专用设备制造业	16	102	8756	78556
汽车制造业	505	14313	26796	350657
铁路、船舶、航空航天和其他运输设备制造业	10	16	4202	33065
电气机械和器材制造业	2799	16098	55509	516988
计算机、通信和其他电子设备制造业	4271	38547	289325	4450702
仪器仪表制造业	141	205	2968	23684
其他制造业	12	11	2123	10677
废弃资源综合利用业	81	101	1905	36155
金属制品、机械和设备修理业			166	901
电力、燃气及水的生产和供应业	325	5426	13418	831213
电力、热力生产和供应业	262	1589	10435	786827
燃气生产和供应业	15	2626	501	8325
水的生产和供应业	48	1212	2482	36061

12－17 规模以上国有及国有控股工业企业主要经济指标

（2012 年） 单位：万元

项目	企业单位数（个）	亏损企业	工业总产值（当年价格）	工业销售产值（当年价格）	出口交货值
总计	46	12	16119031	16198432	299842
在总计中：亏损企业	12	12	728335	732397	131740
在总计中：轻工业	13	4	411800	411794	47897
重工业	33	8	15707231	15786638	251945
在总计中：大型企业	7	2	2909313	2910874	265999
中型企业	15	3	11384941	11468850	20734
小型企业	21	7	364026	357958	13109
微型企业	3		1460751	1460751	
按行业分					
采矿业	1		42128	39270	
非金属矿采选业	1		42128	39270	
制造业	29	6	13260238	13370820	299842
农副食品加工业	2		16921	16921	
石油加工、炼焦和核燃料加工业	3	1	9413309	9547179	
化学原料和化学制品制造业	3	1	2839105	2831672	
非金属矿物制品业	2		6923	6959	
金属制品业	1		38936	38678	448
通用设备制造业	1		2610	2594	27
汽车制造业	2		9466	8740	
铁路、船舶、航空航天和其他运输设备制造业	1		3106	3106	
电气机械和器材制造业	3		176290	177126	19783
计算机、通信和其他电子设备制造业	11	4	753572	737844	279583
电力、燃气及水的生产和供应业	16	6	2816665	2788342	
电力、热力生产和供应业	10	3	2736290	2709918	
燃气生产和供应业	1		30250	30250	
水的生产和供应业	5	3	50126	48175	

项　　目	年初存货	产成品	在产品	资产总计	流动资产合　计
总计	1030528	438081	195426	10237281	2794526
在总计中:亏损企业	130826	19884	32508	878468	263618
在总计中:轻工业	38163	23263	3472	459208	247748
重工业	992365	414818	191954	9778073	2546778
在总计中:大型企业	128289	34968	2064	2449524	549812
中型企业	848960	385702	177370	6934038	1966611
小型企业	26442	5394	1172	575484	150535
微型企业	26837	12017	14820	278235	127568
按行业分					
采矿业				8909	880
非金属矿采选业				8909	880
制造业	978605	417322	195426	6797065	2306137
农副食品加工业	136	37		9419	4542
石油加工、炼焦和核燃料加工业	508671	99894	72130	3065441	1110377
化学原料和化学制品制造业	357007	272099	83511	2920931	606339
非金属矿物制品业	437	30		11799	2184
金属制品业	12035	6872	3550	54143	40991
通用设备制造业	197	120	77	2000	1287
汽车制造业	3855	1876		20950	12735
铁路、船舶、航空航天和其他运输设备制造业	2231	63		4149	3118
电气机械和器材制造业	7411	3934	2299	122684	111781
计算机、通信和其他电子设备制造业	86625	32398	33860	585550	412783
电力、燃气及水的生产和供应业	51923	20760		3431307	487509
电力、热力生产和供应业	48755	19099		3175912	441512
燃气生产和供应业	1660	1660		38842	8826
水的生产和供应业	1509			216554	37172

项目	流动资产合计				固定资产合计
	应收账款	存货	产成品	在产品	
总计	670052	834766	203432	103668	6548083
在总计中:亏损企业	51171	45656	35852	3210	530916
在总计中:轻工业	117921	38776	20197	1995	157092
重工业	552132	795990	183235	101673	6390991
在总计中:大型企业	239891	65174	30659	2434	1603379
中型企业	361469	711838	166149	82562	4429079
小型企业	37651	38416	5671	287	375809
微型企业	31043	19339	953	18386	139816
按行业分					
采矿业		600	600		8029
非金属矿采选业		600	600		8029
制造业	541030	779965	191791	103668	3932317
农副食品加工业	730	38	1		3630
石油加工、炼焦和核燃料加工业	166723	409956	17589	94366	1650468
化学原料和化学制品制造业	120028	250774	103533		2180964
非金属矿物制品业	583	415	69		4060
金属制品业	17365	20521	12365	2610	10963
通用设备制造业	308	376	107	48	705
汽车制造业	3484	4655	2318		7339
铁路、船舶、航空航天和其他运输设备制造业	189	2004	231		943
电气机械和器材制造业	76618	9336	3077	874	4478
计算机、通信和其他电子设备制造业	155003	81891	52501	5772	68768
电力、燃气及水的生产和供应业	129023	54202	11041		2607737
电力、热力生产和供应业	126318	51160	9710		2457691
燃气生产和供应业	779	1331	1331		18207
水的生产和供应业	1926	1711			131839

12－17 续表3 （2012年） 单位:万元

项 目	固定资产原价	累计折旧	本年折旧	在建工程	负债合计
总计	9399866	2871365	542012	447161	6612868
在总计中:亏损企业	689112	159045	26371	47025	852938
在总计中:轻工业	251245	107742	6783	34297	349427
重工业	9148621	2763623	535229	412864	6263441
在总计中:大型企业	2557067	953601	159788	188052	1681322
中型企业	6049656	1632595	329765	248509	4408471
小型企业	582741	214583	30835	10600	391922
微型企业	210402	70586	21624		131154
按行业分					
采矿业	9123	1095	905		1502
非金属矿采选业	9123	1095	905		1502
制造业	5522899	1594745	310317	232764	4512084
农副食品加工业	5752	2892	189	769	3957
石油加工、炼焦和核燃料加工业	2138816	488349	138472	205149	2403872
化学原料和化学制品制造业	3206818	1025853	160608	16767	1584348
非金属矿物制品业	5657	1597	1597	249	4904
金属制品业	12448	1485	590		28082
通用设备制造业	781	76	70	8	1520
汽车制造业	8423	4434	574		3334
铁路、船舶、航空航天和其他运输设备制造业	1850	916	38	9	3847
电气机械和器材制造业	8452	3973	415	79	109071
计算机、通信和其他电子设备制造业	133903	65171	7765	9736	369150
电力、燃气及水的生产和供应业	3867844	1275526	230790	214397	2099282
电力、热力生产和供应业	3648783	1193700	222328	177893	1909864
燃气生产和供应业	27480	9273	1149	6998	27411
水的生产和供应业	191581	72553	7313	29506	162008

项　目	流动负债合　计	应付账款	非流动负债合计	所有者权益合计	实收资本
总计	4502354	1638892	2104858	3624335	3129439
在总计中:亏损企业	716028	139602	134261	25530	229993
在总计中:轻工业	253292	111906	93487	109704	60362
重工业	4249063	1526986	2011371	3514631	3069078
在总计中:大型企业	1155854	408603	525467	768202	419947
中型企业	2986355	1160254	1422116	2525567	2389649
小型企业	273238	52633	113028	183562	229845
微型企业	86907	17402	44247	147004	89999
按行业分					
采矿业	356	126	1146	7407	1358
非金属矿采选业	356	126	1146	7407	1358
制造业	3536106	1270530	972971	2284904	2168868
农副食品加工业	3957	363		5386	3767
石油加工、炼焦和核燃料加工业	2328356	907730	75516	661569	693377
化学原料和化学制品制造业	732351	156926	851997	1336583	1334000
非金属矿物制品业	1091	455	805	6895	5001
金属制品业	28076	14414	6	26061	20000
通用设备制造业	1520	369		480	500
汽车制造业	3334	1651		17616	13449
铁路、船舶、航空航天和其他运输设备制造业	3847	1194		301	2100
电气机械和器材制造业	109071	71734		13613	5000
计算机、通信和其他电子设备制造业	324504	115696	44646	216400	91674
电力、燃气及水的生产和供应业	965892	368235	1130741	1332025	959213
电力、热力生产和供应业	886338	362923	1023526	1266048	916049
燃气生产和供应业	27411			11431	8000
水的生产和供应业	52144	5312	107215	54546	35165

12－17 续表5 (2012年) 单位:万元

项 目					
	国家资本	集体资本	法人资本	个人资本	港澳台资本
总计	1388508	10625	1038357	15478	
在总计中:亏损企业	169365		41857	7507	
在总计中:轻工业	30772	0.3	26276	3314	
重工业	1357736	10625	1012081	12164	
在总计中:大型企业	374490	7425	28937	9094	
中型企业	876982	3200	840673	3795	
小型企业	65036		150748	2589	
微型企业	72000	0.3	17998		
按行业分					
采矿业			1358		
非金属矿采选业			1358		
制造业	703694	10625	773863	15478	
农副食品加工业	7	0.3	3760		
石油加工、炼焦和核燃料加工业	675379		17998		
化学原料和化学制品制造业	4000		665000		
非金属矿物制品业	2001		3000		
金属制品业	20000				
通用设备制造业			500		
汽车制造业	208		13033		
铁路、船舶、航空航天和其他运输设备制造业	2100				
电气机械和器材制造业			3750	1250	
计算机、通信和其他电子设备制造业		10625	66821	14228	
电力、燃气及水的生产和供应业	684813		263136		
电力、热力生产和供应业	656149		248636		
燃气生产和供应业			8000		
水的生产和供应业	28665		6500		

项　目	外商资本	营业收入	主营业务收入	营业成本	主营业务成本
总计	676472	16535598	16212125	14959614	14659529
在总计中：亏损企业	11264	730299	726287	749879	747686
在总计中：轻工业		437012	427965	366335	365212
重工业	676472	16098585	15784160	14593279	14294317
在总计中：大型企业		2960694	2951885	2801439	2799083
中型企业	665000	11760193	11453795	10506957	10215849
小型企业	11472	349633	345694	290401	288109
微型企业		1465079	1460751	1360817	1356489
按行业分					
采矿业		39270	39270	18854	18706
非金属矿采选业		39270	39270	18854	18706
制造业	665208	13694433	13394262	12475405	12184384
农副食品加工业		16926	16921	14426	14426
石油加工、炼焦和核燃料加工业		9825965	9546689	8853509	8580097
化学原料和化学制品制造业	665000	2844313	2831394	2733632	2716416
非金属矿物制品业		6346	6343	5018	5018
金属制品业		31297	31297	25590	25590
通用设备制造业		2669	2621	2201	2158
汽车制造业	208	9194	9054	7131	7097
铁路、船舶、航空航天和其他运输设备制造业		3567	3106	3052	3052
电气机械和器材制造业		187660	187565	174846	174777
计算机、通信和其他电子设备制造业		766498	759271	656001	655753
电力、燃气及水的生产和供应业	11264	2801895	2778593	2465355	2456439
电力、热力生产和供应业	11264	2722120	2708844	2414962	2410557
燃气生产和供应业		30250	22537	20999	17544
水的生产和供应业		49525	47212	29394	28339

12－17 续表7 （2012年） 单位:万元

项 目	营业税金及附加	主营业务税金及附加	其他业务收入	其他业务利润	销售费用
总计	842312	834723	323473	12917	110876
在总计中:亏损企业	580	562	4012	833	15437
在总计中:轻工业	1533	1515	9048	1000	20169
重工业	840779	833208	314425	11917	90707
在总计中:大型企业	8961	1395	8810	984	23518
中型企业	817542	817519	306397	11831	64188
小型企业	2706	2706	3938	102	9096
微型企业	13103	13103	4328		14074
按行业分					
采矿业	350	350			5921
非金属矿采选业	350	350			5921
制造业	830130	830130	300171	6564	93656
农副食品加工业	244	244	5	5	605
石油加工、炼焦和核燃料加工业	820511	820511	279276	5865	27607
化学原料和化学制品制造业	7050	7050	12919		38396
非金属矿物制品业	37	37	3	3	313
金属制品业	223	223			201
通用设备制造业	18	18	48		285
汽车制造业	58	58	140		272
铁路、船舶、航空航天和其他运输设备制造业	9	9	460	2	135
电气机械和器材制造业	316	316	95	27	5562
计算机、通信和其他电子设备制造业	1664	1664	7227	663	20281
电力、燃气及水的生产和供应业	11831	4243	23302	6353	11299
电力、热力生产和供应业	11035	3465	13276	1038	629
燃气生产和供应业	476	476	7713	4258	5450
水的生产和供应业	320	302	2313	1057	5221

项目	管理费用	税金	差旅费	工会经费	财务费用
总计	225960	14841	7764	939	175491
在总计中:亏损企业	31308	694	1185	362	15786
在总计中:轻工业	33640	520	1750	238	6120
重工业	192321	14321	6014	701	169371
在总计中:大型企业	50632	838	4081	186	34885
中型企业	143253	11287	2800	621	115344
小型企业	26232	1671	881	133	20032
微型企业	5844	1045	1	0.1	5230
按行业分					
采矿业	5552	488	52	10	81
非金属矿采选业	5552	488	52	10	81
制造业	112847	11713	4646	537	86187
农副食品加工业	810	19	22	0.1	232
石油加工、炼焦和核燃料加工业	37912	7115	986	124	21124
化学原料和化学制品制造业	17318	3625	590	1	56527
非金属矿物制品业	574	66	3	9	93
金属制品业	1796	87	167	53	446
通用设备制造业	163	4	2		8
汽车制造业	1157	86	27	6	75
铁路、船舶、航空航天和其他运输设备制造业	328		14		22
电气机械和器材制造业	5133	136	864	37	－81
计算机、通信和其他电子设备制造业	47658	575	1973	308	7740
电力、燃气及水的生产和供应业	107561	2640	3066	392	89224
电力、热力生产和供应业	95003	2273	2907	222	83582
燃气生产和供应业	1838	40	31	11	52
水的生产和供应业	10720	327	127	160	5590

项目	利息收入	利息支出	营业利润	资产减值损失	公允价值变动收益
总计	7556	182284	323627	5428	11317
在总计中:亏损企业	250	15386	－64559		
在总计中:轻工业	564	5993	8641	116	
重工业	6991	176291	314986	5312	11317
在总计中:大型企业	2950	36846	55208	4458	－127
中型企业	3838	119915	201480	1024	11444
小型企业	237	19767	930	－55	
微型企业	531	5756	66009		
按行业分					
采矿业		9	8513		
非金属矿采选业		9	8513		
制造业	4981	92160	132470	3934	11317
农副食品加工业	25	212	607		
石油加工、炼焦和核燃料加工业	2664	22996	86786		
化学原料和化学制品制造业	157	58980	401	1433	11444
非金属矿物制品业	3	85	312		
金属制品业	15	440	3129	36	
通用设备制造业	9		10		
汽车制造业	1	149	618	－117	
铁路、船舶、航空航天和其他运输设备制造业	2	21	－439		
电气机械和器材制造业	408	235	2419	－531	
计算机、通信和其他电子设备制造业	1699	9043	38628	3113	－127
电力、燃气及水的生产和供应业	2574	90115	182644	1493	
电力、热力生产和供应业	2505	84932	183007	1415	
燃气生产和供应业	47	68	1419	16	
水的生产和供应业	22	5116	－1782	63	

项目	投资收益	补贴收入	营业外收入	营业外支出	利润总额
总计	12837	44095	22204	11300	356422
在总计中:亏损企业		33932	16617	1862	－32489
在总计中:轻工业	4	7312	3919	2019	13934
重工业	12833	36783	18285	9281	342488
在总计中:大型企业	556	13989	291	8242	60955
中型企业	12282	6915	5266	805	207590
小型企业		23191	16647	2253	21867
微型企业					66009
按行业分					
采矿业				392	8121
非金属矿采选业				392	8121
制造业	12404	20540	5296	2388	150622
农副食品加工业		13	13	35	584
石油加工、炼焦和核燃料加工业	3506	10136		100	96822
化学原料和化学制品制造业	－1000	1366	1342	50	1717
非金属矿物制品业		0.1		13	299
金属制品业				9	3120
通用设备制造业		0.4		0.1	10
汽车制造业				22	596
铁路、船舶、航空航天和其他运输设备制造业		460	2	0.4	21
电气机械和器材制造业	4	4013	3874	19	6413
计算机、通信和其他电子设备制造业	9895	4551	65	2138	41041
电力、燃气及水的生产和供应业	433	23555	16908	8520	197679
电力、热力生产和供应业	433	23059	16878	8157	197909
燃气生产和供应业		3		34	1388
水的生产和供应业		494	30	330	－1619

12－17 续表11 （2012年） 单位:万元

项 目	应交所得税	亏损企业亏损总额	利税总额	应交税金及附加	本年应付职工薪酬
总计	97671	32489	2672622	2428712	311110
在总计中:亏损企业	2125	32489	－22336	12971	31988
在总计中:轻工业	3510	6001	32666	22762	35152
重工业	94161	26488	2639956	2405950	275958
在总计中:大型企业	23620	9270	165712	129215	172004
中型企业	49556	7718	2347653	2200905	120064
小型企业	7373	15501	48416	35593	18987
微型企业	17122		110841	62999	54
按行业分					
采矿业			13929	6297	213
非金属矿采选业			13929	6297	213
制造业	35443	14113	2290629	2187163	154149
农副食品加工业			844	279	502
石油加工、炼焦和核燃料加工业	24187	7453	1996633	1931113	39130
化学原料和化学制品制造业	1985	487	217725	221619	35920
非金属矿物制品业	50		663	480	701
金属制品业	796		3650	1413	3685
通用设备制造业	9		179	181	447
汽车制造业	124		1114	727	1335
铁路、船舶、航空航天和其他运输设备制造业			63	42	122
电气机械和器材制造业	1341		9739	4803	13124
计算机、通信和其他电子设备制造业	6953	6174	60019	26506	59182
电力、燃气及水的生产和供应业	62228	18376	368064	235253	156747
电力、热力生产和供应业	60813	13353	364718	229895	143254
燃气生产和供应业	371		1935	957	3289
水的生产和供应业	1044	5023	1411	4401	10204

项 目	本年应交增值税	本年进项税额	本年销项税额	土地和固定资产支出	土地购置
总计	1473889	1775352	2421026	47784	11336
在总计中:亏损企业	9573	113252	112669	844	
在总计中:轻工业	17199	47829	54658	147	
重工业	1456690	1727522	2366368	47636	11336
在总计中:大型企业	95796	156863	162118	4568	
中型企业	1322521	1374951	1966455	41780	11336
小型企业	23843	27137	44323	1177	
微型企业	31729	216401	248130	259	
按行业分					
采矿业	5459				
非金属矿采选业	5459				
制造业	1309876	1674323	2258451	29167	9334
农副食品加工业	16	1600	1582		
石油加工、炼焦和核燃料加工业	1079300	1136287	1669461	10426	8726
化学原料和化学制品制造业	208958	442591	483051	6181	
非金属矿物制品业	327	342	665	10	
金属制品业	307	4700	4997	855	
通用设备制造业	150	275	449		
汽车制造业	460	1160	1620		
铁路、船舶、航空航天和其他运输设备制造业	34	510	528		
电气机械和器材制造业	3010	25135	28097		
计算机、通信和其他电子设备制造业	17314	61724	68002	11695	608
电力、燃气及水的生产和供应业	158554	101028	162575	18617	2002
电力、热力生产和供应业	155774	98001	159646	13743	
燃气生产和供应业	70	3028	2930	4727	2002
水的生产和供应业	2710			147	

12－17 续表13　　　　　　　　(2012年)　　　　　　　　单位:万元

项　目					全部从业人员年平均人数(人)	工业增加值(收入法)
	房屋和建筑物	机器设备	运输工具	其他费用		
总计	12282	17369	395	6402	30792	3585675
在总计中:亏损企业	37	510	114	182	5367	61312
在总计中:轻工业		58	16	74	7058	94877
重工业	12282	17311	379	6328	23734	3490798
在总计中:大型企业		2703		1865	16763	515028
中型企业	11496	14292	230	4426	10538	2799575
小型企业	786	115	165	112	3481	134570
微型企业		259			10	136502
按行业分						
采矿业					52	19617
非金属矿采选业					52	19617
制造业	6904	9960	116	2853	18339	2759087
农副食品加工业					126	1910
石油加工、炼焦和核燃料加工业		692	28	981	1953	2169507
化学原料和化学制品制造业	748	5365	68		1313	412485
非金属矿物制品业		7		3	150	1938
金属制品业	96	735	20	5	692	8104
通用设备制造业					139	807
汽车制造业					313	2478
铁路、船舶、航空航天和其他运输设备制造业					65	859
电气机械和器材制造业					2802	26793
计算机、通信和其他电子设备制造业	6060	3161	1	1865	10786	134206
电力、燃气及水的生产和供应业	5378	7409	279	3549	12401	806970
电力、热力生产和供应业	5376	7269	248	849	10120	777295
燃气生产和供应业	1	82	15	2626	423	7164
水的生产和供应业		58	16	74	1858	22511

12－18　规模以上民营企业分行业主要经济指标

(2012 年)

项　　目	企业单位数（个）	亏损企业	工业总产值（当年价格）	工业销售产值（当年价格）	出口交货值
总计	558	104	8254837	8147084	1223555
采矿业	18	1	109600	102730	
黑色金属矿采选业	1		16460	13985	
有色金属矿采选业	2	1	6636	6636	
非金属矿采选业	15		86505	82109	
制造业	532	101	8101051	8000378	1223555
农副食品加工业	21	6	383291	383355	54240
食品制造业	6		30494	29617	410
酒、饮料和精制茶制造业	2	1	85642	85404	
纺织业	10	1	76402	74003	1652
纺织服装、服饰业	19	3	160684	154338	30130
皮革、毛皮、羽毛及其制品和制鞋业	81	3	467938	465873	166472
木材加工和木、竹、藤、棕、草制品业	14	1	150108	146891	
家具制造业	10	2	320745	319935	5217
造纸和纸制品业	13	3	101384	102125	1769
印刷和记录媒介复制业	12	5	141272	140660	1859
文教、工美、体育和娱乐用品制造业	10	2	69981	69738	28743
化学原料和化学制品制造业	46	9	580195	578494	11603
医药制造业	7	1	96215	84973	
化学纤维制造业	1		5850	7287	526
橡胶和塑料制品业	43	7	335747	331781	86334
非金属矿物制品业	38	10	721142	715681	1946
黑色金属冶炼和压延加工业	5	1	538054	538326	134555
有色金属冶炼和压延加工业	3		28765	29061	
金属制品业	22	4	211283	208094	32107
通用设备制造业	12	2	114650	116887	25784
专用设备制造业	6	2	56266	55975	4331
汽车制造业	1		13901	13369	7222
铁路、船舶、航空航天和其他运输设备制造业	1	1	7218	7774	2698
电气机械和器材制造业	37	8	815014	799929	62376
计算机、通信和其他电子设备制造业	93	25	2414263	2368218	563486
仪器仪表制造业	5	3	28736	26231	96
废弃资源综合利用业	13	1	141560	142109	
金属制品、机械和设备修理业	1		4251	4251	
电力、燃气及水的生产和供应业	8	2	44186	43975	
电力、热力生产和供应业	4	1	27290	27290	
水的生产和供应业	4	1	16896	16685	

（2012年）

项　　目	年初存货	产成品	在产品	资产总计	流动资产合　计
总计	574454	248373	78199	5228376	3177271
采矿业	4206	3745	333	50691	22374
黑色金属矿采选业				7790	5003
有色金属矿采选业	604	564		7163	5125
非金属矿采选业	3602	3180	333	35737	12246
制造业	569586	244628	77866	5007115	3089128
农副食品加工业	22649	12307	15	182715	116664
食品制造业	708	478	43	9929	4523
酒、饮料和精制茶制造业	3194	448		74190	40065
纺织业	6915	3159	1156	31761	23044
纺织服装、服饰业	26329	8192	5949	106153	78412
皮革、毛皮、羽毛及其制品和制鞋业	15921	3074	673	163706	127456
木材加工和木、竹、藤、棕、草制品业	4948	687	1925	72695	34473
家具制造业	11522	3300	1527	92498	36993
造纸和纸制品业	9045	2930	432	47138	31946
印刷和记录媒介复制业	7485	1679	2085	110630	81175
文教、工美、体育和娱乐用品制造业	7941	1631	3553	38792	27802
化学原料和化学制品制造业	39356	18705	1614	375752	251389
医药制造业	12177	7960	1240	91114	58249
化学纤维制造业	819	260		5459	2456
橡胶和塑料制品业	48784	19001	2348	189573	126027
非金属矿物制品业	59830	27439	14679	738377	233208
黑色金属冶炼和压延加工业	18621	12600		118258	45625
有色金属冶炼和压延加工业	444	252		12229	5460
金属制品业	24528	12114	2146	124191	83495
通用设备制造业	8155	1852	199	67324	48014
专用设备制造业	6172	1098	977	38411	27682
汽车制造业	2160	1045	397	16209	7840
铁路、船舶、航空航天和其他运输设备制造业	3326	301		77097	51075
电气机械和器材制造业	42275	17997	14238	376803	232737
计算机、通信和其他电子设备制造业	160044	74828	21529	1721783	1228097
仪器仪表制造业	5611	4073	199	43050	29047
废弃资源综合利用业	17617	5975	944	71668	51203
金属制品、机械和设备修理业	3009	1245		9612	4972
电力、燃气及水的生产和供应业	662			170570	65769
电力、热力生产和供应业	122			126259	54487
水的生产和供应业	541			44311	11282

12－18 续表2 （2012年）

项 目	流动资产合计				固定资产合计
	应收账款	存货	产成品	在产品	
总计	1022662	718926	267783	86281	1552045
采矿业	5604	10908	6534	251	22021
黑色金属矿采选业	706	800	800		2100
有色金属矿采选业		4519	485		1560
非金属矿采选业	4898	5588	5248	251	18361
制造业	1013985	707194	261250	86030	1435246
农副食品加工业	27224	37639	10193	5226	44158
食品制造业	871	1849	1257	121	4884
酒、饮料和精制茶制造业	961	3613	442		19427
纺织业	4625	8799	4416	1015	5623
纺织服装、服饰业	10997	31991	10688	3029	20602
皮革、毛皮、羽毛及其制品和制鞋业	39210	28839	8029	954	26445
木材加工和木、竹、藤、棕、草制品业	6027	10296	5314	1315	23913
家具制造业	6790	12500	4572	1145	42409
造纸和纸制品业	11322	10696	2436	552	11609
印刷和记录媒介复制业	20438	7474	2725	810	23565
文教、工美、体育和娱乐用品制造业	4957	10955	1475	5589	9468
化学原料和化学制品制造业	120992	42421	14186	952	88746
医药制造业	17318	18367	6817	1763	26081
化学纤维制造业	760	741	250		2764
橡胶和塑料制品业	51034	39410	11159	3646	50040
非金属矿物制品业	39557	75614	30496	11983	475728
黑色金属冶炼和压延加工业	5492	24172	11889		65901
有色金属冶炼和压延加工业	2840	648	181		6769
金属制品业	21403	24601	9728	1866	28441
通用设备制造业	14402	10027	2701	697	16651
专用设备制造业	5186	5328	1666	698	9646
汽车制造业	3715	3076	1335	696	6667
铁路、船舶、航空航天和其他运输设备制造业	24517	2980	245	200	5202
电气机械和器材制造业	103637	55273	23369	14190	78385
计算机、通信和其他电子设备制造业	447979	209035	82695	26679	319978
仪器仪表制造业	9729	10659	7647	189	8393
废弃资源综合利用业	11068	16159	5340	2037	12916
金属制品、机械和设备修理业	935	4036		679	834
电力、燃气及水的生产和供应业	3073	824			94778
电力、热力生产和供应业	1296	128			65070
水的生产和供应业	1777	697			29708

（2012年）

项　目	固定资产原价	累计折旧	本年折旧	在建工程	负债合计
总计	2578156	1102704	240917	142513	3281917
采矿业	34787	14313	3490	2474	18794
黑色金属矿采选业	8464	7281	967	35	3000
有色金属矿采选业	3991	2432	453		4606
非金属矿采选业	22331	4601	2071	2439	11187
制造业	2397853	1036335	227771	137352	3153972
农副食品加工业	84364	47739	7555	1635	119296
食品制造业	7291	2407	737	16	4410
酒、饮料和精制茶制造业	28057	8629	3528	19	45701
纺织业	8824	4357	791	455	24074
纺织服装、服饰业	54471	35033	4456	1340	71644
皮革、毛皮、羽毛及其制品和制鞋业	63796	39779	6592		109615
木材加工和木、竹、藤、棕、草制品业	31942	9945	2622	24168	47456
家具制造业	48571	6162	2569	822	65087
造纸和纸制品业	15699	4389	1123	340	38718
印刷和记录媒介复制业	44536	20970	3428	685	93972
文教、工美、体育和娱乐用品制造业	12670	3447	646	494	25055
化学原料和化学制品制造业	119812	38831	10518	5558	187806
医药制造业	38884	19065	2914	6915	50603
化学纤维制造业	9485	6721	265	2	794
橡胶和塑料制品业	107787	63244	11574	5143	134291
非金属矿物制品业	702731	237905	74542	10149	435578
黑色金属冶炼和压延加工业	157700	95497	18296	818	30215
有色金属冶炼和压延加工业	8488	1719	1303		4331
金属制品业	59434	31348	5481	4495	92286
通用设备制造业	53231	36723	5836	166	38203
专用设备制造业	14241	4630	997		31260
汽车制造业	9875	3208	861	158	5618
铁路、船舶、航空航天和其他运输设备制造业	5202	36	36		70720
电气机械和器材制造业	115165	49186	10090	6215	230018
计算机、通信和其他电子设备制造业	559599	249741	48239	64628	1107101
仪器仪表制造业	10639	2247	346	252	30448
废弃资源综合利用业	23931	12784	2291	2370	51261
金属制品、机械和设备修理业	1427	593	137	509	8412
电力、燃气及水的生产和供应业	145516	52056	9655	2687	109152
电力、热力生产和供应业	102396	37414	7931	1458	74041
水的生产和供应业	43120	14643	1725	1230	35111

12－18 续表4 （2012年）

项 目	流动负债合计	应付账款	非流动负债合计	所有者权益合计	实收资本
总计	2813628	1094970	276086	1938935	
采矿业	11695	4052	6602	27965	
黑色金属矿采选业	2979	1490	21	4790	
有色金属矿采选业	2784	210	1823	2557	
非金属矿采选业	5933	2352	4759	20618	
制造业	2762877	1087288	206870	1849553	
农副食品加工业	105342	41021	10665	63420	
食品制造业	2806	1497	1604	5519	
酒、饮料和精制茶制造业	44750	6136	951	28489	
纺织业	23867	7267	37	7687	
纺织服装、服饰业	57777	12638	9729	34508	
皮革、毛皮、羽毛及其制品和制鞋业	87738	27204	8396	52910	
木材加工和木、竹、藤、棕、草制品业	32590	6792	7465	25226	
家具制造业	61753	16937	2964	27411	
造纸和纸制品业	36363	15304	1838	8420	
印刷和记录媒介复制业	86185	29544	7752	16658	
文教、工美、体育和娱乐用品制造业	18158	6996	6898	13736	
化学原料和化学制品制造业	171653	63559	9992	187509	
医药制造业	40833	12720	9176	40510	
化学纤维制造业	794	43		4343	
橡胶和塑料制品业	122553	39039	5407	54278	
非金属矿物制品业	381358	90454	33338	302670	
黑色金属冶炼和压延加工业	13047	8897	9135	88043	
有色金属冶炼和压延加工业	4232	447	99	7899	
金属制品业	84337	22045	1162	31905	
通用设备制造业	28308	10491	4097	29121	
专用设备制造业	30075	4019	1185	7151	
汽车制造业	4452	2111	1166	10591	
铁路、船舶、航空航天和其他运输设备制造业	45633	45629	15698	6377	
电气机械和器材制造业	154938	54654	11574	146339	
计算机、通信和其他电子设备制造业	1039943	533767	40677	614624	
仪器仪表制造业	27379	10367	3069	12602	
废弃资源综合利用业	49642	16144	762	20407	
金属制品、机械和设备修理业	6375	1569	2037	1200	
电力、燃气及水的生产和供应业	39056	3630	62614	61417	
电力、热力生产和供应业	18888	490	55039	52218	
水的生产和供应业	20168	3140	7575	9200	

（2012年）

项　目						
	实收资本	国家资本	集体资本	法人资本	个人资本	港澳台资本
总计	920368	1904	30562	472300	262035	128521
采矿业	13955			7490	6465	
黑色金属矿采选业	1089				1089	
有色金属矿采选业	869			869		
非金属矿采选业	11997			6621	5376	
制造业	880405	1904	25235	450427	249273	128521
农副食品加工业	26732	313	3251	12352	9968	848
食品制造业	1997			1497	500	
酒、饮料和精制茶制造业	6000			6000		
纺织业	5880			1200	2560	2120
纺织服装、服饰业	13352			4687	8286	379
皮革、毛皮、羽毛及其制品和制鞋业	25056		65	13701	11290	
木材加工和木、竹、藤、棕、草制品业	9741		947	6744	2050	
家具制造业	23477			14708	762	3832
造纸和纸制品业	7182			3300	3882	
印刷和记录媒介复制业	12273			6105	4926	
文教、工美、体育和娱乐用品制造业	14092			4560	100	9432
化学原料和化学制品制造业	73572			35722	34046	510
医药制造业	23748			16021	7627	
化学纤维制造业	4343			3040		1303
橡胶和塑料制品业	48473	450	400	19493	17067	6372
非金属矿物制品业	85385			61186	23929	270
黑色金属冶炼和压延加工业	8092				8092	
有色金属冶炼和压延加工业	410			330	80	
金属制品业	27449			14367	5653	6769
通用设备制造业	23260			5548	16426	1287
专用设备制造业	7048			3448	3600	
汽车制造业	8856			6642		2214
铁路、船舶、航空航天和其他运输设备制造业	12438			6219		
电气机械和器材制造业	91804	41	13954	50220	27579	10
计算机、通信和其他电子设备制造业	292192	1000	6518	131811	58012	90237
仪器仪表制造业	9605			8550	1055	
废弃资源综合利用业	16751	100	100	11777	1785	2939
金属制品、机械和设备修理业	1200			1200		
电力、燃气及水的生产和供应业	26008		5327	14384	6297	
电力、热力生产和供应业	13507			8000	5507	
水的生产和供应业	12501		5327	6384	791	

（2012年）

项 目	外商资本	营业收入	主营业务收入	营业成本	主营业务成本
总计	25045	8162817	8103412	7004616	6963814
采矿业		95764	95764	69233	69178
黑色金属矿采选业		9352	9352	6346	6346
有色金属矿采选业		6636	6636	4361	4306
非金属矿采选业		79777	79777	58526	58526
制造业	25045	8022650	7963245	6905142	6864396
农副食品加工业		408286	402622	364924	364924
食品制造业		29674	29674	22129	21958
酒、饮料和精制茶制造业		85565	84672	50959	50537
纺织业		74511	74511	65559	65559
纺织服装、服饰业		155409	152338	136421	135777
皮革、毛皮、羽毛及其制品和制鞋业		468348	467881	410676	410676
木材加工和木、竹、藤、棕、草制品业		141689	140465	118589	116811
家具制造业	4176	324829	324826	287155	286694
造纸和纸制品业		99256	99253	89343	89343
印刷和记录媒介复制业	1242	142166	140966	128394	128394
文教、工美、体育和娱乐用品制造业		70825	70825	59791	59101
化学原料和化学制品制造业	3294	580113	577690	497342	495838
医药制造业	100	84417	82565	57850	56482
化学纤维制造业		7308	7287	6648	6648
橡胶和塑料制品业	4691	331187	329736	291704	290675
非金属矿物制品业		597474	597020	523763	520350
黑色金属冶炼和压延加工业		538326	538326	425010	425010
有色金属冶炼和压延加工业		29061	28016	25476	25476
金属制品业	660	207351	206858	187949	187003
通用设备制造业		118450	116872	97112	97046
专用设备制造业		55869	55585	48926	48926
汽车制造业		13369	13273	10630	10553
铁路、船舶、航空航天和其他运输设备制造业	6219	7452	7452	6897	6897
电气机械和器材制造业		833851	831489	698495	697886
计算机、通信和其他电子设备制造业	4614	2436568	2402093	2137129	2109564
仪器仪表制造业		29300	29296	22362	22362
废弃资源综合利用业	50	147744	147403	130192	130190
金属制品、机械和设备修理业		4251	4251	3718	3718
电力、燃气及水的生产和供应业		44403	44403	30240	30240
电力、热力生产和供应业		27230	27230	19330	19330
水的生产和供应业		17172	17172	10911	10911

12－18 续表7 （2012年）

项 目	营业税金及附加	主营业务税金及附加	其他业务收入	其他业务利润	销售费用
总计	25481	23805	59405	6788	173602
采矿业	2011	2011			5520
黑色金属矿采选业	461	461			360
有色金属矿采选业	248	248			224
非金属矿采选业	1302	1302			4936
制造业	22857	21181	59405	6830	167919
农副食品加工业	270	270	5664	1	7589
食品制造业	130	130			1632
酒、饮料和精制茶制造业	621	34	894	472	15448
纺织业	94	87			918
纺织服装、服饰业	1016	1016	3071		3249
皮革、毛皮、羽毛及其制品和制鞋业	2130	2066	467	452	5636
木材加工和木、竹、藤、棕、草制品业	1067	899	1224		2062
家具制造业	640	640	2	2	1410
造纸和纸制品业	224	224	3		1259
印刷和记录媒介复制业	616	616	1200		2267
文教、工美、体育和娱乐用品制造业	277	277			763
化学原料和化学制品制造业	2017	2015	2424	－30	18261
医药制造业	711	687	1852	460	12018
化学纤维制造业	41	41	21	2	151
橡胶和塑料制品业	1095	1025	1451	132	7019
非金属矿物制品业	2709	2559	454	14	9254
黑色金属冶炼和压延加工业	243	243		－13	26212
有色金属冶炼和压延加工业	91	78	1045		320
金属制品业	356	356	494	21	3004
通用设备制造业	640	640	1578	－12	1744
专用设备制造业	93	93	284	186	750
汽车制造业	126	126	96	18	341
铁路、船舶、航空航天和其他运输设备制造业	51	51			233
电气机械和器材制造业	1645	1645	2362	271	9806
计算机、通信和其他电子设备制造业	5343	4751	34475	4512	31529
仪器仪表制造业	120	120	4	4	1156
废弃资源综合利用业	477	477	341	339	3887
金属制品、机械和设备修理业	14	14			3
电力、燃气及水的生产和供应业	614	614		－42	164
电力、热力生产和供应业	151	151			152
水的生产和供应业	463	463		－42	12

项　目	管理费用	税金	差旅费	工会经费	财务费用
总计	358687	11650	17315	1661	61929
采矿业	10507	413	224	33	517
黑色金属矿采选业	830		66	9	334
有色金属矿采选业	1867	55	48	4	
非金属矿采选业	7810	358	110	20	182
制造业	343854	11177	16948	1583	55503
农副食品加工业	10763	291	1030	342	2036
食品制造业	3570	42	114	10	122
酒、饮料和精制茶制造业	2510	164	177	21	175
纺织业	2070	120	35	45	562
纺织服装、服饰业	6586	142	642	113	1557
皮革、毛皮、羽毛及其制品和制鞋业	12130	505	978	45	1849
木材加工和木、竹、藤、棕、草制品业	9633	1583	477	21	567
家具制造业	3865	117	144	1	1317
造纸和纸制品业	4375	217	118		1298
印刷和记录媒介复制业	5651	65	417	1	2544
文教、工美、体育和娱乐用品制造业	4642	177	43	11	166
化学原料和化学制品制造业	25270	580	1338	91	4109
医药制造业	7029	220	998	59	1618
化学纤维制造业	319	30	5	9	－5
橡胶和塑料制品业	18062	567	684	83	4449
非金属矿物制品业	37876	1389	614	52	13856
黑色金属冶炼和压延加工业	13887	395	2945		1228
有色金属冶炼和压延加工业	1970	78	38	38	299
金属制品业	7041	184	452	77	1120
通用设备制造业	5726	319	388	7	548
专用设备制造业	2943	3	156		1000
汽车制造业	1783	18	42	8	－2
铁路、船舶、航空航天和其他运输设备制造业	225	15	44	18	58
电气机械和器材制造业	26175	1145	1272	56	2162
计算机、通信和其他电子设备制造业	119093	2477	3482	269	10668
仪器仪表制造业	3330	28	105	23	1106
废弃资源综合利用业	7012	302	210	186	880
金属制品、机械和设备修理业	321	7	2		220
电力、燃气及水的生产和供应业	4326	61	143	45	5910
电力、热力生产和供应业	1712	59	135	45	3404
水的生产和供应业	2614	1	9		2505

项目	利息收入	利息支出	营业利润	资产减值损失	公允价值变动收益
总计	4148	55434	562795	3175	－8
采矿业	2	467	6963		
黑色金属矿采选业	1	335	1021		
有色金属矿采选业	1		－65		
非金属矿采选业		132	6007		
制造业	4128	49208	552533	3175	－8
农副食品加工业	7	1841	21607	－26	
食品制造业	4	117	2092		
酒、饮料和精制茶制造业	14	186	15852		
纺织业	5	356	5093		
纺织服装、服饰业	16	1393	4539		
皮革、毛皮、羽毛及其制品和制鞋业	385	1796	35869	6	
木材加工和木、竹、藤、棕、草制品业	962	1123	9590		
家具制造业	42	1270	31821	32	
造纸和纸制品业	15	1224	2228		
印刷和记录媒介复制业	65	2276	2857		
文教、工美、体育和娱乐用品制造业	2	103	6172		
化学原料和化学制品制造业	200	3767	40259	239	
医药制造业	5	1566	5823	400	
化学纤维制造业	7		134	21	
橡胶和塑料制品业	66	3788	9893	22	
非金属矿物制品业	197	12805	26951	90	
黑色金属冶炼和压延加工业	1	1064	71520	15	
有色金属冶炼和压延加工业		30	906		
金属制品业	9	783	9068		
通用设备制造业	114	480	11231		
专用设备制造业	26	847	2319	9	
汽车制造业	5		491	1	
铁路、船舶、航空航天和其他运输设备制造业	2	20	－5		
电气机械和器材制造业	253	1941	91965	649	－8
计算机、通信和其他电子设备制造业	1654	9118	137711	1683	
仪器仪表制造业	5	490	1184	1	
废弃资源综合利用业	66	605	5317	33	
金属制品、机械和设备修理业	1	220	46		
电力、燃气及水的生产和供应业	18	5758	3299		
电力、热力生产和供应业	7	3244	2674		
水的生产和供应业	10	2515	626		

项　目	投资收益	补贴收入	营业外收入	营业外支出	利润总额
总计	7680	32332	10800	19550	575577
采矿业				100	6863
黑色金属矿采选业					1021
有色金属矿采选业				29	－94
非金属矿采选业				71	5936
制造业	7680	32144	10790	19106	565571
农副食品加工业	225	4154	4022	390	25372
食品制造业		2		137	1957
酒、饮料和精制茶制造业		20		18	15854
纺织业	6	35	15	2	5125
纺织服装、服饰业	1	50	12	63	4527
皮革、毛皮、羽毛及其制品和制鞋业	3000	735	6	733	35871
木材加工和木、竹、藤、棕、草制品业	62	22	21	327	9285
家具制造业		28	8	122	31727
造纸和纸制品业		55	53	89	2193
印刷和记录媒介复制业	21	115	20	730	2242
文教、工美、体育和娱乐用品制造业		11		162	6021
化学原料和化学制品制造业	4278	7347	223	6432	41174
医药制造业	16	525		296	6052
化学纤维制造业		10	8	13	131
橡胶和塑料制品业		1656	1200	234	11316
非金属矿物制品业	22	1036	585	833	27154
黑色金属冶炼和压延加工业		11		1494	70037
有色金属冶炼和压延加工业		22		26	902
金属制品业		110	84	217	8962
通用设备制造业		164		533	10862
专用设备制造业				5	2314
汽车制造业		62		6	548
铁路、船舶、航空航天和其他运输设备制造业					－5
电气机械和器材制造业	94	4357	137	3357	92965
计算机、通信和其他电子设备制造业	－43	11063	4287	2247	146528
仪器仪表制造业		128	101	51	1261
废弃资源综合利用业		247	9	466	5098
金属制品、机械和设备修理业		178		126	98
电力、燃气及水的生产和供应业		188	10	344	3144
电力、热力生产和供应业		112		278	2508
水的生产和供应业		76	10	66	636

12－18 续表11 (2012年)

项　目	应交所得税	亏损企业亏损总额	利税总额	应交税金及附加	本年应付职工薪酬
总计	35911	22092	852849	324833	571510
采矿业	247	165	12173	5970	2744
黑色金属矿采选业			2103	1082	466
有色金属矿采选业	1	165	534	683	564
非金属矿采选业	246		9536	4205	1714
制造业	35319	21644	835567	316492	566326
农副食品加工业	584	1305	29785	5289	14616
食品制造业	135		2558	778	1012
酒、饮料和精制茶制造业	2053	571	22682	9045	2225
纺织业	65	172	5860	919	7845
纺织服装、服饰业	613	65	9152	5380	18389
皮革、毛皮、羽毛及其制品和制鞋业	2682	15	49385	16701	78941
木材加工和木、竹、藤、棕、草制品业	279	880	14376	6953	7357
家具制造业	413	557	56302	25105	12773
造纸和纸制品业	386	467	3887	2297	4999
印刷和记录媒介复制业	526	484	7451	5800	9743
文教、工美、体育和娱乐用品制造业	264	417	6912	1332	7602
化学原料和化学制品制造业	6471	2981	56360	22237	23941
医药制造业	811	117	12719	7699	10566
化学纤维制造业	20		374	293	575
橡胶和塑料制品业	418	1718	17579	7247	29058
非金属矿物制品业	3214	3161	67138	44587	28285
黑色金属冶炼和压延加工业	1180	129	99041	30578	3608
有色金属冶炼和压延加工业	4		1837	1017	455
金属制品业	117	1058	15960	7299	14687
通用设备制造业	756	398	13418	3631	8700
专用设备制造业	84	470	5316	3088	5559
汽车制造业	72		1104	646	4169
铁路、船舶、航空航天和其他运输设备制造业		5	102	122	159
电气机械和器材制造业	3608	2753	124944	36732	56625
计算机、通信和其他电子设备制造业	10011	3679	200426	66386	202870
仪器仪表制造业	355	137	2375	1496	4207
废弃资源综合利用业	198	106	8347	3749	6898
金属制品、机械和设备修理业			177	86	462
电力、燃气及水的生产和供应业	345	284	5108	2371	2440
电力、热力生产和供应业	247	121	3907	1706	1350
水的生产和供应业	98	163	1201	665	1091

项　目	本年应交增值税	本年进项税额	本年销项税额	土地和固定资产支出	土地购置
总计	251791	613550	736699	351376	24383
采矿业	3300	2796	3990	550	
黑色金属矿采选业	621	634	1225		
有色金属矿采选业	380	939	755	550	
非金属矿采选业	2299	1223	2010		
制造业	247140	609767	730470	349960	24383
农副食品加工业	4143	15453	18265	12534	2315
食品制造业	471	440	756		
酒、饮料和精制茶制造业	6207	7934	13803	1607	
纺织业	640	7274	8602	1360	268
纺织服装、服饰业	3610	17076	19822	50	
皮革、毛皮、羽毛及其制品和制鞋业	11384	18104	18295	187	
木材加工和木、竹、藤、棕、草制品业	4025	12157	15369	9500	2000
家具制造业	23935	12443	35264	38649	5319
造纸和纸制品业	1470	12086	12745	1837	
印刷和记录媒介复制业	4593	19480	22440	904	
文教、工美、体育和娱乐用品制造业	614	4762	5100	625	
化学原料和化学制品制造业	13169	72637	81379	8474	
医药制造业	5956	7365	13209	13956	
化学纤维制造业	202	1024	1149	560	
橡胶和塑料制品业	5167	33109	36534	14582	342
非金属矿物制品业	37275	53550	73475	103361	3009
黑色金属冶炼和压延加工业	28760	20763	47667	55	55
有色金属冶炼和压延加工业	844	1174	1337		
金属制品业	6643	25094	30909	8781	3814
通用设备制造业	1915	7010	8129	691	257
专用设备制造业	2909	11142	14317	607	
汽车制造业	430	814	1045		
铁路、船舶、航空航天和其他运输设备制造业	56				
电气机械和器材制造业	30334	43393	52997	21711	473
计算机、通信和其他电子设备制造业	48556	193109	183037	95940	3562
仪器仪表制造业	994	3628	4613	7650	820
废弃资源综合利用业	2772	8084	9486	6343	2150
金属制品、机械和设备修理业	65	661	725		
电力、燃气及水的生产和供应业	1351	986	2239	866	
电力、热力生产和供应业	1249	986	2136	782	
水的生产和供应业	103		103	84	

12－18 续表13 （2012年）

项 目					全部从业人员年平均人数（人）	工业增加值（收入法）
	房屋和建筑物	机器设备	运输工具	其他费用		
总计	101728	187027	5365	32874	140850	1996331
采矿业	50	400	100		844	39336
黑色金属矿采选业					108	4388
有色金属矿采选业	50	400	100		144	4472
非金属矿采选业					592	30476
制造业	101675	186523	5251	32128	139342	1940220
农副食品加工业	3974	2999	161	3086	3063	65177
食品制造业					516	8182
酒、饮料和精制茶制造业		1607			612	28854
纺织业	341	252	236	263	1714	16669
纺织服装、服饰业		50			5828	39585
皮革、毛皮、羽毛及其制品和制鞋业		179		8	20742	161179
木材加工和木、竹、藤、棕、草制品业	5000	1000	55	1445	1906	36214
家具制造业	28788	4109	201	232	3154	92621
造纸和纸制品业		1235	358	244	1588	18602
印刷和记录媒介复制业		867	37		2746	36860
文教、工美、体育和娱乐用品制造业	370	253		2	2534	18500
化学原料和化学制品制造业	997	5841	852	784	4826	96374
医药制造业	7117	6189	396	254	2854	29922
化学纤维制造业		560			110	1328
橡胶和塑料制品业	8527	5174	98	441	7669	71698
非金属矿物制品业	3138	83425	517	13272	5530	214653
黑色金属冶炼和压延加工业					735	145325
有色金属冶炼和压延加工业					150	5703
金属制品业	1018	3491	166	293	3618	46985
通用设备制造业	3	244	178	9	1794	30957
专用设备制造业		552		55	1470	14902
汽车制造业					860	7081
铁路、船舶、航空航天和其他运输设备制造业					98	1526
电气机械和器材制造业	7186	13843	30	178	13652	212218
计算机、通信和其他电子设备制造业	28445	50933	1745	11256	48753	495082
仪器仪表制造业	4639	1846	141	205	1025	9360
废弃资源综合利用业	2135	1876	81	101	1629	33762
金属制品、机械和设备修理业					166	901
电力、燃气及水的生产和供应业	3	104	14	745	664	16778
电力、热力生产和供应业		29	14	739	315	9532
水的生产和供应业	3	75		6	349	7246

12－19 规模以上“三资”工业企业主要经济指标

（2012 年）

项目	企业单位数（个）	亏损企业	工业总产值（当年价格）	工业销售产值（当年价格）	出口交货值
总计	868	235	34537841	34259979	19576227
在总计中：亏损企业	235	235	3317060	3240222	1703768
在总计中：国有控股企业	13	5	3593174	3567282	272327
在总计中：轻工业	430	107	8372718	8231429	5077799
重工业	438	128	26165122	26028550	14498428
在总计中：大型企业	62	8	19787576	19767813	14041825
中型企业	314	85	10394326	10220241	3809838
小型企业	484	139	4299748	4217775	1716886
微型企业	8	3	56191	54150	7678
按行业分					
制造业	865	234	34482737	34205796	19576227
农副食品加工业	5	2	49480	47210	36558
食品制造业	2		17358	17262	14394
酒、饮料和精制茶制造业	5		260624	256615	10640
纺织业	33	5	343263	336810	159466
纺织服装、服饰业	44	9	523302	517630	354410
皮革、毛皮、羽毛及其制品和制鞋业	45	9	658351	657425	472112
木材加工和木、竹、藤、棕、草制品业	6	1	114149	109582	72294
家具制造业	35	10	532875	520961	389928
造纸和纸制品业	12	6	151754	146524	61812
印刷和记录媒介复制业	8	2	171899	171813	73115
文教、工美、体育和娱乐用品制造业	50	13	415142	409470	348402
化学原料和化学制品制造业	47	8	3997798	3930743	126266
医药制造业	1		2054	2054	2054
化学纤维制造业	2		13353	16181	4039
橡胶和塑料制品业	90	22	1176035	1139373	593797
非金属矿物制品业	15	6	244918	237795	69819
黑色金属冶炼和压延加工业	6	2	108475	101816	32398
有色金属冶炼和压延加工业	11	4	104896	102170	43337
金属制品业	45	15	725791	722863	404723
通用设备制造业	18	5	312135	309776	163823
专用设备制造业	23	7	233863	230187	79181
汽车制造业	21	6	1165215	1182614	390185
铁路、船舶、航空航天和其他运输设备制造业	10	5	85780	86578	58831
电气机械和器材制造业	79	22	1687945	1645975	1035752
计算机、通信和其他电子设备制造业	235	72	21266840	21191993	14490182
仪器仪表制造业	7		55061	54348	50203
其他制造业	9	3	54791	49217	36169
废弃资源综合利用业	1		9592	10813	2342
电力、燃气及水的生产和供应业	3	1	55104	54183	
电力、热力生产和供应业	1	1	43193	42272	
燃气生产和供应业	1		4701	4701	
水的生产和供应业	1		7210	7210	

项　　目	年初存货	产成品	在产品	资产总计	流动资产合　　计
总　　计	3252001	1104001	509367	23604239	14516225
在总计中:亏损企业	602701	212866	121767	3575738	2127152
在总计中:国有控股企业	433579	291356	119441	3435414	995281
在总计中:轻工业	998164	260250	145069	6360728	4570878
重工业	2253837	843752	364298	17243512	9945347
在总计中:大型企业	1359455	321922	170361	11352839	8130424
中型企业	1349641	591956	268022	9013608	4450340
小型企业	538162	188469	70684	3221846	1922367
微型企业	4744	1654	301	15946	13094
按行业分					
制造业	3246211	1104001	509367	23435874	14463332
农副食品加工业	2784	2652	30	22777	18280
食品制造业	1647	487	541	13539	11196
酒、饮料和精制茶制造业	13140	4166	725	166489	98860
纺织业	36292	11793	8991	199706	125553
纺织服装、服饰业	89286	9778	13891	352046	213226
皮革、毛皮、羽毛及其制品和制鞋业	95908	21270	9617	347547	215777
木材加工和木、竹、藤、棕、草制品业	9731	2102	1332	76402	46827
家具制造业	72445	22386	10792	490247	232923
造纸和纸制品业	19497	6997	665	152305	83949
印刷和记录媒介复制业	22417	1835	10227	154433	95911
文教、工美、体育和娱乐用品制造业	76569	23652	15342	294887	183885
化学原料和化学制品制造业	468351	321506	88942	4024225	1338559
医药制造业	207			648	522
化学纤维制造业	2115	1100		8000	4308
橡胶和塑料制品业	173792	60422	21982	1038428	533337
非金属矿物制品业	24696	10157	4096	234402	92850
黑色金属冶炼和压延加工业	17518	9044	5965	108547	74966
有色金属冶炼和压延加工业	18711	6948	1819	67195	53460
金属制品业	112849	36773	22527	613653	360466
通用设备制造业	28603	8952	7251	290526	179108
专用设备制造业	30912	8576	4548	198472	123552
汽车制造业	158238	53703	29831	1306353	623781
铁路、船舶、航空航天和其他运输设备制造业	30085	13292	5172	168051	103509
电气机械和器材制造业	177237	66774	21751	1121278	769800
计算机、通信和其他电子设备制造业	1544228	396759	220624	11922092	8838176
仪器仪表制造业	3625	355	1187	14729	8338
其他制造业	14182	2276	1223	38682	27460
废弃资源综合利用业	1143	248	296	10216	4753
电力、燃气及水的生产和供应业	5790			168366	52894
电力、热力生产和供应业	5784			113812	30400
燃气生产和供应业	6			23327	15365
水的生产和供应业				31226	7129

12－19 续表2 （2012年）

项目	流动资产合计				固定资产合计
	应收账款	存货	产成品	在产品	
总　　计	5893946	3457003	1060905	403186	7622192
在总计中：亏损企业	759279	641853	239767	77409	1191486
在总计中：国有控股企业	299486	320284	142731	5600	2289292
在总计中：轻工业	1810763	1005336	272803	122387	1313831
重工业	4083183	2451668	788102	280799	6308361
在总计中：大型企业	4017749	1550106	424104	167156	2584184
中型企业	1310472	1320271	464687	168904	3987266
小型企业	561827	581784	168161	67116	1049819
微型企业	3898	4843	3954	11	923
按行业分					
制造业	5890733	3453267	1060905	403186	7537942
农副食品加工业	4589	5272	3660	45	4049
食品制造业	6350	1563	1030	533	2149
酒、饮料和精制茶制造业	9259	14060	4587	1060	64385
纺织业	21162	39269	15679	7207	54490
纺织服装、服饰业	48404	94906	9760	9209	122028
皮革、毛皮、羽毛及其制品和制鞋业	44266	105852	21469	15984	102479
木材加工和木、竹、藤、棕、草制品业	6319	13907	2853	319	24664
家具制造业	65935	73148	22619	14144	133418
造纸和纸制品业	26246	20154	5066	1065	58533
印刷和记录媒介复制业	31357	16378	2714	4313	55086
文教、工美、体育和娱乐用品制造业	56222	78784	22919	18671	97098
化学原料和化学制品制造业	269279	369391	150454	5833	2506587
医药制造业	248				15
化学纤维制造业	889	1865	1037		3344
橡胶和塑料制品业	180305	171573	56916	18290	404089
非金属矿物制品业	16315	34910	13574	4100	111208
黑色金属冶炼和压延加工业	24140	37275	10065	3839	25945
有色金属冶炼和压延加工业	14376	16679	2143	1166	11899
金属制品业	111525	121587	32417	27860	197890
通用设备制造业	83459	32882	8882	8631	77321
专用设备制造业	48257	34749	9307	3553	64600
汽车制造业	227850	169064	50251	41062	552681
铁路、船舶、航空航天和其他运输设备制造业	37918	27789	13748	5106	27492
电气机械和器材制造业	315214	202643	70124	20564	288736
计算机、通信和其他电子设备制造业	4226678	1754710	528577	188346	2527374
仪器仪表制造业	2841	4046	738	1480	5725
其他制造业	9234	9919	162	455	9456
废弃资源综合利用业	2097	894	156	355	5202
电力、燃气及水的生产和供应业	3214	3736			84250
电力、热力生产和供应业	2588	3736			81055
燃气生产和供应业	502				2943
水的生产和供应业	124				252

12－19　续表3　　（2012年）

项　目	固定资产原价	累计折旧	本年折旧	在建工程	负债合计
总　　计	12489027	5064427	960662	399145	13794719
在总计中:亏损企业	1992307	817890	127491	50559	2474636
在总计中:国有控股企业	3374958	1085666	167452	17301	2049600
在总计中:轻工业	2492480	1230729	226480	69692	4142366
重工业	9996547	3833699	734183	329453	9652353
在总计中:大型企业	4083919	1564725	404241	202836	6924226
中型企业	6363235	2451605	385199	148926	5026614
小型企业	2039744	1046891	171002	47384	1833667
微型企业	2129	1206	220		10211
按行业分					
制造业	12371460	5031110	957642	394753	13601134
农副食品加工业	12073	8024	1680	228	12019
食品制造业	11608	9460	274		19057
酒、饮料和精制茶制造业	104955	40749	7749	348	118622
纺织业	129376	78266	13180	5645	126376
纺织服装、服饰业	201901	83949	15660	2353	179606
皮革、毛皮、羽毛及其制品和制鞋业	249884	150191	21106	176	171988
木材加工和木、竹、藤、棕、草制品业	112983	88318	12051	1302	43814
家具制造业	185873	59299	9879	5460	257107
造纸和纸制品业	65588	17191	3926	9292	106918
印刷和记录媒介复制业	84037	35315	6835	13	97387
文教、工美、体育和娱乐用品制造业	184263	96067	15656	875	148869
化学原料和化学制品制造业	3692237	1204199	203229	37591	2136948
医药制造业	285	270	23	11	158
化学纤维制造业	10975	7631	379	2	1574
橡胶和塑料制品业	715022	335881	57927	36527	538466
非金属矿物制品业	178797	68797	17703	5195	121150
黑色金属冶炼和压延加工业	53454	27567	2212	58	58919
有色金属冶炼和压延加工业	38449	26558	3787	603	30805
金属制品业	345996	154721	25377	6801	376467
通用设备制造业	143155	66213	9255	771	118834
专用设备制造业	142866	79535	13311	357	93650
汽车制造业	796979	295041	78278	50878	739566
铁路、船舶、航空航天和其他运输设备制造业	49104	22135	3099	5212	111399
电气机械和器材制造业	518732	235928	65905	25181	673411
计算机、通信和其他电子设备制造业	4296808	1813799	365485	199681	7290099
仪器仪表制造业	22670	16945	2267		5388
其他制造业	15675	6526	864	190	20618
废弃资源综合利用业	7720	2537	547	3	1917
电力、燃气及水的生产和供应业	117567	33317	3021	4392	193585
电力、热力生产和供应业	113771	32716	2803	453	160982
燃气生产和供应业	3336	393	167	3939	12028
水的生产和供应业	460	209	51		20575

项 目	流动负债合 计	应付账款	非流动负债合计	所有者权益合计	实收资本
总 计	12019134	5393841	1602774	9797997	6987557
在总计中:亏损企业	2206846	992278	241540	1099228	1498791
在总计中:国有控股企业	1115137	332376	934463	1385814	1420821
在总计中:轻工业	3870843	1793255	178925	2215619	1831530
重工业	8148291	3600586	1423849	7582379	5156027
在总计中:大型企业	6564563	3084814	359663	4428013	2004469
中型企业	3884832	1611843	1038688	3979998	3659999
小型企业	1560329	688187	204423	1384252	1319846
微型企业	9409	8997		5735	3243
按行业分					
制造业	11906549	5361675	1521774	9823217	6945026
农副食品加工业	10914	7037	1106	10758	5476
食品制造业	19057	6266		－5518	8481
酒、饮料和精制茶制造业	117672	20919	951	47867	42865
纺织业	118290	37845	1929	73107	77230
纺织服装、服饰业	155072	60387	16328	171933	174937
皮革、毛皮、羽毛及其制品和制鞋业	153788	86365	10066	175287	167013
木材加工和木、竹、藤、棕、草制品业	33631	10695	183	32587	33147
家具制造业	203016	74720	45868	233130	188849
造纸和纸制品业	86696	62624	9583	45387	51199
印刷和记录媒介复制业	84003	43936	10799	57045	54647
文教、工美、体育和娱乐用品制造业	134310	68659	10740	146017	158411
化学原料和化学制品制造业	1238688	281628	897599	1887149	1626823
医药制造业	158	23		490	235
化学纤维制造业	1574	763		6103	6329
橡胶和塑料制品业	450915	205451	30864	498492	486439
非金属矿物制品业	111045	30210	10105	113252	125220
黑色金属冶炼和压延加工业	58919	12110		49629	46163
有色金属冶炼和压延加工业	29935	13999	790	36390	24540
金属制品业	323806	112180	46169	235307	250002
通用设备制造业	115708	67820	3126	171691	124793
专用设备制造业	74578	39622	5227	104806	66391
汽车制造业	720700	161188	18700	564987	244352
铁路、船舶、航空航天和其他运输设备制造业	85494	62926	16516	56652	62364
电气机械和器材制造业	656125	398229	11950	447235	380673
计算机、通信和其他电子设备制造业	6895952	3476880	372251	4627729	2504119
仪器仪表制造业	4134	3414	926	9341	9809
其他制造业	20450	14922		18065	18227
废弃资源综合利用业	1917	857		8299	6292
电力、燃气及水的生产和供应业	112585	32167	81000	－25220	42532
电力、热力生产和供应业	79982	31928	81000	－47170	25600
燃气生产和供应业	12028			11299	6932
水的生产和供应业	20575	239		10651	10000

项　目					
	国家资本	集体资本	法人资本	个人资本	港澳台资本
总　　计	5554	29786	1557589	38644	2940738
在总计中:亏损企业		1000	154566	888	820969
在总计中:国有控股企业	208	7425	721238		15478
在总计中:轻工业	351	7326	185440	17481	1108153
重工业	5203	22459	1372149	21163	1832585
在总计中:大型企业	3550	7525	407518		925635
中型企业	351	16275	1027109	26065	1388084
小型企业	1653	5986	121962	12579	625694
微型企业			1000		1325
按行业分					
制造业	5554	26786	1543253	38644	2933806
农副食品加工业			1348		3407
食品制造业					1615
酒、饮料和精制茶制造业	351	497			42017
纺织业			11623		57423
纺织服装、服饰业			9889	1639	86955
皮革、毛皮、羽毛及其制品和制鞋业			566	300	75662
木材加工和木、竹、藤、棕、草制品业			3023		17909
家具制造业			18913		142000
造纸和纸制品业			520		50679
印刷和记录媒介复制业			11415		31686
文教、工美、体育和娱乐用品制造业		1340	10204		108822
化学原料和化学制品制造业			681020	12403	101546
医药制造业					235
化学纤维制造业			3040		3289
橡胶和塑料制品业		5	162650	1684	237096
非金属矿物制品业			8303		109427
黑色金属冶炼和压延加工业			1316		39315
有色金属冶炼和压延加工业				888	10474
金属制品业			14354	7857	178345
通用设备制造业			40502	800	8294
专用设备制造业			6508	5	19853
汽车制造业	5203		107676		31637
铁路、船舶、航空航天和其他运输设备制造业			15247		38476
电气机械和器材制造业		3685	36048	9108	225663
计算机、通信和其他电子设备制造业		21259	397115	3959	1281609
仪器仪表制造业					7832
其他制造业			1975		16253
废弃资源综合利用业					6292
电力、燃气及水的生产和供应业		3000	14336		6932
电力、热力生产和供应业			14336		
燃气生产和供应业					6932
水的生产和供应业		3000			

（2012年）

项　目	外商资本	营业收入	主营业务收入	营业成本	主营业务成本
总　　计	2415247	35340346	34826103	31789406	31381260
在总计中：亏损企业	521368	3367762	3295488	3202427	3146205
在总计中：国有控股企业	676472	3593515	3576898	3429479	3410054
在总计中：轻工业	512780	8771537	8710238	7773044	7731999
重工业	1902467	26568809	26115865	24016362	23649262
在总计中：大型企业	660240	20541422	20234620	18407661	18168519
中型企业	1202116	10433240	10329045	9455832	9374460
小型企业	551972	4311119	4207913	3873664	3786071
微型企业	918	54565	54526	52249	52209
按行业分					
制造业	2396983	35297646	34789297	31730354	31325033
农副食品加工业	721	47210	47204	42967	42964
食品制造业	6866	17255	16769	15569	15569
酒、饮料和精制茶制造业		277357	275484	168808	168311
纺织业	8184	335022	332488	300689	299253
纺织服装、服饰业	76455	531754	530806	483862	481752
皮革、毛皮、羽毛及其制品和制鞋业	90486	663078	660671	591432	591380
木材加工和木、竹、藤、棕、草制品业	12216	99107	98698	93073	92713
家具制造业	27936	533782	531382	468765	467029
造纸和纸制品业		152450	152239	137801	137801
印刷和记录媒介复制业	11546	179720	177605	161869	161869
文教、工美、体育和娱乐用品制造业	38045	417973	415135	375292	374668
化学原料和化学制品制造业	831853	4041373	3954289	3763130	3673616
医药制造业		2054	2054	1716	1716
化学纤维制造业		15314	15292	13226	13226
橡胶和塑料制品业	85004	1164436	1152777	1012297	998858
非金属矿物制品业	7490	228916	228709	199366	199223
黑色金属冶炼和压延加工业	5533	106788	106788	99105	99105
有色金属冶炼和压延加工业	13179	102659	102649	91212	91212
金属制品业	49446	727874	720258	652637	650511
通用设备制造业	75198	309068	308816	272904	272805
专用设备制造业	40024	239771	235069	212536	208121
汽车制造业	99836	1319248	1198056	1138851	1038905
铁路、船舶、航空航天和其他运输设备制造业	8641	84690	84591	71286	71278
电气机械和器材制造业	106171	1679063	1666125	1506896	1502220
计算机、通信和其他电子设备制造业	800176	21900305	21655012	19748037	19563910
仪器仪表制造业	1977	56572	55570	47644	47644
其他制造业		53995	53949	50292	50284
废弃资源综合利用业		10813	10813	9091	9091
电力、燃气及水的生产和供应业	18264	42700	36806	59053	56227
电力、热力生产和供应业	11264	26621	24583	49164	47113
燃气生产和供应业		8556	4701	4385	3610
水的生产和供应业	7000	7522	7522	5504	5504

12－19 续表7　　（2012年）

项　目	营业税金及附加	主营业务税金及附加	其他业务收入	其他业务利润	销售费用
总　　计	101857	96952	514243	81695	950622
在总计中:亏损企业	25351	21413	72274	12373	80178
在总计中:国有控股企业	7972	7972	16618	706	55966
在总计中:轻工业	27604	26723	61299	10235	267040
重工业	74253	70229	452943	71460	683582
在总计中:大型企业	38124	38120	306802	49393	614467
中型企业	52138	47440	104195	23735	256471
小型企业	11505	11303	103206	8567	79374
微型企业	89	89	40		310
按行业分					
制造业	101725	96820	508349	81695	949734
农副食品加工业	50	50	6		1143
食品制造业	109	109	486		506
酒、饮料和精制茶制造业	4029	3442	1873	1371	66133
纺织业	603	485	2534	97	3679
纺织服装、服饰业	1036	1036	948	21	3403
皮革、毛皮、羽毛及其制品和制鞋业	1528	1528	2407	91	8318
木材加工和木、竹、藤、棕、草制品业	325	325	409	49	1999
家具制造业	1396	1286	2400	1505	22036
造纸和纸制品业	318	318	211	211	5585
印刷和记录媒介复制业	725	717	2115	305	3143
文教、工美、体育和娱乐用品制造业	1246	1244	2839	147	5119
化学原料和化学制品制造业	12749	12734	87084	1159	78115
医药制造业					97
化学纤维制造业	55	55	21	2	170
橡胶和塑料制品业	4090	4054	11659	2555	29718
非金属矿物制品业	353	347	207	96	4192
黑色金属冶炼和压延加工业	4581	670			1302
有色金属冶炼和压延加工业	371	371	10	10	1412
金属制品业	3014	3014	7616	3218	14395
通用设备制造业	1697	1697	253	113	3359
专用设备制造业	608	533	4702	3366	5443
汽车制造业	3745	3745	121192	17915	22107
铁路、船舶、航空航天和其他运输设备制造业	506	506	98	78	2152
电气机械和器材制造业	3099	3076	12937	5076	43469
计算机、通信和其他电子设备制造业	55197	55181	245294	44288	621371
仪器仪表制造业	99	99	1002		203
其他制造业	177	177	47	20	1140
废弃资源综合利用业	20	20			27
电力、燃气及水的生产和供应业	132	132	5894		888
电力、热力生产和供应业			2038		
燃气生产和供应业	132	132	3856		888
水的生产和供应业					

项目	管理费用	税金	差旅费	工会经费	财务费用
总计	1154099	57646	43778	6000	132259
在总计中:亏损企业	231416	7923	5010	1428	38942
在总计中:国有控股企业	50221	4114	2631	318	69165
在总计中:轻工业	426333	20377	18950	1872	34486
重工业	727766	37269	24828	4128	97773
在总计中:大型企业	546722	27717	16190	2482	13693
中型企业	418473	20125	20981	1905	88592
小型企业	187190	9794	6569	1612	30052
微型企业	1713	11	38		-77
按行业分					
制造业	1151178	57606	43673	5977	121955
农副食品加工业	1428	28	46		216
食品制造业	1084	39	68		4
酒、饮料和精制茶制造业	7427	577	1325	58	859
纺织业	12068	633	345	43	1553
纺织服装、服饰业	27024	2048	1158	19	2323
皮革、毛皮、羽毛及其制品和制鞋业	36354	2895	742	523	2319
木材加工和木、竹、藤、棕、草制品业	3516	232	48	29	38
家具制造业	25649	1152	944	52	982
造纸和纸制品业	6944	707	758	6	840
印刷和记录媒介复制业	7227	379	230	5	2316
文教、工美、体育和娱乐用品制造业	24429	1501	516	43	771
化学原料和化学制品制造业	61145	5350	4030	153	62502
医药制造业	53	1	5		2
化学纤维制造业	593	45	10	9	-10
橡胶和塑料制品业	73883	3177	3127	289	7539
非金属矿物制品业	18861	797	248	15	1985
黑色金属冶炼和压延加工业	2669	211	220	92	407
有色金属冶炼和压延加工业	3757	122	58	6	525
金属制品业	43679	2172	5015	190	5271
通用设备制造业	12274	322	417	132	448
专用设备制造业	19949	468	757	20	-3770
汽车制造业	84837	5566	1465	1742	1043
铁路、船舶、航空航天和其他运输设备制造业	6988	441	210	19	647
电气机械和器材制造业	86251	3506	3243	487	3376
计算机、通信和其他电子设备制造业	577076	24980	18449	2035	29590
仪器仪表制造业	3548	120	149	11	70
其他制造业	2081	109	70		16
废弃资源综合利用业	386	28	20		95
电力、燃气及水的生产和供应业	2921	40	106	23	10304
电力、热力生产和供应业	1429	40	24	6	9914
燃气生产和供应业	649		40	12	1
水的生产和供应业	843		41	5	389

（2012年）

项　目	利息收入	利息支出	营业利润	资产减值损失	公允价值变动收益
总　　计	43872	164149	1280350	16067	13426
在总计中：亏损企业	2532	39983	－190426	3213	－365
在总计中：国有控股企业	1955	73054	－12100	3251	11317
在总计中：轻工业	9159	31770	253236	6731	－832
重工业	34713	132379	1027114	9337	14258
在总计中：大型企业	35900	38360	936301	13239	4281
中型企业	5962	95346	209344	1891	11591
小型企业	2002	30438	134675	908	－2446
微型企业	9	5	29	29	
按行业分					
制造业	43869	153888	1310683	16067	13426
农副食品加工业	5	178	1254		
食品制造业	1	4	127		
酒、饮料和精制茶制造业	207	798	29498	－0.1	
纺织业	16	935	17576		
纺织服装、服饰业	81	992	15700		
皮革、毛皮、羽毛及其制品和制鞋业	84	1607	23423		
木材加工和木、竹、藤、棕、草制品业	41		334		
家具制造业	409	993	17974	15	
造纸和纸制品业	27	708	3517		
印刷和记录媒介复制业	48	2178	4555	58	
文教、工美、体育和娱乐用品制造业	73	1047	11770		
化学原料和化学制品制造业	722	66596	75268	2145	11495
医药制造业		2	213		
化学纤维制造业	7		1259	21	
橡胶和塑料制品业	1721	7838	42757	215	62
非金属矿物制品业	15	1889	13048	－195	
黑色金属冶炼和压延加工业	101	397	－1148		
有色金属冶炼和压延加工业	55	235	5925		
金属制品业	1292	6029	7533	518	154
通用设备制造业	288	921	18363	2	
专用设备制造业	112	1015	6928	95	
汽车制造业	2987	3501	68087	559	
铁路、船舶、航空航天和其他运输设备制造业	12	557	2869		
电气机械和器材制造业	1002	3863	35477	262	
计算机、通信和其他电子设备制造业	34547	51505	902261	12373	1715
仪器仪表制造业	3	38	5004		
其他制造业	6	1	－82		
废弃资源综合利用业	9	62	1194		
电力、燃气及水的生产和供应业	3	10261	－30333		
电力、热力生产和供应业		9869	－33885		
燃气生产和供应业			2765		
水的生产和供应业	3	392	787		

12－19 续表10 （2012年）

项　目	投资收益	补贴收入	营业外收入	营业外支出	利润总额
总　　计	26908	89530	39912	50249	1319607
在总计中：亏损企业	493	31304	16825	16834	－175957
在总计中：国有控股企业	－878	29918	21833	1842	15977
在总计中：轻工业	13039	22471	10032	11512	264171
重工业	13868	67059	29880	38737	1055436
在总计中：大型企业	22958	35788	13795	22305	949784
中型企业	919	18875	5974	17681	210538
小型企业	3031	34863	20139	10249	159265
微型企业		5	4	14	20
按行业分					
制造业	26908	68325	23340	50246	1328738
农副食品加工业				21	1233
食品制造业		42	1	7	163
酒、饮料和精制茶制造业		67	19	43	29523
纺织业		215	6	581	17210
纺织服装、服饰业	－321	175	1	397	15479
皮革、毛皮、羽毛及其制品和制鞋业		331	88	1191	22563
木材加工和木、竹、藤、棕、草制品业		1699	1516	42	1990
家具制造业	3171	1771	28	617	19129
造纸和纸制品业		37		11	3544
印刷和记录媒介复制业	1	134		1016	3673
文教、工美、体育和娱乐用品制造业	32	736	74	870	11612
化学原料和化学制品制造业	1800	5876	2642	1780	79363
医药制造业					213
化学纤维制造业		10	8	14	1254
橡胶和塑料制品业	239	1794	189	1559	42992
非金属矿物制品业	13	572	31	531	13089
黑色金属冶炼和压延加工业	49	16		51	－1183
有色金属冶炼和压延加工业		1103	7	63	6965
金属制品业	91	908	273	8849	－409
通用设备制造业		1462	73	413	19413
专用设备制造业	561	1807	4	526	8209
汽车制造业	531	1211	47	1107	68191
铁路、船舶、航空航天和其他运输设备制造业		790	19	195	3464
电气机械和器材制造业	2633	5706	3903	2325	38858
计算机、通信和其他电子设备制造业	18108	41487	14410	27664	916084
仪器仪表制造业		16	1	301	4719
其他制造业		138		13	42
废弃资源综合利用业		225	1	62	1357
电力、燃气及水的生产和供应业		21206	16572	3	－9131
电力、热力生产和供应业		20947	16572	2	－12940
燃气生产和供应业		88			2853
水的生产和供应业		170		1	956

12－19 续表 11

（2012 年）

项　目	应交所得税	亏损企业亏损总额	利税总额	应交税金及附加	本年应付职工薪酬
总　　计	265484	175957	2612969	1616492	2290211
在总计中：亏损企业	222	175957	－110012	74089	408157
在总计中：国有控股企业	7171	19114	239548	234857	88338
在总计中：轻工业	35023	34602	535239	326467	865856
重工业	230461	141355	2077731	1290025	1424355
在总计中：大型企业	206649	21021	1783886	1068468	1131718
中型企业	37117	100181	584417	431119	870694
小型企业	21517	53931	238075	110120	286794
微型企业	201	823	6592	6784	1005
按行业分					
制造业	264520	163016	2621968	1615357	2287112
农副食品加工业	64	117	1688	547	4311
食品制造业			289	165	2022
酒、饮料和精制茶制造业	3486		51963	26503	15723
纺织业	309	1061	21206	4938	36381
纺织服装、服饰业	987	1207	22521	10078	83806
皮革、毛皮、羽毛及其制品和制鞋业	813	3494	29904	11049	119792
木材加工和木、竹、藤、棕、草制品业	37	76	4180	2458	6046
家具制造业	2789	1286	22967	7779	60363
造纸和纸制品业	29	2440	5002	2193	17757
印刷和记录媒介复制业	385	137	7811	4902	20183
文教、工美、体育和娱乐用品制造业	2216	5952	13678	5783	62762
化学原料和化学制品制造业	14410	10631	333909	274305	74019
医药制造业	1		418	208	230
化学纤维制造业	23		1649	463	823
橡胶和塑料制品业	4889	9270	63288	28362	133683
非金属矿物制品业	479	2136	20710	8897	17416
黑色金属冶炼和压延加工业	67	1797	3802	5262	3593
有色金属冶炼和压延加工业	1562	221	9174	3893	5211
金属制品业	3392	35398	11616	17589	83517
通用设备制造业	2832	2184	24194	7935	27359
专用设备制造业	1195	3382	12102	5557	35958
汽车制造业	13886	5680	98580	49841	132734
铁路、船舶、航空航天和其他运输设备制造业	697	1494	4139	1813	17339
电气机械和器材制造业	6806	5972	63509	34962	172164
计算机、通信和其他电子设备制造业	202821	68331	1786846	1098563	1140348
仪器仪表制造业	61		4978	440	5704
其他制造业	105	751	445	616	6521
废弃资源综合利用业	183		1403	256	1349
电力、燃气及水的生产和供应业	963	12940	－8999	1135	3099
电力、热力生产和供应业		12940	－12940	40	1888
燃气生产和供应业	724		2985	856	691
水的生产和供应业	239		956	239	520

（2012年）

项目	本年应交增值税	本年进项税额	本年销项税额	土地和固定资产支出	土地购置
总计	1191505	2547849	2298606	1093073	23453
在总计中：亏损企业	40594	260661	190039	252116	3926
在总计中：国有控股企业	215599	510323	553952	10258	
在总计中：轻工业	243464	825380	695851	172915	1712
重工业	948042	1722469	1602755	920158	21741
在总计中：大型企业	795978	1083279	945411	553921	10242
中型企业	321740	1157338	1046819	414982	11977
小型企业	67304	302880	299457	123920	1234
微型企业	6483	4352	6919	250	
按行业分					
制造业	1191505	2542451	2292759	1092779	23453
农副食品加工业	405	4664	5063	80	
食品制造业	17	2108	662		
酒、饮料和精制茶制造业	18411	38734	57443	5775	
纺织业	3393	15056	12834	1893	
纺织服装、服饰业	6006	24446	22185	5515	
皮革、毛皮、羽毛及其制品和制鞋业	5814	25138	14011	3270	68
木材加工和木、竹、藤、棕、草制品业	1865	6883	6363	606	4
家具制造业	2443	42839	12121	9504	10
造纸和纸制品业	1140	10332	6944	12230	
印刷和记录媒介复制业	3412	17803	18697	2049	
文教、工美、体育和娱乐用品制造业	820	17941	3143	26435	
化学原料和化学制品制造业	241797	581111	640303	104347	4500
医药制造业	206	349	143		
化学纤维制造业	341	1183	1427	560	
橡胶和塑料制品业	16206	92266	84898	41690	485
非金属矿物制品业	7268	14311	18255	25096	768
黑色金属冶炼和压延加工业	403	8984	9092	7564	500
有色金属冶炼和压延加工业	1838	9387	8561	537	
金属制品业	9011	67926	36560	20030	2723
通用设备制造业	3084	32859	21915	22920	39
专用设备制造业	3286	30765	10741	2192	300
汽车制造业	26644	97865	122906	156182	409
铁路、船舶、航空航天和其他运输设备制造业	169	4741	1345	2015	
电气机械和器材制造业	21551	120618	104088	71721	779
计算机、通信和其他电子设备制造业	815565	1268571	1069437	569632	12868
仪器仪表制造业	160	788	354	124	
其他制造业	226	3284	1704	476	
废弃资源综合利用业	25	1500	1565	338	
电力、燃气及水的生产和供应业		5398	5847	294	
电力、热力生产和供应业		3899	4527	294	
燃气生产和供应业		1500	1320		
水的生产和供应业					

（2012年）

项　目					全部从业人员年平均人数（人）	工业增加值（收入法）
	房屋和建筑物	机器设备	运输工具	其他费用		
总　　计	153231	838647	10837	66904	522759	6853081
在总计中：亏损企业	43490	182543	1473	20684	101672	598628
在总计中：国有控股企业	16	8171	98	1974	10097	527171
在总计中：轻工业	63605	79040	4955	23602	222161	1824938
重工业	89626	759607	5882	43302	300598	5028142
在总计中：大型企业	61794	439304	4691	37890	240570	3835071
中型企业	55731	326847	2386	18042	208069	2103380
小型企业	35706	72246	3761	10972	73272	902878
微型企业		250			848	11751
按行业分						
制造业	153215	838575	10740	66795	522417	6831228
农副食品加工业		53	27		850	9407
食品制造业					634	2932
酒、饮料和精制茶制造业	1461	4042	35	237	1826	78011
纺织业	360	1321	167	45	9827	83723
纺织服装、服饰业	600	4286	42	586	24705	134813
皮革、毛皮、羽毛及其制品和制鞋业	366	2297	271	268	33396	195033
木材加工和木、竹、藤、棕、草制品业	242	358	1	2	1595	24508
家具制造业	4294	3173	571	1456	15594	101228
造纸和纸制品业	8439	3737	54		4926	34590
印刷和记录媒介复制业	8	1981	45	15	4703	48860
文教、工美、体育和娱乐用品制造业	9709	14537	419	1769	22086	112675
化学原料和化学制品制造业	4669	92526	2316	337	8370	633609
医药制造业					86	554
化学纤维制造业		560			219	3030
橡胶和塑料制品业	5290	32336	571	3008	33652	284999
非金属矿物制品业	10945	12291	346	746	3579	70792
黑色金属冶炼和压延加工业	4774	2291			704	19959
有色金属冶炼和压延加工业		537			1303	21169
金属制品业	3972	11582	62	1691	18805	173074
通用设备制造业	1263	20864	276	478	5986	64302
专用设备制造业		1829	16	48	7991	66171
汽车制造业	9549	131408	505	14313	26693	350074
铁路、船舶、航空航天和其他运输设备制造业	886	1103	10	16	3938	28480
电气机械和器材制造业	32813	19440	2769	15920	41857	304770
计算机、通信和其他电子设备制造业	53212	475474	2226	25851	244750	3957071
仪器仪表制造业		124			1943	14324
其他制造业	364	88	12	11	2123	10677
废弃资源综合利用业		338			276	2393
电力、燃气及水的生产和供应业	16	72	98	109	342	21853
电力、热力生产和供应业	16	72	98	109	183	17552
燃气生产和供应业					78	1161
水的生产和供应业					81	3140

12－20　全市大中型工业企业主要经济指标

（2012 年）

项　目	企业单位数（个）	亏损企业	工业总产值（当年价格）	工业销售产值（当年价格）	出口交货值
总计	516	116	45201987	45042807	18752507
按登记注册类型分组：					
内资企业	140	23	15020085	15054753	900844
国有企业	11	3	10200591	10334322	18228
中央企业	3	1	8135354	8269225	
地方企业	8	2	2065237	2065098	18228
集体企业	6	4	41890	41147	13457
股份合作企业	1		32583	32583	4137
有限责任公司	41	4	2442662	2372544	517574
其他有限责任公司	41	4	2442662	2372544	517574
股份有限公司	9		458996	465394	40107
私营企业	65	10	1513212	1484349	171848
私营独资企业	6		59852	54248	4150
私营合伙企业	2	1	8509	8611	2522
私营有限责任公司	55	8	1433807	1410160	162038
私营股份有限公司	2	1	11045	11330	3138
其他企业	7	2	330151	324413	135494
港、澳、台商投资企业	255	61	11232489	10996618	6772159
合资经营企业（港或澳、台资）	47	6	3222686	3197092	1727361
合作经营企业（港或澳、台资）	10	4	164761	162661	113989
港澳台商独资经营企业	196	51	7776214	7568350	4884016
港澳台商投资股份有限公司	2		68828	68514	46794
外商投资企业	121	32	18949413	18991436	11079504
中外合资经营企业	35	3	14740028	14894060	8446685
中外合作经营企业	1		11998	11998	11998
外资企业	81	26	4148748	4036504	2591891
外商投资股份有限公司	4	3	48639	48874	28930
按经济组织类型分组					
独资企业	300	84	22227294	22034572	7511742
国有企业	11	3	10200591	10334322	18228
集体企业	6	4	41890	41147	13457
私营独资企业	6		59852	54248	4150
港澳台商独资经营企业	196	51	7776214	7568350	4884016
外资企业	81	26	4148748	4036504	2591891
合作、合伙企业	21	7	548002	540267	268139
股份合作企业	1		32583	32583	4137
私营合伙企业	2	1	8509	8611	2522
合作经营企业（港或澳、台资）	10	4	164761	162661	113989
中外合作经营企业	1		11998	11998	11998
其他企业（内资）	7	2	330151	324413	135494
股份有限公司	17	4	587508	594111	118969
股份有限公司（内资）	9		458996	465394	40107
私营股份有限公司	2	1	11045	11330	3138
港澳台商投资股份有限公司	2		68828	68514	46794
外商投资股份有限公司	4	3	48639	48874	28930

项　目	企业单位数（个）	亏损企业	工业总产值（当年价格）	工　业销售产值（当年价格）	出口交货值
有限责任公司	178	21	21839182	21873856	10853658
私营有限责任公司	55	8	1433807	1410160	162038
合资经营企业（港或澳、台资）	47	6	3222686	3197092	1727361
中外合资经营企业	35	3	14740028	14894060	8446685
其他有限责任公司	41	4	2442662	2372544	517574
在总计中：亏损企业	116	116	3148312	3085456	1461414
在总计中：国有控股企业	22	5	14294254	14379723	286733
在总计中：轻工业	247	48	8278767	8175704	4592106
重工业	269	68	36923219	36867103	14160401
在总计中：大型企业	73	10	23008648	22994093	14481192
中型企业	443	106	22193339	22048714	4271316
按行业分					
制造业	508	114	42615716	42483801	18752507
农副食品加工业	4		128164	131544	48142
食品制造业	2		17358	17262	14394
酒、饮料和精制茶制造业	2		181017	177007	8017
纺织业	13	3	144097	142653	71514
纺织服装、服饰业	28	4	471839	463825	282322
皮革、毛皮、羽毛及其制品和制鞋业	44	3	702185	702044	448029
木材加工和木、竹、藤、棕、草制品业	2		26135	24936	6527
家具制造业	15	2	695283	685262	330422
造纸和纸制品业	4	2	95744	94034	51744
印刷和记录媒介复制业	7	2	166006	166284	42516
文教、工美、体育和娱乐用品制造业	22	8	273293	271054	250863
石油加工、炼焦和核燃料加工业	2	1	7957408	8091279	
化学原料和化学制品制造业	10	1	3220290	3181159	60993
医药制造业	3		79156	68615	
橡胶和塑料制品业	39	9	902743	871565	418526
非金属矿物制品业	11	3	556894	546538	48856
黑色金属冶炼和压延加工业	2	1	155048	153013	150561
有色金属冶炼和压延加工业	1		19577	19443	18325
金属制品业	21	8	589235	580957	268423
通用设备制造业	7	2	262023	261134	154491
专用设备制造业	9	3	152312	149573	53621
汽车制造业	12	4	1062373	1081144	367154
铁路、船舶、航空航天和其他运输设备制造业	5	3	60466	60399	49028
电气机械和器材制造业	51	12	1971769	1926389	938158
计算机、通信和其他电子设备制造业	185	42	22655408	22553707	14639040
仪器仪表制造业	3		24351	22992	13822
其他制造业	3	1	26715	21624	17020
废弃资源综合利用业	1		18828	18367	
电力、燃气及水的生产和供应业	8	2	2586271	2559006	
电力、热力生产和供应业	4		2517034	2491720	
燃气生产和供应业	1		30250	30250	
水的生产和供应业	3	2	38988	37037	

项　　目	年初存货	产成品	在产品	资产总计	流动资产合　　计
总计	3545666	1179770	540871	29388309	15947746
按登记注册类型分组：					
内资企业	836570	265892	102488	9021862	3366982
国有企业	535967	112371	61088	5072796	1322723
中央企业	492606	87877	57309	3092308	1041050
地方企业	43361	24494	3779	1980488	281674
集体企业	662	303	321	65014	28357
股份合作企业	4635	2318	2318	63953	46282
有限责任公司	123557	60081	18078	2428353	1130492
其他有限责任公司	123557	60081	18078	2428353	1130492
股份有限公司	58879	30711	6194	503064	294314
私营企业	95086	45965	13693	751542	457328
私营独资企业	8998	4567	531	56695	46069
私营合伙企业	2104	1121	722	11159	8072
私营有限责任公司	83522	40274	12440	671965	398466
私营股份有限公司	461	3		11724	4722
其他企业	17785	14144	797	137140	87484
港、澳、台商投资企业	1286930	358491	225753	10382638	6658174
合资经营企业(港或澳、台资)	435509	107425	91088	2900801	1909734
合作经营企业(港或澳、台资)	15491	4414	2376	101023	66346
港澳台商独资经营企业	823392	246426	129371	7297996	4650528
港澳台商投资股份有限公司	12538	226	2918	82819	31566
外商投资企业	1422166	555387	212630	9983809	5922590
中外合资经营企业	990222	435301	156735	6802492	3757331
中外合作经营企业				6675	6186
外资企业	423550	118787	55005	3132275	2128475
外商投资股份有限公司	8394	1299	891	42367	30598
按经济组织类型分组					
独资企业	1792569	482454	246315	15624775	8176153
国有企业	535967	112371	61088	5072796	1322723
集体企业	662	303	321	65014	28357
私营独资企业	8998	4567	531	56695	46069
港澳台商独资经营企业	823392	246426	129371	7297996	4650528
外资企业	423550	118787	55005	3132275	2128475
合作、合伙企业	40015	21996	6212	319949	214371
股份合作企业	4635	2318	2318	63953	46282
私营合伙企业	2104	1121	722	11159	8072
合作经营企业(港或澳、台资)	15491	4414	2376	101023	66346
中外合作经营企业				6675	6186
其他企业(内资)	17785	14144	797	137140	87484
股份有限公司	80271	32240	10003	639974	361199
股份有限公司(内资)	58879	30711	6194	503064	294314
私营股份有限公司	461	3		11724	4722
港澳台商投资股份有限公司	12538	226	2918	82819	31566
外商投资股份有限公司	8394	1299	891	42367	30598

12－20 续表3 (2012年)

项 目	年初存货	产成品	在产品	资产总计	流动资产合 计
有限责任公司	1632811	643080	278341	12803611	7196024
私营有限责任公司	83522	40274	12440	671965	398466
合资经营企业(港或澳、台资)	435509	107425	91088	2900801	1909734
中外合资经营企业	990222	435301	156735	6802492	3757331
其他有限责任公司	123557	60081	18078	2428353	1130492
在总计中:亏损企业	555861	184836	98713	3398936	1856363
在总计中:国有控股企业	977249	420670	179434	9383562	2516423
在总计中:轻工业	923741	260040	137089	6418536	4696130
重工业	2621925	919731	403782	22969773	11251616
在总计中:大型企业	1525917	374120	180587	14402979	9153999
中型企业	2019749	805650	360284	14985330	6793747
按行业分					
制造业	3504794	1159011	540871	26436742	15559582
农副食品加工业	4633	4633		49539	38927
食品制造业	1647	487	541	13539	11196
酒、饮料和精制茶制造业	8548	4166	725	111510	84028
纺织业	17965	6279	6080	116111	81605
纺织服装、服饰业	90245	14479	14426	326640	212575
皮革、毛皮、羽毛及其制品和制鞋业	93088	18077	5443	368408	242782
木材加工和木、竹、藤、棕、草制品业	2938	939	1367	11634	5467
家具制造业	65818	19732	10504	451153	181819
造纸和纸制品业	16799	5639	665	115871	68285
印刷和记录媒介复制业	19315	1700	10227	157325	98244
文教、工美、体育和娱乐用品制造业	56896	18989	10822	212233	131920
石油加工、炼焦和核燃料加工业	481834	87877	57309	2787643	982886
化学原料和化学制品制造业	384307	285677	84314	3443225	1023649
医药制造业	8971	5558	1104	70058	45160
橡胶和塑料制品业	119838	39313	16263	808124	400919
非金属矿物制品业	50404	26634	10061	651552	153531
黑色金属冶炼和压延加工业	19815	11336	2457	67170	42725
有色金属冶炼和压延加工业	2076	294	1259	14704	13795
金属制品业	93542	36466	22090	534114	310311
通用设备制造业	19776	5909	5170	240880	137346
专用设备制造业	17953	4031	1514	133949	79472
汽车制造业	139745	47297	23660	1211997	574800
铁路、船舶、航空航天和其他运输设备制造业	24691	12273	5092	74451	43232
电气机械和器材制造业	159547	61309	29688	1188985	767619
计算机、通信和其他电子设备制造业	1595021	437111	219021	13213226	9791989
仪器仪表制造业	1259	40	467	24231	14403
其他制造业	6612	1981	84	20401	11359
废弃资源综合利用业	1515	788	517	18069	9537
电力、燃气及水的生产和供应业	40872	20760		2951567	388164
电力、热力生产和供应业	37924	19099		2738955	355660
燃气生产和供应业	1660	1660		38842	8826
水的生产和供应业	1288			173770	23678

（2012年）

项目	流动资产合计				固定资产合计
	应收账款	存货			
			产成品	在产品	
总计	6214326	3714008	1098926	470954	11277525
按登记注册类型分组：					
内资企业	886105	843631	210136	134895	4706074
国有企业	240780	453871	45958	79564	3160976
中央企业	153600	401831	16636	75980	1740456
地方企业	87181	52039	29322	3584	1420520
集体企业	2008	4818	3855	120	13576
股份合作企业	7522	6686	3343	3343	13398
有限责任公司	368201	162924	59480	21901	1097525
其他有限责任公司	368201	162924	59480	21901	1097525
股份有限公司	120228	58785	30600	7625	161734
私营企业	107558	127766	60065	20124	212334
私营独资企业	10365	11652	6450	646	8158
私营合伙企业	2732	4207	3124	1008	2804
私营有限责任公司	93946	110649	50033	18444	194467
私营股份有限公司	516	1259	458	25	6905
其他企业	39808	28780	6835	2218	46532
港、澳、台商投资企业	2835251	1407529	434392	178887	2951221
合资经营企业（港或澳、台资）	730332	499433	154042	64448	765003
合作经营企业（港或澳、台资）	26659	17779	6937	423	27802
港澳台商独资经营企业	2069347	881641	272741	110035	2145780
港澳台商投资股份有限公司	8914	8675	672	3981	12635
外商投资企业	2492970	1462848	454399	157173	3620229
中外合资经营企业	1820747	958661	295831	104739	2809223
中外合作经营企业	4267	1625			468
外资企业	653664	492080	155870	49882	800972
外商投资股份有限公司	14291	10483	2697	2552	9567
按经济组织类型分组					
独资企业	2976163	1844061	484874	240248	6129462
国有企业	240780	453871	45958	79564	3160976
集体企业	2008	4818	3855	120	13576
私营独资企业	10365	11652	6450	646	8158
港澳台商独资经营企业	2069347	881641	272741	110035	2145780
外资企业	653664	492080	155870	49882	800972
合作、合伙企业	80988	59077	20239	6992	91004
股份合作企业	7522	6686	3343	3343	13398
私营合伙企业	2732	4207	3124	1008	2804
合作经营企业（港或澳、台资）	26659	17779	6937	423	27802
中外合作经营企业	4267	1625			468
其他企业（内资）	39808	28780	6835	2218	46532
股份有限公司	143949	79202	34426	14183	190841
股份有限公司（内资）	120228	58785	30600	7625	161734
私营股份有限公司	516	1259	458	25	6905
港澳台商投资股份有限公司	8914	8675	672	3981	12635
外商投资股份有限公司	14291	10483	2697	2552	9567

（2012 年）

项　　目	流动资产合计				固定资产合计
	应收账款	存货	产成品	在产品	
有限责任公司	3013226	1731667	559387	209532	4866218
私营有限责任公司	93946	110649	50033	18444	194467
合资经营企业（港或澳、台资）	730332	499433	154042	64448	765003
中外合资经营企业	1820747	958661	295831	104739	2809223
其他有限责任公司	368201	162924	59480	21901	1097525
在总计中：亏损企业	648105	508239	209905	65726	1258058
在总计中：国有控股企业	601359	777012	196808	84996	6032458
在总计中：轻工业	1872616	946229	292624	120835	1252320
重工业	4341710	2767778	806302	350119	10025204
在总计中：大型企业	4386568	1669292	463607	183407	4285313
中型企业	1827759	2044716	635319	287547	6992212
按行业分					
制造业	6103917	3685819	1087885	470954	9011744
农副食品加工业	15304	7908	5800		8711
食品制造业	6350	1563	1030	533	2149
酒、饮料和精制茶制造业	8719	9597	4587	1060	25502
纺织业	15916	26322	14032	4725	23106
纺织服装、服饰业	41723	91871	16710	10687	101689
皮革、毛皮、羽毛及其制品和制鞋业	56109	102727	22470	11048	95896
木材加工和木、竹、藤、棕、草制品业	907	2623	1772	271	5059
家具制造业	52080	65660	20865	12993	139864
造纸和纸制品业	21945	13890	3297	1065	42277
印刷和记录媒介复制业	29714	12738	2569	4313	54433
文教、工美、体育和娱乐用品制造业	42474	55897	19200	15488	71965
石油加工、炼焦和核燃料加工业	135754	390617	16636	75980	1511013
化学原料和化学制品制造业	187848	296175	114944	2375	2272811
医药制造业	13781	14060	4204	1656	18479
橡胶和塑料制品业	142736	121113	43656	16485	315069
非金属矿物制品业	20599	67297	29220	12083	464864
黑色金属冶炼和压延加工业	11055	20274	11442		18687
有色金属冶炼和压延加工业	2278	2004	596	1092	859
金属制品业	108343	110349	36870	27285	181634
通用设备制造业	65583	23007	5251	6326	70545
专用设备制造业	36215	17920	4545	968	47000
汽车制造业	211288	150164	44490	34672	510970
铁路、船舶、航空航天和其他运输设备制造业	9025	21991	12613	4831	16898
电气机械和器材制造业	320590	191061	73821	27760	310796
计算机、通信和其他电子设备制造业	4533274	1858666	574869	196168	2682407
仪器仪表制造业	7848	3568	1215	503	7905
其他制造业	5329	4745	113		7840
废弃资源综合利用业	1131	2017	1069	590	3315
电力、燃气及水的生产和供应业	110409	28188	11041		2265781
电力、热力生产和供应业	109054	25391	9710		2122001
燃气生产和供应业	779	1331	1331		18207
水的生产和供应业	577	1466			125573

（2012年）

项　目	固定资产原价	累计折旧	本年折旧	在建工程	负债合计
总计	17140081	6042196	1241060	854558	18061625
按登记注册类型分组：					
内资企业	6692927	2025866	451621	502796	6110784
国有企业	4600427	1451345	285187	404934	3444384
中央企业	2196321	455865	131098	206459	2283619
地方企业	2404106	995481	154089	198475	1160765
集体企业	30243	16844	1013	147	38908
股份合作企业	15239	1841	898	1338	14045
有限责任公司	1391378	300592	110585	48287	1764768
其他有限责任公司	1391378	300592	110585	48287	1764768
股份有限公司	248698	97375	18193	19412	231418
私营企业	324468	120816	30520	26495	518424
私营独资企业	13238	5358	572		39731
私营合伙企业	3189	385	269	82	8727
私营有限责任公司	298900	112836	29045	26413	462200
私营股份有限公司	9142	2237	634		7766
其他企业	82474	37054	5225	2183	98837
港、澳、台商投资企业	4511609	1684700	361407	252998	6660314
合资经营企业（港或澳、台资）	1110440	401256	93870	62417	2058154
合作经营企业（港或澳、台资）	65147	37372	3722	214	53949
港澳台商独资经营企业	3320289	1242974	262627	173912	4508189
港澳台商投资股份有限公司	15733	3098	1189	16456	40022
外商投资企业	5935545	2331631	428032	98764	5290526
中外合资经营企业	4474862	1668865	305242	38917	3291673
中外合作经营企业	1496	1029	846		4855
外资企业	1432235	644183	120647	59608	1957024
外商投资股份有限公司	26952	17554	1297	240	36974
按经济组织类型分组					
独资企业	9396431	3360703	670046	638602	9988237
国有企业	4600427	1451345	285187	404934	3444384
集体企业	30243	16844	1013	147	38908
私营独资企业	13238	5358	572		39731
港澳台商独资经营企业	3320289	1242974	262627	173912	4508189
外资企业	1432235	644183	120647	59608	1957024
合作、合伙企业	167545	77679	10959	3816	180413
股份合作企业	15239	1841	898	1338	14045
私营合伙企业	3189	385	269	82	8727
合作经营企业（港或澳、台资）	65147	37372	3722	214	53949
中外合作经营企业	1496	1029	846		4855
其他企业（内资）	82474	37054	5225	2183	98837
股份有限公司	300525	120264	21314	36108	316180
股份有限公司（内资）	248698	97375	18193	19412	231418
私营股份有限公司	9142	2237	634		7766
港澳台商投资股份有限公司	15733	3098	1189	16456	40022
外商投资股份有限公司	26952	17554	1297	240	36974

项 目	固定资产原价	累计折旧	本年折旧	在建工程	负债合计
有限责任公司	7275579	2483549	538741	176033	7576795
私营有限责任公司	298900	112836	29045	26413	462200
合资经营企业（港或澳、台资）	1110440	401256	93870	62417	2058154
中外合资经营企业	4474862	1668865	305242	38917	3291673
其他有限责任公司	1391378	300592	110585	48287	1764768
在总计中：亏损企业	1902252	658720	106029	93957	2471999
在总计中：国有控股企业	8606724	2586196	489553	436561	6089792
在总计中：轻工业	2162234	962967	180689	102309	4288074
重工业	14977847	5079229	1060371	752249	13773551
在总计中：大型企业	6789351	2577783	575557	408941	9021750
中型企业	10350730	3464413	665503	445617	9039875
按行业分					
制造业	13800561	4956563	1035358	649727	16302504
农副食品加工业	18600	10150	1926	886	27841
食品制造业	11608	9460	274		19057
酒、饮料和精制茶制造业	49914	24592	4052	19	76153
纺织业	42237	20107	2818	5950	90739
纺织服装、服饰业	179201	78874	14600	433	183454
皮革、毛皮、羽毛及其制品和制鞋业	186968	94034	14699	90	195980
木材加工和木、竹、藤、棕、草制品业	5831	801	400		6268
家具制造业	176452	42563	9603	4728	247605
造纸和纸制品业	47624	14258	2992	7976	77419
印刷和记录媒介复制业	81748	31847	5956	13	107031
文教、工美、体育和娱乐用品制造业	120800	57527	9748	620	100425
石油加工、炼焦和核燃料加工业	1928797	417785	116858	205149	2272838
化学原料和化学制品制造业	3343281	1070470	170885	20330	1832694
医药制造业	31804	15969	2256	4346	31698
橡胶和塑料制品业	554805	249777	44409	33277	442615
非金属矿物制品业	608795	146195	64543	9060	330830
黑色金属冶炼和压延加工业	101920	83233	11568		18818
有色金属冶炼和压延加工业	1252	395	135	1	6802
金属制品业	275193	97447	20797	4277	351046
通用设备制造业	119790	49490	8070	279	103092
专用设备制造业	101638	54649	7580	218	69903
汽车制造业	725668	265285	72963	50759	690534
铁路、船舶、航空航天和其他运输设备制造业	32733	16321	2203	5212	32335
电气机械和器材制造业	499701	205912	65950	22367	704557
计算机、通信和其他电子设备制造业	4528766	1891665	378673	271614	8251908
仪器仪表制造业	10266	2360	368		15569
其他制造业	11856	4189	760	173	8928
废弃资源综合利用业	3315	1209	275	1952	6368
电力、燃气及水的生产和供应业	3339520	1085633	205703	204831	1759121
电力、热力生产和供应业	3131220	1009132	197740	169157	1595093
燃气生产和供应业	27480	9273	1149	6998	27411
水的生产和供应业	180820	67228	6814	28676	136617

项 目	流动负债合 计	应付账款	非流动负债合计	所有者权益合计	实收资本
总计	15270692	6679840	2607443	11318438	7533734
按登记注册类型分组：					
内资企业	4821296	1983183	1209092	2910428	1869266
国有企业	2793850	1112630	650534	1628412	1271398
中央企业	2252351	897961	31269	808688	892452
地方企业	541500	214669	619265	819723	378946
集体企业	37911	1478	741	26106	27689
股份合作企业	12274	6050	1772	49908	9335
有限责任公司	1233969	614718	478577	663585	298403
其他有限责任公司	1233969	614718	478577	663585	298403
股份有限公司	196335	60553	35083	271646	78072
私营企业	461609	139148	29829	232469	151195
私营独资企业	36152	6790	2735	16963	7883
私营合伙企业	8727	2646		2432	3880
私营有限责任公司	410230	128618	25830	209115	136332
私营股份有限公司	6501	1094	1265	3959	3100
其他企业	85349	48607	12556	38303	33174
港、澳、台商投资企业	6215842	2890393	405723	3717086	2841691
合资经营企业（港或澳、台资）	2016801	670569	34951	842646	515077
合作经营企业（港或澳、台资）	48682	21809	4969	47074	54295
港澳台商独资经营企业	4111428	2171347	364710	2784569	2255604
港澳台商投资股份有限公司	38930	26668	1092	42796	16716
外商投资企业	4233554	1806264	992628	4690925	2822777
中外合资经营企业	2406772	728268	884686	3509019	1826521
中外合作经营企业	1823	1752	3031	1820	1820
外资企业	1796761	1056405	96134	1174693	963785
外商投资股份有限公司	28197	19839	8777	5393	30651
按经济组织类型分组					
独资企业	8776102	4348650	1114853	5630743	4526359
国有企业	2793850	1112630	650534	1628412	1271398
集体企业	37911	1478	741	26106	27689
私营独资企业	36152	6790	2735	16963	7883
港澳台商独资经营企业	4111428	2171347	364710	2784569	2255604
外资企业	1796761	1056405	96134	1174693	963785
合作、合伙企业	156855	80863	22329	139537	102503
股份合作企业	12274	6050	1772	49908	9335
私营合伙企业	8727	2646		2432	3880
合作经营企业（港或澳、台资）	48682	21809	4969	47074	54295
中外合作经营企业	1823	1752	3031	1820	1820
其他企业（内资）	85349	48607	12556	38303	33174
股份有限公司	269963	108155	46217	323794	128539
股份有限公司（内资）	196335	60553	35083	271646	78072
私营股份有限公司	6501	1094	1265	3959	3100
港澳台商投资股份有限公司	38930	26668	1092	42796	16716
外商投资股份有限公司	28197	19839	8777	5393	30651

项　目	流动负债合计	应付账款	非流动负债合计	所有者权益合计	实收资本
有限责任公司	6067772	2142172	1424043	5224365	2776333
私营有限责任公司	410230	128618	25830	209115	136332
合资经营企业(港或澳、台资)	2016801	670569	34951	842646	515077
中外合资经营企业	2406772	728268	884686	3509019	1826521
其他有限责任公司	1233969	614718	478577	663585	298403
在总计中：亏损企业	2308676	888321	150383	925882	1176763
在总计中：国有控股企业	4142209	1568857	1947583	3293769	2809595
在总计中：轻工业	3958330	1725234	277018	2128937	1522844
重工业	11312362	4954605	2330425	9189501	6010890
在总计中：大型企业	8102708	3731521	919043	5380628	2512472
中型企业	7167984	2948319	1688400	5937810	5021262
按行业分					
制造业	14531236	6352764	1587778	10125992	6760647
农副食品加工业	25624	16895	1106	21698	10269
食品制造业	19057	6266		－5518	8481
酒、饮料和精制茶制造业	75202	13087	951	35357	35089
纺织业	90702	27375	－260	25217	35243
纺织服装、服饰业	157345	51654	23224	143186	132759
皮革、毛皮、羽毛及其制品和制鞋业	176496	88736	8953	172216	154253
木材加工和木、竹、藤、棕、草制品业	5499	2005	512	5366	5272
家具制造业	196056	58853	48053	203548	164609
造纸和纸制品业	69551	58686	5863	38451	42354
印刷和记录媒介复制业	93124	43978	11321	50295	49156
文教、工美、体育和娱乐用品制造业	88170	37473	9832	111809	122413
石油加工、炼焦和核燃料加工业	2241569	890328	31269	514805	603385
化学原料和化学制品制造业	961427	204740	871267	1610531	1410789
医药制造业	22534	7633	9164	38361	18148
橡胶和塑料制品业	372185	145729	14520	364163	354725
非金属矿物制品业	307754	64859	23076	320722	132083
黑色金属冶炼和压延加工业	18818	12615		48352	8489
有色金属冶炼和压延加工业	6802	6220		7902	1760
金属制品业	311584	108114	38940	183068	204666
通用设备制造业	96010	58238	4083	137788	104038
专用设备制造业	57699	31306	907	64030	33591
汽车制造业	672346	142720	18188	519663	208724
铁路、船舶、航空航天和其他运输设备制造业	32335	14091		42116	39131
电气机械和器材制造业	626530	369206	15852	483359	382069
计算机、通信和其他电子设备制造业	7776939	3882105	450052	4957671	2468034
仪器仪表制造业	14663	3763	906	8662	9677
其他制造业	8848	4957		11474	10442
废弃资源综合利用业	6368	1131		11702	11000
电力、燃气及水的生产和供应业	739456	327075	1019665	1192446	773086
电力、热力生产和供应业	664146	322013	930947	1143863	737172
燃气生产和供应业	27411			11431	8000
水的生产和供应业	47899	5063	88718	37153	27915

项 目	国家资本	集体资本	法人资本	个人资本	港澳台资本
总计	1256727	37626	1833188	128884	2414847
按登记注册类型分组：					
内资企业	1252826	13827	398562	102819	101127
国有企业	1251471		19927		
中央企业	892452				
地方企业	359019		19927		
集体企业		581	13953	13050	
股份合作企业				9335	
有限责任公司	313		214179	18485	65426
其他有限责任公司	313		214179	18485	65426
股份有限公司	41	12278	41316	20743	3694
私营企业	1000	968	103226	41187	4814
私营独资企业			6300	600	983
私营合伙企业			3704	176	
私营有限责任公司	1000	968	93222	37311	3832
私营股份有限公司				3100	
其他企业			5960	20	27194
港、澳、台商投资企业	351	2540	412838	16554	2193700
合资经营企业（港或澳、台资）	351	1267	308531	1083	196195
合作经营企业（港或澳、台资）			10207	10108	33980
港澳台商独资经营企业		1273	89483	5363	1951426
港澳台商投资股份有限公司			4617		12099
外商投资企业	3550	21259	1021788	9511	120020
中外合资经营企业	3550	21259	817968	8151	29289
中外合作经营企业			1820		
外资企业			201520	1360	90731
外商投资股份有限公司			480		
按经济组织类型分组					
独资企业	1251471	1854	331184	20373	2043139
国有企业	1251471		19927		
集体企业		581	13953	13050	
私营独资企业			6300	600	983
港澳台商独资经营企业		1273	89483	5363	1951426
外资企业			201520	1360	90731
合作、合伙企业			21692	19638	61174
股份合作企业				9335	
私营合伙企业			3704	176	
合作经营企业（港或澳、台资）			10207	10108	33980
中外合作经营企业			1820		
其他企业（内资）			5960	20	27194
股份有限公司	41	12278	46413	23843	15793
股份有限公司（内资）	41	12278	41316	20743	3694
私营股份有限公司				3100	
港澳台商投资股份有限公司			4617		12099
外商投资股份有限公司			480		

项 目					
	国家资本	集体资本	法人资本	个人资本	港澳台资本
有限责任公司	5214	23495	1433900	65030	294741
私营有限责任公司	1000	968	93222	37311	3832
合资经营企业(港或澳、台资)	351	1267	308531	1083	196195
中外合资经营企业	3550	21259	817968	8151	29289
其他有限责任公司	313		214179	18485	65426
在总计中:亏损企业	113327		137741	21850	627707
在总计中:国有控股企业	1251471	10625	869610		12889
在总计中:轻工业	28620	10468	197837	67052	826637
重工业	1228107	27158	1635351	61831	1588210
在总计中:大型企业	378081	16603	433138	15383	1009027
中型企业	878645	21023	1400051	113501	1405820
按行业分					
制造业	628640	37626	1688188	128884	2414847
农副食品加工业	313		6308	2800	848
食品制造业					1615
酒、饮料和精制茶制造业	351				34738
纺织业			11207	840	19228
纺织服装、服饰业			4716	2706	50757
皮革、毛皮、羽毛及其制品和制鞋业		50	10200	5580	57835
木材加工和木、竹、藤、棕、草制品业		581			4691
家具制造业			32499	512	123877
造纸和纸制品业					42354
印刷和记录媒介复制业			12915	1000	23695
文教、工美、体育和娱乐用品制造业		1340	4820		85268
石油加工、炼焦和核燃料加工业	603385				
化学原料和化学制品制造业			674670	4983	65568
医药制造业			12401	5747	
橡胶和塑料制品业			147596	3760	167038
非金属矿物制品业			42406	5800	83877
黑色金属冶炼和压延加工业			1316	1910	
有色金属冶炼和压延加工业					1760
金属制品业	20000		15293	9764	121878
通用设备制造业			37784	1800	
专用设备制造业			6508	1100	2771
汽车制造业	3550		104064		25970
铁路、船舶、航空航天和其他运输设备制造业			3478		35652
电气机械和器材制造业	41	10278	72776	29497	178808
计算机、通信和其他电子设备制造业	1000	25377	470730	51084	1272001
仪器仪表制造业			5500		4177
其他制造业					10442
废弃资源综合利用业			11000		
电力、燃气及水的生产和供应业	628086		145000		
电力、热力生产和供应业	600172		137000		
燃气生产和供应业			8000		
水的生产和供应业	27915				

项 目	外商资本	营业收入	主营业务收入	营业成本	主营业务成本
总计	1862462	46347446	45597684	41419377	40795339
按登记注册类型分组：					
内资企业	106	15372784	15034019	13555884	13252359
国有企业		10631138	10344251	9577746	9305269
中央企业		8544623	8268696	7633921	7364821
地方企业		2086515	2075555	1943826	1940448
集体企业	106	43748	41450	37364	35614
股份合作企业		36471	36456	25718	25718
有限责任公司		2402668	2370728	2002642	1981124
其他有限责任公司		2402668	2370728	2002642	1981124
股份有限公司		412174	401173	318844	313863
私营企业		1518285	1511739	1301417	1298618
私营独资企业		54249	51178	40342	39698
私营合伙企业		8611	8531	7517	7333
私营有限责任公司		1444095	1440701	1243735	1241764
私营股份有限公司		11330	11330	9822	9822
其他企业		328300	328223	292153	292153
港、澳、台商投资企业	215708	11715118	11483825	10464154	10286398
合资经营企业（港或澳、台资）	7649	3403556	3245494	2945798	2809604
合作经营企业（港或澳、台资）		165890	164150	147782	146471
港澳台商独资经营企业	208059	8077157	8005933	7319192	7279165
港澳台商投资股份有限公司		68515	68248	51383	51159
外商投资企业	1646649	19259544	19079840	17399339	17256581
中外合资经营企业	946304	15021091	14894901	13567427	13470787
中外合作经营企业		12405	12405	12213	12213
外资企业	670174	4174837	4121849	3769589	3723472
外商投资股份有限公司	30171	51210	50685	50110	50110
按经济组织类型分组					
独资企业	878338	22981129	22564660	20744233	20383218
国有企业		10631138	10344251	9577746	9305269
集体企业	106	43748	41450	37364	35614
私营独资企业		54249	51178	40342	39698
港澳台商独资经营企业	208059	8077157	8005933	7319192	7279165
外资企业	670174	4174837	4121849	3769589	3723472
合作、合伙企业		551678	549765	485383	483889
股份合作企业		36471	36456	25718	25718
私营合伙企业		8611	8531	7517	7333
合作经营企业（港或澳、台资）		165890	164150	147782	146471
中外合作经营企业		12405	12405	12213	12213
其他企业（内资）		328300	328223	292153	292153
股份有限公司	30171	543229	531436	430159	424954
股份有限公司（内资）		412174	401173	318844	313863
私营股份有限公司		11330	11330	9822	9822
港澳台商投资股份有限公司		68515	68248	51383	51159
外商投资股份有限公司	30171	51210	50685	50110	50110

（2012年）

项目	外商资本	营业收入	主营业务收入	营业成本	主营业务成本
有限责任公司	953954	22271410	21951824	19759602	19503278
私营有限责任公司		1444095	1440701	1243735	1241764
合资经营企业(港或澳、台资)	7649	3403556	3245494	2945798	2809604
中外合资经营企业	946304	15021091	14894901	13567427	13470787
其他有限责任公司		2402668	2370728	2002642	1981124
在总计中:亏损企业	276138	3229540	3163815	3075134	3023882
在总计中:国有控股企业	665000	14720887	14405680	13308396	13014932
在总计中:轻工业	392230	8737096	8666996	7629698	7585402
重工业	1470233	37610350	36930688	33789679	33209937
在总计中:大型企业	660240	23847634	23507492	21513100	21252574
中型企业	1202222	22499812	22090192	19906277	19542764
按行业分					
制造业	1862462	43761476	43032529	39141759	38524569
农副食品加工业		150722	150722	130101	130101
食品制造业	6866	17255	16769	15569	15569
酒、饮料和精制茶制造业		197697	196045	99994	99572
纺织业	3968	145839	144313	131885	130449
纺织服装、服饰业	74580	472061	468866	429133	427082
皮革、毛皮、羽毛及其制品和制鞋业	80588	704626	702097	612429	612429
木材加工和木、竹、藤、棕、草制品业		25370	25367	22714	22714
家具制造业	7722	699823	697438	614895	614895
造纸和纸制品业		98264	98264	90123	90123
印刷和记录媒介复制业	11546	170538	169100	154334	154334
文教、工美、体育和娱乐用品制造业	30985	275235	274015	245864	245173
石油加工、炼焦和核燃料加工业		8365736	8090788	7497014	7227930
化学原料和化学制品制造业	665567	3228341	3214551	3043315	3025344
医药制造业		68681	66829	44675	43307
橡胶和塑料制品业	36331	893689	882556	766385	753612
非金属矿物制品业		434301	433683	371352	370431
黑色金属冶炼和压延加工业	5263	150526	150526	132321	132321
有色金属冶炼和压延加工业		19453	19443	17156	17156
金属制品业	37731	578584	572977	524777	521707
通用设备制造业	64454	262591	260968	235549	235549
专用设备制造业	23211	154538	149846	140488	136073
汽车制造业	75140	1211847	1094158	1041704	944996
铁路、船舶、航空航天和其他运输设备制造业		62302	62218	51779	51771
电气机械和器材制造业	90669	1973377	1963503	1720859	1715658
计算机、通信和其他电子设备制造业	647842	23332081	23059825	20950628	20749557
仪器仪表制造业		23073	23071	19059	19059
其他制造业		26225	26225	24073	24073
废弃资源综合利用业		18701	18367	13586	13584
电力、燃气及水的生产和供应业		2585970	2565155	2277618	2270770
电力、热力生产和供应业		2517334	2506538	2232231	2229892
燃气生产和供应业		30250	22537	20999	17544
水的生产和供应业		38387	36080	24389	23334

项 目	营业税金及附加	主营业务税金及附加	其他业务收入	其他业务利润	销售费用
总计	919767	906858	749762	91969	976425
按登记注册类型分组：					
内资企业	829504	821298	338765	18841	105487
国有企业	817455	809866	286887	7750	27195
中央企业	808558	808558	275927	5865	13567
地方企业	8897	1308	10960	1885	13628
集体企业	208	78	2298		330
股份合作企业	172	172	15		964
有限责任公司	4679	4223	31940	4544	32249
其他有限责任公司	4679	4223	31940	4544	32249
股份有限公司	3084	3060	11001	5674	18426
私营企业	2716	2708	6546	873	22112
私营独资企业	151	151	3071		3133
私营合伙企业	31	31	81		336
私营有限责任公司	2473	2465	3395	873	18546
私营股份有限公司	62	62			96
其他企业	1191	1191	77		4211
港、澳、台商投资企业	42577	42382	231293	33859	274010
合资经营企业（港或澳、台资）	10638	10635	158062	20265	112656
合作经营企业（港或澳、台资）	539	539	1741	181	2710
港澳台商独资经营企业	30950	30758	71224	13371	157704
港澳台商投资股份有限公司	450	450	266	42	940
外商投资企业	47686	43178	179704	39270	596928
中外合资经营企业	36195	31697	126190	31211	468432
中外合作经营企业	8	8			50
外资企业	11293	11283	52989	7533	127846
外商投资股份有限公司	190	190	526	526	601
按经济组织类型分组					
独资企业	860055	852136	416469	28654	316209
国有企业	817455	809866	286887	7750	27195
集体企业	208	78	2298		330
私营独资企业	151	151	3071		3133
港澳台商独资经营企业	30950	30758	71224	13371	157704
外资企业	11293	11283	52989	7533	127846
合作、合伙企业	1940	1940	1914	181	8271
股份合作企业	172	172	15		964
私营合伙企业	31	31	81		336
合作经营企业（港或澳、台资）	539	539	1741	181	2710
中外合作经营企业	8	8			50
其他企业（内资）	1191	1191	77		4211
股份有限公司	3787	3763	11793	6241	20063
股份有限公司（内资）	3084	3060	11001	5674	18426
私营股份有限公司	62	62			96
港澳台商投资股份有限公司	450	450	266	42	940
外商投资股份有限公司	190	190	526	526	601

12－20 续表15 （2012年）

项 目	营业税金及附加	主营业务税金及附加	其他业务收入	其他业务利润	销售费用
有限责任公司	53985	49020	319586	56893	631883
私营有限责任公司	2473	2465	3395	873	18546
合资经营企业(港或澳、台资)	10638	10635	158062	20265	112656
中外合资经营企业	36195	31697	126190	31211	468432
其他有限责任公司	4679	4223	31940	4544	32249
在总计中:亏损企业	24538	20404	65725	11644	71736
在总计中:国有控股企业	826503	818914	315207	12815	87706
在总计中:轻工业	30512	29701	70100	10049	302698
重工业	889255	877157	679662	81921	673727
在总计中:大型企业	49237	41667	340142	55382	648911
中型企业	870530	865191	409620	36588	327514
按行业分					
制造业	909821	904501	728947	85708	965715
农副食品加工业	48	48			3603
食品制造业	109	109	486		506
酒、饮料和精制茶制造业	3808	3221	1652	1230	65182
纺织业	395	277	1526	91	3428
纺织服装、服饰业	1489	1489	3196	12	4571
皮革、毛皮、羽毛及其制品和制鞋业	2428	2428	2530	487	11578
木材加工和木、竹、藤、棕、草制品业	124	124	3	3	350
家具制造业	1442	1411	2384	1490	19751
造纸和纸制品业	263	263			4568
印刷和记录媒介复制业	831	823	1438	305	2607
文教、工美、体育和娱乐用品制造业	883	883	1220	9	2715
石油加工、炼焦和核燃料加工业	807651	807651	274948	5865	13567
化学原料和化学制品制造业	9664	9664	13790	103	56479
医药制造业	649	625	1852	460	11321
橡胶和塑料制品业	3450	3428	11133	2039	26549
非金属矿物制品业	1698	1698	618	108	5091
黑色金属冶炼和压延加工业	3952	40			3886
有色金属冶炼和压延加工业	162	162	10	10	20
金属制品业	2866	2866	5607	1783	9596
通用设备制造业	1330	1330	1622	65	1414
专用设备制造业	260	260	4692	3357	3714
汽车制造业	3562	3562	117689	17650	18195
铁路、船舶、航空航天和其他运输设备制造业	390	390	84	76	1383
电气机械和器材制造业	3710	3690	9874	1279	45123
计算机、通信和其他电子设备制造业	58366	57767	272256	48957	647041
仪器仪表制造业	83	83	2		460
其他制造业	67	67			741
废弃资源综合利用业	143	143	335	333	2279
电力、燃气及水的生产和供应业	9946	2357	20815	6261	10711
电力、热力生产和供应业	9165	1594	10795	951	40
燃气生产和供应业	476	476	7713	4258	5450
水的生产和供应业	305	287	2307	1052	5221

项 目	管理费用	税金	差旅费	工会经费	财务费用
总计	1308266	60814	48979	5350	219624
按登记注册类型分组:					
内资企业	343071	12973	11808	962	117339
国有企业	136407	7371	4113	440	55433
中央企业	39523	6839	1061	124	15909
地方企业	96884	532	3052	317	39525
集体企业	4963	175	227		26
股份合作企业	5040	23	267	34	129
有限责任公司	90064	3280	2696	263	46618
其他有限责任公司	90064	3280	2696	263	46618
股份有限公司	31639	472	1652	121	3513
私营企业	48815	1177	2299	45	10932
私营独资企业	3706	39	450		1725
私营合伙企业	1230		14	2	224
私营有限责任公司	42736	1128	1819	43	8731
私营股份有限公司	1142	10	17		253
其他企业	26144	474	554	59	687
港、澳、台商投资企业	557022	27084	22602	1697	51170
合资经营企业(港或澳、台资)	149765	7839	6661	958	7855
合作经营企业(港或澳、台资)	10463	160	226	2	1357
港澳台商独资经营企业	390584	18848	15573	738	41404
港澳台商投资股份有限公司	6211	238	142		555
外商投资企业	408173	20758	14569	2691	51114
中外合资经营企业	175530	13537	5796	1392	58275
中外合作经营企业	71		18		17
外资企业	228669	7158	8696	1293	-7116
外商投资股份有限公司	3903	63	59	6	-62
按经济组织类型分组					
独资企业	764328	33591	29059	2471	91473
国有企业	136407	7371	4113	440	55433
集体企业	4963	175	227		26
私营独资企业	3706	39	450		1725
港澳台商独资经营企业	390584	18848	15573	738	41404
外资企业	228669	7158	8696	1293	-7116
合作、合伙企业	42949	657	1078	96	2414
股份合作企业	5040	23	267	34	129
私营合伙企业	1230		14	2	224
合作经营企业(港或澳、台资)	10463	160	226	2	1357
中外合作经营企业	71		18		17
其他企业(内资)	26144	474	554	59	687
股份有限公司	42894	783	1871	127	4259
股份有限公司(内资)	31639	472	1652	121	3513
私营股份有限公司	1142	10	17		253
港澳台商投资股份有限公司	6211	238	142		555
外商投资股份有限公司	3903	63	59	6	-62

项 目	管理费用				财务费用
		税金	差旅费	工会经费	
有限责任公司	458094	25783	16971	2656	121478
私营有限责任公司	42736	1128	1819	43	8731
合资经营企业（港或澳、台资）	149765	7839	6661	958	7855
中外合资经营企业	175530	13537	5796	1392	58275
其他有限责任公司	90064	3280	2696	263	46618
在总计中：亏损企业	225210	6305	4546	1403	21700
在总计中：国有控股企业	193885	12125	6881	806	150230
在总计中：轻工业	442173	17186	21477	1540	38987
重工业	866093	43628	27502	3809	180636
在总计中：大型企业	632994	29536	21409	2698	47355
中型企业	675272	31278	27570	2652	172269
按行业分					
制造业	1214100	59086	46574	5022	149561
农副食品加工业	3930	109	464	1	601
食品制造业	1084	39	68		4
酒、饮料和精制茶制造业	3744	259	1268	42	237
纺织业	7866	211	172	6	1508
纺织服装、服饰业	24576	758	1145	59	3312
皮革、毛皮、羽毛及其制品和制鞋业	36945	2624	1051	110	2520
木材加工和木、竹、藤、棕、草制品业	745	11	95		49
家具制造业	21315	1063	954	27	1931
造纸和纸制品业	5406	596	585	6	665
印刷和记录媒介复制业	7892	204	209	4	2513
文教、工美、体育和娱乐用品制造业	18361	953	287	43	803
石油加工、炼焦和核燃料加工业	32107	6070	985	124	15911
化学原料和化学制品制造业	36804	4061	3523	47	56589
医药制造业	6165	202	965	59	1313
橡胶和塑料制品业	60242	2222	2844	256	6139
非金属矿物制品业	41562	963	446	34	12333
黑色金属冶炼和压延加工业	3951	417	145		883
有色金属冶炼和压延加工业	703	12	4		－183
金属制品业	37561	1960	4388	208	5754
通用设备制造业	7124	241	164	101	364
专用设备制造业	13671	366	481	10	－3794
汽车制造业	79178	5347	1198	1330	347
铁路、船舶、航空航天和其他运输设备制造业	5490	377	143		593
电气机械和器材制造业	86768	3570	3465	354	1751
计算机、通信和其他电子设备制造业	665741	26307	21274	2192	36732
仪器仪表制造业	1345	76	28	11	695
其他制造业	1460	56	31		20
废弃资源综合利用业	2368	13	194	2	－25
电力、燃气及水的生产和供应业	94166	1729	2405	328	70063
电力、热力生产和供应业	83754	1414	2281	167	66050
燃气生产和供应业	1838	40	31	11	52
水的生产和供应业	8574	275	93	150	3961

（2012年）

项 目	利息收入	利息支出	营业利润	资产减值损失	公允价值变动收益
总计	51396	253101	1690823	20787	16689
按登记注册类型分组：					
内资企业	9534	119396	545178	5656	817
国有企业	3465	57084	102685	2098	
中央企业	2140	17254	54630		
地方企业	1324	39830	48055	2098	
集体企业	25	9	857		
股份合作企业	342	299	4070		
有限责任公司	4208	49664	252198	2074	817
其他有限责任公司	4208	49664	252198	2074	817
股份有限公司	1647	4533	44198	1088	
私营企业	－281	7184	131872	397	
私营独资企业		1014	2765		
私营合伙企业	－6	164	－778	51	
私营有限责任公司	－271	5778	129940	338	
私营股份有限公司	－4	228	－55	9	
其他企业	128	624	9298		
港、澳、台商投资企业	16529	56279	366032	7480	－746
合资经营企业（港或澳、台资）	6012	17208	177117	3034	－65
合作经营企业（港或澳、台资）	49	998	3233		154
港澳台商独资经营企业	10467	37628	176707	4446	－835
港澳台商投资股份有限公司		444	8975		
外商投资企业	25333	77427	779614	7651	16617
中外合资经营企业	5891	63965	734844	1277	15068
中外合作经营企业			47		
外资企业	19382	13388	48036	6361	1550
外商投资股份有限公司	61	74	－3313	14	
按经济组织类型分组					
独资企业	33339	109124	331049	12904	715
国有企业	3465	57084	102685	2098	
集体企业	25	9	857		
私营独资企业		1014	2765		
港澳台商独资经营企业	10467	37628	176707	4446	－835
外资企业	19382	13388	48036	6361	1550
合作、合伙企业	513	2085	15871	51	154
股份合作企业	342	299	4070		
私营合伙企业	－6	164	－778	51	
合作经营企业（港或澳、台资）	49	998	3233		154
中外合作经营企业			47		
其他企业（内资）	128	624	9298		
股份有限公司	1704	5278	49805	1110	
股份有限公司（内资）	1647	4533	44198	1088	
私营股份有限公司	－4	228	－55	9	
港澳台商投资股份有限公司		444	8975		
外商投资股份有限公司	61	74	－3313	14	

项目	利息收入	利息支出	营业利润	资产减值损失	公允价值变动收益
有限责任公司	15840	136615	1294099	6722	15820
私营有限责任公司	-271	5778	129940	338	
合资经营企业(港或澳、台资)	6012	17208	177117	3034	-65
中外合资经营企业	5891	63965	734844	1277	15068
其他有限责任公司	4208	49664	252198	2074	817
在总计中:亏损企业	1670	23901	-146456	2628	-365
在总计中:国有控股企业	6788	156761	256688	5482	11317
在总计中:轻工业	12170	38536	306895	9217	-18
重工业	39226	214566	1383929	11570	16706
在总计中:大型企业	41277	75743	990248	17465	5106
中型企业	10119	177359	700575	3321	11583
按行业分					
制造业	48977	181882	1501428	19356	16689
农副食品加工业	6	461	12611	-37	
食品制造业	1	4	127		
酒、饮料和精制茶制造业	202	186	24114		
纺织业	23	1214	2071		
纺织服装、服饰业	64	2024	7661		
皮革、毛皮、羽毛及其制品和制鞋业	433	2422	41760	6	
木材加工和木、竹、藤、棕、草制品业	1		1388		
家具制造业	263	1952	44393	32	
造纸和纸制品业	22	582	-324		
印刷和记录媒介复制业	48	2315	2495	-27	
文教、工美、体育和娱乐用品制造业	72	474	7282		
石油加工、炼焦和核燃料加工业	2134	17254	20971		
化学原料和化学制品制造业	534	59057	35061	1645	11444
医药制造业	5	1274	5135	400	
橡胶和塑料制品业	1577	6504	35763	196	59
非金属矿物制品业	40	11945	28037	79	
黑色金属冶炼和压延加工业	95	722	5533	15	
有色金属冶炼和压延加工业	46		1596		
金属制品业	500	5831	-1007	176	154
通用设备制造业	237	708	16809		
专用设备制造业	100	883	1796	104	
汽车制造业	2917	2771	68016	723	
铁路、船舶、航空航天和其他运输设备制造业	5	537	2401		
电气机械和器材制造业	1181	2232	117239	904	-8
计算机、通信和其他电子设备制造业	38440	60430	1018930	15097	5040
仪器仪表制造业	1	101	1429		
其他制造业	5	1	-165		
废弃资源综合利用业	27		307	44	
电力、燃气及水的生产和供应业	2419	71219	189395	1431	
电力、热力生产和供应业	2352	67304	192039	1415	
燃气生产和供应业	47	68	1419	16	
水的生产和供应业	20	3848	-4062		

项　目	投资收益	补贴收入	营业外收入	营业外支出	利润总额
总计	44341	81894	24435	55179	1717539
按登记注册类型分组:					
内资企业	20464	27231	4666	15192	557217
国有企业	3939	13504	321	8730	107459
中央企业	3506	10143		100	64672
地方企业	433	3361	321	8630	42786
集体企业	1	778	734	1390	245
股份合作企业		720	717	11	4779
有限责任公司	13509	3756	2669	1064	254890
其他有限责任公司	13509	3756	2669	1064	254890
股份有限公司	3016	7617	20	2385	49429
私营企业	1	792	206	1573	131090
私营独资企业		13	12		2777
私营合伙企业		41	2	2	－738
私营有限责任公司	1	738	192	1568	129110
私营股份有限公司				4	－59
其他企业		65		38	9325
港、澳、台商投资企业	11654	29025	13526	25173	369884
合资经营企业(港或澳、台资)	792	12062	7196	7297	181882
合作经营企业(港或澳、台资)		554	3	400	3387
港澳台商独资经营企业	10863	15529	6309	17469	174767
港澳台商投资股份有限公司		881	18	7	9849
外商投资企业	12223	25638	6243	14814	790438
中外合资经营企业	4160	14359	1446	8666	740537
中外合作经营企业					47
外资企业	8063	10312	4773	6037	52311
外商投资股份有限公司		967	24	111	－2457
按经济组织类型分组					
独资企业	22865	40135	12148	33626	337559
国有企业	3939	13504	321	8730	107459
集体企业	1	778	734	1390	245
私营独资企业		13	12		2777
港澳台商独资经营企业	10863	15529	6309	17469	174767
外资企业	8063	10312	4773	6037	52311
合作、合伙企业		1379	721	451	16799
股份合作企业		720	717	11	4779
私营合伙企业		41	2	2	－738
合作经营企业(港或澳、台资)		554	3	400	3387
中外合作经营企业					47
其他企业(内资)		65		38	9325
股份有限公司	3016	9465	62	2507	56763
股份有限公司(内资)	3016	7617	20	2385	49429
私营股份有限公司				4	－59
港澳台商投资股份有限公司		881	18	7	9849
外商投资股份有限公司		967	24	111	－2457

项 目	投资收益	补贴收入	营业外收入	营业外支出	利润总额
有限责任公司	18461	30915	11504	18595	1306418
私营有限责任公司	1	738	192	1568	129110
合资经营企业（港或澳、台资）	792	12062	7196	7297	181882
中外合资经营企业	4160	14359	1446	8666	740537
其他有限责任公司	13509	3756	2669	1064	254890
在总计中：亏损企业	581	18418	959	13866	－141904
在总计中：国有控股企业	12837	20904	5557	9047	268545
在总计中：轻工业	19852	28259	9970	11040	324113
重工业	24489	53636	14465	44139	1393426
在总计中：大型企业	27042	58229	16390	32777	1015701
中型企业	17299	23665	8045	22402	701838
按行业分					
制造业	43908	79342	24114	46883	1533888
农副食品加工业	1	14		19	12606
食品制造业		42	1	7	163
酒、饮料和精制茶制造业		18		30	24102
纺织业	6	83	21	292	1862
纺织服装、服饰业	－320	164	12	110	7715
皮革、毛皮、羽毛及其制品和制鞋业	3000	215	16	949	41026
木材加工和木、竹、藤、棕、草制品业		25		2	1412
家具制造业	3171	1479	15	448	45424
造纸和纸制品业				2	－326
印刷和记录媒介复制业	21	133		820	1808
文教、工美、体育和娱乐用品制造业	27	495	49	480	7297
石油加工、炼焦和核燃料加工业	3506	10136		100	31007
化学原料和化学制品制造业	－867	2013	1343	577	36497
医药制造业	16	520		292	5363
橡胶和塑料制品业	232	1260	168	1230	35793
非金属矿物制品业		661	26	574	28125
黑色金属冶炼和压延加工业		13		322	5224
有色金属冶炼和压延加工业		6		15	1587
金属制品业	86	549	352	8431	－8888
通用设备制造业		1350	17	512	17648
专用设备制造业	561	1795		424	3167
汽车制造业	527	1178	44	913	68282
铁路、船舶、航空航天和其他运输设备制造业		772	19	98	3075
电气机械和器材制造业	2764	8981	3962	4645	121575
计算机、通信和其他电子设备制造业	31179	47149	18069	25431	1040648
仪器仪表制造业		3	1		1432
其他制造业		60		3	－109
废弃资源综合利用业		230		160	376
电力、燃气及水的生产和供应业	433	2552	321	8296	183651
电力、热力生产和供应业	433	2089	291	8000	186128
燃气生产和供应业		3		34	1388
水的生产和供应业		460	30	263	－3865

项 目	应交所得税	亏损企业亏损总额	利税总额	应交税金及附加	本年应付职工薪酬
总计	326717	141904	5111649	3781641	2534356
按登记注册类型分组：					
内资企业	82952	20702	2743347	2282054	531944
国有企业	34251	12192	2070944	2005107	193644
中央企业	15481	7453	1928289	1885936	43244
地方企业	18770	4740	142655	119172	150400
集体企业	66	1192	1488	1484	13988
股份合作企业	531		5812	1587	4686
有限责任公司	38783	1544	369167	156340	119204
其他有限责任公司	38783	1544	369167	156340	119204
股份有限公司	6692		82917	40652	45229
私营企业	2006	4706	189623	61716	120953
私营独资企业	190		3941	1393	9180
私营合伙企业		784	－708	31	2632
私营有限责任公司	1753	3674	186171	59942	106177
私营股份有限公司	63	248	218	350	2965
其他企业	623	1068	23395	15168	34239
港、澳、台商投资企业	57618	78237	670043	384861	1200501
合资经营企业（港或澳、台资）	19574	6079	237506	83037	292363
合作经营企业（港或澳、台资）	207	1464	6315	3295	24749
港澳台商独资经营企业	36697	70693	415828	296606	875068
港澳台商投资股份有限公司	1141		10393	1923	8321
外商投资企业	186147	42965	1698259	1114727	801912
中外合资经营企业	170833	4849	1531274	975107	361230
中外合作经营企业			54	8	2744
外资企业	15314	35123	168451	138612	428731
外商投资股份有限公司		2994	－1520	1000	9207
按经济组织类型分组					
独资企业	86517	119201	2660652	2443201	1520610
国有企业	34251	12192	2070944	2005107	193644
集体企业	66	1192	1488	1484	13988
私营独资企业	190		3941	1393	9180
港澳台商独资经营企业	36697	70693	415828	296606	875068
外资企业	15314	35123	168451	138612	428731
合作、合伙企业	1362	3317	34870	20089	69050
股份合作企业	531		5812	1587	4686
私营合伙企业		784	－708	31	2632
合作经营企业（港或澳、台资）	207	1464	6315	3295	24749
中外合作经营企业			54	8	2744
其他企业（内资）	623	1068	23395	15168	34239
股份有限公司	7896	3241	92009	43925	65722
股份有限公司（内资）	6692		82917	40652	45229
私营股份有限公司	63	248	218	350	2965
港澳台商投资股份有限公司	1141		10393	1923	8321
外商投资股份有限公司		2994	－1520	1000	9207

项　目	应交所得税	亏损企业亏损总额	利税总额	应交税金及附加	本年应付职工薪酬
有限责任公司	230943	16146	2324118	1274426	878973
私营有限责任公司	1753	3674	186171	59942	106177
合资经营企业(港或澳、台资)	19574	6079	237506	83037	292363
中外合资经营企业	170833	4849	1531274	975107	361230
其他有限责任公司	38783	1544	369167	156340	119204
在总计中：亏损企业	2208	141904	－67778	82640	398483
在总计中：国有控股企业	73176	16988	2513365	2330120	292068
在总计中：轻工业	41153	29807	651751	385977	892046
重工业	285564	112097	4459898	3395665	1642309
在总计中：大型企业	230607	29489	1959596	1204038	1342122
中型企业	96111	112415	3152053	2577603	1192234
按行业分					
制造业	271508	137165	4774707	3571413	2387818
农副食品加工业	88		15852	3443	8896
食品制造业			289	165	2022
酒、饮料和精制茶制造业	2123		44635	22915	12611
纺织业	205	1054	3936	2490	25091
纺织服装、服饰业	1116	737	15037	9197	81300
皮革、毛皮、羽毛及其制品和制鞋业	3025	3011	55547	20170	142288
木材加工和木、竹、藤、棕、草制品业			1670	269	3187
家具制造业	2312	733	71499	29449	56963
造纸和纸制品业		1950	757	1679	15569
印刷和记录媒介复制业	542	122	6766	5703	20961
文教、工美、体育和娱乐用品制造业	1816	5769	8861	4333	47705
石油加工、炼焦和核燃料加工业	7064	7453	1886228	1868356	39130
化学原料和化学制品制造业	6566	1237	265758	239888	58486
医药制造业	809		11475	7123	8934
橡胶和塑料制品业	4243	4557	52034	22707	117285
非金属矿物制品业	2924	1936	61504	37266	28897
黑色金属冶炼和压延加工业		1681	16544	11737	3079
有色金属冶炼和压延加工业	384		1748	557	1589
金属制品业	2074	33984	1685	14608	77713
通用设备制造业	1723	1659	19534	3851	19510
专用设备制造业	1079	2931	5411	3688	27414
汽车制造业	13538	3169	93967	44570	124493
铁路、船舶、航空航天和其他运输设备制造业	565	1309	3493	1360	15166
电气机械和器材制造业	8382	6221	170669	61046	193040
计算机、通信和其他电子设备制造业	210666	57229	1956247	1152572	1245675
仪器仪表制造业	132		1849	625	3259
其他制造业	42	426	182	389	3858
废弃资源综合利用业	91		1527	1255	3698
电力、燃气及水的生产和供应业	55209	4740	336942	210229	146537
电力、热力生产和供应业	54478		336008	205773	134524
燃气生产和供应业	371		1935	957	3289
水的生产和供应业	360	4740	－1001	3499	8724

项　目	本年应交增值税	本年进项税额	本年销项税额	土地和固定资产支出	土地购置
总计	2474343	3587779	3937160	1298546	47434
按登记注册类型分组：					
内资企业	1356625	1347162	1944930	329643	25215
国有企业	1146030	974564	1491635	23373	9334
中央企业	1055058	942355	1451287	10168	8726
地方企业	90972	32209	40347	13205	608
集体企业	1036	4799	5737	899	
股份合作企业	861	4700	5334	22135	1454
有限责任公司	109598	229402	270138	139570	4692
其他有限责任公司	109598	229402	270138	139570	4692
股份有限公司	30404	44757	60588	45602	2002
私营企业	55816	67901	101503	94437	6790
私营独资企业	1013	5553	6379	6913	820
私营合伙企业		1984	1668	405	
私营有限责任公司	54588	58915	92090	79671	5970
私营股份有限公司	215	1448	1366	7448	
其他企业	12880	21039	9996	3627	944
港、澳、台商投资企业	257582	1118760	896372	591171	18907
合资经营企业（港或澳、台资）	44987	247747	251212	114093	2939
合作经营企业（港或澳、台资）	2390	8084	6057	365	
港澳台商独资经营企业	210111	858769	635979	475832	15968
港澳台商投资股份有限公司	94	4160	3125	881	
外商投资企业	860136	1121858	1095858	377732	3312
中外合资经营企业	754542	841072	845698	211879	2717
中外合作经营企业					
外资企业	104847	275166	246141	164834	595
外商投资股份有限公司	746	5619	4020	1019	
按经济组织类型分组					
独资企业	1463038	2118851	2385869	671851	26716
国有企业	1146030	974564	1491635	23373	9334
集体企业	1036	4799	5737	899	
私营独资企业	1013	5553	6379	6913	820
港澳台商独资经营企业	210111	858769	635979	475832	15968
外资企业	104847	275166	246141	164834	595
合作、合伙企业	16131	35808	23055	26532	2398
股份合作企业	861	4700	5334	22135	1454
私营合伙企业		1984	1668	405	
合作经营企业（港或澳、台资）	2390	8084	6057	365	
中外合作经营企业					
其他企业（内资）	12880	21039	9996	3627	944
股份有限公司	31459	55984	69098	54951	2002
股份有限公司（内资）	30404	44757	60588	45602	2002
私营股份有限公司	215	1448	1366	7448	
港澳台商投资股份有限公司	94	4160	3125	881	
外商投资股份有限公司	746	5619	4020	1019	

项 目	本年应交增值税	本年进项税额	本年销项税额	土地和固定资产支出	土地购置
有限责任公司	963715	1377137	1459138	545213	16318
私营有限责任公司	54588	58915	92090	79671	5970
合资经营企业(港或澳、台资)	44987	247747	251212	114093	2939
中外合资经营企业	754542	841072	845698	211879	2717
其他有限责任公司	109598	229402	270138	139570	4692
在总计中：亏损企业	49589	312056	231418	211822	3926
在总计中：国有控股企业	1418317	1531814	2128573	46348	11336
在总计中：轻工业	297126	862460	785240	215941	8421
重工业	2177218	2725320	3151921	1082605	39013
在总计中：大型企业	894658	1285715	1142478	602969	11612
中型企业	1579685	2302065	2794682	695577	35822
按行业分					
制造业	2330998	3503879	3806743	1280255	45432
农副食品加工业	3198	9434	11848	2918	944
食品制造业	17	2108	662		
酒、饮料和精制茶制造业	16725	27649	44375	1923	
纺织业	1679	13974	13120	3110	268
纺织服装、服饰业	5833	27993	25788	5186	
皮革、毛皮、羽毛及其制品和制鞋业	12094	33655	26362	2081	68
木材加工和木、竹、藤、棕、草制品业	135	4882	3333	34	
家具制造业	24632	44478	39114	47487	5319
造纸和纸制品业	820	7361	3733	1856	
印刷和记录媒介复制业	4127	18368	19005	1197	
文教、工美、体育和娱乐用品制造业	681	13243	3115	26215	
石油加工、炼焦和核燃料加工业	1047571	919886	1421331	10168	8726
化学原料和化学制品制造业	219597	493569	538947	93775	4500
医药制造业	5463	6069	11532	13919	
橡胶和塑料制品业	12792	84638	79159	45599	83
非金属矿物制品业	31682	47316	64117	121578	2732
黑色金属冶炼和压延加工业	7369	12433	19682	7494	500
有色金属冶炼和压延加工业		1861	256	263	
金属制品业	7708	63437	34587	22182	3814
通用设备制造业	557	30299	18327	19684	
专用设备制造业	1984	26968	5783	2641	300
汽车制造业	22123	92695	117484	101186	409
铁路、船舶、航空航天和其他运输设备制造业	28	2817	386	1976	
电气机械和器材制造业	45384	121240	118787	79429	
计算机、通信和其他电子设备制造业	857234	1392402	1180589	660993	16951
仪器仪表制造业	335	1434	1570	7003	820
其他制造业	224	1708	783	358	
废弃资源综合利用业	1008	1963	2971		
电力、燃气及水的生产和供应业	143345	83900	130417	18291	2002
电力、热力生产和供应业	140715	80873	127487	13417	
燃气生产和供应业	70	3028	2930	4727	2002
水的生产和供应业	2560			147	

项　目	房屋和建筑物	机器设备	运输工具	其他费用	全部从业人员年平均人数（人）	工业增加值（收入法）
总计	212920	938448	10559	89185	542995	9771440
按登记注册类型分组：						
内资企业	95395	172297	3483	33253	94356	3832989
国有企业	11495	1421	64	1059	16966	2567327
中央企业		434	28	981	2260	2095472
地方企业	11495	988	37	79	14706	471855
集体企业	700	194		5	4185	20215
股份合作企业	5442	10239	563	4438	834	11900
有限责任公司	11305	103642	1534	18398	23481	620034
其他有限责任公司	11305	103642	1534	18398	23481	620034
股份有限公司	9227	28301	1006	5066	8735	149745
私营企业	56934	27854	277	2582	31857	382005
私营独资企业	4639	1430	24		2536	14675
私营合伙企业		405			730	2701
私营有限责任公司	52295	20414	253	739	27872	361927
私营股份有限公司		5605		1843	719	2702
其他企业	292	647	39	1705	8298	81763
港、澳、台商投资企业	46494	501533	3518	20719	281634	2529732
合资经营企业（港或澳、台资）	2924	99986	529	7716	64577	749916
合作经营企业（港或澳、台资）		247	52	66	6793	39645
港澳台商独资经营企业	43570	400461	2896	12937	208422	1718883
港澳台商投资股份有限公司		840	41		1842	21288
外商投资企业	71031	264618	3558	35213	167005	3408719
中外合资经营企业	17071	182452	378	9261	64891	2582661
中外合作经营企业					1260	4778
外资企业	53960	81147	3180	25953	98523	811308
外商投资股份有限公司		1019			2331	9972
按经济组织类型分组						
独资企业	114363	484653	6165	39954	330632	5132408
国有企业	11495	1421	64	1059	16966	2567327
集体企业	700	194		5	4185	20215
私营独资企业	4639	1430	24		2536	14675
港澳台商独资经营企业	43570	400461	2896	12937	208422	1718883
外资企业	53960	81147	3180	25953	98523	811308
合作、合伙企业	5734	11538	654	6209	17915	140786
股份合作企业	5442	10239	563	4438	834	11900
私营合伙企业		405			730	2701
合作经营企业（港或澳、台资）		247	52	66	6793	39645
中外合作经营企业					1260	4778
其他企业（内资）	292	647	39	1705	8298	81763
股份有限公司	9227	35764	1047	6910	13627	183707
股份有限公司（内资）	9227	28301	1006	5066	8735	149745
私营股份有限公司		5605		1843	719	2702
港澳台商投资股份有限公司		840	41		1842	21288
外商投资股份有限公司		1019			2331	9972

项　目					全部从业人员年平均人数（人）	工业增加值（收入法）
	房屋和建筑物	机器设备	运输工具	其他费用		
有限责任公司	83596	406493	2694	36113	180821	4314539
私营有限责任公司	52295	20414	253	739	27872	361927
合资经营企业（港或澳、台资）	2924	99986	529	7716	64577	749916
中外合资经营企业	17071	182452	378	9261	64891	2582661
其他有限责任公司	11305	103642	1534	18398	23481	620034
在总计中：亏损企业	45179	147379	974	14364	97254	532705
在总计中：国有控股企业	11496	16995	230	6291	27301	3314604
在总计中：轻工业	85914	88236	5506	27864	221295	1885745
重工业	127005	850212	5053	61322	321700	7885695
在总计中：大型企业	70833	470784	5927	43814	266087	4406244
中型企业	142087	467664	4633	45372	276908	5365195
按行业分						
制造业	207579	931121	10378	85745	532004	9061478
农副食品加工业	292	123	11	1549	1571	28011
食品制造业					634	2932
酒、饮料和精制茶制造业		1867	35	21	1228	62886
纺织业	697	1484	372	289	7087	35694
纺织服装、服饰业	600	4029	15	542	23322	121316
皮革、毛皮、羽毛及其制品和制鞋业	9	1604	189	211	40101	234119
木材加工和木、竹、藤、棕、草制品业		34			828	5795
家具制造业	32765	6976	744	1684	13958	156190
造纸和纸制品业	1600	256			4326	22768
印刷和记录媒介复制业	8	1148	37	4	4843	46318
文教、工美、体育和娱乐用品制造业	9709	14333	419	1754	17120	74370
石油加工、炼焦和核燃料加工业		434	28	981	1953	2033831
化学原料和化学制品制造业	3276	85301	257	442	5314	496775
医药制造业	7117	6158	396	249	2349	24315
橡胶和塑料制品业	8664	33714	393	2746	28691	225145
非金属矿物制品业	10804	93294	770	13978	4878	185976
黑色金属冶炼和压延加工业	4774	2221			483	34943
有色金属冶炼和压延加工业		263			396	3853
金属制品业	4036	12624	65	1645	16793	140119
通用设备制造业	238	19159		287	4167	49331
专用设备制造业		2271	3	68	6125	41533
汽车制造业	845	93750	87	6095	25048	323211
铁路、船舶、航空航天和其他运输设备制造业	886	1080	10		3304	21953
电气机械和器材制造业	33928	27744	2520	15238	46090	435203
计算机、通信和其他电子设备制造业	82447	519648	3994	37953	268193	4238703
仪器仪表制造业	4639	1520	24		1315	5089
其他制造业	248	87	12	10	1345	5443
废弃资源综合利用业					542	5656
电力、燃气及水的生产和供应业	5340	7327	182	3440	10991	709962
电力、热力生产和供应业	5339	7187	151	741	9084	684836
燃气生产和供应业	1	82	15	2626	423	7164
水的生产和供应业		58	16	74	1484	17962

12－21　规模以上工业企业分县区主要工业产品产量

（2012年）

项　目		全市	惠城区	惠阳区	惠东县	博罗县	龙门县	大亚湾区	仲恺区
铁矿石原矿	（吨）	223112				223112			
铅金属含量	（吨）	2341					2341		
锌金属含量	（吨）	4455					4455		
饲料	（吨）	383033	47981			335052			
精制食用植物油	（吨）	45780						45780	
成品糖	（吨）	7827				7827			
鲜、冷藏肉	（吨）	19386			16816	2570			
方便面	（吨）	23752	23752						
饮料酒	（千升）	84241	84241						
软饮料	（吨）	996400	15889			539886	173148		267477
布	（万米）	1203		1203					
印染布	（万米）	4856				4856			
服装	（万件）	11170	3953	1247	1435	2713		363	1460
天然毛皮服装	（件）	26361							26361
皮革鞋靴	（万双）	12065	738	791	10372.7	163.3			
人造板	（立方米）	314249	213032			101217			
家具	（件）	4441285		592739		974799	33300	2288048	552399
机制纸及纸板（外购原纸加工除外）	（吨）	86168				86168			
纸制品	（吨）	149775		58804	83943	6637		391	
多色印刷品	（对开色令）	1926722		1922595					4127
涂料	（吨）	106922		77386	20667	5308		932	2629
初级形态的塑料	（吨）	29816	8850			1211			19755
化学试剂	（吨）	4533				4533			
中成药	（吨）	3263	297			2966			
化学纤维	（吨）	9089				9089			
橡胶轮胎外胎	（条）	847760							847760
塑料制品	（吨）	83660	2067	5607	3191	19262		23878	29655
硅酸盐水泥熟料	（吨）	6796278				783009	6013269		
水泥	（吨）	15178619	70235	689137	62617	4943530	9301368		111732
商品混凝土	（立方米）	1518155	439011	587002	263744			228398	
预应力混凝土桩	（米）	1144058	282229		861829				
石墨及炭素制品	（吨）	2770							2770
钢材	（吨）	298790						298790	
铜材	（吨）	4984				3143		1841	
铝材	（吨）	1561	1561						

12－21 续表1

(2012年)

项　目		全市	惠城区	惠阳区	惠东县	博罗县	龙门县	大亚湾区	仲恺区
金属集装箱	(立方米)	5917082		3088131				2828951	
不锈钢日用制品	(吨)	4735				3750			985
金属切削机床	(台)	156						156	
气体压缩机	(台)	5010257							5010257
金属紧固件	(吨)	1089							1089
摩托车整车	(辆)	18826		18826					
两轮脚踏自行车	(辆)	92550		92550					
变压器	(千伏安)	242116	242116						
通信及电子网络用电缆	(对千米)	3092407	2814417					2240	275750
锂离子电池	只(自然只)	86583723							86583723
铅酸蓄电池	(千伏安时)	1391748		86519				1305229	
碱性蓄电池	只(自然只)	1318480	1318480						
原电池及原电池组(折R20标准只)	(万只)	139357							139357
家用电风扇	(台)	4761474							4761474
家用电热烘烤器具	(个)	6762335			6762335				
电光源	(万只)	6806	5021						1785
灯具及照明装置	套(台、个)	56623554	48973357		2930107	1227537			3492553
电子计算机整机	(台)	929719		929719					
GPS接收机	(部)	3320000							3320000
电话单机	(部)	21727110	3671684	12301032					5754394
移动通信手持机(手机)	(台)	183967507	162882						183804625
彩色电视机	(台)	10677871							10677871
组合音响	(台)	8660344		1880606					6779738
半导体存储器播放器(含MP3、MP4)	(个)	1577103							1577103
数字激光音、视盘机	(台)	156522806							156522806
电视接收机顶盒	(台)	555560							555560
光电子器件	万只(片、套)	43860	820		13100			28330	1610
电子元件	(万只)	928170	49915	323787	247174	236732			70562
印制电路板	(平方米)	5495109	112238	1505774		952860		2390267	533970
电工仪器仪表	(台)	199438							199438
表	(只)	848526				848526			
眼镜成镜	(副)	387738			387738				
发电量	(万千瓦小时)	2021061			1158152	38163	16853	758842	49051
自来水生产量	(万立方米)	30755	11390	5295	4262	5513		4295	

12－22　规模以上工业主要产品销售、库存实物量

（2012 年）

产品名称		年初库存量	累计销售量	累计自用及其他	期末库存量
铁矿石原矿	吨	51231	241124		33219
配合饲料	吨	283	181281		1833
混合饲料	吨	1200	62500		1200
精制食用植物油	吨	500	42760		3520
成品糖	吨	2460	5992	1935	2360
乳制品	吨	148	4420	13	20
罐头	吨	790	5892		607
啤酒	千升	3122	84293	119	2951
软饮料	吨	6869	994896		8373
布	万米	96	1163		136
服装	万件	147	10963	0.3	373
人造板	立方米	68587	364084		18752
机制纸及纸板（外购原纸加工除外）	吨	393	85957		604
涂料	吨	2850	107031		2741
初级形态的塑料	吨	1071	28696		2191
合成橡胶	吨	11998	156368		9673
化学纤维	吨	728	8964		853
橡胶轮胎外胎	条	22245	841853		28152
塑料制品	吨	2536	82996		3200
水泥	吨	119003	15134438		163184
钢材	吨	312	298790		312
铜材	吨	442	5056		370
铝材	吨	635	1064		1132
不锈钢日用制品	吨	282	3870		1147
金属切削机床	台		156		
摩托车整车	辆	435	18144		1117
两轮脚踏自行车	辆	695	92220		1025
家用电风扇	台	291529	4749334		303669
电子计算机整机	台		929719		
移动通信手持机（手机）	台	1123742	176190127		1434010
彩色电视机	台	480007	10703306		454572
组合音响	台	184210	8608269		236285
数字激光音、视盘机	台	2750521	156984694		2288633
表	只		848526		

12－23　先进制造业主要经济指标

（2012 年）　　单位：万元

主要行业	收入法增加值	主营业务收入	利润总额
合计	**7819186**	**38797223**	**1444741**
一、装备制造业	**4693996**	**23780685**	**1156509**
其中：汽车制造	350657	1200420	68211
其中：船舶制造及修理			
#金属船舶制造			
飞机制造及修理业			
环境保护专用设备制造	813	2001	－12
二、钢铁冶炼及加工	164517	641751	68835
其中：炼铁			
炼钢			
钢压延加工	164517	641751	68835
铁合金冶炼			
三、石油及化学	2960673	14374787	219397
石油和天然气开采业			
石油加工、炼焦及核燃料加工业	2169507	9546689	96822
化学原料和化学制品制造业	723595	4523439	114630
橡胶制品业	67571	304659	7945

12－24　高技术制造业主要经济指标

（2012 年）　　单位：万元

主要行业	收入法增加值	主营业务收入	利润总额
高技术制造业	4506307	24313488	1086863
1、医药制造业	30476	84619	6265
其中：生物药品制造			
中成药制造业	26514	72699	5371
2、航空航天器制造业			
其中：飞机制造及修理业			
3、电子及通信设备制造业	4184443	22306416	1001113
其中：通信设备制造	1955265	11356693	574713
电子器件制造业	476305	2129665	58855
电子元件制造业	938392	4146118	176522
视听设备制造	657790	3960641	101539
4、电子计算机及办公设备制造业	283571	1888962	78224
其中：计算机整机制造	196870	997522	57075
计算机零部件制造	67368	814107	15065
计算机外围设备制造	2021	14674	－559
其他计算机制造			
办公设备制造业	17313	62660	6643
5、医疗设备及仪器仪表制造业	7817	33491	1261
其中：医疗仪器设备及器械制造	5035	19815	917
仪器仪表制造业	2782	13676	344

12－25　分县区规模以上电子工业主要经济指标

（2012 年）　　　　单位：万元

项　目	惠州市	惠城区	惠阳区	惠东县	博罗县	龙门县	大亚湾区	仲恺区
企业单位数（个）	320	49	48	10	63	2	30	118
亏损企业（个）	93	15	17	1	13	2	12	33
工业总产值（当年价格）	23746338	967139	1883360	170449	2330934	86300	1457111	16851046
工业销售产值（当年价格）	23623913	957643	1796097	165909	2288382	74935	1476581	16864366
出口交货值	15097594	373042	1273251	107241	1293400	16302	484162	11550196
年初存货	1706382	118130	92556	17729	178372	1240	222438	1075916
产成品	479589	44156	30596	9266	70999	801	55879	267892
在产品	239087	15024	13154	2052	28520	18	15665	164655
资产总计	13914203	872205	1717453	93854	1375764	20948	1490134	8343843
流动资产合计	10241234	561402	833861	46772	829693	9425	905708	7054374
应收账款	4700074	192279	452679	24083	344599	4440	342372	3339623
存货	1979459	139077	134023	18461	165466	3054	269115	1250263
产成品	618518	48090	19896	8538	69171	513	55684	416625
在产品	216623	21166	11261	2401	28355	678	13117	139646
固定资产合计	2855051	235509	730337	30029	450475	11524	484381	912797
固定资产原价	4866828	416092	948987	89356	829194	13034	827602	1742563
累计折旧	2066076	186523	221889	59394	410686	1510	351104	834970
本年折旧	409974	28046	58368	6575	72102	1429	74265	169188
在建工程	274788	36603	95485	515	24695	1026	49270	67196
负债合计	8663167	480516	1022492	40020	891859	5969	778166	5444147
流动负债合计	8145231	429050	873920	27197	804770	5930	754617	5249747
应付账款	4075931	238195	700532	19233	377399	5708	245306	2489559
非流动负债合计	470532	42280	144505		67467	39	22842	193399
所有者权益合计	5246771	391450	694759	53834	483887	14980	708923	2898939
实收资本	2778428	301974	604286	43438	379655	8779	434529	1005769
国家资本	3707	2707						1000
集体资本	25377							25377
法人资本	518045	48420	5378	2000	20960		215922	225365
个人资本	61971	4591	3210	300	8286		13698	31885
港澳台资本	1368946	226144	557888	31232	142167	8779	104321	298416
外商资本	800382	20112	37809	9907	208242		100587	423726
营业收入	24414086	977503	1800786	167484	2322676	73378	1529027	17543232
主营业务收入	24132718	967010	1788371	167413	2303094	73369	1473313	17360149
营业成本	21924244	896655	1664845	142676	2020082	63109	1399309	15737568
主营业务成本	21718229	892261	1657856	142676	2012383	63109	1359506	15590439
营业税金及附加	60925	2400	16114	197	2334		8445	31436

项　目	惠州市	惠城区	惠阳区	惠东县	博罗县	龙门县	大亚湾区	仲恺区
主营业务税金及附加	60322	2332	16114	197	1932		8316	31432
其他业务收入	281368	10493	12415	72	19582	9	55715	183083
其他业务利润	49720	3073	5168	68	1749	9	15653	24000
销售费用	664367	11037	16464	1410	23696	1161	6877	603723
管理费用	721567	64848	70978	5002	55819	14906	74071	435943
税金	27800	2087	2124	243	3382	105	3082	16777
差旅费	23126	1669	1399	166	2681	48	875	16288
工会经费	2343	71	16		70	12	380	1795
财务费用	41775	4076	10134	137	4500	44	1813	21070
利息收入	39016	1329	997	8	3981	5	2983	29713
利息支出	64329	5448	9598	102	7772		4840	36569
营业利润	1051254	2114	37047	17953	216578	－273	44412	733423
资产减值损失	15111	161	384		316		－10	14261
公允价值变动收益	2540				－2499		－22	5062
投资收益	31488	3	486		169		224	30606
补贴收入	51351	2772	2300	846	1271	19	9394	34750
营业外收入	18576	944	683	401	102	11	2284	14152
营业外支出	29910	456	1444	126	9896		4958	13030
利润总额	1072694	4430	37903	18673	207953	－254	48847	755143
应交所得税	213013	3813	11659	1170	9976	80	8519	177795
亏损企业亏损总额	71699	19419	14393	8	4201	254	14534	18890
利税总额	2008900	15850	59756	20226	232271	10736	86257	1583805
应交税金及附加	1177018	17319	35637	2967	37675	11176	49011	1023235
本年应付职工薪酬	1331388	112153	254779	13223	189590	1844	196295	563506
本年应交增值税	875281	9020	5739	1357	21984	10990	28965	797227
本年进项税额	1477299	100051	180982	5918	100342	10662	165145	914199
本年销项税额	1261723	91755	80886	3586	66461		160947	858087
土地和固定资产支出	671855	113432	164561	418	58319	178	87003	247943
土地购置	18409	2320	9872		322			5895
房屋和建筑物	85175	21346	779		3097		13547	46405
机器设备	525454	77565	149059	391	54428	70	68342	175598
运输工具	4271	1640	424	27	136		299	1747
其他费用	38547	10562	4428		337	108	4815	18298
全部从业人员年平均人数（人）	289325	28359	60053	3681	37330	886	45827	113189
收入法增加值	4450702	177901	481742	41742	522617	27980	450080	2748640

12－26　分县区规模以上石化工业主要经济指标

（2012 年）　　　　单位:万元

项　目	惠州市	惠城区	惠阳区	惠东县	博罗县	龙门县	大亚湾区	仲恺区
企业单位数(个)	118	8	21	19	28	2	19	21
亏损企业(个)	21	2	4	4	1		7	3
工业总产值(当年价格)	14318924	86744	215274	139600	336411	13312	13222508	305078
工业销售产值(当年价格)	14357150	82842	209679	139546	327120	5366	13306812	285785
出口交货值	205169	26925	11916	16051	92208	3787	47708	6575
年初存货	1054973	10570	12986	14963	34588	978	944397	36492
产成品	452817	8131	2875	7465	8649	478	413896	11323
在产品	165666	28	1111	21	569	500	159814	3624
资产总计	7725210	67975	158733	86790	195762	9502	6906554	299895
流动资产合计	2774375	52426	115833	62926	130628	3966	2277053	131543
应收账款	575369	22724	62697	29319	48100	90	363607	48833
存货	861753	8988	20272	19854	41104	3167	738591	29776
产成品	195455	6887	5276	6514	10935	1722	154405	9717
在产品	103693	53	1918	136	357	410	98046	2775
固定资产合计	4407843	12607	26231	17055	57153	3390	4153523	137885
固定资产原价	6214957	22248	41135	25467	88857	4371	5801523	231357
累计折旧	1840441	9641	14963	11500	40029	2790	1667160	94358
本年折旧	374560	1716	2697	1847	12312	1010	334917	20062
在建工程	265351	514	4879	2412	4006	471	239567	13503
负债合计	4871962	20815	101651	47428	84975	1091	4453391	162611
流动负债合计	3848344	20278	91525	43019	77200	989	3487144	128191
应付账款	1290958	8963	29703	22645	31147	270	1163099	35130
非流动负债合计	984916	537	10127	3469	4379		966247	157
所有者权益合计	2851335	47160	57065	39358	110788	7065	2453162	136737
实收资本	2558881	25774	33582	19707	74224	5994	2249530	150071
国家资本	679829	2000		450			677379	
集体资本	400			400				
法人资本	864672	1005	5633	8977	4124	3694	712162	129078
个人资本	42259	3630	9908	4311	15348			9062
港澳台资本	135573	19139	14747	4000	48425	2300	41640	5322
外商资本	836149		3294	1569	6326		818350	6610
营业收入	14748689	88906	212597	141324	329097	7253	13695845	273668
主营业务收入	14374787	88563	212010	141324	327556	7253	13330597	267485
营业成本	13391818	67558	170758	119298	285121	6259	12503229	239596
主营业务成本	13018392	67225	170329	119298	284303	6259	12140640	230338
营业税金及附加	837294	1072	809	807	1323	32	831475	1775

12－26 续表　　　　　　　　　　　　（2012 年）　　　　　　　　　　　　单位：万元

项　目	惠州市	惠城区	惠阳区	惠东县	博罗县	龙门县	大亚湾区	仲恺区
主营业务税金及附加	837277	1072	808	807	1323	32	831474	1761
其他业务收入	373903	343	588		1541		365248	6184
其他业务利润	7093	8	93		30		6828	134
销售费用	128512	6739	11658	3322	12841	177	88572	5202
管理费用	140155	6876	17051	6887	12391	575	79845	16531
税金	14184	311	196	220	824	15	11819	799
差旅费	6611	308	2995	269	454		2127	459
工会经费	495	21		84	43		219	129
财务费用	92837	－23	1566	1168	1790	1	83725	4610
利息收入	3720	34	44	142	27	－2	3328	146
利息支出	98304	－146	1263	1005	1710		89921	4550
营业利润	204066	6684	10278	9005	21359	119	146764	9858
资产减值损失	2378		17				2348	13
公允价值变动收益	11549						11444	105
投资收益	9451		4				5232	4215
补贴收入	24028	300	504	533	114	30	13218	9329
营业外收入	2947	4	54	82	1		1342	1464
营业外支出	8698	58	498	183	597	12	1559	5790
利润总额	219397	6926	10284	9355	20876	137	158423	13397
应交所得税	44457	905	2173	692	579	33	38290	1785
亏损企业亏损总额	21539	43	468	546	77		19183	1222
利税总额	2399459	11544	17401	13589	27543	370	2302387	26624
应交税金及附加	2238702	5833	9486	5146	8070	282	2194074	15811
本年应付职工薪酬	158265	7092	15011	12169	16968	1004	89902	16119
本年应交增值税	1342768	3545	6308	3428	5344	202	1312490	11452
本年进项税额	1826295	8672	27562	12681	17677	907	1712404	46393
本年销项税额	2430529	10534	32299	14205	17394	919	2295776	59403
土地和固定资产支出	140040	2249	1372	615	1135		118583	16085
土地购置	13568			342			13226	
房屋和建筑物	6673	748	40	51	166		5460	208
机器设备	113239	1244	1229	160	294		95809	14503
运输工具	3189	136	－4		448		2472	138
其他费用	3371	122	107	61	228		1617	1236
全部从业人员年平均人数（人）	20101	1983	3135	2951	3746	439	5083	2764
收入法增加值	2960673	20799	44976	32089	66097	2936	2726841	66936

12－27　全市大中型工业企业名单

（2012 年）

序号	单位详细名称	主要业务活动或产品	登记注册类型	规模
1	TCL 显示科技（惠州）有限公司	生产液晶显示模组	中外合资经营	大型
2	乐金电子（惠州）有限公司	生产光驱	中外合资经营	大型
3	TCL 通力电子（惠州）有限公司	生产 DVD	其他有限责任公司	大型
4	惠阳源高电器有限公司	生产吊扇	港澳台商独资	大型
5	天宝电子（惠州）有限公司	生产电子元器件	港澳台商独资	大型
6	惠阳国威运动器材有限公司	生产健身单车	港澳台商独资	大型
7	惠州市华阳数码特电子有限公司	生产软性线路板	与港澳台商合资经营	大型
8	惠州美锐电子科技有限公司	生产印制线路板	中外合资经营	大型
9	讯强电子惠州有限公司	散热器	外资企业	大型
10	惠州大亚湾光弘科技电子有限公司	生产集成电路	港澳台商独资	大型
11	惠州古河汽配有限公司	生产汽车配线	外资企业	大型
12	乐金电子部品（惠州）有限公司	生产微型马达	外资企业	大型
13	基准精密工业（惠州）有限公司	工业生产配套用搪瓷制品制造	外资企业	大型
14	东风本田汽车零部件有限公司	生产汽车零部件	中外合资经营	大型
15	广东省电力集团有限公司惠州供电分公司	电网经营管理	国有	大型
16	建业科技电子（惠州）有限公司	生产印制线路板	港澳台商独资	大型
17	广东九联科技股份有限公司	生产电视机顶盒	股份有限公司	大型
18	晶惠工业（惠州）有限公司	生产针织毛衫	港澳台商独资	大型
19	奇胜工业（惠州）有限公司	生产电气开关	港澳台商独资	大型
20	惠州市金山电子有限公司	生产电器件	中外合资经营	大型
21	大统营（惠州）科技有限公司	日用家庭电器制造	港澳台商独资	大型
22	友威光电（惠州）有限公司	生产触摸屏	外资企业	大型
23	惠州比亚迪电子有限公司	生产新型电子原器件	中外合资经营	大型
24	惠州亿纬锂能股份有限公司	生产、销售锂一次电池	股份有限公司	大型
25	惠州三星电子有限公司	生产手机	中外合资经营	大型
26	惠州市德赛西威汽车电子有限公司	生产汽车音响产品	国有	大型
27	惠州市中京电子科技股份有限公司	生产线路板	股份有限公司	大型
28	华通精密线路板（惠州）有限公司	印制电路板制造	港澳台商独资	大型
29	TCL 王牌电器（惠州）有限公司	生产彩色电视机	港澳台商独资	大型
30	惠州市华阳多媒体电子有限公司	生产光头	与港澳台商合资经营	大型
31	信华精机有限公司	生产 DVD 机芯	与港澳台商合资经营	大型
32	雅美工业（惠阳）有限公司	生产家用电动器具	港澳台商独资	大型
33	惠州雷士光电科技有限公司	生产电子镇流器	外资企业	大型
34	敏华家具制造（惠州）有限公司	生产沙发	港澳台商独资	大型
35	立隆电子（惠州）工业有限公司	电子元件制造	港澳台商独资	大型

序号	单位详细名称	主要业务活动或产品	登记注册类型	规模
36	中海油能源发展股份有限公司惠州石化分公司	生产粗甲苯、混合二甲苯	国有	大型
37	惠州信兴荣电业塑胶有限公司	生产电源线连插头	港澳台商独资	大型
38	华通电脑（惠州）有限公司	印制电路板制造	港澳台商独资	大型
39	盛威尔（惠州）电缆科技有限公司	电子元器件	港澳台商独资	大型
40	惠州住电电装有限公司	生产汽车电子装置	外资企业	大型
41	TCL 光电科技（惠州）有限公司	液晶电视机	其他有限责任公司	大型
42	世一电子科技（惠州）有限公司	生产 FPC 软式皮线	港澳台商独资	大型
43	隆发鞋业（惠州）有限公司	皮鞋制造	外资企业	大型
44	惠州比亚迪电池有限公司	汽车锂电池生产	与港澳台商合资经营	大型
45	惠州市裕元华阳精密部件有限公司	生产手机壳	中外合资经营	大型
46	惠州大亚湾永昶科技电子有限公司	生产 DVD 激光头	港澳台商独资	大型
47	惠阳东威电子制品有限公司	生产 DVD 组合音响	港澳台商独资	大型
48	伯恩光学（惠州）有限公司	光电子器件及其他电子器件制造	港澳台商独资	大型
49	惠阳中建电讯制品有限公司	无绳电话机	港澳台商独资	大型
50	惠州市德赛集团视听科技有限公司	生产 GSM 手机	与港澳台商合资经营	大型
51	惠阳东亚电子制品有限公司	音箱	港澳台商独资	大型
52	惠州住润电装有限公司	生产汽车电线组合	中外合资经营	大型
53	惠阳兆吉鞋业有限公司	生产鞋、销售鞋	外资企业	大型
54	惠州硕立精密科技有限公司	五金模生产	外资企业	大型
55	索尼精密部件（惠州）有限公司	生产光学拾音器	外资企业	大型
56	胜宏科技（惠州）股份有限公司	高精密度线路板	港澳台商独资	大型
57	TCL 罗格朗国际电工（惠州）有限公司	生产开关	外资企业	大型
58	惠州海格电气有限公司	生产微型断路器、漏电断路器等	外资企业	大型
59	惠州科锐半导体照明有限公司	生产发光二极管	港澳台商独资	大型
60	惠州住润电子装备有限公司	生产电线组合	中外合资经营	大型
61	惠阳和宏电线电缆有限公司	生产音频电线	其他有限责任公司	大型
62	惠州 TCL 移动通信有限公司	生产移动通讯手机	外资企业	大型
63	惠州比亚迪实业有限公司	生产电池材料	与港澳台商合资经营	大型
64	惠州市升华工业有限公司	生产电子连接线	与港澳台商合资经营	大型
65	惠州住润汽车部品有限公司	生产连接器	中外合资经营	大型
66	惠州市德赛电池有限公司	生产锂离子电池制造	与港澳台商合资经营	大型
67	骏达制衣厂（惠州）有限公司	机织服装制造	港澳台商独资	大型
68	威世电子（惠州）有限公司	钽电容	港澳台商独资	大型
69	惠州华阳通用电子有限公司	生产汽车音响	与港澳台商合资经营	大型
70	安品达精密工业（惠州）有限公司	电子计算机整机制造	与港澳台商合资经营	大型

12－27　续表2　　　　　　　　　　　　　　　　　　　（2012年）

序号	单位详细名称	主要业务活动或产品	登记注册类型	规模
71	格林精密部件（惠州）有限公司	生产塑胶制品	港澳台商独资	大型
72	惠州市蓝微电子有限公司	生产锂电池保护线路板	与港澳台商合资经营	大型
73	TCL海外电子（惠州）有限公司	生产彩色电视机	港澳台商独资	大型
74	广东富绅服饰有限公司	生产服装	私营独资	中型
75	利安五金塑胶制品（惠州）有限公司	生产模具五金	港澳台商独资	中型
76	惠州金叶电子有限公司	生产电子元器件	港澳台商独资	中型
77	惠州九鼎饲料科技有限公司	饲料加工	私营有限责任公司	中型
78	深圳市景田食品饮料有限公司罗浮百岁山分公司	瓶（罐）装饮用水制造	中外合资经营	中型
79	惠州市奥美针织有限公司	设计生产加工销售服装	私营有限责任公司	中型
80	新星家庭用品（惠州）有限公司	挤炼枪	港澳台商独资	中型
81	来百利（惠州）手套有限公司	丁腈手套	港澳台商独资	中型
82	惠州优爱特电子有限公司	软性线路板	外资企业	中型
83	龙旗电子（惠州）有限公司	手机生产	外资企业	中型
84	惠州市惠阳华丽鞋业有限公司	制造加工鞋及鞋类产品	港澳台商独资	中型
85	有利华建材（惠州）有限公司	混凝土及石膏预制件	港澳台商独资	中型
86	惠州益伸电子有限公司	生产精密电子元件配件	外资企业	中型
87	兴昂制革（惠州）有限公司	皮类加工	外资企业	中型
88	剂吉泰光电科技（惠州）有限公司	生产电子元件	外资企业	中型
89	美盛隆制罐（惠州）有限公司	金属制品	港澳台商独资	中型
90	丰兴精密产业（惠州）有限公司	主要生产精密零部件	中外合资经营	中型
91	惠州天赏金属木业制品有限公司	烤炉	外资企业	中型
92	中潜股份有限公司	运动防护用具制造	港澳台商投资股份有限公司	中型
93	惠州市金龙羽电缆实业发展有限公司	生产电线电缆	其他有限责任公司	中型
94	惠州新联业纺织有限公司	棉、化纤纺织加工	与港澳台商合作经营	中型
95	惠州市博艺黄金珠宝有限公司	加工销售黄金珠宝首饰工艺品	私营有限责任公司	中型
96	惠州市凯越电子有限公司	车载语音导航	其他有限责任公司	中型
97	惠州圣莲毛织实业有限公司	毛衫加工	港澳台商独资	中型
98	惠州市博美电源科技有限公司	生产手电筒	私营合伙	中型
99	宏发手袋（惠州）有限公司	箱包	港澳台商独资	中型
100	惠州市三强线路有限公司	生产印刷线路板	私营有限责任公司	中型
101	惠州TCL璨宇光电有限公司	背光模组	股份有限公司	中型
102	博罗县常美印刷有限公司	包装装潢及其他印刷	港澳台商独资	中型
103	惠州震浩塑胶制品有限公司	发泡胶片、玩具、鞋类	外商投资股份有限公司	中型
104	惠州天阳精密部品有限公司	模具设计制造	外资企业	中型
105	胜华电子（惠阳）有限公司	生产空白印刷电路板	中外合资经营	中型

序号	单位详细名称	主要业务活动或产品	登记注册类型	规模
106	惠州侨兴发展有限公司	塑胶制品生产	私营有限责任公司	中型
107	惠州市老铭人服饰有限公司	服装制造	私营有限责任公司	中型
108	高意（惠州）家具有限公司	家具	港澳台商独资	中型
109	惠州市安得利服装有限公司	生产各种服装	港澳台商独资	中型
110	广龙电子部件（惠州）有限公司	生产电子开关元件	外资企业	中型
111	协顺灯饰（惠州）有限公司	生产圣诞树连灯串	外资企业	中型
112	惠州台捷电子有限公司	生产电子连接器	外资企业	中型
113	统将（惠阳）电子有限公司	设计、制造、加工和销售高精密多层线路板	港澳台商独资	中型
114	惠阳中建塑胶产品有限公司	塑胶配件	港澳台商独资	中型
115	海志电池（惠州）有限公司	生产铅酸蓄电池	港澳台商独资	中型
116	惠州市丰源钢结构有限公司	生产加工、销售：钢结构制品、冷热扎带钢	其他有限责任公司	中型
117	惠州TCL金能电池有限公司	生产锂离子系列电池产品	其他有限责任公司	中型
118	惠州合正电子科技有限公司	生产多层压合线路板	港澳台商独资	中型
119	多向玩具（惠州）有限公司	生产塑胶玩具	港澳台商独资	中型
120	宏凯鞋业（惠州）有限公司	生产皮鞋	港澳台商独资	中型
121	惠东县富成鞋业有限公司	皮鞋制造	港澳台商独资	中型
122	田村电子（惠州）有限公司	电子元件及组件制造	港澳台商独资	中型
123	金时发工业（惠州）有限公司	塑胶玩具	港澳台商独资	中型
124	惠州市金烽鞋业有限公司	皮鞋制造	私营有限责任公司	中型
125	艾迪克复材科技（惠州）有限公司	生产自行车配件	港澳台商独资	中型
126	大隆饰品玩具（惠州）有限公司	墙画工艺品	港澳台商独资	中型
127	惠州艾特娜家具有限公司	其他家具制造	外资企业	中型
128	泰和电路科技（惠州）有限公司	电路板	与港澳台商合资经营	中型
129	惠州市创仕实业有限公司	液晶显示屏	私营有限责任公司	中型
130	惠州新华昌运输设备有限公司	集装箱制造	中外合资经营	中型
131	惠州市佳雅实业有限公司	加工干胶	其他有限责任公司	中型
132	惠州三华工业有限公司	生产电子元器件	与港澳台商合资经营	中型
133	立嘉五金塑胶制品（惠州）有限公司	其他塑料制品制造	港澳台商独资	中型
134	惠阳联想电子工业有限公司	lenovo系列台式电脑	港澳台商独资	中型
135	茂一电子（惠州）有限公司	灯具制造	港澳台商独资	中型
136	喜比斯运动器材（惠州）有限公司	生产自行车安全帽	港澳台商独资	中型
137	TCL商用系统科技（惠州）有限责任公司	商用显示设备生产及销售	外资企业	中型
138	兴升精密部件（惠州）有限公司	生产喇叭密件	与港澳台商合资经营	中型
139	惠州中慧电子有限公司	生产数字仪表设备	港澳台商独资	中型
140	东翔制衣（惠州）有限公司	生产全棉男长裤	外资企业	中型

序号	单位详细名称	主要业务活动或产品	登记注册类型	规模
141	深圳市三鑫精美特玻璃有限公司惠州大亚湾分公司	生产电子玻璃	私营有限责任公司	中型
142	中国神华能源股份有限公司国华惠州热电分公司	热电联产	国有	中型
143	三鑫(惠州)幕墙产品有限公司	生产建筑幕墙	与港澳台商合资经营	中型
144	佳都(惠州)制衣有限公司	生产各类服装	港澳台商独资	中型
145	惠州海格科技有限公司	生产数字音频解码设备	国有	中型
146	惠州市爱华仕运动用品有限公司	生产箱包	私营有限责任公司	中型
147	凯丰机电五金制品(惠州)有限公司	生产机电制品	港澳台商独资	中型
148	多源电子(惠州)有限公司	塑胶壳喷涂后加工	外商投资股份有限公司	中型
149	惠州市国朋印刷有限公司	印制贴纸	其他有限责任公司	中型
150	记忆科技电子(惠州)有限公司	大中型电子计算机内存条及电脑主板	外资企业	中型
151	富电电子(惠州)有限公司	加工电感线圈	中外合资经营	中型
152	高锋科技(惠州)有限公司	平板显示屏	港澳台商独资	中型
153	惠州市海韵电子有限公司	生产音圈	其他有限责任公司	中型
154	惠州市永隆电路有限公司	线路板	港澳台商独资	中型
155	惠州国展电子有限公司	生产柔性线路板	其他有限责任公司	中型
156	大中塑胶电子礼品(惠州)有限公司	塑料零件制造	外资企业	中型
157	普视达(惠州)电子科技有限公司	生产卫星电视降频器	港澳台商独资	中型
158	惠州市健和光电有限公司	生产发光二极管(LED)显示屏及其应用	私营有限责任公司	中型
159	隆裕鞋业(惠州)有限公司	生产销售各款鞋类、半成品	外资企业	中型
160	博罗县创联实业有限公司	纺织服装制造	其他有限责任公司	中型
161	骏亚(惠州)电子科技有限公司	生产 PCB 线路板、加工 SMT 贴片	港澳台商独资	中型
162	海德运动器材(惠州)有限公司	制造网球、壁球	外资企业	中型
163	博罗县仁和织造制衣有限公司	机织服装制造	其他有限责任公司	中型
164	惠州市星河洲实业发展有限公司	钣金结构件加工	私营有限责任公司	中型
165	广东维尔科技股份有限公司	模具	私营股份有限公司	中型
166	仕达利恩(惠州)电子有限公司	微动开关生产	中外合资经营	中型
167	惠州市创荣发实业有限公司	生产遥控器	私营有限责任公司	中型
168	路霹雳电子(惠州)有限公司	塑胶电子玩具	港澳台商独资	中型
169	惠州太平货柜有限公司	生产经营 20-40 英尺标准集装箱	与港澳台商合资经营	中型
170	惠州市源锋鞋业有限公司	皮鞋制造	私营有限责任公司	中型
171	惠州大亚湾鸿通电子有限公司	生产监护器	其他有限责任公司	中型
172	惠州市联韵电子科技有限公司	生产耳机	其他有限责任公司	中型
173	广东罗浮山国药股份有限公司	中成药生产	其他有限责任公司	中型
174	惠州市来裕鞋业有限公司	生产鞋	私营有限责任公司	中型
175	盛宏光电(惠州)有限公司	生产光学模片	外资企业	中型

序号	单位详细名称	主要业务活动或产品	登记注册类型	规模
176	惠州宝达电线制品有限公司	生产电线电缆制造	港澳台商独资	中型
177	惠州奥尔提精密部品有限公司	金属制品	外资企业	中型
178	博罗县聚缘五金有限公司	其他电子设备制造	私营有限责任公司	中型
179	惠州市美盈鞋业有限公司	其他制鞋业	私营有限责任公司	中型
180	惠州周银泰克电子有限公司	生产数码音响	外资企业	中型
181	惠州欧亚家具有限公司	木质家具制造	外资企业	中型
182	创维液晶器件(深圳)有限公司惠州分公司	生产手机平板显示器	与港澳台商合资经营	中型
183	惠州市新双金鞋业有限公司	生产鞋	私营有限责任公司	中型
184	惠州龙源鞋业有限公司	制鞋	港澳台商独资	中型
185	惠州智科实业有限公司	电子元件及组件制造	其他有限责任公司	中型
186	华润水泥(惠州)有限公司	水泥制造	港澳台商独资	中型
187	中建钢构阳光惠州有限公司	钢结构的加工制作、销售、安装	国有	中型
188	嘉丰工业科技(惠州)有限公司	通信类塑胶零部件制品生产	港澳台商独资	中型
189	博罗县南泰电子有限公司	电子元件及组件制造	其他有限责任公司	中型
190	惠州TCL环境科技有限公司	提炼硫酸铜	私营有限责任公司	中型
191	惠州市亚成电子制品厂	生产塑胶注塑件模具	集体	中型
192	惠州金丰远东家具有限公司	仿皮沙发、布艺沙发	私营有限责任公司	中型
193	万利玩具(惠州)有限公司	布料填充玩具	港澳台商独资	中型
194	惠州市大鼎电子有限公司	手机按健膜	其他有限责任公司	中型
195	贝卡尔特(惠州)钢帘线有限公司	生产汽车轮胎用钢丝帘线	港澳台商独资	中型
196	阿富特电子(惠州)有限公司	生产手机充电器	外资企业	中型
197	惠州君超电子有限公司	电子元件及组件制造	港澳台商独资	中型
198	博罗达鑫电子有限公司	电子产品	其他有限责任公司	中型
199	惠州市永盈鞋业有限公司	生产鞋	私营有限责任公司	中型
200	惠州莱茵厨卫制品有限公司	生产销售不锈钢水槽	中外合资经营	中型
201	星华科技(惠州)有限公司	生产印制线路板	港澳台商独资	中型
202	惠州市西文思电子科技股份有限公司	生产电子产品及配件	私营股份有限公司	中型
203	嘉宜科技(惠州)有限公司	五金压铸	港澳台商独资	中型
204	杰希智能居家用品科技(惠州)有限公司	生产餐椅、桌子、茶几	港澳台商独资	中型
205	来士达劳保(惠州)有限公司	PVC手套	港澳台商独资	中型
206	惠州港泰塑胶电子制品有限公司	玩具产品	港澳台商独资	中型
207	同健(惠阳)电子有限公司	生产印刷电路板	港澳台商独资	中型
208	惠州顺兴食品有限公司	冰鲜家禽	与港澳台商合资经营	中型
209	惠州住成电装有限公司	生产汽车零配件	中外合资经营	中型
210	惠州荣信电器有限公司	电风扇	港澳台商独资	中型

序号	单位详细名称	主要业务活动或产品	登记注册类型	规模
211	渤海电子（惠州）有限公司	生产喇叭	外资企业	中型
212	惠州威尔高电子有限公司	线路板	其他有限责任公司	中型
213	惠东县振达鞋业有限公司	制鞋	私营有限责任公司	中型
214	惠州强雳日常用品制造有限公司	日用塑料制品制造	港澳台商独资	中型
215	博罗县长宁强沥日常用品制造厂	生产销售吸水拖把	私营独资	中型
216	超美精密工业（惠州）有限公司	切削工具制造	外资企业	中型
217	广东睡冬宝家用纺织品有限公司	套件	其他有限责任公司	中型
218	惠州住润汽车线业有限公司	生产汽车专用电线	中外合资经营	中型
219	惠州市大亚湾科翔科技电路板有限公司	印刷电路板制造	港澳台商独资	中型
220	新丰家俱（惠阳）有限公司	家具	港澳台商独资	中型
221	惠州市金顺来服饰有限公司	生产服饰（衣服）	与港澳台商合资经营	中型
222	威达机铸玩具制品（惠东）有限公司	玩具制造	港澳台商独资	中型
223	惠州东风易进工业有限公司	生产汽车空调、水箱、排气管等	与港澳台商合资经营	中型
224	龙亿科技（惠州）有限公司	生产碳纤维网球拍	外资企业	中型
225	TCL瑞智（惠州）制冷设备有限公司	生产空调压缩机	中外合资经营	中型
226	三洋光部品（惠州）有限公司	生产超精密光学镜片	外资企业	中型
227	南亚塑胶工业（惠州）有限公司	塑胶粒	港澳台商独资	中型
228	惠东县东进保鲜肉类有限公司	肉类冻品	其他有限责任公司	中型
229	惠州三盛电子有限公司	生产电感线圈	其他有限责任公司	中型
230	惠州南旋毛织厂有限公司	各种毛衣、毛衫片的加工制造	外资企业	中型
231	惠东美新塑木型材制品有限公司	塑木型材制品	港澳台商独资	中型
232	惠州市上丰鞋业有限公司	制鞋	私营有限责任公司	中型
233	惠州硕贝德无线科技股份有限公司	生产手机天线	股份合作	中型
234	惠阳科惠工业科技有限公司	各种高级多层及单双层线路板	港澳台商独资	中型
235	高铭电子（惠州）有限公司	从事电子元件的生产	港澳台商独资	中型
236	惠州市兆光光电科技有限公司	生产LED大屏幕显示屏	与港澳台商合资经营	中型
237	鼎富电子（惠州）有限公司	印刷线路板制造	外资企业	中型
238	永信电子（惠州）有限公司	电器、电子元器件引线	港澳台商独资	中型
239	惠州市德立电子有限公司	电子元件及组件制造	其他有限责任公司	中型
240	惠州钧成手袋有限公司	皮箱、包（袋）制造	港澳台商独资	中型
241	新天伦服装配料（惠州）有限公司	唛头生产	港澳台商独资	中型
242	惠州大成精密科技有限公司	钢板加工	中外合资经营	中型
243	奔迈颂怡塑胶钢制品（惠州）有限公司	生产销售塑胶杯壶	港澳台商独资	中型
244	博罗县鑫长风电子有限公司	电子元件及组件制造	其他有限责任公司	中型
245	金大福五金制品（惠州）有限公司	其他金属制日用品制造	港澳台商独资	中型

序号	单位详细名称	主要业务活动或产品	登记注册类型	规模
246	力研时装（惠州）有限公司	男装	港澳台商独资	中型
247	惠州市万兆电子有限公司	电子产品	私营有限责任公司	中型
248	惠州汇聚电线制品有限公司	各类电线电缆制品	港澳台商独资	中型
249	双鸿电子（惠州）有限公司	制造柔性线路板	港澳台商独资	中型
250	国统电器科技（惠州）有限公司	加湿器	外资企业	中型
251	荣晖电子（惠州）有限公司	电路板	外资企业	中型
252	惠州市彩煌科技有限公司	电子产品加工 DVD	私营有限责任公司	中型
253	柏承电子（惠阳）有限公司	生产各种多层电路板	与港澳台商合资经营	中型
254	椿升木业（惠阳）有限公司	木柜	港澳台商独资	中型
255	广东友钢钢铁有限公司博罗分公司	钢压延加工	其他有限责任公司	中型
256	惠州东广精密五金制品厂	加工生产 MP3	集体	中型
257	惠州市德赛工业发展有限公司	生产移动通信终端	其他有限责任公司	中型
258	惠州市正牌科电有限公司	电子元器件生产	与港澳台商合资经营	中型
259	新信利实业（惠州）有限公司	自行车及零配件	港澳台商独资	中型
260	惠州力豪服装有限公司	生产毛针织服装	港澳台商独资	中型
261	恒胜制衣（惠州）有限公司	男女内衣生产	港澳台商独资	中型
262	惠州市璇瑰精密技术工业有限公司	生产手机壳	外资企业	中型
263	光辉电器（惠州）有限公司	生产电烤炉	港澳台商独资	中型
264	惠州安东五金塑胶电子有限公司	工器官及植（介）入器械制造	外资企业	中型
265	惠州市德盛数码科技有限公司	生产塑胶制品（音箱壳）	私营有限责任公司	中型
266	恒昌涂料（惠阳）有限公司	油漆、有机高分子材料	港澳台商独资	中型
267	惠州新安制衣厂有限公司	生产服装	与港澳台商合资经营	中型
268	惠州天缘电子有限公司	生产车载 DVD 音响	与港澳台商合资经营	中型
269	惠州市大亚湾凤翔塑胶五金制品有限公司	生产塑胶盒、纸盒、木盒、铁盒	港澳台商独资	中型
270	惠州市三协精密有限公司	生产五金冲件模具	与港澳台商合资经营	中型
271	惠州市三力实业有限公司	生产金属制品	其他有限责任公司	中型
272	远东陶瓷制品（博罗）有限公司	各种餐具、茶具	港澳台商独资	中型
273	爱利生文教用品（惠州）有限公司	教学用模型及教具制造	外资企业	中型
274	惠东县时艺鞋业有限公司	皮鞋制造	私营独资	中型
275	桦耀木业（惠阳）有限公司	各类家具的加工制品	港澳台商独资	中型
276	惠州裕泰五金塑胶制品有限公司	加工钮扣	外资企业	中型
277	普利司通（惠州）轮胎有限公司	生产轮胎	外资企业	中型
278	山阳精密部件（惠州）有限公司	生产数字摄录机新型机电元件	外资企业	中型
279	惠州市超智鞋业有限公司	皮鞋制造	外资企业	中型
280	中城电子科技（惠州）有限公司	单相电能表	私营独资	中型

序号	单位详细名称	主要业务活动或产品	登记注册类型	规模
281	新生港源鞋厂(惠阳)有限公司	生产鞋类制品	港澳台商独资	中型
282	惠州市大亚湾飞达针织有限公司	生产针织毛衣	港澳台商独资	中型
283	惠州力运织造厂有限公司	各类服装的加工、制造	外资企业	中型
284	博罗县泰美镇淇虹和泰电子有限公司	电子元件及组件制造	私营有限责任公司	中型
285	惠州阜东五金有限公司	生产不锈钢餐厨具	与港澳台商合资经营	中型
286	惠州安特科技工业有限公司	五金冲压零配件	中外合资经营	中型
287	惠东县裕顺鞋业有限公司	皮鞋制造	私营有限责任公司	中型
288	惠州市纳伟仕视听科技有限公司	生产娱乐数码产品	中外合资经营	中型
289	创乐电子实业(惠州)有限公司	生产电子开关	港澳台商独资	中型
290	双叶电子器件(惠州)有限公司	生产新型荧光平板显示器件	外商投资股份有限公司	中型
291	惠州忠信化工有限公司	生产苯酚、丙酮、双酚 A 等化工原料	港澳台商独资	中型
292	广东中旭服饰有限公司	牛仔服装	中外合资经营	中型
293	南亚电子材料(惠州)有限公司	印制电路板制造	港澳台商独资	中型
294	惠州市惠阳区美思奇实业发展有限公司	生产销售电话机	港澳台商独资	中型
295	惠州 TCL 王牌高频电子有限公司	生产电子调谐器	其他有限责任公司	中型
296	中海壳牌石油化工有限公司	生产苯乙烯单体	中外合资经营	中型
297	惠阳金达伟工业有限公司	生产自行车前叉	港澳台商独资	中型
298	惠州市锦湖实业发展有限公司	加工电子变压器	私营有限责任公司	中型
299	惠东县黄埠镇福华鞋业有限公司	制鞋	私营有限责任公司	中型
300	惠州宝岛箱包皮革综合制品有限公司	皮手套及皮装饰制品制造	外资企业	中型
301	博罗县石湾镇群力电子文具有限公司	计算器及货币专用设备制造	私营有限责任公司	中型
302	惠州市光大水泥企业有限公司	生产销售水泥	其他有限责任公司	中型
303	惠州兆骐礼品有限公司	生产肥皂	港澳台商独资	中型
304	多泰工业有限公司	生产及销售合成橡胶制品、新型电子元器件	港澳台商独资	中型
305	惠州市城市燃气发展有限公司	液化石油气销售	股份有限公司	中型
306	惠阳谊信灯饰有限公司	生产吊扇灯	港澳台商独资	中型
307	惠州世通皮具制品有限公司	皮包	港澳台商独资	中型
308	惠州市泰港电机厂	加工电脑及 VCD 电机机芯	集体	中型
309	佳丽化工(惠州)有限公司	油漆色膏	港澳台商独资	中型
310	瑞智精密机械(惠州)有限公司	生产泵	中外合资经营	中型
311	惠州市新天健服装有限公司	生产服装	私营有限责任公司	中型
312	博罗县园洲嘉和塑胶电子有限公司	塑料零件制造	港澳台商独资	中型
313	广东天鹅星鞋业有限公司	皮鞋制造	私营有限责任公司	中型
314	惠东县黄埠镇强生鞋业有限公司	皮鞋制造	私营有限责任公司	中型
315	惠州五和实业有限公司	塑胶餐具	其他有限责任公司	中型

序号	单位详细名称	主要业务活动或产品	登记注册类型	规模
316	专顺电机（惠州）有限公司	整流器和电感器制造	港澳台商独资	中型
317	惠阳瑞炫工业有限公司	生产嵌灯	外资企业	中型
318	申泰电子（惠州）有限公司	连接器	外资企业	中型
319	博罗县全成电子有限公司	电子元件及组件制造	其他有限责任公司	中型
320	惠阳东美音响制品有限公司	电子音响及其零部件	港澳台商独资	中型
321	惠州市棉王纺织有限公司	生产针织T恤衫	私营有限责任公司	中型
322	惠州快捷五金制品有限公司	其他未列明金属制品制造	港澳台商独资	中型
323	惠州超声音响有限公司	音箱	港澳台商独资	中型
324	先驱塑胶电子（惠州）有限公司	其他橡胶制品制造	港澳台商独资	中型
325	惠州TCL照明电器有限公司	生产节能灯	与港澳台商合资经营	中型
326	惠州市泓淋科技有限公司	生产通信电缆	私营有限责任公司	中型
327	惠达机电（惠州）有限公司	生产电子电器	港澳台商独资	中型
328	惠州艺都文化用品有限公司	生产扬卡膜（过塑纸）	与港澳台商合资经营	中型
329	惠州金山线束科技有限公司	生产汽车线束	外资企业	中型
330	惠州市西顿工业发展有限公司	生产销售照明灯具	私营有限责任公司	中型
331	惠州建邦精密塑胶有限公司	生产模具	外资企业	中型
332	惠州市安达模具塑胶有限公司	生产各类塑胶制品	外商投资股份有限公司	中型
333	惠阳万利塑胶制品有限公司	塑胶玩具	港澳台商独资	中型
334	惠州新惠通针织制衣有限公司	加工毛衫	港澳台商独资	中型
335	惠东县巨峰鞋业有限公司	制鞋	私营有限责任公司	中型
336	惠州市德邦实业有限公司	SMT线路板自动贴片加工	私营有限责任公司	中型
337	建邦服装（惠州）有限公司	生产服装	外资企业	中型
338	惠阳钰原工业有限公司	生产装饰吊扇	港澳台商独资	中型
339	惠州市恒升实业有限公司	生产高频电子变压器	私营有限责任公司	中型
340	惠州市宙邦化工有限公司	铝电解容器生产	其他有限责任公司	中型
341	惠阳大欣电器工业有限公司	生产台灯	港澳台商独资	中型
342	志源塑胶制品（惠州）有限公司	生产塑胶制品（复印机外壳、电视机外壳）	与港澳台商合资经营	中型
343	明塑胶电子（惠州）有限公司	生产电脑电子塑胶产品	港澳台商独资	中型
344	惠州市恒都电子有限公司	DVD车载导航	港澳台商独资	中型
345	安全电具（惠州）有限公司	其他未列明电气机械及器材制造	港澳台商独资	中型
346	东山电池工业（中国）有限公司	生产锌锰电池	中外合资经营	中型
347	鸿丰五金（惠州）有限公司	精冲模加工	与港澳台商合资经营	中型
348	志麟艺品实业（惠阳）有限公司	波丽艺品	港澳台商独资	中型
349	惠州宏星塑胶工业有限公司	雨衣	港澳台商独资	中型
350	至远彩色印刷工业（惠州）有限公司	彩印纸品、包装系列产品	与港澳台商合资经营	中型

序号	单位详细名称	主要业务活动或产品	登记注册类型	规模
351	惠州新丰音响有限公司	生产音箱	外资企业	中型
352	惠州市佳迪玩具制品厂有限公司	生产锌合金车仔模型摆饰品	与港澳台商合资经营	中型
353	雅芳婷家纺(惠州)有限公司	生产床垫	与港澳台商合资经营	中型
354	惠州伟志电子有限公司	印制电路板制造	私营有限责任公司	中型
355	安特(惠州)工业有限公司	生产精密金属冲压零配件	中外合资经营	中型
356	乐庭电线工业(惠州)有限公司	生产电话配线	外资企业	中型
357	惠州泰富织造有限公司	针织或钩针编织品制造	港澳台商独资	中型
358	康惠(惠州)半导体有限公司	生产液晶显示板	与港澳台商合资经营	中型
359	美锐电路(惠州)有限公司	生产印制线路板	中外合资经营	中型
360	惠州侨兴电讯工业有限公司	生产电话机	与港澳台商合资经营	中型
361	惠阳亚伦塑胶电器实业有限公司	生产家用电动器具	港澳台商独资	中型
362	华锋微线电子(惠州)工业有限公司	生产多层线路板	港澳台商独资	中型
363	广东科士达工业科技有限公司	生产 UPS 不间断电源	与港澳台商合资经营	中型
364	惠信精密部件有限公司	生产 CD 机芯	中外合资经营	中型
365	利佳电讯(惠州)有限公司	生产电话机	港澳台商独资	中型
366	博罗县石湾帝克电子有限公司	电子元件	港澳台商独资	中型
367	英特卡机电(惠州)有限公司	洗手液樽	港澳台商独资	中型
368	旭辉磁石制造(惠州)有限公司	磁石生产	港澳台商独资	中型
369	博罗县永联手套有限公司	皮制劳保手套生产	港澳台商独资	中型
370	德赛电子(惠州)有限公司	生产电活单机	与港澳台商合资经营	中型
371	惠州市合升电子有限公司	生产扬声器	中外合资经营	中型
372	荣光精密部件(惠州)有限公司	生产精密轴	外资企业	中型
373	比奥德(惠州)食品有限公司	生产方便面	港澳台商独资	中型
374	惠州速力特工业有限公司	生产 MP3 外壳	外资企业	中型
375	宝丰 ATI(惠州)电子科技有限公司	生产电话机	外资企业	中型
376	惠州市力信电子有限公司	变压器	外资企业	中型
377	惠州群富精密组件有限公司	塑料制造	港澳台商独资	中型
378	博罗县立泰塑胶五金制品有限公司	塑胶饰品	港澳台商独资	中型
379	广东菲安妮皮具股份有限公司	牛皮手袋生产	股份有限公司	中型
380	嘉士伯啤酒(广东)有限公司	啤酒生产	与港澳台商合资经营	中型
381	广东新美锐科技有限公司	电脑机箱	私营有限责任公司	中型
382	骏发(惠州)饼干厂有限公司	生产饼干	港澳台商独资	中型
383	嘉科运动器材(惠州)有限公司	网球拍	外资企业	中型
384	广东省博罗县园洲勤达印务有限公司	印刷	外资企业	中型
385	惠州信立工业有限公司	皮鞋制造	外资企业	中型

序号	单位详细名称	主要业务活动或产品	登记注册类型	规模
386	东阳（博罗）电子有限公司	印制电路板制造	港澳台商独资	中型
387	东渡电子（惠阳）有限公司	遥控器生产	外资企业	中型
388	惠州杰出皮革制品有限公司	皮革鞣制加工	与港澳台商合资经营	中型
389	德联覆铜板（惠州）有限公司	印制电路板制造	港澳台商独资	中型
390	亚伦工业科技（惠州）有限公司	电热水壶	港澳台商独资	中型
391	惠州市宏利五金塑胶制品厂有限公司	生产不锈钢餐厨具	港澳台商独资	中型
392	宝星磁电工业（惠州）有限公司	生产塑胶盒	港澳台商独资	中型
393	广东比帆制衣有限公司	机织服装制造	与港澳台商合资经营	中型
394	广东惠州平海发电厂有限公司	火力发电	其他有限责任公司	中型
395	丽影电器（惠州）有限公司	电子节能灯制造	港澳台商独资	中型
396	东茗音响配件（惠州）有限公司	制造耳筒	外资企业	中型
397	惠州东洋电子有限公司	生产小变压器	外资企业	中型
398	惠州市旭辉电子有限公司	生产接插件	港澳台商独资	中型
399	博罗承创精密工业有限公司	电子元件及组件制造	外资企业	中型
400	惠阳荣双制伞工业有限公司	生产洋伞、加工伞骨及零配件	港澳台商独资	中型
401	惠州三富服装有限公司	化纤针织品及编织品制造	与港澳台商合作经营	中型
402	大进制衣厂（惠州）有限公司	生产高中档裤子	外资企业	中型
403	惠州宝柏包装有限公司	生产薄膜软包装	与港澳台商合资经营	中型
404	惠东县源利通鞋业有限公司	制鞋	私营有限责任公司	中型
405	惠阳锦诚电子有限公司	生产吊扇控制器	港澳台商独资	中型
406	和幸技研（惠州）有限公司	生产手提电脑外壳（联想）	港澳台商独资	中型
407	兴茂（惠阳）电器有限公司	变压器	外资企业	中型
408	凯赫威（惠州）精密制造有限公司	生产镁合金铸件	外资企业	中型
409	惠州雷曼光电科技有限公司	高品级发光二极管	私营有限责任公司	中型
410	惠东县吉隆吉美鞋厂	制鞋	私营独资	中型
411	慧怡织造（惠州）有限公司	针织衫	港澳台商独资	中型
412	惠州市宝明精工有限公司	新型平板显示器件	其他有限责任公司	中型
413	泰洋光电（惠州）有限公司	液晶电视背板	中外合资经营	中型
414	先进科技（惠州）有限公司	生产精密部件（半导体零部件）	港澳台商独资	中型
415	惠州市博能新能源有限公司	生产聚和物	私营合伙	中型
416	科罗贝电子（惠州）有限公司	软式线路板	港澳台商独资	中型
417	惠州市金泰制衣有限公司	各类服装制造	港澳台商独资	中型
418	惠州市海韵电器有限公司	生产音圈	港澳台商独资	中型
419	惠州市特创电子科技有限公司	生产集成电路	其他有限责任公司	中型
420	惠州市森莉鞋业有限公司	制鞋	私营有限责任公司	中型

序号	单位详细名称	主要业务活动或产品	登记注册类型	规模
421	惠州智翔光电有限公司	液晶显示屏	中外合资经营	中型
422	美律电子（惠州）有限公司	电子设备	港澳台商独资	中型
423	博罗县罗浮山林场木器工艺卡板厂	材加工	集体	中型
424	惠州市忠盛鞋业有限公司	皮鞋制造	私营独资	中型
425	惠州市九惠制药股份有限公司	中成药胶囊剂生产	股份有限公司	中型
426	惠阳区秋长塑胶厂	塑胶电动玩具	港澳台商独资	中型
427	惠州市惠阳区自来水发展总公司	自来水的生产和供应	国有	中型
428	博罗县石湾镇景鸿毛织制衣厂	毛织制衣	与港澳台商合作经营	中型
429	惠东县信利达鞋业有限公司	皮鞋制造	私营有限责任公司	中型
430	广东电网公司惠州龙门供电局	电力供应	国有	中型
431	惠州市自来水总公司	自来水成产与供应	国有	中型
432	惠州塔牌水泥有限公司	水泥生产	股份有限公司	中型
433	惠州世一软式线路板厂	生产 FPC	集体	中型
434	惠阳区淡水港泰塑胶玩具厂	塑胶游戏机	港澳台商独资	中型
435	惠州市大亚湾永昶电子工业有限公司	制造激光头	集体	中型
436	惠州市华阳光学技术有限公司	生产特种颜料	中外合资经营	中型
437	惠州市伟明鞋业有限公司	皮鞋制造	私营有限责任公司	中型
438	博罗县观音阁糖厂	制糖业	其他有限责任公司	中型
439	惠州市惠阳区淡水鸿通电子厂	生产 LED	港澳台商独资	中型
440	广东新峰药业股份有限公司	消炎利胆片	股份有限公司	中型
441	惠州建华管桩有限公司	水泥制品制造	港澳台商独资	中型
442	扬尚电子（惠州）有限公司	电感器	港澳台商独资	中型
443	惠州祝贺礼品有限公司	纸和纸板容器制造	港澳台商独资	中型
444	惠州大亚湾汇利日用制品有限公司	生产高级塑胶日用品	与港澳台商合作经营	中型
445	惠州市德康兴家居用品有限公司	家居用品	私营有限责任公司	中型
446	声电电子科技（惠州）有限公司	汽车免提、喇叭	港澳台商独资	中型
447	惠州市星之光科技有限公司	生产线路板	私营有限责任公司	中型
448	澳宝化妆品（惠州）有限公司	生产沐浴露	港澳台商独资	中型
449	惠州信邦表面处理有限公司	电镀塑胶件	私营有限责任公司	中型
450	锦多（惠州）国际企业有限公司	玩具	港澳台商独资	中型
451	鼎鹏碳纤科技（惠州）有限公司	生产自行车配件	外资企业	中型
452	澳达树熊涂料（惠州）有限公司	涂料制造	与港澳台商合资经营	中型

序号	单位详细名称	主要业务活动或产品	登记注册类型	规模
453	金山电化工业（惠州）有限公司	生产九伏锌锰干电池	港澳台商独资	中型
454	惠州市秋叶原实业有限公司	电线、电缆制造	私营有限责任公司	中型
455	惠州志顺电子实业有限公司	生产充电器	与港澳台商合资经营	中型
456	惠州市宝雅家居用品有限公司	生产经营床垫、床具、床上用品	私营有限责任公司	中型
457	惠东伟盛制衣有限公司	纺织服装制造	港澳台商独资	中型
458	惠东县港惠针织有限公司	毛衫、毛衫片来料加工	与港澳台商合作经营	中型
459	惠州市京兰动力有限公司	生产电池	私营有限责任公司	中型
460	肯发科技（惠州）有限公司	电脑硬盘驱动器	外资企业	中型
461	博罗康佳精密科技有限公司	印制电路板制造	与港澳台商合资经营	中型
462	惠州华力包装有限公司	瓦楞纸板及纸箱及其他印刷	港澳台商独资	中型
463	美高精密部品（惠州）有限公司	生产塑胶产品	港澳台商独资	中型
464	惠州鼎智通讯有限公司	生产手机主板	港澳台商独资	中型
465	博罗县长宁喜运来印刷制品有限公司	包装装潢及其他印刷	港澳台商独资	中型
466	惠州市汇星印刷有限公司	包装装潢印刷品印刷	港澳台商独资	中型
467	惠州市华阳精机有限公司	汽车配件	与港澳台商合资经营	中型
468	国恒电子（惠州）有限公司	音箱	港澳台商独资	中型
469	惠州真华美服装有限公司	服装制造	港澳台商独资	中型
470	宝凯皮件（惠州）有限公司	生产鞋、靴	外资企业	中型
471	惠东县威达机铸制品有限公司	玩具制造	港澳台商独资	中型
472	惠东县嘉兴隆塑胶厂有限公司	塑胶制品制造	中外合作经营	中型
473	惠州元晖光电股份有限公司	生产发光二极管	港澳台商投资股份有限公司	中型
474	惠州市嘉培工艺制品有限公司	手袋	港澳台商独资	中型
475	博罗立峰开关实业有限公司	电子元件及组件制造	与港澳台商合作经营	中型
476	喜斯达电器（惠州）有限公司	电光源制造	港澳台商独资	中型
477	惠州市港盈鞋业有限公司	生产鞋和鞋材	其他有限责任公司	中型
478	宝嘉耀华（惠州）制衣有限公司	服装	外资企业	中型
479	惠州市诚业家具有限公司	金属家具	港澳台商独资	中型
480	讯达康通讯（惠州）有限公司	光纤收发器	港澳台商独资	中型
481	惠州市宏商电气有限公司	热缩管材料	私营有限责任公司	中型
482	惠州市宝岛箱包制品有限公司	尼龙水袋	港澳台商独资	中型
483	东保利电业（惠州）有限公司	生产电蒸锅	外资企业	中型
484	惠东县金山陶瓷有限公司	陶瓷制造	外资企业	中型

序号	单位详细名称	主要业务活动或产品	登记注册类型	规模
485	惠州福和纸业有限公司	机制纸及纸板制造	港澳台商独资	中型
486	博罗县嘉盛帐蓬有限公司	他纺织制成品制造	其他有限责任公司	中型
487	博罗县鸿信金属(表业)制品厂有限公司	钢表带	港澳台商独资	中型
488	惠州市恒信亿丰金属制品有限公司	充电器插口、五金表带	港澳台商独资	中型
489	惠州市金百泽电路科技有限公司	印刷电路板生产	其他有限责任公司	中型
490	冠惠工业技研(惠州)有限公司	照相机及器材制造	港澳台商独资	中型
491	力硕电子(惠州)有限公司	生产电源供应器	港澳台商独资	中型
492	惠州大亚湾鸿通工业有限公司	移动通信及终端设备制造	外资企业	中型
493	惠州市颂誉玻璃有限公司	钢化玻璃	私营有限责任公司	中型
494	惠东县泓源供水有限公司	自来水供应	国有	中型
495	惠州华源轩家具有限公司	木质家私制造	私营有限责任公司	中型
496	美昌(龙门)表业有限公司	生产经营表壳成品、半成品	港澳台商独资	中型
497	惠阳欧力电子有限公司	感应灯	港澳台商独资	中型
498	千石家电(惠州)有限公司	生产家用电器	与港澳台商合作经营	中型
499	惠东县黄埠镇华江鞋业有限公司	制鞋	港澳台商独资	中型
500	奔辉欧式艺品(惠州)有限公司	工艺品相框、镜框	港澳台商独资	中型
501	东弘电子(惠阳)有限公司	喇叭	港澳台商独资	中型
502	广东中航特种玻璃技术有限公司	生产建筑安全节能玻璃	私营有限责任公司	中型
503	惠兰灯饰(惠东)有限公司	灯具及照明装置制造	与港澳台商合作经营	中型
504	惠州喜运来印刷制品有限公司	包装装潢及其他印刷	港澳台商独资	中型
505	惠州时代电池有限公司	生产镍氢充电式电池	港澳台商独资	中型
506	惠州万盛兴五金制品有限公司	生产五金制品	与港澳台商合资经营	中型
507	惠州迪威信家庭用品有限公司	相框	港澳台商独资	中型
508	惠州镇安制衣有限公司	生产各类服装	港澳台商独资	中型
509	惠州麒华五金制品有限公司	家具用金属配件制造	与港澳台商合作经营	中型
510	惠州市一电电池技术有限公司	铅酸蓄电池制造	私营有限责任公司	中型
511	中海石油炼化有限责任公司惠州炼化分公司	原油加工及石油制品制造	国有	中型
512	科时电子(惠州)有限公司	电子元件及组件制造	港澳台商独资	中型
513	广东得胜电子有限公司	麦克风	私营有限责任公司	中型
514	惠州三美音响技术有限公司	电子元件及组件制造	港澳台商独资	中型
515	惠东登龙针织制衣有限公司	毛衫制造	港澳台商独资	中型
516	机灵(惠州)工业发展有限公司	加工塑料母婴用品	港澳台商独资	中型

12－28　全市重点工业企业名单

（2012 年）

序号	单位详细名称	序号	单位详细名称
1	惠州三星电子有限公司	37	中国神华能源股份有限公司国华惠州热电分公司
2	中海石油炼化有限责任公司惠州炼化分公司	38	普利司通（惠州）轮胎有限公司
3	中海壳牌石油化工有限公司	39	惠东县晓亨铸造厂
4	广东省电力集团有限公司惠州供电分公司	40	惠州塔牌水泥有限公司
5	中海石油开氏石化有限责任公司	41	广东惠州天然气发电有限公司
6	TCL 王牌电器（惠州）有限公司	42	惠州比亚迪电池有限公司
7	惠州比亚迪电子有限公司	43	大统营（惠州）科技有限公司
8	惠州 TCL 移动通信有限公司	44	惠州市德赛电池有限公司
9	乐金电子（惠州）有限公司	45	TCL 瑞智（惠州）制冷设备有限公司
10	伯恩光学（惠州）有限公司	46	TCL 罗格朗国际电工（惠州）有限公司
11	广东惠州平海发电厂有限公司	47	惠州市德赛西威汽车电子有限公司
12	安品达精密工业（惠州）有限公司	48	东风本田汽车零部件有限公司
13	博罗县聚缘五金有限公司	49	惠州兴达石化工业有限公司
14	中海油能源发展股份有限公司惠州石化分公司	50	广东友钢钢铁有限公司博罗分公司
15	索尼精密部件（惠州）有限公司	51	惠州雷士光电科技有限公司
16	惠州市金龙羽电缆实业发展有限公司	52	惠州太平货柜有限公司
17	惠州科锐半导体照明有限公司	53	惠州市德赛集团视听科技有限公司
18	惠阳联想电子工业有限公司	54	惠州市纳伟仕视听科技有限公司
19	惠州住润电装有限公司	55	惠州比亚迪实业有限公司
20	乐金电子部品（惠州）有限公司	56	惠州新华昌运输设备有限公司
21	TCL 通力电子（惠州）有限公司	57	惠州惠菱化成有限公司
22	TCL 光电科技（惠州）有限公司	58	惠州大亚湾光弘科技电子有限公司
23	TCL 海外电子（惠州）有限公司	59	TCL 显示科技（惠州）有限公司
24	惠州华源轩家具有限公司	60	惠州住成电装有限公司
25	敏华家具制造（惠州）有限公司	61	华通精密线路板（惠州）有限公司
26	华通电脑（惠州）有限公司	62	嘉士伯啤酒（广东）有限公司
27	信华精机有限公司	63	天宝电子（惠州）有限公司
28	惠州市华阳多媒体电子有限公司	64	胜宏科技（惠州）股份有限公司
29	惠东县华业铸造厂	65	友威光电（惠州）有限公司
30	惠州市蓝微电子有限公司	66	智盛（惠州）石油化工有限公司
31	龙旗电子（惠州）有限公司	67	惠阳中建电讯制品有限公司
32	惠州市光大水泥企业有限公司	68	惠州美锐电子科技有限公司
33	惠州李长荣橡胶有限公司	69	惠州中创化工有限责任公司
34	惠州忠信化工有限公司	70	隆发鞋业（惠州）有限公司
35	TCL 商用系统科技（惠州）有限责任公司	71	广东九联科技股份有限公司
36	惠州华阳通用电子有限公司	72	深圳市景田食品饮料有限公司罗浮百岁山分公司

注：本表为现价工业总产值 5000 万元及以上的工业企业。

12－28　续表1　　　　　　　　　　　　　　　　（2012年）

序号	单位详细名称	序号	单位详细名称
73	惠州古河汽配有限公司	109	世一电子科技（惠州）有限公司
74	德赛电子（惠州）有限公司	110	志源塑胶制品（惠州）有限公司
75	惠州市金山电子有限公司	111	惠州志顺电子实业有限公司
76	雅美工业（惠阳）有限公司	112	惠州市德邦实业有限公司
77	美律电子（惠州）有限公司	113	惠州市大鼎电子有限公司
78	德联覆铜板（惠州）有限公司	114	惠州市港盈鞋业有限公司
79	惠州市华阳数码特电子有限公司	115	惠阳源高电器有限公司
80	讯强电子惠州有限公司	116	惠州优爱特电子有限公司
81	惠州住润电子装备有限公司	117	惠州市恒都电子有限公司
82	惠州市京兰动力有限公司	118	惠州超声音响有限公司
83	南亚电子材料（惠州）有限公司	119	立隆电子（惠州）工业有限公司
84	至远彩色印刷工业（惠州）有限公司	120	惠州市华晟电子线材有限公司
85	格林精密部件（惠州）有限公司	121	惠州市裕元华阳精密部件有限公司
86	广东电网公司惠州龙门供电局	122	惠州震雄铜导体有限公司
87	惠阳东亚电子制品有限公司	123	惠州信兴荣电业塑胶有限公司
88	恒昌涂料（惠阳）有限公司	124	海志电池（惠州）有限公司
89	惠阳东威电子制品有限公司	125	惠阳国威运动器材有限公司
90	普利司通（惠州）合成橡胶有限公司	126	兴昂制革（惠州）有限公司
91	惠州住润汽车线业有限公司	127	惠州九鼎饲料科技有限公司
92	盛威尔（惠州）电缆科技有限公司	128	惠州住润汽车部品有限公司
93	惠州海格电气有限公司	129	立森（博罗）木器有限公司
94	惠州皇冠制罐有限公司	130	惠州市升华工业有限公司
95	惠州宝柏包装有限公司	131	惠州罗浮山旋窑水泥有限公司
96	奇胜工业（惠州）有限公司	132	惠州艺都文化用品有限公司
97	威世电子（惠州）有限公司	133	南亚塑胶工业（惠州）有限公司
98	惠州住电电装有限公司	134	惠州亿纬锂能股份有限公司
99	惠州市东日数码有限公司	135	惠州元晖光电股份有限公司
100	惠州大亚湾永昶科技电子有限公司	136	惠州福和纸业有限公司
101	惠州杰出皮革制品有限公司	137	建业科技电子（惠州）有限公司
102	华润水泥（惠州）有限公司	138	惠州硕立精密科技有限公司
103	惠阳兆吉鞋业有限公司	139	惠州市健和光电有限公司
104	广东太古可口可乐（惠州）有限公司	140	广东科士达工业科技有限公司
105	基准精密工业（惠州）有限公司	141	富电电子（惠州）有限公司
106	惠州东风易进工业有限公司	142	惠东美新塑木型材制品有限公司
107	伊连特电子（惠州）有限公司	143	惠州深能源丰达电力有限公司
108	盛宏光电（惠州）有限公司	144	惠州住金锻造有限公司

序号	单位详细名称	序号	单位详细名称
145	惠州鼎智通讯有限公司	181	惠州市红墙化学建材有限公司
146	科时电子（惠州）有限公司	182	惠州天赏金属木业制品有限公司
147	龙门县密溪林场	183	惠阳亚伦塑胶电器实业有限公司
148	瑞智精密机械（惠州）有限公司	184	宏凯鞋业（惠州）有限公司
149	晶惠工业（惠州）有限公司	185	惠州硕贝德无线科技股份有限公司
150	惠东县东进保鲜肉类有限公司	186	东阳（博罗）电子有限公司
151	惠州市中京电子科技股份有限公司	187	惠州市盛达化工有限公司
152	阿富特电子（惠州）有限公司	188	力硕电子（惠州）有限公司
153	惠阳和宏电线电缆有限公司	189	惠州建邦精密塑胶有限公司
154	惠州TCL王牌高频电子有限公司	190	东山电池工业（中国）有限公司
155	惠阳科惠工业科技有限公司	191	澳达树熊涂料（惠州）有限公司
156	中建钢构阳光惠州有限公司	192	广东罗浮山国药股份有限公司
157	富来电子（惠州）有限公司	193	惠州合正电子科技有限公司
158	奥士康精密电路（惠州）有限公司	194	惠州市诚业家具有限公司
159	惠州市年年丰粮油有限公司	195	惠州市凯越电子有限公司
160	光宝钢铁（惠州）有限公司	196	骏亚（惠州）电子科技有限公司
161	澳宝化妆品（惠州）有限公司	197	亚洲创建（惠州）木业有限公司
162	TCL新技术（惠州）有限公司	198	惠州市城市燃气发展有限公司
163	慧怡织造（惠州）有限公司	199	博罗县园洲罗浮山水泥有限公司
164	广东新美锐科技有限公司	200	博罗县永联手套有限公司
165	惠州侨兴电讯工业有限公司	201	博罗县温氏畜牧有限公司（饲料厂）
166	来百利（惠州）手套有限公司	202	胜华电子（惠阳）有限公司
167	申泰电子（惠州）有限公司	203	立敦电子科技（惠州）有限公司
168	凯赫威（惠州）精密制造有限公司	204	美锐电路（惠州）有限公司
169	惠州顺兴食品有限公司	205	惠州市兆光光电科技有限公司
170	惠州力运织造厂有限公司	206	华锋微线电子（惠州）工业有限公司
171	骏达制衣厂（惠州）有限公司	207	惠州三美音响技术有限公司
172	乐庭电线工业（惠州）有限公司	208	惠州市中航科技工业有限公司
173	惠州市力信电子有限公司	209	海德运动器材（惠州）有限公司
174	宝凯皮件（惠州）有限公司	210	盛龙纺织（惠州）有限公司
175	惠州国强水泥有限公司	211	惠州市九惠制药股份有限公司
176	惠州铂科磁材有限公司	212	喜斯达电器（惠州）有限公司
177	惠州市创仕实业有限公司	213	惠州锦胜包装有限公司
178	博罗县泰美镇淇虹和泰电子有限公司	214	惠东县金山陶瓷有限公司
179	博罗康佳精密科技有限公司	215	田村电子（惠州）有限公司
180	广东湘大骆驼饲料有限公司	216	仕达利恩（惠州）电子有限公司

序号	单位详细名称	序号	单位详细名称
217	惠州三华工业有限公司	253	大昌树脂(惠州)有限公司
218	惠州天缘电子有限公司	254	惠州大亚湾汇利日用制品有限公司
219	联合铜箔(惠州)有限公司	255	博罗承创精密工业有限公司
220	安特(惠州)工业有限公司	256	惠州市一电电池技术有限公司
221	惠州市金顺来服饰有限公司	257	惠州安特科技工业有限公司
222	康惠(惠州)半导体有限公司	258	礼恩派工业(惠州)有限公司
223	广东中旭服饰有限公司	259	鑫双利(惠州)树脂有限公司
224	惠州时代电池有限公司	260	惠州市自来水总公司
225	惠州市捷壳工贸有限公司	261	中潜股份有限公司
226	惠州市广恒钢五金制品有限公司	262	惠州市永隆电路有限公司
227	南泰印整(惠州)有限公司	263	广东比帆制衣有限公司
228	惠州市宝岛箱包制品有限公司	264	惠州市宏利五金塑胶制品厂有限公司
229	千住金属(惠州)有限公司	265	博罗县港泰印染厂
230	惠州TCL璨宇光电有限公司	266	东嵘电子科技(惠州)有限公司
231	惠州TCL金能电池有限公司	267	惠州汇聚电线制品有限公司
232	博罗县长宁喜运来印刷制品有限公司	268	广东海纳农业有限公司
233	惠州亚珠钢铁加工有限公司	269	惠州乐庭电子线缆有限公司
234	博罗县利达手套有限公司	270	惠州市国朋印刷有限公司
235	旭辉磁石制造(惠州)有限公司	271	惠州市海龙模具塑料制品有限公司
236	诚信漆包线(惠州)有限公司	272	惠州亚华胶粘带有限公司
237	雅芳婷家纺(惠州)有限公司	273	立嘉五金塑胶制品(惠州)有限公司
238	惠州市博美化妆品有限公司	274	先驱塑胶电子(惠州)有限公司
239	惠州市长润发涂料有限公司	275	通威股份有限公司惠州分公司
240	惠州市老铭人服饰有限公司	276	多向玩具(惠州)有限公司
241	广东省博罗县园洲勤达印务有限公司	277	普莱克斯(惠州)工业气体有限公司
242	博罗县固力建材有限公司	278	博罗县鑫长风电子有限公司
243	惠州君超电子有限公司	279	泰和电路科技(惠州)有限公司
244	惠州市冠峰建材有限公司	280	惠州海格科技有限公司
245	惠州富士电梯有限公司	281	惠州南旋毛织厂有限公司
246	渤海电子(惠州)有限公司	282	惠州TCL照明电器有限公司
247	惠州市大亚湾科翔科技电路板有限公司	283	惠州三富服装有限公司
248	博罗县石湾明钧源电子有限公司	284	惠州市星河洲实业发展有限公司
249	惠州市源森木业有限公司	285	科莱恩化工(惠州)有限公司
250	博罗县园洲镇鑫骏塑料金属有限公司	286	惠州市德盛数码科技有限公司
251	杰希智能居家用品科技(惠州)有限公司	287	三洋光部品(惠州)有限公司
252	惠州奥尔提精密部品有限公司	288	惠州市汇星印刷有限公司

序号	单位详细名称	序号	单位详细名称
289	龙门县金鑫矿业有限公司	325	博罗县南泰电子有限公司
290	博罗县泰美利达皮革厂	326	惠州市广田人造板有限公司
291	惠州大成精密科技有限公司	327	惠州市骏洋塑胶有限公司
292	佳都（惠州）制衣有限公司	328	惠州市西顿工业发展有限公司
293	来士达劳保（惠州）有限公司	329	博罗县园洲水围五金塑料有限公司
294	宝丰 ATI（惠州）电子科技有限公司	330	惠州 TCL 环境科技有限公司
295	广东新峰药业股份有限公司	331	惠阳钰原工业有限公司
296	惠州市德赛汽车电子有限公司	332	惠州市航鑫不锈钢制品有限公司
297	惠州信立工业有限公司	333	惠州艺都影像科技有限公司
298	博罗龙华宾华皮革有限公司	334	凯丰机电五金制品（惠州）有限公司
299	伟全化纤（惠州）有限公司	335	惠州莱茵厨卫制品有限公司
300	百朗楼宇电气用品（惠州）有限公司	336	博罗县石湾铁场皇积精机电子厂
301	先进科技（惠州）有限公司	337	惠州市容大油墨有限公司
302	高锋科技（惠州）有限公司	338	惠州市恒信亿丰金属制品有限公司
303	双叶电子器件（惠州）有限公司	339	南益热转印花（惠州）有限公司
304	博罗县园洲金利五金有限公司	340	千石家电（惠州）有限公司
305	惠州真华美服装有限公司	341	惠州春昶五金塑料有限公司
306	金大福五金制品（惠州）有限公司	342	贝卡尔特（惠州）钢帘线有限公司
307	博罗县石湾镇群力电子文具有限公司	343	博罗县石湾帝克电子有限公司
308	声电电子科技（惠州）有限公司	344	博罗合义电化有限公司
309	嘉宜科技（惠州）有限公司	345	惠州市煌粮实业有限公司
310	鼎富电子（惠州）有限公司	346	博罗县石湾镇景鸿毛织制衣厂
311	惠州市惠阳双新水泥有限公司	347	惠州市惠阳区淡水鸿通电子厂
312	惠州强雳日常用品制造有限公司	348	广东中航特种玻璃技术有限公司
313	惠州市宝湖建材制造有限公司	349	广东千叶松化工有限公司
314	惠州威尔高电子有限公司	350	博罗县龙华镇金峰塑胶原料加工厂
315	柏承电子（惠阳）有限公司	351	泰山石膏（广东）有限公司
316	龙亿科技（惠州）有限公司	352	惠州周银泰克电子有限公司
317	博罗县泰美长达皮革厂	353	启兴（博罗）金属制品厂有限公司
318	联毅电子（惠州）有限公司	354	椿升木业（惠阳）有限公司
319	博罗县罗浮山林场木器工艺卡板厂	355	华盛文具（惠州）有限公司
320	惠州安东五金塑胶电子有限公司	356	协顺灯饰（惠州）有限公司
321	惠州美明塑胶有限公司	357	广东菲安妮皮具股份有限公司
322	雅斯丽人造首饰厂	358	惠州超霸电化产品有限公司
323	博罗县长宁强沥日常用品制造厂	359	博罗伟业皮革制品有限公司
324	惠州欧亚家具有限公司	360	惠州国展电子有限公司

序号	单位详细名称	序号	单位详细名称
361	惠州市宝雅家居用品有限公司	397	新生港源鞋厂（惠阳）有限公司
362	达能益力（惠州）饮品有限公司	398	惠州市泰格威电池有限公司
363	惠州新丰音响有限公司	399	大中塑胶电子礼品（惠州）有限公司
364	惠州市鼎晨实业发展有限公司	400	高业制衣（惠州）有限公司
365	惠州市荟宝饲料有限公司	401	丹贸电子（惠州）有限公司
366	博罗县园洲嘉和塑胶电子有限公司	402	广东惠州粤华电力有限公司
367	惠州圣莲毛织实业有限公司	403	惠州市盛世龙实业有限公司
368	惠州市惠华实业有限公司	404	惠州东和数码科技有限公司
369	伟全电子（惠州）有限公司	405	惠东县信利达鞋业有限公司
370	柏林（惠州）科技化工有限公司	406	佳丽化工（惠州）有限公司
371	高意（惠州）家具有限公司	407	大隆饰品玩具（惠州）有限公司
372	龙门县塔山竹木制品有限公司	408	惠信精密部件有限公司
373	惠州华力包装有限公司	409	扬尚电子（惠州）有限公司
374	惠州市星之光科技有限公司	410	惠州市欢格电子科技有限公司
375	惠州市精鑫铝业科技有限公司	411	亚伦工业科技（惠州）有限公司
376	博罗县嘉盛源电子有限公司	412	惠兰灯饰（惠东）有限公司
377	惠州麒华五金制品有限公司	413	韩城精密（惠州）有限公司
378	惠州市德康兴家居用品有限公司	414	和幸技研（惠州）有限公司
379	国恒电子（惠州）有限公司	415	高铭电子（惠州）有限公司
380	惠州市明泰利山铁矿有限公司	416	博罗县东阳糖业食品有限公司
381	大金空调（上海）有限公司惠州分公司	417	青上化工（惠州）有限公司
382	利佳电讯（惠州）有限公司	418	博罗县创联实业有限公司
383	惠州兆骐礼品有限公司	419	惠达机电（惠州）有限公司
384	隆裕鞋业（惠州）有限公司	420	惠州佳扬电子科技有限公司
385	惠州市澳华饲料有限公司	421	博罗县添丰织染实业有限公司
386	惠州速力特工业有限公司	422	建盛荣电子（惠州）有限公司
387	博罗时特首饰制品有限公司	423	伟明树脂制品（博罗）有限公司
388	巴川影像科技（惠州）有限公司	424	惠州市科力磁元有限公司
389	大进制衣厂（惠州）有限公司	425	博罗县园洲镇成丰五金厂
390	惠州极帝电子有限公司	426	惠州新联业纺织有限公司
391	惠州建亿织造有限公司	427	广东富绅服饰有限公司
392	博罗县仁和织造制衣有限公司	428	远东陶瓷制品（博罗）有限公司
393	欧美时（惠州）表业有限公司	429	超美精密工业（惠州）有限公司
394	惠东县港惠针织有限公司	430	东保利电业（惠州）有限公司
395	星华科技（惠州）有限公司	431	爱利生文教用品（惠州）有限公司
396	博罗县惠湖五金制品厂	432	东弘电子（惠阳）有限公司

序号	单位详细名称	序号	单位详细名称
433	力信科技(惠州)有限公司	469	惠州市沃特新材料有限公司
434	惠州市璇瑰精密技术工业有限公司	470	博罗县新柏纸业有限公司
435	惠州市华阳精机有限公司	471	博罗县石湾三和制衣有限公司
436	国统电器科技(惠州)有限公司	472	奔迈颂怡塑胶钢制品(惠州)有限公司
437	惠州迪威信家庭用品有限公司	473	兴宇电子(惠州)有限公司
438	明丰五金制品(惠州)有限公司	474	创乐电子实业(惠州)有限公司
439	惠州伸勇电子材料有限公司	475	惠州市三协精密有限公司
440	惠州新泰美纺织有限公司	476	博罗县新宏兴纤维板有限公司
441	讯达康通讯(惠州)有限公司	477	广东睡冬宝家用纺织品有限公司
442	博罗县杨村镇得杨灯饰厂	478	惠州市惠阳华丽鞋业有限公司
443	惠州华尔锋电器有限公司	479	惠州精玖旺硬质合金有限公司
444	惠州智科实业有限公司	480	统森(博罗)塑胶有限公司
445	惠州市特创电子科技有限公司	481	惠州市宝骏塑料五金制品有限公司
446	惠州市宙邦化工有限公司	482	博罗县石湾聚龙化工有限公司
447	钜弘不锈钢(惠州)有限公司	483	博罗县鸿信金属(表业)制品厂有限公司
448	普视达(惠州)电子科技有限公司	484	比奥德(惠州)食品有限公司
449	惠州市元胜自行车配件有限公司	485	惠州市爱华仕运动用品有限公司
450	惠州市安达模具塑胶有限公司	486	崇基五金塑胶(惠州)有限公司
451	南亚塑胶胶膜(惠州)有限公司	487	华业工业织造(惠州)有限公司
452	博罗县全成电子有限公司	488	惠州市丰源钢结构有限公司
453	道生汽车空调(惠州)有限公司	489	博罗新洲皮业有限公司
454	博罗县石湾百盛利五金货架有限公司	490	惠州市惠阳环球数码科技设备有限公司
455	惠东伟盛制衣有限公司	491	惠州市肉联厂有限公司
456	华励包装(惠州)有限公司	492	惠东县嘉兴隆塑胶厂有限公司
457	惠州市智华合成革有限公司	493	惠州市泓淋科技有限公司
458	惠州祝贺礼品有限公司	494	欧蒙特电子(惠州)有限公司
459	荣晖电子(惠州)有限公司	495	惠州市东江环保技术有限公司
460	泰洋光电(惠州)有限公司	496	惠州市惠阳区美思奇实业发展有限公司
461	长银(博罗)电子五金制品有限公司	497	博罗县石湾镇彩源印刷厂
462	中海油能源发展股份有限公司采油技术服务惠州分公司	498	惠州市金泰制衣有限公司
463	博罗县裕升染织有限公司	499	博罗县信隆电工材料有限公司
464	美盛隆制罐(惠州)有限公司	500	惠州元太实业有限公司
465	博罗县凯隆工艺饰品有限公司	501	中海科技(惠州)有限公司
466	惠阳中建塑胶产品有限公司	502	永信电子(惠州)有限公司
467	台森(博罗)轻工有限公司	503	宝嘉耀华(惠州)制衣有限公司
468	博罗石湾致丰织染有限公司	504	惠州市睿立宝莱光电科技有限公司

序号	单位详细名称	序号	单位详细名称
505	惠州东洋电子有限公司	541	鼎鹏碳纤科技（惠州）有限公司
506	博罗县石湾致玮精机电子厂	542	三成宏基化工（惠州）有限公司
507	惠州市泰兴织染制衣有限公司	543	惠州市南钢金属压延有限公司
508	惠州辉煌涂料有限公司	544	丽影电器（惠州）有限公司
509	博罗县石湾高轩塑胶电子有限公司	545	博罗县力群纺织化工有限公司
510	万利玩具（惠州）有限公司	546	惠州市金百泽电路科技有限公司
511	惠州艾特娜家具有限公司	547	惠州市溢民塑胶有限公司
512	桦耀木业（惠阳）有限公司	548	惠州市富昌矿业有限公司
513	惠州市鹏星电力器材有限公司	549	惠州市长溢模具有限公司
514	惠州市颂誉玻璃有限公司	550	惠州大亚湾溢源净水有限公司
515	惠州市道科包装材料有限公司	551	惠州市久策工业气体有限公司
516	惠州市德赛工业发展有限公司	552	惠州鸿兴建筑五金制造有限公司
517	博罗县雍圣电脑刺绣商标制造有限公司	553	博罗达鑫电子有限公司
518	博罗太元服饰有限公司	554	联宏灯饰（惠州）有限公司
519	广东瑞捷光电股份有限公司	555	惠州市海韵电子有限公司
520	惠阳金达伟工业有限公司	556	龙门协成新材料有限公司
521	惠州方中电子科技有限公司	557	中泰（惠州）金属制品有限公司
522	博罗县九潭班信线路板厂	558	博罗县九潭弘亿电子制造厂
523	惠州伟志电子有限公司	559	金利兴（惠州）制衣有限公司
524	深圳市三鑫精美特玻璃有限公司惠州大亚湾分公司	560	惠州市太基电子实业有限公司
525	博罗复扬针织漂染有限公司	561	国纳合成革（惠州）有限公司
526	惠州荣信电器有限公司	562	广龙电子部件（惠州）有限公司
527	惠州市大亚湾飞达针织有限公司	563	博罗县石湾镇华汇发泡胶厂
528	惠阳东美音响制品有限公司	564	惠州市国营东江化工厂
529	广东得胜电子有限公司	565	惠州市宏商电气有限公司
530	有利华建材（惠州）有限公司	566	新丰家俱（惠阳）有限公司
531	惠州市华聚塑化科技有限公司	567	惠州力豪服装有限公司
532	惠州建华管桩有限公司	568	金科五金塑胶（惠州）有限公司
533	惠州喜运来印刷制品有限公司	569	惠州皇威制衣有限公司
534	惠州盛晨金属有限公司	570	惠东县铁涌镇源塑橡胶鞋底加工厂
535	阪超手袋（惠州）有限公司	571	名豪木业（惠州）有限公司
536	宏发手袋（惠州）有限公司	572	惠州市惠阳区自来水发展总公司
537	博罗立峰开关实业有限公司	573	惠东县恒盛纸品厂
538	汉辉照相器材（惠东）有限公司	574	惠州市亿能电子有限公司
539	山阳精密部件（惠州）有限公司	575	锦多（惠州）国际企业有限公司
540	惠州东风汽车零部件有限公司	576	博罗柏塘同生实业有限公司

序号	单位详细名称	序号	单位详细名称
577	惠州群富精密组件有限公司	613	惠州三盛电子有限公司
578	博罗县创丰木业有限公司	614	惠东县黄埠镇华江鞋业有限公司
579	创维液晶器件(深圳)有限公司惠州分公司	615	高新锡业(惠州)有限公司
580	惠州吉泰鞋材有限公司	616	兴茂(惠阳)电器有限公司
581	雍华国际(惠州)电子有限公司	617	龙门县裕泰漂染业有限公司
582	宝华塑胶玩具厂(惠州)有限公司	618	宝星磁电工业(惠州)有限公司
583	中城电子科技(惠州)有限公司	619	惠东县时艺鞋业有限公司
584	惠州市彩煌科技有限公司	620	惠州金山线束科技有限公司
585	惠州市健活木器制品有限公司	621	惠州市胜源纸品有限公司
586	钧星精密部件(惠州)有限公司	622	惠州长龙化工有限公司
587	精塑汽配科技(惠州)有限公司	623	三鑫(惠州)幕墙产品有限公司
588	惠州市奥速运动器材有限公司	624	乾瑞化工(惠州)有限公司
589	广东中迅农科股份有限公司	625	建邦服装(惠州)有限公司
590	格瑞夫(惠州)包装有限公司	626	惠州震浩塑胶制品有限公司
591	惠州大亚湾鸿通工业有限公司	627	壮钢金属(惠州)有限公司
592	惠州市德赛精密部件有限公司	628	惠州市福业电子科技有限公司
593	惠州典展五金制品有限公司	629	惠州市锦湖实业发展有限公司
594	惠州港泰塑胶电子制品有限公司	630	丰兴精密产业(惠州)有限公司
595	东渡电子(惠阳)有限公司	631	惠州市南方水务有限公司
596	惠州市三力实业有限公司	632	惠州市华阳光学技术有限公司
597	惠州金鑫精密工业有限公司	633	美雅(惠州)化妆品有限公司
598	大洋塑胶(惠州)有限公司	634	惠州泰富织造有限公司
599	汉精益服装(惠州)有限公司	635	长泰化学工业(惠州)有限公司
600	龙门县永合竹制品有限公司	636	惠州市坤洋实业有限公司
601	惠州市远东鞋业有限公司	637	惠州市恒升实业有限公司
602	惠州市爱华多媒体有限公司	638	惠州市三强线路有限公司
603	金山电化工业(惠州)有限公司	639	惠州市港利印刷有限公司
604	博罗县园洲镇达泰制衣有限公司	640	吉悠电子(惠州)有限公司
605	新信利实业(惠州)有限公司	641	博罗县龙溪镇宏福鞋材制造厂
606	精密金属成形(惠州)有限公司	642	大亚湾宝兴钢铁厂有限公司
607	惠州五和实业有限公司	643	惠州纳诺泰克合金科技有限公司
608	铠利五金机械(惠州)有限公司	644	科罗贝电子(惠州)有限公司
609	美合源家具(惠州)有限公司	645	博罗县立泰塑胶五金制品有限公司
610	惠州市惠强塑料包装有限公司	646	美华电子(惠州)有限公司
611	惠州蒙特莉皮具加工有限公司	647	惠州上曜塑胶开发科技有限公司
612	荣光精密部件(惠州)有限公司	648	惠州金丰远东家具有限公司

（2012年）

序号	单位详细名称	序号	单位详细名称
649	惠州市合升电子有限公司	685	惠州市百兴纸品印刷有限公司
650	惠州宝达电线制品有限公司	686	三龙（惠州）化纤有限公司
651	惠州市新天健服装有限公司	687	惠阳锦诚电子有限公司
652	惠州市惠浦电子有限公司	688	惠东伟康橡塑制品有限公司
653	惠阳荣双制伞工业有限公司	689	惠州景华包装制品有限公司
654	威达尔食品（惠州）有限公司	690	惠阳仁镁工业科技有限公司
655	惠州市德立电子有限公司	691	惠州市住润汽车回路技术有限公司
656	金峰电路（惠州）有限公司	692	惠州市金喜源实业有限公司
657	惠州市华保化工有限公司	693	博罗养之源饲料科技有限公司
658	惠州市惠阳区金亿达铝制品有限公司	694	博罗县石湾镇湖山鸿达毛织制衣厂
659	博罗县石湾伟仕塑胶五金厂	695	联顺电子（惠阳）有限公司
660	溢丰工业（惠州）有限公司	696	惠州市上丰鞋业有限公司
661	龙门县绿科竹木加工有限公司	697	惠州市臻宝电器制造有限公司
662	恒胜制衣（惠州）有限公司	698	喜比斯运动器材（惠州）有限公司
663	茂一电子（惠州）有限公司	699	新天伦服装配料（惠州）有限公司
664	利安五金塑胶制品（惠州）有限公司	700	惠州市联韵电子科技有限公司
665	惠州市大展家具有限公司	701	惠州市津惠汽车线束有限公司
666	惠州龙源鞋业有限公司	702	惠州玛骐摩托车有限公司
667	惠州市米琦通信设备有限公司	703	树研塑胶科技（惠州）有限公司
668	美高精密部品（惠州）有限公司	704	惠州中水水务发展有限公司
669	惠东县源利通鞋业有限公司	705	惠州市佳怡电子有限公司
670	惠州建邦电子有限公司	706	惠阳富京电器有限公司
671	同健（惠阳）电子有限公司	707	惠州金叶电子有限公司
672	惠州市大亚湾天马电子机械有限公司	708	惠州市好的板科技有限公司
673	惠州市康力电子有限公司	709	新生赞记塑胶原料（惠州）有限公司
674	惠阳天丽实业有限公司	710	万合纺织染整（惠州）有限公司
675	惠东县金华盛家私有限公司	711	龙门县鸿业纺织制衣漂染有限公司
676	惠州市俊达美电子科技有限公司	712	博罗县园洲华达制衣厂
677	惠东县振达鞋业有限公司	713	启丰实业（惠州）有限公司
678	惠州市美盈鞋业有限公司	714	惠州市斯瑞尔环境化工有限公司
679	专顺电机（惠州）有限公司	715	惠州市海韵电器有限公司
680	惠州利宝粘剂有限公司	716	惠州雷曼光电科技有限公司
681	惠州市大亚湾永昶电子工业有限公司	717	惠州市惠裕实业有限公司
682	博罗冠业电子有限公司	718	广东天鹅星鞋业有限公司
683	惠州市岳鑫人造板有限公司	719	奔辉欧式艺品（惠州）有限公司
684	惠州市正牌科电有限公司	720	剂吉泰光电科技（惠州）有限公司

序号	单位详细名称	序号	单位详细名称
721	惠州中慧电子有限公司	762	惠州市高联制衣有限公司
722	惠东县威达机铸制品有限公司	763	兑元工业科技（惠州）有限公司
723	惠州市新赛达实业有限公司	764	惠州太胜预拌混凝土有限公司
724	统将（惠阳）电子有限公司	765	博罗县柏塘光华食品有限公司
725	惠州市中茂橡胶制品有限公司	766	久田伞业（惠阳）有限公司
726	博罗县石湾联科精密五金有限公司	767	惠州市志发五金制品塑料电镀有限公司
727	惠州市易美家具有限公司	768	惠州市惠阳伟建家庭用品制品厂
728	鸿丰五金（惠州）有限公司	769	龙门县良好农特产品有限公司
729	惠州市惠阳皇磁陶瓷有限公司	770	惠阳区新圩长布中钢五金厂
730	惠州久大塑料有限公司	771	惠州市美好精机工业有限公司
731	华伟电子（惠州）有限公司	772	惠州市建科实业有限公司
732	惠州市昌晖金属制品有限公司	773	惠州神田精密机械有限公司
733	多源电子（惠州）有限公司	774	德益金属制品（惠州）有限公司
734	惠州安吉尔制冷设备有限公司	775	惠州市忠邦电子有限公司
735	惠州智翔光电有限公司	776	惠州市亿恒饲料有限公司
736	惠州固力水泥集团有限公司	777	惠州朝富家具实业有限公司
737	惠州益伸电子有限公司	778	惠东县黄埠万达利鞋业有限公司
738	惠州市华宝饲料有限公司	779	惠州新明生皮革制品有限公司
739	惠州市登高达电业有限公司	780	惠州市佳维诚电子有限公司
740	惠阳区秋长塑胶厂	781	惠州市棉王纺织有限公司
741	惠州市来裕鞋业有限公司	782	惠东县兴鞋业有限公司
742	惠阳区淡水港泰塑胶玩具厂	783	惠阳帝宇工业有限公司
743	惠州市金烽鞋业有限公司	784	博罗县德荣制衣有限公司
744	博罗县银晨实业有限公司	785	志升企业（惠东）有限公司
745	惠阳大欣电器工业有限公司	786	华润混凝土（惠州）有限公司
746	惠州市翔汉家具有限公司	787	惠州市惠供钢业有限公司
747	玛泰克精密工业（惠州）有限公司	788	光胜光电科技（惠州）有限公司
748	惠州市伟明鞋业有限公司	789	杰森石膏板（惠州）有限公司
749	惠州市伟乐科技有限公司	790	长鸿电子科技（惠州）有限公司
750	惠州市海能天地通通信设备有限公司	791	惠州歌迪电子科技有限公司
751	广东省艾希德药业有限公司	792	嘉睦科技电子（惠州）有限公司
752	惠州华润建材有限公司	793	惠东县裕顺鞋业有限公司
753	美家化工（惠州）有限公司	794	惠州信邦表面处理有限公司
754	惠东县巨峰鞋业有限公司	795	威达机铸玩具制品（惠东）有限公司
755	艾迪克复材科技（惠州）有限公司	796	首迩合金（惠州）有限公司
756	广东恒大新材料科技有限公司	797	惠阳中核辉新化纤有限公司
757	惠州市奥美针织有限公司	798	双鸿电子（惠州）有限公司
758	惠州市西文思电子科技股份有限公司	799	惠东县吉隆瑞星鞋业有限公司
759	惠阳瑞炫工业有限公司	800	龙门县家业矿业有限公司
760	博罗县园洲镇明兴五金有限公司	801	惠州市标顶空压技术有限公司
761	惠州宏丰电器有限公司	802	惠州市创舰实业有限公司

序号	单位详细名称	序号	单位详细名称
803	惠州市源锋鞋业有限公司	847	博罗县东骏水泥有限公司
804	惠阳富顺色料有限公司	848	惠州阜东五金有限公司
805	博罗县东成塑胶有限公司	849	惠州市世纪海洋制衣有限公司
806	亚思特种薄膜(惠州)有限公司	850	惠州大亚湾石化动力热力有限公司
807	博罗县园洲自来水厂	851	惠州万盛兴五金制品有限公司
808	惠州展华印铁制罐有限公司	852	惠州赢基科技有限公司
809	惠州市佳雅实业有限公司	853	惠东县吉邦五金制品有限公司
810	惠州市亚银镜业有限公司	854	龙门县裕华竹制品有限公司
811	海神工艺(惠州)有限公司	855	惠州联合皮革制品有限公司
812	惠东县富成鞋业有限公司	856	惠州市惠城区潼湖镇上村第五石场
813	惠阳镇隆达全塑胶制品制模厂	857	惠州腾辉制衣有限公司
814	嘉科运动器材(惠州)有限公司	858	惠州市恒兴达再生资源有限公司
815	惠州市惠阳区宏鹰毛衫有限公司	859	惠州市麦卡电工材料有限公司
816	惠阳新百吉工业有限公司	860	肯发科技(惠州)有限公司
817	惠州市大生鞋业有限公司	861	惠东县集丰鞋业有限公司
818	惠东县泓源供水有限公司	862	惠州市安得利服装有限公司
819	惠东县嘉诚鞋业有限公司	863	博罗县利亨钮扣制品厂
820	惠东县昌华鞋材有限公司	864	惠州大亚湾鸿通电子有限公司
821	惠州市弘盛塑胶制品有限公司	865	惠州市赛瓦特动力科技有限公司
822	惠州市旭辉电子有限公司	866	惠州市粤秀鞋业有限公司
823	惠州凯美特气体有限公司	867	惠州市良丰服饰发展有限公司
824	惠州泰美纸业有限公司	868	骏发(惠州)饼干厂有限公司
825	龙门县地派镇大英矿场有限公司	869	惠州侨兴发展有限公司
826	惠东县泰丰鞋业有限公司	870	惠州东广精密五金制品厂
827	萨瓦瑞亚(惠州)机械设备制造有限公司	871	惠州市风尚针织服饰有限公司
828	惠州市桑莱士光电有限公司	872	久荣工业(惠州)有限公司
829	惠州市汇能热力有限公司	873	机灵(惠州)工业发展有限公司
830	惠州镇安制衣有限公司	874	惠东县黄埠镇福华鞋业有限公司
831	惠州市瑞丰研磨材料有限公司	875	惠州市新科华实业有限公司
832	友荣精密五金(惠州)有限公司	876	力研时装(惠州)有限公司
833	惠州市博艺黄金珠宝有限公司	877	龙门县恒隆环保钙业有限公司
834	惠东县天顺鞋材有限公司	878	惠州爱邦沙发有限公司
835	西华休闲用品(惠阳)有限公司	879	集力制伞(惠州)有限公司
836	世卿电子(惠州)有限公司	880	惠州市新豪源发展有限公司
837	惠州钧成手袋有限公司	881	惠东县黄埠镇强生鞋业有限公司
838	新星家庭用品(惠州)有限公司	882	惠州佑业精密机电有限公司
839	惠州永进电子有限公司	883	惠州市百利宏晟安化工有限公司
840	智恩电子(大亚湾)有限公司	884	惠州市鑫晖源科技有限公司
841	洛奇日用工艺品(惠东)有限公司	885	惠州市天铭精密部件有限公司
842	惠州威健电路板实业有限公司	886	惠州市美林电线电缆有限公司
843	惠阳维信纺织工业有限公司	887	冠球电机(惠州)有限公司
844	永龙织造(惠州)有限公司	888	惠州韦得电子有限公司
845	祥立精密工业(惠州)有限公司	889	锌辉扬热浸锌(惠州)有限公司
846	惠阳市朝鹏运动器材有限公司		

12－29　全市主营业务收入最大的100家工业企业

（2012年）

序号	单位详细名称	序号	单位详细名称
1	惠州三星电子有限公司	26	华通电脑（惠州）有限公司
2	中海石油炼化有限责任公司惠州炼化分公司	27	惠州市华阳多媒体电子有限公司
3	中海壳牌石油化工有限公司	28	信华精机有限公司
4	广东省电力集团有限公司惠州供电分公司	29	惠东县华业铸造厂
5	TCL王牌电器（惠州）有限公司	30	惠州市蓝微电子有限公司
6	中海石油开氏石化有限责任公司	31	龙旗电子（惠州）有限公司
7	惠州比亚迪电子有限公司	32	TCL商用系统科技（惠州）有限责任公司
8	惠州TCL移动通信有限公司	33	惠州忠信化工有限公司
9	乐金电子（惠州）有限公司	34	惠州李长荣橡胶有限公司
10	伯恩光学（惠州）有限公司	35	惠州华阳通用电子有限公司
11	广东惠州平海发电厂有限公司	36	中国神华能源股份有限公司国华惠州热电分公司
12	安品达精密工业（惠州）有限公司	37	惠州比亚迪电池有限公司
13	博罗县聚缘五金有限公司	38	惠东县晓亨铸造厂
14	中海油能源发展股份有限公司惠州石化分公司	39	惠州市德赛电池有限公司
15	索尼精密部件（惠州）有限公司	40	广东惠州天然气发电有限公司
16	惠州市金龙羽电缆实业发展有限公司	41	TCL瑞智（惠州）制冷设备有限公司
17	惠州科锐半导体照明有限公司	42	大统营（惠州）科技有限公司
18	惠阳联想电子工业有限公司	43	惠州市光大水泥企业有限公司
19	惠州住润电装有限公司	44	普利司通（惠州）轮胎有限公司
20	TCL通力电子（惠州）有限公司	45	惠州市德赛西威汽车电子有限公司
21	乐金电子部品（惠州）有限公司	46	惠州兴达石化工业有限公司
22	TCL海外电子（惠州）有限公司	47	东风本田汽车零部件有限公司
23	TCL光电科技（惠州）有限公司	48	广东友钢钢铁有限公司博罗分公司
24	惠州华源轩家具有限公司	49	惠州太平货柜有限公司
25	敏华家具制造（惠州）有限公司	50	惠州比亚迪实业有限公司

12－29 续表 (2012年)

序号	单位详细名称	序号	单位详细名称
51	惠州市纳伟仕视听科技有限公司	76	惠阳东威电子制品有限公司
52	惠州市德赛集团视听科技有限公司	77	讯强电子惠州有限公司
53	惠州雷士光电科技有限公司	78	惠州市京兰动力有限公司
54	TCL罗格朗国际电工(惠州)有限公司	79	南亚电子材料(惠州)有限公司
55	嘉士伯啤酒(广东)有限公司	80	惠州住电电装有限公司
56	惠州惠菱化成有限公司	81	格林精密部件(惠州)有限公司
57	惠州塔牌水泥有限公司	82	德联覆铜板(惠州)有限公司
58	惠州住成电装有限公司	83	惠州住润电子装备有限公司
59	惠州大亚湾光弘科技电子有限公司	84	至远彩色印刷工业(惠州)有限公司
60	惠州新华昌运输设备有限公司	85	广东电网公司惠州龙门供电局
61	TCL显示科技(惠州)有限公司	86	惠州市金山电子有限公司
62	华通精密线路板(惠州)有限公司	87	惠阳东亚电子制品有限公司
63	天宝电子(惠州)有限公司	88	智盛(惠州)石油化工有限公司
64	友威光电(惠州)有限公司	89	普利司通(惠州)合成橡胶有限公司
65	惠阳中建电讯制品有限公司	90	恒昌涂料(惠阳)有限公司
66	胜宏科技(惠州)股份有限公司	91	惠州住润汽车线业有限公司
67	惠州美锐电子科技有限公司	92	美律电子(惠州)有限公司
68	隆发鞋业(惠州)有限公司	93	盛威尔(惠州)电缆科技有限公司
69	惠州中创化工有限责任公司	94	惠州海格电气有限公司
70	深圳市景田食品饮料有限公司罗浮百岁山分公司	95	惠州宝柏包装有限公司
71	广东九联科技股份有限公司	96	惠阳兆吉鞋业有限公司
72	惠州古河汽配有限公司	97	惠州皇冠制罐有限公司
73	雅美工业(惠阳)有限公司	98	奇胜工业(惠州)有限公司
74	德赛电子(惠州)有限公司	99	威世电子(惠州)有限公司
75	惠州市华阳数码特电子有限公司	100	惠州市东日数码有限公司

12－30　全市工业增加值最大的100家工业企业

（2012年）

序号	单位详细名称	序号	单位详细名称
1	中海石油炼化有限责任公司惠州炼化分公司	26	乐金电子（惠州）有限公司
2	惠州三星电子有限公司	27	乐金电子部品（惠州）有限公司
3	中海壳牌石油化工有限公司	28	惠东县晓亨铸造厂
4	广东省电力集团有限公司惠州供电分公司	29	信华精机有限公司
5	惠州比亚迪电子有限公司	30	惠州比亚迪实业有限公司
6	TCL王牌电器（惠州）有限公司	31	惠州市华阳多媒体电子有限公司
7	广东惠州平海发电厂有限公司	32	TCL罗格朗国际电工（惠州）有限公司
8	伯恩光学（惠州）有限公司	33	惠州华阳通用电子有限公司
9	中海石油开氏石化有限责任公司	34	惠州李长荣橡胶有限公司
10	博罗县聚缘五金有限公司	35	惠州市蓝微电子有限公司
11	安品达精密工业（惠州）有限公司	36	惠州市德赛西威汽车电子有限公司
12	惠州比亚迪电池有限公司	37	大统营（惠州）科技有限公司
13	惠州市金龙羽电缆实业发展有限公司	38	惠州太平货柜有限公司
14	惠州TCL移动通信有限公司	39	惠州住成电装有限公司
15	惠阳联想电子工业有限公司	40	惠州大亚湾光弘科技电子有限公司
16	惠州华源轩家具有限公司	41	嘉士伯啤酒（广东）有限公司
17	索尼精密部件（惠州）有限公司	42	普利司通（惠州）轮胎有限公司
18	广东惠州天然气发电有限公司	43	敏华家具制造（惠州）有限公司
19	惠州市光大水泥企业有限公司	44	隆发鞋业（惠州）有限公司
20	华通电脑（惠州）有限公司	45	惠州科锐半导体照明有限公司
21	惠东县华业铸造厂	46	惠阳兆吉鞋业有限公司
22	中国神华能源股份有限公司国华惠州热电分公司	47	广东友钢钢铁有限公司博罗分公司
23	惠州住润电装有限公司	48	格林精密部件（惠州）有限公司
24	惠州塔牌水泥有限公司	49	惠州忠信化工有限公司
25	东风本田汽车零部件有限公司	50	TCL通力电子（惠州）有限公司

12－30 续表 （2012年）

序号	单位详细名称	序号	单位详细名称
51	深圳市景田食品饮料有限公司罗浮百岁山分公司	76	广东电网公司惠州龙门供电局
52	惠州亿纬锂能股份有限公司	77	恒昌涂料（惠阳）有限公司
53	华润水泥（惠州）有限公司	78	惠州深能源丰达电力有限公司
54	美律电子（惠州）有限公司	79	友威光电（惠州）有限公司
55	TCL商用系统科技（惠州）有限责任公司	80	TCL瑞智（惠州）制冷设备有限公司
56	惠州美锐电子科技有限公司	81	惠州住润电子装备有限公司
57	惠州市京兰动力有限公司	82	惠州市裕元华阳精密部件有限公司
58	基准精密工业（惠州）有限公司	83	惠州新华昌运输设备有限公司
59	天宝电子（惠州）有限公司	84	惠州海格科技有限公司
60	惠州惠菱化成有限公司	85	惠州杰出皮革制品有限公司
61	惠州住润汽车部品有限公司	86	TCL光电科技（惠州）有限公司
62	惠州市德赛电池有限公司	87	惠州大亚湾永昶科技电子有限公司
63	惠州海格电气有限公司	88	惠阳东威电子制品有限公司
64	惠阳中建电讯制品有限公司	89	惠州宝柏包装有限公司
65	龙旗电子（惠州）有限公司	90	惠州皇冠制罐有限公司
66	胜宏科技（惠州）股份有限公司	91	普利司通（惠州）合成橡胶有限公司
67	惠州市港盈鞋业有限公司	92	惠州古河汽配有限公司
68	至远彩色印刷工业（惠州）有限公司	93	惠州市华阳数码特电子有限公司
69	中海油能源发展股份有限公司惠州石化分公司	94	惠阳东亚电子制品有限公司
70	龙门县密溪林场	95	奇胜工业（惠州）有限公司
71	华通精密线路板（惠州）有限公司	96	立隆电子（惠州）工业有限公司
72	德联覆铜板（惠州）有限公司	97	盛威尔（惠州）电缆科技有限公司
73	TCL海外电子（惠州）有限公司	98	建业科技电子（惠州）有限公司
74	广东九联科技股份有限公司	99	惠州住电电装有限公司
75	惠州雷士光电科技有限公司	100	讯强电子惠州有限公司

12－31　全市利税总额最大的100家工业企业

（2012年）

序号	单位详细名称	序号	单位详细名称
1	中海石油炼化有限责任公司惠州炼化分公司	26	深圳市景田食品饮料有限公司罗浮百岁山分公司
2	惠州三星电子有限公司	27	嘉士伯啤酒（广东）有限公司
3	中海壳牌石油化工有限公司	28	惠州华阳通用电子有限公司
4	广东惠州平海发电厂有限公司	29	华通电脑（惠州）有限公司
5	TCL王牌电器（惠州）有限公司	30	惠州忠信化工有限公司
6	中海石油开氏石化有限责任公司	31	惠州市京兰动力有限公司
7	广东省电力集团有限公司惠州供电分公司	32	乐金电子（惠州）有限公司
8	博罗县聚缘五金有限公司	33	惠州住润电装有限公司
9	惠州市金龙羽电缆实业发展有限公司	34	信华精机有限公司
10	惠州比亚迪电子有限公司	35	德联覆铜板（惠州）有限公司
11	惠州TCL移动通信有限公司	36	龙旗电子（惠州）有限公司
12	安品达精密工业（惠州）有限公司	37	广东友钢钢铁有限公司博罗分公司
13	惠州华源轩家具有限公司	38	乐金电子部品（惠州）有限公司
14	惠东县华业铸造厂	39	广东九联科技股份有限公司
15	中国神华能源股份有限公司国华惠州热电分公司	40	大统营（惠州）科技有限公司
16	广东惠州天然气发电有限公司	41	索尼精密部件（惠州）有限公司
17	惠州李长荣橡胶有限公司	42	龙门县密溪林场
18	惠东县晓亨铸造厂	43	惠州市华阳多媒体电子有限公司
19	惠州塔牌水泥有限公司	44	惠州亿纬锂能股份有限公司
20	惠州住成电装有限公司	45	惠州市光大水泥企业有限公司
21	伯恩光学（惠州）有限公司	46	惠州市港盈鞋业有限公司
22	东风本田汽车零部件有限公司	47	惠州惠菱化成有限公司
23	惠州市蓝微电子有限公司	48	广东菲安妮皮具股份有限公司
24	TCL罗格朗国际电工（惠州）有限公司	49	TCL通力电子（惠州）有限公司
25	惠州市德赛西威汽车电子有限公司	50	美律电子（惠州）有限公司

12－31 续表 (2012 年)

序号	单位详细名称	序号	单位详细名称
51	惠州太平货柜有限公司	76	广东罗浮山国药股份有限公司
52	惠州美锐电子科技有限公司	77	惠州市红墙化学建材有限公司
53	TCL 瑞智(惠州)制冷设备有限公司	78	广东电网公司惠州龙门供电局
54	格林精密部件(惠州)有限公司	79	惠州住润汽车线业有限公司
55	惠州杰出皮革制品有限公司	80	惠州宝柏包装有限公司
56	惠州市裕元华阳精密部件有限公司	81	惠州市华阳光学技术有限公司
57	惠州中创化工有限责任公司	82	惠东县金山陶瓷有限公司
58	惠州皇冠制罐有限公司	83	惠州元晖光电股份有限公司
59	普利司通(惠州)轮胎有限公司	84	广东太古可口可乐(惠州)有限公司
60	惠东美新塑木型材制品有限公司	85	惠州硕贝德无线科技股份有限公司
61	惠东县东进保鲜肉类有限公司	86	惠州比亚迪实业有限公司
62	惠州大亚湾光弘科技电子有限公司	87	惠州住润汽车部品有限公司
63	恒昌涂料(惠阳)有限公司	88	惠州海格电气有限公司
64	澳宝化妆品(惠州)有限公司	89	惠州市捷壳工贸有限公司
65	惠州市德赛电池有限公司	90	华润水泥(惠州)有限公司
66	惠州科锐半导体照明有限公司	91	惠阳联想电子工业有限公司
67	普莱克斯(惠州)工业气体有限公司	92	千住金属(惠州)有限公司
68	惠州新华昌运输设备有限公司	93	惠州市广恒钢五金制品有限公司
69	惠州兴达石化工业有限公司	94	雅芳婷家纺(惠州)有限公司
70	惠州比亚迪电池有限公司	95	TCL 海外电子(惠州)有限公司
71	博罗县温氏畜牧有限公司(饲料厂)	96	富电电子(惠州)有限公司
72	富来电子(惠州)有限公司	97	立敦电子科技(惠州)有限公司
73	惠州市德赛工业发展有限公司	98	惠州九鼎饲料科技有限公司
74	胜宏科技(惠州)股份有限公司	99	澳达树熊涂料(惠州)有限公司
75	惠州铂科磁材有限公司	100	建业科技电子(惠州)有限公司

12－32　全市资产总额最大的100家工业企业

（2012年）

序号	单位详细名称	序号	单位详细名称
1	中海壳牌石油化工有限公司	26	乐金电子（惠州）有限公司
2	中海石油炼化有限责任公司惠州炼化分公司	27	惠州雷士光电科技有限公司
3	惠州三星电子有限公司	28	东风本田汽车零部件有限公司
4	广东省电力集团有限公司惠州供电分公司	29	普利司通（惠州）轮胎有限公司
5	TCL王牌电器（惠州）有限公司	30	惠州华阳通用电子有限公司
6	伯恩光学（惠州）有限公司	31	惠州市华阳多媒体电子有限公司
7	广东惠州平海发电厂有限公司	32	惠州住润电装有限公司
8	惠州TCL移动通信有限公司	33	索尼精密部件（惠州）有限公司
9	惠州比亚迪电池有限公司	34	惠州市德赛西威汽车电子有限公司
10	惠州比亚迪电子有限公司	35	惠州塔牌水泥有限公司
11	中海油能源发展股份有限公司惠州石化分公司	36	惠州李长荣橡胶有限公司
12	惠州忠信化工有限公司	37	TCL瑞智（惠州）制冷设备有限公司
13	惠州比亚迪实业有限公司	38	TCL商用系统科技（惠州）有限责任公司
14	惠州市光大水泥企业有限公司	39	惠州惠菱化成有限公司
15	中国神华能源股份有限公司国华惠州热电分公司	40	龙旗电子（惠州）有限公司
16	惠州科锐半导体照明有限公司	41	惠州深能源丰达电力有限公司
17	TCL海外电子（惠州）有限公司	42	惠州市德赛工业发展有限公司
18	安品达精密工业（惠州）有限公司	43	惠州市德赛电池有限公司
19	TCL光电科技（惠州）有限公司	44	惠州市恒信亿丰金属制品有限公司
20	中海石油开氏石化有限责任公司	45	南亚电子材料（惠州）有限公司
21	广东惠州天然气发电有限公司	46	惠州市蓝微电子有限公司
22	华通电脑（惠州）有限公司	47	广东惠州粤华电力有限公司
23	TCL通力电子（惠州）有限公司	48	广东九联科技股份有限公司
24	敏华家具制造（惠州）有限公司	49	惠州市自来水总公司
25	乐金电子部品（惠州）有限公司	50	胜宏科技（惠州）股份有限公司

12－32 续表 (2012 年)

序号	单位详细名称	序号	单位详细名称
51	惠州大亚湾永昶科技电子有限公司	76	惠州天缘电子有限公司
52	惠州亿纬锂能股份有限公司	77	惠州大亚湾光弘科技电子有限公司
53	基准精密工业(惠州)有限公司	78	惠州美锐电子科技有限公司
54	惠州市金龙羽电缆实业发展有限公司	79	嘉士伯啤酒(广东)有限公司
55	博罗县聚缘五金有限公司	80	盛宏光电(惠州)有限公司
56	TCL 罗格朗国际电工(惠州)有限公司	81	恒昌涂料(惠阳)有限公司
57	惠州市纳伟仕视听科技有限公司	82	惠州兴达石化工业有限公司
58	格林精密部件(惠州)有限公司	83	惠州侨兴电讯工业有限公司
59	惠州太平货柜有限公司	84	信华精机有限公司
60	华通精密线路板(惠州)有限公司	85	惠州元晖光电股份有限公司
61	惠州福和纸业有限公司	86	惠州市裕元华阳精密部件有限公司
62	惠州市中京电子科技股份有限公司	87	先进科技(惠州)有限公司
63	惠州玛骐摩托车有限公司	88	隆发鞋业(惠州)有限公司
64	普利司通(惠州)合成橡胶有限公司	89	惠州市大亚湾永昶电子工业有限公司
65	华润水泥(惠州)有限公司	90	至远彩色印刷工业(惠州)有限公司
66	德赛电子(惠州)有限公司	91	瑞智精密机械(惠州)有限公司
67	惠州新华昌运输设备有限公司	92	中建钢构阳光惠州有限公司
68	大统营(惠州)科技有限公司	93	惠州市惠阳区自来水发展总公司
69	德联覆铜板(惠州)有限公司	94	惠州住润汽车部品有限公司
70	南亚塑胶工业(惠州)有限公司	95	贝卡尔特(惠州)钢帘线有限公司
71	凯赫威(惠州)精密制造有限公司	96	惠州住金锻造有限公司
72	联合铜箔(惠州)有限公司	97	深圳市景田食品饮料有限公司罗浮百岁山分公司
73	惠州住成电装有限公司	98	惠州宝柏包装有限公司
74	惠州皇冠制罐有限公司	99	广东友钢钢铁有限公司博罗分公司
75	惠州硕贝德无线科技股份有限公司	100	惠州大亚湾溢源净水有限公司

十三、运输和邮电

13－1　运输邮电主要指标

（2012 年）

指标名称		2005 年	2011 年	2012 年	2012 年比 2011 年增减（%）
公路通车里程	（公里）	7538	10892	10933	0.4
港口码头泊位	（个）	27	76	71	－6.6
#万吨级泊位	（个）	11	15	18	20.0
码头泊位长度	（米）		9090	10765	18.4
民用汽车辆拥有量	（万辆）	11.31	30.64	35.77	16.7
#载客汽车	（万辆）	6.86	24.72	29.43	19.1
载货汽车	（万辆）	4.11	5.61	6.01	7.1
机动船艘数	（艘）	945	760	757	－0.4
净载重量	（万吨）	18.73	63.65	36.74	－42.3
本地电话用户	（万户）	160.31	135.2	130.1	－3.7
移动电话用户	（万户）	249.51	419.9	501.2	19.4
客运量	（万人）	5535	13600	16597	22.0
旅客周转量	（万人公里）	458819	878770	1307341	48.8
货运量	（万吨）	5694	14477	17344	19.8
货物周转量	（万吨公里）	582021	2244349	2945509	31.2
港口货物吞吐量	（万吨）	1515	5169	5257	1.7
邮电业务总量	（万元）	810066.4	670051.8	800493.1	19.5
邮政	（万元）	15889.8	49010.1	62730.1	28.0
通信	（万元）	794176.6	621041.7	737763.1	18.8

注：邮电业务总量从 2011 年起按 2010 年不变价格计算，之前年份按 2000 年不变价格计算。增长速度按可比价格计算。

13－2　全社会客货运输(吞吐)量

(2012 年)

指标名称		合计	公路运输		水上运输			
			合计	个体及联营	合计	内河	沿海	远洋
客运量	（万人）	16597	16013		13		13	
旅客周转量	（万人公里）	1307341	1163294		1538		1538	
货运量	（万吨）	17344	7862	4056	9249	7853	464	932
货运周转量	（万吨公里）	2945509	886014	335932	1992569	1735518	113948	143103
旅客吞吐量	（万人）							
#旅客离港量	（万人）							
货物吞吐量	（万吨）	6499						
#集装箱	（万吨）	412						

13－2　续表

(2012 年)

指标名称		港口			铁路运输			管道合计
		合计	内河港口	沿海港口	合计	国家	地方	
客运量	（万人）				571	571		
旅客周转量	（万人公里）				142509	142509		
货运量	（万吨）				233	233		
货运周转量	（万吨公里）				66926	66926		
旅客吞吐量	（万人）							
#旅客离港量	（万人）							
货物吞吐量	（万吨）	5257	139	5118				1242
#集装箱	（万吨）	412	78	334				

13－3 全社会公路分货类运输量

（2012 年）

指标名称	货运量（万吨）	货物周转量（万吨公里）
合　　计	7862	886014
煤炭及制品	444	35950
石油天然气及制品	1617	300442
其中:原油		
金属矿石	149	14954
钢　　铁		
矿建材料	1331	107851
水　　泥	1236	194404
木　　材	87	6215
非金属矿石	426	30426
其中:磷矿		
化肥及农药	249	23025
盐		
粮　　食	131	15394
机械、设备、电器	245	22140
化工原料及制品	141	11041
有色金属	54	4247
轻工、医药制品	367	29714
其中:日用工业品		
农林牧渔业产品	507	31419
其中:棉花		
其　　他	877	58792

13－4 全社会水路分货类运输量

（2012年）

指标名称	货运量（万吨）	货运周转量（万吨公里）
合　计	**9249**	**1992569**
煤炭及制品	286	49192
石油天然气及制品	70	11900
其中：原油		
金属矿石	273	39585
钢铁	286	35178
矿建材料	2432	401280
水　泥	1560	319800
木　材	105	10710
非金属矿石	560	53200
其中：磷矿		
化肥及农药	315	51975
盐		
粮　食	213	35145
机械、设备、电器	270	40940
化工原料及制品	182	24024
有色金属	80	10560
轻工、医药制品	476	78540
其中：日用工业品		
农林牧渔业产品	530	54060
其中：棉花		
其　他	1611	776480

13－5　分县区全社会客货运输(吞吐)量

(2012年)

指标名称		惠州市	惠城区	惠阳区	惠东县	博罗县	龙门县	大亚湾区
客运量	(万人)	16597	6374	2240	3004	2883	783	1312
#铁路运输	(万人)	571	571					
国家铁路	(万人)	571	571					
地方铁路	(万人)							
公路运输	(万人)	16013	5790	2240	3004	2883	783	1312
个体及联户	(万人)							
水上运输	(万人)	13	13					
内河	(万人)							
沿海	(万人)	13	13					
远洋	(万人)							
民航运输	(万人)							
旅客周转量	(万人公里)	1307341	596924	153255	205486	197186	57484	97006
#铁路运输	(万人公里)	142509	142509					
国家铁路	(万人公里)	142509	142509					
地方铁路	(万人公里)							
公路运输	(万人公里)	1163294	452877	153255	205486	197186	57484	97006
个体用联户	(万人公里)							
水上运输	(万人公里)	1538	1538					
内河	(万人公里)							
沿海	(万人公里)	1538	1538					
远洋	(万人公里)							
民航运输	(万人公里)							
货运量	(万吨)	17344	7338	695	633	5759	1108	1811
#铁路运输	(万吨)	233	233					
国家铁路	(万吨)	233	233					
地方铁路	(万吨)							

13－5续表　　　　　　　　　　　　（2012年）

指标名称		惠州市	惠城区	惠阳区	惠东县	博罗县	龙门县	大亚湾区
公路运输	（万吨）	7862	3330	695	625	1576	370	1266
个体及联户	（万吨）	4056	1468	314	571	802	351	550
水上运输	（万吨）	9249	3775		8	4183	738	545
内河	（万吨）	7853	3404			3711	738	
沿海	（万吨）	464			8			456
远洋	（万吨）	932	372			472		89
民航运输	（万吨）							
货物周转量	（万吨公里）	2945509	1275102	70077	74246	1044662	213985	267437
#铁路运输	（万吨公里）	66926	66926					
国家铁路	（万吨公里）	66926	66926					
地方铁路	（万吨公里）							
公路运输	（万吨公里）	886014	392371	70077	72474	161405	46716	142970
个体及联户	（万吨公里）	335932	118029	26309	45427	66419	31914	47834
水上运输	（万吨公里）	1992569	815805		1772	883257	167269	124466
内河	（万吨公里）	1735518	759175			809075	167269	
沿海	（万吨公里）	113948			1772			112176
远洋	（万吨公里）	143103	56630			74183		12290
民航运输	（万吨公里）							
货物吞吐量	（万吨）	6499			80	139		6280
港口	（万吨）	5257			80	139		5038
沿海港口	（万吨）	5118			80			5038
内河港口	（万吨）	139				139		
其中:集装箱	（万吨）	412				78		334
沿海港口	（万吨）	334						334
内河港口	（万吨）	78				78		
管道运输	（万吨）	1242						1242

13－6 民用车辆拥有量

（2012年）

指标名称	总结			总计中		
		营运	非营运	进口	个人	新注册
合　　计	800162	53093	747069	22201	737780	71072
一、汽车	357655	49488	308167	22172	305145	54390
1.载客汽车	294265	7328	286937	21975	261530	48618
其中:大型	6623	3657	2966	49	535	929
中型	5375	89	5286	386	2940	229
小型	278343	3579	274764	21477	254220	47104
微型	3924	3	3921	63	3835	356
其中:轿车	209745	3398	206347	12255	196724	34857
2.载货汽车	60076	41159	18917	129	42906	5478
其中:重型	6689	5293	1396	105	2648	669
中型	7187	5602	1585	3	4913	326
轻型	45688	29912	15776	21	34880	4429
微型	512	352	160		465	54
其中:普通载贷	19523	8960	10563	20	14226	1843
3.其他汽车	3314	1001	2313	68	709	294
其中:三轮汽车	1		1		1	
低速货车	166	99	67		147	8
二、电车						
1.无轨						
2.有轨						
三、摩托车	439098	1422	437676	29	430493	16617
1.普通	438708	1422	437286	29	430109	16617
2.轻便	390		390		384	
四、拖拉机	2028				2020	
1.大中型	180				179	
2.小型方向盘式	1766				1759	
3.手扶式	82				82	
五、挂车	1381	1325	56		122	65
六、其他类型车	0	0	0	0	0	0

注:机动车驾驶员:937724人,其中汽车驾驶员:783343人

13－6 续表

指标名称	报废	载客汽车客位(人)	营运	载货汽车吨位(吨)	营运
合　　计	2139	1835067	204656	130213	89356
一、汽车	802	1835067	204656	130213	89356
1. 载客汽车	551	1835067	204656		
其中:大型	138	167170	128583		
中型	114	76434	11800		
小型	293	1569737	64039		
微型	6	21726	234		
其中:轿车	175				
2. 载货汽车	229			130213	89356
其中:重型	10			55239	42421
中型	37			25849	17302
轻型	166			48735	29463
微型	16			389	170
其中:普通载货	124				
3. 其他汽车	22				
其中:三轮汽车					
低速货车					
二、电车					
1. 无轨					
2. 有轨					
三、摩托车	1336				
1. 普通	1327				
2. 轻便	9				
四、拖拉机					
1. 大中型					
2. 小型方向盘式					
3. 手扶式					
五、挂车	1				
六、其他类型车	0				

注:机动车驾驶员:823429 人,其中汽车驾驶员:662355 人

13－7 民用车辆、运输船舶拥有量

指标名称		2001 年	2002 年	2003 年	2004 年	2005 年	2006 年
民用车辆	（辆）	366392	447256	470756	554689	615794	623571
#摩托车	（辆）	298143	344638	397452	438741	477330	465052
机动船	（艘）	653	649	739	776	945	1067
载客量	（客位）	848	848	240	240	240	427
净载重量	（吨位）	48113	47993	101942	116601	187287	585691
总功率	（千瓦）	91355	91119	139684	155507	232453	290096
#客船	（艘）	1	1	1	1	1	2
载客量	（客位）	368	368	240	240	240	427
#货船	（艘）	650	646	738	776	944	1065
净载重量	（吨位）	47934	47639	101942	116601	187287	585691

3－35 续表

指标名称		2007 年	2008 年	2009 年	2010 年	2011 年	2012 年
民用车辆	（辆）	658524	688109	696964	738368	778129	800162
#摩托车	（辆）	475678	482709	482966	478686	468365	439098
机动船	（艘）	1090	1070	795	784	760	757
载客量	（客位）	331	217	697	553	757	761
净载重量	（吨位）	635713	258777	251845	295738	636518	367357
总功率	（千瓦）	300170	294115	263329	292147	314113	344578
#客船	（艘）	1	13	20	19	23	17
载客量	（客位）	331	217	697	553	757	761
#货船	（艘）	1089	1057	775	765	737	740
净载重量	（吨位）	635713	258673	251407	295378	636071	366913

13－8 全市邮电业务量

项　目		2012 年	2011 年	2012 年比 2011 年增减(%)
邮电业务总量	(万元)	800493.1	670051.8	19.5
#邮政业务总量	(万元)	62730.1	49010.1	28.0
电信业务总量	(万元)	737763.1	621041.7	18.8
固定电话用户	(万户)	130.1	135.2	－3.7
#城市电话用户	(万户)	90.5	94.9	－4.6
乡村电话用户	(万户)	39.6	40.3	－1.8
移动电话年末用户	(万户)	501.2	419.9	19.4
互联网用户数	(万户)	104.2	81.8	27.4
邮政局所	(处)	158	166	－4.8
邮路总长度	(公里)	4085	3639	12.3
农村投递线路总长度	(公里)	11972.5	12459	－3.9
城市段道总长度	(公里)	6048.3	5994.0	0.9
函件	(万件)	742	1022	－27.4
快递	(万件)	1825.4	1063.6	71.6
订销报刊累计数	(万份)	4584.1	4418.1	3.8
集邮业务	(万枚)	264.4	384.3	－31.2
本地电话普及率	(户/百人)	27.8	29.2	－4.8
移动电话普及率	(户/百人)	107.2	90.6	18.3

注:邮电业务总量从 2011 年起按 2010 年不变价格计算,之前年份按 2000 年不变价格计算。增长速度按可比价格计算。

13－9　全市公路情况

指标名称		2005 年	2006 年	2007 年	2008 年	2009 年	2010 年	2011 年	2012 年
公路线路长度	（公里）	7537.9	10436.1	10436.1	10467.7	10682.3	10825.8	10892.4	10933.4
#等级公路	（公里）	7092.5	8831.1	8831.1	9348	9825.8	10074	10234.7	10340.8
#高速公路	（公里）	277.9	277.9	277.9	277.1	374.5	378.5	453.8	492.4
等外公路	（公里）	167.5	1327.2	1327.2	1119.7	790.0	751.8	656.7	592.7
公路密度	（公里/每百平方公里）	67.56	93.53	93.53	94.0	95.7	95.4	96.0	96.4

13－10　分县区公路情况

（2012 年）

指标名称		合计	惠城区	惠阳区	惠东县	博罗县	龙门县	大亚湾	仲恺区
公路线路长度	（公里）	10933.4	1404.7	1343.4	2759.8	2831.3	1979.3	229.9	385.0
#等级公路	（公里）	10340.8	1386.4	1298.1	2419.3	2661.1	1961.1	229.9	385.0
#高速公路	（公里）		492.4	98.1	103.2	76.8	130.1	50.8	33.3
等外公路	（公里）	592.7	18.3	45.3	340.6	170.2	18.3		
公路密度	公里/每百平方公里	96.4	121.4	146.7	78.2	99.2	87.3	79.3	116.3

惠州统计年鉴－2013

HUIZHOU STATISTICAL YEARBOOK

十四、国内贸易

14－1　国内贸易主要指标

项　　目	2000 年	2005 年	2008 年	2009 年	2010 年	2011 年	2012 年	2012 年比 2011 年增长(%)
社会消费品零售总额(亿元)	126.48	252.00	426.75	491.1	582.53	684.72	754.15	15.5
按行业分								
批发零售业	109.97	218.19	373.03	438.95	530.02	619.42	683.32	15.5
限额以上	16.51	51.05	100.57	117.27	178.38	207.34	246.85	22.3
限额以下	93.46	167.14	272.46	321.68	351.64	412.08	436.47	12.0
住宿餐饮业	16.51	33.81	53.72	52.15	52.51	65.3	70.83	14.9
限额以上	2.86	6.83	10.78	12.6	15.49	19.29	23.63	21.3
限额以下	13.65	26.98	42.94	39.55	37.02	46.01	47.2	12.0
按城乡分								
城镇	102	190.65	330.96	394.00	484	569.72	628.15	18.1
乡村	24.48	61.35	95.79	97.10	98.53	115.00	126.00	4.0
批发零售业商品销售总额(亿元)	250.32	393.94	551.58	716.44	961.34	1159.09	1251.78	15.3
批发额	157.06	177.09	183.96	279.71	436.02	542.92	571.44	15.0
零售额	93.26	216.85	367.62	436.73	525.32	616.17	680.34	15.5
按行业分								
批发业销售额	158.35	186.30	172.17	256.26	388.05	483.82	517.29	19.9
批发额	132.97	157.32	133.36	208.28	348.11	413.28	433.89	18.0
零售额	25.38	28.98	38.81	47.98	39.94	70.54	83.40	31.0
零售业销售额	91.97	207.64	379.41	460.18	573.29	675.27	734.49	12.3
批发额	24.09	19.77	50.60	71.44	87.91	129.64	137.55	6.5
零售额	67.88	187.87	328.81	388.74	485.38	545.63	596.94	13.7
按规模分								
限额以上销售额	120.13	173.00	196.33	281.06	489.71	575.73	683.03	18.2
批发额	110.41	131.88	97.63	171.88	175.95	207.34	246.85	15.9
零售额	9.72	41.13	98.70	109.18	313.76	368.39	436.18	22.5
限额以下销售额	130.19	220.94	355.25	435.38	471.63	583.36	568.75	12.0
批发额	46.65	45.22	86.33	107.83	260.07	335.57	324.60	12.2
零售额	83.54	175.72	268.92	327.55	211.56	247.79	244.16	12.0
限额以上住宿餐饮业营业额(亿元)		8.00	15.51	19.24	23.29	30.83	36.26	16.4
#客房收入		1.92	4.49	5.53	7.33	9.63	10.86	11.8
餐费收入		5.62	9.82	12.14	13.79	18.27	21.62	17.4
商品销售收入		0.06	0.28	0.36	0.59	0.80	0.86	8.0
亿元以上商品交易市场成交额(亿元)	18.00	37.35	108.94	119.21	154.65	169.26	136.18	－19.5
限额以上连锁总店数(个)			8	7	7	9	13	44.4
限额以上连锁门店数(个)			229	222	339	425	509	19.8
限额以上连锁店销售总额(亿元)			65	66	78	114	130	14.0
#零售额			59	57	58	85	99	16.5

注:表内社会消费品零售总额、销售总额、营业额为快报数据。

14－2　分县区社会消费品零售总额

单位:亿元

县区	2000 年	2005 年	2006 年	2007 年	2008 年	2009 年	2010 年	2011 年	2012 年
惠城区	50.71	116.82	138.71	166.71	199.71	203.06	237.61	273.28	311.88
惠阳区	16.91	31.59	37.89	45.09	54.70	62.94	73.63	87.18	92.27
惠东县	31.27	51.09	59.28	69.67	83.46	95.76	113.64	134.64	146.91
博罗县	19.16	37.01	44.02	52.55	62.94	72.89	90.99	106.78	112.04
龙门县	6.00	10.25	12.23	14.41	17.20	19.68	22.10	30.36	34.61
大亚湾区	2.44	5.25	6.29	7.61	8.74	8.82	13.07	14.99	16.81
仲恺区						27.95	31.49	37.50	39.63

14－3　分县区批发零售业商品销售总额

单位:亿元

县区	2000 年	2005 年	2006 年	2007 年	2008 年	2009 年	2010 年	2011 年	2012 年
惠城区	140.68	227.24	203.36	244.37	279.25	265.63	419.45	381.49	429.28
惠阳区	30.33	34.18	42.70	49.93	60.30	63.43	67.90	99.31	102.79
惠东县	41.54	59.68	70.26	86.54	105.46	125.73	154.46	233.23	250.59
博罗县	23.94	43.76	50.39	58.53	68.03	77.44	80.66	125.51	119.88
龙门县	8.79	14.46	15.77	17.41	22.75	27.70	35.28	53.72	49.31
大亚湾区	5.03	14.62	14.75	17.05	15.80	23.67	25.57	58.70	67.63
仲恺区						132.83	178.00	207.13	232.31

14－4　批发零售业商品销售总额

单位:万元

项　目	2000年	2005年	2008年	2009年	2010年	2011年	2012年
合　计	2503158	3939434	5515808	7164384	9613373	11590873	12517826
按行业分组							
批发业	1583475	1863050	1721741	2562568	3880550	4838188	5172920
零售业	919683	2076385	3794067	4601816	5732823	6752685	7344906
按规模分组							
限额以上企业和个体户类值	1201280	1730040	1963288	2810577	4897055	5757310	6830275
粮油、食品、饮料、烟酒类	97534	195673	550520	488768	591128	720857	945417
粮油、食品类	15836		96875	129074	211570	278908	427022
其中:粮油类		16932	22975	42826	80110	102953	144362
肉禽蛋类	6192	12861	13216	15162	35634	41117	68665
水产品类				1739	961	8857	61694
蔬菜类				6476	39375	49761	65510
干鲜果品类				5763	4837	12220	15493
饮料类	1441	1480	38985	41446	26167	26791	60268
烟酒类	80256	131008	414660	318249	353391	415158	458127
服装、鞋帽、针纺织品类	27348	225605	163480	184147	323695	387853	602013
服装类	18026	209451	119142	139311	234755	305621	363498
鞋帽类	437	15600	11441	29912	71299	63130	183555
针、纺织品类	8885	554	32897	14924	17641	19102	54960
化妆品类	1040	421	12776	11568	13271	13772	16547
金银珠宝类	284	119	4506	4116	7974	13435	19685
日用品类	31880	1476	37286	42623	47677	48580	79490
其中:洗涤用品类	1275	854	10150	11307	13376	13848	28453
儿童玩具类	1048	297	1480	2005	1927	2376	5297
五金、电料类	948	12582	5594	5869	6860	17567	13098
体育、娱乐用品类	225	77	589	1171	4706	4372	3671
书报杂志类	3512	1652	4228	3710	3211	3222	4522
电子出版物及音像制品类	101	62	2038	766	776	750	844
家用电器和音像器材类	879216	473261	152437	846371	1632978	1705608	1963071
中西药品类	8913	3265	90988	111894	122012	153408	177900
其中:西药类	2602	1920	68557	68671	86116	119963	143214
中草药及中成药类	6311	1346	6740	15747	6515	5645	5734
文化办公用品类	962	129	2906	31761	44403	101573	93454
家具类	17		2618	1809	5058	4746	21984
通讯器材类	67	12775	13220	14486	11033	69090	76043
煤炭及制品类	244			154		5	15
木材及制品类	2365		162	121	18269	1871	7577
石油及制品类	98615	394271	684212	723796	1443320	1552118	1669082
化工材料及制品类	9650	3437	4892	6446	13036	31637	38672
其中:化肥类	9643	3363	4108			13368	23221
金属材料类	2885	1925	2800	2244	3808	100500	72843
建筑及装潢材料类	13	3469	181	8818	7641	51235	98899
机电产品及设备类	22479	10876	64350	80095	97455	44998	57492
其中:农机类	4462	1729	7489	7499		1420	
汽车类	7717	19736	146176	182534	447157	592067	656205
种子饲料类				4882	7083	2983	2723
棉麻类		18					
其他类	12982	369211	17331	52429	44504	135062	209026
限额以下企业和个体户	1301878	2209395	3552520	4353807	4716318	5833563	5687552

14－5　批发零售业商品批发额

单位:万元

项　　目	2000 年	2005 年	2008 年	2009 年	2010 年	2011 年	2012 年
合　计	1570589	1770930	1839560	2797134	4360181	5429170	5714433
按行业分组							
批发业	1329727	1573209	1333602	2082754	3481115	4132780	4338859
零售业	240862	197721	505958	714380	879066	1296389	1375574
按规模分组							
限额以上企业和个体户类值	1104133	1318754	976295	1718788	1759486	2073436	2468477
粮油、食品、饮料、烟酒类	72607	157066	458290	367556	111051	139510	225255
粮油、食品类	9585		35653	46317	62304	72285	116786
其中:粮油类		807	10989	22234	13742	19111	31997
肉禽蛋类	5654	11846	3236	2477	8950	9397	14832
水产品类					961	1019	15146
蔬菜类				1270	1974	2110	4355
干鲜果品类					4837	5089	7723
饮料类	20		26429	30264	11951	13781	41837
烟酒类	63002	129217	396208	290975	36796	53444	66631
服装、鞋帽、针纺织品类	25147	211367	93887	102701	95002	130944	207976
服装类	17242	196117	65593	85249	70427	99772	121178
鞋帽类	7	14918	303	8572	16341	21217	66076
针、纺织品类	7898	332	27991	8880	8235	9955	20722
化妆品类			4904	470	13191	13772	16546
金银珠宝类			1542	193	6635	12001	18171
日用品类	28260		19264	16398	29926	28936	54786
其中:洗涤用品类			1234		13376	13756	28451
儿童玩具类	877		121		1927	2376	5297
五金、电料类	688	12210	3908	4147	3194	2982	2823
体育、娱乐用品类	12				4002	3469	3209
书报杂志类	1519	995	1327	1159	2351	2412	3688
电子出版物及音像制品类	22		458	1	776	750	844
家用电器和音像器材类	864982	435855	74996	761050	103826	106820	96714
中西药品类	5744	2180	83435	107084	2804	3683	5707
其中:西药类	1097	1301	63611	66249	1400	1679	3402
中草药及中成药类	4647	879	4359	13534	1345	1919	2177
文化办公用品类	205		1247	358	42363	58546	65659
家具类	17		1492	1507	3426	3440	11267
通讯器材类			6293	7217	8456	13573	13398
煤炭及制品类				92		5	15
木材及制品类	2365		162	121			
石油及制品类	67959	172704	148259	214126	874041	918060	1003006
化工材料及制品类	9650	3437	4892	6446			
其中:化肥类	9643	3363	4108				
金属材料类	2741	1925	2800	2244			
建筑及装潢材料类	13	3469		8818		17978	41866
机电产品及设备类	14762	10574	59825	74594	6488	7409	7140
其中:农机类	4462	1729	7489	7499			
汽车类			3702	6262	437648	578183	649692
种子饲料类				4882			
棉麻类		18					
其他类	7443	306955	5612	31363	14306	30964	40715
限额以下企业和个体户	466456	452176	863265	1078346	2600695	3355734	3245956

14－6　批发零售业商品零售额

单位：万元

项　　目	2000 年	2005 年	2008 年	2009 年	2010 年	2011 年	2012 年
合计	932569	2168504	3676248	4367250	5253193	6161704	6803394
按行业分组							
批发业	253748	289841	388138	479814	399435	705408	834062
零售业	678821	1878663	3288110	3887436	4853758	5456296	5969332
按规模分组							
限额以上企业和个体户类值	97146	411285	986993	1091789	3137570	3683874	4361797
粮油、食品、饮料、烟酒类	24927	38608	92230	121212	480077	581347	720163
粮油、食品类	6252		61222	82757	149266	206623	310236
其中：粮油类		16125	11986	20592	66368	83842	112365
肉禽蛋类	538	1015	9980	12685	26684	31720	53833
水产品类				1739		7838	46549
蔬菜类				5207	37401	47651	61155
干鲜果品类				5763		7131	7771
饮料类	1421	1480	12556	11182	14216	13011	18430
烟酒类	17255	1791	18452	27274	316595	361714	391496
服装、鞋帽、针纺织品类	2202	14238	69593	81446	228693	256908	394037
服装类	783	13335	53549	54062	164329	205849	242321
鞋帽类	430	682	11138	21340	54959	41913	117479
针、纺织品类	988	222	4905	6044	9406	9147	34237
化妆品类	1040	421	7872	11098	79		1
金银珠宝类	284	119	2964	3923	1339	1433	1514
日用品类	3621	1476	18022	26226	17751	19644	24705
其中：洗涤用品类	1275	854	8917	11307		91	1
儿童玩具类	171	297	1360	2005			
五金、电料类	260	372	1685	1722	3665	14584	10275
体育、娱乐用品类	214	77	589	1171	704	904	462
书报杂志类	1994	656	2901	2551	860	810	834
电子出版物及音像制品类	79	62	1579	766			
家用电器和音像器材类	14235	37406	77441	85321	1529153	1598788	1866357
中西药品类	3170	1086	7553	4810	119208	149726	172193
其中：西药类	1505	619	4947	2422	84716	118284	139812
中草药及中成药类	1665	467	2381	2213	5170	3726	3557
文化办公用品类	757	129	1660	31403	2041	43027	27795
家具类			1126	302	1633	1306	10717
通讯器材类	67	12775	6927	7269	2576	55518	62646
煤炭及制品类	244			62			
木材及制品类					18269	1871	7577
石油及制品类	30656	221567	535953	509670	569279	634058	666076
化工材料及制品类					13036	31637	38672
其中：化肥类						13368	23221
金属材料类	144				3808	100500	72843
建筑及装潢材料类			181		7641	33257	57033
机电产品及设备类	7717	302	4525	5500	90967	37589	50352
其中：农机类						1420	
汽车类	7717	19736	142475	176272	9510	13884	6513
种子饲料类					7083	2983	2723
棉麻类							
其他类	5540	62255	11719	21066	30198	104099	168311
限额以下企业和个体户	835422	1757219	2689255	3275461	2115623	2477829	2441596

14－7 限额以上批发业商品购、销、存总额

（2012 年） 单位：万元

项　目	企业单位数	购进总额	进口	商品销售额
批发业	135	4783198	35513	4986612
按国民经济行业分				
农、林、牧产品批发	15	66342		138945
谷物、豆及薯类批发	12	63714		117741
饲料批发	1	2628		2723
牲畜批发	2			18481
食品、饮料及烟草制品批发	24	426172	2	605211
米、面制品及食用油批发	1	16981		18430
糕点、糖果及糖批发	1	2123		21714
果品、蔬菜批发	9	20741		58446
肉、禽、蛋及水产品批发	9	71430	2	94701
盐及调味品批发	1	4961		6844
酒、饮料及茶叶批发	2	18786		19366
烟草制品批发	1	291151		385710
纺织、服装及家庭用品批发	27	2642761	4788	2662572
纺织品、针织品及原料批发	5	237633	3810	246302
服装批发	2	31586		34942
鞋帽批发	13	94024		257690
家用电器批发	7	2279518	978	2123637
文化、体育用品及器材批发	3	68071	85	75292
音像制品及电子出版物批发	2	55925	85	62614
其他文化用品批发	1	12146		12677
医药及医疗器材批发	18	168603	2073	184358
西药批发	10	105182	1717	113727
中药批发	8	63422	357	70631
矿产品、建材及化工产品批发	35	803474	4021	795962
石油及制品批发	9	563461	1544	542596
金属及金属矿批发	3	17802		18024
建材批发	5	22200		28891
化肥批发	4	28074		28708
农药批发	2	4812		4897
其他化工产品批发	12	167125	2477	172847
机械设备、五金交电及电子产品批发	13	587348	24543	503730
农业机械批发	1	124		26
汽车批发	1	5124		5419
汽车零配件批发	1	1091		2329

项　目	批发	进口	零售	年末库存总额
批发业	4796515	366480	190097	546476
按国民经济行业分				
农、林、牧产品批发	138227		717	8306
谷物、豆及薯类批发	117024		717	7840
饲料批发	2723			465
牲畜批发	18481			
食品、饮料及烟草制品批发	593808	35264	11403	21595
米、面制品及食用油批发	18430			1056
糕点、糖果及糖批发	21714			343
果品、蔬菜批发	58446			3033
肉、禽、蛋及水产品批发	90191	35264	4510	4102
盐及调味品批发	6844			951
酒、饮料及茶叶批发	12473		6893	55
烟草制品批发	385710			12054
纺织、服装及家庭用品批发	2593328	232625	69244	332183
纺织品、针织品及原料批发	246302	184763		130
服装批发	34942	10597		2987
鞋帽批发	188446	25686	69244	3506
家用电器批发	2123637	11580		325560
文化、体育用品及器材批发	75292	62496		3573
音像制品及电子出版物批发	62614	62496		3565
其他文化用品批发	12677			9
医药及医疗器材批发	163133		21226	10885
西药批发	113727			8289
中药批发	49405		21226	2596
矿产品、建材及化工产品批发	708491		87472	37492
石油及制品批发	458588		84008	30077
金属及金属矿批发	17759		265	403
建材批发	28891			879
化肥批发	28708			1400
农药批发	3935		962	722
其他化工产品批发	170610		2237	4011
机械设备、五金交电及电子产品批发	503696	15554	35	132442
农业机械批发	26			98
汽车批发	5419			1377
汽车零配件批发	2329			850

项　　目	企业单位数	购进总额	进口	商品销售额
五金产品批发	1	5765		5787
计算机、软件及辅助设备批发	2	24476	2453	24973
通讯及广播电视设备批发	1	454640		368004
其他机械设备及电子产品批发	6	96129	22090	97193
贸易经纪与代理	1	20428		20542
贸易代理	1	20428		20542
其他批发业				
按登记注册类型分				
内资企业	120	2129640	33060	2546283
国有企业	3	148595		149876
集体企业	4	19824		37261
有限责任公司	55	1064473	21848	1202456
国有独资公司	1	37280	85	43867
其他有限责任公司	54	1027194	21762	1158590
股份有限公司	3	232955	1345	243031
私营企业	44	604927	8006	825818
私营独资企业	3	11416	2	174540
私营有限责任公司	40	587935	8004	645939
私营股份有限公司	1	5576		5340
其他企业	11	58866	1862	87840
港、澳、台商投资企业	8	357680	2453	374529
合资经营企业（港或澳、台资）	4	278864	2453	276311
港、澳、台商独资经营企业	4	78816		98218
外商投资企业	6	2295879		2065800
中外合资经营企业	3	2277462		2044873
外资企业	3	18417		20927
按企业控股情况分				
国有控股	8	2531688	85	2480351
集体控股	9	50046	2453	70544
私人控股	92	1013389	11635	1292004
港澳台商控股	8	130540		166428
外商控股	5	690134		588125
其他	12	367402	21340	389159

项目	批发	进口	零售	年末库存总额
五金产品批发	5756		31	15
计算机、软件及辅助设备批发	24973	9333		116
通讯及广播电视设备批发	368000		4	129048
其他机械设备及电子产品批发	97193	6220		938
贸易经纪与代理	20542	20542		
贸易代理	20542	20542		
其他批发业				
按登记注册类型分				
内资企业	2356261	357147	190022	123764
国有企业	66114		83762	6180
集体企业	37261			1513
有限责任公司	1153792	215838	48664	59903
国有独资公司	43867	43748		3565
其他有限责任公司	1109926	172090	48664	56339
股份有限公司	243031	5680		40287
私营企业	768980	135629	56838	14090
私营独资企业	129423		45117	879
私营有限责任公司	634218	135629	11721	12597
私营股份有限公司	5340			614
其他企业	87083		758	1792
港、澳、台商投资企业	374529	9333		20637
合资经营企业(港或澳、台资)	276311	9333		18004
港、澳、台商独资经营企业	98218			2633
外商投资企业	2065725		75	402074
中外合资经营企业	2044798		75	398824
外资企业	20927			3250
按企业控股情况分				
国有控股	2396589	125860	83762	305767
集体控股	70544	11943		2578
私人控股	1185945	216557	106059	40631
港澳台商控股	166428			3555
外商控股	588121		4	150182
其他	388888	12121	271	43764

14－8 限额以上零售业商品购、销、存总额

（2012 年） 单位：万元

项目	企业单位数	购进总额	进口	商品销售额
零售业	181	1654461	69620	2382070
按国民经济行业分				
综合零售	36	296101	852	366966
百货零售	21	211533		277502
超级市场零售	12	74382		77935
其他综合零售	3	10186	852	11528
食品、饮料及烟草制品专门零售	11	55695		68891
粮油零售	1	1062		1163
糕点、面包零售	1	950		12953
肉、禽、蛋及水产品零售	2	8821		7183
酒、饮料及茶叶零售	4	42031		44861
烟草制品零售	3	2831		2732
纺织、服装及日用品专门零售	3	24452		30026
服装零售	1	21445		26728
化妆品及卫生用品零售	1	1660		1832
其他日用品零售	1	1348		1466
文化、体育用品及器材专门零售	1	4403		4471
图书、报刊零售	1	4403		4471
医药及医疗器材专门零售	3	3858		4902
药品零售	3	3858		4902
汽车、摩托车、燃料及零配件专门零售	91	1117116	66459	1739725
汽车零售	58	627342	66459	630870
汽车零配件零售	1	467		8543
摩托车及零配件零售	6	6344		7811
机动车燃料零售	26	482962		1092501
家用电器及电子产品专门零售	19	127403		136247
日用家电设备零售	9	98251		104536
计算机、软件及辅助设备零售	5	6313		7168
通信设备零售	4	22290		23993
其他电子产品零售	1	550		550
五金、家具及室内装修材料专门零售	6	10393	2309	10598
五金零售	2	2448		2093

项　　目	批发	进口	零售	年末库存总额
零售业	315539	2835	2066531	194651
按国民经济行业分				
综合零售	4098		362867	29956
百货零售			277502	20242
超级市场零售	382		77553	8846
其他综合零售	3716		7812	868
食品、饮料及烟草制品专门零售	14399		54492	6258
粮油零售			1163	18
糕点、面包零售			12953	282
肉、禽、蛋及水产品零售	72		7111	2850
酒、饮料及茶叶零售	14039		30821	2450
烟草制品零售	288		2444	659
纺织、服装及日用品专门零售	12561		17464	198
服装零售	12561		14166	
化妆品及卫生用品零售			1832	121
其他日用品零售			1466	76
文化、体育用品及器材专门零售	834		3637	1574
图书、报刊零售	834		3637	1574
医药及医疗器材专门零售			4902	683
药品零售			4902	683
汽车、摩托车、燃料及零配件专门零售	250797		1488928	131393
汽车零售	20765		610105	74815
汽车零配件零售			8543	3556
摩托车及零配件零售			7811	2799
机动车燃料零售	230032		862470	50223
家用电器及电子产品专门零售	21731		114516	21518
日用家电设备零售	11144		93392	17340
计算机、软件及辅助设备零售	132		7036	1190
通信设备零售	10454		13538	2987
其他电子产品零售			550	
五金、家具及室内装修材料专门零售	5249	2835	5349	2419
五金零售	400		1693	365

项目	企业单位数	购进总额	进口	商品销售额
灯具零售	1	5284	2309	4849
家具零售	2	2019		2755
陶瓷、石材装饰材料零售	1	642		901
货摊、无店铺及其他零售业	11	15040		20247
生活用燃料零售	11	15040		20247
按登记注册类型分				
内资企业	169	1312433	38209	2026810
国有企业	6	12183		13197
集体企业	2	4015		5045
有限责任公司	79	833325	25932	884261
其他有限责任公司	79	833325	25932	884261
股份有限公司	7	46524	2309	677367
私营企业	61	337180	9968	363383
私营独资企业	11	30476		31738
私营合伙企业	1	820		945
私营有限责任公司	48	299524	9968	321199
私营股份有限公司	1	6361		9502
其他企业	14	79206		83556
港、澳、台商投资企业	6	111603	31411	123651
合资经营企业(港或澳、台资)	3	30155		31714
合作经营企业(港或澳、台资)	1	28592		36390
港、澳、台商独资经营企业	2	52856	31411	55548
外商投资企业	6	230425		231610
中外合资经营企业	5	213486		210757
外资企业	1	16939		20853
按企业控股情况分				
国有控股	14	411063	2309	1004384
集体控股	4	31528		39318
私人控股	126	873797	35900	980152
港澳台商控股	4	104356	31411	115854
外商控股	2	36964		41020
其他	31	196752		201344

项 目	批发	进口	零售	年末库存总额
灯具零售	4849	2835		435
家具零售			2755	1268
陶瓷、石材装饰材料零售			901	350
货摊、无店铺及其他零售业	5870		14377	652
生活用燃料零售	5870		14377	652
按登记注册类型分				
内资企业	300906	2835	1725903	173152
国有企业	4256		8942	733
集体企业			5045	28
有限责任公司	182379		701882	107182
其他有限责任公司	182379		701882	107182
股份有限公司	91892	2835	585475	10152
私营企业	22380		341004	38780
私营独资企业	1903		29836	5164
私营合伙企业	940		5	597
私营有限责任公司	19537		301662	32942
私营股份有限公司			9502	78
其他企业			83556	16277
港、澳、台商投资企业	14633		109018	5732
合资经营企业（港或澳、台资）			31714	1525
合作经营企业（港或澳、台资）	2072		34318	1615
港、澳、台商独资经营企业	12561		42986	2591
外商投资企业			231610	15768
中外合资经营企业			210757	14238
外资企业			20853	1530
按企业控股情况分				
国有控股	236783	2835	767600	53369
集体控股			39318	1657
私人控股	50627		929524	106444
港澳台商控股	14633		101221	5053
外商控股			41020	3760
其他	13496		187848	24368

14－9 分县区限额以上批发零售业商品购、销、存总额

（2012 年）　　单位:万元

县区	购进总额	进口	商品销售额	批发	进口	零售	年末库存总额
合计	6437659	105133	7368682	5112054	369315	2256628	741127
批发业	4783198	35513	4986612	4796515	366480	190097	546476
惠城区	1762560	29417	1779981	1674989	305530	104992	193443
惠阳区	189397	4021	194725	185160		9565	3520
惠东县	57975		60848	60788	28039	60	2056
博罗县	251768	359	566778	492307	32910	74472	19833
龙门县	5874		7301	6369		932	22
大亚湾区	339154		330385	330309		76	14488
仲恺区	2176471	1717	2046594	2046594			313115
零售业	1654461	69620	2382070	315539	2835	2066531	194651
惠城区	1392959	69620	2102342	299965	2835	1802378	162393
惠阳区	124942		130124	914		129209	8114
惠东县	28506		29842	2015		27827	3505
博罗县	38280		44707			44707	10003
龙门县	15946		17038	2191		14847	4603
大亚湾区	20784		22302			22302	2895
仲恺区	33045		35716	10454		25261	3138

14－10　限额以上住宿业经营情况

（2012 年）　　单位：万元

项　　目	企业数（个）	营业额合　计	客房收入	餐费收入	# 商　品销售收入
住宿业	81	200104	90946	77486	6622
按住宿行业小类分					
旅游饭店	68	190541	86363	74260	5929
一般旅馆	9	8474	4137	2992	693
其他住宿服务	4	1089	446	233	
按登记注册类型分					
内资企业	61	141052	62897	52408	2637
国有企业	2	3011	1461	1222	
集体企业					
股份合作企业					
联营企业					
有限责任公司	16	38709	15170	14104	37
国有独资公司	1	186	146	39	
其他有限责任公司	15	38523	15024	14066	37
股份有限公司	3	6349	3327	2091	47
私营企业	36	86162	39384	34352	2370
私营独资企业	8	8604	4453	1608	1077
私营合伙企业	1	2553	1619	934	
私营有限责任公司	27	75005	33312	31810	1293
私营股份有限公司					
其他企业	4	6821	3555	638	183
港澳台商投资企业	14	32264	19013	8774	3615
与港澳台商合资经营企业	8	24475	14061	6231	3527
与港澳台商合作经营企业	2	1495	629	862	
港澳台商独资企业	4	6294	4323	1681	88
外商投资企业	6	26789	9036	16304	370
中外合资经营企业	1	2248	762	785	
中外合作经营企业	5	24541	8275	15519	370
按控股情况分					
国有控股	4	6403	2292	3782	
集体控股					
私人控股	51	123603	58120	43324	4286
港澳台商控股	12	27550	11934	10893	1955
外商控股	1	2248	762	785	
其他	13	40300	17839	18703	381
按星级分					
五星	4	36404	13516	17101	47
四星	6	19534	7354	10805	
三星	22	20743	8518	9900	123
二星	3	11272	2698	7960	
一星					
其他	46	112152	58861	31721	6451

14－11　限额以上餐饮业经营情况

（2012年）　　　　单位：万元

项　　目	企业数（个）	营业额合　计	客房收入	餐费收入	#商品销售收入
餐饮业	85	101144	9076	87320	964
按餐饮行业小类分					
正餐服务	81	84004	9076	70309	964
快餐服务	3	16851		16850	
饮料及冷饮服务					
其他餐饮服务	1	288		161	
按登记注册类型分					
内资企业	77	76322	8391	63399	758
国有企业					
集体企业					
股份合作企业					
联营企业					
有限责任公司	15	15039	1251	12387	280
国有独资公司					
其他有限责任公司	15	15039	1251	12387	280
股份有限公司					
私营企业	55	54871	6450	45597	478
私营独资企业	29	24818	2186	21127	462
私营有限责任公司	24	29093	3982	23793	16
私营股份有限公司	2	960	282	677	
其他企业	7	6412	690	5416	
港澳台商投资企业	7	10777	686	9876	205
与港澳台商合资经营企业	2	2210	630	1490	90
与港澳台商合作经营企业	1	272	12	142	110
港澳台商独资企业	4	8295	44	8245	5
外商投资企业	1	14045		14045	
中外合资经营企业					
中外合作经营企业					
外资企业	1	14045		14045	
按控股情况分					
国有控股					
集体控股					
私人控股	71	70650	7970	58522	758
港澳台商控股	6	10505	674	9735	95
外商控股	1	14045		14045	
其他	7	5944	432	5018	110

14－12　分县区限额以上住宿餐饮业经营情况

（2012年）　　单位：万元

县区	企业数（个）	营业额合　计	客房收入	餐费收入	#商品销售收入
合计	166	301248	100022	164806	7586
住宿业	81	200104	90946	77486	6622
惠城区	26	79657	31107	40734	211
惠阳区	9	11763	4065	4000	
惠东县	9	11941	5630	3637	
博罗县	16	35959	15757	15519	3650
龙门县	16	54252	31866	10264	2761
大亚湾区	3	3736	1471	2026	
仲恺区	2	2796	1052	1306	
餐饮业	85	101144	9076	87320	964
惠城区	30	48809	1874	46912	22
惠阳区	16	21902	2934	16870	16
惠东县	3	1972	272	1611	
博罗县	20	16121	2246	12632	729
龙门县	10	7062	1064	5068	165
大亚湾区	3	3218	293	2887	
仲恺区	3	2059	394	1341	32

14－13　限额以上连锁批发零售业、住宿餐饮业经营情况

（2012 年）　　单位：万元

项　　目	连锁总店数（个）	销售总额（营业额）（万元）	#零售额（万元）	营业面积（平方米）
总　计	13	1301246	993778	880570
批发零售业合计	11	1285724	978255	873076
按登记注册类型分组				
内资企业	9	1137019	842112	740307
国有企业				
集体企业				
股份合作企业				
联营企业				
有限责任公司	8	505283	296304	190878
国有独资公司				
其他有限责任公司	8	505283	296304	190878
股份有限公司	1	631736	545808	549429
私营企业				
其他企业				
港、澳、台商投资企业	1	26728	14166	15953
与港澳台商合资经营				
与港澳台商合作经营				
港、澳、台商独资经营	1	26728	14166	15953
港、澳、台商投资股份有限公司				
其他港澳台商投资				
外商投资企业	1	121977	121977	116816
中外合资经营企业	1	121977	121977	116816
3. 按批发零售连锁业态分组				
百货商店	1	40140	40140	40000
专业店	9	1218856	923949	817123
其中：加油站	4	930158	785866	666245
专卖店	1	26728	14166	15953
住宿餐饮业合计	2	15522	15522	7494
按行业分组				
正餐服务				
快餐服务	2	15522	15522	7494
按登记注册类型分组				
内资企业				
港、澳、台商投资企业	1	1478	1478	1704
港澳台商独资	1	1478	1478	1704
外商投资企业	1	14045	14045	5790
外资企业	1	14045	14045	5790

14－13 续表 （2012年） 单位:万元

项　目	从业人数（人）	连锁门店数（个）	直营店（个）	加盟店（个）
总 计	6692	509	504	5
批发零售业合计	5713	482	481	1
按登记注册类型分组				
内资企业	3967	283	282	1
国有企业				
集体企业				
股份合作企业				
联营企业				
有限责任公司	2652	127	126	1
国有独资公司				
其他有限责任公司	2652	127	126	1
股份有限公司	1315	156	156	
私营企业				
其他企业				
港、澳、台商投资企业	1281	167	167	
与港澳台商合资经营				
与港澳台商合作经营				
港、澳、台商独资经营	1281	167	167	
港、澳、台商投资股份有限公司				
其他港澳台商投资				
外商投资企业	465	32	32	
中外合资经营企业	465	32	32	
3.按批发零售连锁业态分组				
百货商店	984	3	3	
专业店	3448	312	311	1
其中:加油站	2200	233	233	
专卖店	1281	167	167	
住宿餐饮业合计	979	27	23	4
按行业分组				
正餐服务				
快餐服务	979	27	23	4
按登记注册类型分组				
内资企业				
港、澳、台商投资企业	69	4		4
港澳台商独资	69	4		4
外商投资企业	910	23	23	
外资企业	910	23	23	

14－14　限额以上批发零售、住宿餐饮业财务状况

（2012 年）　　单位：万元

项　　目	批发业	零售业	住宿业	餐饮业
法人企业数（个）	135	181	81	85
年初存货	278860	130126	29164	3903
流动资产合计	1416587	811879	210710	52691
#应收帐款	448087	48132	21658	3857
存货	429573	148448	30810	3485
固定资产合计	139754	204394	175715	29656
固定资产原价	175916	286667	267492	49010
累计折旧	43555	83378	97784	19948
#本年折旧	14568	18619	11621	3050
资产总计	1770694	1088483	543748	106839
流动负债合计	1315608	818704	306000	61296
应付帐款	624665	114455	36938	8317
非流动负债合计	131054	95033	133416	18450
负债合计	1468025	917268	434280	80185
所有者权益合计	302669	171214	109468	26654
实收资本	185727	156887	147133	42330
#国家资本	16016	26878	7911	
集体资本	1734	873	3544	
法人资本	71852	97709	34383	23642
个人资本	43490	20009	41167	13535
港澳台资本	25685	9707	58781	2662
外商资本	26951	1710	1347	2490
营业收入	4238603	2194811	197881	103902
#主营业务收入	4150588	2154860	196933	103187
营业成本	3825438	1984077	60747	50268
#主营业务成本	3750409	1969075	60464	48981
营业税金及附加	25599	6249	11955	6317
#主营业务税金及附加	25187	6096	11878	6163
其他业务利润	13637	24205	755	105
销售费用	183091	135857	64848	31149
管理费用	67743	52755	46370	12165
#税金	1489	2759	1367	392
差旅费	2315	1087	582	202
工会经费	592	158	53	44
财务费用	15686	19566	12184	2595
#利息收入	3831	2064	93	61
利息支出	15103	5540	5034	1469
营业利润	112612	2233	1498	1473
营业外收入	2085	1955	265	120
补贴收入	1543	156		
利润总额	132152	3949	－1226	1266
应交所得税	14641	2756	1223	678
应付职工薪酬	77856	57993	42908	18320
应交增值税	45156	47415		

14－15　限额以上批发企业财务状况

（2012 年）　　单位：万元

项　　目	企业数（个）	年初库存	流动资产合计	固定资产原价	累计折旧	本年折旧
批发业合计	135	278860	1416587	175916	43555	14568
按国民经济行业分						
农、林、牧产品批发	14	9264	38904	18801	3632	772
谷物、豆及薯类批发	11	4735	29503	8415	1353	285
饲料批发	1	452	1357	396	119	15
牲畜批发	2	4077	8044	9989	2160	472
食品、饮料及烟草制品批发	24	17221	127679	90481	16753	4248
米、面制品及食用油批发	1	642	2967	105	59	30
糕点、糖果及糖批发	1	1178	2336	204	118	25
果品、蔬菜批发	9	2478	29977	32191	6449	1436
肉、禽、蛋及水产品批发	9	4030	27126	46190	3645	1525
盐及调味品批发	1	825	1931	2533	1383	295
酒、饮料及茶叶批发	2	55	13517	24	10	3
烟草制品批发	1	8012	49825	9235	5089	936
纺织、服装及家庭用品批发	27	180440	779810	11562	4969	1010
纺织品、针织品及原料批发	5	645	75955	3488	1865	174
服装批发	2	2931	14495	177	110	5
鞋帽批发	13	40430	69677	3500	333	157
家用电器批发	7	136434	619684	4397	2661	674
文化、体育用品及器材批发	3	5452	83749	1633	722	126
音像制品及电子出版物批发	2	5445	72739	754	300	41
其他文化用品批发	1	7	11010	878	422	85
医药及医疗器材批发	18	9243	75512	6024	2047	395
西药批发	10	6582	49592	3845	1365	247
中药批发	8	2661	25920	2179	682	148
矿产品、建材及化工产品批发	35	10358	185907	37460	13385	7504
石油及制品批发	9	4405	114646	29286	10703	6593
金属及金属矿批发	3	172	6255	226	100	11
建材批发	5	182	13424	4238	1180	686
化肥批发	4	1593	4266	1752	761	140
农药批发	2	719	1060	1097	182	
其他化工产品批发	12	3287	46257	861	459	74
机械设备、五金交电及电子产品批发	13	46880	123450	9928	2038	513
农业机械批发	1		833	19	2	2
汽车批发	1	1	4010	55	17	17
汽车零配件批发	1	2079	1377	4	2	1

项　　目	资产合计	负债合计	所有者权益合计	实收资本	营业收入	主营业务收入	营业成本
批发业合计	1770694	1468025	302669	185727	4238603	4150588	3825438
按国民经济行业分							
农、林、牧产品批发	81740	35226	46514	14861	145211	145211	115945
谷物、豆及薯类批发	48843	25853	22990	9236	124050	124050	97404
饲料批发	2757	2384	373	620	2680	2680	2528
牲畜批发	30140	6989	23152	5005	18481	18481	16013
食品、饮料及烟草制品批发	240354	98464	141890	35706	546755	530371	423314
米、面制品及食用油批发	3500	3325	175	50	15957		14748
糕点、糖果及糖批发	2421	865	1556	931	21714	21714	20883
果品、蔬菜批发	82287	38408	43880	18685	60856	60856	45525
肉、禽、蛋及水产品批发	72021	34561	37460	11826	94603	94271	75521
盐及调味品批发	3081	1376	1705	864	6594	6501	3194
酒、饮料及茶叶批发	13531	14455	－924	150	17363	17363	16887
烟草制品批发	63513	5474	58039	3200	329668	329666	246555
纺织、服装及家庭用品批发	826948	783579	43369	39562	2388540	2324768	2177824
纺织品、针织品及原料批发	79575	71671	7904	2528	239164	239121	230906
服装批发	14580	14147	433	1206	27683	27683	24847
鞋帽批发	90370	72055	18315	16264	257690	257690	217360
家用电器批发	642423	625706	16717	19564	1864003	1800273	1704711
文化、体育用品及器材批发	123015	126693	－3679	4100	68948	68919	67663
音像制品及电子出版物批发	109705	114448	－4743	3100	56271	56242	55514
其他文化用品批发	13310	12245	1065	1000	12677	12677	12149
医药及医疗器材批发	83415	74928	8487	6527	169237	169213	157085
西药批发	55858	50379	5479	3767	103995	103971	95190
中药批发	27557	24549	3008	2760	65242	65242	61895
矿产品、建材及化工产品批发	279029	244054	34975	41598	725278	719581	700227
石油及制品批发	195745	179360	16384	24222	495174	489524	482134
金属及金属矿批发	6381	5672	708	800	16279	16279	15645
建材批发	16998	12952	4046	2977	27133	27133	24667
化肥批发	5696	4662	1034	1127	28713	28690	26587
农药批发	2314	930	1385	766	5415	5415	5048
其他化工产品批发	51896	40478	11417	11705	152564	152539	146146
机械设备、五金交电及电子产品批发	134599	103470	31129	43274	174093	171984	162953
农业机械批发	850	278	572	600	90	90	33
汽车批发	4068	3555	513	500	4632	4632	4380
汽车零配件批发	1473	905	568	500	2329	2329	2236

项　　目	企业数（个）	年初库存	流动资产合计	固定资产原价	累计折旧	本年折旧
五金产品批发	1	71	1768	129	74	12
计算机、软件及辅助设备批发	2	459	6185	202	109	27
通讯及广播电视设备批发	1	42412	85855	431	356	26
其他机械设备及电子产品批发	6	1858	23424	9088	1477	428
贸易经纪与代理	1	3	1576	29	11	1
贸易代理	1	3	1576	29	11	1
按登记注册类型分						
内资企业	121	108545	751986	119381	29003	9891
国有企业	3	844	35317	13230	5645	4543
集体企业	4	208	4426	960	368	46
有限责任公司	56	36923	339080	48942	16961	3239
国有独资公司	1	5444	70618	754	300	41
其他有限责任公司	55	31479	268462	48188	16662	3198
股份有限公司	3	19915	114975	490	98	28
私营企业	44	49880	247729	53996	5687	1874
私营独资企业	3	40095	42013	38619	1091	828
私营有限责任公司	40	9408	203378	15376	4595	1046
私营股份有限公司	1	377	2338	2	1	
其他企业	11	775	10460	1763	244	161
港、澳、台商投资企业	8	23600	127826	38553	8160	1757
合资经营企业（港或澳、台资）	4	19558	69317	8851	2000	453
港、澳、台商独资经营企业	4	4042	58509	29702	6160	1305
外商投资企业	6	146715	536775	17983	6393	2920
中外合资经营企业	3	143991	527633	12127	4486	2446
外资企业	3	2725	9143	5856	1907	474
按企业控股情况分						
国有控股	9	117991	626907	43594	18043	6993
集体控股	9	2225	13289	1450	677	99
私人控股	92	64444	393490	81345	12549	4863
港澳台商控股	8	10827	72915	37995	7886	1755
外商控股	5	60150	150144	6770	2471	500
其他	12	23223	159843	4763	1929	357
按经营形式分						
独立门店	94	199486	1029137	72031	24206	5068
连锁总店	2	220	33490	10861	4340	4253
其他	39	79154	353960	93024	15009	5246

项　　目	资产合计	负债合计	所有者权益合计	实收资本	营业收入	主营业务收入	营业成本
五金产品批发	1823	1625	198	150	5818	4972	5581
计算机、软件及辅助设备批发	6586	6515	71	1500	25846	25846	22942
通讯及广播电视设备批发	85930	76302	9628	20679	33955	33955	30635
其他机械设备及电子产品批发	33870	14292	19579	19345	101424	100160	97147
贸易经纪与代理	1594	1610	－16	100	20542	20542	20428
贸易代理	1594	1610	－16	100	20542	20542	20428
按登记注册类型分							
内资企业	1029789	821324	208465	108657	2391939	2343860	2138280
国有企业	82281	64457	17824	11847	135790	135697	125742
集体企业	5791	5348	443	717	36454	36439	34113
有限责任公司	461549	348597	112952	39266	1111981	1089453	989913
国有独资公司	107583	112371	－4788	3000	37523	37494	36869
其他有限责任公司	353966	236226	117739	36266	1074458	1051959	953045
股份有限公司	130864	116970	13894	12700	249384	224298	217018
私营企业	336875	275908	60967	41572	771227	770870	708805
私营独资企业	92262	54739	37523	9474	174537	174205	137995
私营有限责任公司	242275	218882	23393	32048	591350	591325	565755
私营股份有限公司	2339	2287	52	50	5340	5340	5056
其他企业	12429	10043	2386	2556	87104	87104	62689
港、澳、台商投资企业	174258	103270	70988	37302	342432	341183	281242
合资经营企业（港或澳、台资）	85461	57608	27853	15412	251895	251895	206516
港、澳、台商独资经营企业	88798	45663	43135	21890	90537	89288	74726
外商投资企业	566647	543431	23216	39768	1504232	1465544	1405916
中外合资经营企业	552596	535460	17136	29360	1483213	1444525	1388416
外资企业	14051	7971	6080	10408	21020	21020	17501
按企业控股情况分							
国有控股	765824	679394	86430	31347	2159430	2114974	1969072
集体控股	15280	12751	2528	2744	70525	70502	66183
私人控股	534225	429814	104411	65957	1235657	1218410	1129424
港澳台商控股	119254	53210	66043	31649	162815	161566	142522
外商控股	155402	134396	21007	36886	225232	225232	177846
其他	180709	158460	22250	17144	384944	359903	340391
按经营形式分							
独立门店	1170746	996327	174419	88646	3042656	2986904	2729509
连锁总店	81250	65077	16173	11045	132084	132084	125781
其他	518698	406621	112077	86036	1063864	1031600	970148

14－15 续表4 (2012年) 单位:万元

项　　目	主营业务成　本	营业税金及附加	主营业务税金及附加	其它业务利　润	营业费用	管理费用
批发业合计	3750409	25599	25187	13637	183091	67743
按国民经济行业分						
农、林、牧产品批发	115945	319	319		4299	3746
谷物、豆及薯类批发	97404	314	314		4241	2525
饲料批发	2528	5	5		27	106
牲畜批发	16013				31	1116
食品、饮料及烟草制品批发	408466	20389	20345	1246	10609	20795
米、面制品及食用油批发		30			845	216
糕点、糖果及糖批发	20883	36	36	75	613	58
果品、蔬菜批发	45525	185	183	756	2203	3086
肉、禽、蛋及水产品批发	75421	254	254	332	1103	1021
盐及调味品批发	3194	63	51	81	1041	1561
酒、饮料及茶叶批发	16887	21	21		168	21
烟草制品批发	246555	19801	19801	2	4636	14833
纺织、服装及家庭用品批发	2122425	3393	3350	9283	147277	24293
纺织品、针织品及原料批发	230903	92	92	363	3603	3163
服装批发	24847	71	71	469	1981	602
鞋帽批发	217360	883	883	118	2371	4349
家用电器批发	1649315	2348	2305	8333	139322	16179
文化、体育用品及器材批发	67616	27	27		458	555
音像制品及电子出版物批发	55468	17	17		195	380
其他文化用品批发	12149	10	10	2	262	175
医药及医疗器材批发	157063	372	311	24	4737	5023
西药批发	95167	219	219	7	3551	3449
中药批发	61895	154	93	17	1187	1574
矿产品、建材及化工产品批发	696943	803	539	2416	12670	6714
石油及制品批发	478856	513	248	2370	6951	2914
金属及金属矿批发	15645	35	35		326	145
建材批发	24667	43	43		762	715
化肥批发	26585	1	1	6	904	450
农药批发	5048			15	49	63
其他化工产品批发	146143	212	212	25	3677	2428
机械设备、五金交电及电子产品批发	161524	295	295	684	3042	6470
农业机械批发	26	1	1	71	54	96
汽车批发	4380	3	3		86	87
汽车零配件批发	2236	12	12		324	1

项　　目	财务费用	营业利润	利润总额	应交所得税	本年应付职工薪酬	本年应交增值税
批发业合计	15686	112612	132152	14641	77856	45156
按国民经济行业分						
农、林、牧产品批发	2273	18668	19485		2502	24
谷物、豆及薯类批发	1960	17605	18231		1074	
饲料批发	129				70	24
牲畜批发	183	1179	1370		1358	
食品、饮料及烟草制品批发	1731	70557	89514	11793	20223	14649
米、面制品及食用油批发	53	64	62	18	357	154
糕点、糖果及糖批发	45	155	155	39	341	206
果品、蔬菜批发	1100	9293	8337	203	3771	3
肉、禽、蛋及水产品批发	591	16212	16569	1	863	69
盐及调味品批发		740	768	229	1448	397
酒、饮料及茶叶批发	208	48		14	118	194
烟草制品批发		44046	63935	11288	13326	13628
纺织、服装及家庭用品批发		25915	26142	1167	40745	23706
纺织品、针织品及原料批发	204	1522	1531	397	1439	1170
服装批发	138	46	61		207	443
鞋帽批发	302	32543	32709	32	3436	1036
家用电器批发				739	35663	21057
文化、体育用品及器材批发	2806			1	239	86
音像制品及电子出版物批发	2654				134	3
其他文化用品批发	152			1	105	83
医药及医疗器材批发	1054	1035	1015	176	2902	2150
西药批发	748	898	873	134	1830	1412
中药批发	306	137	142	42	1072	737
矿产品、建材及化工产品批发	5895			1245	8241	2782
石油及制品批发	4170			1090	4012	1215
金属及金属矿批发	133			3	145	55
建材批发	453	495	593	10	712	420
化肥批发	48	723	397	56	538	
农药批发	130	126	15		90	2
其他化工产品批发	961			86	2744	1091
机械设备、五金交电及电子产品批发	2217			259	2953	1759
农业机械批发					54	11
汽车批发		76	84	3	42	17
汽车零配件批发					115	103

项　　目	主营业务成　本	营业税金及附加	主营业务税金及附加	其它业务利　润	营业费用	管理费用
五金产品批发	4773	3	3		100	87
计算机、软件及辅助设备批发	22942	101	101	5	507	4250
通讯及广播电视设备批发	30635	62	62		1373	66
其他机械设备及电子产品批发	96533	113	113	607	598	1882
贸易经纪与代理	20428					147
贸易代理	20428					147
按登记注册类型分						
内资企业	2097902	22850	22480	8342	51718	51461
国有企业	125742	104	92	81	6683	2443
集体企业	34113	9	7	753	888	984
有限责任公司	971000	20896	20540	2647	15260	26618
国有独资公司	36822	17	17		195	291
其他有限责任公司	934178	20879	20523	2665	15064	26328
股份有限公司	195656	107	107	3682	17440	11230
私营企业	708703	1715	1715	1179	10931	9776
私营独资企业	137895	806	806	332	1949	2649
私营有限责任公司	565752	896	896	847	8921	6928
私营股份有限公司	5056	13	13		61	199
其他企业	62689	18	18		517	408
港、澳、台商投资企业	280627	853	853	644	43299	9140
合资经营企业(港或澳、台资)	206516	708	708	5	38523	5117
港、澳、台商独资经营企业	74112	145	145	638	4777	4023
外商投资企业	1371880	1897	1854	4651	88074	7143
中外合资经营企业	1354379	1770	1727	4651	87528	1976
外资企业	17501	128	128		546	5167
按企业控股情况分						
国有控股	1931711	21973	21654	7083	97752	19949
集体控股	66181	26	23	764	2069	1403
私人控股	1113733	2303	2212	1470	19560	17661
港澳台商控股	141907	243	243	638	5267	5533
外商控股	177846	806	806		39792	8757
其他	319031	249	249	3682	18652	14440
按经营形式分						
独立门店	2679832	23611	23465	5411	150426	41797
连锁总店	125781	36	36		5418	813
其他	944795	1952	1685	8225	27247	25132

项 目	财务费用	营业利润	利润总额	应交所得税	本年应付职工薪酬	本年应交增值税
五金产品批发		16			78	381
计算机、软件及辅助设备批发	10			54	1353	96
通讯及广播电视设备批发	2391				421	514
其他机械设备及电子产品批发		2312	2294	202	890	637
贸易经纪与代理	4				51	
贸易代理	4				51	
按登记注册类型分						
内资企业	15714	112660	132557	13586	37494	22054
国有企业	28	790	616	242	3962	912
集体企业	5	454	96	2	493	52
有限责任公司	7000	53432	74248	12932	22809	17142
国有独资公司	2615				101	3
其他有限责任公司	4385	55896	76711	12932	22708	17139
股份有限公司	1685	1070	1063	60	2822	102
私营企业	6861	33577	33538	274	6639	3293
私营独资企业	113	31126	31126		2025	863
私营有限责任公司	6744	2444	2406	272	4552	2345
私营股份有限公司	4	7	7	2	63	86
其他企业	135	23337	22995	76	769	552
港、澳、台商投资企业		9963	9032	135	15546	6560
合资经营企业(港或澳、台资)		3116	3233	83	12347	5441
港、澳、台商独资经营企业	20	6847	5799	52	3199	1119
外商投资企业	2196			921	24815	16543
中外合资经营企业	2226			865	23082	16400
外资企业				56	1734	144
按企业控股情况分						
国有控股	2863	39578	59369	13388	40991	30695
集体控股	82	763	442	76	1064	80
私人控股	10589	57314	57679	624	13648	5581
港澳台商控股	136	9168	8191	178	4695	2158
外商控股				56	12974	5612
其他	2067	7909	7983	320	4485	1030
按经营形式分						
独立门店	7658	81354	100702	13051	63014	40309
连锁总店	46				2512	457
其他	7983	31270	31665	1590	12330	4390

14－16 限额以上零售企业财务状况

（2012 年） 单位：万元

项 目	企业数（个）	年初库存	流动资产合计	固定资产原价	累计折旧	本年折旧
零售业合计	181	130126	811879	286667	83378	18619
按国民经济行业分						
综合零售	36	27227	235764	27434	16587	2874
百货零售	21	18935	214864	20777	12370	1995
超级市场零售	12	7858	19743	5983	4017	842
其他综合零售	3	434	1157	675	200	37
食品、饮料及烟草制品专门零售	11	4984	94086	9604	1578	358
粮油零售	1	11	56	77	4	1
糕点、面包零售	1	2705	10286	4969	526	85
肉、禽、蛋及水产品零售	2	2	434	660	154	87
酒、饮料及茶叶零售	4	1955	67709	2077	123	35
烟草制品零售	3	311	15601	1823	772	151
纺织、服装及日用品专门零售	3	170	4524	606	318	16
服装零售	1		3795	490	281	
化妆品及卫生用品零售	1	86	300	102	33	15
其他日用品零售	1	85	429	13	4	1
文化、体育用品及器材专门零售	1	1039	1875	1074	418	42
图书、报刊零售	1	1039	1875	1074	418	42
医药及医疗器材专门零售	3	525	1101	1023	603	124
药品零售	3	525	1101	1023	603	124
汽车、摩托车、燃料及零配件专门零售	91	82804	313567	237336	61856	14921
汽车零售	58	59477	204712	45396	11911	4178
汽车零配件零售	1	3368	5232	290	125	56
摩托车及零配件零售	6	2603	3341	1024	541	5
机动车燃料零售	26	17356	100283	190626	49279	10682
家用电器及电子产品专门零售	19	11871	153638	6710	840	218
日用家电设备零售	9	7754	130207	947	423	150
计算机、软件及辅助设备零售	5	178	3565	341	195	29
通信设备零售	4	3940	6594	301	122	39
其他电子产品零售	1		13272	5121	100	
五金、家具及室内装修材料专门零售	6	1317	5387	1455	723	23
五金零售	2	32	796	223	11	9
灯具零售	1	86	2428	663	289	10
家具零售	2	1199	2062	568	423	4
陶瓷、石材装饰材料零售	1		101			
货摊、无店铺及其他零售业	11	189	1937	1425	456	45
生活用燃料零售	11	189	1937	1425	456	45
按登记注册类型分						
内资企业	169	111110	701518	260719	72525	15808
国有企业	6	370	16107	2390	1092	173
集体企业	2	21	250	413	126	13
有限责任公司	79	59818	479964	58551	18721	5188

14－16 续表1 （2012年） 单位:万元

项 目	资产合计	负债合计	所有者权益合计	实收资本	营业收入	主营业务收入	营业成本
零售业合计	1088483	917268	171214	156887	2194811	2154860	1984077
按国民经济行业分							
综合零售	267380	235559	31820	62356	346285	326314	273748
百货零售	241588	210809	30779	59648	257802	238943	200735
超级市场零售	24160	23763	397	2308	77495	76383	62845
其他综合零售	1632	987	645	400	10988	10988	10168
食品、饮料及烟草制品专门零售	109611	87690	21921	4755	61066	60794	54498
粮油零售	806	716	89	79	1163	1130	1055
糕点、面包零售	15430	13330	2100	2100	11071	11071	9386
肉、禽、蛋及水产品零售	1651	1400	252	50	7183	7183	5542
酒、饮料及茶叶零售	69691	67487	2204	1186	38843	38843	36074
烟草制品零售	22033	4756	17277	1340	2807	2568	2441
纺织、服装及日用品专门零售	4812	6448	－1636	1115	30986	30986	24085
服装零售	4004	5833	－1829	1000	28167	28167	21539
化妆品及卫生用品零售	370	204	165	100	1566	1566	1375
其他日用品零售	439	411	28	15	1253	1253	1172
文化、体育用品及器材专门零售	2819	1380	1439	892	2979	2839	1945
图书、报刊零售	2819	1380	1439	892	2979	2839	1945
医药及医疗器材专门零售	1580	928	652	400	4770	4667	3020
药品零售	1580	928	652	400	4770	4667	3020
汽车、摩托车、燃料及零配件专门零售	530558	448054	82504	78844	1597936	1580479	1496220
汽车零售	259636	214211	45425	46224	603643	592110	567738
汽车零配件零售	5410	5947	－537	200	7102	7102	5865
摩托车及零配件零售	4276	3837	439	385	7806	7786	7111
机动车燃料零售	261236	224059	37177	32035	979385	973482	915506
家用电器及电子产品专门零售	161240	130720	30520	5056	120525	118712	103873
日用家电设备零售	131723	119370	12352	2131	90699	89943	77330
计算机、软件及辅助设备零售	3755	3043	712	1055	7068	6562	5669
通信设备零售	7469	8306	－837	1800	22207	22207	20874
其他电子产品零售	18293		18293	70	550		
五金、家具及室内装修材料专门零售	6656	5299	1357	1335	10520	10325	9140
五金零售	1127	1100	28	150	2344	2315	2071
灯具零售	3158	2209	949	934	4723	4556	4488
家具零售	2270	1991	279	150	2552	2552	1939
陶瓷、石材装饰材料零售	101		101	100	901	901	642
货摊、无店铺及其他零售业	3827	1191	2636	2134	19745	19745	17547
生活用燃料零售	3827	1191	2636	2134	19745	19745	17547
按登记注册类型分							
内资企业	953767	789475	164292	142829	1843837	1811315	1675500
国有企业	23136	4981	18155	1838	12775	12536	11710
集体企业	1213	916	297	179	5045	5011	4549
有限责任公司	563157	462411	100747	86558	817373	806841	735966

14－16 续表2 （2012年） 单位：万元

项　　目	企业数（个）	年初库存	流动资产合计	固定资产原价	累计折旧	本年折旧
其他有限责任公司	79	59818	479964	58551	18721	5188
股份有限公司	7	12598	17649	170338	44069	7344
私营企业	61	29353	171385	26363	7091	2807
私营独资企业	11	2108	4618	2249	833	147
私营合伙企业	1	661	1341	11	10	
私营有限责任公司	48	26518	165075	23904	6105	2517
私营股份有限公司	1	66	351	199	143	143
其他企业	14	8951	16163	2664	1427	283
港、澳、台商投资企业	6	5511	22217	12180	3055	742
合资经营企业（港或澳、台资）	3	1202	4646	5575	892	385
合作经营企业（港或澳、台资）	1	1826	5695	1808	1133	65
港、澳、台商独资经营企业	2	2482	11876	4798	1030	292
外商投资企业	6	13506	88144	13768	7798	2070
中外合资经营企业	5	12113	92528	4820	2132	859
外资企业	1	1393	－4384	8948	5667	1211
按企业控股情况分						
国有控股	14	18225	117055	189692	48962	10320
集体控股	4	364	2449	818	320	78
私人控股	126	88676	590148	62670	19252	5024
港澳台商控股	4	4811	21111	11150	2541	686
外商控股	2	3765	－1014	9914	5902	1447
其他	31	14286	82130	12423	6401	1065
按经营形式分						
独立门店	150	98945	569415	253682	70720	14088
连锁总店	8	15311	71953	20939	6445	2863
连锁门店	9	8909	152691	5973	3728	609
其他	14	6961	17820	6073	2486	1059
按零售业态分						
有店铺零售	180	127411	810556	286541	83322	18594
便利店	2	1714	68604	700	391	296
超市	14	3247	5662	3728	1671	257
大型超市	12	10564	18841	15773	10394	1987
仓储会员店	1	1228	1379	622	167	
百货店	11	13821	90540	7885	4430	585
专业店	53	32904	287653	40909	10047	4185
专卖店	82	63578	214258	215635	55641	11195
家居建材商店	2	355	621	510	390	
购物中心	3	1	122998	780	190	90
无店铺零售	1	2715	1324	126	57	26
邮购	1	2715	1324	126	57	26

14－16 续表3 （2012年） 单位:万元

项　　目	资产合计	负债合计	所有者权益合计	实收资本	营业收入	主营业务收入	营业成本
其他有限责任公司	563157	462411	100747	86558	817373	806841	735966
股份有限公司	145843	124504	21339	21446	585217	579592	539862
私营企业	200358	180380	19978	28849	343678	329799	312029
私营独资企业	6319	3906	2413	2222	27722	27722	25124
私营合伙企业	1342	1279	63	50	945	945	884
私营有限责任公司	192005	174420	17585	26577	306914	293035	278269
私营股份有限公司	692	775	－83		8098	8098	7753
其他企业	20060	16283	3777	3959	79750	77536	71385
港、澳、台商投资企业	34988	23729	11260	10457	124707	124007	108104
合资经营企业(港或澳、台资)	10905	7402	3503	3750	29388	29302	28207
合作经营企业(港或澳、台资)	7326	1216	6110	3110	33527	33527	28325
港、澳、台商独资经营企业	16757	15111	1647	3597	61793	61179	51572
外商投资企业	99727	104065	－4338	3600	226267	219537	200472
中外合资经营企业	100824	97240	3585	3600	201388	198685	183532
外资企业	－1097	6825	－7922		24879	20853	16940
按企业控股情况分							
国有控股	285158	241020	44137	31198	901973	894695	843032
集体控股	4240	2035	2205	1175	35241	35208	30746
私人控股	664490	539491	124999	103686	909279	884827	812953
港澳台商控股	32688	21931	10757	9707	117479	116779	101791
外商控股	3584	10857	－7273		45083	41057	33080
其他	98323	101935	－3611	11120	185756	182295	162476
按经营形式分							
独立门店	801022	654874	146149	136818	1717323	1683161	1549324
连锁总店	105617	94265	11352	13285	261285	258395	247598
连锁门店	158262	145044	13218	3150	143989	141386	120195
其他	23581	23085	496	3634	72214	71918	66961
按零售业态分							
有店铺零售	1086477	913749	172728	155887	2185876	2145925	1974940
便利店	69028	67558	1470	150	117673	115694	112490
超市	9870	7999	1871	1963	41272	41092	35280
大型超市	28448	40683	－12235	3870	145354	138363	118605
仓储会员店	2279	2083	196	196	3363	3363	3063
百货店	105871	100241	5630	11717	144490	138800	118153
专业店	340503	277133	63370	30865	563222	552905	517978
专卖店	402049	327135	74914	61775	1140690	1133067	1055105
家居建材商店	795	331	464	250	2197	2197	1643
购物中心	127635	90587	37049	45100	27616	20445	12624
无店铺零售	2006	3519	－1514	1000	8935	8935	9137
邮购	2006	3519	－1514	1000	8935	8935	9137

项　　目	主营业务成　　本	营业税金及附加	主营业务税金及附加	其它业务利　　润	营业费用	管理费用
零售业合计	1969075	6249	6096	24205	135857	52755
按国民经济行业分						
综合零售	272894	2587	2516	16549	54867	15977
百货零售	199923	2161	2155	16218	42892	14077
超级市场零售	62803	410	345	223	11347	1739
其他综合零售	10168	16	16	108	629	161
食品、饮料及烟草制品专门零售	54259	119	103	4	2487	4320
粮油零售	1055					92
糕点、面包零售	9386	20	20		247	203
肉、禽、蛋及水产品零售	5542	7	7		1033	613
酒、饮料及茶叶零售	36074	72	72		485	522
烟草制品零售	2202	21	5	4	721	2889
纺织、服装及日用品专门零售	24085	201	201	1	7165	2025
服装零售	21539	195	195	1	7015	1930
化妆品及卫生用品零售	1375	5	5		78	94
其他日用品零售	1172	2	2		73	
文化、体育用品及器材专门零售	1910	15	15	105	613	331
图书、报刊零售	1910	15	15	105	613	331
医药及医疗器材专门零售	3020	44	40	104	858	611
药品零售	3020	44	40	104	858	611
汽车、摩托车、燃料及零配件专门零售	1483722	2507	2472	6263	54863	25430
汽车零售	560795	970	949	5888	22893	15454
汽车零配件零售	5865	4	4		7	1345
摩托车及零配件零售	7111	23	23	99	509	198
机动车燃料零售	909951	1510	1497	276	31455	8434
家用电器及电子产品专门零售	103461	677	673	961	13327	3071
日用家电设备零售	77330	277	277	831	9615	1838
计算机、软件及辅助设备零售	5257	348	345	84	330	699
通信设备零售	20874	51	51	46	3060	271
其他电子产品零售					321	263
五金、家具及室内装修材料专门零售	9132	66	42	218	805	615
五金零售	2071	8	8	32	249	42
灯具零售	4479	26	2	159	20	277
家具零售	1939	5	5	27	473	132
陶瓷、石材装饰材料零售	642	27	27		64	165
货摊、无店铺及其他零售业	16593	33	33	2	872	376
生活用燃料零售	16593	33	33	2	872	376
按登记注册类型分						
内资企业	1662432	5250	5099	17919	109894	38726
国有企业	10516	35	19	4	1209	2981
集体企业	4549				251	149
有限责任公司	734530	2836	2751	8627	59068	17184

项 目	财务费用	营业利润	利润总额	应交所得税	本年应付职工薪酬	本年应交增值税
零售业合计	19566	2233	3949	2756	57993	47415
按国民经济行业分						
综合零售	8168	－9394	－9341	678	17564	5771
百货零售	7856	－10301	－10525	600	13654	3674
超级市场零售	256	948	1135	78	3672	2065
其他综合零售	56	－41	49		237	32
食品、饮料及烟草制品专门零售	1647	2100	2363	25	2675	3479
粮油零售	3	12	10	3	28	5
糕点、面包零售	203	1012	26	1	92	14
肉、禽、蛋及水产品零售	19	－32	134		543	58
酒、饮料及茶叶零售	1602	88	89	21	395	3346
烟草制品零售	－180	1020	2104		1617	56
纺织、服装及日用品专门零售	26	－2516	－2517	4	1979	1052
服装零售	26	－2537	－2538		1829	1010
化妆品及卫生用品零售		14	14	4	103	25
其他日用品零售	－1	8	8	1	47	17
文化、体育用品及器材专门零售	2	71	297		337	41
图书、报刊零售	2	71	297		337	41
医药及医疗器材专门零售	18	218	218	65	659	193
药品零售	18	218	218	65	659	193
汽车、摩托车、燃料及零配件专门零售	9194	12116	13086	1853	27728	34601
汽车零售	6849	－8004	－7164	904	15702	26974
汽车零配件零售	208	－326	－326		522	
摩托车及零配件零售	5	59	59	12	380	111
机动车燃料零售	2132	20388	20518	937	11124	7516
家用电器及电子产品专门零售	475	－1163	－1053	78	5682	2011
日用家电设备零售	374	1267	1383	37	3594	1739
计算机、软件及辅助设备零售	56	－34	－37	24	581	54
通信设备零售	45	－2362	－2366	17	1455	218
其他电子产品零售		－34	－34		53	
五金、家具及室内装修材料专门零售	21	－103	－3	8	572	85
五金零售	4	－30	8	2	128	35
灯具零售	7	－70	－91	5	166	－43
家具零售	9	－5	78	1	249	66
陶瓷、石材装饰材料零售	2	2	2	1	30	27
货摊、无店铺及其他零售业	16	903	899	45	797	183
生活用燃料零售	16	903	899	45	797	183
按登记注册类型分						
内资企业	17804	2102	3885	1798	47934	42090
国有企业	－180	1135	2218	29	1888	143
集体企业	59	37	16	3	37	5
有限责任公司	12910	－10005	－10134	1313	25921	17608

项　　目	主营业务成　　本	营业税金及附加	主营业务税金及附加	其它业务利　　润	营业费用	管理费用
其他有限责任公司	734530	2836	2751	8627	59068	17184
股份有限公司	535421	707	678	330	22225	6221
私营企业	306510	1327	1305	8641	22109	10046
私营独资企业	25124	46	46	2	1527	403
私营合伙企业	884	1	1			55
私营有限责任公司	272750	1275	1252	8639	20324	9566
私营股份有限公司	7752	6	6		258	22
其他企业	70906	346	346	319	5031	2145
港、澳、台商投资企业	108064	372	372	676	11960	4610
合资经营企业(港或澳、台资)	28192	33	33	86	2334	1487
合作经营企业(港或澳、台资)	28325	92	92		1534	428
港、澳、台商独资经营企业	51548	248	248	590	8092	2695
外商投资企业	198579	626	624	5610	14004	9420
中外合资经营企业	181640	387	386	1585	13604	1561
外资企业	16939	239	239	4025	399	7859
按企业控股情况分						
国有控股	836241	885	835	1371	34853	10604
集体控股	30746	65	65	68	3857	494
私人控股	805218	3362	3329	16029	60156	25522
港澳台商控股	101751	354	354	676	10865	4610
外商控股	33078	336	336	4025	2964	8110
其他	162042	1246	1176	2037	23162	3415
按经营形式分						
独立门店	1535274	5098	5015	19793	101661	45490
连锁总店	246761	291	291	2209	11373	2964
连锁门店	120081	719	649	1650	17327	2688
其他	66960	141	141	553	5496	1613
按零售业态分						
有店铺零售	1959938	6249	6096	24205	133845	52713
便利店	110598	86	84		3022	71
超市	35280	119	119	193	5764	1001
大型超市	118561	821	757	6333	17298	10378
仓储会员店	3063	17	17	69	197	144
百货店	117411	919	913	3373	23021	1834
专业店	511543	1776	1731	4482	24158	10388
专卖店	1049284	1738	1703	3050	50164	25392
家居建材商店	1643	29	29	27	231	297
购物中心	12556	745	745	6678	9991	3209
无店铺零售	9137				2012	42
邮购	9137				2012	42

项　　目	财务费用	营业利润	利润总额	应交所得税	本年应付职工薪酬	本年应交增值税
其他有限责任公司	12910	－10005	－10134	1313	25921	17608
股份有限公司	917	15467	15558	52	6558	5262
私营企业	3863	－5147	－4460	248	10549	16961
私营独资企业	101	519	548	14	885	255
私营合伙企业		4	4		51	3
私营有限责任公司	3752	－5719	－5063	231	9507	16647
私营股份有限公司	10	50	51	3	106	57
其他企业	235	615	687	153	2982	2112
港、澳、台商投资企业	1205	－1546	－1590	998	3699	2208
合资经营企业(港或澳、台资)	274	－2949	－2988	1	761	191
合作经营企业(港或澳、台资)	－10	3159	3154	792	396	769
港、澳、台商独资经营企业	941	－1756	－1755	205	2542	1247
外商投资企业	557	1677	1654	－41	6360	3118
中外合资经营企业	564	2604	2583	－41	5002	2628
外资企业	－8	－927	－929		1358	490
按企业控股情况分						
国有控股	1205	15556	17000	－1	13507	6706
集体控股	215	－136	－210	4	1210	487
私人控股	15309	－5694	－4677	1473	30170	34585
港澳台商控股	1205	－1346	－1388	997	3280	2078
外商控股	35	182	178		2052	1227
其他	1597	－6330	－6955	283	7774	2333
按经营形式分						
独立门店	17790	3804	4721	1960	42771	43281
连锁总店	788	－1600	－1124	22	5773	962
连锁门店	359	2698	2927	707	5909	2754
其他	630	－2668	－2574	67	3540	419
按零售业态分						
有店铺零售	19568	4755	6516	2749	57152	47415
便利店	16	1990	1976	47	1624	676
超市	80	－973	－633	47	2050	645
大型超市	354	－2430	－2758	46	6440	2894
仓储会员店	1	10	10	3	144	50
百货店	464	95	222	611	7475	2297
专业店	5355	4784	5301	1217	13502	4940
专卖店	6014	7519	8478	779	23895	35790
家居建材商店	8	－11	70	1	155	67
购物中心	7277	－6230	－6150		1869	57
无店铺零售	－2	－2522	－2567	7	841	
邮购	－2	－2522	－2567	7	841	

14－17　分县区限额以上批发零售企业财务状况

（2012年）　　　　单位：万元

项　目	企业数（个）	年初库存	流动资产合计	固定资产原价	累计折旧	本年折旧
批发零售业合计	316	408986	2228466	462583	126933	33187
批发业	135	278860	1416587	175916	43555	14568
惠城区	47	85145	514152	40803	16409	6494
惠阳区	16	2874	65561	10244	2723	1932
惠东县	48	58142	167334	97763	14689	4292
博罗县	8	2098	16003	2102	898	98
龙门县	3	61	806	784	188	36
大亚湾区	5	3437	53882	17909	5184	820
仲恺区	8	127103	598850	6312	3463	895
零售业	181	130126	811879	286667	83378	18619
惠城区	110	108578	704059	266376	75420	16305
惠阳区	18	7469	75016	9672	3224	1502
惠东县	19	3132	7550	3542	1006	168
博罗县	13	2285	7486	2997	1286	228
龙门县	10	1939	5575	1615	946	151
大亚湾区	2	1694	7355	735	450	117
仲恺区	9	5030	4837	1730	1047	149

项目	资产合计	负债合计	所有者权益合计	实收资本	营业收入	主营业务收入	营业成本
批发零售业合计	2859177	2385293	473883	342613	6433414	6305448	5809516
批发业	1770694	1468025	302669	185727	4238603	4150588	3825438
惠城区	644468	526981	117486	69018	1319063	1302845	1155948
惠阳区	87590	70731	16858	17984	176381	176356	166425
惠东县	313007	172351	140656	57027	573000	572668	468082
博罗县	18345	14072	4273	2696	61430	60569	59725
龙门县	1404	629	775	436	6847	6847	5527
大亚湾区	80924	77691	3233	17898	292086	285236	288888
仲恺区	624957	605569	19388	20667	1809797	1746067	1680844
零售业	1088483	917268	171214	156887	2194811	2154860	1984077
惠城区	959822	801313	158509	141228	1931562	1892655	1747689
惠阳区	82852	80795	2057	5888	121505	121149	109700
惠东县	12083	6548	5535	4588	43559	43526	36685
博罗县	10544	7787	2757	1832	29085	28859	26653
龙门县	6593	5019	1574	797	16309	16264	14489
大亚湾区	9370	8581	789	550	19177	19062	17843
仲恺区	7218	7226	-7	2004	33615	33346	31018

项　　目	主营业务成　　本	营业税金及附加	主营业务税金及附加	其它业务利　　润	营业费用	管理费用
批发零售业合计	5719484	31848	31282	37841	318948	120499
批发业	3750409	25599	25187	13637	183091	67743
惠城区	1141116	21213	21110	1011	61238	30873
惠阳区	166422	360	360	25	4474	3745
惠东县	467982	1564	1562	1293	11360	11899
博罗县	58917	19	19	15	882	413
龙门县	5527	19	19		257	338
大亚湾区	284997	367	102	2960	857	1032
仲恺区	1625448	2059	2016	8333	104023	19443
零售业	1969075	6249	6096	24205	135857	52755
惠城区	1734055	5026	4884	23117	117325	45181
惠阳区	109458	308	304	381	8945	2136
惠东县	36685	702	702	38	1951	1580
博罗县	25527	85	85	107	2283	1584
龙门县	14489	34	27	89	1155	754
大亚湾区	17843	12	12	115	545	505
仲恺区	31018	82	82	358	3653	1016

14－17 续表3 （2012年） 单位:万元

项　　目	财务费用	营业利润	利润总额	应交所得税	本年应付职工薪酬	本年应交增值税
批发零售业合计	35252	114845	136102	17397	135849	92572
批发业	15686	112612	132152	14641	77856	45156
惠城区	5032	45901	66012	12372	34321	22806
惠阳区	1310	133	46	269	3633	1212
惠东县	3705	76735	76445	91	10948	1772
博罗县	393	－40	－167	64	415	892
龙门县	200	506	461	13	273	99
大亚湾区	3123	－1815	－1806	875	1111	
仲恺区	1924	－8808	－8839	958	27155	17840
零售业	19566	2233	3949	2756	57993	47415
惠城区	17434	4275	4148	2477	46824	44700
惠阳区	873	－222	－14	96	3989	1508
惠东县	748	1931	2100	85	2118	471
博罗县	70	－1518	－243	28	1591	275
龙门县	206	152	177	8	688	157
大亚湾区	196	76	76	9	392	
仲恺区	39	－2461	－2294	53	2391	247

14－18　限额以上住宿企业财务状况

（2012 年）　　单位:万元

项　　目	企业数（个）	年初库存	流动资产合计	固定资产原价	累计折旧	本年折旧
住宿业合计	81	29164	210710	267492	97784	11621
按住宿行业小类分						
旅游饭店	68	29039	178243	253684	92812	10838
一般旅馆	9	104	30513	12743	4733	655
其他住宿服务	4	21	1954	1065	239	129
按登记注册类型分						
内资企业	61	26872	137089	196769	66520	8716
国有企业	2	14949	14897	16407	4037	686
有限责任公司	16	7909	45198	84932	20809	3959
国有独资公司	1	4	57	15	4	2
其他有限责任公司	15	7905	45141	84917	20806	3957
股份有限公司	3	281	1221	519	79	19
私营企业	36	3415	72127	81744	35300	3966
私营独资企业	8	209	2158	7681	1714	201
私营合伙企业	1		210	876	253	86
私营有限责任公司	27	3206	69759	73187	33333	3679
其他企业	4	317	3648	13167	6294	85
港澳台商投资企业	14	981	67601	55484	20721	2360
与港澳台商合资经营企业	8	791	33457	40910	15032	1932
与港澳台商合作经营企业	2	40	19553	5433	2613	163
港澳台商独资企业	4	150	14592	9141	3076	266
外商投资企业	6	1311	6020	15240	10543	546
中外合资经营企业	1	51	699	3743	1569	253
中外合作经营企业	5	1260	5321	11497	8974	292
按控股情况分						
国有控股	4	15101	15850	19373	6611	767
私人控股	51	10758	112655	157297	54270	6832
港澳台商控股	12	960	33576	49403	24236	1557
外商控股	1	51	699	3743	1569	253
其他	13	2295	47931	37676	11097	2212
按经营形式分						
独立门店	73	28535	175936	257075	93582	10900
其他	8	629	34775	10417	4202	722
按星级分						
五星	4	2275	47188	32600	16797	1527
四星	6	542	20260	14824	8703	818
三星	22	780	44983	44458	20368	1215
二星	3	909	2282	2806	1654	15
其他	46	24658	95998	172804	50262	8047

项　　目	资产合计	负债合计	所有者权益合计	实收资本	营业收入	主营业务收　入	营业成本
住宿业合计	543748	434280	109468	147133	197881	196933	60747
按住宿行业小类分							
旅游饭店	493746	411859	81887	113823	188145	187197	57775
一般旅馆	44429	19813	24616	30947	8609	8609	2298
其他住宿服务	5573	2608	2966	2363	1128	1128	674
按登记注册类型分							
内资企业	386224	323618	62606	77291	140395	139447	44661
国有企业	41388	41520	－132	7476	3020	2874	2659
有限责任公司	154106	143186	10920	32967	38839	38707	8239
国有独资公司	68	74	－6	10	186	186	72
其他有限责任公司	154038	143112	10926	32957	38653	38521	8167
股份有限公司	1666	3944	－2278	5110	6312	6030	849
私营企业	169336	124252	45084	20431	83427	83039	31084
私营独资企业	8644	2170	6474	4289	5843	5544	2171
私营合伙企业	833	260	573	460	2553	2553	2010
私营有限责任公司	159859	121822	38037	15682	75030	74941	26903
其他企业	19728	10716	9012	11307	8798	8798	1830
港澳台商投资企业	133581	86964	46617	60112	30603	30603	7275
与港澳台商合资经营企业	79875	62677	17198	24783	24705	24705	5039
与港澳台商合作经营企业	25771	504	25268	27203	1491	1491	593
港澳台商独资企业	27934	23783	4152	8126	4407	4407	1644
外商投资企业	23943	23699	245	9730	26883	26883	8811
中外合资经营企业	3810	303	3508	1800	2248	2248	496
中外合作经营企业	20133	23396	－3263	7930	24635	24635	8315
按控股情况分							
国有控股	44583	43061	1522	8486	6506	6360	3884
私人控股	281523	218057	63466	61666	121295	120497	38536
港澳台商控股	85534	74670	10864	39308	27789	27789	6796
外商控股	3810	303	3508	1800	2248	2248	496
其他	128298	98189	30109	35873	40044	40040	11035
按经营形式分							
独立门店	468074	365348	102727	138368	187161	186495	57867
其他	75674	68932	6742	8765	10721	10439	2880
按星级分							
五星	101544	88113	13431	14300	36368	36368	11625
四星	33070	24686	8384	4768	19269	19209	6216
三星	79721	51143	28577	49766	20493	20031	7587
二星	4101	8905	－4804	797	11060	11060	3347
其他	325314	261433	63880	77502	110691	110264	31972

14－18 续表2 （2012年） 单位：万元

项　　目	主营业务成　　本	营业税金及附加	主营业务税金及附加	其它业务利　　润	营业费用
住宿业合计	60464	11955	11878	755	64848
按住宿行业小类分					
旅游饭店	57493	11277	11206	723	60211
一般旅馆	2298	600	594	32	4256
其他住宿服务	674	79	79		382
按登记注册类型分					
内资企业	44397	8749	8711	719	45663
国有企业	2659	171	171	146	841
有限责任公司	8239	2700	2700	143	13129
国有独资公司	72	10	10		65
其他有限责任公司	8167	2689	2689	143	13064
股份有限公司	705	365	342		2450
私营企业	30965	4880	4872	240	25376
私营独资企业	2081	341	333	1	1658
私营合伙企业	2010	135	135		98
私营有限责任公司	26873	4405	4405	240	23621
其他企业	1830	632	627	189	3866
港澳台商投资企业	7256	1736	1697	4	8979
与港澳台商合资经营企业	5039	1444	1405		7204
与港澳台商合作经营企业	593	55	55	4	526
港澳台商独资企业	1624	237	237		1249
外商投资企业	8811	1470	1470	32	10206
中外合资经营企业	496	170	170	32	1314
中外合作经营企业	8315	1300	1300		8893
按控股情况分					
国有控股	3884	369	369	146	2390
私人控股	38273	7321	7245	368	36096
港澳台商控股	6777	1950	1950	189	12838
外商控股	496	170	170	32	1314
其他	11035	2144	2144	19	12211
按经营形式分					
独立门店	57728	11218	11171	745	59693
其他	2736	736	707	10	5155
按星级分					
五星	11625	2114	2114	11	12765
四星	6216	1224	1224	162	7043
三星	7394	1288	1264	154	9209
二星	3347	567	567		4158
其他	31882	6762	6709	427	31673

14－18 续表3 (2012年) 单位:万元

项 目	管理费用	财务费用	营业利润	利润总额	应交所得税	本年应付职工薪酬
住宿业合计	46370	12184	1498	－1226	1223	42908
按住宿行业小类分						
旅游饭店	44011	11475	2943	206	1136	40577
一般旅馆	1993	700	－1200	－1193	88	1931
其他住宿服务	366	9	－246	－240		400
按登记注册类型分						
内资企业	33503	8525	－1127	－3019	1085	30945
国有企业	1383	22	－2048	－2055		1133
有限责任公司	13617	2913	－1758	－2045	193	10184
国有独资公司	48		－9	－9		72
其他有限责任公司	13569	2912	－1749	－2036	193	10112
股份有限公司	2801	5	－273	－379	15	1714
私营企业	14176	5002	2588	911	874	16217
私营独资企业	867	97	510	510	39	1509
私营合伙企业	109	76	125	125	22	139
私营有限责任公司	13200	4829	1954	277	813	14569
其他企业	1526	584	364	549	3	1698
港澳台商投资企业	7314	3430	2008	1187	138	5764
与港澳台商合资经营企业	6412	3058	1684	1703	138	4253
与港澳台商合作经营企业	441	5	－125	－120		320
港澳台商独资企业	462	367	450	－396		1191
外商投资企业	5553	228	617	605		6200
中外合资经营企业	483		－212	－180		624
中外合作经营企业	5070	228	829	786		5575
按控股情况分						
国有控股	1960	38	－2126	－2132		1946
私人控股	24050	7840	7023	5249	1198	25137
港澳台商控股	5329	1889	－1013	－1642	25	5870
外商控股	483		－212	－180		624
其他	14549	2418	－2173	－2520		9331
按经营形式分						
独立门店	42244	9902	5930	3617	1220	39761
其他	4127	2282	－4433	－4843	3	3147
按星级分						
五星	7448	3389	－973	－1439	494	6920
四星	3980	702	177	207	155	4312
三星	3555	836	－2302	－2412	45	5461
二星	2964	112	－89	－131	1	3853
其他	28423	7144	4685	2549	528	22363

14－19 限额以上餐饮企业财务状况

（2012 年）　　单位：万元

项　目	企业数（个）	年初库存	流动资产合计	固定资产原价	累计折旧	本年折旧
餐饮业合计	85	3903	52691	49010	19948	3050
按餐饮行业小类分						
正餐服务	81	3624	51469	41640	16306	2417
快餐服务	3	268	1171	7139	3500	604
按登记注册类型分						
内资企业	77	3491	48193	30914	12067	2067
有限责任公司	15	310	7112	3577	758	293
其他有限责任公司	15	310	7112	3577	758	293
私营企业	55	2180	38110	23643	9865	1646
私营独资企业	29	535	7282	14734	5422	873
私营有限责任公司	24	1623	30784	8784	4406	769
私营股份有限公司	2	22	44	125	37	5
其他企业	7	1001	2971	3693	1445	128
港澳台商投资企业	7	210	3594	12756	5410	571
与港澳台商合资经营企业	2		263	7681	3048	50
与港澳台商合作经营企业	1	2	408	517	471	2
港澳台商独资企业	4	208	2923	4558	1891	519
外商投资企业	1	202	904	5340	2471	412
外资企业	1	202	904	5340	2471	412
按控股情况分						
私人控股	71	2477	44067	29665	11405	2006
港澳台商控股	6	208	3186	12239	4939	569
外商控股	1	202	904	5340	2471	412
其他	7	1015	4535	1766	1133	64
按经营形式分						
独立门店	80	3608	49194	40270	16019	2173
连锁门店	2	236	3126	6829	2915	680
其他	3	59	372	1912	1014	198

14－19 续表1　　（2012年）　　单位：万元

项　目	资产合计	负债合计	所有者权益合计	实收资本	营业收入	主营业务收入	营业成本
餐饮业合计	106839	80185	26654	42330	103902	103187	50268
按餐饮行业小类分							
正餐服务	98225	78088	20137	39272	86763	86049	43746
快餐服务	8462	1687	6774	2878	16851	16850	6347
按登记注册类型分							
内资企业	86980	72722	14258	24322	78573	77867	40667
有限责任公司	14946	12841	2105	5520	17673	17673	9560
其他有限责任公司	14946	12841	2105	5520	17673	17673	9560
私营企业	63473	47335	16139	14018	54547	53873	28154
私营独资企业	17635	8976	8659	7280	25225	25114	13964
私营有限责任公司	45707	38283	7424	6541	28362	27800	13817
私营股份有限公司	132	76	56	197	960	959	373
其他企业	8561	12546	－3985	4784	6353	6321	2953
港澳台商投资企业	13008	6005	7003	15518	11284	11275	4451
与港澳台商合资经营企业	5450	1672	3779	12695	2595	2595	725
与港澳台商合作经营企业	532	4	529	829	272	272	197
港澳台商独资企业	7026	4330	2696	1994	8417	8408	3529
外商投资企业	6851	1458	5393	2490	14045	14045	5150
外资企业	6851	1458	5393	2490	14045	14045	5150
按控股情况分							
私人控股	81056	61681	19374	22312	70171	69497	36763
港澳台商控股	12476	6002	6475	14689	11012	11003	4254
外商控股	6851	1458	5393	2490	14045	14045	5150
其他	6457	11044	－4588	2839	8674	8642	4101
按经营形式分							
独立门店	94158	74791	19367	39584	81455	80740	41746
连锁门店	10777	4601	6176	2490	18670	18670	7036
其他	1904	793	1111	256	3777	3777	1486

14－19　续表2　（2012年）　单位:万元

项　　目	主营业务成　　本	营业税金及附加	主营业务税金及附加	其它业务利　　润	营业费用
餐饮业合计	48981	6317	6163	105	31149
按餐饮行业小类分					
正餐服务	42458	5373	5218	103	22178
快餐服务	6347	934	934	1	8824
按登记注册类型分					
内资企业	39379	4853	4699	92	18574
有限责任公司	9494	907	907		2194
其他有限责任公司	9494	907	907		2194
私营企业	27074	3477	3333	92	14700
私营独资企业	13550	1510	1442	62	5062
私营有限责任公司	13346	1913	1837	31	9383
私营股份有限公司	178	54	54		255
其他企业	2812	469	459		1680
港澳台商投资企业	4451	693	693	13	5084
与港澳台商合资经营企业	725	195	195	3	1355
与港澳台商合作经营企业	197	16	16		1
港澳台商独资企业	3529	482	482	9	3729
外商投资企业	5150	771	771		7491
外资企业	5150	771	771		7491
按控股情况分					
私人控股	35535	4341	4197	92	18167
港澳台商控股	4254	677	677	13	5083
外商控股	5150	771	771		7491
其他	4041	528	518		407
按经营形式分					
独立门店	40501	5003	4849	105	19958
连锁门店	7036	1026	1026		9478
其他	1444	289	288		1712

14－19 续表3 （2012年） 单位:万元

项　　目	管理费用	财务费用	营业利润	利润总额	应交所得税	本年应付职工薪酬
餐饮业合计	12165	2595	1473	1266	678	18320
按餐饮行业小类分						
正餐服务	11598	2636	1298	1130	562	16152
快餐服务	491	－41	297	258	116	2065
按登记注册类型分						
内资企业	11259	2619	663	495	554	14848
有限责任公司	4556	574	－56	－226	35	2751
其他有限责任公司	4556	574	－56	－226	35	2751
私营企业	5969	1661	587	368	447	10805
私营独资企业	2795	401	1493	1709	196	5002
私营有限责任公司	3120	1257	－1128	－1337	233	5590
私营股份有限公司	54	3	221	－5	18	213
其他企业	734	385	132	353	73	1293
港澳台商投资企业	424	18	619	618	13	1819
与港澳台商合资经营企业	276	16	32	32	1	385
与港澳台商合作经营企业	27		32	32	7	128
港澳台商独资企业	121	2	554	554	6	1307
外商投资企业	483	－42	191	152	111	1652
外资企业	483	－42	191	152	111	1652
按控股情况分						
私人控股	7725	2186	1014	604	521	13381
港澳台商控股	397	18	587	586	6	1692
外商控股	483	－42	191	152	111	1652
其他	3561	433	－319	－77	40	1595
按经营形式分						
独立门店	11436	2596	744	575	562	15057
连锁门店	549	－44	624	585	111	2315
其他	180	43	105	105	6	948

14－20　各县(区)限额以上住宿和餐饮企业财务状况

(2012 年)　　单位:万元

项　　目	企业数(个)	年初库存	流动资产合计	固定资产原价	累计折旧	本年折旧
住宿餐饮业合计	166	33067	263401	316502	117732	14671
住宿业	81	29164	210710	267492	97784	11621
惠城区	26	18537	73457	69271	38399	2308
惠阳区	9	440	10653	25275	8614	494
惠东县	16	1278	33399	30415	8815	2219
博罗县	9	826	25443	10597	5285	797
龙门县	16	7389	45279	78637	20545	4221
大亚湾区	3	651	21184	49357	14348	1293
仲恺区	2	43	1296	3942	1779	290
餐饮业	85	3903	52691	49010	19948	3050
惠城区	30	1084	18442	19511	8271	1129
惠阳区	16	1316	22217	11079	5201	842
惠东县	20	294	4184	9807	2913	743
博罗县	3	891	1562	1182	763	63
龙门县	10	199	5154	6088	2162	200
大亚湾区	3	33	1016	1166	612	69
仲恺区	3	86	117	177	27	4

项　　目	资产合计	负债合计	所有者权益合计	实收资本	营业收入	主营业务收入	营业成本
住宿餐饮业合计	650588	514465	136123	189463	301783	300120	111015
住宿业	543748	434280	109468	147133	197881	196933	60747
惠城区	139882	141423	-1542	41217	81620	81279	24969
惠阳区	40023	28887	11136	8212	11763	11734	4903
惠东县	86541	65017	21524	21451	36040	36036	13481
博罗县	77880	64590	13291	9380	11750	11750	4740
龙门县	134454	101461	32993	17284	49817	49517	10164
大亚湾区	61175	30745	30430	49040	4058	3784	1826
仲恺区	3792	2156	1637	550	2834	2834	663
餐饮业	106839	80185	26654	42330	103902	103187	50268
惠城区	39527	29587	9940	20711	49221	48672	23459
惠阳区	40173	32343	7829	6400	20879	20753	8714
惠东县	12046	3893	8153	7207	17034	17034	10431
博罗县	3127	5987	-2860	1535	4958	4958	2110
龙门县	9613	5829	3784	5901	7013	7005	2977
大亚湾区	2026	2494	-468	350	3218	3218	1880
仲恺区	328	51	277	227	1579	1547	697

14－20 续表2 (2012年) 单位:万元

项　目	主营业务成　本	营业税金及附加	主营业务税金及附加	其它业务利　润	营业费用
住宿餐饮业合计	109445	18272	18041	859	95997
住宿业	60464	11955	11878	755	64848
惠城区	24825	5060	5037	347	30264
惠阳区	4874	759	759	83	3916
惠东县	13462	2029	1985	4	10717
博罗县	4740	910	910	41	5177
龙门县	10074	2789	2781	1	12550
大亚湾区	1826	226	226	278	985
仲恺区	663	180	180		1238
餐饮业	48981	6317	6163	105	31149
惠城区	22489	3055	2979	5	17656
惠阳区	8634	1364	1343	92	7294
惠东县	10431	893	845		2928
博罗县	2086	287	287		507
龙门县	2977	450	450	8	2010
大亚湾区	1880	160	160		480
仲恺区	484	109	99		275

14-20 续表3 （2012年） 单位：万元

项目	管理费用	财务费用	营业利润	利润总额	应交所得税	本年应付职工薪酬
住宿餐饮业合计	58536	14779	2970	40	1901	61228
住宿业	46370	12184	1498	-1226	1223	42908
惠城区	19065	3077	-1048	-961	606	17639
惠阳区	1731	1015	-561	-749	83	2714
惠东县	7669	1465	684	665	96	8704
博罗县	4902	2366	-6208	-6471	17	4062
龙门县	9357	4188	10566	8254	360	7614
大亚湾区	3009	37	-2014	-2007		1581
仲恺区	638	35	79	43	61	595
餐饮业	12165	2595	1473	1266	678	18320
惠城区	4377	1159	-482	-744	160	6945
惠阳区	2011	1054	481	289	298	3981
惠东县	1373	183	1227	1420	84	3298
博罗县	2240	6	-167	78	27	852
龙门县	1413	167	-5	31	65	1876
大亚湾区	718	22	-43	-43	19	942
仲恺区	34	4	461	235	25	425

14－21 亿元以上商品交易市场成交额

单位:亿元

指 标	2005 年	2007 年	2008 年	2009 年	2010 年	2011 年	2012 年
总 计	37.35	103.04	108.94	119.21	154.65	169.26	136.18
食品、饮料、烟酒类	10.57	25.66	32.17	29.92	50.50	58.87	10.95
#粮油类	1.29	1.22	15.22	16.37	11.43	26.71	1.23
服装鞋帽、针、纺织品类	6.94	31.32	28.60	27.95	36.25	39.97	40.22
化妆品类	0.11	1.03	1.09	2.09	1.60	1.18	1.19
金银珠宝类		0.54	0.55	0.54	0.97	2.61	2.61
日用品类	0.32	1.62	1.58	1.71	2.75	3.02	3.07
五金、电料类		0.36	0.36	0.35	0.62	1.16	1.17
体育、娱乐用品类		0.60	0.60	0.55	0.97	0.44	0.50
书报杂志类		0.03	0.02	0.01	0.01	0.01	0.01
电子出版物及音像制品类		0.05	0.08	0.07	0.17	0.34	0.34
家用电器和音像器材类	0.07	0.43	0.44	0.47	0.70	1.63	1.61
中西药品类	0.05	0.08	0.11	0.11	0.13	0.10	0.13
文化办公用品类			2.96	2.71	4.90	1.62	1.62
家具类		2.92					
通讯器材类			0.02	0.04	0.14	0.94	0.93
煤炭及制品类							
木材及制品类							
石油及制品类							
化工材料及制品类							
金属材料类							
建筑及装潢材料类							
机电产品及设备类							
汽车类	18.51	37.73	39.60	52.05	53.84	54.84	69.11
种子饲料类							
棉麻类		0.01	0.01	0.01			
其它类	0.78	0.67	0.76	0.62	1.10	2.53	2.75
市场数	9	12	11	11	11	10	10

惠州统计年鉴－2013

HUIZHOU STATISTICAL YEARBOOK

十五、对外经济及旅游

15－1 历年对外经济及旅游

年 份	外贸进口总额（万美元）	外贸出口总额（万美元）	利用外资签订协议合同数（个）	外商直接投资签订协议合同数（个）	实际利用外资（万美元）		接待旅游总人数（人次）
						外商直接投资额	
1978		1278	3				
1979		1171	53		13		
1980		1663	173		60		
1981		1511	151		138	3	
1982		1672	173		198	80	
1983		1356	232		344	29	
1984		1759	382		1258	253	
1985		2931	425		1600	1070	
1986		5791	470		1802	1254	326440
1987		11314	744	63	1503	1084	513894
1988		19751	805	96	8178	4577	727998
1989		21971	669	78	9205	7703	706582
1990		28703	747	127	19136	15662	757916
1991		42497	841	211	20754	15207	779440
1992		55552	1077	556	35376	29831	957773
1993		78992	1271	916	61774	58576	1004310
1994		172693	1002	531	78877	72789	1903500
1995		233211	984	431	88834	79802	2121500
1996		277364	589	221	90990	83672	2398048
1997	228703	346591	613	195	96855	85273	2482315
1998	243798	335269	475	247	97026	83643	3292600
1999	327468	367612	484	182	98383	78526	4432400
2000	371384	449746	477	238	105016	83319	4460600
2001	391989	490928	446	262	118015	96015	4584200
2002	533589	588957	578	405	132648	108208	6050100
2003	598521	714614	581	388	169035	140703	5215800
2004	789613	873927	721	549	93134	63228	7500300
2005	836630	1065535	659	539	128390	104187	10002000
2006	895372	1227718	602	489	129541	104518	12170700
2007	950722	1460586	506	444	148801	122815	15669100
2008	1175594	1798881	362	293	155848	135249	18050000
2009	1209154	1714867	323	279	150528	139484	21150000
2010	1400157	2023305	368	362	145887	143761	25010300
2011	1569148	2312180	434	425	157307	156803	28209400
2012	2029557	2920456	337	327	173267	172782	31529900

15－2　分县区外商直接投资情况

单位:个、万美元

项　　目	2005 年	2006 年	2007 年	2008 年	2009 年	2010 年	2011 年	2012 年
外商直接投资项目(企业)个数	539	489	444	293	279	362	425	327
惠城区	222	195	156	130	131	32	58	45
惠阳区	100	122	97	42	40	58	79	64
惠东县	69	50	26	29	38	29	38	22
博罗县	111	87	134	69	40	52	68	39
龙门县	4	10	8	11	20	22	16	19
大亚湾区	33	25	23	12	10	7	13	7
仲恺区	－	－	－	－	－	28	35	42
外商直接投资合同外资金额	195463	151376	157144	158459	140423	148014	216751	265477
惠城区	84355	62173	66205	59580	60606	23845	33479	44689
惠阳区	30245	25673	21626	19130	20066	25091	44448	57246
惠东县	16220	16076	19612	13725	13738	14653	20987	25983
博罗县	29270	24986	30075	33464	17147	19011	29227	40879
龙门县	4964	2746	412	1251	2036	3860	6202	8369
大亚湾区	30409	19722	19214	31308	26830	7630	30046	36744
仲恺区	－	－	－	－	－	22058	31093	38155
实际利用外商直接投资金额	104187	104518	122815	135249	139484	143761	156803	172782
惠城区	37831	51521	56113	59284	59543	17382	19200	22378
惠阳区	9471	13334	16262	19900	21000	24811	28000	33000
惠东县	9624	6112	7946	9785	10900	11683	13088	15198
博罗县	9561	11933	15864	17400	18146	22597	25000	29200
龙门县	2663	1667	2342	3180	3295	3400	3900	4300
大亚湾区	35037	19951	24288	25700	26600	27400	29900	32900
仲恺区	－	－	－	－	－	21696	23790	26200

注:表中“－”表示仲恺区数据包含在惠城区内;2010 年起县(区)数据不含市直部分。

15－3　分地区(国别)、行业外商直接投资情况

单位:万美元

项　　目	2005 年	2006 年	2007 年	2008 年	2009 年	2010 年	2011 年	2012 年
实际利用外商直接投资金额	104145	104518	122815	135249	139484	143761	156803	172782
按地区(国别)分								
香港	37664	41463	65332	80878	93751	96178	116151	108663
日本	15495	15130	9984	841	1404	6498	157	706
台湾	1934	3503	4517	2777	2102	1241	2215	787
美国	1070	2262	2231	763	894	3159	774	1423
欧盟	32030	7896	3536	604	449	739	1534	20664
拉美洲	10471	22252	26236	32669	29171	20386	17801	23720
英属维尔京群岛	9745	22188	24380	31876	29171	16711	17285	23471
大洋洲	2094	4225	4384	6053	3250	2774	4302	3198
东盟	684	3947	2844	4455	4503	4649	6348	3625
其他	2703	3840	3751	6209	3960	8137	7521	9996
按行业分								
制造业	93299	84573	94190	103537	103830	106271	122923	129763
交通运输、仓储和邮政业	151	3229	2287	205	1640	8434	4572	2886
批发和零售贸易业	2348	5104	2297	5445	4365	8631	7613	18460
房地产业	3150	6164	16026	11209	18738	9121	9618	6901
其他	5197	5448	8015	14853	10911	11304	12077	14772

15－4　利用外资项目情况

（2012年）　　单位：个、万美元

项　　目	项目个数	外商直接投资	合同外资金额	外商直接投资	实际利用外资金额	外商直接投资
合　计	337	327	266053	265477	173267	172782
按地区（国别）分						
香港	284	274	176785	176209	109148	108663
台湾	23	23	4216	4216	787	787
日本	5	5	2574	2574	706	706
文莱	1	1	2391	2391	2084	2084
新加坡			269	269	1280	1280
维尔京群岛	2	2	23471	23471	22965	22965
韩国	13	13	18582	18582	6151	6151
澳大利亚			334	334		
美国	1	1	983	983	1423	1423
其他	8	8	36448	36448	28723	28723
按行业分						
农、林、牧、渔业	10	10	7384	7384	2974	2974
制造业	173	163	191557	190981	130248	129763
建筑业	1	1	95	95	72	72
交通运输、仓储及邮电通信业	1	1	3336	3336	2886	2886
批发和零售业	103	103	31525	31525	18460	18460
住宿和餐饮业	5	5	8210	8210	239	239
房地产业	1	1	5437	5437	6901	6901
租赁和商务服务业	33	33	12087	12087	6875	6875
其他	10	10	6422	6422	4612	4612

15－5　分县区外贸进出口总值情况

单位:万美元

项　　目	2005 年	2006 年	2007 年	2008 年	2009 年	2010 年	2011 年	2012 年
外贸进出口总额	1902165	2123090	2411308	2974475	2924021	3423462	3881328	4950013
惠 城 区	1379093	1459246	1606579	2075019	2080282	198752	222520	259948
惠 阳 区	194707	221851	268348	262955	240073	304407	367795	433105
惠 东 县	93302	95900	131389	164547	138308	104725	117120	136354
博 罗 县	143109	168701	186797	199918	212016	274190	336671	402224
龙 门 县	6234	6283	6035	6250	7074	6985	8276	10004
大 亚 湾 区	85720	171109	212160	265786	246268	315386	345133	377987
仲 恺 区	－	－	－	－	－	954945	1063652	1168227
外贸出口总额	1065535	1227718	1460586	1798881	1714867	2023305	2312180	2920456
惠 城 区	775123	861173	967174	1252813	1179090	115632	132197	154218
惠 阳 区	114382	136943	172204	176232	167849	206750	248454	289431
惠 东 县	58096	67416	92325	111928	98295	79139	87955	102483
博 罗 县	74783	92043	104443	118606	130171	163964	217073	270010
龙 门 县	3693	3355	3790	3945	4183	4776	5725	7103
大 亚 湾 区	39458	66788	120650	135357	135279	184177	202771	221027
仲 恺 区	－	－	－	－	－	571536	631302	688210
外贸进口总额	836630	895372	950722	1175594	1209154	1400157	1569148	2029557
惠 城 区	603970	598073	639405	822206	901192	83120	90323	105730
惠 阳 区	80325	84908	96144	86723	72224	97657	119341	143674
惠 东 县	35206	28484	39064	52619	40013	25586	29165	33871
博 罗 县	68326	76658	82354	81312	81845	110226	119598	132214
龙 门 县	2541	2928	2245	2305	2891	2209	2551	2901
大 亚 湾 区	46262	104321	91510	130429	110989	131209	142362	156960
仲 恺 区	－	－	－	－	－	383409	432350	480017

注:表中“－”表示仲恺区数据包含在惠城区内;2010 年起县(区)数据不含市直部分。

15－6 分地区(国别)、产品外贸进出口情况

单位:万美元

项 目	2005年	2006年	2007年	2008年	2009年	2010年	2011年	2012年
外贸出口总额	1065535	1227718	1460586	1798881	1714867	2023305	2312180	2920456
按地区(国别)分								
香港	300582	436334	545138	534569	477318	613620	695393	782863
日本	69686	56067	73155	84940	66803	81216	80281	79956
美国	206364	233342	252624	258272	276653	324159	348263	391132
欧盟	146424	165909	203767	245911	214608	230736	259472	245921
台湾	24728	30229	35023	39789	27167	32582	38742	35317
东盟	35340	40434	46761	58352	59125	63855	86888	88879
韩国	184026	127002	109441	327652	360903	363866	423066	954082
俄罗斯	6896	10407	16288	23126	10792	13987	19214	26452
按主要产品分								
机电产品	854107	982885	1175650	1464457	1379562	1619941	1834052	2435511
彩电	50886	63228	35548	32795	34904	35823	45726	88374
DVD	103030	88252	113029	130856	136090	111627	117316	83020
高新技术产品	441118	526722	526290	877315	906723	1030128	1196339	1788737
鞋类	22773	27287	30122	34958	38041	57907	67115	75545
服装	63612	71802	78597	120261	92887	110254	135653	128941
外贸进口总额	836630	895372	950722	1175594	1209154	1400157	1569148	2029557
按地区(国别)分								
香港	29046	23173	25768	25279	9695	12733	12193	8651
日本	183904	180920	211074	224487	200710	236166	232830	214462
美国	28834	26067	34546	40829	46725	76162	95802	107601
欧盟	47837	30874	33302	41454	38821	59706	44331	53910
台湾	141645	139180	157180	154274	152739	208779	229008	243470
东盟	90802	94117	97564	93699	85826	159039	186995	
韩国	100374	118923	123117	277810	318460	249426	315423	546919
俄罗斯	1555	721	890	205	1119	1215	354	

15－7　外商投资企业登记主要情况(一)

(2012年)

项　　目	年末企业数(户)	累计注销企业数(户)	至年底投资总额(万美元)	至年底注册资本(万美元)	外方
总　计	6439	919	3501642	2077884	1796934
按投资方式分					
中外合资企业	237	685	680701	300492	164238
中外合作企业	43	40	50750	26297	22144
外商独资企业	5985	632	2745184	1733646	1600143
中外股份公司	34	2	11922	10161	4504
其他企业	140	234	13085	7287	5905
按行业分					
农、林、牧、渔业	229	41	47992	31180	26703
采矿业	8	2	8803	5673	4810
制造业	4516	601	2679426	1572136	1375861
电力、煤气及水的生产和供应业	26	6	37389	19890	14251
建筑业	100	15	47980	35652	30796
交通运输、仓储及邮电通信	47	15	90023	40241	28539
信息传输、计算机服务和软件业	152	16	3117	2998	2680
批发和零售业	525	81	32995	26395	24920
住宿和餐饮业	154	30	79439	50150	44712
金融业	34	6			
房地产业	285	22	348584	210871	179613
租赁和商务服务业	161	40	43066	33177	23536
科学研究、技术服务和地质勘查业	48	4	11398	6743	6168
水利、环境和公共设施管理业	16	5	15858	6988	6164
居民服务和其他服务业	104	16	36749	26478	21521
教育	1		2500	1008	493
卫生、社会保障和社会福利业	5		9779	4721	3376
文化、体育和娱乐业	14	3	5982	3147	2355
其他	14	16	561	436	435
按国别(地区)分	5734	692	3501642	2077884	1796934
香　港	4132	542	1978751	1292872	1151850
台　湾	488	43	59169	46538	44122
日　本	65	7	144813	76415	71007
韩　国	155	11	103404	51036	42272
马来西亚	15	2	7109	4403	3739
菲律宾	5		2195	1178	827
新加坡	46	8	31939	15324	13894
荷　兰	2	1	421816	168539	84899
美　国	106	10	63736	38548	35164
加拿大	12	4	6160	4533	4351
维而京群岛	283	28	427143	232724	206197
其他国家(地区)	425	36	255406	145776	138613

15－8　外商投资企业登记主要情况(二)

(2012 年)

项　　目	本年登记企业数(户)	本　年投资总额(万美元)	本　年注册资本(万美元)	外方
总　　计	346	104630	54947	51554
按投资方式分				
中外合资企业	17	5431	3307	2534
中外合作企业				
外商独资企业	326	99199	51640	49019
中外股份公司	2			
其他企业	1			
按行业分				
农、林、牧、渔业	11	12167	5542	4646
采矿业				
制造业	171	69096	34728	32577
电力、煤气及水的生产和供应业				
建筑业	19	949	915	915
交通运输、仓储及邮电通信	1			
信息传输、计算机服务和软件业	4	167	148	148
批发和零售业	93	3712	3190	3184
住宿和餐饮业	14	10635	5325	5325
金融业	4			
房地产业	2	35	35	35
租赁和商务服务业	18	7512	4777	4453
科学研究、技术服务和地质勘查业	1	25	25	10
水利、环境和公共设施管理业				
居民服务和其他服务业	3	44	32	32
教育				
卫生、社会保障和社会福利业				
文化、体育和娱乐业				
其他	5	288	230	230
按国别(地区)分	274	104630	54947	51554
香　港	214	64996	39758	37239
台　湾	19	1294	1263	1162
日　本	5	310	256	176
韩　国	8	10504	5794	5198
马来西亚				
菲律宾				
新加坡				
荷　兰				
美　国	1	13	13	13
加拿大				
维而京群岛	1	257	257	257
其他国家(地区)	26	27256	7605	7508

15－9　旅游情况

项　　目		2005 年	2006 年	2007 年	2008 年	2009 年	2010 年	2011 年	2012 年
住宿游客人数	（万人）	470.73	562.26	707.19	807.66	943.11	1073.56	1188.63	1312.84
1、国内游客	（万人）	39.35	461.35	585.91	674.87	798.86	913.4	1013.95	1122.25
2、国际旅游者	（万人）	78.61	100.91	121.27	132.79	144.25	160.16	174.68	190.59
港澳台	（万人）	55.11	78.35	91.42	100.46	110.39	122.11	133.51	145.97
日　本	（万人）	6.42	6.84	8.96	6.77	4.05	4.13	4.24	4.31
韩　国	（万人）	2.30	2.25	6.28	6.94	4.48	4.79	4.98	5.01
美　国	（万人）	0.31	0.98	1.07	1.01	0.93	1.01	1.27	1.32
加拿大	（万人）	0.08	0.22	0.25	0.11	0.24	0.38	0.46	0.48
澳大利亚	（万人）	0.05	0.23	0.27	0.20	0.20	0.32	0.46	0.49
新西兰	（万人）	0.01	0.10	0.05	0.01	0.08	0.18	0.29	0.31
其他	（万人）	12.00	8.82	6.76	14.82	23.89	27.25	25.72	28.51
旅游总收入	（亿元）	49.94	61.23	84.26	96.55	115.12	140.82	161.19	184.16
旅游总收入占 GDP 比例	（%）	6.2	6.6	7.5	7.4	8.1	8.1	7.7	7.8
国际旅游收入	（万美元）	16549	21315	28665	33091	40107	50168	57652	67785
星级宾馆客房出租率	（%）	66.4	69.5	72.6	69.0	67.0	69.0	78.0	79
#五星级	（个）			2	2	2	4	4	5
三星、四星级	（个）	31	39	45	48	55	57	57	54

十六、教育、科技和文化

16－1　各类学校基本情况

项　　目		2002 年	2003 年	2004 年	2005 年	2006 年
高等学校						
学校数	（所）	1	1	1	1	1
毕业生数	（人）	1646	1460	1460	1421	1622
招生数	（人）	1452	2419	2924	1513	1972
在校学生数	（人）	5449	6586	8046	8106	8423
教职工数	（人）	647	777	797	807	755
#专任教师	（人）	364	460	496	506	511
中等职业技术学校						
学校数	（所）	8	9	27	34	34
毕业生数	（人）	3420	4126	5829	8325	11864
招生数	（人）	5442	7212	12463	15108	21348
在校学生数	（人）	13622	17466	32037	35694	50665
教职工数	（人）	856	987	2007	2046	2432
#专任教师	（人）	471	560	1128	1278	1600
普通中学						
学校数	（所）	163	167	171	174	194
毕业生数	（人）	59579	58996	60248	62343	68243
招生数	（人）	65603	72202	78501	85872	97533
在校学生数	（人）	188425	198004	212095	232301	257051
教职工数	（人）	11689	12350	12972	14046	15569
#专任教师	（人）	9633	10242	10943	11969	13315
小学						
学校数	（所）	1167	1154	1170	1118	1031
毕业生数	（人）	57208	57435	59661	64271	72225
招生数	（人）	64396	67095	67728	66305	64111
在校学生数	（人）	360649	391082	418989	442092	451551
教职工数	（人）	20105	20827	21251	21601	22370
#专任教师	（人）	17777	18861	18986	19217	19749
小学毕业生升学率	（%）	97.41	100.00	100.00	100.00	100.00
学龄儿童						
学龄儿童总数	（人）	351340	383748	409497	435971	448694
学龄儿童入学率	（%）	99.8	100.5	100.0	99.9	100.0
幼儿园						
幼儿园数	（所）	221	227	243	253	273
在园幼儿数	（人）	69078	69699	69867	70685	75267
教职工数	（人）	4040	4300	4615	5284	5957
#专任教师	（人）	2354	2509	2697	3073	3499

16－1 续表

项目		2007年	2008年	2009年	2010年	2011年	2012年
高等学校							
学校数	（所）	1	1	1	2	2	3
毕业生数	（人）	2706	2244	1479	4005	4358	5631
招生数	（人）	2386	3467	4265	6199	6353	8032
在校学生数	（人）	8079	9286	12038	20041	22007	24300
教职工数	（人）	753	773	881	1490	1545	1907
#专任教师	（人）	503	522	629	990	1290	1329
中等职业技术学校							
学校数	（所）	40	45	40	43	39	39
毕业生数	（人）	13006	14380	16745	19503	22032	24441
招生数	（人）	23176	27818	31308	37893	37203	34167
在校学生数	（人）	57180	65460	76596	89908	97131	97852
教职工数	（人）	2869	3230	3886	4160	4295	4473
#专任教师	（人）	1944	2220	3160	3429	3355	3366
普通中学							
学校数	（所）	203	209	210	209	211	214
毕业生数	（人）	73144	79839	87064	91248	95870	99934
招生数	（人）	102373	108741	109635	107112	102649	98045
在校学生数	（人）	277215	295346	305888	308667	307746	296561
教职工数	（人）	16675	17643	18995	19605	20383	20235
#专任教师	（人）	14330	15232	16735	17211	17759	18444
小学							
学校数	（所）	982	945	785	689	518	472
毕业生数	（人）	79066	80890	80973	76715	70940	64366
招生数	（人）	63353	61952	62344	72570	78119	87160
在校学生数	（人）	445221	426443	401270	397983	403950	421074
教职工数	（人）	22961	23054	22759	23194	23194	24342
#专任教师	（人）	20188	20240	20137	20652	20947	21243
小学毕业生升学率	（%）	100	100	100	100	100	100
学龄儿童							
学龄儿童总数	（人）	442082	423240	397204	392431	399720	409732
学龄儿童入学率	（%）	100	100	100	100	100	100
幼儿园							
幼儿园数	（所）	278	300	326	351	384	436
在园幼儿数	（人）	79722	87378	100617	114440	128324	144664
教职工数	（人）	6467	7442	8398	10448	12061	14593
#专任教师	（人）	3907	4453	5043	6044	6819	8216

16－2　分县区教育事业发展情况

（2012年）

项目		全市	惠城区	惠阳区	惠东县	博罗县	龙门县	大亚湾区	仲恺区
大学录取人数	（人）	25674	8262	5338	4753	4958	1573	461	329
各类学校数									
#高等学校	（所）	3	3						
普通中学	（所）	214	49	29	49	48	20	4	15
小学	（所）	472	92	98	103	93	37	12	37
幼儿园	（所）	436	156	80	51	80	20	16	33
成人高等教育学校	（所）	5	1	1	1	1	1		
各类学校招生人数									
#高等学校	（人）	8032	8032						
普通中学	（人）	98045	24943	18492	22079	19935	5799	2148	4649
小学	（人）	87160	19984	14495	18500	19929	4856	2193	7203
幼儿园	（人）	78551	15626	11333	16026	23053	5882	1680	4951
成人高等教育学校	（人）	6083	2704	1059	1075	930	315		
专任教师人数									
#高等学校	（人）	1329	1329						
普通中学	（人）	18444	4742	3143	3732	4214	1471	386	756
小学	（人）	21243	4623	2879	5174	5084	1587	513	1383
幼儿园	（人）	8216	2798	1543	1038	1703	292	250	592
成人高等教育学校	（人）	166	88	26	19	19	14		
各类学校在校生人数									
#高等学校	（人）	24300	24300						
普通中学	（人）	296561	73448	55585	68642	60756	18346	6327	13457
小学	（人）	421074	101383	69939	93575	91003	21534	10974	32666
幼儿园	（人）	144664	41324	22354	25955	32524	8622	4151	9734
成人高等教育学校	（人）	17787	7633	3386	3409	2311	1048		
普及小学教育									
学龄儿童	（人）	409732	100626	67056	90503	89078	21159	10974	30336
入学儿童	（人）	409732	100626	67056	90503	89078	21159	10974	30336
入学率	（%）	100.0	100.0	100.0	100.0	100.0	100.0	100.0	100.0
小学毕业生人数	（人）	64366	16166	10151	15573	13405	3416	1466	4189
小学毕业生升学率	（%）	100.88	89.53	124.98	100.00	101.54	102.49	91.95	89.28
小学学生辍学率（流动率）	（%）	1.41	-0.47	2.12	2.57	1.40	2.99	-1.15	2.12
普通初中毕业生升学率	（%）	98.51	99.51	99.25	97.80	97.82	98.18	98.55	98.56
普通初中生辍学率（流动率）	（%）	3.67	2.04	2.50	4.88	4.86	5.12	2.02	2.07

16－3 教育事业其他指标

项　　目		2007年	2008年	2009年	2010年	2011年	2012年
在园幼儿数	（万人）	7.97	8.74	10.06	11.44	12.83	14.47
#男　童	（万人）	4.49	4.86	5.54	6.25	7.11	8.05
女　童	（万人）	3.48	3.88	4.52	5.19	5.72	6.42
3－6岁儿童入园率	（%）	78.2	80.2	81.2	87.73	88.09	94.20
#男　童	（%）	79	80.3	85.1			
女　童	（%）	78	80.1	74.8	85.17	86.12	93.80
小学适龄儿童净入学率	（%）	100	100	100	100	100	100.00
#男　生	（%）	100	100	100	100	100	100.00
女　生	（%）	100	100	100	100	100	100.00
小学学生辍学率	（%）	0.01	0.02	0.01	0.01	0.31	1.41
#男　生	（%）	0.02	0.03	0.01	0.02	0.29	
女　生	（%）	0.01	0.02	0.00	0.01	0.53	1.24
初中学生毛入学率	（%）	100.61	100.4	100.9	101.54	101.78	103.34
#男　生	（%）	100.7	100.32	101.06	101.61	101.79	
女　生	（%）	100.55	100.6	100.73	101.46	101.77	102.94
初中三年巩固率	（%）	92.19	87.48	86.9	86.18	89.84	90.15
#男　生	（%）	89.76	85.05	84.6	84.44		
女　生	（%）	94.87	90.13	89.39	88.12		
初中毕业生升学率	（%）	82.47	85.71	93.12	97.66	98.34	98.51
#男　生	（%）	82.5	85.21	93.34			
女　生	（%）	82.3	85.62	93.11	96.53	97.95	98.44
高中学生毛入学率	（%）	84.89	83.3	88.1	90.6	92.11	92.56
#男　生	（%）	84.89	80.22	90.6			
女　生	（%）	83.8	80.8	85.68	90.2	92.44	92.41
成人中等学校在校学生数	（万人）	5.1	5.6	6.3	7.0	7.1	7.0
#女　生	（万人）	2.8	3.1	3.4	3.6		
高中毕业生升学率	（%）	82	83.3	84.51	86.72	87.57	89.65

16－4　工业企业 R&D 经费情况

单位：万元

项　目	2009 年	2010 年	2011 年	2012 年
总计	89529	176044	314606	435405
一、按企业规模分组				
大型	23040	105087	190029	230822
中型	57284	52046	70131	129148
小型	9205	18912	53869	75390
微型			578	45
二、按隶属关系分组				
中央	805	1379	3005	2068
地方	88723	174665	311601	433338
三、按登记注册类型分组				
内资企业	13251	20813	67468	122889
国有企业	2233	3618	1236	13238
集体企业	455			110
股份合作企业	274			3192
有限责任公司	4404	7285	29530	48475
股份有限公司	518	2070	10145	18867
私营企业	4802	7301	21897	29741
私营独资企业	991		929	1786
私营合伙企业	368	130	591	717
私营有限责任公司	3018	5999	20252	26213
私营股份有限公司	425	1172	125	1026
其他企业	566	540	4660	9267
港、澳、台商投资企业	42035	92914	141962	208803
与港澳台商合资经营企业	19844	39501	75084	79841
与港澳台商合作经营企业	296	2506		2482
港澳台商独资经营企业	21895	50907	66878	122403
港澳台商投资股份有限公司				4077
外商投资企业	34243	62317	105176	103713
中外合资经营企业	20627	35921	35642	42488
中外合作经营企业		751		
外资企业	13616	25646	69534	61226
四、按国民经济行业大类分组				
制造业	88101	173785	313728	434029
农副食品加工业		411	5099	3297
食品制造业	40	339	493	863
纺织业	820	160		94
皮革、毛皮、羽毛及其制品和制鞋业				2163

项　目	2009 年	2010 年	2011 年	2012 年
木材加工和木、竹、藤、棕、草制品业				1110
家具制造业			1000	1659
造纸和纸制品业	155	1207		628
文教、工美、体育和娱乐用品制造业		294	1966	320
石油加工、炼焦和核燃料加工业	805	1359	3005	2068
化学原料和化学制品制造业	2972	8074	16004	17036
医药制造业	966	1884	4982	10601
橡胶和塑料制品业	2270	3636	4360	24642
非金属矿物制品业		1227	8918	4079
有色金属冶炼和压延加工业	337	1514	4239	8756
金属制品业		477	3447	9251
通用设备制造业	872	1890	2135	7882
专用设备制造业	1103	1107	3707	3776
汽车制造业			17018	28675
铁路、船舶、航空航天和其他运输设备制造业	2835	1271	1419	1270
电气机械和器材制造业	4781	16609	25041	24041
计算机、通信和其他电子设备制造业	68950	129180	208813	277780
仪器仪表制造业	751	1079	987	2354
废弃资源综合利用业	444	2067	1096	1685
电力、热力、燃气及水生产和供应业	1428	2259	878	1377
电力、热力生产和供应业	1428	2259	878	1377
五、按企业控股情况分组				
国有控股	7356	13402	26950	29594
集体控股	924		979	1415
私人控股	7999	16241	51589	77088
港澳台商控股	32216	75441	124299	186504
外商控股	37009	64793	103371	110469
其他	4025	6169	7420	30335
六、按地区分组				
惠城区	14484	33667	66435	76349
惠阳区	4640	12493	31297	45520
惠东县	88	2227	18196	32917
博罗县	2365	6680	23859	40333
龙门县		210	2340	3196
大亚湾区	8220	34334	50134	76924
仲恺区	59732	86434	122344	160165

16－5 工业企业 R&D 人员情况

单位:人

项　　目	2009 年	2010 年	2011 年	2012 年
总计	8601	9460	13885	19055
一、按企业规模分组				
大型	2502	3497	7559	8828
中型	5218	4717	4118	7137
小型	881	1246	2194	3081
微型			14	9
二、按隶属关系分组				
1. 中央	74	69	121	99
2. 地方	8527	9391	13764	18956
三、按登记注册类型分组				
内资企业	1592	1789	3764	5934
国有企业	126	92	69	592
集体企业	82			10
股份合作企业	23			101
有限责任公司	477	681	1496	2233
股份有限公司	199	118	566	928
私营企业	667	659	1373	1709
私营独资企业	49		89	59
私营合伙企业	27	37	23	64
私营有限责任公司	493	452	1246	1535
私营股份有限公司	98	170	15	51
其他企业	18	239	260	361
港、澳、台商投资企业	3674	5160	6279	8683
与港澳台商合资经营企业	1705	2258	3321	3756
与港澳台商合作经营企业	22	74		84
港澳台商独资经营企业	1947	2828	2958	4305
港澳台商投资股份有限公司				538
外商投资企业	3335	2511	3842	4438
中外合资经营企业	2212	1725	1302	1478
中外合作经营企业		113		
外资企业	1123	673	2540	2960
四、按国民经济行业大类分组				
制造业	8549	9424	13863	19008
农副食品加工业		46	121	63
食品制造业	4	40	49	68
纺织业	40	10		7
皮革、毛皮、羽毛及其制品和制鞋业				137

项　　目	2009年	2010年	2011年	2012年
木材加工和木、竹、藤、棕、草制品业				11
家具制造业			35	22
造纸和纸制品业	11	33		17
文教、工美、体育和娱乐用品制造业		76	153	14
石油加工、炼焦和核燃料加工业	74	56	121	99
化学原料和化学制品制造业	307	440	683	808
医药制造业	313	293	396	550
橡胶和塑料制品业	115	142	581	1372
非金属矿物制品业		72	157	141
有色金属冶炼和压延加工业	24	47	119	142
金属制品业		174	271	809
通用设备制造业	41	378	192	301
专用设备制造业	80	90	180	223
汽车制造业			380	698
铁路、船舶、航空航天和其他运输设备制造业	184	90	100	194
电气机械和器材制造业	734	1047	1256	1649
计算机、通信和其他电子设备制造业	6477	6137	9000	11467
仪器仪表制造业	90	134	36	123
废弃资源综合利用业	55	119	33	93
电力、热力、燃气及水生产和供应业	52	36	22	47
电力、热力生产和供应业	52	36	22	47
五、按企业控股情况分组				
国有控股	470	598	1292	1286
集体控股	124		36	66
私人控股	1223	1538	2868	4022
港澳台商控股	2986	4004	4963	7182
外商控股	3493	2685	4384	5372
其他	305	635	342	1127
六、按地区分组				
惠城区	1166	1362	2532	3160
惠阳区	602	850	1465	2206
惠东县	29	193	919	1144
博罗县	345	388	927	1749
龙门县		28	95	177
大亚湾区	451	1048	1309	1733
仲恺区	6008	5591	6639	8886

16－6 惠州市历年专利申请授权情况统计表

年度	申请量				授权量			
	合计	发明	实用新型	外观设计	合计	发明	实用新型	外观设计
1985 年	1	1	0	0	0			
1986 年	2	1	1	0	0			
1987 年	5	2	3	0	2		2	
1988 年	8	3	5	0	2		2	
1989 年	11	4	6	1	2		2	
1990 年	11	3	6	2	3	2	1	
1991 年	14	4	2	8	4	1	3	
1992 年	33	5	17	11	12	1	9	2
1993 年	56	9	33	14	22	4	12	6
1994 年	101	12	33	56	19	2	12	5
1995 年	109	7	37	65	62	3	22	37
1996 年	157	10	34	113	70	2	16	52
1997 年	213	12	35	166	93	3	20	70
1998 年	194	7	47	140	169	3	17	149
1999 年	206	13	63	130	148	1	39	108
2000 年	378	34	96	248	207	5	62	140
2001 年	331	17	115	199	283	4	61	218
2002 年	708	39	174	495	443	2	99	342
2003 年	854	73	280	501	532	9	156	367
2004 年	1109	168	335	606	680	17	211	452
2005 年	1041	250	339	452	651	17	258	376
2006 年	877	75	377	425	641	21	301	319
2007 年	1235	84	436	715	726	33	353	340
2008 年	1160	252	510	398	1011	66	426	519
2009 年	1761	359	801	601	985	73	488	424
2010 年	2889	823	1352	714	1628	44	992	592
2011 年	6029	1296	2236	2497	2917	117	1577	1223
2012 年	9894	1676	2614	5604	4093	313	2227	1553

16－7　主要年份科技活动指标

项目		2000 年	2005 年	2009 年	2010 年	2011 年	2012 年
专利申请受理量	（件）	378	1041	1761	2889	6029	9894
专利申请批准量	（件）	207	651	985	1628	2917	4093
高技术产品产值	（亿元）	142.63	661	1318	1797.63	2281.51	
高技术产品产值占工业总产值比重	（%）	19.0	36.9	43.9	46.0	47.9	
研究与实验发展(R&D)人员全时当量	（人/年）	1277.5	1710.6	8176	11062	12739	
研究与实验发展(R&D)经费	（亿元）	1.3	1.71	10.55	19.26	33.12	
占本市生产总值比例	（%）	0.3	0.21	0.75	1.11	1.58	

注:2012 年部分数据暂未最终确定。

16－8　分县区文化事业情况

（2012 年）

项目		全市	惠城区	惠阳区	惠东县	博罗县	龙门县	大亚湾区	仲恺区
文化馆	（个）	6	2	1	1	1	1		
文化站	（个）	73	13	9	16	17	10	3	5
文化广场	（个）	31	16	5	2	1	2	3	2
博物馆	（个）	6	2	1	1	1	1		
公共图书馆	（个）	5	1	1	1	1	1		
#总藏量	（千册、件）	1219.6	612.0	195.8	235.2	70.0	106.6		
#图书	（千册）	841.9	426.9	161.6	130.2	62.9	60.4		
电影放映单位	（个）	18	6	4	4	1	1		2
其中:剧场、影剧院	（个）	7	1	1	4		1		
歌舞厅	（个）	226	72	52	18	41	15	5	23
网吧	（个）	584	128	114	89	98	27	30	98

16-9 分县区广播电视业情况

（2012 年）

项目		全市	惠城区	惠阳区	惠东县	博罗县	龙门县	大亚湾区	仲恺区
广播电台	（套）	6	2	1	1	1	1		
调频广播发射台和转播台	（座）	6	2	1	1	1	1		
电视台	（套）	6	2	1	1	1	1		
电视发射台和转播台	（座）	6	2	1	1	1	1		
一千瓦以上电视发射台和转播台	（座）	3	1		1		1		
有线电视台	（座）	5	1	1	1	1	1		
有线电视用户	（万户）	74.21	31.15	12.63	18.29	6.74	2.60	2.80	
卫星电视地面接收站	（个）	23		13	10				
广播人口覆盖率	（%）	100.0	100.0	100.0	100.0	100.0	100.0	100.0	100.0
电视人口覆盖率	（%）	100.0	100.0	100.0	100.0	100.0	100.0	100.0	100.0
微波传送线路站数	（站）	22	4	3	11	4			
微波传送线路长度	（公里）	349	75	25	219	30			

十七、体育、卫生、社会福利、环保和其他

17-1　体育、卫生、社会福利、环保和其他主要指标

项　目		2007 年	2008 年	2009 年	2010 年	2011 年	2012 年
举办全民健身活动次数	（次）	47	37	100	150	167	179
卫生事业机构数	（个）	270	285	2214	2258	2366	2558
医院、卫生院		123	119	124	128	131	137
卫生事业机构床位数	（张）	9538	10207	11122	12206	13092	17231
医院、卫生院床位		9015	9477	10199	10877	11662	14485
卫生技术人员数	（人）	14964	14818	16728	18218	19978	23787
医生、助理医生		5854	5431	6246	6778	7386	9009
平均每千户籍人口医院、卫生院床位数	（张）	3.05	3.20	3.43	3.62	3.82	5.04
平均每千户籍人口有卫生技术人员数	（人）	4.78	4.65	5.16	5.40	5.82	6.96
医生		1.87	1.70	1.93	2.01	2.15	2.63
优抚收养性单位收养人数	（人次）	159	174	512	512	2063	1971
社会救济总人数	（人）	69538	75761	76681	79569	90248	98046
准予登记结婚对数	（对）	33791	33384	33932	35251	35384	31621
涉外婚姻		325	253	268	214	260	274
离婚总数	（对）	3179	3753	4098	4773	5568	5892
执业律师人数	（人）	388	390	404	513	562	605
公证人员数	（人）	29	30	27	28	30	28
人民调解委员会调解人员数	（人）	10483	10775	11716	9963	8012	9606
亿元地区生产总值生产安全事故死亡率		0.50	0.38	0.26	0.20	0.16	0.135
交通事故发生数	（起）	1297	917	739	636	569	552
交通事故损失折款	（万元）	625	445	285	341	260	285
火灾事故发生数	（起）	695	519	285	517	864	706
火灾事故损失折款	（万元）	234	305	620	1004	994	923

注:2009 年起每千人口医师、护士、卫生技术人员含村卫生室医生、护士数。

17－2　分县区体育事业情况

（2012 年）

项目		合计	惠城区	惠阳区	惠东县	博罗县	龙门县	大亚湾区	仲恺区
体育馆数	（个）	22	6	1	3	8	2	1	1
运动员人数	（人）	1357	797	390		146	24		
体委系统年末职工人数	（人）	301	161	20	48		31	9	4
#专职教练员	（人）	80	66		8		6		
专职文化教师	（人）	30	30						
管理人员	（人）	85	27	20	19		12	7	
公务员	（人）	59	30	8	8		9	2	2
其他人员	（人）	47	8	20	13		4		2
举办全民健身活动情况	（次）	179	115	6	16	17	6	12	2
参加人数	（人次）	287787	250000	9000	13287	9000	1500	2000	3000
举办综合运动会	（次）	1	1						
举办单项比赛	（次）	135	64	7	5	33	16	6	4

17－3　体育事业发展情况

单位:(奖牌)块、(记录)项

年份	获世界			获亚洲赛			获全国赛			获省赛		
	金牌	银牌	铜牌	金牌	银牌	铜牌	金牌	银牌	铜牌	金牌	银牌	铜牌
1991	7	2	2				3	2	1	21	16	16
1992	2	1	1	2	1	5				19	20	28
1993	4						4	2		6	14	20
1994	2	4					6	4	1	13	12	13
1995	1						6			12	12	13
1996	1						11	4	9	8	11	39
1997	6				1	3	4.5	1.5	5	6	17	15
1998				2	2		12	12	3	37.5	25.5	18.5
1999		1		1	1		11	5	3	13	29	34
2000			2				10	12	7	17	10	22
2001							9	1	4	8	7.5	13
2002	4	2		1	3	3	9	8	8	25.5	17.5	18
2003				1			3	1	2	18.5	21	26
2004	1						2	2	4	9	20	18
2005				3	2		4	4	4	7	12	26
2006	1	3		2			3	2	2	6	6	14
2007	2			2	1		2	2		50	41	43
2008	2	1		3	1		5	2		55	52	58
2009	3			1			15	8	5	49	48	64
2010	4			12	2	2	17	3	2	20	20	32
2011	1	2		9			24	10	16	8	9	12
2012	3		1				17	2	6	14	12	22

17－4　分县区卫生事业发展情况

（2012 年）

项　　目		合计	惠城区	惠阳区	惠东县	博罗县	龙门县	大亚湾区	仲恺区
卫生机构数	（个）	2558	635	401	533	612	224	64	89
医院	（个）	61	24	16	11	5	4		1
卫生院	（个）	76	7	6	20	22	15	1	5
疾病预防控制中心	（个）	5	1	1	1	1	1		
妇幼保健院（所\站）	（个）	6	2	1	1	1	1		
诊所、卫生所、医务室	（个）	579	278	108	70	45	43	13	22
卫生机构床位数	（张）	17231	7149	2206	2528	2885	899	676	888
医院	（张）	11056	5561	1631	1485	1276	393	534	176
卫生院	（张）	3429	241	347	839	1383	445		174
总诊疗人次数	（万人次）	3101.13	1196.88	506.3	472.93	593.77	175.48	44.23	111.54
医院、卫生院	（万人次）	1512.40	529.24	241.14	239.50	328.66	103.67		70.19
卫生工作人员数	（人）	29897	11988	4385	4835	5120	1845	644	1080
卫生技术人员	（人）	23787	10033	3576	3484	3896	1404	590	804
执业医师、执业助理医师	（人）	9009	3773	1420	1373	1404	475	297	267
注册护士	（人）	9445	4170	1465	1291	1503	505	238	273
每千户籍人口卫生机构床位数	（张）	5.04	8.85	5.93	2.99	3.42	2.57	8.33	7.40
每千户籍人口卫生技术人员	（人）	6.96	12.42	9.62	4.12	4.62	4.01	7.27	6.70
医生	（人）	2.63	4.67	3.82	1.63	1.66	1.36	3.66	2.22
每千户籍人口注册护士数	（人）	2.76	5.16	3.94	1.53	1.78	1.44	2.93	2.27
政府办									
机构	（个）	167	42	18	31	40	25	5	6
床位	（张）	14545	6454	1493	1925	2770	839	676	388
卫生人员	（人）	21831	8655	2715	3419	4093	1502	549	898
社会办									
机构	（个）	1801	363	319	405	514	190	8	2
床位	（张）	895	140	635		60	60		
卫生人员	（人）	4115	1300	1252	551	636	327	33	16
个人办									
机构	（个）	590	276	101	97	58	9	14	35
床位	（张）	1791	1055	78	603	55			
卫生人员	（人）	3951	2033	418	865	391	16	62	166

注：表中人均数按当年户籍人口计算；政府办、社会办、个人办均不含卫生室数据，其它均含村卫生室数据。

17－5　卫生事业其他指标

项　目		2006 年	2007 年	2008 年	2009 年	2010 年	2011 年	2012 年
婴儿死亡率	(‰)	3.46	3.11	2.6	2.58	2.84	2.5	2.03
5 岁以下儿童死亡率	(‰)	3.69	3.55	2.95	2.96	3.45	2.82	2.36
孕产妇死亡率	(1/10 万)	25.39	21.81	4.4	10.1	4.24	6.2	2.88
5 岁以下儿童中、重度营养不良患病率	(%)	0.47	0.7	0.27	0.47	0.3	0.25	0.62
儿童计划免疫接种率								
#卡介苗接种率	(%)	99.52	99.52	99.71	99.71	99.8	99.86	99.88
脊灰疫苗接种率	(%)	99.27	99.32	99.28	99.44	99.54	99.55	99.63
百白破三联制剂接种率	(%)	99.06	99.27	99.21	99.35	99.52	99.5	99.64
麻疹疫苗接种率	(%)	98.91	98.97	98.86	98.91	99.28	99.53	99.62
乙肝疫苗接种率	(%)	99.41	99.55	99.52	99.52	99.72	99.78	99.81
住院分娩率	(%)	98.92	99.37	99.68	99.73	99.83	99.91	99.94
农村孕产妇住院分娩率	(%)	98.85	99.41	99.66	99.69	99.85	99.9	99.99
7 岁以下儿童保健管理率	(%)	73.82	81.67	78.29	85.5	97.05	95.97	97.10
婚前医学检查率	(%)	0.69	0.92	0.77	24.9	62.25	76.07	84.29
低出生体重发生率	(%)	4.69	4.38	4.19	4.79	2.79	2.77	3.14
0—4 个月婴儿母乳喂养率	(%)	90.65	90.22	90.45	90.85	90.63	93.78	95.37

注:2012 年的 0－4 个月婴儿母乳喂养率为 0－6 个婴儿母乳喂养率。

17－6　农村村级卫生组织情况

项　目		2005年	2006年	2007年	2008年	2009年	2010年	2011年	2012年	2012年比2011年增长(%)
机构数	(个)	1283	1532	1512	1539	1534	1539	1557	1574	1.1
执业(助理)医师	(人)	225	384	435	513	394	555	562	604	7.5
乡村医生和卫生员	(人)	1208	1632	1437	1444	1539	1545	1629	1528	-6.2
乡村医生数	(人)	1139	1488	1364	1366	1417	1413	1504	1385	-7.9
卫生员	(人)	69	144	73	78	122	132	125	143	14.4
诊疗人次	(万人次)	397.58	505.88	485.21	520.29	493.83	506.99	547.42	767.64	40.2

17－7　分县(区)农村村级卫生组织情况

(2012年)

项　目		全市	惠城区	惠阳区	惠东县	博罗县	龙门县	大亚湾区	仲恺区
机构数	(个)	1574	175	217	398	498	154	55	77
执业(助理)医师	(人)	604	83	129	118	166	15	35	58
注册护士	(人)	225	30	29	35	48	59	12	12
乡村医生和卫生员	(人)	1528	147	140	524	424	159	40	94
乡村医生数	(人)	1385	136	123	444	414	157	30	81
卫生员	(人)	143	11	17	80	10	2	10	13
诊疗人次	(万人次)	767.64	190.02	109.06	152.44	190.82	51.59	22.16	51.55

17－8　分县区参加社会保险基本情况

（2012年）

项　目		全市	惠城区	惠阳区	惠东县	博罗县	龙门县	大亚湾区	仲恺区
养老保险参保人数	（人）	2021518	1066729	250943	150436	321015	51134	181261	—
#国有企业	（人）	262827	126136	24480	47828	47411	11627	5345	—
城镇集体企业	（人）	47442	17163	930	2723	21072	5432	122	—
其他企业	（人）	1006538	595914	80408	44570	199115	7889	78642	—
机关事业单位	（人）	186512	68692	24244	34529	27078	21849	10120	—
参加社会养老保险离退休人员	（人）	84417	32917	8265	11944	23160	7475	656	—
养老金社会化发放	（人）	84417	32917	8265	11944	23160	7475	656	—
社会化发放率	（%）	100	100	100	100	100	100	100	—
基本医疗保险参保人数	（人）	1394912	716850	209674	87768	217737	30274	132609	—
参加医疗费用统筹离退休人数	（人）	131915	57553	15945	15024	32870	8558	1965	—
失业保险参保人数	（人）	925282	503423	104026	47139	149728	14486	106480	—
年末领取失业救济金人数	（人）	3409	1769	442	683	294	72	149	—
工伤保险参保人数	（人）	1131063	589843	166726	58026	183391	18030	115047	—
#农民工	（人）	763260	359972	126269	35074	141364	7980	92601	—
生育保险参保人数	（人）	1394912	716850	209674	87768	217737	30274	132609	—
社会保险基金收入	（万元）	2528791	533218	264586	731127	662856	286271	50733	—
基本养老保险应收额	（万元）	234510	131430	27229	14710	32866	4725	23550	—
#企业	（万元）	211382	120716	24353	9938	30530	4126	21719	—
机关单位	（万元）	23128	10714	2876	4772	2336	599	1831	—
基本养老保险实收额	（万元）	234510	131430	27229	14710	32866	4725	23550	—
#企业	（万元）	211382	120716	24353	9938	30530	4126	21719	—
机关单位	（万元）	23128	10714	2876	4772	2336	599	1831	—
补缴历年基本养老保险基金	（万元）	504				504			
#企业	（万元）	464				464			
机关单位	（万元）	40				40			
基本养老保险历年欠费总额	（万元）	41452	12199	9697	6262	6990	4588	1716	—
#企业	（万元）	35689	12093	7336	5512	5429	3618	1701	—
机关单位	（万元）	5763	106	2361	750	1561	970	15	—
年末离休、退休、退职人数	（人）	84417	32917	8265	11944	23160	7475	656	—
年末离休人数	（人）	658	337	91	88	93	45	4	—
年末退休人数	（人）	83759	32580	8174	11856	23067	7430	652	—
城镇登记失业人员数	（人）	16869	7983	1533	2603	2858	842	290	768
下岗后再就业人员	（人）	20950	6635	2000	4339	4354	1085	1000	1537
年末城镇人口登记失业率	（%）	2.35	2.15	2.1	2.14	2.53	2.51	1.98	2.1
转移农村劳动力	（人）	15474	2229	1566	4055	5235	1510	374	505
就业困难人员再就业	（人）	3278	1068	350	552	579	215	200	314

注：“—”表仲恺区数据包含在惠城区内。

17－9　历年社会保险征收情况

项　　目		1995 年	1996 年	1997 年	1998 年	1999 年	2000 年	2001 年	2002 年	2003 年
基本养老保险应收额	（万元）	13041	15968	18095	21239	22634	32546	43845	47525	55175
#企业	（万元）	12099	14615	16609	19513	18670	26737	36537	40558	45894
机关单位	（万元）	942	1353	1486	1726	3964	5809	7308	6967	9281
基本养老保险实收额	（万元）	11416	13318	12442	14659	19396	27135	37705	43027	48856
#企业	（万元）	10521	12047	11308	13202	15800	22057	31198	36419	39935
机关单位	（万元）	895	1271	1134	1457	3596	5078	6507	6608	8921
基本养老平均收缴率	（%）	88	82	69	69	86	83	86	91	89
#企业	（%）	87	81	66	65	85	82	85	90	85
机关单位	（%）	95	94	73	84	91	87	89	95	96
补缴历年基本养老保险基金	（万元）			2147	3431	3439	3298	3821	2935	3003
#企业	（万元）			2047	3251	2101	2753	3454	2497	2624
机关单位	（万元）			100	180	1338	545	367	438	379
基本养老保险历年欠费总额	（万元）	2232	4866	8373	11632	16896	19010	21328	23722	26109
#企业	（万元）	2165	4715	7970	11129	14542	16137	18386	20682	23088
机关单位	（万元）	67	151	403	503	2354	2873	2942	3040	3021
参加基本养老保险人数	（人）	189825	194017	196694	190197	194499	348140	396092	413085	442028
参加工伤保险人数	（人）	261396	262170	274470	254992	268043	322167	347402	376958	419459
参加失业保险人数	（人）	28281	81846	96846	121351	137351	316643	359021	368329	374013

17－9　续表

项　　目		2004 年	2005 年	2006 年	2007 年	2008 年	2009 年	2010 年	2011 年	2012 年
基本养老保险应收额	（万元）	69960	81832	101606	127133	168825	178434	212877	219169	234510
#企业	（万元）	61265	73085	91707	117574	158303	161484	193848	198913	211382
机关单位	（万元）	8695	8747	9899	9559	10522	16950	19029	20256	23128
基本养老保险实收额	（万元）	63088	74594	91336	118366	163425	167531	205200	219169	234510
#企业	（万元）	54969	66477	82529	109468	153417	151056	186621	198913	211382
机关单位	（万元）	8119	8117	8807	8898	10008	16475	18579	20256	23128
基本养老平均收缴率	（%）	90.0	91.0	89.9	93.1	96.8	93.9	96.4	100.0	100.0
#企业	（%）	89.0	91.0	88.0	93.1	96.9	93.5	96.3	100.0	100.0
机关单位	（%）	93.0	93.0	88.9	93.1	95.1	97.2	97.6	100.0	100.0
补缴历年基本养老保险基金	（万元）	7257	3901	5296	5713	3716	5396	6618	3383	504
#企业	（万元）	6570	3374	5221	5547	3699	5379	6541	3333	464
机关单位	（万元）	687	527	75	166	17	17	77	50	40
基本养老保险历年欠费总额	（万元）	25724	29061	34035	37089	38773	44280	45339	41956	41452
#企业	（万元）	22814	26048	30005	32564	33751	38800	39486	36153	35689
机关单位	（万元）	2910	3013	4030	4525	5022	5480	5853	5803	5763
参加基本养老保险人数	（人）	474357	526702	600538	886354	1051682	1200259	1488576	1899796	2021518
参加工伤保险人数	（人）	466645	513229	583449	559059	633197	641302	585535	1119446	1131063
参加失业保险人数	（人）	407201	451294	516202	504421	449319	327711	300280	910052	925282

17－10　分县区社会福利、最低生活保障

（2012 年）

项　　目		全　市	惠城区	惠阳区	惠东县	博罗县	龙门县	大亚湾区	仲恺区
社会福利									
收养性社会福利单位数	（个）	96	22	12	20	17	16	2	7
收养性社会福利单位床位数	（张）	5204	2080	425	928	930	491	100	250
收养性社会福利单位收养人数	（人）	1971	798	138	175	658	109	31	62
社会救济									
城乡居民最低生活保障标准									
城镇	（元）	385	385	385	385	385	385	385	385
农村	（元）	385	385	385	385	385	385	385	385
城乡居民最低生活保障人数	（人）	89346	13665	5422	29745	14100	21410	2961	2043
城镇	（人）	9327	2148	782	1689	706	1762	1912	328
农村	（人）	80019	11517	4640	28056	13394	19648	1049	1715
城乡居民最低生活保障家庭户数	（户）	31673	4848	2308	10137	5333	7083	1198	766
城镇	（户）	3592	925	389	577	278	486	794	143
农村	（户）	28081	3923	1919	9560	5055	6597	404	623
城乡居民最低生活保障金支出	（万元）	1823.18	343.21	131.00	576.77	255.52	405.78	83.00	27.90
城镇	（万元）	236.01	55.16	19.50	41.00	16.00	43.65	55.00	5.70
农村	（万元）	1586.9	288.05	111.20	535.80	239.52	362.13	28.00	22.20
城乡基层社会保障									
城镇社区服务设施数	（个）	2881	897	227	631	588	286	105	147
社区服务中心数	（个）	233	49	18	16	72	41	13	24

17－11　环境保护基本情况

项　　目		2000 年	2001 年	2002 年	2003 年	2004 年	2005 年
市区空气污染综合指数(API 指数)	(%)	19－81	19－90	13－85	23－99	14－97	21－74
废　水							
废水排放总量	(万吨)	10046	10958	12983	12642	13585	13774
#生活污水	(万吨)	8213	8979	10189	9210	9546	9415
工业废水	(万吨)	1833	1979	2794	3432	4039	4359
工业废水中 COD 排放量	(万吨)	2.2	3.0	2.0	1.7	1.8	1.7
废　气							
废气排放总量	(亿标立米)	104.05	126.11	192.32	186.79	302.47	271.36
#工业废气量	(亿标立米)	104.05	126.11	192.32	186.79	302.47	271.36
二氧化硫排放总量	(万吨)	0.58	0.79	0.91	0.79	1.04	1.07
#工业二氧化硫	(万吨)	0.56	0.71	0.81	0.79	0.75	0.74
工业烟尘排放量	(万吨)	0.48	0.09	0.07	0.07	0.1	0.09
噪声达标面积	(平方公里)						
工业固体废物							
固体废物产生量	(万吨)	16.01	12.20	12.91	15.77	15.53	17.13
#危险废物产生量	(万吨)						
工业固体废物综合利用量	(万吨)						
#危险废物综合利用量	(万吨)						
工业固体废物处置量	(万吨)						
#危险废物处置量	(万吨)						
固体废物处理处置率	(%)	86.65	74.82	87.99	81.56	87.46	99.18
工业三废治理设施							
工业废水处理设施总数	(套)	296	295	332	352	367	369
工业废水治理设施运行费用	(万元)	10141	8996	10127	13472	15117	14548
工业废气治理设施总数	(万元)	145	161	273	289	275	305
工业废气治理设施运行费用	(万元)	1484	1623	2491	2934	4397	4571
环境管理							
环境影响评价制度执行率	(%)	100	100	100	100	100	100
当年“三同时”制度执行率	(%)	100	100	100	100	100	100
建成烟尘控制区总数	(个)	2	3	5	8	8	8
建成烟尘控制区面积	(平方公里)	107.17	118.64	60.1	144.5	144.5	147.8
建成噪声控制区面积	(平方公里)	33.04	38.5	40.7	55.7	55.7	71.3

17－11　续表

项　　目		2006年	2007年	2008年	2009年	2010年	2011年	2012年
市区空气污染综合指数(API指数)	(%)	27－73	30－67	30－68	18－72	19－101	19－86	19－94
废　水								
废水排放总量	(万吨)	21616	26974	28074	28188	31126	30400	33789
#生活污水	(万吨)	15412	18247	20884	22406	25097	22937	25489
工业废水	(万吨)	6204	8727	7189	5782	6029	7462	8300
工业废水中COD排放量	(万吨)	2.3	4.5	0.56	0.49	0.61	0.85	0.9
废　气								
废气排放总量	(亿标立米)	400.91	1024.41	965.36	1319.13	1163.31	1907.11	1487.8
#工业废气量	(亿标立米)	400.91	1024.41	965.36	1319.13	1163.31	1907.11	1487.8
二氧化硫排放总量	(万吨)	1.22	1.65	3.27	3.57	3.31	3.9	3.61
#工业二氧化硫	(万吨)	1.22	1.64	3.26	3.56	3.31	3.89	3.55
工业烟尘排放量	(万吨)	0.19	0.32	0.26	0.32	0.32	2.19	2.13
噪声达标面积	(平方公里)					71.5	209.65	209.65
工业固体废物								
固体废物产生量	(万吨)	19.26	33.97	29.94	27.27	40.6	76.4	135
#危险废物产生量	(万吨)					10.66	11.88	11.77
工业固体废物综合利用量	(万吨)					37.86	67.28	186.81
#危险废物综合利用量	(万吨)					8.23	8.16	9.21
工业固体废物处置量	(万吨)					2.74	9.13	3.35
#危险废物处置量	(万吨)					2.41	3.73	2.57
固体废物处理处置率	(%)	98.75	21.73	22.85	19.77	6.75	11.94	2.48
工业三废治理设施								
工业废水处理设施总数	(套)	423	536	530	491	535	535	576
工业废水治理设施运行费用	(万元)	21888	36576	30960	27714	38736	41155	41488
工业废气治理设施总数	(万元)	338	459	588	505	442	814	678
工业废气治理设施运行费用	(万元)	7480	10062	13110	14561	13774	43531	42961
环境管理								
环境影响评价制度执行率	(%)	100	100	100	100	100	100	100
当年“三同时”制度执行率	(%)	100	100	100	100	100	100	100
建成烟尘控制区总数	(个)	8	8	8	8	8	8	8
建成烟尘控制区面积	(平方公里)	147.8	147.8	147.8	147.8	147.8	147.8	147.8
建成噪声控制区面积	(平方公里)	71.5	71.5	71.5	71.5	71.5	209.7	209.7

17－12　惠州市律师、公证、基层司法基本情况

项　　目		2006年	2007年	2008年	2009年	2010年	2011年	2012年
律师工作								
律师事务所	（个）	34	42	41	52	54	62	62
执业律师	（人）	429	388	390	404	513	562	605
担任常年法律顾问	（家）	647	728	1020	1058	1266	1372	1473
民事代理	（件）	1475	2144	3397	3629	4244	4152	6143
非诉讼事件	（件）	1806	4967	4925	6352	8247	5649	4293
刑事辩护	（件）	365	1284	1311	985	1180	1134	1714
解答法律询问	（件）	3675	10285	11716	7592	15771	15083	16095
公证工作								
公证处	（个）	7	7	7	7	7	7	7
公证人员	（人）	49	65	30	27	28	30	28
办结公证总数	（件）	14564	18522	12544	12232	18105	21571	30296
#国内民事公证	（件）	6696	9843	6486	10384	13385	16706	23807
国内经济公证	（件）	3357	3149	1431	1848	1258	1629	1252
涉外民事经济公证	（件）	3509	4151	3489	3437	3462	3236	2867
基层司法工作								
法律服务所	（个）	76	76	81	84	83	83	81
法律服务所人员	（人）	170	168	219	207	221	206	201
担任法律顾问	（家）		978	829	1281	732	799	790
民事诉讼代理	（件）	233	327	231	339	531	242	208
非诉讼代理	（件）	414	560	389	252	192	225	67
帮助挽回经济损失	（万元）	3929	4207	3692	3591	2957	2646	1080
人民调解委员会	（个）	1356	1391	1477	1468	1494	1493	1567
调解人员	（人）	9536	10483	10775	11716	9963	8012	9606
调解纠纷总数	（件）	3953	4568	5408	5671	6016	5932	6186

17－13　交通、火灾事故发生及案件情况

（2012年）

项　　　目		全市	惠城区	惠阳区	惠东县	博罗县	龙门县	大亚湾区	仲恺区
交通事故									
发生件数	（件）	552	168	49	92	152	41	25	25
受伤人数	（人）	575	178	47	114	139	54	28	15
死亡人数	（人）	299	104	44	36	76	12	12	15
损失金额	（万元）	285.32	226.29	4.79	9.43	32.03	0.88	8.71	3.2
火灾事故									
发生件数	（件）	706	415	73	81	77	3	7	50
受伤人数	（人）	9	7	2					
死亡人数	（人）	2					2		
损失金额	（万元）	922.95	58.99	58.72	46.62	103.28	5.49	11.11	638.74
刑事案件立案数年	（起）	14900	4595	2696	2182	2860	830	615	994
捉获刑事案件犯罪人数	（人）	9642	2427	2152	1461	1637	249	464	936
25周岁以下	（户）	4316	1085	1387	574	536	60	166	493
治安案件查处数	（起）	53745	8489	16406	15548	8172	1048	2389	1687

17－14　城市公用事业情况

项　　目		2006 年	2007 年	2008 年	2009 年	2010 年	2011 年	2012 年
一、城市（市区）供水								
供水管道总长度	（千米）	2987.50	1682.46	1711.91	1842.18	1982.50	2190.63	2262.32
自来水综合生产能力	（万吨/日）	107.00	97.19	129.19	133.50	134.00	136.53	138.00
全年供水量	（万吨/日）	21401.29	22485.25	23505.90	25308.89	28889.33	28976.82	30521.96
居民家庭用水量	（万吨/日）	7158.28	7118.72	8193.26	9521.50	9222.77	10536.22	11508.59
生活用水人口	（万人）	121.61	105.50	113.87	136.43	145.45	143.45	151.63
二、城市供气								
液化气供气量	（吨）	172574.7	196507	178073	117430	90496	103506	99148
家庭使用	（吨）	122052.7	226262	30012	51222	74362	77595	73572
三、城市公共设施								
铺装道路总长度	（公里）	696.80	988.00	1312.60	1648.80	1823.30	1843.41	1876.24
年末实有城市道路面积	（万平方米）	1151.00	1558.00	1798.00	1891.00	2319.60	2407.65	2509.69
排水道总长度	（公里）		765	1168	1567	1816	2332	2527
路灯	（盏）	75278	80620	43499	57849	121558	104412	106482
四、城市园林								
建成区面积	（平方公里）	136.60	145.77	180.49	210.77	266.34	280.39	292.21
城市园林绿地面积	（公顷）	4419	4675	5107	6961	7411	8313	9076
公园面积	（公顷）				1061	1260	1459	1958
建成区绿化覆盖面积	（公顷）	5102	5130	5555	7586	8049	8908	9748
建成区绿化覆盖率	（%）	37.35	33.09	30.78	35.99	30.22	31.77	33.36
五、城市环境卫生								
城市维护建设资金支出	（万元）	69349	142528	212451	188545	250586	368439	607377
实际清扫保洁面积	（平方公里）	35.47	47.05	20.9	24.23	29.94	35.22	37.61
环卫职工人数	（人）	4470	4854	3461	3866	5257	5744	5857
生活垃圾	（万吨）	51.95	57.12	69.05	67.96	71.37	132.42	143.60
清洁卫生机械拥有量	（辆）	155	171	178	234	269	294	298
公共厕所	（座）	138	140	145	147	158	164	171

17－15　分县区城市市政公用事业情况

（2012年）

项　　目		全市	惠城区	惠阳区	惠东县	博罗县	龙门县	大亚湾区	仲恺区
一、城市（市区）供水									
供水管道总长度	（千米）	2262.32	1117.00	539.65	370.00	139.67	52.00	44.00	－
自来水综合生产能力	（万吨/日）	138	70	24	10	9	4	21	－
全年供水量	（万吨/日）	30521.96	14536.00	4195.00	3168.00	1582.00	823.00	3481.00	2736.96
居民家庭用水量	（万吨/日）	11508.59	5567.00	1757.20	1207.00	953.00	138.00	680.00	1206.39
二、城市供气									
液化气供气量	（吨）	99148	45130	19442	11660	10216	410	12040	250
三、城市公共设施									
铺装道路总长度	（公里）	1876.24	425.00	529.00	438.63	55.30	41.00	259.43	127.88
年末实有城市道路面积	（万平方米）	2509.69	710.00	404.70	296.37	137.01	66.20	568.64	326.77
排水道总长度	（公里）	2526.77	778.08	326.65	198.26	104.00	16.40	504.61	598.77
路灯	（千盏）	106482	36986	18967	11701	17349	3925	13186	4368
四、城市园林									
建成区面积	（平方公里）	292.21	95.60	49.00	34.23	19.08	9.60	43.70	41.00
城市园林绿地面积	（公顷）	9076	3695	1713	883	634	301	1542	308
公园绿地面积	（公顷）	3021	1476	343	463	170	220	262	87
建成区绿化覆盖面积	（公顷）	9748	4029	1905	867	662	268	1679	338
绿地率	（%）	33.36	42.14	38.88	25.33	34.70	27.92	38.42	7.24
公园个数	（个）	70	28	19	4	9	2	8	
公园面积	（公顷）	1958	957	195	278	178	88	202	
五、城市环境卫生									
城市维护建设资金支出	（万元）	607377	55086	32865	5865	35800	2350	447693	27718
环卫职工人数	（人）	5857	2125	1439	593	678	296	256	470
生活垃圾	（万吨）	143.60	66.04	24.29	11.50	20.00	4.38	4.70	12.69
清洁卫生机械拥有量	（辆）	298	100	68	19	30	12	39	30
公共厕所	（座）	171	77	61	13	5	11	4	

17－16　个体、私营工商登记情况

项　　目		2006 年	2007 年	2008 年	2009 年	2010 年	2011 年	2012 年
个体工商								
期末实有户数	（户）	110046	162640	177281	157757	162534	174424	191908
期末注册资本	（万元）	484077	531693	555565	513062	495923	552602	641754
本期新增户数	（户）	27617	65017	33630	29242	32383	29371	31616
本期新增注册资本	（万元）	68667	93319	86656	98065	109557	115979	136882
私营企业								
期末实有户数	（户）	16864	21345	26659	30590	36683	40512	46635
期末注册资本	（万元）	2925639	4012782	4878822	5660030	7056445	8797786	10090534
本期新增户数	（户）	4244	4524	4069	4818	6585	7220	6896
本期新增注册资本	（万元）	626205	710073	524790	521303	1109796	1254706	931221

17－17　个体工商基本情况统计表

（2012年）　　单位：户、万元

项　目	期末实有		本期开业	
	户数	注册资金	户数	注册资金
合计	191908	641754	31616	136882
农业	1506	37775	318	7172
工业	29791	205275	4557	33157
建筑业	531	3341	76	432
第三产业	160080	395362	26665	96121
#交通运输、仓储和邮政业	249	1150	31	97
信息传输、计算机服务和软件业	1024	1471	20	58
批发和零售业	124578	279458	21372	68906
住宿和餐饮业	14203	53821	2401	12928
金融业	6	26	1	1
房地产业	240	627	63	131
租赁和商务服务业	570	1780	96	359
科学技术服务和地质勘查业	339	745	4	18
水利、环境和公共设施管理业	52	283		
居民服务和其他服务业	17310	41304	2106	8240
教育	82	230		
卫生、社会保障和社会福利业	170	1842	21	223
文化、体育和娱乐业	629	9356	93	2232
其他	628	3270	457	2928

17－18　私营企业情况统计表

（2012 年）　　单位：户、万元

项　目	期末实有		本期开业	
	户数	注册资金	户数	注册资金
合计	46635	10090534	6896	931221
农业	802	145529	130	13951
工业	8065	1655588	1066	153503
建筑业	4911	768201	734	77326
第三产业	32857	7521217	4966	686441
#交通运输、仓储和邮政业	820	123031	92	6396
信息传输计算机和软件业	1659	125640	168	11162
批发和零售业	15669	2005204	2272	191124
住宿和餐饮业	490	153123	48	5480
金融业	398	609765	38	42510
房地产业	6033	3179083	706	158486
租赁和商务服务业	4521	801176	914	179879
科学技术和地质勘查业	509	137414	98	15496
水利环境和公共设施管理业	542	142971	60	12644
居民服务和其他服务业	1560	161566	228	17786
教育	51	11271	4	106
卫生社会保障和社会福利业	35	4488	7	310
文化、体育和娱乐业	179	21708	42	5538
其他	391	44776	289	39523

附录

F-1 全国国民经济主要指标

指　　标		2006 年	2007 年	2008 年	2009 年	2010 年	2011 年	2012 年	2012 年比 2011 年增长 (%)
年末总人口	(万人)	131448	132129	132802	133450	134091	134735	135404	0.5
年末从业人员	(万人)	74978	75321	75564	75828	76105	76420	76704	0.4
国内生产总值	(亿元)	216314	265810	314045	340903	401202	471564	519322	7.8
第一产业	(亿元)	24040	28627	33702	35226	40534	47712	52377	4.5
第二产业	(亿元)	103720	125831	149003	157639	187581	220592	235319	8.1
第三产业	(亿元)	76410	89210	131340	148038	173087	203260	231626	8.1
全社会固定资产投资额	(亿元)	109998	137324	172828	224599	278122	301933	374676	20.3
社会消费品零售总额	(亿元)	76410	89210	114830	132678	156998	183919	210307	14.3
货物周转量	(亿吨公里)	88840	101419	110301	122133	141837	159014	173145	8.7
旅客周转量	(亿人公里)	19197	21593	23197	24835	27894	30936	33369	7.7
沿海规模以上货物吞吐量	(亿吨)	34.2	38.8	43	47.5	54.8	90.7	97.4	6.8
实际使用外商直接投资	(亿美元)	630	748	924	900	1057	1160	1117	-3.7
海关进口总额	(亿美元)	7915	9561	11326	10059	13962	17435	18178	4.3
海关出口总额	(亿美元)	9690	12205	14307	12016	15778	18986	20489	7.9
财政收入	(亿元)	38760	51322	61330	68518	83102	103740	117210	12.8
财政支出	(亿元)	40423	49781	62593	76300	89874	108930	125712	15.1
税收总收入	(亿元)	34804	45622	54224	59522	73211	95729	110740	11.2
年末国家外汇储备	(亿美元)	10663	15282	19460	23992	28473	31811	33116	4.1
城镇居民人均可支配收入	(元)	11760	13786	15781	17175	19109	21810	24565	12.6
农民人均纯收入	(元)	3587	4140	4761	5153	5919	6977	7917	13.5
居民消费价格总指数	(%)	101.5	104.8	105.9	99.3	103.3	105.4	102.6	2.6
普通高校在校生	(万人)	1739	1885	2021	2145	2232	2309	2391	3.6
普通中学在校生	(万人)	8452	8243	8051	7868	7703	7522	7230	-3.9
普通小学在校生	(万人)	10712	10564	10332	10072	9941	9926	9696	-2.3
医院、卫生院病床数	(万张)	351	370	404	442	437	471	509	8.1
卫生技术人员	(万人)	473	491	517	554	588	620	650	4.8
#医生	(万人)	209.9	212.3	220.2	232.9	241.3	251	252	0.4

F－2　广东省国民经济主要指标

指　　标		2006年	2007年	2008年	2009年	2010年	2011年	2012年	2012年比2011年增长（%）
年末常住人口	（万人）	9442	9449	9544	9638	10441	10505	10594	0.8
年末从业人员	（万人）	5250	5403	5554	5680	5752	5961		
本省生产总值	（亿元）	26588	31777	36797	39483	46013	53210	57068	8.2
第一产业	（亿元）	1532	1696	1973	2010	2287	2665	2847	3.8
第二产业	（亿元）	13470	16005	18502	19420	23015	26447	27701	7.3
第三产业	（亿元）	11586	14077	16321	18053	20712	24098	26520	9.5
人均生产总值	（元）	28747	33890	38748	41166	44736	50807	54095	7.4
固定资产投资额	（亿元）	8132	9597	11165	13353	16113	16933	19308	15.5
社会消费品零售总额	（亿元）	9194	10731	12987	14892	17415	20247	22677	12.0
货物周转量	（亿吨公里）	4163	4490	4591	4943	5915	7106	9873	38.8
旅客周转量	（亿人公里）	2245	2627	2552	2853	3331	3853	4367	13.4
港口完成货物吞吐量	（万吨）	82698	93567	98795	102761	123300	133704	140776	5.3
邮电业务总量	（亿元）	2541	3071	3565	3938	5084	1906	2173	13.3
地方财政收入	（亿元）	2179	2786	3310	3650	4516	5514	6228	13.0
地方财政支出	（亿元）	2553	3160	3779	4334	5415	6716	7268	8.2
海关进口总额	（亿美元）	2253	2648	2793	2522	3315	3815	4097	7.4
海关出口总额	（亿美元）	3019	3692	4042	3590	4532	5319	5741	7.9
在岗职工年平均工资	（元）	26186	29443	33110	36355	40358	45152	50577	12.0
城镇居民人均可支配收入	（元）	16016	17699	19733	21575	23898	26897	30227	12.4
农民人均纯收入	（元）	5080	5624	6400	6907	7890	9372	10543	12.5
居民消费价格总指数	（%）	101.8	103.7	105.6	97.7	103.1	105.3	102.8	2.8
城市居民消费价格总指数	（%）	101.8	103.7	105.5	97.6	103.1	105.3	102.8	2.8
普通高校在校生	（万人）	101	112	122	133	143	153	162	5.9
普通中学在校生	（万人）	639	655	680	696	709	699	668	－4.4
普通小学在校生	（万人）	1057	1018	956	888	849	822	808	－1.7
医院病床数	（万张）	20	22	23	25	28	30	32.5	8.9
卫生技术人员	（万人）	33	36	38	41	45	48	51	7.1
#医生	（万人）	13.6	13.8	14.4	15.6	16.9	18	19.2	7.0

注：1. 2006－2009年年末常住人口根据2010年第六次全国人口普查快速汇总数据进行平滑调整。

2. 2005－2010年邮电业务总量为2000年不变价，2011－2012年邮电业务总量为2010年不变价。

F-3　广东省及各市主要经济指标

（2012 年）

市别	常住人口（万人）		人口密度（人/平方公里）		人均 GDP		
	实绩数	排位	实绩数	排位	元	排位	美元
全省	**10594.00**		**589**		**54095**		**8570**
广州市	1283.89	1	1762	5	105909	2	16778
深圳市	1054.74	2	5401	1	123247	1	19524
珠海市	158.26	21	957	8	95471	3	15124
汕头市	544.81	8	2424	3	26231	16	4155
佛山市	726.18	4	1887	4	91259	4	14457
韶关市	286.87	17	156	21	31702	12	5022
河源市	301.01	15	192	20	20536	20	3253
梅州市	429.41	11	270	17	17396	21	2756
惠州市	**467.40**	**9**	**412**	**14**	**50873**	**7**	**8059**
汕尾市	296.90	16	606	10	20608	19	3265
东莞市	829.23	3	3354	2	60557	6	9593
中山市	315.50	14	1753	6	77527	5	12281
江门市	448.27	10	470	13	42028	8	6658
阳江市	247.00	19	310	16	36096	10	5718
湛江市	710.92	5	538	11	26240	15	4157
茂名市	596.76	6	522	12	32678	11	5177
肇庆市	398.23	12	269	18	36864	9	5840
清远市	376.60	13	197	19	27320	13	4328
潮州市	270.00	18	871	9	26252	14	4159
揭阳市	595.59	7	1131	7	23532	17	3728
云浮市	241.65	20	311	15	22115	18	3503

F－4　广东省及各市主要经济指标

（2012 年）

市别	GDP（亿元）			第一产业（亿元）	
	实绩数	排位	增长（%）	实绩数	增长（%）
全省	**57067.92**		**8.2**	**2848.91**	**3.9**
广州市	13551.21	1	10.5	220.72	3.3
深圳市	12950.08	2	10	5.56	－18.2
珠海市	1503.81	10	7	38.84	3.9
汕头市	1415.01	12	9.5	82.18	5.5
佛山市	6709.02	3	8.2	129.31	3.8
韶关市	888.48	15	9.8	125.14	6
河源市	615.26	19	11.6	78.48	5.8
梅州市	745.98	17	10.7	159.09	5.9
惠州市	**2368.03**	**6**	**12.6**	**127.57**	**4.3**
汕尾市	610.41	20	13.5	100.97	6.1
东莞市	5010.14	4	6.1	19.19	1.2
中山市	2441.04	5	11	62.11	2.2
江门市	1910.08	8	8.1	148.19	3.6
阳江市	877.01	16	13	175.45	5
湛江市	1870.19	9	10	385.35	6.6
茂名市	1951.18	7	10.6	348.99	4.9
肇庆市	1453.84	11	11	242.69	5.8
清远市	1029.02	14	5.1	151.85	4.9
潮州市	706.47	18	10.6	50.39	5.3
揭阳市	1380.15	13	11.3	141.26	5.1
云浮市	540.45	21	12.8	129.17	5.8

F－5　广东省及各市主要经济指标

（2012 年）

市别	第二产业（亿元）		第三产业（亿元）		三次产业结构（%）
	实绩数	增长（%）	实绩数	增长（%）	
全省	**27825.3**	**7.6**	**26393.71**	**9.2**	**5.0:48.8:46.2**
广州市	4713.16	9.9	8617.33	11.1	1.6:34.8:63.6
深圳市	5737.64	7.3	7206.88	12.3	0.0:44.3:55.7
珠海市	796.28	6.5	668.70	8	2.6:53.0:44.5
汕头市	728.78	11.8	604.05	7.3	5.8:51.5:42.7
佛山市	4191.01	9.2	2388.70	6.4	1.9:62.5:35.6
韶关市	373.30	11.7	390.05	9	14.1:42.0:43.9
河源市	319.07	16.4	217.71	6.5	12.8:51.9:35.4
梅州市	271.26	13.8	315.63	9.8	21.3:36.4:42.3
惠州市	**1375.40**	**15.5**	**865.06**	**9**	**5.4:58.1:36.5**
汕尾市	290.38	21	219.07	6.5	16.5:47.6:35.9
东莞市	2351.78	5.6	2639.17	6.7	0.4:46.9:52.7
中山市	1353.70	14.1	1025.24	7.1	2.5:55.5:42
江门市	1022.09	11.3	739.80	3.9	7.8:53.5:38.7
阳江市	400.65	18.9	300.91	9.8	20.0:45.7:34.3
湛江市	772.63	13	712.22	8.4	20.6:41.3:38.1
茂名市	799.55	16.2	802.64	7.5	17.9:41.0:41.1
肇庆市	657.30	17.2	553.85	6.1	16.7:45.2:38.1
清远市	420.59	3.4	456.58	6.9	14.8:40.9:44.4
潮州市	384.99	13.6	271.09	7.2	7.1:54.5:38.4
揭阳市	842.395	14.6	396.50	6.8	10.2:61.0:28.7
云浮市	238.7552	20.3	172.53	7.5	23.9:44.2:31.9

F-6 广东省及各市主要经济指标

（2012年）

市别	规模以上工业增加值（亿元）			固定资产投资（亿元）		
	实绩数	排位	增长（%）	实绩数	排位	增长（%）
全省	**21988.1**	**—**	**8.4**	**19307.5**	**—**	**15.5**
广州市	3806.0	2	10.9	3758.4	1	10.1
深圳市	5091.4	1	7.3	2314.4	2	12.3
珠海市	644.8	9	6.3	787.6	9	23.6
汕头市	460.8	12	14.5	611.9	11	39.7
佛山市	3009.5	3	11.9	2128.3	3	10.1
韶关市	261.5	16	11.6	548.5	13	16.2
河源市	229.9	17	18.2	278.6	19	18
梅州市	151.9	20	14.9	230.1	20	16.4
惠州市	**1159.6**	**6**	**18.6**	**1208.7**	**4**	**18**
汕尾市	183.6	19	28.3	391.6	18	18.8
东莞市	1733.1	4	5.6	1180.3	5	9.4
中山市	1232.1	5	15.5	893.4	6	16.5
江门市	605.5	10	12.1	850.4	8	14.6
阳江市	283.0	15	24.6	483.7	14	20.7
湛江市	581.4	11	12.1	572.3	12	16.6
茂名市	432.9	13	22	427.4	17	99.2
肇庆市	674.6	7	20.2	852.6	7	20.1
清远市	287.8	14	1.4	438	16	-4
潮州市	228.4	18	16.7	224.2	21	12.7
揭阳市	660.4	8	22	663.5	10	23.9
云浮市	138.8	21	26.1	463.7	15	31.3

注：本表数据为初步统计数。

F－7　广东省及各市主要经济指标

（2012年）

市别	社会消费品零售总额（亿元）			外贸出口总额（亿美元）		
	实绩数	排位	增长（%）	实绩数	排位	增长（%）
全　省	22677.1	—	12.0	5741.40	—	7.9
广州市	5977.3	1	15.2	589.13	3	4.3
深圳市	4008.8	2	16.5	2713.69	1	10.5
珠海市	635.2	11	12.7	216.31	7	-9.8
汕头市	1029.8	5	14.3	61.63	9	3.5
佛山市	2019.5	3	11.6	401.50	4	2.7
韶关市	409.6	17	14.1	8.70	20	20.5
河源市	209.4	20	13.3	19.53	16	1.9
梅州市	403.5	18	11.8	12.70	18	16.0
惠州市	**754.2**	**10**	**15.5**	**292.05**	**5**	**26.3**
汕尾市	424.3	16	11.9	14.69	17	15.0
东莞市	1354.6	4	9.3	850.60	2	8.6
中山市	809.3	8	10.3	246.41	6	0.4
江门市	807.2	9	10.0	129.71	8	5.9
阳江市	467.0	13	14.5	19.64	15	2.3
湛江市	861.3	7	12.1	22.09	14	5.4
茂名市	902.2	6	14.8	6.29	21	5.1
肇庆市	433.4	15	15.1	37.81	11	14.3
清远市	459.6	14	10.7	24.43	13	4.2
潮州市	317.0	19	14.0	26.96	12	-0.5
揭阳市	521.1	12	15.7	38.10	10	0.5
云浮市	180.3	21	11.6	9.34	19	5.6

F-8　广东省及各市主要经济指标

（2012 年）

市别	实际吸收外商直接投资（亿美元）			地方财政一般预算收入（亿元）		
	实绩数	排位	增长（%）	实绩数	排位	增长（%）
全　省	**235.5**	**—**	**8.0**	**6228.2**	**—**	**13**
广州市	45.8	2	7.1	1102.3	2	12.5
深圳市	52.3	1	13.7	1482.1	1	10.6
珠海市	14.5	6	8.2	162.6	7	13.4
汕头市	1.3	17	-62.2	96.3	10	12.6
佛山市	23.5	4	9.1	384.1	3	12.4
韶关市	1.7	14	-27.8	61.5	14	14.0
河源市	2.0	12	10.3	37.6	19	20.0
梅州市	1.2	18	16.6	56.3	16	20.0
惠州市	**17.3**	**5**	**10.2**	**200.9**	**6**	**23.4**
汕尾市	3.5	10	13.2	41.1	18	25.6
东莞市	33.7	3	10.5	356.3	4	13.8
中山市	8.0	9	10.2	201.9	5	10.2
江门市	8.7	8	10.2	135.0	8	13.3
阳江市	1.5	15	-36.1	43.1	17	23.4
湛江市	0.9	20	64.1	92.1	11	15.1
茂名市	0.8	21	126.7	78.1	13	18.2
肇庆市	11.5	7	11.9	103.8	9	12.6
清远市	3.0	11	-21.2	86.9	12	3.0
潮州市	1.4	16	12.9	31.9	21	17.1
揭阳市	1.9	13	12.2	56.7	15	22.3
云浮市	1.1	19	15.0	36.8	20	23.4

F－9　广东省及各市主要经济指标

（2012 年）

市别	国税收入（亿元）			地税收入（亿元）		
	实绩数	排位	增长（%）	实绩数	排位	增长（%）
全　省	**8522.5**	**—**	**9.5**	**4641.6**	**—**	**9.3**
广州市	2536.1	1	6.7	1150.2	2	5.8
深圳市	2320.6	2	9.5	1405.0	1	9.1
珠海市	259.1	8	7.8	180.2	5	8.5
汕头市	116.9	11	10.1	86.3	10	9.1
佛山市	588.8	3	8.2	387.9	3	6.6
韶关市	80.6	12	9.3	51.0	14	9.7
河源市	38.2	19	17.9	38.6	18	18.9
梅州市	72.7	14	8.5	50.5	15	12.5
惠州市	**529.5**	**5**	**20.9**	**174.7**	**6**	**18.1**
汕尾市	26.2	20	17.0	29.8	20	17.3
东莞市	582.7	4	11.3	356.4	4	11.3
中山市	266.7	7	6.0	173.7	7	3.5
江门市	200.5	10	13.4	124.3	8	11.5
阳江市	45.0	18	25.1	39.6	17	27.0
湛江市	338.8	6	12.5	68.8	12	19.1
茂名市	242.9	9	10.6	53.6	13	20.5
肇庆市	78.7	13	12.0	87.7	9	24.6
清远市	58.9	16	7.5	79.7	11	5.5
潮州市	53.5	17	10.1	27.1	21	16.1
揭阳市	62.6	15	11.3	45.4	16	15.9
云浮市	23.4	21	15.4	31.2	19	21.3

F-10 广东省及各市主要经济指标

（2012年）

市别	金融机构本外币贷款余额（亿元）			金融机构本外币存款余额（亿元）		
	实绩数	排位	增长（%）	实绩数	排位	增长（%）
全省	**67077.1**	**—**	**14.4**	**105099.5**	**—**	**14.8**
广州市	19936.5	2	12.4	30186.6	1	14.1
深圳市	21808.3	1	13.3	29662.4	2	18.2
珠海市	1920.3	6	17.2	3449.7	6	15.8
汕头市	811.9	11	11.6	2285.4	9	14.9
佛山市	6391.5	3	13.8	10167.6	3	11.5
韶关市	497.9	15	17.1	1117.8	15	11.2
河源市	472.9	16	21.5	638.6	20	13.8
梅州市	454.0	17	16.4	1063.8	16	12.4
惠州市	**1735.1**	**7**	**20.6**	**2697.0**	**8**	**12.3**
汕尾市	190.8	21	21.1	422.7	21	13.2
东莞市	4446.8	4	15.2	7691.2	4	13.8
中山市	1969.1	5	21.0	3469.7	5	16.0
江门市	1467.2	8	21.7	2905.5	7	13.5
阳江市	445.7	18	20.7	729.3	18	12.3
湛江市	1067.5	9	22.9	1902.3	10	10.1
茂名市	540.6	14	21.6	1332.4	12	12.1
肇庆市	893.6	10	16.6	1355.6	11	12.0
清远市	725.9	12	17.7	1215.3	14	8.8
潮州市	290.2	20	13.1	836.5	17	12.6
揭阳市	615.6	13	22.5	1311.1	13	16.0
云浮市	395.5	19	18.7	658.9	19	13.3

F-11　广东省及各市主要经济指标

（2012年）

市别	本外币居民储蓄存款余额(亿元)			城镇居民可支配收入(元)		
	实绩数	排位	增长(%)	实绩数	排位	增长(%)
全省	**46265.58**		**12.67**	**30227**		**12.4**
广州市	11557	1	12.65	38054	3	11.4
深圳市	8910.98	2	11.9	40742	2	11.6
珠海市	1234.72	10	11.97	32978	5	14.8
汕头市	1549.33	7	11.91	20024	12	14.6
佛山市	5215.16	3	10.8	34580	4	12.6
韶关市	701.41	16	13.17	23184	9	14.0
河源市	416.29	20	14.2	16520	21	12.1
梅州市	761.27	14	14.35	18699	16	11.6
惠州市	**1362.56**	**8**	**14.93**	**29965**	**7**	**12.6**
汕尾市	298.38	21	14.13	18422	17	17.0
东莞市	4246.97	4	13.24	42944	1	8.7
中山市	1771.65	6	10.51	31130	6	12.4
江门市	1898.06	5	12.28	27017	8	12.9
阳江市	496.04	18	14.32	19120	14	13.3
湛江市	1251.64	9	15.74	20227	11	15.0
茂名市	986.18	11	15.49	18034	19	11.9
肇庆市	862.12	13	14.66	21754	10	14.3
清远市	744.74	15	12.28	19514	13	10.5
潮州市	588.53	17	15.36	17645	20	12.6
揭阳市	950.56	12	17.21	18901	15	12.0
云浮市	462.0	19	16.6	18332	18	13.9

F-12　广东省及各市主要经济指标

（2012年）

市别	在岗职工平均工资（元）			农民人均纯收入（元）		
	实绩数	排位	增长（%）	实绩数	排位	增长（%）
全省	**50577**	**-**	**12.0**	**10543**	**-**	**12.5**
广州市	63752	1	10.9	16788	3	13.3
深圳市	59010	2	7.0			
珠海市	48486	5	18.5	13399	5	13.0
汕头市	37716	12	15.0	9032	14	14.4
佛山市	46203	6	13.6	15684	4	13.1
韶关市	40133	9	12.0	8580	17	15.0
河源市	35747	15	14.5	7772	20	15.4
梅州市	37129	13	18.0	9036	13	15.5
惠州市	**41506**	**8**	**16.2**	**12415**	**6**	**13.5**
汕尾市	34786	17	14.5	8569	18	16.0
东莞市	57007	3	13.1	24944	1	9.2
中山市	55480	4	14.6	19347	2	12.6
江门市	37983	11	19.0	11345	7	13.5
阳江市	33858	19	17.9	9201	12	16.3
湛江市	33965	18	13.9	9562	9	15.8
茂名市	36671	14	19.9	9506	10	16.1
肇庆市	39151	10	14.8	10365	8	15.0
清远市	44590	7	20.4	8612	16	16.0
潮州市	33404	20	14.1	8809	15	14.2
揭阳市	30752	21	14.2	8046	19	15.1
云浮市	34885	16	15.6	9220	11	13.2

H－1　2012 年全市规模以上电子制造业 100 强企业

（按销售产值排序）

序号	企业名称	县（区）	序号	企业名称	县（区）
1	惠州三星电子有限公司	仲恺区	51	盛宏光电（惠州）有限公司	仲恺区
2	TCL 王牌电器（惠州）有限公司	仲恺区	52	建业科技电子（惠州）有限公司	大亚湾区
3	惠州比亚迪电子有限公司	大亚湾区	53	世一电子科技（惠州）有限公司	惠城区
4	惠州 TCL 移动通信有限公司	仲恺区	54	惠州志顺电子实业有限公司	仲恺区
5	乐金电子（惠州）有限公司	仲恺区	55	惠州市德邦实业有限公司	仲恺区
6	伯恩光学（惠州）有限公司	惠阳区	56	惠州优爱特电子有限公司	仲恺区
7	安品达精密工业（惠州）有限公司	博罗县	57	立隆电子（惠州）工业有限公司	惠东县
8	博罗县聚缘五金有限公司	博罗县	58	惠州市大鼎电子有限公司	惠阳区
9	索尼精密部件（惠州）有限公司	仲恺区	59	惠州市恒都电子有限公司	仲恺区
10	惠州科锐半导体照明有限公司	仲恺区	60	惠州超声音响有限公司	惠阳区
11	惠阳联想电子工业有限公司	惠阳区	61	惠州市升华工业有限公司	仲恺区
12	TCL 通力电子（惠州）有限公司	仲恺区	62	惠州元晖光电股份有限公司	惠城区
13	乐金电子部品（惠州）有限公司	仲恺区	63	富电电子（惠州）有限公司	惠城区
14	TCL 光电科技（惠州）有限公司	仲恺区	64	惠州市中京电子科技股份有限公司	惠城区
15	TCL 海外电子（惠州）有限公司	仲恺区	65	阿富特电子（惠州）有限公司	仲恺区
16	华通电脑（惠州）有限公司	博罗县	66	申泰电子（惠州）有限公司	博罗县
17	惠州市华阳多媒体电子有限公司	仲恺区	67	惠阳科惠工业科技有限公司	惠阳区
18	信华精机有限公司	仲恺区	68	惠州市健和光电有限公司	大亚湾区
19	惠州市蓝微电子有限公司	仲恺区	69	科时电子（惠州）有限公司	博罗县
20	龙旗电子（惠州）有限公司	仲恺区	70	奥士康精密电路（惠州）有限公司	惠阳区
21	惠州华阳通用电子有限公司	仲恺区	71	惠州 TCL 王牌高频电子有限公司	仲恺区
22	TCL 商用系统科技（惠州）有限责任公司	仲恺区	72	TCL 新技术（惠州）有限公司	仲恺区
23	惠州市德赛西威汽车电子有限公司	仲恺区	73	广东新美锐科技有限公司	惠阳区
24	惠州比亚迪实业有限公司	大亚湾区	74	富来电子（惠州）有限公司	仲恺区
25	惠州市纳伟仕视听科技有限公司	惠城区	75	惠州侨兴电讯工业有限公司	惠城区
26	惠州市德赛集团视听科技有限公司	仲恺区	76	凯赫威（惠州）精密制造有限公司	惠城区
27	惠州大亚湾光弘科技电子有限公司	大亚湾区	77	惠州市创仕实业有限公司	博罗县
28	TCL 罗格朗国际电工（惠州）有限公司	仲恺区	78	博罗县泰美镇淇虹和泰电子有限公司	博罗县
29	TCL 显示科技（惠州）有限公司	仲恺区	79	博罗康佳精密科技有限公司	博罗县
30	华通精密线路板（惠州）有限公司	博罗县	80	惠州三华工业有限公司	仲恺区
31	天宝电子（惠州）有限公司	惠城区	81	惠州硕贝德无线科技股份有限公司	仲恺区
32	友威光电（惠州）有限公司	仲恺区	82	惠州合正电子科技有限公司	大亚湾区
33	惠阳中建电讯制品有限公司	惠阳区	83	立敦电子科技（惠州）有限公司	惠东县
34	胜宏科技（惠州）股份有限公司	惠阳区	84	骏亚（惠州）电子科技有限公司	惠城区
35	惠州美锐电子科技有限公司	仲恺区	85	惠州市凯越电子有限公司	惠城区
36	广东九联科技股份有限公司	仲恺区	86	惠州铂科磁材有限公司	惠东县
37	德赛电子（惠州）有限公司	仲恺区	87	东阳（博罗）电子有限公司	博罗县
38	南亚电子材料（惠州）有限公司	博罗县	88	力硕电子（惠州）有限公司	仲恺区
39	惠州市华阳数码特电子有限公司	仲恺区	89	美锐电路（惠州）有限公司	仲恺区
40	讯强电子惠州有限公司	仲恺区	90	胜华电子（惠阳）有限公司	惠城区
41	惠阳东威电子制品有限公司	惠阳区	91	田村电子（惠州）有限公司	博罗县
42	德联覆铜板（惠州）有限公司	博罗县	92	惠州三美音响技术有限公司	博罗县
43	惠阳东亚电子制品有限公司	惠阳区	93	仕达利恩（惠州）电子有限公司	惠阳区
44	惠州市金山电子有限公司	仲恺区	94	惠州市兆光光电科技有限公司	惠城区
45	美律电子（惠州）有限公司	龙门县	95	惠州市力信电子有限公司	博罗县
46	惠州海格电气有限公司	仲恺区	96	联合铜箔（惠州）有限公司	博罗县
47	威世电子（惠州）有限公司	惠阳区	97	康惠（惠州）半导体有限公司	仲恺区
48	奇胜工业（惠州）有限公司	仲恺区	98	惠州 TCL 璨宇光电有限公司	仲恺区
49	惠州市东日数码有限公司	惠城区	99	华锋微线电子（惠州）工业有限公司	惠城区
50	惠州大亚湾永昶科技电子有限公司	大亚湾区	100	旭辉磁石制造（惠州）有限公司	博罗县

H－2　2012年全市规模以上石油化工制造业100强企业

（按销售产值排序）

序号	企业名称	县（区）	序号	企业名称	县（区）
1	中海石油炼化有限责任公司惠州炼化分公司	大亚湾区	51	惠州市坤洋实业有限公司	惠阳区
2	中海壳牌石油化工有限公司	大亚湾区	52	美雅（惠州）化妆品有限公司	博罗县
3	中海石油开氏石化有限责任公司	大亚湾区	53	长泰化学工业（惠州）有限公司	博罗县
4	中海油能源发展股份有限公司惠州石化分公司	大亚湾区	54	惠州上曜塑胶开发科技有限公司	惠东县
5	惠州李长荣橡胶有限公司	大亚湾区	55	惠州市华保化工有限公司	仲恺区
6	惠州忠信化工有限公司	大亚湾区	56	惠州利宝粘剂有限公司	博罗县
7	普利司通（惠州）轮胎有限公司	仲恺区	57	惠州市斯瑞尔环境化工有限公司	惠阳区
8	惠州兴达石化工业有限公司	大亚湾区	58	惠州市中茂橡胶制品有限公司	大亚湾区
9	惠州惠菱化成有限公司	大亚湾区	59	惠州市新赛达实业有限公司	仲恺区
10	惠州中创化工有限责任公司	大亚湾区	60	美家化工（惠州）有限公司	惠阳区
11	智盛（惠州）石油化工有限公司	大亚湾区	61	惠州市建科实业有限公司	惠阳区
12	普利司通（惠州）合成橡胶有限公司	大亚湾区	62	兑元工业科技（惠州）有限公司	仲恺区
13	恒昌涂料（惠阳）有限公司	惠阳区	63	广东恒大新材料科技有限公司	惠城区
14	澳宝化妆品（惠州）有限公司	惠城区	64	惠阳富顺色料有限公司	惠阳区
15	惠州市红墙化学建材有限公司	博罗县	65	惠州凯美特气体有限公司	大亚湾区
16	惠州市盛达化工有限公司	博罗县	66	惠州市百利宏晟安化工有限公司	大亚湾区
17	澳达树熊涂料（惠州）有限公司	惠东县	67	惠东县天顺鞋材有限公司	惠东县
18	来百利（惠州）手套有限公司	博罗县	68	惠东县昌华鞋材有限公司	惠东县
19	惠州市博美化妆品有限公司	博罗县	69	洛奇日用工艺品（惠东）有限公司	惠东县
20	惠州市长润发涂料有限公司	惠阳区	70	惠州市弘盛塑胶制品有限公司	惠城区
21	鑫双利（惠州）树脂有限公司	大亚湾区	71	惠州市新豪源发展有限公司	惠阳区
22	大昌树脂（惠州）有限公司	仲恺区	72	惠州光旭塑料有限公司	博罗县
23	惠州亚华胶粘带有限公司	博罗县	73	博罗石湾新欣和油墨涂料有限公司	博罗县
24	普莱克斯（惠州）工业气体有限公司	大亚湾区	74	惠州太阳神化工有限公司	仲恺区
25	先驱塑胶电子（惠州）有限公司	博罗县	75	惠州市耐宝塑胶制品有限公司	惠东县
26	科莱恩化工（惠州）有限公司	大亚湾区	76	惠州市繁中宝橡塑发泡厂有限公司	惠阳区
27	惠州市容大油墨有限公司	惠东县	77	卓越化学（惠州）有限公司	惠城区
28	来士达劳保（惠州）有限公司	博罗县	78	惠州市肯恩化妆品实业有限公司	博罗县
29	广东千叶松化工有限公司	惠阳区	79	博罗县根德化工鞋材有限公司	博罗县
30	柏林（惠州）科技化工有限公司	博罗县	80	惠州鸿财化妆品有限公司	博罗县
31	惠州兆骐礼品有限公司	惠城区	81	惠州市三优聚碳塑料有限公司	仲恺区
32	惠州市盛世龙实业有限公司	博罗县	82	惠州市银农科技有限公司	惠城区
33	佳丽化工（惠州）有限公司	惠阳区	83	惠东县益成橡塑发泡厂	惠东县
34	青上化工（惠州）有限公司	仲恺区	84	博罗县园洲港日实业发展有限公司	博罗县
35	伟明树脂制品（博罗）有限公司	博罗县	85	惠东县华隆五金塑胶制品有限公司	惠东县
36	中海油能源发展股份有限公司采油技术服务惠州分公司	大亚湾区	86	惠东美化塑胶实业有限公司	惠东县
37	惠州市智华合成革有限公司	惠东县	87	博罗县强力复合材料有限公司	博罗县
38	惠州市宙邦化工有限公司	大亚湾区	88	惠阳区施美克化工有限公司	惠阳区
39	博罗县石湾聚龙化工有限公司	博罗县	89	永大涂料（惠州）有限公司	仲恺区
40	广东中迅农科股份有限公司	仲恺区	90	益通塑胶（惠东）有限公司	惠东县
41	博罗县力群纺织化工有限公司	博罗县	91	惠东县港东塑胶制品有限公司	惠东县
42	惠州市久策工业气体有限公司	仲恺区	92	惠东县天悦鞋材有限公司	惠东县
43	三成宏基化工（惠州）有限公司	惠阳区	93	龙门协成新材料有限公司	龙门县
44	惠州市国营东江化工厂	惠城区	94	惠州市天绿香纯天然日用化工有限公司	仲恺区
45	惠东县铁涌镇源塑橡胶鞋底加工厂	惠东县	95	惠州市浩尔达实业有限公司	仲恺区
46	惠州辉煌涂料有限公司	惠阳区	96	惠州普德化工有限公司	惠城区
47	惠州长龙化工有限公司	博罗县	97	惠东县懋德鞋材有限公司	惠东县
48	乾瑞化工（惠州）有限公司	仲恺区	98	惠州市宏柏化工有限公司	博罗县
49	惠州市华阳光学技术有限公司	仲恺区	99	惠州圣邦环保新材料有限公司	惠阳区
50	惠东伟康橡塑制品有限公司	惠东县	100	惠州市康洁洗涤用品有限公司	惠阳区

H－3　2012年全市规模以上纺织服装业100强企业

（按销售产值排序）

序号	企业名称	县(区)	序号	企业名称	县(区)
1	晶惠工业(惠州)有限公司	惠城区	51	惠州市新天健服装有限公司	仲恺区
2	慧怡织造(惠州)有限公司	惠阳区	52	恒胜制衣(惠州)有限公司	惠城区
3	惠州力运织造厂有限公司	惠城区	53	博罗县石湾镇湖山鸿达毛织制衣厂	博罗县
4	骏达制衣厂(惠州)有限公司	博罗县	54	惠阳中核辉新化纤有限公司	惠阳区
5	广东中旭服饰有限公司	博罗县	55	新天伦服装配料(惠州)有限公司	惠城区
6	盛龙纺织(惠州)有限公司	博罗县	56	万合纺织染整(惠州)有限公司	博罗县
7	惠州市老铭人服饰有限公司	惠东县	57	博罗县园洲华达制衣厂	博罗县
8	南泰印整(惠州)有限公司	博罗县	58	惠州市奥美针织有限公司	惠城区
9	惠州市金顺来服饰有限公司	仲恺区	59	惠州市高联制衣有限公司	惠城区
10	博罗县港泰印染厂	博罗县	60	惠州市棉王纺织有限公司	惠城区
11	广东比帆制衣有限公司	博罗县	61	博罗县德荣制衣有限公司	博罗县
12	惠州南旋毛织厂有限公司	惠城区	62	惠州市安得利服装有限公司	惠城区
13	惠州三富服装有限公司	博罗县	63	惠州市惠阳区宏鹰毛衫有限公司	惠阳区
14	佳都(惠州)制衣有限公司	博罗县	64	龙门县鸿业纺织制衣漂染有限公司	龙门县
15	惠州真华美服装有限公司	惠阳区	65	惠州镇安制衣有限公司	仲恺区
16	伟全化纤(惠州)有限公司	博罗县	66	惠州市良丰服饰发展有限公司	惠东县
17	博罗县石湾镇景鸿毛织制衣厂	博罗县	67	惠州市世纪海洋制衣有限公司	惠城区
18	南益热转印花(惠州)有限公司	博罗县	68	力研时装(惠州)有限公司	惠阳区
19	惠州圣莲毛织实业有限公司	惠东县	69	惠州市风尚针织服饰有限公司	惠城区
20	大进制衣厂(惠州)有限公司	惠城区	70	惠州市华大远东洗染有限公司	博罗县
21	惠州建亿织造有限公司	博罗县	71	龙门县益泰漂染业有限公司	龙门县
22	博罗县仁和织造制衣有限公司	博罗县	72	惠州溢昌制衣有限公司	惠东县
23	惠东县港惠针织有限公司	惠东县	73	惠州市帝盟纺织有限公司	惠城区
24	高业制衣(惠州)有限公司	博罗县	74	惠州新安制衣厂有限公司	仲恺区
25	博罗县创联实业有限公司	博罗县	75	龙门县汉兴织染有限公司	龙门县
26	惠州新联业纺织有限公司	惠阳区	76	惠东登龙针织制衣有限公司	惠东县
27	博罗县添丰织染实业有限公司	博罗县	77	博罗县嘉盛帐蓬有限公司	博罗县
28	惠东伟盛制衣有限公司	惠东县	78	新达制衣(惠州)有限公司	惠城区
29	惠州新泰美纺织有限公司	博罗县	79	金丰制衣(惠州)有限公司	博罗县
30	博罗县裕升染织有限公司	博罗县	80	惠州市龙泰服装有限公司	惠城区
31	博罗石湾致丰织染有限公司	博罗县	81	东翔制衣(惠州)有限公司	仲恺区
32	博罗县石湾三和制衣有限公司	博罗县	82	博罗五达纺织印染有限公司	博罗县
33	华业工业织造(惠州)有限公司	博罗县	83	胜丰织造制衣(惠州)有限公司	博罗县
34	广东睡冬宝家用纺织品有限公司	惠城区	84	惠州市德和制衣有限公司	惠城区
35	惠州市金泰制衣有限公司	惠城区	85	惠东县港丰毛织有限公司	惠东县
36	宝嘉耀华(惠州)制衣有限公司	惠阳区	86	惠东玫瑰针织厂有限公司	惠东县
37	惠州市泰兴织染制衣有限公司	惠阳区	87	胜伟新织造制衣(惠州)有限公司	博罗县
38	博罗太元服饰有限公司	博罗县	88	惠州澳龙无纺布有限公司	博罗县
39	博罗复扬针织漂染有限公司	博罗县	89	宏礼织造厂(惠州)有限公司	惠阳区
40	惠州市大亚湾飞达针织有限公司	大亚湾区	90	惠州长江制衣有限公司	惠城区
41	广东富绅服饰有限公司	仲恺区	91	惠州市大盈织造有限公司	惠阳区
42	金利兴(惠州)制衣有限公司	博罗县	92	博罗县韵达服饰有限公司	博罗县
43	惠州力豪服装有限公司	惠城区	93	丰溢针织珠绣(惠阳)有限公司	惠阳区
44	惠州皇威制衣有限公司	博罗县	94	惠州德盛服装有限公司	博罗县
45	博罗县园洲镇达泰制衣有限公司	博罗县	95	龙门县盛昌服装厂	龙门县
46	汉精益服装(惠州)有限公司	仲恺区	96	惠东县正泰毛织厂有限公司	惠东县
47	龙门县裕泰漂染业有限公司	龙门县	97	惠州市银河纺织科技有限公司	惠城区
48	三龙(惠州)化纤有限公司	博罗县	98	惠州新惠通针织制衣有限公司	惠城区
49	建邦服装(惠州)有限公司	惠城区	99	联泰(龙门)针织有限公司	龙门县
50	惠州泰富织造有限公司	博罗县	100	惠州市创展运动器材有限公司	博罗县

H－4　2012年全市规模以上制鞋业50强企业

（按销售产值排序）

序号	企业名称	县(区)
1	隆发鞋业(惠州)有限公司	博罗县
2	惠阳兆吉鞋业有限公司	惠阳区
3	惠州市港盈鞋业有限公司	惠东县
4	宝凯皮件(惠州)有限公司	惠城区
5	宏凯鞋业(惠州)有限公司	惠城区
6	惠州信立工业有限公司	博罗县
7	隆裕鞋业(惠州)有限公司	博罗县
8	新生港源鞋厂(惠阳)有限公司	惠阳区
9	惠东县信利达鞋业有限公司	惠东县
10	惠州市惠阳华丽鞋业有限公司	惠阳区
11	惠州市远东鞋业有限公司	惠东县
12	惠东县黄埠镇华江鞋业有限公司	惠东县
13	惠东县时艺鞋业有限公司	惠东县
14	惠州龙源鞋业有限公司	惠东县
15	惠东县源利通鞋业有限公司	惠东县
16	惠州市美盈鞋业有限公司	惠阳区
17	惠州市金喜源实业有限公司	惠东县
18	惠州市上丰鞋业有限公司	惠东县
19	广东天鹅星鞋业有限公司	惠东县
20	惠州市金烽鞋业有限公司	惠东县
21	惠州市来裕鞋业有限公司	惠东县
22	惠州市伟明鞋业有限公司	惠东县
23	惠东县振达鞋业有限公司	惠东县
24	惠东县巨峰鞋业有限公司	惠东县
25	惠东县黄埠万达利鞋业有限公司	惠东县
26	惠东县？兴鞋业有限公司	惠东县
27	惠东县裕顺鞋业有限公司	惠东县
28	惠东县吉隆瑞星鞋业有限公司	惠东县
29	惠州市源锋鞋业有限公司	惠东县
30	惠东县富成鞋业有限公司	惠东县
31	惠州市大生鞋业有限公司	惠东县
32	惠东县嘉诚鞋业有限公司	惠东县
33	惠东县泰丰鞋业有限公司	惠东县
34	惠东县集丰鞋业有限公司	惠东县
35	惠东县黄埠镇福华鞋业有限公司	惠东县
36	惠州市粤秀鞋业有限公司	惠东县
37	惠东县黄埠镇强生鞋业有限公司	惠东县
38	惠州市艺兴鞋业有限公司	惠东县
39	惠州市忠盛鞋业有限公司	惠东县
40	惠州市爱华鞋业有限公司	惠东县
41	惠东县东华鞋业有限公司	惠东县
42	惠东县正利丰鞋业有限公司	惠东县
43	惠州市美源鞋业有限公司	惠东县
44	惠州市骏腾鞋业有限公司	惠东县
45	惠州市中远鞋业有限公司	惠东县
46	惠州市新双金鞋业有限公司	惠东县
47	惠东县大升鞋业有限公司	惠东县
48	惠东县丰恒鞋业有限公司	惠东县
49	惠州恒光鞋业有限公司	惠东县
50	惠州市超智鞋业有限公司	博罗县

H－5　2012年全市规模以上建筑材料制造业50强企业

（按销售产值排序）

序号	企业名称	县(区)
1	惠州市光大水泥企业有限公司	龙门县
2	惠州塔牌水泥有限公司	龙门县
3	华润水泥(惠州)有限公司	龙门县
4	惠州罗浮山旋窑水泥有限公司	博罗县
5	惠东美新塑木型材制品有限公司	惠东县
6	龙门县密溪林场	龙门县
7	惠州国强水泥有限公司	博罗县
8	博罗县园洲罗浮山水泥有限公司	博罗县
9	博罗县固力建材有限公司	博罗县
10	惠州市冠峰建材有限公司	龙门县
11	惠州市惠阳双新水泥有限公司	惠阳区
12	惠州市宝湖建材制造有限公司	仲恺区
13	龙门县金鑫矿业有限公司	龙门县
14	泰山石膏(广东)有限公司	博罗县
15	广东中航特种玻璃技术有限公司	大亚湾区
16	惠州麒华五金制品有限公司	博罗县
17	巴川影像科技(惠州)有限公司	仲恺区
18	远东陶瓷制品(博罗)有限公司	博罗县
19	惠州市颂誉玻璃有限公司	惠阳区
20	惠州建华管桩有限公司	惠东县
21	惠州盛晨金属有限公司	博罗县
22	有利华建材(惠州)有限公司	惠阳区
23	惠州市富昌矿业有限公司	龙门县
24	深圳市三鑫精美特玻璃有限公司惠州大亚湾分公司	大亚湾区
25	三鑫(惠州)幕墙产品有限公司	大亚湾区
26	惠州市惠阳皇磁陶瓷有限公司	惠阳区
27	惠州固力水泥集团有限公司	博罗县
28	惠州华润建材有限公司	惠阳区
29	惠州太胜预拌混凝土有限公司	惠阳区
30	杰森石膏板(惠州)有限公司	惠东县
31	华润混凝土(惠州)有限公司	惠城区
32	龙门县家业矿业有限公司	龙门县
33	惠州市亚银镜业有限公司	博罗县
34	博罗县东骏水泥有限公司	博罗县
35	惠州市惠城区潼湖镇上村第五石场	仲恺区
36	惠州市麦卡电工材料有限公司	惠阳区
37	龙门县恒隆环保钙业有限公司	龙门县
38	惠州市惠城区潼湖镇上村第一石场	仲恺区
39	惠州市建达实业有限公司	仲恺区
40	惠州市惠城区潼湖镇上村第二石场	仲恺区
41	龙门县荣生建材有限公司	龙门县
42	惠州市惠城区潼湖镇建设石场	仲恺区
43	惠州市惠城区潼湖镇永平洪华石场	仲恺区
44	惠州市惠城区潼湖镇平达石场	仲恺区
45	惠州市亚巴郎新型建材有限公司	仲恺区
46	龙门县地派镇大英矿场有限公司	龙门县
47	惠州市华丽盛混凝土有限公司	大亚湾区
48	惠东县吉泰混凝土搅拌有限公司	惠东县
49	惠州惠城区潼湖顺达石场	仲恺区
50	惠州市九方混凝土有限公司	惠城区

H－6　2012年全市规模以上汽车制造业企业

（按销售产值排序）

序号	企业名称	县(区)
1	惠州住润电装有限公司	惠城区
2	惠州比亚迪电池有限公司	大亚湾区
3	东风本田汽车零部件有限公司	大亚湾区
4	惠州住成电装有限公司	大亚湾区
5	惠州古河汽配有限公司	惠城区
6	惠州住润汽车线业有限公司	惠城区
7	惠州住电电装有限公司	大亚湾区
8	惠州东风易进工业有限公司	大亚湾区
9	惠州住润汽车部品有限公司	惠城区
10	惠州住金锻造有限公司	大亚湾区
11	惠州市华阳精机有限公司	仲恺区
12	道生汽车空调(惠州)有限公司	博罗县
13	惠州东风汽车零部件有限公司	大亚湾区
14	惠州金山线束科技有限公司	惠城区
15	惠州市住润汽车回路技术有限公司	惠城区
16	精塑汽配科技(惠州)有限公司	惠城区
17	惠州市津惠汽车线束有限公司	仲恺区
18	冠惠工业技研(惠州)有限公司	仲恺区
19	东方化成(惠州)精密制品有限公司	博罗县
20	东洋精密工业(惠州)有限公司	仲恺区
21	信昌盛(惠州)精密五金制造有限公司	大亚湾区
22	长丰汽车(惠州)有限公司	仲恺区

H－7　2012年全市限额以上商贸超市企业

（按零售额排序）

序号	企业名称	县(区)
1	惠州市天虹商场有限公司	惠城区
2	惠州市人人乐商业有限公司	惠城区
3	惠州市丽日购物广场有限公司	惠城区
4	沃尔玛深国投百货有限公司惠州演达路分店	惠城区
5	惠州市港惠新天地商业经营管理有限公司	惠城区
6	惠州市润鑫商城发展有限公司	惠城区
7	永旺华南商业有限公司吉之岛惠州东平店	惠城区
8	惠州市万佳百货有限公司	惠城区
9	惠州市汇佳购物广场有限公司	仲恺区
10	惠州市海雅百货有限公司	惠城区
11	惠州市人人乐商业有限公司淡水购物广场	惠阳区
12	江门百佳超级市场有限公司惠州家华花园分店	惠城区
13	惠州市天天润实业有限公司	惠城区
14	惠州市美多实业有限公司	惠东县
15	博罗县天天实业有限公司	博罗县
16	深圳华润万佳超级市场有限公司惠州分公司	惠城区
17	惠州市原东礼品超市有限公司	惠城区
18	惠州市惠阳区裕华企业有限公司	惠阳区
19	龙门县供销社农贸实业有限公司	龙门县
20	惠州市鑫慧贸易有限公司	惠城区
21	惠州市广百商贸有限公司	惠城区
22	惠州市益广兴实业有限公司	仲恺区
23	佛山市南海屈臣氏个人用品商店有限公司惠州家华分店	惠城区
24	惠州世纪联华超市有限公司	惠城区
25	龙门县万家福购物广场有限公司	龙门县
26	惠州市金宝购物连锁有限公司	惠城区
27	惠州市兴勤实业有限公司	仲恺区
28	惠州市新一佳超市有限公司	惠城区
29	惠州市大荣商贸有限公司	仲恺区
30	博罗县万信佳商贸有限公司	博罗县
31	惠州市华兴万联实业有限公司	惠阳区
32	惠州市万信佳商贸有限公司	仲恺区
33	惠东县广联贸易有限公司家家乐购物中心	惠东县
34	惠州市家多乐贸易有限公司	惠东县
35	惠东县广联贸易有限公司大岭家家乐购物中心	惠东县
36	惠州市海滨城贸易有限公司	惠东县

H－8　2012年全市星级酒店业50强企业

（按营业收入排序）

序号	企业名称	县(区)
1	惠州市康帝国际酒店有限公司	惠城区
2	龙门县南昆山温泉旅游大观园有限公司	龙门县
3	龙门县地派温泉度假村有限公司	龙门县
4	龙门尚天然温泉度假有限公司	龙门县
5	惠州金华悦国际酒店有限公司	惠城区
6	惠州国际金融大厦天悦酒店	惠城区
7	惠州市皇冠假日酒店	惠城区
8	惠州市国惠大酒店有限公司	惠东县
9	金融街惠州置业有限公司金海湾喜来登度假酒店	惠东县
10	惠州市家路酒店投资有限公司家路国际大酒店	惠阳区
11	龙门明信温泉发展有限公司	龙门县
12	惠州市惠阳区丽景花园酒店有限公司	惠阳区
13	惠州市金鹅温泉实业有限公司洲际度假酒店	惠城区
14	惠州市平海海滨温泉旅游度假区有限公司	惠东县
15	惠州市西湖宾馆	惠城区
16	惠州涛景高尔夫度假村有限公司	惠城区
17	龙门县南昆三寨谷度假村有限公司	龙门县
18	恒升国际大酒店(惠州)有限公司	惠东县
19	龙门县南昆山中恒生态旅游公司	龙门县
20	惠州宾馆	惠城区
21	龙门县海涛农特产加工有限公司	龙门县
22	龙门县永汉镇马星林丰温泉度假山庄	龙门县
23	惠州市罗浮山嘉宝田乡村俱乐部有限公司	博罗县
24	惠东县金滩酒店公寓管理有限公司	惠东县
25	惠州市三阳酒店有限公司	仲恺区
26	惠州市惠阳新丽晶南海渔村有限公司	惠阳区
27	博罗县富华大酒店有限公司	博罗县
28	惠东县万事达华侨酒店有限公司	惠东县
29	惠东县巽寮滨海旅游投资有限公司	惠东县
30	博罗县园洲镇晶港酒店有限公司	博罗县
31	惠州德泽园假日大酒店有限公司	惠东县
32	中信惠州汤泉旅游度假村有限公司	惠城区
33	惠州市隆泰金都酒店有限公司	惠城区
34	惠州大亚湾安惠酒店有限责任公司	大亚湾
35	龙门县南昆山柏祥森林渡假酒店	龙门县
36	惠州市惠阳区新都会实业有限公司新都会酒店	惠阳区
37	龙门县南昆山云天海原始森林度假村有限公司	龙门县
38	惠东县碧桂园凤凰酒店管理有限公司	惠东
39	惠州市凯泉高尔夫渡假酒店有限公司	博罗县
40	惠州汤泉春天高尔夫酒店有限公司	博罗县
41	惠州君豪大酒店	惠城区
42	惠州大亚湾中海酒店	大亚湾
43	惠州市惠阳区鲁惠实业发展有限公司鲁惠国际饭店	惠城区
44	惠州市金叶大酒店有限公司	惠城区
45	惠州市西湖大酒店	惠城区
46	惠州市琼苑酒店有限公司琼苑国际大酒店	惠阳区
47	惠州市金銮酒店有限公司	惠城区
48	龙门县龙门大酒店有限公司	龙门县
49	惠州市惠阳百老汇酒店	惠阳区
50	龙门县盛龙大酒店	龙门县

H－9　2012 年全市房地产业 50 强企业

（按销售额排序）

序号	企业名称	县(区)
1	惠东碧桂园房地产开发有限公司	惠东县
2	惠州市飞扬实业有限公司	惠城区
3	惠州丰通房地产有限公司	惠城区
4	惠州市利万房地产开发有限公司	惠东县
5	广东合生帝景房地产有限公司	惠城区
6	中信惠州城市建设开发有限公司	惠城区
7	惠州白鹭湖旅游实业开发有限公司	惠城区
8	惠州大亚湾东圳房地产有限公司	大亚湾区
9	惠州市海伦堡房地产开发有限公司	惠城区
10	惠州市世纪置业有限公司	惠城区
11	惠州市华贸兴业房地产开发有限公司	惠城区
12	惠州市惠阳区花千里实业有限公司	惠阳区
13	惠州市卓越东部房地产开发有限公司	大亚湾区
14	惠州市民乐福投资有限公司	仲恺区
15	惠州名流置业有限公司	仲恺区
16	惠州阳光新都房地产开发有限公司	惠阳区
17	惠州市德威集团有限公司	惠城区
18	龙门富力房地产开发有限公司	龙门县
19	广东龙华经贸开发有限公司	龙门县
20	惠州南源投资有限公司	惠阳区
21	惠州方好实业有限公司	惠城区
22	惠州市鹏基投资有限公司	惠城区
23	龙门盛世旅游文化发展有限公司	龙门县
24	惠州市宏业投资开发有限公司	大亚湾区
25	惠州市鼎峰房地产开发有限公司	惠城区
26	惠州市宏益房地产开发有限公司	惠城区
27	惠东兴汇城建有限公司	惠东县
28	惠州 TCL 房地产开发有限公司	惠城区
29	金融街惠州置业有限公司	惠东县
30	惠州方悦实业有限公司	惠城区
31	惠州市金中恒房产有限公司	惠城区
32	东湖房产(惠州)开发有限公司	惠城区
33	惠州市皇庭旅游地产开发有限公司	博罗县
34	惠州市中惠源实业投资有限公司	惠阳区
35	光耀集团有限公司	惠城区
36	惠州大亚湾卓洲投资发展有限公司	大亚湾区
37	博罗县碧华房地产开发有限公司	博罗县
38	惠州市名人实业发展有限公司	惠阳区
39	惠州大亚湾德洲投资有限公司	大亚湾区
40	广东金宝集团有限公司	惠城区
41	惠州大亚湾中联房地产开发有限公司	大亚湾区
42	惠阳新城市房地产开发有限公司	惠阳区
43	惠州市亚新房地产有限公司	惠城区
44	惠州市鹏达实业发展集团有限公司	惠城区
45	惠州新世界康居发展有限公司	惠城区
46	惠东县第三建筑工程公司(房地产)	惠东县
47	惠州大亚湾昌恒房地产开发有限公司	大亚湾区
48	惠州市万科置业有限公司	惠城区
49	惠州市光大置业有限公司	惠阳区
50	惠州市太东实业投资有限公司高地花园项目	惠阳区

H－9　续表　　（按销售面积排序）

序号	企业名称	县(区)
1	惠东碧桂园房地产开发有限公司	惠东县
2	惠州丰通房地产有限公司	惠城区
3	惠州市海伦堡房地产开发有限公司	惠城区
4	中信惠州城市建设开发有限公司	惠城区
5	惠州市民乐福投资有限公司	仲恺区
6	惠州大亚湾东圳房地产有限公司	大亚湾区
7	惠州市利万房地产开发有限公司	惠东县
8	惠州市世纪置业有限公司	惠城区
9	惠州白鹭湖旅游实业开发有限公司	惠城区
10	惠州市惠阳区花千里实业有限公司	惠阳区
11	惠州市卓越东部房地产开发有限公司	大亚湾区
12	惠州市飞扬实业有限公司	惠城区
13	惠州名流置业有限公司	仲恺区
14	惠州市德威集团有限公司	惠城区
15	惠州南源投资有限公司	惠阳区
16	惠州 TCL 房地产开发有限公司	惠城区
17	惠州阳光新都房地产开发有限公司	惠阳区
18	广东合生帝景房地产有限公司	惠城区
19	惠东县第三建筑工程公司(房地产)	惠东县
20	广东金宝集团有限公司	惠城区
21	龙门富力房地产开发有限公司	龙门县
22	惠州大亚湾卓洲投资发展有限公司	大亚湾区
23	惠州方好实业有限公司	惠城区
24	惠州市鹏基投资有限公司	惠城区
25	惠州市金中恒房产有限公司	惠城区
26	惠州市鼎峰房地产开发有限公司	惠城区
27	惠州大亚湾昌恒房地产开发有限公司	大亚湾区
28	惠州大亚湾德洲投资有限公司	大亚湾区
29	惠州市嘉豪实业有限公司	博罗县
30	惠州市亚新房地产有限公司	惠城区
31	惠州市名人实业发展有限公司	惠阳区
32	惠州方悦实业有限公司	惠城区
33	惠州大亚湾龙光房地产有限公司	大亚湾区
34	惠州市宏益房地产开发有限公司	惠城区
35	惠州市宏业投资开发有限公司	大亚湾区
36	惠州市鹏达实业发展集团有限公司	惠城区
37	光耀集团有限公司	惠城区
38	惠州昊地置业有限公司	惠城区
39	惠州市中惠源实业投资有限公司	惠阳区
40	东湖房产(惠州)开发有限公司	惠城区
41	惠阳新城市房地产开发有限公司	惠阳区
42	惠州市鑫月实业有限公司	惠城区
43	惠州市华贸兴业房地产开发有限公司	惠城区
44	金融街惠州置业有限公司	惠东县
45	惠州宏福置业有限公司	惠城区
46	惠州市新华联嘉业房地产开发有限公司	大亚湾区
47	博罗县年景好实业有限公司(惠州)	博罗县
48	惠州市恒宇实业发展有限公司	仲恺区
49	惠州大亚湾中联房地产开发有限公司	大亚湾区
50	博罗县红中实业发展有限公司	博罗县

H－10　惠州市星级酒店(宾馆)一览表

(2012年)

序号	饭店名称	星级	地址
1	康帝国际酒店	五	惠州市环城西一路渡口所
2	罗浮山宝田国际度假会议酒店	五	罗浮山风景区
3	家路国际酒店	五	惠阳区淡水中山四路
4	惠州金海湾喜来登度假酒店	五	惠东县巽寮金海湾金海路1号
5	国惠大酒店	五	惠东县黄埠镇吉黄大道48号
6	丽景花园酒店	四	惠阳区淡水南门西街
7	惠州宾馆	四	惠州市环城西二路17号
8	凯旋假日酒店	四	麦兴路11号
9	金华悦国际酒店	四	惠州市下埔大道28号
10	金世纪假日酒店	四	惠城区沥林镇惠樟路
11	万事达华侨酒店	四	惠东县平山镇广汕路60号
12	新都会大酒店	四	惠阳区白云路50号
13	隆泰金都酒店	四	惠州市麦地南二路26号
14	恒升国际大酒店	四	惠东县惠东大道526号
15	新丽晶大酒店	四	惠州市惠阳区淡水开城大道
16	世纪华园大饭店	四	惠阳区淡水镇东华大道一号
17	金鑫商务酒店	三	惠州市麦地路16号
18	西湖宾馆	三	惠州西湖芳华洲
19	金叶大厦	三	惠州市鹅岭南路3号
20	君豪大酒店	三	惠州市下角南路3号
21	大亚湾中海酒店	三	惠州市大亚湾澳头镇新澳大道1号
22	惠阳百老汇酒店	三	惠州市惠阳区淡水镇开城大道88号
23	海湖大酒店	三	惠州市南坛路8号
24	西湖大酒店	三	惠州市环城西二路10号
25	园洲宾馆	三	博罗县园洲镇兴园2路
26	京联宾馆	三	博罗县城博义路3号
27	惠阳中惠大酒店	三	惠阳区淡水镇土湖工业区1号
28	南方大酒店	三	鹅岭北路12号
29	广成酒店	三	淡水镇南门大街1号
30	星旗宾馆	三	淡水镇中山2路39号
31	天外天大酒店	三	鹅岭南路12号
32	凯雅酒店	三	麦地南路11号
33	德泽园(嘉柏)假日大酒店	三	惠东县巽寮松园湾

H-10 续表 (2012年)

序号	饭店名称	星级	地址
34	麦雅商务酒店	三	麦地路30号
35	嘉宾园宾馆	三	福田镇桥东路广汕公路旁
36	一景酒店	三	惠东县平山镇新华路
37	金鑫酒店	三	惠城区麦地南东二路
38	日华大酒店	三	惠阳淡水开城大道
39	柏利商务酒店	三	惠东县平山镇新华路91号
40	大富贵酒店	三	惠州市大湖溪广汕路
41	月亮宫大酒店	三	惠阳区上塘石园东街118号
42	万汇徕大酒店	三	惠阳区淡水镇
43	龙朝大酒店	三	龙门县城太平新路33号
44	鲁惠大酒店	三	淡水镇开城大道21号
45	明月湖大酒店	三	市区黄塘路118号
46	千帆阁酒店	三	大亚湾区霞涌
47	时代假日酒店	三	惠州市惠城区龙丰路3号
48	南城商务酒店	三	惠州市河南岸白泥路
49	景新酒店	三	龙门县城乐路
50	华尔富商务酒店	三	惠州市江北5号小区期湖塘路3号
51	望海楼	三	大亚湾澳头镇龙海街47号
52	康之源	三	惠城区下角丰山路3-3号
53	新富豪酒店	三	惠阳淡水南门路68号
54	金凯酒店	三	仲恺大道新海关对面
55	富壕园大酒店	三	江北乌石一路一号
56	金鑫国际酒店	三	仲恺区陈江镇陈江大道零星小区
57	鑫元大酒店	三	大亚湾区澳头镇新澳大道四街6号
58	星光大酒店	三	惠阳区淡水立交桥西侧
59	金殿大酒店	三	惠州市鹅岭南路仲恺大道8号
60	罗浮山狮峰宾馆	二	博罗县长宁镇罗浮山朱明洞
61	博罗新世纪大酒店	二	博罗县罗阳镇北门路25号
62	新美丽酒店	二	龙门县百担新城区百合路
63	七星宾馆	二	惠阳区新墟镇

主要统计指标解释

国民经济核算

总产出 指一定时期内一个国家(或地区)常住单位生产的所有货物和服务的价值,既包括新增价值,也包括转移价值。它反映常住单位生产活动的总规模。总产出按生产者价格计算。

中间投入 指常住单位生产或提供货物与服务过程中,消耗和使用的所有非固定资产货物和服务的价值,中间投入也称为中间消耗。一般按购买者价格计算。

国内(地区)生产总值 指一个国家(或地区)所有常住单位在一定时期内生产活动的最终成果,它有三种表现形态,即价值形态、收入形态和产品形态。从价值形态看,它是所有常住单位在一定时期内生产的全部货物和服务价值超过同期投入的全部非固定资产货物和服务价值的差额,即所有常住单位的增加值之和;从收入形态看,它是所有常住单位在一定时期内创造并分配给常住单位和非常住单位的初次分配收入之和;从产品形态看,它是最终使用的货物和服务减去进口货物和服务。在实际核算中,国内生产总值的三种表现形态表现为三种计算方法,即生产法、收入法和支出法。

劳动者报酬 指劳动者因从事生产活动所获得的全部报酬。它包括劳动者获得的各种形式工资、资金和津贴,既包括货币形式的,也包括实物形式的,它还包括劳动者所享受的公费医疗和医药卫生费、上下班交通补贴和单位支付的社会保险费等。单位支付的社会保险费,就是单位直接支付给负责社会保险的政府单位(一般指劳动部门)的社会保险金或为单位职工离退休、发生死亡、伤残、医疗保险等而支付的保险费。对于个体经济来说,其所有者所获得的劳动报酬和经营利润不易区分,这两部分统一作为劳动者报酬处理。

生产税净额 指生产税减生产补贴后的差额。生产税指政府对生产单位生产、销售和从事经营活动以及因从事生产活动使用某些生产要素,如固定资产、土地、劳动力所征收的各种税、附加费和规费。具体包括销售税金及附加、增值税、管理费中开支的各种税、应交纳的养路费、排污费和水电费附加、烟酒专卖上缴政府的专项收入等。生产补贴与生产税相反,是政府对生产单位的单方面收入转移,因此视为负生产税处理,包括政策亏损补贴、粮食系统价格补贴、外贸企业出口退税收入等。

固定资产折旧 指一定时期内为弥补固定资产损耗按照核定的固定资产折旧率提取的固定资产折旧,或按国民经济核算统一规定的折旧率虚拟计算的固定资产折旧。它反映了固定资产在当期生产中的转移价值。各种类型企业和企业化管理的事业单位的固定资产折旧指实际计提并计入成本费用中的折旧费;不计提折旧的单位,如政府机关、非企业化管理的事业单位和居民住房的固定资产折旧则是按照统一规定的折旧率和固定资产原值计算的虚拟折旧。原则上,固定资产折旧应按固定资产的重置价值来计算,但是我国目前尚不具备对全社会固定资产进行重估价的基础,所以暂时只能采用上述方法来计算。

营业盈余 指常住单位创造的增加值中扣除劳动者报酬、生产税净额和固定资产折旧后的余额。它相当于企业的营业利润加上生产补贴,但要扣除从利润中开支的工资和福利等。

最终消费 指常住单位在一定时期内对于货物和服务的全部最终消费支出,也就是常住单位为满足物质、文化和精神生活的需要,从本国经济领土和国外购买的货物和服务的支出。它不包括非常住单位在本国经济领土内的消费支出。最终消费分为居民消费和政府消费。

(1)居民消费 指常住住户在一定时期内对于货物和服务的全部最终消费。居民关于货物的最终消费支出在货物的所有权发生变化时记录,关于服务的最终消费支出在服务提供的时候记录。居民消费按市场价格计算,即按居民支付的购买者价格计算,货物的购买者价格是购买者取得交货所支付的价格,它包括购买者支付的运输和商业费用。居民消费除了包括直接以货币形式购买的货物和服务的消费支出外,还包括以其他方式获得的货物和服务的消费支出,即所谓的虚拟消费支出。居民虚拟消费支出包括如下几种类型:单位以实物报酬及实物转移的形式提供给劳动者的货物和服务;住户生产并由本住户消费了的货物和服务,其中的服务仅指住户的自有住房服务;金融机构提供的金融媒介服务;保险公司提供的保险服务。

(2)政府消费 指政府部门为全社会提供的公共服务的消费支出和免费或以较低的价格向居民住户提供的货物和服务的净支出,前者等于政府服务的产出价值减去政府单位所获得的经营收入的价值,政府服务的产出价值等于它的经常性业务支出加上固定资产折旧;后者等于政府部门免费或比较低价格向居民住户提供的货物和服务的市场价值减去向住户收取的价值。

资本形成总额 指常住单位在一定时期内购置、转入和自产自用的固定资产，扣除固定资产的销售和转出后的价值。可分为有形固定资产形成总额和无形固定资产形成总额。

有形固定资产总额包括一定时期内完成的建筑工程、安装工程和设备工器具购置（减处置）价值，以及土地改良、新增役、种、奶、毛、娱乐用牧畜和新增经济林木价值。

无形固定资产形成总额包括矿藏的勘探、计算机软件、娱乐和文学艺术品原件等获得减处置。

存货增加 指常住单位在一定时期内存货实物量变动的市场价值，即期末价值减期初价值的差额。存货增加可以是正值，也可以是负值；正值表示存货上升，负值表示存货下降。它包括生产单位购进的原材料、燃料和储备物资等存货，以及生产单位生产的产成品、在制品等存货等。

货物和服务净出口 指货物和服务出口减货物和服务进口的差额。出口包括常住单位从非常住单位出售或无偿转让的各种货物和服务的价值；进口包括常住单位从非常住单位购买或无偿得到的各种货物和服务的价值。由于服务活动的提供与使用同时发生，因此服务的进出口业务并不发生出入境现象，一般把常住单位从国外得到的服务作为进口，非常住单位从本国得到的服务作为出口。货物的出口和进口都按离岸价格计算。

人　口

人口数 指一定时点、一定地区范围内的有生命的个人的总和。

年度统计的年末人口数是指每年12月31日24时的人口数。

常住人口、现有人口和户籍人口 常住人口，指在调查区域内经常居住的人口，具体包括三款人：1.户口登记地在调查区域并且在该区域内常住的人口（不包括户口登记地在调查区域内但长期外出的人口）；2.户口登记地不在调查区域但在该区域内常住的人口；3.在任何地方都没有登记户口，在该区域内居住的人口。现有人口（又称在场人口或现场人口），指在某一调查时点时，调查区域内的全部人口。现有人口的统计不考虑调查对象户口登记地的情况和居住时间的长短，只要调查时点时在场的人口都包括在内。现有人口不包括户口登记地在调查区域内但在调查时点暂时外出的人口。户籍人口，指在调查区域内有户口登记的人口。户籍人口的统计和常住人口以及现有人口不同，如果未办理户口迁入手续，不论在调查区域内居住时间有多长，都不能统计为户籍人口。由于常住人口资料的使用价值较高，便于进行行政管理、制订社会经济发展计划，现在我国的人口普查和每年进行的人口抽样调查均以常住地进行登记，一个人只能在一个地方登记。

市镇人口和乡村人口 按常住人口的居住地情况划分。

市镇人口 指地级市市辖区内的常住人口、县级市街道行政区域内的常住人口以及县级市和县下辖镇居委会行政区域内的常住人口。

乡村人口 指县级市和县下辖镇村委会行政区域内的常住人口以及县级市和县下辖乡行政域内的常住人口。

农业人口 指户籍人口统计中户口性质为农业人口的人口。

年平均人数 是年初、年底人口数的平均数，也可用年中人口数代替。

性别比 反映两性人口之间比例的指标。指在总人口中或在各年龄人口中，男性人数与女性人数之比。通常用每100个女性人口相应有多少男性人口表示。

出生率（又称粗出生率） 指在一定时期内（通常为一年）平均每千人所出生的人数的比率，一般用千分率表示。

出生人数是指活产婴儿，即胎儿脱离母体时（不管怀孕月数），有过呼吸或其他生命现象。

死亡率（又称粗死亡率） 指在一定时期内（通常为一年）一定地区的死亡人数与同期平均人数（或期中人数）之比，一般用千分率表示。

在业人口（又称就业人口） 指在十五周岁及十五周岁以上人口中从事一定的社会劳动并取得劳动报酬或经营收入的人口。

不在业人口 指十五周岁以上人口中未从事社会劳动的人口。包括：在校学生、料理家务、待升学、市镇待业、离退休、退职、丧失劳动能力等非在业人口。

社会负担系数 指社会劳动人口与被抚养人口的比例。

人口密度 指平均单位土地面积上居住的人口数。一般以每平方公里上居住的人口数来表示。即某地区（某国家）的人口数除以该地区（该国家）的土地面积。

从业人员和职工工资

劳动力资源总数 指在劳动年龄内，具有劳动能力，在正常情况下，可能或实际参加社会劳动的人口数。劳动力资源的范围为：劳动年龄内（16周岁以上），有劳动能力，实际参加社会劳动和未参加社会劳动的人员。劳动力资源也可划分为：经济活动人口和非经济活动人口。劳动力资源不包括下列人员：

（1）在押犯人；

（2）劳动年龄内丧失劳动能力的人员；

（3）16岁以下实际参加社会劳动的人员。

从业人员 指从事一定社会劳动并取得劳动报酬或经营收入的人员。包括：

(1)全部职工

(2)再就业的离退休人员

(3)私营业主

(4)个体户主

(5)私营和个体从业人员

(6)乡镇企业从业人员

(7)农村从业人员

(8)其他从业人员 (包括民办教师、宗教职业者等)。这一指标反映了一定时期内全部劳动力资源的实际利用情况,是研究我国基本国情国力的重要指标。

各单位的从业人员是指在各级国家机关、政党机关、社会团体及企业、事业单位中工作,并取得劳动报酬的全部人员。包括职工、再就业的离退休人员、民办教师以及在各单位中工作的外方人员和港、澳、台方人员。

各单位的从业人员反映了各单位实际参加生产或工作的全部劳动力。

在岗职工 指在本单位工作并由单位支付工资的人员,以及有工作岗位,但由于学习、病伤产假等原因暂未工作,仍由单位支付工资的人员。

在岗职工工资总额 指各单位在一定时期内直接支付给本单位全部在岗职工的劳动报酬总额,包括计时工资、计件工资、奖金、津贴、补贴、加班加点工资和其他工资(如附加工资、保留工资以及调整工资补发的上年工资等)。

计件工资 指对已做工作按计件单价支付的劳动报酬。包括:(1)实行超额累进计件、直接无限计件、限额计件、超定额计件等工资制,按照定额和计件单价支付给个人的工资;(2)按工作任务包干方法支付给个人的工资;(3)按营业额提成或利润提成办法支付给个人的工资。

计件超额工资 是计件工资的一部分,指计件工人超额完成定额任务后得到的工资。即计件工人实得的全部计件工资减去应得的计件标准工资后的数额。

奖金 指支付给职工的超额劳动报酬和增收节支的劳动报酬。

津贴和补贴 指为了补偿职工特殊或额外的劳动消耗和因其他特殊原因支付给职工的津贴。

职工平均工资 指企业、事业、机关单位的职工在一定时期内平均每人所得到货币工资额。它表明一定时期职工工资收入的高低程度,是反映职工工资水平的主要指标。

职工平均实际工资 指扣除物价变动因素后的职工平均工资。

固定资产投资

固定资产投资额 是以货币形式表现的在一定时期内建造和购置固定资产的工作量以及与此有关的费用的总称。它是反映固定资产投资规模、结构和发展速度的综合性指标,又是观察工程进度和考核投资效果的重要依据。全社会固定资产投资包括国有经济单位投资、城乡集体及其他各种登记注册类型的单位投资和城乡个人投资。按照国家统计制度规定,固定资产投资统计范围包括:基本建设投资、更新改造投资、房地产开发投资和其他固定资产投资。

基本建设投资 指企业、事业、行政单位以扩大生产能力或工程效益为主要目的的新建、扩建工程及有关工作的投资。包括:(1)列入中央和各级地方本年基本建设计划的建设项目,以及虽未列入本年基本建设计划,但使用以前年度基建计划内结转投资(包括利用基建库存设备材料)在本年继续施工的建设项目;(2)本年基本建设计划内投资与更新改造计划内投资结合安排的新建项目和新增生产能力(或工程效益)达到大中型项目标准的扩建项目,以及为改变生产力布局而进行的全厂性迁建项目;(3)国有单位既未列入基建计划,也未列入更新改造计划的总投资在50万元以上的新建、扩建、恢复项目和为改变生产力布局而进行的全厂性迁建项目,以及行政、事业单位增建业务用房和行政单位增建生活福利设施的项目。

更新改造投资 是指企业、事业单位对原有设施进行固定资产更新和技术改造,以及相应配套的工程和有关工作(不包括大修理和维护工程)的投资。包括:(1)列入中央和各级地方本年更新改造计划的投资单位(或项目)以及虽未列入本年更新改造计划,但使用上年更新改造计划内结转的投资在本年继续施工的单位(或项目);(2)本年更新改造计划内投资与基本建设计划内投资结合安排的对企、事业单位原有设施进行技术改造或更新的项目、和增建主要生产车间、分厂等其新增生产能力(或工程效益)未达到大中型项目标准的项目,以及由于城市环境保护和安全生产的需要而进行的迁建工程;(3)国有企、事业单位既未列入基建计划也未列入更新改造计划,总投资在50万元以上的属于改建或更新改造性质的项目,以及由于城市环境保护和安全生产的需要而进行的迁建工程。

房地产开发投资 各种登记注册类型的房地产开发公司、商品房建设公司及其他房地产开发单位统一开发的包括统代建、拆迁还建的住宅、厂房、仓库、饭店、宾馆、度假村、写字楼、办公楼等房屋建筑物和配套的服务设施、土地开发工程,如道路、给水、排水、供电、供热、通讯、平整场地等基础设施工程。包括实际从事房地产开发或经营活动的附营房地产开发单位。不包括单纯的土地交易活动。

其他固定资产投资 全社会固定资产投资中未列入基本建设、更新改造和房地产开发投资的建造和购置固定资产的投资。具体包括:

(1)国有单位按规定不纳入基本建设计划和更新改造计划

管理,计划总投资(或实际需要总投资)在 50 万元以上的项目和工程投资,包括用油田维护费和石油开发基金进行的油田维护和开发工程完成的投资;煤炭、铁矿、森工等采掘采伐业用维简费进行的开拓延伸工程完成的投资;交通部门用公路养路费对原有公路、桥梁进行改建的工程完成的投资;商业部门用简易建筑费建造的仓库工程完成的投资。

(2)城镇集体经济单位固定资产投资:指所有隶属省辖市、县级市和县城(乡镇企业局管理的除外)建造和购置固定资产计划总投资(或实际需要总投资)在50 万元以上未列入基本建设计划和更新改造计划的单位(项目)的投资。

(3)除国有、城镇集体以外的其他各种登记注册类型的企业、事业单位(包括城镇私营企、事业单位和个体经营户)建造和购置固定资产计划总投资(或实际需要总投资)在 50 万元以上的、未列入基本建设计划和更新改造计划的单位(项目)。

(4)城镇和工矿区私人建房投资包括市、县城、镇、工矿区所辖范围内的全部私人建房,不论其房主是否系本地的常住户口均应包括。

(5)农村固定资产投资包括农村区域范围内进行固定资产投资活动的企业、事业、行政单位及农村个人。

固定资产投资的资金来源 根据固定资产投资的资金来源不同,分为国家预算内资金、国内贷款、债券、利用外资、自筹资金和其他资金来源。

(1)国家预算内资金 分为财政拨款和财政安排的贷款两部分。包括中央财政的基本建设基金、专项支出、收回再贷、贴息资金、财政安排的挖潜改造和新产品试制支出、城建支出、商业部门简易建筑支出、不发达地区发展基金等资金中用于固定资产投资的资金;地方财政中由国家统筹安排的固定资产投资资金等。

(2)国内贷款 指报告期固定资产投资单位向银行及非银行金融机构借入的用于固定资产投资的各种国内借款,包括银行利用自有资金及吸收的存款发放的贷款、上级主管部门拨入的国内贷款、国家专项贷款(包括煤代油贷款、劳改煤矿专项贷款等),地方财政专项资金安排的贷款、国内储备贷款、周转贷款等。

(3)债券 是企业(公司)或金融机构通过发行各种债券,筹集用于固定资产投资的资金,包括由银行代理国家专业投资公司发行的重点企业债券和基本建设债券。

(4)利用外资 指报告期内收到的用于固定资产建造和购置投资的境外资金(包括设备、材料、技术)。包括外商直接投资、对外借款及外商其他投资。不包括我国自有外汇资金。国家统借统还的外资:是指由我国政府出面同外国政府、团体或金融组织签订贷款协议,并负责偿还本息的国外贷款。

(5)自筹资金 指固定资产投资单位报告期内收到的,由各地区、各部门及企事业单位筹集用于固定资产投资的预算外资金,包括中央各部门、各级地方和企事业单位的自有资金。

(6)其他资金来源 指报告期收到的除以上各种资金之外其他用于固定资产投资的资金。包括社会集资、个人资金、无偿捐赠的资金及其他单位拨入的资金。

施工项目 指报告期内进行过建筑或安装施工活动的项目。凡是报告期内施过工的建设项目,不论施工时间长短,均作为施工项目统计。

全部建成投入生产(或交付使用)项目 工业项目是指设计文件规定形成生产能力的主体工程及其相应配套的辅助设施全部建成,经负荷试运转,证明具备生产设计规定合格产品的条件,并经过验收鉴定合格或达到竣工验收标准,与生产性工程配套的生产福利设施可以满足近期正常生产的需要,正式移交生产的建设项目。非工业项目是指设计文件规定的主体工程和相应配套工程全部建成,能够发挥设计规定的工程效益,经验收鉴定合格或达到竣工验收标准,正式移交使用的建设项目。

新增生产能力(或工程效益) 指通过固定资产投资活动而增加的设计能力(或工程效益),是以实物形态表示的固定资产投资成果的指标,也是考核投资经济效果的重要依据之一。

房屋建筑面积 是房屋建筑物勒脚以上外墙外围的水平截面面积,包括房屋建筑物的有效面积和结构面积。房屋建筑面积统计指标是从实物形态上反映建设规模和建设成果的重要指标之一,也是检查工程形象进度、计算工程造价、分析投资效果、研究施工任务和建筑材料之间平衡情况的重要依据。

住宅 指供人们居住的房屋,包括职工家属宿舍、集体宿舍(包括职工单身宿舍和学生宿舍)及供居住的各种公寓等。住宅建筑面积中不包括作为人防用、不住人的地下室面积和供办公用的公寓。

房屋施工面积 指在报告期内施工的全部房屋建筑面积。包括本期新开工的面积和上期开工跨入本期继续施工的房屋面积,以及上期已停建在本期恢复施工的房屋面积。本期竣工和本期施工后又停缓建的房屋,其建筑面积仍计入本期房屋施工面积中。

房屋竣工面积 指在报告期内房屋建筑按照设计要求已经全部完工,达到住人和使用条件,经验收鉴定合格(或达到竣工验收标准),正式移交使用单位的各栋房屋建筑面积的总和。

新增固定资产 指已经完成建造和购置过程,并已交付生产或使用单位的固定资产的价值。它是表示固定资产投资成果的价值指标,也是反映建设进度,计算固定资产投资效果的重要数据。

能源生产和消费

能源生产总量 指一定时期内全国(地区)一次能源生产量的总和,是观察全国(地区)能源生产水平、规模、构成和发展速度的总量指标。一次能源生产量包括原煤、原油、天然气、水电、核能及其他动力能(如风能、地热能等)发电量。不包括低热值燃料生产量、生物质能、太阳能等的利用和由一次能源加工转换而成的二次能源产量。

能源消费总量 指一定时期内全国(地区)物质生产部门、非物质生产部门和生活消费的各种能源的总和,是观察能源消费水平、构成和增长速度的总量指标。能源消费总量包括原煤和原油及其制品、天然气、电力,不包括低热值燃料、生物质能和太阳能等的利用。能源消费总量分为三部分,即终端能源消费量、能源加工转换损失量和损失量。

(1)终端能源消费量 指一定时期内全国(地区)物质生产部门、非物质生产部门和生活消费的各种能源在扣除了用于加工转换二次能源消费量和损失量以后的数量。

(2)能源加工转换损失量 指一定时期内全国(地区)投入加工转换的各种能源数量之和与产出各种能源产品之和的差额。它是观察能源在加工转换过程中损失量变化的指标。

(3)能源损失量 指一定时期内能源在输送、分配、储存过程中发生的损失和由客观原因造成的各种损失量。不包括各种气体能源放空、放散量。

财 政

财政收入 指国家财政参与社会产品分配所取得的收入,是实现国家职能的财力保证。财政收入所包括的内容几经变化,目前主要包括:

(1)各项税收 包括增值税、营业税、消费税、土地增值税、城市维护建设税、资源税、城市土地使用税、印花税、个人所得税、企业所得税、关税、农牧业税和耕地占用税等。

(2)专项收入 包括征收排污费收入、征收城市水资源费收入,教育费附加收入等。

(3)其他收入 包括基本建设贷款归还收入、基本建设收入、捐赠收入等。

(4)国有企业计划亏损补贴 这项为负收入,冲减财政收入。主要包括对工业企业商业企业、粮食企业的补贴。

财政支出 指国家财政将筹集起来的资金进行分配使用,以满足经济建设和各项事业的需要,主要包括:基本建设支出、企业挖潜改造资金、地质勘探费用、科技三项费用、支援农村生产支出、农村水利气象等部门的事业费用、工业交通商业等部门的事业费、文教科学卫生事业费、抚恤和社会福利救济费、国防支出、行政管理费、政策性补贴支出等项目。

中央财政收入和地方财政收入 指按现行分税制财政体制划分的中央本级收入和地方本级收入。1994 年实行分锐制财政体制以后,属于中央财政的收入包括关税、海关代征消费税和增值税,消费税,中央企业所得税,地方银行和外资银行及非银行金融企业所得税,铁道部门、各银行总行、各保险总公司等集中缴纳的营业税、利润和城市维护建设税,车辆购置税,船舶吨税,增值税的75%部分,证券交易税(印花税)94%部分,个人所得税中的利息所得税,利息所得税之外的个人所得税中央分享的部分,海洋石油资源税。属于地方财政的收入包括营业税,地方企业所得税,利息所得税之外的个人所得税地方分享的部分,城镇土地使用税,固定资产投资方向调节税,城镇维护建设税,房产税,车船使用税,印花税,屠宰税,农牧业税,农业特产税,耕地占用税,契税,土地增值税、国有土地有偿使用收入,增值税25%部分,证券交易税(印花税)6%部分和除海洋石油资源税以外的其他资源税。

中央财政支出和地方财政支出 指根据政府在经济和社会活动中的不同职责,划分中央和地方政府的责权,按照政府的责权划分确定的支出。中央财政支出包括国防支出,武装警察部队支出,中央级行政管理费和各项事业费,重点建设支出以及中央政府调整国民经济结构、协调地区发展,实施宏观调控的支出。地方财政支出主要包括地方行政管理和各项事业费,地方统筹的基本建设、技术改造支出,支援农村生产支出,城市维护和建设经费,价格补贴支出等。

预算外资金收支 预算外资金指国家机关、事业单位和社会团体为履行或代行政府职能,依据国家法律、法规和具有法律效力的规章而收取、提取和安排使用的未纳入国家预算管理的各种财政性资金。其范围主要包括法律、法规规定的行政事业性收费、政府性基金和附加收入等;国务院或省级人民政府及其财政、计划(物价)部门审批的行政事业性收费;国务院及财政部审批建立的政府性基金、附加收入等;主管部门所属单位集中上缴资金;用于乡镇政府开支的乡自筹和乡统筹资金;其他未纳入预算管理的财政性资金。社会保障基金在国家财政尚未建立社会保障预算制度以前,先按预算外资金管理制度进行管理,专款专用。财政部门在银行开设统一的专户,用于预算外资金收入和支出管理。部门和单位的预算外收入必须上缴同级财政专户,支出由同级财政按预算外资金收支计划和单位财务收支计划统筹安排,从财政专户中拔付,实行收支两条线管理。

财政一般预算收入 通过一定的形式和程序有计划组织由国家支配纳入预算管理的资金。

财政一般预算支出 国家对集中的预算收入,有计划的分配和使用而安排的支出。

财政总收入 指一般预算收入、基金收入、上划中央两税收入、上划中央所得税和上划省市共享税收入的总和。

物价指数

物价指数 是用来反映报告期所销售(或购进)的全部商品价格总水平比基期水平升降变动程度的相对数。通常以百分数表示,是一种经济指数。

物价指数按其包括范围的不同,分为单项商品价格指数(或称个体物价指数)、商品类别价格指数(或称物价类指数)和物价总指数。反映某种商品的平均价格水平变动程度的指数叫做单项商品价格指数;反映某一类或全部商品价格总水平变动程度的指数,叫物价类指数或物价总指数。物价指数按其所采用基期的不同,分为环比物价指数(以上一期为基期)、年距环比物价指数(以上年同期为基期)和定期物价指数(以某一固定时期为基期)。目前国家统计部门编制的物价指数主要有:居民消费价格指数,商品零售价格指数,农副产品收购价格指数等。

商品零售价格指数 是反映城乡商品零售价格变动趋势的一种经济指数。商品零售物价的调整变动直接影响到城乡居民的生活支出和国家的财政收入,影响居民购买力和市场供需平衡,影响消费与积累的比例。因此,计算商品零售价格指数,可以从一个侧面对上述经济活动进行观察和分析。

居民消费价格指数 是反映一定时期内城乡居民所购买的生活消费品价格和服务项目价格变动趋势和程度的相对数。是综合了城市居民消费价格指数和农民消费价格指数计算取得。利用居民消费价格指数，可以观察和分析消费品的零售价格和服务价格变动对城乡居民实际生活费支出的影响程度。

城市居民消费价格指数 是反映城市职工及其家庭所购买的生活消费品和服务项目价格变动趋势和程度的相对数。编制城市居民消费价格指数，可以观察和分析消费品的零售价格和服务项目价格变动对职工货币工资的影响，作为研究职工生活和确定工资政策的依据。

人民生活

居民消费水平 居民消费水平是指按人口平均计算的居民消费额。居民消费水平表明国家对人民的物质文化生活需要的满足程度，它是反映一个国家（或地区）的经济发展水平和人民物质文化生活水平的综合指标。

居民消费水平，可以按国内生产总值口径，即包括劳务以内的总消费进行计算。根据计算居民消费的不同价格，可以计算出按当年价格计算的居民消费水平和按可比价格计算的居民消费水平，后者便于观察居民实际消费水平的增长变化。为了观察居民消费的实物构成，还可以进一步计算各种消费品的平均消费的数量和金额，以反映居民在取得基本生存资料的基础上逐步向需要享受资料和发展资料的方向发展的趋势。

城镇居民家庭可支配收入 指被调查的城镇居民家庭总收入在支付交纳所得税、个人交纳的社会保障支出以及扣除调查户的记帐补贴后的收入。

城镇居民家庭消费性支出 指被调查的城镇居民家庭用于本家庭日常生活的全部支出，包括食品、衣着、家庭设备用品及服务、医疗保健、交通和通讯、娱乐教育文化服务、居住、杂项商品和服务八大类支出。

农村居民全年总收入 是指农村居民家庭年内从各种来源得到的全部实际收入（包括现金收入和实物收入）。由工资性收入、家庭经营收入、转移性收入和财产性收入四部分组成。

农村居民家庭纯收入 指农村居民家庭当年从各种来源渠道得到的总收入，相应地扣除获得收入所发生的费用后的收入总和，纯收入可直接用于进行生产性、非生产性建设投资、生活消费和积蓄。农村居民家庭纯收入包括从事生产性和非生产性的经营收入，取自在外人口寄回带回和国家财政救济、各种补贴等非经营性收入；既包括货币收入，也包括自产自用的实物收入。但不包括向银行、信用社和向亲友借款等属于非收入所得的收入。

农村居民家庭生活消费支出 指农村居民家庭用于日常生活的全部开支，是反映和研究农村居民家庭实际生活消费水平高低的重要指标。

城乡居民储蓄存款余额 指某一时点城乡居民存入银行及农村信用社的储蓄金额，包括城镇居民储蓄存款和农村居民个人储蓄存款，不包括居民的手存现金和工矿企业、部队、机关、团体等单位存款。

农　　业

农林牧渔业总产值 农林牧渔业总产值是以货币表现的农林牧渔业的全部产品总量和对农林牧渔业生产活动进行的各种支持性服务活动的价值。它反映一定时期内农林牧渔业生产总规模和总成果，是观察农林牧渔业生产水平和发展速度，研究农林牧渔业内部比例关系、农林牧渔业与工业、农林牧渔业与国家建设、人民生活比例关系的重要指标，同时也是计算农林牧渔业劳动生产率和农林牧渔业增加值的基础资料。

常用耕地 指耕地总资源中专门种植农作物并经常进行耕种、能够正常收获的土地。包括当年实际耕种的熟地；弃耕、休闲不满三年，随时可以复耕的地；开荒利用三年以上的地；小于1米宽的沟、渠、路、田埂。不包括临时种植农作物的坡度在25度以上的陡坡地；在河套、湖畔、库区临时开发的成片或零星土地；也不包括已列为国家和省退耕计划但仍临时耕种的土地。常用耕地分为基本农田和零星可用耕地。

农作物播种面积 是指一定生产季节结束时实际播种或移植有农作物的面积。播种面积的大小，反映农作物的生产规模和耕地的利用程度。所以，正确地核算播种面积，对于组织农业生产活动，计算农作物产量，研究农作物的种植结构和分布情况以及制定各项增产技术措施，都是非常必要的。

播种面积的统计年度，凡是能在本日历年度内（自1月1日至12月31日）收获的农作物（包括上年秋冬播和本年春播、夏播以及南方地区的晚秋播而在本年收获的全部作物）播种面积，都包括在内。

农作物总产量 是指在一定时期内（通常是一年）生产的各种农作物产品总产量。它是衡量农业生产成果，统筹安排城乡人民生活，研究生产、积累和消费比例关系及编制国民经济计划的基本数据。不论是种植在耕地上或非耕地上的农作物产量，都包括在内。有的农作物收割期较长，虽在当年冬季就开始收割，但需跨年延到来年春季才能收完的，仍计算为本年农作物总产量。

农作物总产量是指全社会的产量，包括国有农场等国有经济单位的产量、集体统一经营的和农户承包地的产量，还包括农民自留地、工矿企业职工家属办的农场和其他单位生产的农作物产量。

农作物总产量是统计晒干入库的产量。有些地区，粮食脱粒、晒干、入库比较迟，是按照折干比例折成晒干的粮食产量进行统计的。

农业机械总动力　是指主要用于农、林、牧、渔业的各种动力机械的动力总和。包括耕作机械、排灌机械、收获机械、农产品加工机械、运输机械、植保机械、牧业机械、林业机械、渔业机械和其他农业机械。内燃机按引擎马力计算，电动机功率折成马力计入。

乡镇企业　是指农村乡（包区、镇）、村、组各级集体办、联户办和个体办的，从事工业、建筑业、交通运输业、商业饮食业、服务业和其他生产经营活动的经济组织，以及农村乡（包括区、镇）、村集体举办的农业企业。

乡镇企业必须同时具备以下四个条件：

（1）有固定的（或相对固定的）生产经营组织、场所、设备和从事生产经营的人员。

（2）常年从事生产经营活动，或从事季节性生产经营，全年开工时间在三个月以上。

（3）具备独立核算的条件，或虽非独立核算单位但有单独的帐目。

（4）有当地工商行政或有关部门颁发的营业（经营）执照。此条件农业企业除外。

乡镇企业总产值　是以货币表现的乡镇农业、工业、建筑业、交通运输业、商业饮食业五大物质生产部门的全部产品的总量，即乡镇农业产值、工业产值、建筑业产值、交通运输业产值、商业饮食业产值之和。

乡镇企业总收入　指乡镇企业的全部收入。包括农业、工业、建筑业、交通运输业、商业饮食业、服务业和其它企业的经营收入、产品销售收入、劳务收入和其它收入。

（1）农业企业以实际收入计算；

（2）工业企业以产品销售收入和其它收入计算；

（3）建筑业收入总包单位以全价计算总收入，非总包单位以实际收入计算；

（4）交通运输业以实际收入计算；

（5）商业的零售商店按零售额计算总收入，批发部门、代购代销、物资供销、仓储等均以手续费计算总收入。饮食业按营业额计算总收入；

（6）服务业以实际收入计算；

（7）其它企业以实际收入计算；

工　业

工业增加值　指工业企业在报告期内以货币形式表现的工业生产活动的最终成果，是企业全部生产活动的总成果扣除了在生产过程中消耗或转移的物质产品和劳务价值后的余额，是企业生产过程中新增加的价值。

计算工业增加值通常采用两种方法。一是"生产法"，即从工业生产过程中产品和劳务价值形成的角度入手，剔除生产环节中间投入的价值，从而得到新增价值的方法。公式为：

工业增加值 = 工业总产值-工业中间投入 + 本期应交增值税

二是"收入法"，即从工业生产过程中创造的原始收入初次分配的角度，对工业生产活动最终成果进行核算的一种方法，其计算公式为：

工业增加值 = 固定资产折旧 + 劳动者报酬 + 生产税净额 + 营业盈余

工业总产值　是以货币形式表现的，工业企业在一定时期内生产的工业最终产品或提供工业性劳务活动的总价值量。

计算工业总产值应遵循三条基本原则。

①工业生产的原则：即凡是企业在报告期生产的经检验合格的产品，不管是否在报告期销售，均应包括在内。反之亦然，凡不是本企业生产的产品，均不计入本企业的工业总产值中。

②最终产品的原则：即凡是计入工业总产值的产品必须是本企业生产经检验合格，不需再进行任何加工的最终产品。如果企业有中间产品（半成品）对外销售，那么对外销售的中间产品也应视为企业的最终产品。

③工厂法原则：即工业总产值是以工业企业作为基本计算（核算）单位，即按企业的最终产品计算工业总产值。按这种方法计算的工业总产值，不允许同一产品价值在企业内部重复计算，但允许企业间的重复计算。

工业总产值包括本期生产成品价值、对外加工费收入，在制品半成品期末期初差额价值三部分。

①本期生产成品价值：是指企业本期生产，并在报告期内不再进行加工，经检验、包装入库的全部工业成品（半成品）价值合计，包括企业生产的自制设备及提供给本企业在建工程、其他非工业部门和生活福利部门等单位使用的成品价值。本期生产成品价值按自备原材料生产的产品的数量乘以本期不含增值税（销项税额）的产品实际销售平均单价计算；会计核算中按成本价格转帐的自制设备和自产自用的成品，按成本价格计算生产成品价值。生产成品价值中不包括用定货者来料加工的成品（半成品）价值。

②对外加工费收入：是指企业在报告期内完成的对外承接的工业品加工（包括用定货者来料加工产品）的加工费收入和对外工业修理作业所取得的加工费收入。对外加工费收入按不含增值税（销项税额）的价格计算，可根据会计"产品销售收入"科目的有关资料取得。

对于本企业对内非工业部门提供的加工修理、设备安装的劳务收入，如果企业会计核算基础比较好，能取得这部分资料，而且这部分价值所占比重较大，应包括在对外加工费收入中。

③自制半成品在制品期末期初差额价值：是指企业报告期自制半成品、在制品期末减期初的差额价值，本指标一般可从会计核算资料中取得。如果会计产品成本核算中不计算半成品、在制品的成本，则总产值也不包括这部分价值，反之则包括。

工业销售产值　是以货币形式表现的，工业企业在一定时期内销售的本企业生产的工业产品或提供工业性劳务活动的价值总量。

工业销售产值包括以下内容：

①销售成品价值：指企业在报告期内实际销售（包括本企业本期生产和非本期生产）的全部成品、半成品的总金额，即按报告期产品实际销售量乘以不含增值税（销项税额）的产品实际销售平均单价计算。销售成品价值包括为本企业在建工程，生活福利部门等提供的成品和自制设备价值。不包括用定货者来料加工的成品和半成品价值。

②对外加工费收入：是指企业在报告期内完成的对外承接的工业品加工（包括用定货者来料加工产品）的加工费收入；对外工业品修理作业可收取的加工费收入和对内非工业部门提供的加工修理、设备安装等收入。对外加工费收入按不含增值税（销项税额）的价格计算。

工业总产值与销售产值的区别在于：

①工业销售产值计算的基础是工业产品销售总量，不管是否本期生产，只要是在本期销售的都应计算工业销售产值，因此工业销售产值是以产品所有权的转移为计算原则；工业总产值的计算基础是工业产品生产总量，只要是本期生产的不论是已销售的还是尚未销售的都要计算工业总产值，所以工业部产值是以产品的生产为计算原则。

②销售产值不含半成品在制品期末期初差额价值，而工业总产值包括。

实收资本　指企业实际收到的投资人投入的资本。按投资主体可分为国家资本、集体资本、法人资本、个人资本、港澳台资本和外商资本等。

资产　指企业拥有或控制的能以货币计量的经济资源，包括各种财产、债权和其他权利。资产按其流动性（即资产的变现能力和支付能力）划分为：流动资产、长期投资、固定资产、无形资产、递延资产和其他资产。该指标根据会计"资产负债表"中"资产总计"项的期末数填列。

①流动资产　是指可以在一年内或者超过一年的一个生产周期变现或者耗用的资产。流动资产可以按变现能力（程度）划分，包括现金及各种存款、短期投资、应收及预付款项、存货。

②长期投资　是指不可能或者不准备在一年内变现的投资。

③固定资产　是指使用年限在一年以上，单位价值在规定标准以上，并在使用过程中保持原有物质形态的资产，包括房屋及建筑物、机器设备、运输设备、工具器具等。

④无形资产　是指企业长期使用而没有实物形态的资产，包括专利权、非专利技术、商标权、著作权、土地使用权、商誉等。

⑤递延资产　是指不能全部计入当年损益，应当在以后年度内分期摊销的各项费用，包括开办费、租入固定资产的改良及大修理支出等。

⑥其他资产　是指除以上各项之外的资产，如特种储备资产、银行冻结存款、冻结物资、涉及诉讼中的财产等。

所有者权益　是企业投资人对企业净资产的所有权，企业净资产等于企业全部资产减去全部负债后的余额，其中包括企业投资人对企业的最初投入以及资本公积金、盈余公积金和未分配利润，对股份制企业所有者权益即为股东权益。

营业收入　是按企业在销售产品（商品）或提供劳务等经营业务中实现的收入。一般可分为主营业务收入（或基本业务收入）和其他业务收入（或附营业务收入）两部分。

营业成本　是指产品的生产成本，即企业为生产产品所发生的制造成本。

由于各行业企业生产经营的范围和性质不同，企业的营业成本的范围和内容也不完全相同。一般来说，工业企业营业成本就是产品销售成本；贸易企业是指为之出售的商品在流通过程中所发生的各种直接费用和间接费用。服务性企业是指为提供服务而支出的各种服务费用以及各种材料和工资。

营业利润　是指企业从事生产经营活动所产生的利润，分为主营业务利润和其他业务利润。

产品销售收入　指企业销售产品的销售收入和提供劳务等主要经营业务取得的业务总额。

产品销售成本　指企业销售产品和提供劳务等主要经营业务的实际成本。

产品销售税金及附加　指企业销售产品和提供工业性劳务等主要经营业务应负担的城市维护建设税、消费税、资源税和教育费附加。

产品销售利润　指企业销售产品和提供工业性劳务等主要经营业务收入扣除其成本、费用、税金后的利润。

利润总额　是企业在一定时期内实现的盈亏总额。

应交增值税　指企业在报告期内应交纳的增值税额。

固定资产原价　指企业在建造、购置、安装、改建、扩建、技术改造某项固定资产时所支出的全部货币总额。它一般包括买价、包装费、运杂费和安装费等。一般用以反映企业的生产规模，以及企业拥有的物质技术基础。

固定资产净值　是指固定资产原价减去历年已提折旧额后的净额。一般用以说明企业固定资产的现有实际价值。

流动资产　是指可以在一年或者超过一年的一个营业周期内变现或者耗用的资产，包括现金及各种存款、短期投资、应收及预付货款、存货等。

利税总额　指企业产品销售税金及附加和利润总额之和

批发零售及餐饮业

社会消费品零售总额　指各种经济类型的批发零售贸易业、餐饮业和其他行业对城乡居民和社会集团的消费品零售额的总和。这个指标反映通过各种商品流通渠道向居民和社会集团供应的生活消费品满足他们生活需要的情况，是研究人民生活、社会消费品购买力、货币流通等方面的重要指标。

批发零售贸易业商品销售总额　指对本企业（单位）以外的单位和个人出售（包括对境外直接出口）的商品金额。这个指标反映批发零售贸易业在国内市场上销售商品以及出口商品的总量。

建筑业

建筑业总产值 指以货币表现的建筑业企业在一定时期内生产的建筑业产品和服务的总和。建筑业总产值包括三部分内容：

（1）建筑工程产值：指列入建筑工程预算内的各种工程价值。

（2）安装工程产值：指设备安装工程价值。

（3）其他产值：建筑业总产值中除建筑工程、安装工程以外的产值。包括房屋构筑物修理产值、非标准设备制造产值、总包企业向分包企业收取的管理费以及不能明确划分的施工活动所完成的产值。

①房屋构筑物修理产值：指房屋和构筑物的修理所完成的价值，但不包括被修理房屋构筑物的本身价值和生产设备的修理价值。

②非标准设备制造产值：指加工制造没有定型的非标准生产设备的加工费和原材料价值以及附属加工厂为本企业承建工程制作的非标准设备的价值。

建筑业增加值 是指建筑业企业在报告期内以货币表现的建筑业生产经营活动的最终成果。建筑业增加值有两种计算方法：一是生产法，即建筑业总产出减去建筑业中间消耗后的余额。二是分配法（收入法），即从收入的角度出发，根据生产要素在生产过程中应得到的收入份额计算，具体构成项目有固定资产折旧、劳动者报酬、生产税净额、营业盈余。目前，建筑业统计报表制度中采用分配法（收入法）计算建筑业增加值。

竣工产值 一般是以单位工程为对象，当该工程按照设计所规定的工程内容全部完成，达到了设计规定的交工条件，经有关部门检查验收鉴定合格的单位工程价值，即为竣工产值。

房屋施工面积 指在报告期内施过工的全部房屋建筑面积，它包括本期新开工的房屋面积、上期跨入本期继续施工的房屋面积、上期停缓建在本期恢复施工的房屋面积、本期竣工的房屋面积以及本期施工后又停缓建的房屋面积。

房屋竣工面积 指在报告期内房屋建筑按照设计要求已全部完工，达到了使用条件，经检查验收鉴定合格的房屋建筑面积。

工程结算收入 指本企业承包工程实现的工程价款结算收入以及向发包单位收取的除工程价款以外按规定列作营业收入的各种款项，如临时设施费、劳动保险费、施工机构调迁费等以及向发包单位收取的各种索赔款。

工程结算利润 指已结算工程实现的利润。其计算公式为：

$$\text{工程结算利润} = \text{工程结算收入} - \text{工程结算成本} - \text{工程结算税金及附加}$$

企业总收入 指与企业生产经营直接有关的各项收入，包括工程结算收入和其他业务收入，即：

$$\text{企业总收入} = \text{工程结算收入} + \text{其他业务收入}$$

运输邮电业

公路里程 指在一定时点上实际达到交通部规定的公路技术等级标准，并经公路主管部门正式验收交付使用的公路里程数。其计算单位为：km。它包括大中城市的郊区公路以及公路通过城镇（县城、集镇）街道的里程数，也包括桥梁、隧道长度和渡口宽度，但不包括大中城市的街道、厂矿、林区内部生产用道和农业生产用道的里程。两条或多条公路共同经由同一路段，只计算一次，不得重复计算里程长度。

货（客）运量 指在一定时期内运输业实际运送的货物（旅客）数量。货运按吨计算，客运按人计算。货物不论运输距离长短，货物类别，均按实际重量统计；旅客不论行程远近或票价多少，均按一人一次作为客运量统计。半价票、小孩票也按一人统计。

货（客）运密度 指在一定时期内某种运输方式运输线路的某一区段平均每公里线路通过的货物（旅客）运输周转量。计量单位是吨（人）公里/公里。计算公式为：

$$\text{货（客）运密度} = \frac{\text{货物（旅客）周转量}}{\text{线路营业里程}}$$

货物（旅客）周转量 指在一定时期内运输业实际运送的货物（旅客）数量与其相应运输距离的乘积之和。计量单位是吨（人）公里。

沿海主要港口货物吞吐量 指经由水运进出沿海主要港区范围，并经过装卸的货物数量，包括邮件及办理托运手续的行李、包裹以及补给运输船舶的燃、物料和淡水。其计量单位为吨。吞吐量可以分为进口、出口，又可以分为国内贸易和对外贸易。

邮电业务总量 指以货币表现的邮电部门为用户传递信息和提供其他邮电服务的总数量。它用各种邮电分类业务量，如函件件数、电报份数、长话次数、城市电话和乡村电话的年均户数、订销报刊累计份数等，分别乘以相应的平均单价（不变价），加总后再加上出租电路和设备的收入、代用户维护电话交换机和线路等设备的收入、其他业务收入求得。

城市电话用户 指按行政区划属于中央直辖市、省辖市、地级市、县级市的市区、市郊区及县城区范围内的电话用户数。包括分布在农村地区但以县团级以上建制的独立工矿区、林区、驻军的电话用户。N - ISDN 用户、无线接入（PHS）电话用户、智能网专用接入终端用户、集中用户交换机（Centrex）用户均按城市电话用户统计。计量单位为户。

乡村电话用户 指按行政区划属于城市范围以外的乡（镇）、村电话用户。计量单位为户。

移动电话用户 指在邮电部门登记，通过移动电话交换机进入移动电话网、占有移动电话号码的电话用户。用户数量以实际办理登记手续进入邮电部门移动电话网的户数进行计算，一部或一台移动电话统计为一户。

对外经济贸易和旅游

进出口总额 海关进出口总额指实际进出我国国境的货

物总金额。包括对外贸易实际进出口货物，来料加工装配进出口货物，国家间、联合国及国际组织无偿援助物资和赠送品，华侨、港澳台同胞和外籍华人捐赠品，租赁期满归承租人所有的租赁货物，进料加工进出口货物，边境地方贸易及边境地区小额贸易进出口货物（边民互市贸易除外），中外合资经营企业、中外合作经营企业、外商独资经营企业进出口货物和公用物品，到、离岸价格在规定限额以上的进出口货样和广告品（无商业价值、无使用价值和免费提供出口的除外），从保税仓库提取在中国境内销售的进口货物，以及其他进出口货物。进出口总额用以观察一个国家在对外贸易方面的总规模。我国规定出口货物按离岸价格统计，进口货物按到岸价格统计。

利用外资　指我国各级政府、部门、企业和其他经济组织通过对外借款、吸收外商直接投资以及用其他方式筹措的境外现汇、设备、技术等。但不包括下列资金：（1）我国自有的外汇资金，如国家外汇、地方外汇、留成外汇、调剂外汇和中国银行等金融机构用自有资金发放的外汇贷款等；（2）各地方、各部门接受华侨、港澳同胞的捐赠资金，以及联合国和其他国际组织无偿赠送的资金和援建的项目；（3）租赁公司进出口设备转租赁的项目；（4）我国企业或其他组织在境外投资利润（股息）的收支；（5）国家进口计划中用国家外汇支付的外贸进口延期付款。利用外资的方式有：对外借款，外国（或港澳地区）企业和经济组织或个人在我国境内开办独资企业，与我国境内的企业或组织共同开办合资企业合作经营（企业）项目或合作开发资源，以及补偿贸易、国际租赁等。

实际利用外资额　是指根据投资协议（合同）实际执行的投资额。即贷款按实际提取数或拨交的使用数填列；客商直接投资项目（合同）的实际投资额，按客商实际投入的现金、实物、工业产权及专有技术的计价投资额数；商品信贷按到货数计算。凡是本年内的实际投资，不论是执行本年签订的协议或是执行过去几年签订的协议均计算在内。

对外借款　指我国政府、部门、企业和中国银行等单位向国际金融组织、外国政府、企业等借用的长期、短期资本，到期需还本付息。借款按不同渠道分：（1）外国政府贷款；（2）国际金融组织贷款；（3）外国银行贷款；（4）出口信贷；（5）发行债券、股票。按偿还方式分：（1）统借统还；（2）统借自还；（3）自借自还。

外商直接投资　指外国企业和经济组织或个人（包括华侨、港澳同胞以及我在境外注册的企业）按我国有关政策、法规，在我国境内开办外商独资企业，与我国境内的企业或经济组织共同举办中外合资企业、合作经营企业或合作开发资源的投资以及外商从企业得到收益的再投资。

从2001年开始，外商直接投资统计口径作了调整。"外商直接投资"中"企业投资总额内的境外借款"只包括"企业投资总额内直接投资者对企业的贷款，即外方股东贷款"。"直接投资者提供担保的第三方对企业的贷款即外方股东担保贷款"和"其他方式的企业境外借款即其他境外借款"不计入直接投资统计。

国际租赁　指出租者用自用资金，或向银行借款购买资本设备租给承租者在约定的期限内使用，承租者依约按期付给出租者一定租金，在租赁期内设备的使用属于承租者，设备的所有权属于出租者，租期满后，出租者对设备具有支配权：收回、作价出卖或赠送企业。

旅游人数　指来我国参观、访问、旅行、探亲、访友、休养、考察、参加会议和从事经济、科技、文化、教育、体育、宗教等活动的外国人、华侨、港澳和台湾同胞的人数。不包括外国在我国的常住机构，如使领馆、通讯社、企业办事处的工作人员；来我国常驻的外国专家、留学生以及在岸逗留不过夜人员。

国际旅游（外汇）收入　指入境旅游的外国人、华侨、港澳台同胞在中国大陆旅游过程中发生的一切旅游支出，对于国家来说就是国际旅游（外汇）收入

金融和保险

信贷资金　指金融机构以信用方式积聚和分配的货币资金，金融机构信贷资金的来源有各项存款、对国际金融机构负债、流通中货币、银行自有资金及当年结益等。信贷资金的运用有各项贷款、黄金占款、外汇占款、财政借款及在国际金融机构中的资产等。

存款　企业、机关、团体或居民把货币资金存入银行或其他信用机构保管并取得一定利息的一种信用活动形式。根据存款对象的不同可划分为企业存款、财政存款、机关团体存款、基本建设存款、城镇储蓄存款、农村存款等科目。它是银行信贷资金的主要来源。

贷款　指银行或其他信用机构根据必须归还的原则，按一定利率，为企业、个人等提供资金的一种信用活动形式。我国银行贷款，分流动资金贷款、固定资产贷款、城乡个体工商户贷款以及农业贷款等科目。

国家储备　是一定时点上国家拥有的可直接对外支付的各种金融资产。包括黄金储备、外汇储备、特别提款权、在基金组织的储备头寸及对基金信贷的使用等。它是观察和衡量一个国家对外支付能力的主要指标。

货币供应量　指某一时点一国流通中的货币量。货币供应量可分为三个层次：

M_0：流通中的现钞。

M_1：M_0 + 企事业单位活期存款 + 机关部队团体存款 + 农村存款 + 个人持有的信用卡类存款。

M_2：M_1 + 企业单位定期存款 + 储蓄存款 + 外币存款 + 信托类存款。

货币流通、货币流通量 货币在流通领域中不断地离开出发点，在不同所有者之间转手，完成商品交换的行为，叫货币流通。货币流通量指货币离开金库在市场上流通的货币数量。投放货币就增加了货币流通量，反之，回笼货币就减少了货币流通量。增加或减少货币流通量主要是适应经济和社会发展需要。货币流通量过少，不能满足商品交换的需要，就会影响经济发展；货币流通量过多，超出了商品交换的需要，就会出现通货膨胀，同样会影响经济的增长。

信用膨胀 是价值运动的特殊形式。信用的形式有商业信用、银行信用、国家信用和消费信用。商业信用指以延期付款方式出售商品，主要利用商业票据或采取赊帐的方式。消费信用指对个人消费者提供的信用。如农村信用社向农民提供生活贷款等。财政信用是国家以债务人身份向国内人民取得信用。如通过发行公债、集中闲散资金用于重点建设方面。银行信用指银行对企业提供的信用。在我国，国家运用银行信用，有计划地动员和分配国民经济中的闲置资金，以满足企业的资金需要。各种信用形式都是建立在相互依赖和客观需要的基础上，如果信用超出实际可能，就会出现信用膨胀。如银行事先对企业的经营状况不了解，发放的贷款因企业亏损难以收回，这样势必加大贷款规模，出现信用膨胀。

通货膨胀 是指一国经济中的纸币发行量超过商品流通所需而引起的货币贬值，物价普遍上涨的现象。通货膨胀按形成的原因一般可分为需求拉动型通货膨胀、成本推进型通货膨胀和结构性通货膨胀。需求拉动型通货膨胀是指由于总需求的增长而引起的商品平均价格的普遍上涨的现象。成本推进型通货膨胀是指因商品和劳务的生产者主动提高价格而引起的商品平均价格的普遍上涨的现象。结构性通货膨胀是指物价上涨是在总需求并不过多的情况下，而对某些部门的产品需求过多，造成部分产品的价格上涨的现象。在通货膨胀期间，需求、成本以及结构这三种因素同时起作用。

可保财产额 是指社会总财产额（包括固定资产和流动资金），剔除按保险公司财产保险条款规定不在保险范围内的财产额（如土地、货币等）和有自保能力不向保险公司投保单位的财产额后所余的财产额。可保财产额是财产保险业务的全部工作对象的价值指标。

承保额 又叫保险金额。它是保险人对被保险人负担损失补偿或约定给付的金额。它是保险合同上的最高责任额，也是计算保费的依据。

保费 又叫保险费。是保险人根据保险合同的有关规定，为被保险人取得因约定危险事故发生所造成的经济损失补偿（或给付）权利，付给保险人的代价。包括财产险和人身险储金收入。

赔款 保险事故发生后，经查证确属保险责任范围以内的保险标的损失，保险人根据保险合同的规定履行赔偿义务，给予被保险人的款项叫做赔款。赔款可分为已决赔款和未决赔款两种。

教育、科技和文化

普通高等学校 指按照国家规定的设置标准和审批程序批准举办，通过国家统一招生考试，招收高中毕业生为主要培养对象，实施高等教育的全日制大学、独立设置的学院和高等专科学校、短期职业大学。

成人高等学校 指按照国家有关规定审批，招收通过全国成人高教统一招生考试的具有高中毕业或同等学历的在职从业人员利用脱产、半脱产、业余或函授等多种形式对其实施高等学历教育，培养高等教育专科或本科毕业水平的专门人才，修业年限、课程设置和总学时数均按高等学历教育要求付诸实施的学校。包括广播电视大学、职工高等学校、农民高等学校、管理干部学院、教育学院、独立设置的函授学院等。

独立研究与开发机构 指有明确的任务和研究方向，有一定学术水平的业务骨干和一定数量的研究人员，具有研究、开发、开展学术工作的基本条件，主要进行科学研究与技术开发活动，并且在行政上有独立的组织形式，财务上独立核算盈亏，有权与其他单位签订合同，在银行有单独户头的单位。包括国务院各部门、中国科学院、中国社会科学院和各省、自治区、直辖市以及地（市）以上〔含地（市）〕各部门所属的国有独立的科学研究与技术开发机构。

独立研究与开发机构职工 指在科学研究与技术开发机构工作，并由其支付工资的各种人员。包括长期职工和临时职工，不包括编制以外的离休、退休人员和停薪留职人员，但包括招聘人员。

研究与发展经费支出 指报告期内用于研究与试验发展课题活动（基础研究、应用研究、试验发展）的全部实际支出。包括用于研究与发展课题活动的直接支出，还包括间接用于研究与发展活动的一切支出（院、所管理费、维持院、所正常运转的必需费用和与研究发展有关的基本建设支出）。

科学家和工程师 指具有大学本科及以上学历和不具备上述学历但有高、中级职称的人员。

其他科技人员 指大专、中专毕业和具有初级职称的从事科技活动人员。

专业技术人员 指已取得科学技术职称，或大学、中专的理、工、农、医科系毕业，以及国民经济各部门从工作实践中提拔，从事理、工、农、医等自然科学技术的研究、教学、生产的专业人员和在机关、企业、事业中从事科学技术业务管理工作的专业人员。

工程技术人员 指在国民经济各行业从事工程技术工作的自然科学技术专业人员，包括：高级工程师、工程师、助理工程师、技术员和未评定职称的技术人员。

农业技术人员 指在国民经济各行业从事农业技术工作的自然科学技术专业人员，包括：高级农艺师、农艺师、助理农艺师、技术员和未评定职称的技术人员。

卫生技术人员 指在国民经济各行业从事卫生医务工作的自然科学技术专业人员，包括：正副主任医师、主治医师、医师、医（护）士和未评定职称的技术人员。

科学研究人员　指在国民经济各行业从事科学技术活动的科学技术专业人员，包括：正副研究员、助理研究员、研究实习员、技术员和未评定职称的技术人员。

教学人员　指在国民经济各行业从事科学技术方面教学活动的专业人员，包括：正副教授、讲师、助教、教师和在中学从事科学技术方面教学活动的人员。

发明　专利法及其实施细则所称的发明是指对有关产品、方法或其改进所提出的新的技术方案。

实用新型　专利法及其实施细则所称的实用新型是指对产品的形状、构造或者其结合所提出的适于实用的新的技术方案。

外观设计　专利法及其实施细则所称的外观设计是指对产品的形状、图案、色彩或者其结合所作出的富有美感并适于工业上应用的新设计。

文化事业机构　指从事专业文化工作和为专业文化工作服务的独立建制的单独核算的单位。不包括这些单位另外举办独立核算的其他机构和各部门的业余文化组织。

艺术表演团体　指从事戏曲、音乐、舞蹈、杂技等专业艺术表演，有独立帐户，实行单独核算的团体。不包括半工半艺、半农半艺和民间职业剧团。

电影放映单位　指具有放映机器设备、固定或不固定的放映场所与专职或兼职的放映技术人员，经有关部门登记批准，经常为一定的观众对象放映电影的机构。包括经批准对外开放进行营业，并与电影发行放映管理机构分帐的专用放映单位和军委系统租片单位。

艺术表演观众人数（人次）　指售票、包场演出或民族地区免费演出的艺术表演观众人次数。不包括彩排审查和内部观摩演出的观看人次数。

体育、卫生、社会福利和其他

等级运动员人数　指经考核正式批准授予等级运动员称号的人数。运动员等级分为国际级运动健将、运动健将、一级运动员、二级运动员、三级运动员、少年级运动员。

等级裁判员人数　指经考核正式批准授予等级裁判员称号的人数。裁判员等级分为国际裁判、国家级裁判、一级裁判、二级裁判、三级裁判。

体育场　指有400米跑道（中心含足球场），有固定道牙，跑道6条以上，并有固定看台的室外田径场地。以看台容纳观众人数分：甲级25000人以上，乙级15000－25000人，丙级5000－15000人，丁级5000人以下。

体育馆　指有固定看台，可供篮球、排球、羽毛球、乒乓球、体操等项目训练比赛活动用的室内运动场地。以看台容纳观众人数分：甲级6000人以上，乙级4000－6000人，丙级2000－4000人，丁级2000人以下。

医院　指设有固定床位能收容病人住院并能为病人提供医疗、护理服务的医疗机构。包括县及县以上医院、农村乡卫生院、其他医院三部分。按所属性质分为卫生部门、工业及其他部门，集体经济单位三类。其中县及县以上医院按业务性质分为综合医院和专科医院。

卫生技术人员　指卫生事业机构支付工资的全部固定职工和合同制职工中现任职务为卫生技术工作的专业人员。包括中医师、西医师、中西医结合高级医师、护师、中药师、西药师、检验师、其他技师、中医士、西医士、护士、助产士、中药剂士、西药剂士、检验士、其他技士、其他中医、护理员、中药剂员、西药剂员、检验员，其他初级卫生技术人员。

医生　指经卫生部门审查合格，从事医疗工作的专业人员。分为中医医生和西医医生。包括卫生技术人员中的中医师、西医师、中西结合高级医师、中医士、西医士和其他中医。

社会福利事业单位　指集中收养社会孤老、残、幼的机构。包括由民政部门管理的社会福利院、儿童福利院、精神病人福利院和城镇集体办的福利院，以及农村集体举办的敬老院。

社会福利事业单位收养人数　包括民政部门管理的和城镇及农村集体举办的社会福利事业单位中收养的老人、少年儿童、缺乏生活自理能力的残疾人员和精神病人。

社会福利企业单位　指以安置城镇有一定劳动能力的盲、聋、哑和肢体残疾人员就业为目的，享受国家减免税待遇的国有或集体经济性质的企业。包括福利工厂、福利商业服务业、假肢厂和安置农场等单位。

离休、退休、退职人员　指正式办理了离休、退休、退职手续，并享受相应的离休、退休、退职待遇的人员。

保险福利费用　指企业、事业、机关单位在工资以外实际支付给职工和离休、退休、退职人员个人以及用于集体的劳动保险和福利费用。

惠州宏益房地产集团有限公司

惠州宏益房地产集团有限公司始建于2002年9月18日，是经惠州市工商行政管理局核准注册登记的有限责任公司，主营房地产开发、物业管理以及室内装饰工程等，是一家专业的房地产开发企业。

公司实力雄厚、外部发展环境良好；自成立以来，公司秉承"责任为先、福泽万家"的经营理念，以"专业、规范、廉洁、高效"的团队精神，实施人性化、科学化、规范化、效益化的人力资源管理机制，建立了一支富有挑战性、创造性的高素质技术专才及管理精英队伍，形成了艰苦奋斗、开拓进取、齐心协力的团队精神。

公司自成立以来始终贯彻以房地产投资开发为主导的经营理念，充分利用良好的社会资源及信誉，积极拓展房地产开发的市场领域，并以全新的运行机制，灵活的经营方式，大胆改革，务实创新，积极拓展，已发展成为信誉良好、业绩卓越的地产专业公司。2008年、2009年连续两年荣获"惠州市信用推介展示单位"，2012年荣获"惠州市百强纳税单位"，旗下开发的地产项目更是受到社会及业界的肯定及认可。

经过几年的房地产开发经营实践，公司已形成了较完整的现代房地产开发模式，并取得了可观的经济效益及社会效益。目前公司拥有多宗土地储备资源，为公司未来房地产开发的可持续性发展提供了坚实的保障。

公司设立下属企业、合资控股企业多家：惠州市宏益置业开发有限公司、惠州市宏益实业投资有限公司、惠州市宏和投资有限公司、惠州市江北房地产开发有限公司、惠州市宏欣房地产开发有限公司、惠州市佰勤物业管理有限公司等。

公司在实施现代化管理，践行"建造精品，美化惠州，报效社会、福惠员工"企业经营过程中获得了预期的社会效益和经济效益，亦打造了一支"高效、忠诚、敬业、奉献"的精英团队。几年来，根据市场环境发展而扩充，在公司经营战略方针指导下，通过现代管理手段，实现企业集团化、规范化、科学化、效益化的国际化管理模式；以资源共享为纽带，以平等、互利、互惠、共赢为原则，在发展中携手战略合作伙伴，实现公司可持续性发展的战略目标！